中华人民共和国民法典

案例学习版

法律出版社法律应用中心　编

本书编著者

黎明琳
中共上海市黄浦区委党校

岳　云
北京君都（上海）律师事务所

德吉白姆
国网西藏电力有限公司

法律出版社 LAW PRESS · CHINA

北京

图书在版编目（CIP）数据

中华人民共和国民法典：案例学习版／法律出版社法律应用中心编；黎明琳，岳云，德吉白姆编著. 北京：法律出版社，2025. -- ISBN 978 -7 -5197 -9983 -0

Ⅰ. D923

中国国家版本馆 CIP 数据核字第 2025MH8273 号

中华人民共和国民法典：案例学习版
ZHONGHUA RENMIN GONGHEGUO MINFADIAN：ANLI XUEXI BAN

法律出版社法律应用中心　编
黎明琳　岳　云　德吉白姆　编著

策划编辑　朱海波　杨雨晴
责任编辑　朱海波　杨雨晴
装帧设计　臧晓飞

出版发行　法律出版社
编辑统筹　法律应用出版分社
责任校对　蒋　橙
责任印制　刘晓伟
经　　销　新华书店

开本　A5
印张　26.875　　**字数**　750千
版本　2025 年 5 月第 1 版
印次　2025 年 5 月第 1 次印刷
印刷　永清县金鑫印刷有限公司

地址：北京市丰台区莲花池西里 7 号（100073）
网址：www. lawpress. com. cn
投稿邮箱：info@ lawpress. com. cn
举报盗版邮箱：jbwq@ lawpress. com. cn
销售电话：010 - 83938349
客服电话：010 - 83938350
咨询电话：010 - 63939796

书号：ISBN 978 -7 -5197 -9983 -0　　**定价**：79. 00 元

凡购买本社图书，如有印装错误，我社负责退换。电话：010 - 83938349

出 版 说 明

2021 年 1 月 1 日《民法典》正式施行。《民法典》是一本写满民事权利的宣言书,与人们的生活密切相关,可以说用法律守护生活最重要的就是人人都应该学习、了解以及会使用《民法典》。然而,法律条文毕竟是专业甚至是枯燥的,为此,我们梳理总结《民法典》实施后的各类具有代表性的案例,用以案释法的形式,帮助读者学习、理解《民法典》的具体规定,用法律维护好自己的权益。

本书主要涵盖以下三块内容:

1. 条文解读。为帮助读者更好地理解《民法典》中的法律概念、术语以及具体条文的适用,我们对重点条文根据立法、司法、行政机关的释义、解读以及相关法律法规的规定等进行精练、准确的注解,为理解、适用《民法典》的条文规定提供实用的解读。

2. 以案释法。结合生活、工作中的常见问题和纠纷,我们精选了《民法典》施行后的典型裁判案件,对具体纠纷的处理结合法院的裁判观点进行分析解答,为帮助读者处理法律事务、解决法律问题提供实用的指引。

3. 关联规定。《民法典》涉及内容广泛,相关具体的解读或者进一步细化的规定散见于具体的法律和规定之中,为此我们收录了与《民法典》相关的、常用的法律法规、司法解释、部门规章等(电子版免费阅读使用,并持续更新),并以《民法典》的体例进行划分,条理清晰、查询方便,后续电子版将根据法律法规的变化持续调整,为处理民事法律事务提供实用的依据。

希望本书能够为广大读者带来切实的法律帮助。

《民法典》线上配套法律法规汇编

本汇编为“民法典实用问题版系列”的配套法规，旨在为读者提供便捷、全面的在线内容查询。本汇编以《民法典》的体例划分，条理清晰、查询方便，后续将根据法律法规的变化持续调整，为处理民事法律事务提供实用的依据。

本汇编包含：(1)《民法典》全文正式版本。(2)《民法典》与《婚姻法》《继承法》《民法通则》《收养法》《担保法》《合同法》《物权法》《侵权责任法》《民法总则》相关法律的条文对照。(3)与《民法典》相关的法律、行政法规、司法解释、司法批复、司法文件、部门规章等。

简 目

中华人民共和国民法典

详 目

中华人民共和国民法典

中华人民共和国民法典

中华人民共和国主席令

第四十五号

《中华人民共和国民法典》已由中华人民共和国第十三届全国人民代表大会第三次会议于2020年5月28日通过，现予公布，自2021年1月1日起施行。

中华人民共和国主席　习近平

2020年5月28日

第一编　总　　则

第一章　基本规定

第一条　【立法目的】[①]为了保护民事主体的合法权益，调整民事关系，维护社会和经济秩序，适应中国特色社会主义发展要求，弘扬社会主义核心价值观，根据宪法，制定本法。

条文注解

本条规定了《民法典》五个方面的立法目的：

一是保护民事主体的合法权益，包括人身权利、财产权利、兼具人身和财产性质的知识产权等权利，以及其他合法权益。

二是调整民事关系。《民法典》调整的仅仅是民事关系，民事关系就是平等主体之间的权利和义务关系，可以分为人身关系、财产关系等。

三是维护社会和经济秩序。

四是适应中国特色社会主义发展要求。编纂《民法典》就是为了满足人民群众的新法治需求，适应我国社会主要矛盾的变化。

五是弘扬社会主义核心价值观。社会主义核心价值观包括富强、民主、文明、和谐，自由、平等、公正、法治，爱国、敬业、诚信、友善。

第二条　【调整范围】民法调整平等主体的自然人、法人和非法人组织之间的人身关系和财产关系。

条文注解

民事主体是民事关系的参与者、民事权利的享有者、民事义务的履行者和民事责任的承担者。本条首先列举了民事主体的具体类型，包括自然人、法人和非法人组织三类。自然人不仅包括中国公民，还包括我国领域内的外国人和无国籍人。法人就是法律上拟制的人，法人是一种社会组织，法律基于社会现实的需要，赋予符合

---

① 条文主旨为编者所加，仅供参考。

一定条件的组织法人资格，便于这些组织独立从事民事活动，归根结底是为了扩展自然人从事民事活动的广度。同时，《民法典》创设了第三类民事主体，赋予个人独资企业、合伙企业等不具有法人资格的组织民事主体地位，并统一称为“非法人组织”。

自然人、法人、非法人组织之间的社会关系多种多样，并非所有社会关系都由民法调整。民法仅调整他们之间的民事关系，即作为平等主体的自然人、法人、非法人组织之间发生的社会关系。

民法所调整的民事关系根据权利义务所涉及的内容不同可以分为两大类，即民事主体之间的人身关系和财产关系。人身关系，是指民事主体之间基于人格和身份形成的无直接物质利益因素的民事法律关系，如婚姻关系、抚养和赡养关系。财产关系，是指民事主体之间基于物质利益而形成的民事法律关系。就财产关系所涉及的权利内容而言，财产关系包括物权关系、债权关系等。

关联法规

《民事诉讼法》第3条

第三条 【民事权益受法律保护】民事主体的人身权利、财产权利以及其他合法权益受法律保护，任何组织或者个人不得侵犯。

条文注解

民事权利及其他合法权益受法律保护是民法的基本精神，也是民事立法的出发点和落脚点。当然，这并不意味着民事主体的民事权利可以毫无限制，是绝对自由的。相反，民事主体行使民事权利要受到法律、公序良俗的约束，民事主体不得滥用民事权利，且国家基于公共利益的需要，在法律权限范围内经法定程序，在给予公平合理补偿的前提下，可以对民事主体的财产予以征收或者征用。

《民法典》不仅在总则编对保护民事权利作了规定，在其他各编中也都有配套的相关规定。

案例注解

【案例(2021)豫0122民初6735号】钱某打伤他人被判赔偿案

【基本案情】

2021年1月1日3时许，在中牟县某餐吧内，原告王某与被告钱某的朋友陈某因唱歌之事发生吵骂，后在餐吧门口停车场内，被告钱某将原告王某打伤。经协商无果，原告诉至法院，请求法院判令被告钱某赔偿原告各项损失共计8650元。

【裁判主旨】

《民法典》第3条规定，民事主体的人身权利、财产权利以及其他合法权益受法律保护，任何组织或者个人不得侵犯。本案中，被告因过错侵害原告人身权利，应当承担侵权责任，赔偿原告医疗费、护理费、交通费等为治疗和康复支出的合理费用，以及因误工减少的收入。

【裁判结果】

2021年7月29日，法院结合原告的诉讼请求及本案实际情况综合认定原告合理损失的项目及数额共计6218.2元。判决被告钱某赔偿原告王某医疗费、误工费、护理费、住院伙食补助费、营养费、交通费共计6218.2元；驳回原告王某的其他诉讼请求。（资料来源：中国裁判文书网）

关联法规

《宪法》第13条

第四条 【平等原则】民事主体在民事活动中的法律地位一律平等。

条文注解

平等原则，是指民事主体，无论是法人、自然人还是非法人组织，无论法人规模大小、经济实力雄厚与否，无论自然人是男、女、老、少、贫、富，无论非法人组织经营什么业务，在从事民事活动时，他们相互之间在法律地位上都是平等的，他们的合法权益受到法律的平等保护。

关联法规

《宪法》第33条，《证券法》第3条，《消费者权益保护法》第4条，《合伙企业法》第5条

第五条 【自愿原则】民事主体从事民事活动，应当遵循自愿原则，按照自己的意思设立、变更、终止民事法律关系。

条文注解

自愿原则，也称意思自治原则，就是民事主体有权根据自己的意愿，自愿从事民事活动，按照自己的意思自主决定民事法律关系的内容及其设立、变更和终止，自觉承受相应的法律后果。自愿原则体现了民事活动最基本的特征。自愿原则，可以分四个方面来理解。首先，民事主体有权自愿从事民事活动。其次，民事主体有权自主决定民事法律关系的内容。再次，民事主体有权自主决定民事法律关系的变动。最后，民事主体应当自觉承担相应法律后果。

需要进一步说明的是，自愿或者意思自治不是毫无约束的绝对的自由与放任。

民事主体实现自愿、自主或意思自治的前提是民事主体之间的平等法律地位。因此，民事主体的自愿是建立在相互尊重的基础上，必须尊重其他民事主体的自主意志。民事主体的意思自治，还受到民法的公平原则、诚信原则、守法原则等基本原则的约束。这些原则要求民事主体从事民事活动，要公平合理、诚实守信，不得违反法律，不得违背公序良俗。

关联法规

《证券法》第4条，《反不正当竞争法》第2条，《对外贸易法》第4条

第六条 【公平原则】民事主体从事民事活动，应当遵循公平原则，合理确定各方的权利和义务。

条文注解

公平原则要求民事主体从事民事活动时要秉持公平理念，公正、平允、合理地确定各方的权利和义务，并依法承担相应的民事责任。公平原则体现了民法促进社会公平正义的基本价值，对规范民事主体的行为发挥着重要作用。公平原则首先要求民事主体在从事民事活动时，按照公平观念行使权利、履行义务，特别是对于双方民事法律行为，要求一方的权利和义务应当相适应，双方之间的权利和义务应当对等，不能一方承担义务而另一方只享有权利，也不能一方享受的权利和承担的义务相差悬殊。公平原则的这种要求在合同编中得到充分体现。公平原则作为民法的基本原则，不仅是民事主体从事民事活动应当遵守的基本行为准则，也是人民法院审理民事纠纷应当遵守的基本裁判准则。

关联法规

《劳动合同法》第3条，《公司法》第143条，《合伙企业法》第5条，《商业银行法》第5条，《信托法》第5条，《证券投资基金法》第4条，《反不正当竞争法》第2条，《消费者权益保护法》第4条，《民法典》第496条第2款、第497条第2项、第1186条

第七条 【诚信原则】民事主体从事民事活动，应当遵循诚信原则，秉持诚实，恪守承诺。

条文注解

诚信原则要求所有民事主体在从事任何民事活动，包括行使民事权利、履行民事义务、承担民事责任时，都应该秉持诚实、善意，信守自己的承诺。诚信原则作为民法

最为重要的基本原则，被称为民法的"帝王条款"，是各国民法公认的基本原则。通常认为，诚实信用原则要求民事主体从事民事活动应当讲诚信、守信用，以善意的方式行使权利、履行义务，不诈不欺，言行一致，信守诺言。

诚信原则对司法机关裁判民事纠纷具有积极作用，在当事人没有明确约定或法律没有具体规定时，司法机关可以根据诚信原则填补合同漏洞、弥补法律空白，平衡民事主体之间、民事主体与社会之间的利益，进而实现社会的公平正义。

案例注解

【案例(2021)湘0821民初1808号】李某劳务合同违约被判支付劳务费案

【基本案情】

2019年4月，原告邹某到被告李某在广东省佛山市承包的工程中从事抹灰工作，工程完工后，经原、被告双方结算，被告李某应当向原告支付劳务费78,100元。因被告李某资金周转困难，遂于2020年8月4日向原告邹某出具欠条一张，并承诺于2020年年底付28,100元、2021年6月付20,000元、2021年年底付20,000元、2022年9月付清剩余款项。但截至起诉当天，被告李某仍未向原告支付任何款项。为此原告诉至法院，请求判令被告支付原告劳务费78,100元。

【裁判要旨】

《民法典》第7条规定，民事主体从事民事活动，应当遵循诚信原则，秉持诚实，恪守承诺。本案中，原告与被告之间成立的劳务合同合法有效，原告已经履行了给被告提供劳务的合同义务，被告依法应当按照约定向原告全面履行支付劳务费的合同义务。原告要求被告支付劳务费于法有据，应当支持。

【裁判结果】

2021年7月29日，法院判决被告李某支付原告邹某劳务费78,100元。（资料来源：中国裁判文书网）

关联法规

《消费者权益保护法》第4条，《劳动合同法》第3条，《个人独资企业法》第4条，《合伙企业法》第5条，《证券法》第4条，《保险法》第5条，《票据法》第10条，《商业银行法》第5条，《信托法》第5条，《证券投资基金法》第4条，《反不正当竞争法》第2条，《拍卖法》第4条，《招标投标法》第5条，《民事诉讼法》第13条

第八条　【守法与公序良俗原则】民事主体从事民事活动，不得违反法律，不得违背公序良俗。

条文注解

公序良俗,是指公共秩序和善良习俗。守法和公序良俗原则要求自然人、法人和非法人组织在从事民事活动时,不得违反各种法律的强制性规定,不得违背公共秩序和善良习俗。

守法和公序良俗原则又可以细分为两项具体要求:(1)民事主体从事民事活动不得违反法律。这里的法律不仅包括民事法律,还包括其他部门法。所谓不得违反法律,就是要求不得违反法律的强制性规定。(2)民事主体从事民事活动不得违背公序良俗。不得违背公序良俗原则,就是不得违背公共秩序和善良习俗。公共秩序,是指政治、经济、文化等领域的基本秩序和根本理念,是与国家和社会整体利益相关的基础性原则、价值和秩序,在以往的民商事立法中被称为社会公共利益,在英美法系中也被称为公共政策。善良习俗,是指基于社会主流道德观念的习俗,也被称为社会公共道德,是全体社会成员所普遍认可、遵循的道德准则。善良习俗具有一定的时代性和地域性,随着社会成员的普遍道德观念的改变而改变。公共秩序强调的是国家和社会层面的价值理念,善良习俗突出的则是民间的道德观念,二者相辅相成,互为补充。

案例注解

【案例】邹某玲诉某医院医疗服务合同纠纷案

【基本案情】

2020年,邹某玲与丈夫陈某平因生育障碍问题,为实施试管婴儿辅助生育手术到被告湖南省某医院处进行助孕治疗,并于2020年10月1日签署了《助孕治疗情况及配子、胚胎处理知情同意书》等材料。因邹某玲的身体原因暂不宜实施胚胎移植手术,被告对符合冷冻条件的4枚胚胎于当日进行冷冻保存。2021年5月29日,陈某平死亡。后邹某玲要求被告继续为其实施胚胎移植手术,但被告以不能够为单身妇女实施辅助生殖术为由拒绝。

【裁判要旨】

根据《民法典》第8条规定,民事主体从事民事活动,不得违反法律,不得违背公序良俗。本案例中,有关行政规范性文件规定"禁止给单身妇女实施人类辅助生殖技术",但原告是否属于条文中的"单身妇女"需要结合规范目的及本案的案情综合看待。"单身妇女"应当指未有配偶者到医院实施人类辅助生殖技术的情形,原告是已实施完胚胎培育后丧偶的妇女,与上述规定所指实施胚胎移植手术的单身妇女有本质区别。目前对于丧偶妇女要求继续移植与丈夫已受精完成的胚胎进行生育,法律并无禁止性规定。原告欲继续实施人类辅助生殖,既是为了寄托对丈夫的哀思,也是为人母的责任与担当的体现,符合人之常情和社会公众一般认知,不违背公序良俗,应予支持。

【裁判结果】

法院判决湖南省某医院继续履行与原告的医疗服务合同。(资料来源:最高人民法院网)

关联法规

《保险法》第 4 条,《公司法》第 19 条,《合伙企业法》第 7 条,《个人独资企业法》第 4 条,《妇女权益保障法》第 7 条

第九条 【绿色原则】民事主体从事民事活动,应当有利于节约资源、保护生态环境。

条文注解

本条规定的绿色原则与其他原则的表述有所不同,其他原则使用了“应当遵循”“不得违反”等表述,而本条使用的是“应当有利于”的表述。尽管有这种不同,但绿色原则作为《民法典》的基本原则,仍具有重要作用:一是确立国家立法规范民事活动的基本导向,即要以节约资源、保护生态环境作为重要的考量因素;二是要求民事主体本着有利于节约资源、保护生态环境的理念从事民事活动,树立可持续发展的观念;三是司法机关在审判民事案件,适用民事法律规定时,要加强对节约资源、保护生态环境的民事法律行为的保护。

关联法规

《宪法》第 9 条,《环境保护法》第 6 条,《土地管理法》第 39 条,《民法典》第 346 条、第 509 条第 3 款、第 625 条,《民法典》侵权责任编第七章

第十条 【法律适用】处理民事纠纷,应当依照法律;法律没有规定的,可以适用习惯,但是不得违背公序良俗。

条文注解

人民法院、仲裁机构等在处理民事纠纷时,首先应当依照法律。这里的法律是指广义的法律,包括全国人大及其常委会制定的法律和国务院制定的行政法规,也不排除地方性法规、自治条例和单行条例等。

本条还规定,法律没有规定的,可以适用不违背公序良俗的习惯。习惯是指在一定地域、行业范围内长期为一般人确信并普遍遵守的民间习惯或者商业惯例。适用习惯受到两个方面的限制:一是适用习惯的前提是法律没有规定。所谓法律没有规定,就是相关的法律、行政法规、地方性法规对特定民事纠纷未作出规定。二是所适用的习惯不得违背公序良俗。因此,并非所有的习惯都可以作为处理民事纠纷的依据,只有不违背公序良俗的习惯才可以适用,当然适用习惯也不得违背法律的基本原则。

案例注解

【案例(2021)桂1031民初814号】丈夫将夫妻共同财产赠与婚外情第三者被判无效。

【基本案情】

原告吴某与被告郅某系夫妻关系,于2012年7月17日登记结婚。2020年10月,原告无意间发现被告郅某与被告肖某之间自2018年10月起存在不正当男女关系,并且发现被告郅某长期私自将夫妻共同财产赠与肖某,初步核实的就有将近6万元。原告认为被告郅某无权私自处分夫妻共同财产,而肖某在明知被告已有配偶、有家室的情况下,仍然接受被告郅某赠与,其主观恶意明显,不属于善意第三人。且严重违反公序良俗。原告为此请求法院确认被告郅某赠与行为无效,并判令肖某向原告返还其夫妻共同财产228,822.33元并支付利息。

被告郅某辩称这些支出都是其日常工作、生活中人情往来的正常支出,根据法律规定,夫妻一方的日常消费支出可以自由安排,无须征得对方同意。认为原告诉求都是于法无据,请人民法院予以驳回。

被告肖某辩称,其跟被告郅某在正常的工作接触中认识。因双方互相认可,有比较多的共同话题,成为比较要好的朋友。在与被告郅某的接触过程中,确实收取了被告郅某支付的部分款项,但其中大部分款项,都是被告郅某支付的服务小费和被告郅某的正常开支,原告诉求于法无据。但不愿破坏原告与被告郅某之间的夫妻关系,同意在庭审结束5日内,将被告郅某有权并自愿赠与的9888元无息返还。

【裁判要旨】

《民法典》第8条规定,民事主体从事民事活动,不得违反法律,不得违背公序良俗。夫妻在婚姻关系存续期间所取得的财产除法定应当归夫妻一方的情形外,原则上属于夫妻共同财产。夫妻对其共同财产有平等的处理权。本案中,被告郅某在婚姻关系存续期间与婚外异性进行感情交往并将共同存款等夫妻共同财产赠与该第三者肖某的行为系擅自处分夫妻共同财产,该行为侵害了夫妻另一方对该共同财产的合法权利。而肖某取得该财产并无合法依据,构成不当得利。原告作为夫妻另一方可基于其对该共同财产的合法权利向婚外第三者肖某主张不当得利返还请求权。

【裁判结果】

2021年6月15日,法院一审判决被告郅某向被告肖某的赠与行为无效;

被告肖某于本判决生效之日起10日内返还原告吴某人民币228,822.33元。(资料来源:中国裁判文书网)

【案例】马某臣、段某娥诉于某艳探望权纠纷案

【基本案情】

原告马某臣、段某娥系马某豪父母。被告于某艳与马某豪原系夫妻关系,两人于2018年2月14日办理结婚登记,2019年6月30日生育女儿马某。2019年8月14日,马某豪在工作时因电击意外去世。目前,马某一直随被告于某艳共同生活。原告因探望孙女马某与被告发生矛盾,协商未果,现诉至法院,请求判令:每周五下午六点原告从被告处将马某接走，周日下午六点被告将马某从原告处接回；寒暑假由原告陪伴马某。

【裁判要旨】

本案中，马某臣、段某娥夫妇老年痛失独子，要求探望孙女是人之常情，符合《民法典》立法精神。马某臣、段某娥夫妇探望孙女，既可缓解老人丧子之痛，也能使孙女从老人处得到关爱，有利于其健康成长。我国祖孙三代之间的关系十分密切，一概否定（外）祖父母对（外）孙子女的探望权不符合公序良俗。因此，对于马某臣、段某娥要求探望孙女的诉求，人民法院予以支持。

【裁判结果】

法院遵循有利于未成年人成长原则，综合考虑马某的年龄、居住情况及双方家庭关系等因素，判决马某臣、段某娥对马某享有探望权，每月探望两次，每次不超过5个小时，于某艳可在场陪同或予以协助。（资料来源：最高人民法院网）

关联法规

《民法典》第289条、第1015条第2款，《最高人民法院关于适用〈中华人民共和国民法典〉总则编若干问题的解释》第1、2条

第十一条 【优先适用特别法】其他法律对民事关系有特别规定的，依照其规定。

条文注解

关于一般法与特别法的关系，《立法法》对此有专门规定。《立法法》第103条规定，同一机关制定的法律，特别规定与一般规定不一致的，适用特别规定。

对于《民法典》的规范适用问题，需要注意：首先，总则编也是一般性规定，其他各分编中对相同问题有特殊规定的，应当先适用其他各分编的规定。比如，总则编第153、154条属于一般规定，合同编第497条则属于特别规定，对于格式合同条款的效力问题，则应当优先适用合同编第497条的规定。其次，相较于其他民事单行法律而言，《民法典》各分编则属于一般性规定，在民事单行法律有特别规定时，需要优先适用民事单行法律。比如，总则编第188条规定，向人民法院请求保护民事权利的诉讼时效期间为3年。法律另有规定的，依照其规定。最后，《民法典》中物权编、合同编、人格权编、婚姻家庭编、继承编、侵权责任编之间的相互关系，需要根据《民法典》的规定来确定适用的法律规范。比如，合同编第464条第2款规定，婚姻、收养、监护等有关身份关系的协议，适用有关该身份关系的法律规定；没有规定的，可以根据其性质参照适用该编规定。

第十二条 【效力范围】中华人民共和国领域内的民事活动，适用中华人民共和国法律。法律另有规定的，依照其规定。

条文注解

中华人民共和国领域包括中华人民共和国领土、领空、领海，以及根据国际法视为我国领域的我国驻外使馆，国籍为中国的船舶、航空器等。在中华人民共和国领域内的民事活动，一般来说都得适用我国法律。

本条的但书规定，法律另有规定的，依照其规定。其中最为重要的就是涉外民事关系的法律适用问题，关于涉外民事关系的法律适用，《涉外民事关系法律适用法》有专门的规定。

关联法规

《涉外民事关系法律适用法》第3条，《海商法》第269条

第二章 自 然 人

第一节 民事权利能力和民事行为能力

第十三条 【自然人民事权利能力的起止】自然人从出生时起到死亡时止，具有民事权利能力，依法享有民事权利，承担民事义务。

条文注解

民事权利能力，是指民事主体参与民事法律关系，享有民事权利、承担民事义务的法律资格。法律规定了自然人的民事权利能力，也就确认了自然人的民事主体地位，这是自然人参与民事法律关系，依法享有民事权利、承担民事义务的前提。自然人的民事权利能力既包括自然人享有民事权利的资格，也包括自然人承担民事义务的资格。

通常认为，民事权利能力具有不可剥夺的特征。民事权利能力始于出生，终于死亡。自然人生存期间，其民事权利能力不会丧失、消灭。法律不会对自然人的民事权利能力进行限制或者剥夺。自然人受到刑事处罚、丧失民事行为能力，即使在监狱服刑，或者被判处剥夺政治权利，也并不会导致民事权利能力的减损或者消灭，自然人的民事权利能力这一法律资格不受影响。

依据本条规定，自然人的民事权利能力始于出生，终于死亡。出生是自然人脱离母体并生存的法律事实。一般认为，出生须具备两项要件：一是胎儿与母体分离。与母体分离之前为胎儿，分离之后即成为法律上的人。二是与母体分离之际保有生命。胎儿与母体分离之际无生命的，是死体。分离之际保有生命的，是“出生”，而无论其出生后生命延续的时间长短。

第十四条 【自然人民事权利能力平等】自然人的民事权利能力一律平等。

第十五条 【自然人出生和死亡时间的判断标准】自然人的出生时间和死亡时间，以出生证明、死亡证明记载的时间为准；没有出生证明、死亡证明的，以户籍登记或者其他有效身份登记记载的时间为准。有其他证据足以推翻以上记载时间的，以该证据证明的时间为准。

条文注解

本条将出生证明、死亡证明记载的时间作为确定自然人出生时间、死亡时间的最基本依据。

出生证明，即出生医学证明，记载有新生儿的姓名、性别、出生时间、父母姓名等。出生证明是记载出生时间的原始凭证，具有证明出生时间的准确性和规范性，因此本条将出生证明记载的时间作为确定自然人出生时间的最基本的依据。

死亡证明，是指有关单位出具的证明自然人死亡的文书。主要包括以下几类：公民死于医疗单位的，由医疗单位出具死亡医学证明书；公民正常死亡但无法取得医院出具的死亡证明的，由社区、村(居)委会或者基层卫生医疗机构出具证明；公民非正常死亡或者卫生医疗机构不能确定是否属于正常死亡的，由公安司法部门出具死亡证明；死亡公民已经火化的，由殡葬部门出具火化证明。死亡证明是记载死亡时间的原始凭证，具有证明死亡时间的准确性和规范性，因此本条将死亡证明记载的时间作为确定自然人死亡时间的最基本的依据。

依据本条规定，没有出生证明、死亡证明的，以户籍登记或者其他有效身份登记记载的时间为准。户籍登记是国家公安机关按照国家户籍管理法律法规，对公民的身份信息进行登记记载的制度。

本条规定的户籍登记以外的其他有效身份登记，包括我国公民居住证、港澳同胞回乡证、台湾居民的有效旅行证件、外国人居留证等。

出生证明、死亡证明以及户籍登记或者其他有效身份登记记载的时间由于各种原因，也有可能出现记载错误的情况。如果有其他证据足以推翻出生证明、死亡证明以及户籍登记或者其他有效身份登记记载的时间的，应以该证据证明的时间为准。

关联法规

《户口登记条例》第7、8条，《居住证暂行条例》第2、4条，《出境入境管理法》第30、33条

第十六条 【胎儿利益的特殊保护】涉及遗产继承、接受赠与等胎儿利益保护的,胎儿视为具有民事权利能力。但是,胎儿娩出时为死体的,其民事权利能力自始不存在。

条文注解

自然人的民事权利能力始于出生,胎儿尚未与母体分离,不是独立的自然人,不能依据民事权利能力的一般规定进行保护。本条从法律上明确规定胎儿在特定情形下视为具有民事权利能力。

本条将胎儿利益保护的范围规定为"涉及遗产继承、接受赠与等胎儿利益保护的"。在这些情形下,胎儿视为具有民事权利能力。此处的"遗产继承"不仅包括法定继承,也包括遗嘱继承、遗赠。胎儿是法定继承人的,按照法定继承取得相应的遗产份额;有遗嘱的,胎儿按照遗嘱继承取得遗嘱确定的份额。胎儿不是法定继承人的,被继承人也可以立遗嘱将个人财产赠与胎儿,将来按遗赠办理,胎儿取得遗产继承权。"接受赠与"指赠与人可以将财产赠与胎儿,胎儿此时视为具有民事权利能力,享有接受赠与的权利。除了遗产继承和接受赠与,实践中还有其他涉及胎儿利益保护的情况,因此本条用了一个"等"字,没有限定在继承范围以内,原则上也包括侵权等其他需要保护胎儿利益的情形。

案例注解

【案例(2022)湘1121民初2119号】丈夫交通事故中遇难,妻子腹中胎儿获得抚养费支持。

【基本案情】

2022年4月15日7时48分许,唐某驾驶货车途经国道322线1399公里400米处时,因未按规定会车,与对向吕某驾驶的半挂牵引车相撞,造成两车受损及唐某受伤送往医院后抢救无效死亡的道路交通事故。2022年5月12日,祁阳市公安交警大队作出《道路交通事故认定书》认定,唐某、吕某分别承担此次道路交通事故的同等责任。事故发生后,唐某被送往祁阳市中医医院抢救治疗,于2022年4月19日因失血性休克死亡,其间共花费医疗费93,074.23元。保险公司共垫付了59,178元(其中医疗费18,000元、丧葬费41,178元)。唐某妻子李某、父亲唐某某、母亲饶某、儿子唐某1、女儿唐某2五原告将被告吕某和车辆挂靠的A公司以及车辆保险公司诉至法院,要求赔偿总损失1,647,404.9元中的923,702.45元,其中包含李某目前处于妊娠中的第三胎胎儿的抚养费。

【裁判要旨】

《民法典》第16条规定:涉及遗产继承、接受赠与等胎儿利益保护的,胎儿视为具有民事权利能力。本案中,李某虽然第三胎正处于妊娠中,但根据《民法典》相关规定并结合司法实践、当地社会状况及经济发展水平等情况,其请求给付被扶养人生活费,不违反法律规定,应予以支持。

【裁判结果】

经法院核定,五原告的具体损失核定为合计1,647,439.23元,其中包括胎儿抚养费192,181.2元。被告保险公司在交强险赔偿限额内应赔偿198,000元。剩余损失1,449,439.23元,由被告保险公司按商业三者险合同承担责任。因被告吕某在本次事故中负同等责任,故保险公司应在商业三者险中按50%的比例赔偿五原告剩余损失724,719.6元,即保险公司共计赔偿922,719.6元,扣除其已垫付的59,178元,还应赔偿五原告各项损失863,541.6元。

2022年7月7日,法院判决被告中国平安财产保险股份有限公司××支公司于本判决发生法律效力之日起5日内在交强险和商业三者险限额内一次性赔偿原告李某等五原告因唐某交通事故死亡所造成的各项损失共计863,541.6元。(资料来源:中国裁判文书网)

关联法规

《最高人民法院关于适用〈中华人民共和国民法典〉总则编若干问题的解释》第4条

第十七条 【成年人与未成年人的年龄标准】十八周岁以上的自然人为成年人。不满十八周岁的自然人为未成年人。

条文注解

区分成年人与未成年人的法律意义主要有以下几个方面:一是判断民事法律行为的效力。成年人可以独立实施民事法律行为,未成年人只可以独立实施部分民事法律行为,实施其他民事法律行为要经过法定代理人的同意或者追认。二是确定婚姻家庭关系中的权利义务。本法规定了父母、祖父母、外祖父母或者兄姐等近亲属对未成年人的抚养义务。三是设立监护。为了保护未成年人的人身、财产权利及其他合法权益,对未成年人应当设立监护人。父母是未成年人的监护人,未成年人的父母已经死亡或者没有监护能力的,依法由其他有监护能力的人担任监护人。但法律只对丧失或者部分丧失民事行为能力的成年人设立监护,依法确定监护人。

关联法规

《宪法》第34条,《未成年人保护法》第2条

第十八条 【完全民事行为能力人】成年人为完全民事行为能力人,可以独立实施民事法律行为。

十六周岁以上的未成年人,以自己的劳动收入为主要生活来源的,视为完全民事行为能力人。

条文注解

民事行为能力，是指民事主体独立参与民事活动，以自己的行为取得民事权利或者承担民事义务的法律资格。《民法典》根据自然人辨认识别能力的不同，将自然人的民事行为能力分为完全民事行为能力、限制民事行为能力和无民事行为能力。

依据本条第1款规定，成年人，即年满18周岁的自然人，具有完全民事行为能力，为完全民事行为能力人，可以独立实施民事法律行为，并独立对民事法律行为的法律后果负责。但是，本条规定的成年人指辨认识别能力正常的成年人，对于辨认识别能力不足的成年人则根据具体情况的不同归为限制民事行为能力人或者无民事行为能力人，不属于本条规定的范围。

依据本条第2款规定，16周岁以上的未成年人，如果以自己的劳动收入为主要生活来源的，表明其已经具备成年人的辨认识别能力，可以独立实施民事法律行为，独立承担民事法律行为的后果，因此可以视为完全民事行为能力人。

关联法规

《劳动法》第15条，《预防未成年人犯罪法》第27条

第十九条 【限制民事行为能力的未成年人】八周岁以上的未成年人为限制民事行为能力人，实施民事法律行为由其法定代理人代理或者经其法定代理人同意、追认；但是，可以独立实施纯获利益的民事法律行为或者与其年龄、智力相适应的民事法律行为。

条文注解

依据本条规定，8周岁以上的未成年人为限制民事行为能力人，心智发育仍然不够成熟，实施民事法律行为一般应当由其法定代理人代理，或者经其法定代理人同意、追认。同意是指事前同意，即限制民事行为能力的未成年人实施民事法律行为要经法定代理人的事前同意；追认指事后追认，即限制民事行为能力的未成年人实施的民事法律行为要经过法定代理人的事后追认，才能对该未成年人发生效力。但是，8周岁以上的未成年人已经具有一定的辨认识别能力，法律应当允许其独立实施一定的民事法律行为。可以独立实施的民事法律行为包括两类：一类是纯获利益的民事法律行为，如接受赠与等。限制民事行为能力的未成年人通常不会因这类行为遭受不利益，可以独立实施。另一类是与其年龄、智力相适应的民事法律行为，如8周岁的儿童购买学习用品等。限制民事行为能力的未成年人对实施这类行为有相应的认知能力，可以独立实施。

关联法规

《广告法》第33条,《公证法》第31条,《保险法》第39条,《婚姻登记条例》第14条,《最高人民法院关于适用〈中华人民共和国民法典〉总则编若干问题的解释》第5条

第二十条　【无民事行为能力的未成年人】不满八周岁的未成年人为无民事行为能力人,由其法定代理人代理实施民事法律行为。

条文注解

依据本条规定,8周岁以下的儿童不具有独立从事民事法律行为的资格,要由其法定代理人代理实施民事法律行为。例如,不满8周岁的儿童购买玩具的行为,都需要由父母等法定代理人代理实施。

第二十一条　【无民事行为能力的成年人】不能辨认自己行为的成年人为无民事行为能力人,由其法定代理人代理实施民事法律行为。

八周岁以上的未成年人不能辨认自己行为的,适用前款规定。

条文注解

本法根据认识判断能力的不同,对这些成年人作了进一步的区分,分为两类:一是不能辨认自己行为的成年人;二是不能完全辨认自己行为的成年人。不能辨认自己行为的成年人,是指对普通的事物和行为欠缺基本的认识判断能力,也不能正常预见自己行为的法律后果的成年人。不能完全辨认自己行为的成年人,是指对比较复杂的行为不能作出正确的认识判断,也不能完全预见到自己行为的法律后果的成年人。第一类成年人为无民事行为能力人,由本条第1款作出规定。第二类成年人为限制民事行为能力人,由本法第22条作出规定。

需要注意的是,本条第1款中的"不能辨认自己行为"和第22条中的"不能完全辨认自己行为",是指辨认识别能力不足处于一种持续的状态,不能是暂行性或者短暂的状态,如因酗酒、滥用麻醉用品或者精神药品,对自己的行为暂时没有辨认识别能力的成年人,不属于本法所称的无民事行为能力人或者限制民事行为能力人。

第二十二条 【限制民事行为能力的成年人】不能完全辨认自己行为的成年人为限制民事行为能力人,实施民事法律行为由其法定代理人代理或者经其法定代理人同意、追认;但是,可以独立实施纯获利益的民事法律行为或者与其智力、精神健康状况相适应的民事法律行为。

条文注解

因智力障碍、精神障碍以及其他疾病导致不能完全辨认自己行为的成年人,均为限制民事行为能力人。限制民事行为能力的成年人对普通的事物和行为有基本的认识判断能力,但对于比较复杂的事物或者比较重大的行为缺乏判断能力和自我保护能力,并且不能预见其行为后果。限制民事行为能力的成年人实施民事法律行为一般由其法定代理人代理或者经其法定代理人同意、追认,但也可以独立实施一定的民事法律行为。

关于"与其智力、精神健康状况相适应"的认定,应当结合限制民事行为能力的成年人的智力、精神健康状况、行为的性质、标的数额等因素综合判断,具体情况具体分析,没有统一的标准。如果该成年人所从事的民事法律行为与其智力、精神健康状况不相适应,需经其法定代理人事前同意或者事后追认;如果该成年人所从事的民事法律行为与其智力、精神健康状况相适应,不需经其法定代理人同意或者追认,即有效。

案例注解

【案例(2021)鲁0104民初341号】限制民事行为能力人郭某借贷行为被认定无效案

【基本案情】

被告郭某、被告李某系夫妻关系。原告诉称,2019年7月26日,被告郭某向原告借款34,500元,约定借款利息为日利率5%,后原告依照约定将款项支付给了被告。经原告多次催讨,被告拒不偿还借款本金及利息。为此诉至法院,请求判令二被告支付借款本金34,500元及违约金3450元,利息暂计6670.7元。

被告郭某辩称,其认可借款3万元,但借款合同应属于无效,因郭某于2020年9月3日被法院判决宣告为限制民事行为能力人,其借款合同应属于无效,不应承担违约金及相关利息。同意偿还本金。

被告李某辩称,原告主张的借款系被告郭某以其个人名义进行的,李某对借款不知情,原告将其借款借给郭某时知道郭某处于离婚状态,再者涉案借款郭某也没有用于夫妻共同生活,不属于夫妻共同债务,故李某不同意偿还。

【裁判要旨】

《民法典》第22条规定,不能完全辨认自己行为的成年人为限制民事行为能力人，实施民事法律行为由其法定代理人代理或者经其法定代理人同意、追认；但是，可以独立实施纯获利益的民事法律行为或者与其智力、精神健康状况相适应的民事法律行为。本案中，被告郭某已经法院宣告为限制民事行为能力人，其借款行为也不属于纯获利益行为，且未经其法定代理人追认，因此其借款行为无效，不应承担借款利息，但应返还所借款本金。

【裁判结果】

2021 年 2 月 8 日，法院判决被告郭某于判决生效之日起 10 日内向原告张某返还借款 30,000 元。（资料来源：中国裁判文书网）

第二十三条 【法定代理人】无民事行为能力人、限制民事行为能力人的监护人是其法定代理人。

第二十四条 【无民事行为能力人或限制民事行为能力人的认定与恢复】不能辨认或者不能完全辨认自己行为的成年人，其利害关系人或者有关组织，可以向人民法院申请认定该成年人为无民事行为能力人或者限制民事行为能力人。

被人民法院认定为无民事行为能力人或者限制民事行为能力人的，经本人、利害关系人或者有关组织申请，人民法院可以根据其智力、精神健康恢复的状况，认定该成年人恢复为限制民事行为能力人或者完全民事行为能力人。

本条规定的有关组织包括：居民委员会、村民委员会、学校、医疗机构、妇女联合会、残疾人联合会、依法设立的老年人组织、民政部门等。

条文注解

本条规定针对的是不能辨认或者不能完全辨认自己行为的成年人。未成年人虽然也有无民事行为能力人或者限制民事行为能力人，但未成年人辨认识别能力不足主要是年龄的原因，随着年龄的增长，社会阅历和知识会不断增加，到了 18 周岁自然就成为完全民事行为能力人。而无民事行为能力或者限制民事行为能力的成年人辨认识别能力不足，往往是先天因素或者疾病、事故原因造成的，短时期内难以恢复，有的甚至是不可逆转的。将不能辨认或者不能完全辨认自己行为的成年人，认定为无民事行为能力人或者限制民事行为能力人，一是对该成年人就可以依照法定程序选任监护人，保护其人身权益、财产权益及其他合法权益。二是法定代理人可以通过主张该成年人所实施的民事法律行为无效，或者撤销该民事法律行为，避免该成年人的权益受到损害。三是有利于保护交易安全。交易相对人可以事先决定是否与该成年人进行交易。如果在不知情的情况下进行了交易，相对人也可以通过催告法定代理人及时予以追认或者依法撤销该民事法律行为，尽快确定民事法律行为的效力。

依据本条规定，该认定需要向法院提出申请，并需要由法院作出判决，主要原因是无民事行为能力或者限制民事行为能力的认定对成年人的权益影响重大。将成年人认定为无民事行为能力人或者限制民事行为能力人，既是对辨认识别能力不足的成年人的保护，也是对这些成年人自由实施民事法律行为的限制，因此必须通过法定程序进行。此外，这些成年人辨认识别能力缺失的程度也有所不同，一般人难以认定，宜由法院综合各方面情况作出判断。

需要注意的是，利害关系人的情况比较复杂，其具体范围无法通过立法明确规定，应当具体情况具体分析。一般而言，对于第 1 款规定的"利害关系人"的范围，主要包括本人的近亲属、债权债务人等。对于第 2 款规定的"利害关系人"的范围，主要包括本人的监护人、债权债务人等。但具体案件中，这些主体是否都有资格向法院提出申请，也要在个案中根据实际情况作出判断。认定利害关系人是不是适格的申请主体，需要看本人的民事行为能力状况对其是否有重要意义或者影响。例如，本人的债务人如果不是为了确定民事法律行为的效力，也不得向法院申请认定其为无民事行为能力人、限制民事行为能力人。

关联法规

《民事诉讼法》第 198～201 条

第二十五条 【自然人的住所】自然人以户籍登记或者其他有效身份登记记载的居所为住所；经常居所与住所不一致的，经常居所视为住所。

条文注解

住所，是指民事主体进行民事活动的中心场所或者主要场所。自然人的住所一般指自然人长期居住、较为固定的居所。自然人的住所对婚姻登记、宣告失踪、宣告死亡、债务履行地、司法管辖、诉讼送达等具有重要的法律意义。居所，是指自然人实际居住的一定处所，其与住所的区别是，一个自然人可以同时有两个或者多个居所，但只能有一个住所。一般的居所都是自然人临时居住，为暂时性的，住所则为长期固定的。

依据本条规定，自然人以户籍登记或者其他有效身份登记记载的居所为住所，"其他有效身份登记"主要包括居住证和外国人的有效居留证件等。

关联法规

《户口登记条例》第 6 条，《居住证暂行条例》第 2、4 条，《民事诉讼法》第 22、23 条

第二节 监 护

第二十六条 【父母子女之间的法律义务】父母对未成年子女负有抚养、教育和保护的义务。

成年子女对父母负有赡养、扶助和保护的义务。

案例注解

【案例(2021)湘1003民初1809号】原告陈某1要求子女支付赡养费获法院支持。

【基本案情】

原告陈某1与其妻浦某(已病故)共生育子女七人,即长子被告陈某2、次子被告陈某3、三子陈某龙(已故,其妻被告王某)、四子被告陈某4,长女被告陈某5、次女被告陈某6、三女被告陈某7。2016年,原告陈某1及其妻与其子女陈某2、陈某3、被告陈某4,陈某5、陈某6、陈某7因赡养问题发生纠纷后,法院于2016年6月22日作出(2016)云0381民初1474号民事判决书判决:(1)从2016年7月1日起,由被告陈某2、陈某3、陈某4、陈某5、陈某6、陈某7每人每月给付原告陈某1夫妇赡养费人民币189.72元,直至不具备领取条件。(2)今后二原告住院治疗所产生的相关费用,由六被告平均负担。之后,各方按判决履行义务。2020年农历六月初九,浦某去世。2020年8月19日,原告、被告协商后,原告陈某1被被告陈某2、陈某3、王某、陈某4四家接回轮流赡养(按每家一个月轮流),其间原告向其女儿陈某5、陈某6、陈某7诉说被告陈某2、陈某3、王某、陈某4四家在对其赡养过程中不尽孝道等;2021年6月9日夜,被告陈某5将原告从陈某2家接出送医院住院;2021年6月15日,原告向法院提起诉讼,请求法院判令由七被告每人每月支付原告赡养、生活护理费400元、医疗费200元;并由七被告履行对原告生活上照顾、精神上慰藉的义务。

审理中,原告要求住女儿陈某6家生活,由七被告每人每月支付生活费人民币300元,所产生的医疗费由七被告均担,由被告雇工护理其生活;被告陈某5、陈某6、陈某7同意原告意见;被告陈某2、陈某3、王某、陈某4要求按原来轮流赡养的方式轮流赡养,调解未能达成协议。

【裁判要旨】

《民法典》第26条规定,父母对未成年子女负有抚养、教育和保护的义务。成年子女对父母负有赡养、扶助和保护的义务。成年子女不履行赡养义务的,缺乏劳动能力或者生活困难的父母,有要求成年子女给付赡养费的权利。本案中,原告作为被告父亲,有权要求成年子女承担赡养义务。

【裁判结果】

2021年7月21日,法院判决原告陈某1去被告陈某6家居住生活,由被告陈某2、陈某3、王某、陈某4、陈某5、陈某6、陈某7自2021年7月起每人每月给付原告陈某1赡养费人民币131.77元(在每月28日前);由陈某2、陈某3、王某、陈某4、陈某5、陈某7自2021年7月起每月每人支付给被告陈某6人民币500元,原告陈某1由被告陈某6雇工护理或自己护理。原告自2021年7月起检查、就诊、住院治疗所产生的医疗费用由七被告平均承担。(资料来源:中国裁判文书网)

关联法规

《宪法》第49条,《老年人权益保障法》第14条,《教育法》第50条,《未成年人保护法》第15条

第二十七条 【未成年人的监护人】父母是未成年子女的监护人。

未成年人的父母已经死亡或者没有监护能力的,由下列有监护能力的人按顺序担任监护人:

(一)祖父母、外祖父母;

(二)兄、姐;

(三)其他愿意担任监护人的个人或者组织,但是须经未成年人住所地的居民委员会、村民委员会或者民政部门同意。

条文注解

本条第1款规定,父母无条件地成为未成年人的法定监护人。只有在父母死亡或者没有监护能力的情况下,才可以由其他个人或者有关组织担任监护人。

本条第2款对父母之外的其他个人或者组织担任监护人作出了规定。第2款在原《民法通则》相关规定的基础上,主要从两个方面进行了完善:一是规定父母之外具有监护能力的人"按顺序"担任监护人;二是增加了有关"组织"担任监护人的规定。

实践中,有些情况下具有监护资格的人互相推脱,都不愿意担任监护人,导致监护无从设立,无民事行为能力人或者限制民事行为能力人的权益得不到保护。针对以上问题,本条明确具有监护资格的人按照顺序担任监护人,主要目的在于防止具有监护资格的人之间互相推卸责任。如果两个或者两个以上具有监护资格的人,都愿意担任监护人,也可以按照本条规定的顺序确定监护人,或者依照本法第30条规定进行协商;协商不成的,按照本法第31条规定的监护争议解决程序处理,由居民委员会、村民委员会、民政部门或者人民法院按照最有利于被监护人的原则指定监护人,不受本条规定的"顺序"的限制,但仍可作为依据。

第二十八条　【无、限制民事行为能力的成年人的监护人】无民事行为能力或者限制民事行为能力的成年人，由下列有监护能力的人按顺序担任监护人：

（一）配偶；

（二）父母、子女；

（三）其他近亲属；

（四）其他愿意担任监护人的个人或者组织，但是须经被监护人住所地的居民委员会、村民委员会或者民政部门同意。

条文注解

本条规定的需要设立监护的成年人为无民事行为能力人或者限制民事行为能力人，包括因智力、精神障碍以及因年老、疾病等各种原因，导致辨认识别能力不足的成年人。对成年人监护，要正确区分失能与失智的区别。失能是失去生活自理能力，失智即辨认识别能力不足。失能的成年人未必需要监护，只有失智的成年人需要监护。此外，还应当区分长期照护（护理）和监护的区别：从对象上看，照护的对象既包括失智成年人，也包括失能成年人；监护的对象仅针对失智成年人。从内容上看，照护仅限于生活上的照料和安全上的保护，不涉及人身权益保护的安排、财产的管理等事项；监护是对失智成年人人身、财产等各方面权益的保护和安排。

案例注解

【案例（2023）沪0105民特290号】原告吉某1申请担任父亲监护人获法院支持

【基本案情】

申请人吉某1是被申请人吉某2与李某的独生女儿。父亲吉某2出生于1949年2月28日，现年74岁，爷爷奶奶均已去世。母亲李某因脑梗死于2023年3月入住上海市××院护理院至今，目前身体状况一般，认知能力略差，无法沟通和交流。吉某2有高血压、糖尿病、脑梗死病史，2020年因在家突发头晕、呕吐被紧急送医，被医院诊断为脑梗死，出院后一直伴随有脑梗死后遗症，后于2023年2月28日入住上海市××院护理院休养至今，目前卧床不起，大小便失禁，日常生活和个人卫生需要医护人员照料。华东政法大学司法鉴定中心于2023年10月27日对被申请人吉某2的民事行为能力进行了鉴定，该中心于2023年11月1日出具司法鉴定意见书，鉴定意见：（1）被申请人吉某2现患有器质性精神障碍；（2）被申请人吉某2目前评定为无民事行为能力。为帮助被申请人吉某2管理其财产及日常事务，吉某1向法院申请宣告父亲吉某2为无民事行为能力人，并指定申请人担任被申请人的监护人。

【裁判要旨】

《民法典》第28条规定，无民事行为能力或者限制民事行为能力的成年人，由下列有监护能力的人按顺序担任监护人：(1)配偶；(2)父母、子女；(3)其他近亲属；(4)其他愿意担任监护人的个人或者组织，但是须经被监护人住所地的居民委员会、村民委员会或者民政部门同意。本案中，被申请人的父母均已过世，配偶李某入住护理院至今，无监护能力。申请人吉某1作为被申请人的独生女，身体健康，也较为年轻，日常亦承担了照顾被申请人的职责，现要求担任被申请人的监护人，合法合理，应予支持。

【裁判结果】

2023年11月28日，法院判决被申请人吉某2为无民事行为能力人，指定申请人吉某1为被申请人吉某2的监护人。

第二十九条 【遗嘱指定监护人】被监护人的父母担任监护人的，可以通过遗嘱指定监护人。

条文注解

依据本条规定，被监护人(包括未成年人、无民事行为能力或者限制民事行为能力的成年人)的父母可以通过立遗嘱的形式为被监护人指定监护人，但前提是被监护人的父母正在担任监护人，如果父母因丧失监护能力没有担任监护人，或者因侵害被监护人合法权益被撤销监护人资格等不再担任监护人的，父母已不宜再通过立遗嘱的形式为被监护人指定监护人。

关于遗嘱指定监护与法定监护的关系，一般来说，遗嘱指定监护具有优先地位。遗嘱指定监护是父母通过立遗嘱选择值得信任并对保护被监护人权益最为有利的人担任监护人，应当优先于本法第27、28条规定的法定监护。遗嘱指定的监护人，也应当不限于本法第27、28条规定的具有监护资格的人。但是，遗嘱指定的监护人应当具有监护能力，能够履行监护职责。如果遗嘱指定后，客观情况发生变化，遗嘱指定的监护人因患病等原因丧失监护能力，或者因出国等各种原因不能够履行监护职责，就不能再执行遗嘱指定监护，应当依法另行确定监护人。

关联法规

《最高人民法院关于适用〈中华人民共和国民法典〉总则编若干问题的解释》第7条

第三十条 【协议确定监护人】依法具有监护资格的人之间可以协议确定监护人。协议确定监护人应当尊重被监护人的真实意愿。

条文注解

协议监护是确定监护人的方式之一，依据本条规定，协议监护具有以下几个特点：第一，协议主体必须是依法具有监护资格的人，即本法第27、28条规定的具有监护资格的人。未成年人的父母有监护能力的，不得与其他人签订协议，确定由其他人担任监护人，推卸自身责任。对于未成年人，协议监护只限于父母死亡或者没有监护能力的情况，协议的主体：(1)祖父母、外祖父母；(2)兄、姐；(3)经未成年人住所地的居民委员会、村民委员会或者民政部门同意的其他愿意担任监护人的个人或者有关组织。对于父母丧失监护能力的，父母可以不作为协议监护的主体，但对协议确定监护人也可以提出自己的意见，具有监护资格的人在协议确定未成年人的监护时，从有利于保护被监护人的利益出发，应当尽量予以尊重。对于无民事行为能力或者限制民事行为能力的成年人，协议的主体：(1)配偶；(2)父母、子女；(3)其他近亲属；(4)经该成年人住所地的居民委员会、村民委员会或者民政部门同意的其他愿意担任监护人的个人或者有关组织。第二，协议确定的监护人必须从具有监护资格的人中产生，不得在法律规定的具有监护资格的人之外确定监护人。在具有监护资格的人之外确定监护人的，协议监护无效。第三，协议监护是具有监护资格的人合意的结果，合意产生后，由协议确定的监护人担任监护人，履行监护职责。监护人一旦确定，即不得擅自变更，否则要承担相应的法律责任。

协议确定监护人对被监护人的利益影响重大，应当充分尊重被监护人的真实意愿。被监护人都是无民事行为能力人或者限制民事行为能力人，“尊重被监护人的真实意愿”不是简单地征求被监护人的意见，要结合多种情况进行综合考量判断，探求其内心真实的愿望。限制民事行为能力的未成年人和成年人已经具备了一定的认知判断能力以及较强的表达能力，协议确定监护人应当直接听取其意见，并对其意见是否反映其真实意愿，结合其他一些因素，如是否受到胁迫等进行判断。无民事行为能力的被监护人，不具有独立的认知判断能力，但这并不意味着这些被监护人没有真实意愿。对于无民事行为能力的被监护人，也应当结合各种情况，例如，被监护人与哪一个具有监护资格的人生活联系最为密切等因素，去发现并充分尊重被监护人的真实意愿，这对于保护被监护人的身心健康，具有重要意义。

案例注解

【案例(2023)沪0115民特695号】家庭成员协商一致监护人资格获法院支持

【基本案情】

申请人陆某系被申请人陆某友的独生女。被申请人在2019年5月首次因中风住院，2020年5月中风复发，2022年2月又因脑梗死住院。近年来被申请人表现痴呆，已丧失认知，难以辨认亲属，也不能进行正常沟通，已丧失自主生活能力，且无任何好转迹象。现家庭成员协商一致，认可申请人作为被申请人的监护人。故向法院申请宣告被申请人为无民事行为能力人，指定申请人为被申请人的监护人。经上海市精神卫生中心司法鉴定所鉴定，鉴定意见：被鉴定人陆某友患血管性痴呆，目前无民事行为能力。

【裁判要旨】

《民法典》第30条规定,依法具有监护资格的人之间可以协议确定监护人。协议确定监护人应当尊重被监护人的真实意愿。本案中,陆某友父母已去世,家庭成员协商同意由其女儿陆某担任陆某友的监护人,符合法律规定,应以支持。

【裁判结果】

2023年10月30日,法院判决被申请人陆某友为无民事行为能力人,指定陆某为其监护人。

关联法规

《最高人民法院关于适用〈中华人民共和国民法典〉总则编若干问题的解释》第8条

第三十一条 【监护争议解决程序】对监护人的确定有争议的,由被监护人住所地的居民委员会、村民委员会或者民政部门指定监护人,有关当事人对指定不服的,可以向人民法院申请指定监护人;有关当事人也可以直接向人民法院申请指定监护人。

居民委员会、村民委员会、民政部门或者人民法院应当尊重被监护人的真实意愿,按照最有利于被监护人的原则在依法具有监护资格的人中指定监护人。

依据本条第一款规定指定监护人前,被监护人的人身权利、财产权利以及其他合法权益处于无人保护状态的,由被监护人住所地的居民委员会、村民委员会、法律规定的有关组织或者民政部门担任临时监护人。

监护人被指定后,不得擅自变更;擅自变更的,不免除被指定的监护人的责任。

条文注解

本条第1款规定了对监护人的确定有争议情况下的两种解决途径:(1)由被监护人住所地的居民委员会、村民委员会或者民政部门指定监护人。该指定并没有终局效力。有关当事人对该指定不服的,可以向法院提出申请,由法院指定监护人。法院的指定具有终局效力,被指定的监护人应当履行监护职责,不得推卸。(2)有关当事人可以不经居民委员会、村民委员会或者民政部门的指定,直接向法院提出申请,由法院指定监护人。本款规定的"对监护人的确定有争议的"既包括争当监护人的情况,也包括推卸拒不担当监护人的情况,主要包括以下几类情形:①具有监护资格的人均认为自己适合担任监护人，争当监护人；②按照本法第27、28条规定的顺序应当担任监护人的，认为自己没有监护能力，无法履行监护职责或者认为其他具有监护资格的人更适宜担任监护人的；③后一顺序具有监护资格的人要求前一顺序具有监护资格的人依法履行监护职责的；④具有监护资格的人均推卸监护职责，拒不担当监护人的情况。对此，居民委员会、村民委员会或者民政部门应当介入，切实履行起指定监护的职责，依法指定监护人。本款中的两处“有关当事人”指对监护人的确定有争议的当事人。

本条第2款规定了居民委员会、村民委员会、民政部门或者人民法院指定监护人的原则：(1)应当尊重被监护人的真实意愿；(2)要按照最有利于被监护人的原则指定。“按照最有利于被监护人的原则”指定，是指居民委员会、村民委员会、民政部门或者人民法院指定监护人并不需要遵照本法第27条第2款、第28条规定的顺序，而应当结合具有监护资格的人与被监护人的生活情感联系、有无利害冲突，具有监护资格的人的品行、身体状况、经济条件以及能够为被监护人提供的教育水平或者生活照料措施等，综合进行判断，并尊重被监护人的真实意愿，选择最有利于被监护人健康成长或者健康恢复、最利于保护被监护人合法权益的人担任监护人。

本条第3款规定了临时监护制度。依据本条规定，临时监护人由被监护人住所地的居民委员会、村民委员会、法律规定的有关组织或者民政部门担任。本款中的“依照本条第一款规定指定监护人前”应当从宽理解，不能仅限于监护争议解决期间。从时间点上，应当包括以下两个期间：(1)监护争议解决程序启动之后，即居民委员会、村民委员会、民政部门开始处理监护争议或者人民法院受理监护申请之后，至指定监护人之前的期间；(2)监护争议解决程序启动之前，只要发现因无人履行监护职责，被监护人的合法权益处于无人保护状态的，就应由本条规定的居民委员会、村民委员会、法律规定的有关组织或者民政部门担任临时监护人，随后再依法启动监护争议解决程序，指定监护人。

本条第4款规定了指定监护的法律效力。依照监护争议解决程序，由居民委员会、村民委员会、民政部门或者人民法院指定监护人后，被指定的监护人应当履行监护职责，不得推卸，也不得擅自变更。如果擅自变更为由其他人担任监护人的，不免除被指定的监护人的责任。被监护人侵害他人的合法权益，或者被监护人自身受到损害的，被指定的监护人仍应当承担责任，擅自变更后的监护人也要根据过错程度承担相应的责任。

关联法规

《最高人民法院关于适用〈中华人民共和国民法典〉总则编若干问题的解释》第9、10条

第三十二条　【公职监护人】没有依法具有监护资格的人的，监护人由民政部门担任，也可以由具备履行监护职责条件的被监护人住所地的居民委员会、村民委员会担任。

条文注解

本条规定的"没有依法具有监护资格的人的",主要指没有本法第27、28条规定的具有监护资格的人的情况,即被监护人的父母死亡或者没有监护能力,也没有其他近亲属,或者其他近亲属都没有监护能力,而且还没有符合条件的其他愿意担任监护人的个人或者组织。如果存在具有监护资格的人,但其拒绝担任监护人的,不适用本条规定。

案例注解

【案例】广州市黄埔区民政局与陈某金申请变更监护人案

【基本案情】

吴某,2010年10月28日出生,2011年8月22日被收养。吴某为智力残疾三级,其养父母于2012年和2014年先后因病死亡,后由其养祖母陈某金作为监护人。除每月500余元农村养老保险及每年2000余元社区股份分红外,陈某金无其他经济收入来源,且陈某金年事已高并有疾病在身。吴某的外祖父母也年事已高无经济收入来源。自2018年起,陈某金多次向街道和区民政局申请将吴某送往儿童福利机构养育、照料。为妥善做好吴某的后期监护,广州市黄埔区民政局依照《民法典》相关规定向人民法院申请变更吴某的监护人为民政部门,广州市黄埔区人民检察院出庭支持民政部门的变更申请。

【裁判要旨】

根据《民法典》第32条规定,本案中陈某金作为监护人,由于年事已高并有疾病在身,且无经济收入来源,已经难以履行监护人职责,且本人也申请变更监护人,符合法律规定,应予准许,由民政部门担任吴某监护人。

【裁判结果】

生效裁判认为,被监护人吴某为未成年人,且智力残疾三级,养父母均已去世,陈某金作为吴某的养祖母,年事已高并有疾病在身,经济状况较差,已无能力抚养吴某。鉴于陈某金已不适宜继续承担吴某的监护职责,而吴某的外祖父母同样不具备监护能力,且陈某金同意将吴某的监护权变更给广州市黄埔区民政局,将吴某的监护人由陈某金变更为广州市黄埔区民政局不仅符合法律规定,还可以为吴某提供更好的生活、教育环境,更有利于吴某的健康成长。故判决自2021年7月23日起,吴某的监护人由陈某金变更为广州市黄埔区民政局。(资料来源:最高人民法院网)

第三十三条 【意定监护】具有完全民事行为能力的成年人,可以与其近亲属、其他愿意担任监护人的个人或者组织事先协商,以书面形式确定自己的监护人,在自己丧失或者部分丧失民事行为能力时,由该监护人履行监护职责。

条文注解

意定监护是在监护领域对自愿原则的贯彻落实，是具有完全民事行为能力的成年人对自己将来的监护事务，按照自己的意愿事先所作的安排。依据本条规定，具有完全民事行为能力的成年人确定自己丧失或者部分丧失民事行为能力时的监护人，应当事先取得被选择方的认可，即经双方协商一致。意定监护对被监护人的权益影响很大，应以书面方式为宜，明确写明经双方认可的内容，对于其真实性、合法性加以保障，从根源上减少意定监护纠纷。

意定监护作为一种确定监护人的方式，是相对于法定监护来说的。意定监护是对成年人完全基于自己意愿选择监护人的尊重，自己意愿是起决定性的；法定监护是基于法律规定的条件和程序确定监护人，本法第27～32条对此作了规定。需要注意的是，意定监护不同于本法第30条规定的协议确定监护人，后者仍然属于法定监护方式，协议的主体是具有监护资格的人。一般而言，意定监护优先于法定监护予以适用。法律设立意定监护制度即是要尊重成年人自己的意愿，当然具有优先适用的地位。只有在意定监护协议无效或者因各种原因如协议确定的监护人丧失监护能力，监护协议无法履行的情况下，才适用法定监护。

关联法规

《老年人权益保障法》第26条，《最高人民法院关于适用〈中华人民共和国民法典〉总则编若干问题的解释》第11条

第三十四条　【监护人的职责与权利及临时生活照料措施】监护人的职责是代理被监护人实施民事法律行为，保护被监护人的人身权利、财产权利以及其他合法权益等。

监护人依法履行监护职责产生的权利，受法律保护。

监护人不履行监护职责或者侵害被监护人合法权益的，应当承担法律责任。

因发生突发事件等紧急情况，监护人暂时无法履行监护职责，被监护人的生活处于无人照料状态的，被监护人住所地的居民委员会、村民委员会或者民政部门应当为被监护人安排必要的临时生活照料措施。

条文注解

本条第1款规定了监护人的职责，监护人保护被监护人的人身权利、财产权利以及其他合法权益的职责，主要包括：保护被监护人的身心健康，促进未成年人的健康

成长，对成年被监护人也要积极促进其健康状况的恢复；照顾被监护人的生活；管理和保护被监护人的财产；对被监护人进行教育和必要的管理；在被监护人合法权益受到侵害或者与人发生争议时，代理其进行诉讼等。

本条第2款规定了监护人因履行监护职责所产生的权利。监护人在履行监护职责的过程中，也会因此享有一定的权利。例如，监护人为保护被监护人的人身权益，享有医疗方案的同意权；监护人为了保护被监护人财产权益，享有财产的管理和支配权；被监护人合法权益受到侵害或者与人发生争议时，代理被监护人参加诉讼的权利等。监护人享有这些权利，是为履行监护职责所需要，目的还是保护被监护人的人身、财产权利及其他合法权益。监护人行使这些权利时，其他人不得侵害或者剥夺。

本条第3款规定了监护人的责任，主要包括两个方面：一是对被监护人的侵权行为承担责任。本法第1188条规定，无民事行为能力人、限制民事行为能力人造成他人损害的，由监护人承担侵权责任。监护人尽到监护职责的，可以减轻其侵权责任。有财产的无民事行为能力人、限制民事行为能力人造成他人损害的，从本人财产中支付赔偿费用。不足部分，由监护人赔偿。二是监护人不履行监护职责或者侵害被监护人合法权益，造成被监护人人身、财产损害的，应当承担民事责任。本法第179条第1款对承担民事责任的主要方式作出规定，包括停止侵害、赔偿损失等。

本条第4款规定了临时生活照料。因发生疫情等突发事件的紧急情况，监护人因被隔离、治疗或者其他原因，暂时无法履行监护职责，此时被监护人的生活如果处于无人照料状态的，为了被监护人的利益，居民委员会、村民委员会或者民政部门就应当安排对被监护人进行临时生活照料。这里的“突发事件”，是指《突发事件应对法》中规定的，突然发生，造成或者可能造成严重社会危害，需要采取应急处置措施予以应对的自然灾害、事故灾难、公共卫生事件和社会安全事件。

安排临时生活照料措施与民事监护中的临时监护制度不同，临时生活照料措施主要就是对被监护人进行生活照料，而临时监护则除了照料生活之外，还有许多情况需要处理，可能涉及一些被监护人的权利义务上的重大决定，这是临时生活照料措施解决不了的。

案例注解

【案例(2021)皖0604民初67号】六年级学生谢某撞伤同学门牙，其父母被判担责70%。

【基本案情】

原告周某原是某学校六年级一班学生。2019年12月5日下午课间，周某、谢某等同学一起在学校二楼西楼梯间玩耍，数学老师对同学们进行了提醒。后有七年级的学生从楼梯间经过，谢某从所站的楼梯上摔下来，碰到旁边的周某，周某嗑到楼梯间的门上，致牙齿脱落。当日，周某被送到淮北市人民医院治疗，检查结果为一门牙完全脱落、牙跟撕裂，一门牙冠折露髓。因协商赔偿无果，原告诉至法院，请求依法判令学校、谢某父母(谢某于、王某)和保险公司四被告共同赔偿原告各项损失75,647元；诉讼费用、鉴定费等由四被告承担。

被告学校辩称,如果法院判定学校承担责任,学校会承担相应的责任。被告谢某于、王某辩称,谢某也是受害者,被别人挤倒碰到周某,责任由法院判定。被告保险公司辩称各被告不应当承担连带责任,应当按照各自的过错承担过错责任。

【裁判要旨】

《民法典》第 34 条规定,监护人的职责是代理被监护人实施民事法律行为,保护被监护人的人身权利、财产权利以及其他合法权益等。监护人依法履行监护职责产生的权利,受法律保护。监护人不履行监护职责或者侵害被监护人合法权益的,应当承担法律责任。本案中,周某被谢某碰撞,嗑到楼梯间的门上,致牙齿脱落,谢某存在过错,应当承担侵权责任。学校未完全尽到管理职责,也应当承担侵权责任,因投了保险,故其赔偿款应由保险公司承担。

【裁判结果】

2021 年 4 月 19 日,法院综合考虑双方过错,酌定谢某承担 70% 的责任,学校承担 30% 的责任。判决被告谢某、谢某于、王某赔偿原告周某医疗费、后续治疗费、营养费、护理费、交通费、鉴定费 46,001.5 元;被告中国人民财产保险股份有限公司某市分公司赔偿原告周某医疗费、后续治疗费、营养费、护理费、交通费、鉴定费 20,143.5 元。(资料来源:中国裁判文书网)

关联法规

《未成年人保护法》第 11、13 条,《精神卫生法》第 30、49 条,《广告法》第 33 条,《母婴保健法》第 19 条,《突发事件应对法》

第三十五条 【监护人履行职责的原则与要求】监护人应当按照最有利于被监护人的原则履行监护职责。监护人除为维护被监护人利益外,不得处分被监护人的财产。

未成年人的监护人履行监护职责,在作出与被监护人利益有关的决定时,应当根据被监护人的年龄和智力状况,尊重被监护人的真实意愿。

成年人的监护人履行监护职责,应当最大程度地尊重被监护人的真实意愿,保障并协助被监护人实施与其智力、精神健康状况相适应的民事法律行为。对被监护人有能力独立处理的事务,监护人不得干涉。

第三十六条 【撤销监护人资格】监护人有下列情形之一的，人民法院根据有关个人或者组织的申请，撤销其监护人资格，安排必要的临时监护措施，并按照最有利于被监护人的原则依法指定监护人：

（一）实施严重损害被监护人身心健康的行为；

（二）怠于履行监护职责，或者无法履行监护职责且拒绝将监护职责部分或者全部委托给他人，导致被监护人处于危困状态；

（三）实施严重侵害被监护人合法权益的其他行为。

本条规定的有关个人、组织包括：其他依法具有监护资格的人，居民委员会、村民委员会、学校、医疗机构、妇女联合会、残疾人联合会、未成年人保护组织、依法设立的老年人组织、民政部门等。

前款规定的个人和民政部门以外的组织未及时向人民法院申请撤销监护人资格的，民政部门应当向人民法院申请。

条文注解

本条第1款规定了撤销监护人资格诉讼的适用情形。一是实施严重损害被监护人身心健康行为的。例如，性侵害、出卖、遗弃、虐待、暴力伤害被监护人等。二是怠于履行监护职责，或者无法履行监护职责且拒绝将监护职责部分或者全部委托给他人，导致被监护人处于危困状态的。例如，父母有吸毒、赌博等恶习，怠于履行监护职责，导致儿童面临严重危险等。三是兜底性规定，只要有严重侵害被监护人合法权益行为的，均可以撤销监护人资格。例如，教唆、利用未成年人实施违法犯罪行为等。

本条第2款对有权向法院申请撤销监护人资格的主体作出规定，“其他依法具有监护资格的人”主要依据本法第27、28条的规定确定。

本条第3款对兜底性的申请主体作出规定。当第2款规定的个人和民政部门以外的组织因各种原因未及时向人民法院提出撤销监护人资格的申请，导致被监护人的合法权益无法得到保护。则民政部门应当承担起向法院申请撤销监护人资格的职责。要正确理解本款与第2款赋予民政部门申请主体资格的关系。民政部门只要是发现具有严重侵害被监护人合法权益的情形，即可依据本条第2款规定，向法院申请撤销监护人资格，不需要等到其他个人或者组织都不向法院申请之后再行申请。如果其他个人或者组织都不向法院申请撤销监护人资格，此时，民政部门应当依照第3款规定，主动向法院提出申请。

案例注解

【案例】梅河口市儿童福利院与张某柔申请撤销监护人资格案

【基本案情】

2021年3月14日3时许,张某柔在吉林省梅河口市某烧烤店内生育一女婴(非婚生,暂无法确认生父),随后将女婴遗弃在梅河口市某村露天垃圾箱内。当日9时30分许,女婴被群众发现并报案,梅河口市公安局民警将女婴送至医院抢救治疗。2021年3月21日,女婴出院并被梅河口市儿童福利院抚养至今,取名“党心”(化名)。张某柔因犯遗弃罪,被判刑。目前,张某柔仍不履行抚养义务,其近亲属亦无抚养意愿。梅河口市儿童福利院申请撤销张某柔监护人资格,并申请由该福利院作为党心的监护人。梅河口市人民检察院出庭支持梅河口市儿童福利院的申请。

【裁判要旨】

根据《民法典》第36条规定,本案中,张某柔因犯遗弃罪,被判刑,且张某柔仍不履行抚养义务,其近亲属亦无抚养意愿。从而导致被监护人处于危困状态,已经丧失抚养资格。梅河口市儿童福利院从女婴出生后就一直抚养,申请撤销张某柔监护人资格,并申请由该福利院作为党心的监护人,符合法律规定,应予支持。

【裁判结果】

生效裁判认为,父母是未成年子女的法定监护人,有保护被监护人的身体健康、照顾被监护人的生活、管理和保护被监护人的财产等义务。张某柔的遗弃行为严重损害了被监护人的身心健康和合法权益,依照《民法典》第36条规定,其监护人资格应当予以撤销。梅河口市儿童福利院作为为全市孤儿和残疾儿童提供社会服务的机构,能够解决党心的教育、医疗、心理疏导等一系列问题。从对未成年人特殊、优先保护原则和未成年人最大利益原则出发,由梅河口市儿童福利院作为党心的监护人,更有利于保护其生活、受教育、医疗保障等权利,故指定梅河口市儿童福利院为党心的监护人。(资料来源:最高人民法院网)

【案例】乐平市民政局申请撤销罗某监护人资格案

【基本案情】

被申请人罗某系吴某1(11岁)、吴某2(10岁)、吴某3(8岁)三姐弟的生母。罗某自三子女婴幼时期起既未履行抚养教育义务,又未支付抚养费用,不履行监护职责,且与他人另组建家庭并生育子女。罗某在知道三个孩子的父亲、祖父均去世,家中无其他近亲属照料、抚养孩子的情况下,仍不管不问,拒不履行监护职责达6年以上,导致三子女生活处于极其危困状态。为保障三姐弟的合法权益,乐平市民政局向人民法院申请撤销罗某对三姐弟的监护人资格,并指定该民政局为三姐弟的监护人。

【裁判要旨】

根据《民法典》第36条规定,本案中,被申请人罗某作为被监护人吴某1、吴某2、吴某3的生母及法定监护人,在三名被监护人年幼时离家出走,6年期间未履行对子女的抚养、照顾、教育等义务;在被监护人父亲去世,三名被监护人处于无人照看、生活危困的状况下,被申请人知情后仍怠于履行监护职责,导致三名未成年人流离失所,其行为已严重侵害了三名被监护人的合法权益。监护人怠于履行监护职责导致被监护人处于危困状态，应予撤销监护人资格。

【裁判结果】

审理法院根据乐平市民政局的申请，依法撤销了罗某的监护人资格。被监护人的祖父过世，祖母情况不明，外祖父母远在贵州且从未与三名被监护人共同生活，上述顺位亲属均不能或者不适合担任吴某1、吴某2、吴某3的监护人。考虑到现在的临时照料家庭能够为孩子们提供良好的成长环境和安定的生活保障，经人民法院与乐平市民政局沟通后，明确三名被监护人由乐平市民政局监护，便于其通过相应法定程序与"临时家庭"完善收养手续，将临时照料人转变为合法收养人，与三姐弟建立完整的亲权法律关系。如此一来，三姐弟能获得良好的教育、感受家庭的温暖，三个临时照料家庭的父母也能享天伦之乐。故判决自2022年5月27日起，吴某1、吴某2、吴某3的监护人由乐平市民政局担任。（资料来源：最高人民法院网）

关联法规

《反家庭暴力法》第21条，《未成年人保护法》第6、108条，《最高人民法院关于适用〈中华人民共和国民法典〉总则编若干问题的解释》第9、11条

第三十七条　【监护人资格被撤销后负担义务不免除】依法负担被监护人抚养费、赡养费、扶养费的父母、子女、配偶等，被人民法院撤销监护人资格后，应当继续履行负担的义务。

条文注解

实践中，监护人往往由父母、子女、配偶等法定扶养义务人担任。监护人被撤销监护人资格后，就不能再继续履行监护职责。但法定扶养义务是基于血缘等关系确立的法律义务，该义务不因监护人资格的撤销而免除。

关联法规

《未成年人保护法》第108条，《反家庭暴力法》第21条

第三十八条　【恢复监护人资格】被监护人的父母或者子女被人民法院撤销监护人资格后，除对被监护人实施故意犯罪的外，确有悔改表现的，经其申请，人民法院可以在尊重被监护人真实意愿的前提下，视情况恢复其监护人资格，人民法院指定的监护人与被监护人的监护关系同时终止。

条文注解

依据本条规定,恢复监护人资格必须要向法院申请,由人民法院决定是否予以恢复。父母与子女是最近的直系亲属关系,本条适用的对象仅限于被监护人的父母或者子女,其他个人或者组织的监护人资格一旦被撤销,即不再恢复。被监护人的父母或者子女被撤销监护人资格后,再恢复监护人资格还需要满足以下几个条件:一是没有对被监护人实施故意犯罪的情形,如对被监护人实施性侵害、虐待、遗弃被监护人等构成刑事犯罪的,不得恢复监护人资格。但对因过失犯罪如因过失导致被监护人受到伤害等被撤销监护人资格的,则可以根据具体情况来判断是否恢复监护人资格。二是确有悔改表现,即被监护人的父母或者子女不但要有悔改的意愿,还要有实际的悔改表现,这需要由人民法院根据具体情形予以判断。三是要尊重被监护人的真实意愿,如果被监护人不愿意父母或者子女继续担任监护人的,则不得恢复监护人资格。四是即使符合以上条件,法院也需要综合考虑各方面情况,从有利于被监护人权益保护的角度,决定是否恢复监护人资格。

关联法规

《最高人民法院、最高人民检察院、公安部、民政部关于依法处理监护人侵害未成年人权益行为若干问题的意见》第40条

第三十九条 【监护关系终止的情形】有下列情形之一的,监护关系终止:

(一)被监护人取得或者恢复完全民事行为能力;

(二)监护人丧失监护能力;

(三)被监护人或者监护人死亡;

(四)人民法院认定监护关系终止的其他情形。

监护关系终止后,被监护人仍然需要监护的,应当依法另行确定监护人。

条文注解

本条第1款对监护关系的终止列举了三类典型情形,并作了兜底性规定:(1)被监护人取得或者恢复完全民事行为能力。(2)监护人丧失监护能力。监护人丧失监护能力的情形较为复杂,需要根据具体情况具体判断。例如,监护人因疾病成为无民事行为能力人,即丧失了监护能力。(3)被监护人或者监护人死亡。监护关系即自动终止。(4)人民法院认定监护关系终止的其他情形。包括监护人资格被人民法院撤销,有正当理由向法院申请变更监护人并得到法院许可等。

对于监护人死亡或者丧失监护能力等情形,可以依照本法第27~32条重新确定

监护人。对于撤销监护人资格的，由人民法院依照本法第36条的规定，按照最有利于被监护人的原则依法指定监护人。

关联法规

《最高人民法院关于适用〈中华人民共和国民法典〉总则编若干问题的解释》第12条

第三节 宣告失踪和宣告死亡

第四十条 【宣告失踪的条件】自然人下落不明满二年的，利害关系人可以向人民法院申请宣告该自然人为失踪人。

条文注解

宣告失踪在法律效果上对自然人的财产利益产生重大影响，必须由司法机关经过严格程序来进行。因此，宣告失踪只能由人民法院作出，其他任何机关和个人无权作出宣告失踪的决定。依照《民事诉讼法》的规定，人民法院审理宣告失踪案件，适用特别程序。依照《民事诉讼法》第192条的规定，人民法院受理宣告失踪案件后，应当发出寻找下落不明人的公告。宣告失踪的公告期间为3个月。公告期间届满，人民法院应当根据被宣告失踪的事实是否得到确认，作出宣告失踪的判决或者驳回申请的判决。

案例注解

【案例(2021)黑0126民特4号】张某下落不明20年被法院宣告失踪

【基本案情】

申请人何某是被申请人张某妻子。张某1953年3月7日生，汉族，户籍地黑龙江省××县。何某诉称，张某于2001年11月离家出走，至今音信全无。为此向法院提出申请，请求法院依法宣告被申请人张某失踪。

【裁判要旨】

《民法典》第40条规定，自然人下落不明满2年的，利害关系人可以向人民法院申请宣告该自然人为失踪人。本案中，下落不明人张某离家出走近20年，何某作为张某妻子，有权依法申请法院宣告其失踪。

【裁判结果】

经法院公告3个月期满后，张某仍然下落不明。2021年7月15日，法院判决宣告被申请人张某失踪；并指定申请人何某为失踪人张某的财产代管人。(资料来源：中国裁判文书网)

关联法规

《民事诉讼法》第 192 条,《最高人民法院关于适用〈中华人民共和国民事诉讼法〉的解释》第 345 条,《最高人民法院关于适用〈中华人民共和国民法典〉总则编若干问题的解释》第 14 条

第四十一条 【下落不明的时间计算】自然人下落不明的时间自其失去音讯之日起计算。战争期间下落不明的,下落不明的时间自战争结束之日或者有关机关确定的下落不明之日起计算。

条文注解

本条是关于下落不明的时间如何计算的规定,虽然规定在宣告失踪条件的规定之后,但不仅适用于宣告失踪的情形,也适用于宣告死亡的情形。

第四十二条 【失踪人的财产代管人】失踪人的财产由其配偶、成年子女、父母或者其他愿意担任财产代管人的人代管。

代管有争议,没有前款规定的人,或者前款规定的人无代管能力的,由人民法院指定的人代管。

条文注解

法律设立宣告失踪制度,主要目的就是结束失踪人财产无人管理以及其应当履行的义务不能得到及时履行的不确定状态,这既是对失踪人利益的保护,也是对失踪人的债权人等利害关系人合法权益的保护。

本条规定的"其他愿意担任财产代管人的人",既包括其他亲属、朋友,也包括有关组织。

关联法规

《最高人民法院关于适用〈中华人民共和国民事诉讼法〉的解释》第 341 条

第四十三条 【财产代管人的职责】财产代管人应当妥善管理失踪人的财产,维护其财产权益。

失踪人所欠税款、债务和应付的其他费用,由财产代管人从失踪人的财产中支付。

财产代管人因故意或者重大过失造成失踪人财产损失的,应当承担赔偿责任。

条文注解

财产代管人负有像对待自己事务一样的注意义务，来管理失踪人的财产，既包括对失踪人财产的保管，也包括作为代理人收取失踪人的到期债权。与其他有偿的法律关系不同，财产代管人管理失踪人的财产并非合同约定，而是直接来自法律的规定，代管财产的目的也不是从中获利，该种管理财产的行为通常是无偿的。因此，本条对此规定得也较为原则，财产代管人管理失踪人的财产，只要尽到善良管理人的义务，即能够像管理自己的事务一样管理失踪人的财产，就满足了法律规定的要求。

关联法规

《民事诉讼法》第 192 条，《最高人民法院关于适用〈中华人民共和国民法典〉总则编若干问题的解释》第 15 条

第四十四条 【财产代管人的变更】财产代管人不履行代管职责、侵害失踪人财产权益或者丧失代管能力的，失踪人的利害关系人可以向人民法院申请变更财产代管人。

财产代管人有正当理由的，可以向人民法院申请变更财产代管人。

人民法院变更财产代管人的，变更后的财产代管人有权请求原财产代管人及时移交有关财产并报告财产代管情况。

条文注解

依照本条第 1 款的规定，如果出现财产代管人不履行代管职责、侵害失踪人财产权益或者丧失代管能力等事由，表明该财产代管人已经不再适格，则失踪人的利害关系人就可以向人民法院申请变更财产代管人。财产代管人不履行职责，既可以表现为不行使失踪人权利，如不收取失踪人债权，也可以表现为不履行失踪人应当履行的义务，如清偿债务、缴纳税款等。侵害失踪人财产权益，可以表现为不当处分失踪人的财产，滥用代管权对失踪人的财产挥霍浪费，与他人恶意串通侵夺失踪人的财产等。财产代管人丧失了代管能力，可以表现为财产代管人丧失了行为能力。出现上述情形，明显对失踪人不利，甚至会严重侵害失踪人的财产利益。因此，本条第 1 款规定这些情况下失踪人的利害关系人可以向人民法院申请变更财产代管人。这里的利害关系人既包括失踪人的近亲属，也包括其他利害关系人，如失踪人的债权人。

财产代管人确定后，一般情况下不得变更，如果有本条第 1 款情形的，失踪人的利害关系人可以向人民法院申请变更财产代管人。但实践中还会出现一种情况，就是财产代管人有正当理由，比如由于工作、学习等原因离开财产所在地，无法再继续

履行财产代管职责，此时，应当允许其向人民法院申请变更财产代管人。本条第2款对此作了明确规定。

关联法规

《最高人民法院关于适用〈中华人民共和国民事诉讼法〉的解释》第342条

第四十五条 【失踪宣告的撤销】失踪人重新出现，经本人或者利害关系人申请，人民法院应当撤销失踪宣告。

失踪人重新出现，有权请求财产代管人及时移交有关财产并报告财产代管情况。

条文注解

本条第1款规定的是失踪宣告撤销的条件。一是失踪人重新出现。自然人因失去音讯下落不明而被宣告失踪，失踪宣告的撤销自然就要以这种状态的消除为条件。《民法通则》规定的是"被宣告失踪的人重新出现或者确知他的下落"，在《民法总则》的立法过程中，有的意见提出，确知失踪人的下落，也可以理解为失踪人重新出现。立法机关采纳了这种意见。这里失踪人重新出现的含义，即重新得到了失踪人的音讯，从而消除了其下落不明的状态。二是经本人或者利害关系人申请。这里利害关系人的范围应当与申请宣告失踪的利害关系人范围一致，包括被申请宣告失踪人的配偶、父母、子女、兄弟姐妹、祖父母、外祖父母、孙子女、外孙子女以及其他与失踪人有民事权利义务关系的人。申请也应当向下落不明人住所地基层人民法院提出。三是撤销失踪宣告应当由人民法院作出。自然人失踪只能由人民法院依据法定程序进行宣告，因此，该宣告的撤销也应当由人民法院通过法定程序来作出。

本条第2款规定的是失踪人重新出现后的法律效果。宣告失踪一经撤销，原被宣告失踪的自然人本人就应当恢复对自己财产的控制，财产代管人的代管职责应当相应结束，停止代管行为，移交代管的财产并向本人报告代管情况。

关联法规

《民事诉讼法》第193条

第四十六条 【宣告死亡的条件】自然人有下列情形之一的，利害关系人可以向人民法院申请宣告该自然人死亡：

（一）下落不明满四年；

（二）因意外事件，下落不明满二年。

因意外事件下落不明，经有关机关证明该自然人不可能生存的，申请宣告死亡不受二年时间的限制。

条文注解

宣告自然人死亡，是对自然人死亡在法律上的推定，这种推定将产生与生理死亡基本一样的法律效果，因此，宣告死亡必须具备法律规定的条件，依照本条规定，这些条件是：

第一，自然人下落不明的时间要达到法定的长度。一般情况下，下落不明的时间要满4年。如果是因意外事件而下落不明，下落不明的时间要满2年。但如果与该意外事件有关的机关证明该自然人不可能生存的，利害关系人就可以据此申请宣告该自然人死亡，而不必等到下落不明满2年。

第二，必须要由利害关系人提出申请。此处所说的利害关系人，可以参考宣告失踪制度中的利害关系人范围。总体来说，这里的利害关系人应当是与被宣告人是生存还是死亡的法律后果有利害关系的人。依照《民事诉讼法》第191条的规定，利害关系人申请宣告其死亡的，向下落不明人住所地基层人民法院提出。申请书应当写明下落不明的事实、时间和请求，并附有公安机关或者其他有关机关关于该公民下落不明的书面证明。

第三，只能由人民法院经过法定程序，宣告自然人死亡。依照《民事诉讼法》的规定，人民法院审理宣告死亡案件，适用《民事诉讼法》关于特别程序的规定。人民法院受理宣告死亡案件后，应当发出寻找下落不明人的公告，公告期间为1年。因意外事件下落不明，经有关机关证明该公民不可能生存的，宣告死亡的公告期间为3个月。公告期间届满，人民法院应当根据被宣告死亡的事实是否得到确认，作出宣告死亡的判决或者驳回申请的判决。

案例注解

【案例(2021)云3423民特2号】熊某洪灾中失联超过3年被宣告死亡案

【基本案情】

申请人余某与被申请人熊某系兄弟关系。2017年8月9日凌晨，维西县××村因暴雨导致洪灾，申请人余某全家及被申请人熊某所居住的房屋在此次洪灾遭受洪水冲击，余某及家人被同村村民叫醒获救，熊某所居住的房屋被冲毁，熊某也在此次洪灾中失联，经寻找后至今下落不明已有3年，为此依法向法院申请宣告熊某死亡。

【裁判要旨】

《民法典》第46条规定，自然人有下列情形之一的，利害关系人可以向人民法院申请宣告该自然人死亡：(1)下落不明满4年；(2)因意外事件，下落不明满2年。因意外事件下落不明，经有关机关证明该自然人不可能生存的，申请宣告死亡不受2年时间的限制。本案中，余某系被申请人兄弟，熊某因洪灾意外事件下落不明已超过3年，故余某向法院申请宣告熊某死亡符合法律规定。

【裁判结果】

法院经3个月公告期届满熊某仍然下落不明，2021年6月30日，法院判决宣告熊某死亡。(资料来源：中国裁判文书网)

关联法规

《民事诉讼法》第191、192条,《最高人民法院关于适用〈中华人民共和国民法典〉总则编若干问题的解释》第16、17条

第四十七条 【宣告死亡的优先适用】对同一自然人,有的利害关系人申请宣告死亡,有的利害关系人申请宣告失踪,符合本法规定的宣告死亡条件的,人民法院应当宣告死亡。

第四十八条 【被宣告死亡的人死亡日期的确定】被宣告死亡的人,人民法院宣告死亡的判决作出之日视为其死亡的日期;因意外事件下落不明宣告死亡的,意外事件发生之日视为其死亡的日期。

第四十九条 【被宣告死亡期间的民事法律行为效力】自然人被宣告死亡但是并未死亡的,不影响该自然人在被宣告死亡期间实施的民事法律行为的效力。

条文注解

宣告死亡是人民法院经利害关系人的申请,按照法定程序推定下落不明的公民死亡的法律制度,因此,自然人被宣告死亡从本质上讲是一种拟制的死亡,有可能本人并没有自然死亡或者说真正死亡。这个被宣告死亡但并未真正死亡的自然人,可能在被宣告死亡期间还在从事民事活动,包括吃穿住行等各种活动。如果因为他已经被宣告死亡了,就不承认他所从事的民事法律行为的效力,无疑是不合情理的,也不利于维护交易安全和社会经济秩序。因此,本条规定,自然人被宣告死亡但是并未死亡的,不影响该自然人在被宣告死亡期间实施的民事法律行为的效力。

如果并未死亡的自然人从事的民事活动与被宣告死亡的法律后果不相关联,没有产生冲突,则一般不会产生法律问题。但也有可能发生的情况是产生了冲突,相互抵触,鉴于对此问题争议较大,本条对此未作具体规定,留待司法实践继续总结经验。

第五十条 【死亡宣告的撤销】被宣告死亡的人重新出现,经本人或者利害关系人申请,人民法院应当撤销死亡宣告。

关联法规

《民事诉讼法》第193条

第五十一条 【宣告死亡、撤销死亡宣告对婚姻关系的影响】被宣告死亡的人的婚姻关系,自死亡宣告之日起消除。死亡宣告被撤销的,婚姻关系自撤销死亡宣告之日起自行恢复。但是,其配偶再婚或者向婚姻登记机关书面声明不愿意恢复的除外。

第五十二条 【撤销死亡宣告对收养关系的影响】被宣告死亡的人在被宣告死亡期间,其子女被他人依法收养的,在死亡宣告被撤销后,不得以未经本人同意为由主张收养行为无效。

第五十三条 【死亡宣告撤销后的财产返还】被撤销死亡宣告的人有权请求依照本法第六编取得其财产的民事主体返还财产;无法返还的,应当给予适当补偿。

利害关系人隐瞒真实情况,致使他人被宣告死亡而取得其财产的,除应当返还财产外,还应当对由此造成的损失承担赔偿责任。

第四节 个体工商户和农村承包经营户

第五十四条 【个体工商户的定义】自然人从事工商业经营,经依法登记,为个体工商户。个体工商户可以起字号。

条文注解

就个体工商户而言,其与法人和非法人组织的最大区别就是不具有组织性。首先,个体工商户没有"设立"过程,不存在"出资"行为,法律也不要求个体工商户一定要具有"字号"或"名称"。其次,个体工商户经登记机关登记的经营场所只能为一处,不得设立分支机构。再次,个体工商户的经营形式仅包括个人经营和家庭经营,进行工商业经营的自然人本身须参与具体经营活动;在家庭经营的情况下,"家庭"不是作为进行经营活动的"组织"出现。最后,个体工商户缴纳的税种是个人所得税。

个体工商户可以使用名称,也可以不使用名称。个体工商户决定使用名称的,应当向登记机关提出申请,经核准登记后方可使用。一户个体工商户只能使用一个名称。经营者姓名可以作为个体工商户名称中的字号使用。个体工商户名称中的行业应当反映其主要经营活动内容或者经营特点。个体工商户名称组织形式可以选用"厂""店""馆""部""行""中心"等字样,但不得使用"企业""公司""农民专业合作社"字样。

关联法规

《促进个体工商户发展条例》第2、6条

第五十五条 【农村承包经营户的定义】农村集体经济组织的成员,依法取得农村土地承包经营权,从事家庭承包经营的,为农村承包经营户。

关联法规

《农村土地承包法》第5、16条

第五十六条 【债务承担规则】个体工商户的债务,个人经营的,以个人财产承担;家庭经营的,以家庭财产承担;无法区分的,以家庭财产承担。

农村承包经营户的债务,以从事农村土地承包经营的农户财产承担;事实上由农户部分成员经营的,以该部分成员的财产承担。

条文注解

个体工商户既可以个人经营,也可以家庭经营。个体工商户的债务,个人经营的,以个人财产承担;家庭经营的,以家庭财产承担。对于实践中无法区分是个人经营还是家庭经营的,应根据是个人投资还是家庭投资,是个人享用经营收益还是家庭共同享用经营收益,进而确定债务是以个人财产承担,还是以家庭财产承担,在司法实践中一般有以下认定标准:一是以公民个人名义申请登记的个体工商户,用家庭共有财产投资,或者收益的主要部分供家庭成员享用的,其债务应以家庭共有财产清偿。二是夫妻关系存续期间,一方从事个体经营,其收入为夫妻共有财产,债务亦应以夫妻共有财产清偿。此外,个体工商户的债务,如以其家庭共有财产承担责任,应当保留家庭成员的生活必需品和必要的生产工具。

农村承包经营户的债务承担。在承包期内，无论承包户内人口发生怎样的变化，是增还是减，只要作为承包户的家庭还存在，承包户仍然是一个生产经营单位。在承包经营活动中，无论是全体家庭成员从事生产经营劳动和经营活动，还是一部分家庭成员从事生产经营劳动和经营活动，另一部分家庭成员从事其他职业或者家务劳动，农户仍然是一个对外承担责任的主体。考虑到随着我国城乡经济结构的调整和城镇化的发展，农村剩余劳动力向城镇的转移会不断增加，有的家庭成员进城务工就业，分门立户，已完全不参与家庭土地承包经营，也不分享承包家庭的收益，在这种情况下，可以不再承担原所在家庭承包经营的债务。因此本条规定，"事实上由农户部分成员经营的，以该部分成员的财产承担"。需要指出的是，在实践中，这一规定要严格掌握，防止借本条规定逃避应承担的债务。

案例注解

【案例(2021)陕0525民初1585号】陈某租赁店面法院判决夫妻共同清偿租金

【基本案情】

原告翟某妻子与被告贾某系亲戚关系，被告贾某与被告陈某系夫妻关系。2012年10月16日，原告翟某与被告陈某签订房屋租赁合同，被告租赁原告位于××街××城××镇楼下门面房用于经营服装生意，租赁期限为5年，从2012年11月1日至2017年10月30日，租金每年32,000元。经营期间，被告一直能按合同约定给付租金，合同到期后，双方协商续租，后被告夫妻因发生矛盾而停业。2021年7月被告将房屋交付原告，但被告共拖欠原告8个月房租未付，被告夫妻相互推脱，原告为此诉至法院，请求判令被告支付原告8个月房屋租金21,333元。

被告陈某辩称，近几年周边房租均已降价，2020年因新冠疫情给了原告26,000元房租，故不能按照年租金32,000元计算房屋租金。

【裁判要旨】

《民法典》第56条规定，个体工商户的债务，个人经营的，以个人财产承担；家庭经营的，以家庭财产承担；无法区分的，以家庭财产承担。本案中，原告翟某与被告陈某签订房屋租赁合同合法有效，租赁合同到期后，被告继续使用房屋，双方租赁关系存在，原告要求被告给付租金，符合法律规定。被告陈某将租赁的房屋用于婚姻期间与妻子贾某共同经营服装店，该租金系二被告夫妻共同债务，应由二被告共同承担。2020年度原告收取房屋租金为26,000元，应视为双方对合同内容的变更，故结合双方陈述、市场行情及新冠疫情因素，2021年度年租金应以26,000元计算。

【裁判结果】

2021年7月29日，法院判决被告陈某、贾某给付原告翟某8个月租金17,333元。(资料来源：中国裁判文书网)

第三章 法 人

第一节 一般规定

第五十七条 【法人的定义】法人是具有民事权利能力和民事行为能力,依法独立享有民事权利和承担民事义务的组织。

条文注解

法人是具有民事权利能力和民事行为能力,依法独立享有民事权利和承担民事义务的组织。确立法人制度,可以使具备法人条件的组织取得独立的民事主体资格。

法人具有以下特点:一是法人不是自然人,属于社会组织,是一种集合体,由法律赋予该组织单独的法律人格。法人既可以是人的集合体,也可以是财产的集合体。二是具有民事权利能力和民事行为能力。法人可以自己的名义,通过自身的行为享有和行使民事权利,设定和承担民事义务。法人的民事权利能力和民事行为能力,从法人成立时产生,到法人终止时消灭。三是依法独立享受民事权利、承担民事义务。法人有自己独立的民事主体地位,可以自己的名义独立从事民事活动,享有民事权利,承担民事义务。四是独立承担民事责任。法人以其全部财产独立承担民事责任,能否独立承担民事责任,是区别法人组织和非法人组织的重要标志。

关联法规

《公司法》第3条,《市场主体登记管理条例》第2条

第五十八条 【法人成立的条件】法人应当依法成立。

法人应当有自己的名称、组织机构、住所、财产或者经费。法人成立的具体条件和程序,依照法律、行政法规的规定。

设立法人,法律、行政法规规定须经有关机关批准的,依照其规定。

关联法规

《公司法》第7、29~33、36、45条,《社会团体登记管理条例》第3、10~12条,《市场主体登记管理条例》第3、8、10、11、16、21条

第五十九条 【法人民事权利能力和民事行为能力】法人的民事权利能力和民事行为能力,从法人成立时产生,到法人终止时消灭。

条文注解

法人的民事权利能力是法律赋予的,是法人作为一个独立的民事主体应当具备的基本资格。法人民事权利能力的获取意味着法人作为一个独立民事主体的成立,丧失这一权利能力则意味着法人的消灭。因而,法人的民事权利能力从成立时产生,至法人终止时消灭。

法人的民事行为能力是法人独立地实施民事行为,行使民事权利、承担民事义务的资格。法人的民事行为能力在时间上和民事权利能力相一致,始于法人成立,终于法人消灭,在法人存续期间始终存在。法人的民事行为能力和其民事权利能力在范围上一致,法人能够以自己的行为行使权利和承担义务的范围,即民事行为能力的范围不能超出其民事权利能力所限定的范围。

第六十条 【法人民事责任承担】法人以其全部财产独立承担民事责任。

条文注解

法人以其全部财产独立承担民事责任。这里强调两点:一是全部财产。法人要以其全部财产承担民事责任,而不是只以部分财产承担民事责任。二是独立承担民事责任。"独立"的含义,即任何法人的债务只能由它自己承担,国家、投资者和法人组织内部的成员不对法人的债务负责。但是,对于合伙企业、个人独资企业等不具备法人资格的组织,因为不能独立承担民事责任,当其财产不足以清偿债务时,要由出资人或者设立人承担无限责任。

关联法规

《公司法》第3、13条

第六十一条 【法定代表人的定义及行为的法律后果】依照法律或者法人章程的规定，代表法人从事民事活动的负责人，为法人的法定代表人。

法定代表人以法人名义从事的民事活动，其法律后果由法人承受。

法人章程或者法人权力机构对法定代表人代表权的限制，不得对抗善意相对人。

条文注解

法定代表人对外以法人名义进行民事活动时，其与法人之间并非代理关系，而是代表关系，且其代表职权来自法律的明确授权，故不需要有法人的授权委托书。因此，法定代表人对外的职务行为即法人行为，其后果由法人承担。法人对法定代表人所负的责任，也包括越权行为的责任。此外，法人除了要对其法定代表人的职务行为承担责任外，还要对其工作人员的职务行为承担责任。

法人不得以法人章程等对法定代表人的内部职权限制对抗善意第三人。所谓“善意相对人”，是指对法人章程或者法人权力机构对法定代表人代表权的限制，不知情或者不应当知情的权利人。这里需要指出的是，判断相对方是否为善意，不仅要考量其事实上是否知道法人章程或者法人权力机构对法定代表人代表权的限制这一情况，还要考量其是否应当知道这一情况。“知道”是一种事实状况的判定，而“应当知道”则是对当事人是否存在过错的判定。

案例注解

【案例(2021)湘0321民初1997号】法定代表人项某欠条被认定由公司承担

【基本案情】

2017年年初，原告金某经被告湘潭县某公司法定代表人项某之邀来被告公司处打工，但双方未签订书面合同。工作期间，原告因生活所需仅向被告支取少量生活费，其他劳务费，被告并未及时发放。2019年2月14日，原告经与被告法定代表人项某结算，项某向原告出具了内容为“今欠到金某2017年工资款柒万元整(70000.00)”的欠条，但未约定付款时间。此后，原告金某多次催要此款未果，为此原告诉至法院，请求法院判令被告湘潭县某公司支付原告劳务费70,000元。

【裁判要旨】

《民法典》第61条规定，法定代表人以法人名义从事的民事活动，其法律后果由法人承受。本案中，原告按照被告的指示为其提供劳务，双方形成劳务合同关系，合法的劳务关系应受法律保护。被告的法定代表人项某向原告出具欠条的行为系职务行为，其法律后果应由被告承受。原告诉请被告支付劳务费70,000元，合法有据，应予支持。

【裁判结果】

2021年7月26日,法院判决被告湘潭县某公司支付原告金某劳务费70,000元。(资料来源:中国裁判文书网)

关联法规

《公司法》第11条,《民事诉讼法》第51条,《民法典》第504、1191条

第六十二条 【法定代表人职务侵权行为的责任承担】法定代表人因执行职务造成他人损害的,由法人承担民事责任。

法人承担民事责任后,依照法律或者法人章程的规定,可以向有过错的法定代表人追偿。

条文注解

一般情况下,在职务侵权行为中,行为的法律后果完全由法人承担,法定代表人无须承担该行为的民事责任,但在以下两种情况下,法人可以向有过错的法定代表人追偿:一是根据法律规定。如果有关法律法规明文规定了法定代表人对职务侵权行为应该承担相应的责任,那么在此种情形下,法人可以在对外赔偿后,依据相关法律法规的规定,向有过错的法定代表人进行追偿。二是根据法人章程规定。如果法人章程中明确规定法定代表人对职务侵权行为应该承担相应的责任,那么在此种情形下,法人可以在对外赔偿后,依据法人章程的规定,向有过错的法定代表人进行追偿。

关联法规

《公司法》第11、188、191条

第六十三条 【法人的住所】法人以其主要办事机构所在地为住所。依法需要办理法人登记的,应当将主要办事机构所在地登记为住所。

关联法规

《公司法》第8条,《市场主体登记管理条例》第11条

第六十四条 【法人变更登记】法人存续期间登记事项发生变化的,应当依法向登记机关申请变更登记。

关联法规

《公司法》第34、36条,《市场主体登记管理条例》第24～29条,《事业单位登记管理暂行条例》第10条,《社会团体登记管理条例》第18条,《基金会管理条例》第15条

第六十五条 【法人实际情况与登记事项不一致的法律后果】法人的实际情况与登记的事项不一致的,不得对抗善意相对人。

条文注解

根据法律的相关规定,登记的事项包括:

一是企业法人登记事项。企业法人登记事项包括企业法人名称、住所、经营场所、法定代表人、经济性质、经营范围、经营方式、注册资金、从业人数、经营期限、分支机构。外商投资企业登记注册的主要事项有名称、住所、经营范围、投资总额、注册资金、企业类型、法定代表人、营业期限、分支机构、有限责任公司股东或者股份有限公司发起人的姓名或者名称。外商投资企业设立的分支机构登记注册的主要事项有名称、营业场所、负责人、经营范围、隶属企业。

二是社会团体登记事项。社会团体登记事项包括名称、住所、宗旨、业务范围、活动地域、法定代表人、活动资金和业务主管单位。

三是事业单位法人登记事项。事业单位法人登记事项包括名称、住所、宗旨和业务范围、开办资金、法定代表人、经费来源(开办资金)等情况。

四是民办非企业单位(社会服务机构)登记事项。民办非企业单位登记事项包括民办非企业单位的名称、住所、宗旨和业务范围、法定代表人或者负责人、开办资金和业务主管单位。

关联法规

《市场主体登记管理条例》,《社会团体登记管理条例》,《事业单位登记管理暂行条例》,《民办非企业单位登记管理暂行条例》

第六十六条 【公示登记信息】登记机关应当依法及时公示法人登记的有关信息。

关联法规

《公司法》第32条,《企业信息公示暂行条例》第3、6～8条

第六十七条 【法人合并、分立后权利义务的享有和承担】法人合并的，其权利和义务由合并后的法人享有和承担。

法人分立的，其权利和义务由分立后的法人享有连带债权，承担连带债务，但是债权人和债务人另有约定的除外。

条文注解

法人合并，是指由两个以上的法人合并为一个新法人，是法人在组织上的一种变更。法人合并分为新设合并和吸收合并。所谓新设合并，是指原法人资格随即消灭，新法人资格随即确立。所谓吸收合并，是指一个或多个法人归并到一个现存的法人中去，被合并的法人资格消灭，存续法人的主体资格仍然存在。法人发生合并，它的权利义务应当由合并后的法人享有和承担。

法人分立，是指一个法人分成两个或者两个以上的法人，是法人在组织上的一种变更。法人分立分为新设式分立和派生式分立两种方式。所谓新设式分立，是指原法人分立为两个或者两个以上新的法人，原法人不复存在。所谓派生式分立，是指原法人仍然存在，但从原法人中分立出来一个新的法人，原法人的资格不变。法人发生分立，其权利和义务由分立后的法人享有连带债权，承担连带债务，但是债权人和债务人另有约定的除外。

案例注解

【案例(2021)桂0981民初524号】陈某与李某军、李某杰健身合同纠纷案

【基本案情】

2019年8月31日原告陈某在××市动岚健身中心办理了两年期健身卡，卡费1698元，出具为“××动岚健身连锁俱乐部”的票据，加盖了“××市动岚健身中心”的印章。2019年12月18日，四被告为股东的广西××市金鼎健身服务有限公司以“××金牌国际游泳健身会所”的名义、××动岚健身中心同时发出公告，告知××动岚健身中心和××金牌国际游泳健身会所已合并经营，由××金牌国际游泳健身会所接收××动岚健身中心的会员。2020年1月16日，四被告向工商部门提交承诺书，对经营期间债权债务的处理事宜作了承诺；2020年1月19日该公司开始春节放假至2020年1月30日又以新冠疫情为由继续暂停营业。但至2020年3月在各行各业都陆续复工的时间，该公司并无任何复工迹象。后经原告查询得知该公司已于2020年3月16日注销。原告等会员多次要求四被告退费无果。为此原告诉至法院，请求法院判令解除原告与四被告的健身服务合同；并判令四被告退还原告的会员费用1698元和赔偿会员费三倍的损失5094元，共计6792元给原告。

被告李某军、李某杰共同辩称，原告是动岚健身俱乐部的会员，四被告为股东的广西××市金鼎健身服务有限公司只是为原告提供场地及健身器械，健身费用与四被告无关;对赔偿损失应按法律规定计算。

【裁判要旨】

《民法典》第67条规定,法人合并的,其权利和义务由合并后的法人享有和承担。本案中,广西××市金鼎健身服务有限公司是自然人投资或控股的企业,股东为本案四被告。××动岚健身中心于2019年12月18日与该公司合并后,该公司即承担权利的主体,原告与该公司形成事实合同关系,由于该公司已注销,无法再实现为原告提供健身服务的合同目的,自该公司注销之日起双方的权利义务已经终止,健身服务合同已自行解除。该公司虽已办理了注销登记手续,但并未实际清偿该公司在经营期间产生的债务,其民事责任不因注销而免除,因此原告主张四被告对企业注销前的债务承担责任,依法应予支持。

【裁判结果】

2021年3月23日,法院判决四被告退还原告健身会员费1344.25元。(资料来源:中国裁判文书网)

关联法规

《公司法》第221、223条

第六十八条 【法人终止的原因】有下列原因之一并依法完成清算、注销登记的,法人终止:

(一)法人解散;

(二)法人被宣告破产;

(三)法律规定的其他原因。

法人终止,法律、行政法规规定须经有关机关批准的,依照其规定。

关联法规

《公司法》第229条,《企业破产法》第2、7条,《市场主体登记管理条例》第31条,《事业单位登记管理暂行条例》第13条,《社会团体登记管理条例》第19~21条,《民办非企业单位登记管理暂行条例》第16、17条

第六十九条 【法人解散的情形】有下列情形之一的,法人解散:

(一)法人章程规定的存续期间届满或者法人章程规定的其他解散事由出现;

(二)法人的权力机构决议解散;

（三）因法人合并或者分立需要解散；

（四）法人依法被吊销营业执照、登记证书，被责令关闭或者被撤销；

（五）法律规定的其他情形。

第七十条 【法人解散后的清算】法人解散的，除合并或者分立的情形外，清算义务人应当及时组成清算组进行清算。

法人的董事、理事等执行机构或者决策机构的成员为清算义务人。法律、行政法规另有规定的，依照其规定。

清算义务人未及时履行清算义务，造成损害的，应当承担民事责任；主管机关或者利害关系人可以申请人民法院指定有关人员组成清算组进行清算。

条文注解

法人清算，是指在法人解散时，清算义务人成立清算组，依据职权清理并消灭法人的全部财产关系的程序。法人除了因合并或者分立的情形而解散，不需要清算的外，因其他情形而解散的，都要依法进行清算。清算的任务：清查法人财产，核实债权债务，编制资产负债表，依法或章程向有关部门移交财产，依法律规定的范围和程序清偿债务等。法人清算必须由清算义务人指定清算组进行。清算终结，应由清算组向登记机关办理注销登记并公告，完成注销登记和公告，法人即告消灭。

清算义务人，是指在法人解散后，负有清算责任的主体，也称清算人。清算义务人为法人的董事、理事等执行机构或者决策机构的成员。

关联法规

《公司法》第232、233条，《保险法》第89、149条，《市场主体登记管理条例》第32～34条，《事业单位登记管理暂行条例》第13条，《社会团体登记管理条例》第20条，《基金会管理条例》第18条，《民办非企业单位登记管理暂行条例》第16条

第七十一条 【清算适用的法律依据】法人的清算程序和清算组职权，依照有关法律的规定；没有规定的，参照适用公司法律的有关规定。

条文注解

关于法人的清算程序和清算组职权,本条没有作具体规定,而是明确依照公司法律的有关规定。这里的公司法律的有关规定主要是指《公司法》《社会团体登记管理条例》《事业单位登记管理暂行条例》《民办非企业单位登记管理暂行条例》《市场主体登记管理条例》及相关实施细则等。

关联法规

《公司法》第234、236~239条

第七十二条 【清算中法人地位、清算后剩余财产的处理和法人终止】清算期间法人存续,但是不得从事与清算无关的活动。

法人清算后的剩余财产,按照法人章程的规定或者法人权力机构的决议处理。法律另有规定的,依照其规定。

清算结束并完成法人注销登记时,法人终止;依法不需要办理法人登记的,清算结束时,法人终止。

条文注解

清算期间,法人还继续存在,仍然具有民事权利能力和民事行为能力,但其民事权利能力是受到限制的,不得从事与清算无关的活动,以保护债权人和其他人的利益。如果法人在清算期间,仍然继续从事经营活动,会产生新的债权债务关系,这势必影响原债权人的利益,同时在法人处于解散的状态下,再开展业务活动,对有关相对人的权益也会造成侵害。所以,清算期间法人虽然存续,但是不得从事与清算无关的活动。《公司法》《市场主体登记管理条例》《社会团体登记管理条例》《事业单位登记管理暂行条例》《民办非企业单位登记管理暂行条例》等法律、行政法规,均规定了法人在清算期间不得开展与清算无关的活动。对违反这一规定的,《公司法》还规定了相应的法律责任:公司在清算期间开展与清算无关的经营活动的,由公司登记机关予以警告,没收违法所得。

法人清算后的剩余财产,是指法人财产在分别支付清算费用、职工的工资、社会保险费用和法定补偿金,缴纳所欠税款,清偿公司债务后的剩余财产。对法人清算后的剩余财产,一般要根据法人章程的规定或者法人权力机构的决议来处理,但是法律另有规定的,依照其规定。

关联法规

《公司法》第236条

第七十三条　【法人破产】法人被宣告破产的,依法进行破产清算并完成法人注销登记时,法人终止。

条文注解

本条规定明确了法人因破产而终止的两个程序性规定:(1)破产清算。破产清算制度,是对债务人宣告破产、清算还债的法律制度,即在债务人丧失清偿能力时,由法院强制执行其全部财产,公平清偿全体债权人的法律制度。根据《企业破产法》的规定,破产清算分为破产宣告、变价和分配、破产程序的终结三个环节。(2)注销登记。《企业破产法》规定,管理人应当自破产程序终结之日起10日内,持人民法院终结破产程序的裁定,向破产人的原登记机关办理注销登记。管理人于办理注销登记完毕的次日终止执行职务。但是,存在诉讼或者仲裁未决情况的除外。

需要说明的是,《企业破产法》第135条规定,其他法律规定企业法人以外的组织的清算,属于破产清算的,参照适用本法规定的程序。目前,《农民专业合作社法》和《民办教育促进法》已经对农民专业合作社和民办学校的破产清算作了规定,在破产财产的清偿顺序上突出了对农民和受教育者的保护。

关联法规

《企业破产法》,《农民专业合作社法》第55条,《民办教育促进法》第58、59条

第七十四条　【法人分支机构及其责任承担】法人可以依法设立分支机构。法律、行政法规规定分支机构应当登记的,依照其规定。

分支机构以自己的名义从事民事活动,产生的民事责任由法人承担;也可以先以该分支机构管理的财产承担,不足以承担的,由法人承担。

条文注解

法人分支机构作为法人的组成部分,由法人依法设立,在法人主要活动地点以外的一定领域内,实现法人的全部或部分职能。分支机构以自己的名义所从事的民事活动,对法人直接产生权利义务,并构成整个法人权利义务的一部分。

法人的分支机构虽然在法人授权范围内可以对外从事各种民事活动,但法人的分支机构属于法人的组成部分,其承担责任的能力有一定的限制,因此,法人的分支机构进行民事活动所承担的责任,要由法人承担,也可以先以该分支机构管理的财产承担,不足以承担的,由法人承担。在涉及分支机构的诉讼中,可以将法人的分支机构与法人一起列为共同被告。例如,企业法人的分支机构为他人提供担保,发生法律纠纷的,人民法院在审理过程中可以将该企业法人和分支机构列为共同被告参加

诉讼。

本条规定，法人可以依法设立分支机构。这里的“依法”主要是指依据《公司法》《商业银行法》《保险法》《证券法》《市场主体登记管理条例》《社会团体登记管理条例》《民办非企业单位登记管理暂行条例》《基金会管理条例》等法律、行政法规的规定。

案例注解

【案例(2023)粤0114民初12764号】黄某与某校车服务公司及其分公司劳动争议纠纷案

【基本案情】

原告黄某于2016年6月24日入职某校车花都分公司，工作岗位司机，双方有签订劳动合同，约定每月月底以转账形式发放上月工资。2023年4月6日黄某通过微信、电子邮件向被告发出《被迫离职通知书》，认为“……公司长期拖欠本人工资的违法行为。现常欠2022年11月至2023年3月工资没支付……”故提出解除与被告的劳动关系。庭审中，双方确认黄某离职前12个月月平均工资为2982.9元(未扣除社会保险费个人承担部分前的工资)。

因本案为劳动争议，黄某于2023年4月11日向广州市劳动人事争议仲裁委员会申请劳动仲裁。该委于2023年6月8日作出裁决书，裁决如下：(1)该裁决生效之日起3日内，某校车花都分公司一次性支付黄某2022年11月1日至2023年3月31日的工资4336.7元；(2)某校车公司对上述裁决金额承担补充清偿责任；(3)驳回黄某的其他仲裁请求。黄某不服该仲裁裁决，向法院提起诉讼，要求某校车公司及其花都分公司两被告支付2022年11月1日至2023年4月6日的工资6436.13元，支付解除劳动关系经济补偿金25,200元，由两被告支付诉讼费。

【裁判要旨】

《民法典》第74条规定，法人可以依法设立分支机构。分支机构以自己的名义从事民事活动，产生的民事责任由法人承担；也可以先以该分支机构管理的财产承担，不足以承担的，由法人承担。本案中，直至2023年4月6日黄某提出解除劳动关系时，某校车花都分公司拖欠黄某2022年11月至2023年2月4个月的工资未付，且上述拖欠工资早已超过工资支付周期，黄某提出解除劳动关系并要求某校车花都分公司支付解除劳动关系经济补偿金，合法有理，应予支持。

【裁判结果】

经法院查明，黄某在某校车花都分公司工作超过6年6个月但不满7年；庭审中双方确认黄某离职前12个月平均工资为2982.90元，依上述规定，某校车花都分公司应向黄某支付7个月经济补偿金20,880.30元(2982.90元×7个月)。

2023年10月30日，法院判决被告某校车服务有限公司花都分公司于本判决发生法律效力之日起3日内向原告黄某支付2022年11月至2023年4月拖欠的工资5045.98元；经济补偿金20,880.30元；被告某校车服务有限公司对被告某校车服务有限公司花都分公司上述第一项、第二项所负债务承担补充清偿责任；驳回原告其他

诉求。(资料来源:中国裁判文书网)

关联法规

《公司法》第42条,《商业银行法》第19条,《保险法》第67、74条,《证券法》第7、122条,《社会团体登记管理条例》第17条,《民办非企业单位登记管理暂行条例》第13条,《基金会管理条例》第12条,《市场主体登记管理条例》第23条

第七十五条 【法人设立行为的法律后果】设立人为设立法人从事的民事活动,其法律后果由法人承受;法人未成立的,其法律后果由设立人承受,设立人为二人以上的,享有连带债权,承担连带债务。

设立人为设立法人以自己的名义从事民事活动产生的民事责任,第三人有权选择请求法人或者设立人承担。

关联法规

《公司法》第44、107条,《最高人民法院关于适用〈中华人民共和国公司法〉若干问题的规定(三)》第2~5条

第二节 营利法人

第七十六条 【营利法人的定义及类型】以取得利润并分配给股东等出资人为目的成立的法人,为营利法人。

营利法人包括有限责任公司、股份有限公司和其他企业法人等。

条文注解

本条第1款规定,以取得利润并分配给股东等出资人为目的成立的法人,为营利法人。这一规定强调了营利法人的两个特征:一是成立的目的是取得利润,即以营利为目的。二是取得利润后要分配给股东等出资人,即出资人取得利润。这两个特征同时具备是营利法人与其他法人的根本区别。

关联法规

《公司法》第4、7、227条

第七十七条 【营利法人的成立】营利法人经依法登记成立。

关联法规

《公司法》第29条,《市场主体登记管理条例》第3条

第七十八条 【营利法人的营业执照】依法设立的营利法人,由登记机关发给营利法人营业执照。营业执照签发日期为营利法人的成立日期。

关联法规

《市场主体登记管理条例》第21条

第七十九条 【营利法人的章程】设立营利法人应当依法制定法人章程。

条文注解

法人章程,是指根据法人性质、任务和业务活动需要制定的关于法人的活动范围、组织机构以及内部成员之间的权利义务等的重要文件,是法人从事生产经营活动的行为准则。法人章程的内容可以分为绝对必要记载的事项和任意记载的事项。前者是指法律规定在章程中必须具备的内容,通常包括法人名称、住所、宗旨和经营范围、注册资金、投资数额、投资者的姓名和住所、投资者的权利义务、法人的组织机构和解散条件、利润分配和亏损承担等。章程一经登记就具有法律效力,成为法人的行为准则。

《公司法》规定,设立公司必须依法制定公司章程。公司章程对公司、股东、董事、监事、高级管理人员具有约束力。公司的经营范围由公司章程规定,并依法登记。公司可以修改公司章程,改变经营范围,但是应当办理变更登记。

关联法规

《公司法》第9、46条

第八十条 【营利法人的权力机构】营利法人应当设权力机构。

权力机构行使修改法人章程,选举或者更换执行机构、监督机构成员,以及法人章程规定的其他职权。

关联法规

《公司法》第58、111、172条

第八十一条 【营利法人的执行机构】营利法人应当设执行机构。

执行机构行使召集权力机构会议，决定法人的经营计划和投资方案，决定法人内部管理机构的设置，以及法人章程规定的其他职权。

执行机构为董事会或者执行董事的，董事长、执行董事或者经理按照法人章程的规定担任法定代表人；未设董事会或者执行董事的，法人章程规定的主要负责人为其执行机构和法定代表人。

关联法规

《公司法》第10、68、75、173条

第八十二条 【营利法人的监督机构】营利法人设监事会或者监事等监督机构的，监督机构依法行使检查法人财务，监督执行机构成员、高级管理人员执行法人职务的行为，以及法人章程规定的其他职权。

关联法规

《公司法》第76、130、176条

第八十三条 【出资人滥用权利的责任承担】营利法人的出资人不得滥用出资人权利损害法人或者其他出资人的利益；滥用出资人权利造成法人或者其他出资人损失的，应当依法承担民事责任。

营利法人的出资人不得滥用法人独立地位和出资人有限责任损害法人债权人的利益；滥用法人独立地位和出资人有限责任，逃避债务，严重损害法人债权人的利益的，应当对法人债务承担连带责任。

条文注解

《公司法》的法理基础,就是利用法人独立地位和出资人有限责任充分发挥其作用,提高效率,发展生产力。如果滥用法人独立地位和出资人有限责任,则应对法人债务承担连带责任,这一规则被称为“揭开公司的面纱”,又叫“法人人格否认”。这里的否认,并非否认法人资格,而是否认其独立地位,需出资人承担无限连带责任,保护债权人利益。针对股东采用转移公司财产、将公司财产与本人财产混同等手段,造成公司可以用于履行债务的财产减少,严重损害公司债权人利益的行为,“揭开公司面纱”规则也应运而生。

案例注解

【案例(2021)豫 1322 民初 2124 号】李某滥用公司法人独立地位被判对债务承担连带责任

【基本案情】

2020 年 9 月,原告贺某与被告南阳市某咨询有限公司(该咨询公司的法定代表人为被告李某)协商,经过该咨询公司派往方城县某中学担任教官一职,双方未签订书面合同。原告当时与该中学口头约定每月工资 6000 元,于 2021 年 1 月 31 日放假后经原告与中学结算工资为 24,000 元。因学校需要提供打款账户,原告与被告咨询有限公司沟通使用公司账户打款。2021 年 3 月 2 日该中学将 24,000 元打款至被告某咨询有限公司账户,扣税后为 23,762.38 元。被告李某于 2021 年 3 月 3 日通过个人微信归还原告劳务款 10,000 元,并在个人微信上一再承诺会尽快支付剩余款项。原告曾多次与被告李某沟通归还劳务款,但被告李某以手机故障、家里有事情等理由拒不归还原告剩余 13,762.38 元。为此,原告诉至法院,请求判令被告李某和被告南阳市某咨询有限公司支付劳务费 13,762.38 元。

【裁判要旨】

《民法典》第 83 条规定,营利法人的出资人不得滥用法人独立地位和出资人有限责任损害法人债权人的利益;滥用法人独立地位和出资人有限责任,逃避债务,严重损害法人债权人的利益的,应当对法人债务承担连带责任。本案中,被告李某作为公司的法定代表人,从其个人通过微信向原告支付 10,000 元以及其在微信上向原告承诺支付的聊天内容可以看出,被告李某作为公司股东与公司之间存在财产混同,被告李某滥用法人独立地位和出资人有限责任,逃避债务,严重损害原告贺某的合法利益,应当对法人债务承担连带责任。

【裁判结果】

2021 年 5 月 25 日,法院判决被告南阳市某咨询有限公司支付原告贺某工资款 13,762.38 元;被告李某对上述债务承担连带清偿责任。(资料来源:中国裁判文书网)

关联法规

《公司法》第21、23条

第八十四条 【限制不当利用关联关系】营利法人的控股出资人、实际控制人、董事、监事、高级管理人员不得利用其关联关系损害法人的利益;利用关联关系造成法人损失的,应当承担赔偿责任。

条文注解

根据《公司法》的规定,控股股东,是指其出资额占有限责任公司资本总额50%以上或者其持有的股份占股份有限公司股本总额50%以上的股东,或者出资额或者持有股份的比例虽然不足50%,但依其出资额或者持有的股份所享有的表决权已足以对股东会、股东大会的决议产生重大影响的股东。实际控制人,是指虽不是公司的股东,但通过投资关系、协议或者其他安排,能够实际支配公司行为的人。高级管理人员,是指公司的经理、副经理、财务负责人,上市公司董事会秘书和公司章程规定的其他人员。上述人员和作为公司权力机构成员的股东,以及作为公司监督机构成员的监事,不得利用其关联关系损害法人的利益。

根据《公司法》的规定,关联关系,是指公司控股股东、实际控制人、董事、监事、高级管理人员与其直接或者间接控制的企业之间的关系,以及可能导致公司利益转移的其他关系。但是,国家控股的企业之间不仅因为同受国家控股而具有关联关系。《公司法》规定,公司的控股股东、实际控制人、董事、监事、高级管理人员不得利用其关联关系损害公司利益。违反这一规定,给公司造成损失的,应当承担赔偿责任。上市公司董事与董事会会议决议事项所涉及的企业有关联关系的,不得对该项决议行使表决权,也不得代理其他董事行使表决权。该董事会会议由过半数的无关联关系董事出席即可举行,董事会会议所作决议须经无关联关系董事过半数通过。出席董事会的无关联关系董事人数不足3人的,应将该事项提交上市公司股东大会审议。

本条在《公司法》的基础上,进一步明确所有的营利法人的控股出资人、实际控制人、董事、监事、高级管理人员利用关联关系给法人造成损失的,应当承担赔偿责任,以维护法人的合法权益。

关联法规

《公司法》第22、53条,《最高人民法院关于适用〈中华人民共和国公司法〉若干问题的规定(三)》第12条

第八十五条 【决议的撤销】营利法人的权力机构、执行机构作出决议的会议召集程序、表决方式违反法律、行政法规、法人章程,或

者决议内容违反法人章程的，营利法人的出资人可以请求人民法院撤销该决议。但是，营利法人依据该决议与善意相对人形成的民事法律关系不受影响。

条文注解

营利法人的权力机构、执行机构违反法律、行政法规或者违反法人章程作出的决议包括两种情况：(1)程序违反法律、行政法规或者法人章程；(2)内容违反法人章程。就第一种情况而言，包括两种情形：一是作出决议的会议召集程序违反法律、行政法规或者法人章程；二是作出决议的会议表决方式违反法律、行政法规或者法人章程。

这里还需要指出两点：(1)虽然营利法人的出资人可以请求人民法院撤销该决议，但是营利法人依据该决议与善意相对人形成的民事法律关系不受影响。这一规定旨在保护善意的、不知情的相对人。如果相对人在与营利法人形成法律关系时不知道或者不应当知道作出决定的会议在召集程序、表决方式方面违反法律、行政法规或者法人章程的规定，或者决议内容违反法人章程的规定，则为善意相对人，其与营利法人依据该决议形成的民事法律关系不受影响。(2)本条规定只针对违反法人章程规定的情况，如果所作决议的内容违反的是法律、行政法规的强制性规定，属于无效民事法律行为，不属于本条规定的可撤销的民事法律行为。

关联法规

《公司法》第25、26、28条

第八十六条　【营利法人应履行的义务】营利法人从事经营活动，应当遵守商业道德，维护交易安全，接受政府和社会的监督，承担社会责任。

第三节　非营利法人

第八十七条　【非营利法人的定义及类型】为公益目的或者其他非营利目的成立，不向出资人、设立人或者会员分配所取得利润的法人，为非营利法人。

非营利法人包括事业单位、社会团体、基金会、社会服务机构等。

条文注解

非营利法人是为公益目的或者其他非营利目的成立，不向出资人、设立人或者会员分配所取得利润的法人。一个法人是否为非营利法人取决于两个因素：一是成立目的的非营利性；非营利法人是为公益目的或者其他非营利目的成立的。公益目的，是指法人所从事的活动属于社会公益事业。二是不分配利润。

第八十八条 【事业单位法人资格的取得】具备法人条件，为适应经济社会发展需要，提供公益服务设立的事业单位，经依法登记成立，取得事业单位法人资格；依法不需要办理法人登记的，从成立之日起，具有事业单位法人资格。

关联法规

《事业单位登记管理暂行条例》第2、3、6、11条

第八十九条 【事业单位法人的组织机构及法定代表人】事业单位法人设理事会的，除法律另有规定外，理事会为其决策机构。事业单位法人的法定代表人依照法律、行政法规或者法人章程的规定产生。

第九十条 【社会团体法人资格的取得】具备法人条件，基于会员共同意愿，为公益目的或者会员共同利益等非营利目的设立的社会团体，经依法登记成立，取得社会团体法人资格；依法不需要办理法人登记的，从成立之日起，具有社会团体法人资格。

第九十一条 【社会团体法人的章程及组织机构】设立社会团体法人应当依法制定法人章程。

社会团体法人应当设会员大会或者会员代表大会等权力机构。

社会团体法人应当设理事会等执行机构。理事长或者会长等负责人按照法人章程的规定担任法定代表人。

关联法规

《社会团体登记管理条例》第2、3、6、9条

第九十二条　【捐助法人资格的取得】具备法人条件，为公益目的以捐助财产设立的基金会、社会服务机构等，经依法登记成立，取得捐助法人资格。

依法设立的宗教活动场所，具备法人条件的，可以申请法人登记，取得捐助法人资格。法律、行政法规对宗教活动场所有规定的，依照其规定。

条文注解

捐助法人的定义是为公益目的，以捐助财产设立的非营利法人。根据这一规定，捐助法人的特点有两个：一是为公益目的设立；二是法人的财产全部来自捐助。捐助法人的范围主要包括基金会、社会服务机构、宗教活动场所等。

本法赋予宗教活动场所以法人资格，有利于其对外从事民事活动，更好地维护其合法权益，也有利于加强其内部治理，保护正常的宗教活动。

这里需要指出三点：一是宗教活动场所的法人登记以具备法人条件为前提。考虑到不同宗教的做法不同，依法设立的宗教活动场所是否登记为法人，由其自行申请。二是法律、行政法规对宗教活动场所有规定的，依照其规定。本条的规定不影响国家依法对宗教活动场所进行规范和管理。宗教活动场所从事各类活动必须符合《宗教事务条例》等法规的规定，接受宗教管理部门依法对其进行的监督管理。三是赋予宗教活动场所法人资格不影响其与宗教团体的关系。根据《宗教事务条例》第8条的规定，宗教团体具有协助人民政府贯彻落实法律、法规、规章和政策，维护信教公民的合法权益；指导宗教教务，制定规章制度并督促落实；从事宗教文化研究，阐释宗教教义教规，开展宗教思想建设；开展宗教教育培训，培养宗教教职人员，认定、管理宗教教职人员；法律、法规、规章和宗教团体章程规定的其他职能。宗教团体具备法人条件的，可以依法登记为社会团体法人。赋予宗教活动场所法人资格不影响其与宗教团体的关系。

关联法规

《民办非企业单位登记管理暂行条例》第8条，《基金会管理条例》第2条，《宗教事务条例》第7、8、19条

第九十三条 【捐助法人的章程及组织机构】设立捐助法人应当依法制定法人章程。

捐助法人应当设理事会、民主管理组织等决策机构，并设执行机构。理事长等负责人按照法人章程的规定担任法定代表人。

捐助法人应当设监事会等监督机构。

第九十四条 【捐助人的权利】捐助人有权向捐助法人查询捐助财产的使用、管理情况，并提出意见和建议，捐助法人应当及时、如实答复。

捐助法人的决策机构、执行机构或者法定代表人作出决定的程序违反法律、行政法规、法人章程，或者决定内容违反法人章程的，捐助人等利害关系人或者主管机关可以请求人民法院撤销该决定。但是，捐助法人依据该决定与善意相对人形成的民事法律关系不受影响。

条文注解

捐助人可以请求撤销捐助法人违法，或者违反章程规定的决定，但捐助法人依据该决定与善意相对人形成的民事法律关系不受影响，这也是保护善意相对人的权益，维护交易安全的需要。此外，如果所作决定的内容违反法律、行政法规的强制性规定，依据本法第143、153条的规定，属于无效民事法律行为，不属于本条规定的可撤销的民事法律行为。

关联法规

《基金会管理条例》第39、43条

第九十五条 【非营利法人终止时剩余财产的处置】为公益目的成立的非营利法人终止时，不得向出资人、设立人或者会员分配剩余财产。剩余财产应当按照法人章程的规定或者权力机构的决议用于公益目的；无法按照法人章程的规定或者权力机构的决议处理的，由主管机关主持转给宗旨相同或者相近的法人，并向社会公告。

条文注解

剩余财产不得向出资人、设立人或者会员分配。剩余财产,是指法人解散清算完成后所剩余的法人财产。这些财产不能向出资人、设立人或者会员分配,这是营利法人与非营利法人的重要区别。对于营利法人来说,剩余财产是可以向出资人、设立人分配的,而非营利法人,其来源是国有资产或者捐助财产,在存续期间还享受了国家在财政、税收、土地等方面的优惠政策,所以在终止时,其财产需要继续用于公益事业,不得向出资人、设立人或者会员分配。

关联法规

《慈善法》第18条,《民办教育促进法》第46、59条,《基金会管理条例》第10、33条,《宗教事务条例》第60条

第四节　特别法人

第九十六条　【特别法人的类型】本节规定的机关法人、农村集体经济组织法人、城镇农村的合作经济组织法人、基层群众性自治组织法人,为特别法人。

第九十七条　【机关法人资格的取得】有独立经费的机关和承担行政职能的法定机构从成立之日起,具有机关法人资格,可以从事为履行职能所需要的民事活动。

第九十八条　【机关法人终止后权利义务的享有和承担】机关法人被撤销的,法人终止,其民事权利和义务由继任的机关法人享有和承担;没有继任的机关法人的,由作出撤销决定的机关法人享有和承担。

关联法规

《行政诉讼法》第26条

第九十九条　【农村集体经济组织法人】农村集体经济组织依法取得法人资格。

法律、行政法规对农村集体经济组织有规定的,依照其规定。

关联法规

《农村土地承包法》第13条

第一百条 【城镇农村的合作经济组织法人】城镇农村的合作经济组织依法取得法人资格。

法律、行政法规对城镇农村的合作经济组织有规定的，依照其规定。

关联法规

《农民专业合作社法》第2、12、14条，《市场主体登记管理条例》第2条

第一百零一条 【基层群众性自治组织法人】居民委员会、村民委员会具有基层群众性自治组织法人资格，可以从事为履行职能所需要的民事活动。

未设立村集体经济组织的，村民委员会可以依法代行村集体经济组织的职能。

条文注解

根据《城市居民委员会组织法》的规定，居民委员会是居民自我管理、自我教育、自我服务的基层群众性自治组织。不设区的市、市辖区的人民政府或者它的派出机关对居民委员会的工作给予指导、支持和帮助。居民委员会协助不设区的市、市辖区的人民政府或者它的派出机关开展工作。

根据《村民委员会组织法》的规定，村民委员会是村民自我管理、自我教育、自我服务的基层群众性自治组织，实行民主选举、民主决策、民主管理、民主监督。村民委员会办理本村的公共事务和公益事业，调解民间纠纷，协助维护社会治安，向人民政府反映村民的意见、要求和提出建议。村民委员会向村民会议、村民代表会议负责并报告工作。

农村集体经济组织的职责主要是组织本集体成员参加生产活动，利用本经济组织的生产资料、生产工具等从事生产经营活动。根据本条第2款的规定，未设立村集体经济组织的，村民委员会可以依法代行村集体经济组织的职能。这是考虑到目前还有的地方并未设立农村集体经济组织，而是由村民委员会代行农村集体经济组织职责。针对这一实际情况，本条第2款作了这样的规定。

案例注解

【案例(2023)陕0118民初5774号】刘某诉某村民委员会支付货款案

【基本案情】

原告刘某从事建材销售业务,2016年被告某村委会从原告处采购一批门窗,双方核算货款为10,400元。因被告当时无力支付货款给原告出具了欠条,称以后有钱再给。后原告多次索要无果。原告遂起诉,要求被告给付原告货款10,400元,并给付从2016年8月26日起按照年息6%承担逾期付款利息至付款之日。

【裁判要旨】

《民法典》第101条规定,居民委员会、村民委员会具有基层群众性自治组织法人资格,可以从事为履行职能所需要的民事活动。本案中,被告某村委会拖欠原告货款,应当承担支付责任。

【裁判结果】

2023年11月3日,法院判决被告某村民委员会于本判决生效后5日内给付原告刘某货款10,400元;并给付逾期付款利息(2016年8月26日至2019年8月19日按照中国人民银行同期同类人民币贷款基准利率1.5倍计算,2019年8月19日至欠款付清之日按照2023年10月全国银行间同业拆借中心公布的一年期贷款市场报价利率1.5倍计算)。(资料来源:中国裁判文书网)

关联法规

《城市居民委员会组织法》第2~4条,《村民委员会组织法》第2条

第四章　非法人组织

第一百零二条　【非法人组织的定义及类型】非法人组织是不具有法人资格,但是能够依法以自己的名义从事民事活动的组织。

非法人组织包括个人独资企业、合伙企业、不具有法人资格的专业服务机构等。

条文注解

非法人组织的特点:

一是虽然不具有法人资格,但能够依法以自己的名义从事民事活动。这类组织没有法人资格,不能独立承担民事责任,是介于自然人和法人之间的一种社会组织。但该类组织具有民事权利能力和民事行为能力,能够以自己的名义从事民事活动。

二是依法成立。非法人组织在设立程序上须履行法定的登记手续,经有关机关核准登记,这是非法人组织的合法性要件。

三是有一定的组织机构。即拥有符合法律规定的名称、固定的从事生产经营等业务活动的场所，以及相应的组织管理机构和负责人，使之能够以该组织的名义对外从事相应的民事活动。

四是有一定的财产或经费。与法人的财产或经费不同，非法人组织的财产或经费不是独立的，而是其所属法人或公民财产的一个组成部分，归该法人或公民所有。

五是不具有独立承担民事责任的能力。这是该类组织与法人的最大区别，当其因对外进行民事活动而需要承担民事责任时，如其自身所拥有的财产能够承担责任，则由其自身承担；如其自身所拥有的财产不足以承担责任时，则由其出资人或设立人承担连带责任。

关联法规

《个人独资企业法》第2条，《合伙企业法》第2条，《律师法》第15条，《注册会计师法》第23条

第一百零三条 【非法人组织的设立程序】非法人组织应当依照法律的规定登记。

设立非法人组织，法律、行政法规规定须经有关机关批准的，依照其规定。

关联法规

《个人独资企业法》第9条，《合伙企业法》第9条，《律师法》第18条，《注册会计师法》第25条

第一百零四条 【非法人组织的债务承担】非法人组织的财产不足以清偿债务的，其出资人或者设立人承担无限责任。法律另有规定的，依照其规定。

条文注解

对非法人组织的民事责任问题，如果其他法律另有规定的，要依照其规定，而不适用本条的规定。如《合伙企业法》对特殊的普通合伙企业的民事责任问题作了特别规定。

关联法规

《个人独资企业法》第2条，《合伙企业法》第2、39、57条，《律师法》第15、16条，《注册会计师法》第23条

第一百零五条　【非法人组织的代表人】非法人组织可以确定一人或者数人代表该组织从事民事活动。

第一百零六条　【非法人组织解散的情形】有下列情形之一的，非法人组织解散：

（一）章程规定的存续期间届满或者章程规定的其他解散事由出现；

（二）出资人或者设立人决定解散；

（三）法律规定的其他情形。

关联法规

《合伙企业法》第85条，《个人独资企业法》第26条

第一百零七条　【非法人组织的清算】非法人组织解散的，应当依法进行清算。

条文注解

非法人组织符合本法第106条规定的解散情形的，即可以解散，解散应当依法进行清算。《个人独资企业法》《合伙企业法》等法律对个人独资企业、合伙企业的解散清算作了规定，本条规定的“应当依法进行清算”中的“依法”指依据上述这些法律的规定。

关联法规

《合伙企业法》第86～88条，《个人独资企业法》第27～30、32条

第一百零八条　【参照适用】非法人组织除适用本章规定外，参照适用本编第三章第一节的有关规定。

条文注解

“参照适用”不是完全适用，对于法人的一般性规定，非法人组织能够适用的，就适用；不能够完全适用的，可以参照相关规定的原则、精神，在适用上作灵活处理。

第五章　民事权利

第一百零九条　【人身自由、人格尊严受法律保护】自然人的人身自由、人格尊严受法律保护。

条文注解

人身自由,包括身体行动的自由和自主决定的自由,是自然人自主参加社会各项活动、参与各种社会关系、行使其他人身权和财产权的基本保障,是自然人行使其他一切权利的前提和基础。人格尊严,既包括静态和消极的人格尊严,也包括动态和积极的人格尊严,即人格形成和人格发展,涉及姓名权、名誉权、荣誉权、肖像权、隐私权等方面。

关联法规

《宪法》第37、38条,《刑法》第238条

第一百一十条　【民事主体的人格权】自然人享有生命权、身体权、健康权、姓名权、肖像权、名誉权、荣誉权、隐私权、婚姻自主权等权利。

法人、非法人组织享有名称权、名誉权和荣誉权。

案例注解

【案例】安徽某医疗科技公司诉安徽某健康科技公司名誉权纠纷案

【基本案情】

原告安徽某医疗科技公司与被告安徽某健康科技公司均生产防护口罩。2021年7月,安徽某健康科技公司向安徽省商务厅投诉称,安徽某医疗科技公司盗取其公司防护口罩的产品图片等宣传资料,并冒用其公司名义在国际电商平台上公开销售产品。随后,安徽某医疗科技公司收到安徽省商务厅的约谈通知。与此同时,该公司不断接到客户电话反映称,安徽某健康科技公司在公司官网、微信公众号上发布指责其盗用防护口罩名称、包装的文章,被各大网络平台转载。经查,涉案国际电商平台设立在东南亚某国,安徽某医疗科技公司从未在该平台上注册企业用户信息,也不是该平台的卖家商户,虽然平台上确有安徽某健康科技公司防护口罩的产品信息,但网页配图中安徽某医疗科技公司的厂房和车间图片系被盗用和嫁接。为了维护自身合法权益,安徽某医疗科技公司诉至法院,请求判令安徽某健康科技公司立即停止侵犯名

誉权行为并赔礼道歉。安徽某健康科技公司提起反诉，要求安徽某医疗科技公司立即停止在国际电商平台销售和宣传侵权产品，并赔礼道歉。

【裁判要旨】

根据《民法典》第110条规定，法人、非法人组织享有名称权、名誉权和荣誉权，受法律保护。本案中，涉案国际电商平台上涉及两家公司的商品信息均为网站用户在其个人终端上自主上传，安徽某医疗科技公司没有在该平台上注册过企业用户信息，不具备在该电商平台上销售产品的前提条件，网页配图系被他人盗用。安徽某健康科技公司发现平台用户存在侵权行为后，应当第一时间向该电商平台要求采取删除、屏蔽、断开链接等必要措施，并查清实际侵权人。但安徽某健康科技公司未核实信息来源，仅凭配发的安徽某医疗科技公司图片即向有关部门投诉。在投诉尚无结论时，安徽某健康科技公司即在公司官网及微信公众号发布不实言论，主观认定安徽某医疗科技公司假冒、仿冒其公司产品，文章和声明被各大网络平台大量转载和传播，足以引导阅读者对安徽某医疗科技公司产生误解，致使公司的商业信誉降低，社会评价下降。安徽某健康科技公司的行为严重侵犯安徽某医疗科技公司的企业名誉，构成侵权，应当承担相应的民事责任。

【裁判结果】

法判决安徽某健康科技公司停止侵害、删除发布在网站上的不实信息并登报赔礼道歉，驳回安徽某健康科技公司的反诉。（资料来源：最高人民法院网）

第一百一十一条 【个人信息受法律保护】自然人的个人信息受法律保护。任何组织或者个人需要获取他人个人信息的，应当依法取得并确保信息安全，不得非法收集、使用、加工、传输他人个人信息，不得非法买卖、提供或者公开他人个人信息。

条文注解

根据《网络安全法》第76条第5项的规定，自然人的个人信息，是指以电子或者其他方式记录的能够单独或者与其他信息结合识别自然人个人身份的各种信息，包括但不限于自然人的姓名、出生日期、身份证件号码、个人生物识别信息、住址、电话号码等。

个人信息与隐私二者的范围有交叉，重合部分可以称为隐私信息，即权利主体不愿为他人知晓的个人信息，如病史、犯罪记录等，但个人信息不仅包括不愿为外人知晓的隐私信息，还包括可以公开的非隐私信息如姓名、性别等。并且，隐私带有主观色彩，如身高、住址、电话号码等个人信息，有些人视为隐私，有些人视为可公开信息。

案例注解

【案例(2021)陕0825民初2390号】物业公司员工擅自发布业主个人信息被判承担侵权责任

【基本案情】

原告白某系某小区业主,被告某物业管理有限责任公司系原告居住小区的物业管理公司。2020年6月23日17:43时,被告的工作人员王某用微信名"物业王某乙"在某小区群(当时该微信群中人数为314人)中发布某某诉讼4文件一份,文件内容:民事诉讼状……被告:白某,男,汉族,大约53岁,现住:××县某小区5-2-102室,电话:181××××××,身份证号:612726××××××……。事发后,原告多次要求被告将涉及个人信息和隐私的电子文档删除,甚至报案,但被告至今未履行其在派出所作出的立即删除并赔礼道歉的承诺。原告认为被告在群中发布其个人信息造成原告名誉权受到严重损害,为此诉至法院,请求判令被告立即删除其发布的电子文档;要求消除影响、恢复名誉、赔礼道歉,并承担精神损害赔偿30,000元。

【裁判要旨】

《民法典》第111条规定,自然人的个人信息受法律保护。任何组织或者个人需要获取他人个人信息的,应当依法取得并确保信息安全,不得非法收集、使用、加工、传输他人个人信息,不得非法买卖、提供或者公开他人个人信息。本案中,被告工作人员王某甲未经原告同意,在微信群中发布原告的身份等个人信息,侵犯原告的合法权益,应当承担相应的民事责任。

【裁判结果】

2021年5月14日,法院一审判决被告某物业管理有限责任公司立即停止对原告白某的名誉侵权行为,删除在微信群中发布的文件,并连续7日在该群中发布向被告赔礼道歉的声明(声明内容须事先经人民法院审查);被告赔偿原告精神损害抚慰金500元。二审维持原判。(资料来源:中国裁判文书网)

关联法规

《消费者权益保护法》第14、29、50条,《网络安全法》第42、76条,《商业银行法》第29条,《刑法》第253条之一,《居民身份证法》第19条,《最高人民法院、最高人民检察院关于办理侵犯公民个人信息刑事案件适用法律若干问题的解释》

第一百一十二条　【因婚姻家庭关系等产生的人身权利受保护】自然人因婚姻家庭关系等产生的人身权利受法律保护。

第一百一十三条　【财产权利平等保护】民事主体的财产权利受法律平等保护。

关联法规

《宪法》第12、13条,《民法典》第2、4条

第一百一十四条 【物权的定义及类型】民事主体依法享有物权。

物权是权利人依法对特定的物享有直接支配和排他的权利,包括所有权、用益物权和担保物权。

条文注解

物权,是对物的权利。物权是一种财产权,财产权主要有物权、债权、继承权和知识产权中的财产权。财产可分为有形财产和无形财产,物权是对有形财产的权利。

由于物权是直接支配物的权利,因而物权又被称为"绝对权";物权的权利人享有物权,任何其他人都不得非法干预,物权的权利人以外的任何人都是物权的义务人,因此物权又被称为"对世权"。

物权的权利人对物享有直接支配的权利,是物权的主要特征之一。各种物权均以直接支配物作为其基本内容。"直接"即权利人实现其权利不必借助他人,在法律规定的范围内,完全可以按照自己的意愿行使权利。"支配"有安排、利用的意思,包括占有、使用、收益和处分的权能总和。"直接支配"指的是对于物不需要他人的协助、配合,权利人就能对物自主利用。

1. 所有权。所有权,是指权利人依法对自己的不动产和动产享有全面支配的权利。所有权具有四项权能,即占有、使用、收益和处分。"占有"是对于财产的实际管领或控制,拥有一个物的一般前提就是占有,这是财产所有者直接行使所有权的表现。"使用"是权利主体对财产的运用,发挥财产的使用价值。拥有物的目的一般是使用。"收益"是通过财产的占有、使用等方式取得的经济效益。使用物并获益是拥有物的目的之一。"处分"是指财产所有人对其财产在事实上和法律上的最终处置。

2. 用益物权。用益物权,是指权利人对他人所有的不动产或者动产,依法享有占有、使用和收益的权利。物权编在《物权法》的基础上规定了土地承包经营权、建设用地使用权、宅基地使用权、地役权、居住权这几种用益物权。用益物权是以对他人所有的不动产或者动产为使用、收益的目的而设立的,因而被称作"用益"物权。用益物权制度是物权法律制度中一项非常重要的制度,与所有权制度、担保物权制度一同构成了物权制度的完整体系。

3. 担保物权。担保物权是为了确保债务履行而设立的物权,当债务人不履行债务时,债权人就担保财产依法享有优先受偿的权利。担保物权对保证债权实现、维护交易秩序、促进资金融通,具有重要作用。根据物权编的规定,我国的担保物权包括抵押权、质权和留置权。

第一百一十五条 【物权客体】物包括不动产和动产。法律规定权利作为物权客体的,依照其规定。

条文注解

法律上所指的物,主要是不动产和动产。"不动产"是不可移动的物如土地及房屋、林木等土地附着物。"动产"是不动产以外的可移动的物如机动车、电视机等。不动产和动产是物权法上对物的分类,之所以进行这样的分类,主要是便于根据不动产和动产各自的特点分别予以规范。物权法律制度上的物,是指有体物或者有形物,有体物或者有形物是物理上的物,包括固体、液体、气体,也包括电等没有形状的物。所谓有体物或者有形物,主要是与精神产品相对而言的,著作、商标、专利等是精神产品,是无体物或者无形物,精神产品通常不是物权制度规范的对象。同时,并非所有的有体物或者有形物都是物权制度规范的对象,能够作为物权制度规范对象的还必须是人力所能控制、有利用价值的物。随着科学技术的发展,一些原来无法控制且无法利用的物也可以控制和利用了,也被纳入了物权制度的调整范围,物权制度规范的物的范围在不断扩大。

精神产品不属于物权制度的调整范围,但是在有些情况下,财产权利可以作为担保物权的标的,如可以转让的注册商标专用权、专利权、著作权等知识产权中的财产权,可以出质作为担保物权的标的,形成权利质权,由此权利也成了物权的客体。因此,本条规定,法律规定权利作为物权客体的,依照其规定。

第一百一十六条 【物权法定原则】物权的种类和内容,由法律规定。

条文注解

物权法定是物权法律制度的基本原则之一。物权法定中的"法"指法律,即全国人大及其常委会制定的法律,除法律明确规定可以由行政法规、地方性法规规定的外,一般不包括行政法规和地方性法规。需要说明的是,物权法定中的法律,既包括《民法典》和《物权法》,还包括其他法律,如《土地管理法》《城市房地产管理法》《矿产资源法》《草原法》《森林法》《海域使用管理法》《渔业法》《海商法》《民用航空法》等,这些法律中都有对物权的规定。

物权法定有两层含义:一是物权由法律规定,当事人不能自由创设物权;二是违背物权法定原则,所设"物权"没有法律效力。本条规定:"物权的种类和内容,由法律规定。"其一,设立哪些物权的种类,只能由法律规定,当事人之间不能创立。物权的大的种类分为所有权、用益物权和担保物权;用益物权还可分为土地承包经营权、建设用地使用权、宅基地使用权和地役权;担保物权还可分为抵押权、质权和留置权。

其二，物权的权利内容，一般也只能由法律规定。物权的内容指物权的权利义务，如土地承包经营权的承包期多长，承包经营权何时设立，承包经营权的流转权限，承包地的调整、收回、被征收中的权利义务，等等。《民法典》的许多规定都是强制性规范，当事人应当严格遵守，不能由当事人约定排除，除非法律规定了“有约定的按照约定”“当事人另有约定的除外”这些例外情形。

第一百一十七条 【征收、征用】为了公共利益的需要，依照法律规定的权限和程序征收、征用不动产或者动产的，应当给予公平、合理的补偿。

条文注解

征收是国家以行政权取得集体、单位和个人的财产所有权的行为。征收的主体是国家，通常是政府以行政决定的方式从集体、单位和个人手中取得土地、房屋等财产。在物权法上，征收是物权变动的一种特殊情形，涉及所有权人的所有权丧失。征用是国家为了抢险、救灾等公共利益需要，在紧急情况下强制性地使用单位、个人的不动产或者动产。征用的目的只在获得使用权，征用不导致所有权移转，被征用的不动产或者动产使用后，应当返还被征用人。征收、征用是政府行使行政权，属于行政关系，不属于民事关系，但由于征收、征用是对所有权或者使用权的限制，同时又是国家取得所有权或者使用权的一种方式，因此民法通常都从这一民事角度对此作原则规定。

需要说明的是，征收和征用是两个不同的法律概念。征收，是指为了公共利益需要，国家将他人所有的财产强制地征归国有；征用，是指为了公共利益需要而强制性地使用他人的财产。征收和征用的共同之处在于，都是为了公共利益需要，都要经过法定程序，并都要给予补偿。不同之处在于，征收主要是所有权的改变，征用只是使用权的改变。征收是国家从被征收人手中直接取得所有权，其结果是所有权发生了移转；征用则主要是在紧急情况下对他人财产的强制使用，一旦紧急情况结束，被征用的财产应返还原权利人。

关联法规

《宪法》第10、13条，《土地管理法》第45~49条，《国有土地上房屋征收与补偿条例》第2条

第一百一十八条 【债权的定义】民事主体依法享有债权。

债权是因合同、侵权行为、无因管理、不当得利以及法律的其他规定，权利人请求特定义务人为或者不为一定行为的权利。

条文注解

债是因合同、侵权行为、无因管理、不当得利以及法律的其他规定,特定当事人之间发生的权利义务关系。首先,债是一种民事法律关系,是民事主体之间以权利义务为内容的法律关系。其次,债是特定当事人之间的法律关系。债的主体各方均为特定当事人。再次,债是特定当事人之间的请求为或者不为一定行为的法律关系。享有权利的人是债权人,负有义务的人是债务人。债是以请求权为特征的法律关系,债权人行使债权,只能通过请求债务人为或者不为一定行为得以实现。最后,债是因合同、侵权行为、无因管理、不当得利以及法律的其他规定而发生的法律关系。本章规定的是民事权利,因此从权利角度对债作了规定。债权是因合同、侵权行为、无因管理、不当得利以及法律的其他规定,权利人请求特定义务人为或者不为一定行为的权利。债权是现代社会生活中民事主体的一项重要财产权利。根据本条的规定,债的发生原因包括以下几种情况:(1)合同。合同是民事主体之间设立、变更、终止民事法律关系的协议。合同依法成立后,即在当事人之间产生债权债务关系。基于合同所产生的债为合同之债。债权人有权按照合同约定,请求合同义务人履行合同义务。(2)侵权行为。侵权行为,是指侵害他人民事权益的行为。因侵权行为,侵权人与被侵权人之间形成债权债务关系。侵权行为之债不是侵权人所愿意发生的法律后果,法律确认侵权行为之债的目的在于通过债权和民事责任使侵权行为人承担其不法行为所造成的不利后果,给被侵权人救济,从而保护民事主体的合法民事权益。(3)无因管理。无因管理,是指没有法定的或者约定的义务,为避免他人利益受损失而进行管理的行为。因无因管理产生的债称为无因管理之债。无因管理之债并不是基于当事人的意愿设定的,而是根据法律的规定,为法定之债。(4)不当得利。不当得利,是指没有法律根据,取得不当利益,造成他人损失的情形。不当得利为债的发生原因,基于不当得利而产生的债称为不当得利之债。不当得利之债是法律为纠正不当得利,直接赋予当事人的权利义务,也是法定之债。(5)法律的其他规定。合同、侵权行为、无因管理、不当得利是债的发生的主要原因,除此之外,法律的其他规定也会引起债的发生,使民事主体依法享有债权。

第一百一十九条　【合同的约束力】依法成立的合同,对当事人具有法律约束力。

条文注解

根据自愿原则,是否订立合同、与谁订立合同、合同的内容如何等,由当事人自愿约定。但是,合同依法成立以后,对当事人就具有了法律约束力。所谓法律约束力,是指当事人应当按照合同的约定履行自己的义务,非依法律规定或者取得对方同意,不得擅自变更或者解除合同。

案例注解

【案例(2021)辽0211民初1551号】杨某拖欠房租被判违约

【基本案情】

2019年9月20日原告赵某与被告杨某签订了一份房屋租赁合同,约定原告将其位于大连市某小区房屋租给被告,租期1年,自2019年9月22日至2020年9月21日。月租金2400元,为季度缴纳,水电费由被告杨某支付,被告另缴纳2400元履约保证金,作为乙方履行合同担保,如乙方违反合同约定,甲方可从履约保证金中扣除应由乙方承担的租金、违约金、赔偿金和相关费用。原告交付房屋的同时还提供了相应的设施,包括实木餐桌一个。合同签订后,被告支付了12,100元租金。自2020年2月起开始拖欠房租,2020年7月8日被告没有与原告交接,只是通过微信告知原告其已经搬出。为此,原告诉至法院,请求法院判令被告偿还房租欠款12,600元(2020年2月至7月)、水电气卫生费365.85元、损坏餐桌橱柜台面等物品赔偿600元、清扫费700元,合计14,265.85元。

【裁判要旨】

《民法典》第119条规定,依法成立的合同,对当事人具有法律约束力,当事人应当按照合同约定履行自己的义务。本案中,原告将房屋租赁给被告,被告应当按时支付原告租金。原告诉请被告支付拖欠租金,于法有据,应予支持。

【裁判结果】

2021年6月29日,法院判决被告杨某支付原告赵某房租12,600元、水电煤气卫生费365.85元、损坏橱柜台面餐桌等物品赔偿600元,合计13,565.85元。(资料来源:中国裁判文书网)

关联法规

《民法典》第465条

第一百二十条 【侵权责任的承担】民事权益受到侵害的,被侵权人有权请求侵权人承担侵权责任。

条文注解

侵权人在其民事权益被侵权人侵害构成侵权时,有权请求侵权人承担侵权责任。这种权利是一种请求权,所谓请求权,是指请求他人为一定行为或者不为一定行为的权利。请求权人自己不能直接取得作为该权利内容的利益,必须通过他人的特定行为间接取得。在侵权人的行为构成侵权,侵害了被侵权人的民事权益时,被侵权人有权请求侵权人承担侵权责任。被侵权人既可以直接向侵权人行使请求权,也可以向法院提起诉讼,请求法院保护自己的合法权益。

侵权人承担侵权责任有多种方式。根据本法第179条的规定,承担民事责任的方式主要有停止侵害,排除妨碍,消除危险,返还财产,恢复原状,修理、重作、更换,继续履行,赔偿损失,支付违约金,消除影响、恢复名誉,赔礼道歉。法律规定惩罚性赔偿的,依照其规定。承担民事责任的方式,可以单独适用,也可以合并适用。

关联法规

《民法典》第179条

第一百二十一条 【无因管理】没有法定的或者约定的义务,为避免他人利益受损失而进行管理的人,有权请求受益人偿还由此支出的必要费用。

条文注解

无因管理,是指没有法定的或者约定的义务,为避免他人利益受损失而进行管理的行为。管理他人事务的人为管理人,因管理人管理其事务而受益的人为受益人。根据本法的规定,构成无因管理,有以下几个要件:

一是管理他人事务。管理他人事务,即为他人进行管理,这是成立无因管理的首要条件。如将自己的事务误认为他人事务进行管理,即使是为他人避免损失,也不能构成无因管理。

二是为避免他人利益受损失。一般来说,在既无法定义务又无约定义务的情况下,管理他人的事务,属于干预他人事务的范畴。而法律规定的无因管理,是为避免他人利益受损失而进行管理的行为。符合助人为乐、危难相助的道德准则的行为,应该得到鼓励和受到保护。

三是没有法定的或者约定的义务。无因,是指没有法定的或者约定的义务。没有法定的或者约定的义务是无因管理成立的重要条件。如果行为人负有法定的或者约定的义务进行管理,则不能构成无因管理。

根据本条规定,符合以上三个要件,构成无因管理的,无因管理发生后,管理人依法享有请求受益人偿还因管理行为支出的必要费用的权利,受益人有偿还该项费用的义务。需要注意的是,符合以上三个要件的无因管理只是原则上享有费用返还请求权,但管理人管理事务的行为不符合受益人的真实意愿的,根据本法合同编关于"无因管理"第979条的规定,管理人不享有前款规定的权利,但是,受益人的真实意思违反法律或者违背公序良俗的除外。

第一百二十二条 【不当得利】因他人没有法律根据,取得不当利益,受损失的人有权请求其返还不当利益。

条文注解

不当得利,是指没有法律根据,取得不当利益,造成他人损失的情形。不当得利制度对民事主体之间的财产流转关系有调节作用,目的在于恢复民事主体之间在特定情形下所发生的非正常的利益变动。因不当得利产生的债称为不当得利之债。本条规定,因他人没有法律根据,取得不当利益,受损失的人有权请求其返还不当利益。不当得利在民法中产生的情况主要有以下几种:一是民事法律行为不成立、无效及被撤销所产生的不当得利;二是履行不存在的债务所引起的不当得利;三是因合同解除产生的不当得利;四是基于受益人、受害人或第三人行为而产生的不当得利;五是基于事件而产生的不当得利。

根据本法的规定,构成不当得利,有以下几个要件:

一是民事主体一方取得利益。取得利益,是指财产利益的增加。既包括积极的增加,即财产总额的增加;也包括消极的增加,即财产总额应减少而未减少,如本应支付的费用没有支付等。

二是民事主体他方受到损失。受到损失,是指财产利益的减少。既包括积极损失,即财产总额的减少;也包括消极损失,即应当增加的利益没有增加。

三是一方取得利益与他方受到损失之间有因果关系。一方取得利益与他方受到损失之间有因果关系,是指他方的损失是因一方获得利益造成的。

四是没有法律根据。没有法律根据是构成不当得利的重要要件。如果一方取得利益和他方受到损失之间有法律根据,民事主体之间的关系就受到法律的认可和保护,不构成不当得利。

案例注解

【案例(2021)豫1282民初3613号】刘某与张某、武某不当得利纠纷案

【基本案情】

刘某与武某系多年好友,武某欠姜某借款一直未还。2020年8月25日姜某向武某催要还款,武某因资金紧张,便找刘某借款5万元周转,用于归还姜某的借款。刘某当场便将5万元通过手机银行转入被告武某提供的姜某女儿张某的银行卡号。刘某多次向武某催要还款,武某却不承认该笔借款,原告无奈又找到收款人张某要求退还该5万元,但张某认为该款为武某偿还其父亲借款,与刘某无关,不同意返还。刘某无奈,诉至法院,请求法院判令被告吴某和张某立返还5万元。

被告张某认为其收到款项是被告武某还其父亲的借款,不同意返还。

【裁判要旨】

《民法典》第122条规定,因他人没有法律根据,取得不当利益,受损失的人有权请求其返还不当利益。本案中,被告武某从原告刘某处借款5万元,用于偿还其拖欠被告张某父亲姜某的债务,双方之间债权债务关系明确,故原告刘某要求被告武某偿还借款5万元,理由正当,于法有据。但被告张某与该笔借款无关,不应承担还款责任。

【裁判结果】

2021年7月30日，法院判决被告武某于判决生效后10日内偿还原告刘某5万元。（资料来源：中国裁判文书网）

第一百二十三条 【知识产权的定义】民事主体依法享有知识产权。

知识产权是权利人依法就下列客体享有的专有的权利：

（一）作品；

（二）发明、实用新型、外观设计；

（三）商标；

（四）地理标志；

（五）商业秘密；

（六）集成电路布图设计；

（七）植物新品种；

（八）法律规定的其他客体。

条文注解

知识产权有以下特征：一是知识产权是一种无形财产权。二是知识产权具有财产权和人身权的双重属性，如作者享有发表权、署名权、修改权等人身权。三是知识产权具有专有性。法律规定知识产权为权利人专有，除权利人同意或法律规定外，权利人以外第三人不得享有或者使用该项权利，否则为侵害他人的知识产权。四是知识产权具有地域性，法律确认和保护的知识产权，除该国与他国条约或参加国际公约外，只在一国领域内发生法律效力。五是知识产权具有时间性，各国法律对知识产权的保护都有严格的时间限制。丧失效力的知识产权客体进入公有领域，成为全人类共有的财富。

根据本条的规定，知识产权是权利人依法就下列客体所享有的专有权利：

1. 作品。对作品的知识产权保护主要规定在著作权相关法律法规中。《著作权法》第3条规定，本法所称的作品，包括以下列形式创作的文学、艺术和自然科学、社会科学、工程技术等作品：(1)文字作品；(2)口述作品；(3)音乐、戏剧、曲艺、舞蹈、杂技艺术作品；(4)美术、建筑作品；(5)摄影作品；(6)视听作品；(7)工程设计图、产品设计图、地图、示意图等图形作品和模型作品；(8)计算机软件；(9)符合作品特征的其他智力成果。

权利人依法就作品享有的专有权利是著作权。根据《著作权法》的规定，著作权，是指著作权人对其作品享有的人身权和财产权，包括发表权、署名权、修改权、保护作品完整权、复制权、发行权、出租权、展览权、表演权、放映权、广播权、信息网络传播权、摄制权、改编权、翻译权、汇编权和应当由著作权人享有的其他权利。

2. 发明、实用新型、外观设计。对发明、实用新型、外观设计的知识产权保护主要规定在专利权相关法律法规中。《专利法》第2条规定,本法所称的发明创造,是指发明、实用新型和外观设计。发明,是指对产品、方法或者其改进所提出的新的技术方案。实用新型,是指对产品的形状、构造或者其结合所提出的适于实用的新的技术方案。外观设计,是指对产品的整体或者局部形状、图案或者其结合以及色彩与形状、图案的结合所作出的富有美感并适于工业应用的新设计。

3. 商标。对商标的知识产权保护主要规定在商标权相关法律法规中。《商标法》第3条第1~3款规定,经商标局核准注册的商标为注册商标,包括商品商标、服务商标和集体商标、证明商标。该法所称集体商标,是指以团体、协会或者其他组织名义注册,供该组织成员在商事活动中使用,以表明使用者在该组织中的成员资格的标志。该法所称证明商标,是指由对某种商品或者服务具有监督能力的组织所控制,而由该组织以外的单位或者个人使用于其商品或者服务,用以证明该商品或者服务的原产地、原料、制造方法、质量或者其他特定品质的标志。

4. 地理标志。地理标志,是指标示某商品来源于某地区,该商品的特定质量、信誉或者其他特征,主要由该地区的自然因素或者人文因素所决定的标志。权利人依法就地理标志享有专有权。

5. 商业秘密。商业秘密,是指不为公众所知悉、能为权利人带来经济利益、具有实用性并经权利人采取保密措施的技术信息和经营信息。权利人依法对商业秘密享有专有权。

6. 集成电路布图设计。集成电路布图设计,是指集成电路中至少有一个是有源元件的两个以上元件和部分或者全部互联线路的三维配置,或者为制造集成电路而准备的上述三维配置。权利人依法对集成电路布图设计享有专有权。

7. 植物新品种。植物新品种,是指经过人工培育的或者对发现的野生植物加以开发,具备新颖性、特异性、一致性和稳定性并有适当命名的植物品种。

关联法规

《著作权法》第3条,《专利法》第2条,《商标法》第3、16、57条,《商标法实施条例》第4条,《反不正当竞争法》第5、10条,《种子法》第25、28条,《农业法》第23、49条,《集成电路布图设计保护条例》第2条

第一百二十四条 【继承权】自然人依法享有继承权。

自然人合法的私有财产,可以依法继承。

第一百二十五条 【投资性权利】民事主体依法享有股权和其他投资性权利。

条文注解

股权,是指民事主体因投资于公司成为公司股东而享有的权利。根据行使目的和方式的不同,股权可分为自益权和共益权两部分。自益权,是指股东基于自身利益诉求而享有的权利,可以单独行使,包括资产收益权、剩余财产分配请求权、股份转让权、新股优先认购权等。共益权,是指股东基于全体股东或者公司的利益诉求而享有的权利,包括股东会表决权、股东会召集权、提案权、质询权、公司章程及账册的查阅权、股东会决议撤销请求权等。

其他投资性权利,是指民事主体通过投资享有的权利。如民事主体通过购买证券、基金、保险等进行投资而享有的民事权利。根据本条的规定,民事主体依法享有其他投资性权利。这些投资性权利的具体权利内容根据《证券法》等具体法律规定依法享有。

关联法规

《公司法》第 4 条

第一百二十六条 【其他民事权益】民事主体享有法律规定的其他民事权利和利益。

第一百二十七条 【数据、网络虚拟财产的保护】法律对数据、网络虚拟财产的保护有规定的,依照其规定。

关联法规

《网络安全法》第 10 条

第一百二十八条 【民事权利的特别保护】法律对未成年人、老年人、残疾人、妇女、消费者等的民事权利保护有特别规定的,依照其规定。

第一百二十九条 【民事权利的取得方式】民事权利可以依据民事法律行为、事实行为、法律规定的事件或者法律规定的其他方式取得。

条文注解

民事权利的取得，是指民事主体依据合法的方式获得民事权利。根据本条的规定，民事权利可以依据民事法律行为、事实行为、法律规定的事件或者法律规定的其他方式取得。

1. 民事法律行为。民事法律行为，是指民事主体通过意思表示设立、变更、终止民事法律关系的行为，民法理论一般称为法律行为。如订立买卖合同的行为、订立遗嘱、放弃继承权、赠与等。《民法典》总则编第六章专章规定了民事法律行为，对民事法律行为的概念、成立、效力等作了规定。

2. 事实行为。事实行为，是指行为人主观上没有引起民事法律关系发生、变更或者消灭的意思，而依照法律的规定产生一定民事法律后果的行为。如自建房屋、拾得遗失物、无因管理行为、劳动生产等。事实行为有合法的，也有不合法的。拾得遗失物等属于合法的事实行为，侵害他人的人身、财产的侵权行为是不合法的事实行为。民事权利可以依据事实行为取得，如民事主体因无因管理行为取得对他人的无因管理债权等。

3. 法律规定的事件。法律规定的事件，是指与人的意志无关而根据法律规定能引起民事法律关系变动的客观情况，如自然人的出生、死亡，自然灾害，生产事故，果实自落以及时间经过等。民事权利可以依据法律规定的事件取得，如民事主体因出生取得继承权等。

4. 法律规定的其他方式。除了民事法律行为、事实行为、法律规定的事件，民事权利还可以依据法律规定的其他方式取得。如物权编第 229 条规定，因人民法院、仲裁机构的法律文书或者人民政府的征收决定等，导致物权设立、变更、转让或者消灭的，自法律文书或者征收决定等生效时发生效力。

第一百三十条　【按照自己的意愿依法行使民事权利】民事主体按照自己的意愿依法行使民事权利，不受干涉。

条文注解

自愿原则是民法的一项基本原则，贯穿整个《民法典》。本条是自愿原则在行使民事权利中的体现，民事主体按照自己的意愿依法行使民事权利，不受干涉体现在：一是民事主体有权按照自己的意愿依法行使民事权利或者不行使民事权利；二是民事主体有权按照自己的意愿选择依法行使的民事权利内容；三是民事主体有权按照自己的意愿选择依法行使民事权利的方式。民事主体按照自己的意愿行使权利，任何组织和个人不得非法干涉。

第一百三十一条 【权利义务一致】民事主体行使权利时，应当履行法律规定的和当事人约定的义务。

第一百三十二条 【不得滥用民事权利】民事主体不得滥用民事权利损害国家利益、社会公共利益或者他人合法权益。

条文注解

不得滥用民事权利，是指民事权利的行使不得损害国家利益、社会公共利益或者他人合法权益。每一个民事主体都有权行使自己所享有的权利，法律也鼓励民事主体行使自己的权利，但是权利的行使有一定界限，行使民事权利损害国家利益、社会公共利益或者他人合法权益的，为滥用民事权利。民法一方面鼓励权利主体正当地行使权利，另一方面为权利的行使划定了明确的界限，即不得滥用民事权利损害国家利益、社会公共利益或者他人合法权益。滥用民事权利损害国家利益、社会公共利益或者他人合法权益可构成侵权。滥用民事权利和侵权存在区别：权利滥用的前提是有正当权利存在，且是权利行使或与权利行使有关的行为，侵权行为一般事先没有正当权利存在；权利不得滥用原则是对民事主体行使民事权利的一定限制，通过限制民事主体不得滥用权利损害国家利益、社会公共利益或者他人合法权益，达到民事权利与国家利益、社会公共利益、他人合法权益的平衡，而侵权责任制度的目的是保护民事主体的权利。

案例注解

【案例(2021)辽0111民初2298号】吴某滥用民事权利被法院驳回

【基本案情】

2018年9月27日，被告国网辽宁省某供电公司与沈阳市某区经济和信息化局签订《××220千伏线路工程走廊清理承包委托协议》，约定被告将工程线路走廊设计范围内的障碍物拆除及清理(含煤气管网迁移)、永久性征占地、树木砍伐等工作。2018年10月29日，被告向沈阳某区经济和信息化局支付占地补偿款7,993,500元。2021年2月25日，某区工业和信息化局与某街道办事处签订《××220KV永久占地和临时补偿协议》，约定在某街道办事处建设塔基10个，永久占地2704平方米，按区片价每亩75,000元补偿304,048元。2021年2月26日，某区工业和信息化局向某街道办事处支付占地补偿款304,048元。

原告吴某以被告未经原告同意，私自在原告承包地上搭建供电设施、侵害了原告的合法权益为由，诉至法院，请求法院判令被告立即停止在原告承包地内私自搭建的侵害行为；拆除其私自搭建的铁塔及钢筋混凝土结构建筑物，将原告承包地恢复原状、消除危险；向原告赔礼道歉。

【裁判要旨】

《民法典》第132条规定，民事主体不得滥用民事权利损害国家利益、社会公共利益或者他人合法权益。本案中,国网辽宁省某供电公司已按照规划在沿线建设塔基,原告吴某以侵占其承包地为由要求停止建设并拆除被告已建设的塔基,不符合公共利益,属于滥用民事权利行为。

【裁判结果】

2021年7月6日,法院判决驳回原告吴某的诉讼请求。(资料来源:中国裁判文书网)

关联法规

《宪法》第51条

第六章 民事法律行为

第一节 一般规定

第一百三十三条 【民事法律行为的定义】民事法律行为是民事主体通过意思表示设立、变更、终止民事法律关系的行为。

条文注解

民事法律行为是对合同行为、婚姻行为、遗嘱行为等一系列能够产生具体权利义务关系的行为的抽象和概括,是民事主体在民事活动中实现自己意图的一项重要民事制度。

根据本条的规定,民事法律行为具有以下几个特征:

1. 民事法律行为是民事主体实施的行为。非民事主体实施的行为不是民事法律行为,如司法机关作出的裁决、行政机关作出的处罚决定等也会产生法律后果,但其不是以民事主体身份作出的行为,因而裁决和处罚决定不属于民事法律行为。但机关在履行公共管理职能过程中可能会进行一些民事活动,如行政机关购买办公用品、修建办公大楼等,从事这些活动时是以机关法人的民事主体身份进行的,其实施的行为也属于民事法律行为。

2. 民事法律行为应当是以发生一定的法律效果为目的的行为。民事主体在社会生产生活中会从事各种各样的活动,但并非任何行为都是民事法律行为。根据本条的规定,只有以设立、变更、终止民事法律关系为目的的行为才是民事法律行为,其最终结果是让民事主体具体地享受民事权利、承担民事义务。所谓设立民事法律关系,是指民事主体通过民事法律行为形成某种法律关系,如双方当事人通过要约和承诺形成的买卖关系、租赁关系、委托关系等合同关系。所谓变更民事法律关系,是指民事主体在保持原有民事法律关系效力的基础上,通过民事法律行为对其内容作出一些调整。所谓消灭民事法律关系,是指民事主体通过民事法律行为消灭原民事法律关系,终止其效力。这里需要强调的是,民事法律行为虽然是民事主体期望发生一定法律效果为目的的行为,但并非任何民事法律行为都能最终产生民事主体所期望的法律效果。民事主体所从事的民事法律行为可能是合法的,也可能是非法的,这与原《民法通则》关于民事法律行为的规定有很大的不同。根据本章第三节关于民事法律行为效力的规定,合法有效的民事法律行为能产生民事主体所期望发生的法律效果,但是非法的民事法律行为则不一定能产生民事主体所期望的法律效果。例如,无效的民事法律行为就确定地不发生民事主体所希望发生的法律效果;如果当事人提出撤销的申请,可撤销的民事法律行为也不能实现民事主体所希望的法律效果。非法的民事法律行为虽然可能不能实现民事主体意欲实现的法律效果,但是都可能产生一定的法律后果,例如,根据本章的规定,欺诈、胁迫等民事法律行为是非法的,可能产生民事法律行为被撤销的法律后果;又如,根据本章的规定,恶意串通损害他人合法权益的民事法律行为会产生无效的法律后果。

3. 民事法律行为是以意思表示为核心要素的行为。意思表示,是指民事主体意欲发生一定法律效果的内心意思的外在表达,是民事法律行为最为核心的内容。民事法律行为之所以能对民事主体产生法律约束力,就是因为其是民事主体按照自己的意思作出的,这也是民事法律行为与事实行为最根本的区别。

第一百三十四条 【民事法律行为的成立】民事法律行为可以基于双方或者多方的意思表示一致成立,也可以基于单方的意思表示成立。

法人、非法人组织依照法律或者章程规定的议事方式和表决程序作出决议的,该决议行为成立。

条文注解

本条第1款根据不同的民事法律行为类型对其不同的成立条件和成立时间作了规定。

第一,双方民事法律行为。双方民事法律行为,是指双方当事人意思表示一致才能成立的民事法律行为。最为典型的双方民事法律行为是合同。双方民事法律行为与单方民事法律行为的最大区别是行为的成立需要双方的意思表示一致,仅凭一方的意思表示而没有经过对方的认可或者同意不能成立。

第二,多方民事法律行为。多方民事法律行为,是指根据两个以上的民事主体的意思表示一致而成立的行为。订立公司章程的行为和签订合伙协议的行为就是较为典型的多方民事法律行为。

第三,单方民事法律行为。单方民事法律行为,是指根据一方的意思表示就能够成立的行为。与双方民事法律行为不同,单方民事法律行为不存在相对方,其成立不需要其他人的配合或者同意,而是依据行为人自己一方的意志就可以产生自己所期望的法律效果。在现实生活中单方民事法律行为也不少,这些民事法律行为从内容上划分,主要可以分为两类:(1)行使个人权利而实施的单方行为,如所有权人抛弃所有权的行为等,这些单方民事法律行为仅涉及个人的权利变动,不涉及他人的权利变动;(2)涉及他人权利变动的单方民事法律行为,如立遗嘱,授予代理权,行使撤销权、解除权、选择权等处分形成权的行为。

本条第2款还规定了一种较为特殊的民事法律行为,即决议行为。决议行为是两个或者两个以上的当事人基于共同的意思表示而意图实现一定法律效果而实施的行为,其满足民事法律行为的所有条件,是一种民事法律行为。但是与多方民事法律行为、双方民事法律行为和单方民事法律行为相比,其又具有特殊性,这种特殊性体现在三个方面:一是双方民事法律行为或者多方民事法律行为需要所有当事人意思表示一致才能成立,决议行为一般并不需要所有当事人意思表示一致才能成立,而是多数人意思表示一致就可以成立。二是双方民事法律行为或者多方民事法律行为的设立过程一般不需要遵循特定的程序,而决议行为一般需要依一定的程序才能设立,根据本条的规定,决议行为的设立应当依照法律或者章程规定的议事方式和表决程序。三是双方民事法律行为或者多方民事法律行为适用的范围一般不受限制,而根据本条的规定,决议行为原则上仅适用于法人或者非法人组织内部的决议事项。

需要强调的是,民事法律行为的成立是其生效的前提,根据本法第136条第1款的规定,民事法律行为自成立时生效,但是法律另有规定或者当事人另有约定的除外。也就是说,除法律另有规定或者当事人另有约定外,民事法律行为原则上在成立时就对当事人产生法律约束力,任何一方都不得擅自变更或者解除。

第一百三十五条 【民事法律行为的形式】民事法律行为可以采用书面形式、口头形式或者其他形式;法律、行政法规规定或者当事人约定采用特定形式的,应当采用特定形式。

条文注解

根据本条的规定,民事法律行为可以采用书面形式、口头形式或者其他形式。(1)书面形式,是指以文字等可以有形形式再现民事法律行为内容的形式。书面形式的种类很多,根据本法第469条第2、3款的规定,书面形式是合同书、信件、电报、电传、传真等可以有形地表现所载内容的形式。以电子数据交换、电子邮件等方式能够有形地表现所载内容,并可以随时调取查用的数据电文,视为书面形式。随着互联网技术的发展,微信、QQ等已成为人们社会交往的重要载体,也可以成为民事法律行为的载体,有的还属于书面形式的种类。(2)口头形式,是指当事人以面对面的谈话或者以电话交流等方式形成民事法律行为的形式。(3)在某些情况下,当事人还可以采取书面形式和口头形式之外的其他方式形成民事法律行为。例如,在合同领域,可以根据当事人的行为或者特定情形推定合同的成立,也被称为默示合同。此类合同,是指当事人未用语言或者文字明确表示成立,而是根据当事人的行为推定合同成立。这类合同在现实生活中有很多,如租房合同的期限届满后,出租人未提出让承租人退房,承租人也未表示退房而是继续交房租,出租人也接受了租金。根据双方的行为,可以推定租赁合同继续有效。

对于民事法律行为是采用书面形式、口头形式还是其他形式,由当事人自主选择,法律原则上不干涉,但在一些特殊情况下,出于保护交易安全、避免纠纷等考虑,有的法律、行政法规会对民事法律行为提出特殊要求,或者当事人会约定民事法律行为采用特定形式,在这种情况下,应当采用特定形式。

案例注解

【案例(2021)苏1311民初2943号】陈某要求支付劳务费获法院支持

【基本案情】

2016年,被告宿迁市某社区居民委员会为绿化乡村环境,对村西侧的污水沟进行回填,该工程交由原告陈某施工,双方故而发生业务往来,但并未签订书面合同。工程完工后,双方于2016年9月29日进行造价结算,被告并向原告出具单据凭证一份,载明:"今欠到陈某工程款(村西垫水沟工程)计人民币贰拾万零柒仟玖佰伍拾柒元整(¥207,957)经手人:袁某。"后经原告讨要,被告支付了50,000元工程款,余款157,957元未支付。原告于2020年再度追讨工程款,被告却一直未支付。为此,原告诉至法院,请求法院判令被告归还原告工程款157,957元。

【裁判要旨】

《民法典》第135条规定,民事法律行为可以采用书面形式、口头形式或者其他形式。本案中,双方当事人之间以口头形式达成的劳务合同未违反法律、行政法规的强制性规定,合法有效。在原告提供劳务后,被告应按约定支付劳务费用。原告要求被告支付剩余工程款于法有据,应予支持。

【裁判结果】

2021年6月29日,法院判决被告宿迁市某社区居民委员会于判决生效后10日内向原告陈某支付劳务费用157,957元。(资料来源:中国裁判文书网)

关联法规

《最高人民法院关于适用〈中华人民共和国民法典〉总则编若干问题的解释》第18条

第一百三十六条 【民事法律行为的生效时间】民事法律行为自成立时生效,但是法律另有规定或者当事人另有约定的除外。

行为人非依法律规定或者未经对方同意,不得擅自变更或者解除民事法律行为。

条文注解

1. 成立时就生效的民事法律行为必须是具备一般有效要件的民事法律行为，根据本法第 143 条的规定，具备下列条件的民事法律行为有效：(1) 行为人具有相应的民事行为能力；(2) 意思表示真实；(3) 不违反法律、行政法规的强制性规定，不违背公序良俗。

2. 在成立时不立即生效，只有满足特殊生效要件后才生效。例如，本章第四节规定的附生效条件和附生效期限的民事法律行为在成立时并不立即生效，只有在条件成就时或者期限届至时才生效。又如，遗嘱行为只有在遗嘱人死亡后才生效。本法第 502 条第 2 款规定，法律、行政法规规定合同应当办理批准等手续的，依照其规定。

3. 基于自愿原则，当事人对民事法律行为何时生效也可以约定。

关联法规

《民法典》第 134、143、502 条

第二节　意 思 表 示

第一百三十七条　【有相对人的意思表示生效时间】以对话方式作出的意思表示，相对人知道其内容时生效。

以非对话方式作出的意思表示，到达相对人时生效。以非对话方式作出的采用数据电文形式的意思表示，相对人指定特定系统接收数据电文的，该数据电文进入该特定系统时生效；未指定特定系统的，相对人知道或者应当知道该数据电文进入其系统时生效。当事人对采用数据电文形式的意思表示的生效时间另有约定的，按照其约定。

条文注解

意思表示，是指行为人为了产生一定民法上的效果而将其内心意思通过一定方式表达于外部的行为。意思表示中的“意思”，是指设立、变更、终止民事法律关系的内心意图；“表示”，是指将内心意思以适当方式向适当对象表示出来的行为。意思表示具有以下特征：一是意思表示的表意人具有使民事法律关系发生变动的意图。通过这种意图，表意人可以依据自己的主观意志发生法律关系，所以从这一角度来讲，意思表示是实现意思自治的工具。二是意思表示是一个将意思由内到外表示的过程。一个人内心可能有很多的主观意思，但是若不通过适当的方式表示出来，让他人知晓，其内心意思就没有任何法律意义。三是意思表示可以产生一定的法律效果。

符合法定生效要件的意思表示可以发生当事人预期的法律效果。意思表示作为民事法律行为中最为核心的要素,对于确定民事法律行为的效力具有重要作用。

本条是对有相对人的意思表示生效时间的规定。对于此类情况,本条又根据是否采用对话方式作了不同规定:

1. 以对话方式作出的意思表示。所谓以对话方式作出的意思表示,是指采取使相对方可以同步受领的方式进行的意思表示,如面对面交谈、电话等方式。在以这种方式进行的意思表示中,表意人作出意思表示和相对人受领意思表示是同步进行的,没有时间差。因此,表意人作出意思表示并使相对人知道时即发生效力。基于此,本条第1款规定,以对话方式作出的意思表示,相对人知道其内容时生效。

2. 以非对话方式作出的意思表示。以非对话方式作出的意思表示,是表意人作出意思表示的时间与相对人受领意思表示的时间不同步,二者之间存在时间差。非对话的意思表示在现实生活中存在的形式多样如传真、信函等。我国的民事立法对意思表示的生效时间的规定也采用了到达主义的模式。《合同法》规定,当事人的要约和承诺到达对方当事人时生效。本条延续了《合同法》的做法,规定以非对话方式作出的意思表示,到达相对人时生效。需要强调的是,这里"到达"并不意味着相对人必须亲自收到,只要进入相对人通常的地址、住所或者能够控制的地方(如信箱)即可视为到达,意思表示被相对人的代理人收到也可以视为"到达"。送达相对人时生效还意味着即使在意思表示送达相对人前相对人已经知道该意思表示内容的,该意思表示也不生效。

3. 以非对话方式作出的采用数据电文形式的意思表示。"数据电文"系指经由电子手段、电磁手段、光学手段或类似手段生成、发送、接收或存储的信息,这些手段包括但不限于电子数据交换、电子邮件、电报、电传或传真。采用数据电文方式作出的意思表示虽然也是以非对话方式进行的,但由于其发出和到达具有自动性、实时性等特点,意思表示发出即到达,其生效规则也与一般的非对话方式作出的意思表示的生效时间有所区别。采用数据电文形式订立合同,收件人指定特定系统接收数据电文的,该数据电文进入该特定系统的时间,视为到达时间;未指定特定系统的,该数据电文进入收件人的任何系统的首次时间,视为到达时间。

当事人对采用数据电文形式的意思表示的生效时间另有约定的,依照其约定。这主要是为了尊重当事人对意思表示生效时间的约定,体现意思自治。在现实生活中,当事人可以约定数据电文形式意思表示的生效时间可以不是该意思表示进入特定系统的时间。有这种约定的,从其约定。

关联法规

《电子签名法》第11条,《最高人民法院关于适用〈中华人民共和国民法典〉总则编若干问题的解释》第29条

第一百三十八条 【无相对人的意思表示生效时间】无相对人的意思表示,表示完成时生效。法律另有规定的,依照其规定。

条文注解

本条规定,无相对人的意思表示在完成时生效,这是无相对人意思表示生效的一般性规则。但有时法律对无相对人的意思表示的生效时间会作出特别规定,例如,根据本法继承编的规定,遗嘱这种无相对人的意思表示自遗嘱人死亡时发生效力。所以,本条还规定,法律对无相对人意思表示的生效时间另有规定的,依照其规定。

第一百三十九条 【以公告方式作出的意思表示生效时间】以公告方式作出的意思表示,公告发布时生效。

条文注解

本条规定,对于以公告方式作出的意思表示,公告发布时生效。这里的"公告方式"既可以是在有关机构的公告栏如人民法院的公告栏,也可以是在报纸上刊登公告的方式。以公告方式作出的意思表示,表意人一旦发出公告能够为社会公众所知道,就认为意思表示已经到达,即发生效力。理解本条还需要注意:本条所规定的表意人并不是在任何情况都可以采用公告方式作出意思表示,只有在表意人非因自己的过错而不知相对人的下落或者地址的情况下才可以采用公告方式作出意思表示,否则对相对人很不公平。在表意人知道相对人下落的情况下,表意人不得采用公告方式作出意思表示,除非相对人同意。

第一百四十条 【意思表示的作出方式】行为人可以明示或者默示作出意思表示。

沉默只有在有法律规定、当事人约定或者符合当事人之间的交易习惯时,才可以视为意思表示。

条文注解

在现实生活中,行为人作出意思表示的方式很多,归纳起来大体上可以分为两类:一是以明示的方式作出意思表示。所谓明示的意思表示,就是行为人以作为的方式使相对人能够直接了解到意思表示的内容。以明示方式作出的意思表示具有直接、明确、不易产生纠纷等特征。二是以默示方式作出的意思表示。这种方式又称为行为默示,是指行为人虽没有以语言或文字等明示方式作出意思表示,但以行为的方式作出了意思表示。这种方式虽不如明示方式那么直接表达出意思表示的内容,但通过其行为可以推定出其作出一定的意思表示。在现实生活中,以默示方式作出的意思表示也比较常见。例如,某人向自动售货机投入货币的行为即可推断其作出了购买物品的意思表示。又如,某人乘坐无人售票的公交车时,其投币行为就可以视为其具有缔结运输合同的意思表示。

意思表示原则上都需要以明示或者默示的方式作出。但是在现实生活中也会出现一种特殊情形,即行为人作出意思表示时既无语言等明示方式,也无行为等默示方式,在一定条件下仍可视为意思表示。这种情形就是以沉默的方式作出的意思表示。沉默是一种既无语言表示也无行为表示的纯粹的缄默,是一种完全的不作为,从法学理论和境外的立法例来看,原则上纯粹的不作为不能视为当事人有意思表示。也就是说,与明示和默示原则上可以作为意思表示的方式不同,沉默原则上不得作为意思表示的方式。只有在有法律规定、当事人约定或者符合当事人之间的交易习惯时,才可以视为意思表示。

案例注解

【案例(2023)鲁1524民初3086号】付某与李某劳务合同纠纷案

【基本案情】

付某和李某之间系劳务关系。2021年至2022年李某雇用付某到工地工作,付某召集工友谭某等六人按照李某的要求完成工作任务后,经双方核算,2021年劳务费用共计63,400元,已付39,000元,剩余24,400元未付,2022年劳务费用共计41,337元,已付11,000元,剩余30,337元未付,共计未付薪资款54,737元。之后李某以没钱为由拖欠剩余薪资。付某多次催促,李某一直找借口推脱,特诉至贵院,请求法院依法支持付某的全部诉讼请求。

【裁判要旨】

《民法典》第135条规定,民事法律行为可以采用书面形式、口头形式或者其他形式。本案中,双方当事人之间以口头形式达成的劳务合同未违反法律、行政法规的强制性规定,合法有效。在原告提供劳务后,被告应按约定支付劳务费用。原告要求被告支付剩余工程款于法有据,应予支持。

【裁判结果】

2021年6月29日,法院判决被告宿迁市某社区居民委员会于判决生效后10日内向原告陈某支付劳务费用157,957元。(资料来源:中国裁判文书网)

第一百四十一条 【意思表示的撤回】行为人可以撤回意思表示。撤回意思表示的通知应当在意思表示到达相对人前或者与意思表示同时到达相对人。

条文注解

意思表示的撤回,是指在意思表示作出之后发生法律效力之前,意思表示的行为人欲使该意思表示不发生效力而作出的意思表示。意思表示之所以可以撤回,是因为意思表示生效才能发生法律约束力,在其尚未生效之前,不会对意思表示的相对人产生任何影响,也不会对交易秩序产生任何影响,因此,在此阶段应当允许行为人使未发生法律效力的意思表示不产生预期的效力，这也是对行为人意思自由的充分尊重。基于此，本条规定，行为人可以撤回意思表示。

行为人可以撤回意思表示，但不是在任何情况下都可以撤回其意思表示，而是有条件的。根据本条的规定，撤回意思表示的通知应当在意思表示到达相对人前或者与意思表示同时到达相对人。如果撤回意思表示的通知在意思表示到达相对人之后到达的，该意思表示已经生效，是否能够使其失效，则取决于相对人是否同意。因此，行为人若要撤回意思表示，必须选择以快于意思表示作出的方式发出撤回的通知，使之能在意思表示到达之前到达相对人。如果意思表示的行为人作出意思表示以后又立即以比作出意思表示更快的方式发出撤回通知，按照通常情况，撤回的通知应当先于或者最迟与意思表示同时到达相对人，但因为其他原因耽误了，撤回的通知在意思表示到达相对人后才到达相对人，在这种情况下，相对人应当根据诚信原则及时通知意思表示的行为人，告知其撤回的通知已经迟到，意思表示已经生效；如果相对人怠于通知行为人，行为人撤回意思表示的通知视为未迟到，仍发生撤回表示的效力。

理解本条需要注意以下两点：

一是意思表示的撤回原则上只有在该意思表示有相对人的情况下才有意义，若是无相对人的意思表示则不存在撤回不撤回的问题，只可能撤销。

二是意思表示的撤回与意思表示的撤销是不同的。根据本条的规定，意思表示的撤回是在意思表示未生效前使其不发生效力；而意思表示的撤销，是指在意思表示作出并生效之后，行为人又作出取消其意思表示。由于意思表示在到达后已经生效，相对人已知悉了意思表示的内容，甚至可能已经对该意思表示产生了合理的信赖，因此，行为人能否在意思表示生效后取消其意思表示，需要考虑保障相对人合理信赖的问题。这与意思表示撤回中仅考虑保护意思表示行为人对其意思表示的自由处分权利存在较大区别。考虑到意思表示生效后，已经对行为人产生了法律约束力，能否撤销，要平衡行为人和相对人的利益，不宜泛泛规定行为人可以撤销意思表示。基于此，《民法典》合同编第476条规定，要约可以撤销，但有下列情形之一的，要约不得撤销：(1)要约人以确定承诺期限或者其他形式明示要约不可撤销；(2)受要约人有理由认为要约是不可撤销的，并已经为履行合同做了合理准备工作。所以，总则编只规定了意思表示的撤回，未规定意思表示的撤销。

第一百四十二条　【意思表示的解释】有相对人的意思表示的解释，应当按照所使用的词句，结合相关条款、行为的性质和目的、习惯以及诚信原则，确定意思表示的含义。

无相对人的意思表示的解释，不能完全拘泥于所使用的词句，而应当结合相关条款、行为的性质和目的、习惯以及诚信原则，确定行为人的真实意思。

条文注解

根据本条第1款的规定,对有相对人的意思表示的解释,应当遵循以下规则:第一,要按照意思表示所使用的词句进行解释。对词句的解释应当按照一个合理人通常的理解来进行。第二,如果按通常的理解对有相对人的意思表示所使用的词句进行解释比较困难或者不合理的,则应当结合相关条款、行为的性质和目的、习惯以及诚实信用原则,确定意思表示的含义。其中,按照习惯进行解释,是指在意思表示发生争议以后,应当根据当事人所知悉的生活和交易习惯来对意思表示进行解释。在运用习惯进行解释时,双方当事人应当对运用的习惯是否存在以及其内容进行举证证明,在当事人未举证的情况下,人民法院也可以主动适用习惯进行解释。

本条第2款对无相对人的意思表示的解释规则作了规定。需要强调的是,对无相对人的意思表示的解释,不能完全拘泥于意思表示所使用的词句,但不是完全抛开意思表示所使用的词句,这主要是为了防止在解释这类意思表示时自由裁量权过大,影响当事人的利益。例如,在对遗嘱进行解释时,虽说主要是探究遗嘱人立遗嘱的真实意思,但也不能完全不考虑遗嘱本身的词句。

关联法规

《民法典》总则编第466条,《最高人民法院关于适用〈中华人民共和国民法典〉合同编通则若干问题的解释》第1、2条

第三节　民事法律行为的效力

第一百四十三条　【民事法律行为有效的条件】具备下列条件的民事法律行为有效:

(一)行为人具有相应的民事行为能力;

(二)意思表示真实;

(三)不违反法律、行政法规的强制性规定,不违背公序良俗。

条文注解

根据本条的规定,民事法律行为应当具备的有效条件包括:

第一,行为人具有相应的民事行为能力。民事行为能力是行为人通过自己行为参与民事活动,享有权利和承担义务的能力。与作为法律资格的民事权利能力相比,民事行为能力是行为人实施民事法律行为的相应保证。这里的"相应",强调行为人所实施的民事法律行为应当与其行为能力相匹配:就完全民事行为能力人而言,可以从事一切民事法律行为,其行为能力不受限制;就限制行为能力人而言,只能实施与其年龄、智力、精神健康状况等相适应的民事法律行为,实施其他行为需要经过法定

代理人的同意或者追认;而无行为能力人由于不具备行为能力,其实施的民事法律行为是无效的。

第二,意思表示真实。意思表示作为法律行为的核心要素,其真实性对于保证行为人正确实现行为目的至关重要。应当注意的是,此处的真实应作扩大解释,实际上还包含了传统民法理论意思表示自由的含义。例如,在因欺诈、胁迫实施民事法律行为的情形中,受欺诈人、受胁迫人的意思表示虽然从表面上看是真实的,但实际上并非其内心自由意志的体现。在意思表示不真实的情况下,民事法律行为不能具备完全有效的效力。

第三,不违反法律、行政法规的强制性规定,不违背公序良俗。前者侧重于具体的法律规范对民事法律行为效力的要求,后者则侧重于从公共秩序和善良习俗方面对民事法律行为提出的要求。

案例注解

【案例(2021)粤1284民初2536号】某物业公司要求李某支付物业费获法院支持

【基本案情】

原告四会市某物业管理有限公司是四会市某小区的物业管理方,被告李某是该小区2栋二座2002号房的所有权人。2016年5月24日,原告(甲方)与被告(乙方)签订《前期物业管理服务协议》约定,原告依照协议之约定为被告提供物业服务,履行管理职责,制定本小区各项物业管理制度;乙方缴纳物业管理费时间按《房地产买卖合同》中约定的交楼日期开始计收,提前交楼的按实际提前交楼日期计收;物业管理费按建筑面积每月每平方米1.8元计算;乙方必须在每月5日前缴纳当月物业服务费;未依收费标准和时间交纳物业管理服务费用的,甲方有权要求乙方补缴拖欠费用并从逾期之日起每日按拖欠费用的3‰缴纳滞纳金等合同内容。2017年12月28日,双方又签订《××业主/住户/租户入住公约》,约定业主同意《××业主临时公约》及各项物业管理规定,约定业主未按时交纳物业服务费、专项维修基金,物业管理公司有权按欠缴金额每日收取1‰的滞纳金;逾期仍未交纳的,物业管理公司有权依法向有关部门提起仲裁及起诉,由此产生的律师费、邮递费及车费等相关费用由欠费业主承担等内容。同日,原告收楼并签署《收楼确认书》《入住承诺书》,确认对四会市××小区2栋二座2002号房进行验收,认为该物业符合购房合同的标准,同意收楼。

因被告没有依约向原告支付物业费,原告委托某律师事务所于2020年1月7日通过EMS分别向被告两个地址发出《律师函》催收物业费,函件载明被告拖欠2018年5月1日至2019年12月31日的物业管理费4758.84元及滞纳金4485.68元等内容。但被告仍然未支付物业费,为此原告诉至法院,请求法院判令被告支付物业管理服务费9041.72元、滞纳金2712.52元、律师费3000元,合计21,033.47元。

【裁判要旨】

《民法典》第143条规定,具备下列条件的民事法律行为有效:(1)行为人具有相应的民事行为能力;(2)意思表示真实;(3)不违反法律、行政法规的强制性规定,不违背公序良俗。本案中,原告、被告签订的《前期物业管理服务合同》是双方真实意思表示，且内容不违反法律、行政法规的强制性规定，也未违背公序良俗，应属合法有效合同，双方均应按合同的约定履行义务及行使权利。原告为被告提供了物业管理服务，被告未提供证据证明原告在履行物业服务合同中存在重大瑕疵或构成其他拒交、少交物业费的正当理由，应当向原告支付物业管理费用。

【裁判结果】

2021年7月29日，法院判决被告李某应于判决生效之日起10日内向原告四会市某物业管理有限公司支付2018年5月1日至2021年6月30日的物业管理服务费9041.72元以及滞纳金(滞纳金以物业管理服务费9041.72元为本金，自2021年7月8日起按全国银行间同业拆借中心公布的同期贷款市场报价利率计至款清之日止)；被告向原告支付律师费3000元。(资料来源：中国裁判文书网)

关联法规

《消费者权益保护法》第26条

第一百四十四条　【无民事行为能力人实施的民事法律行为的效力】无民事行为能力人实施的民事法律行为无效。

第一百四十五条　【限制民事行为能力人实施的民事法律行为的效力】限制民事行为能力人实施的纯获利益的民事法律行为或者与其年龄、智力、精神健康状况相适应的民事法律行为有效；实施的其他民事法律行为经法定代理人同意或者追认后有效。

相对人可以催告法定代理人自收到通知之日起三十日内予以追认。法定代理人未作表示的，视为拒绝追认。民事法律行为被追认前，善意相对人有撤销的权利。撤销应当以通知的方式作出。

条文注解

本条第1款是关于限制民事行为能力人从事的民事法律行为效力的规定，具体包括两层含义：(1)原则上，限制民事行为能力人所从事的民事法律行为，须经法定代理人同意或者追认才能有效。同意，指的是法定代理人事先对限制民事行为能力人实施某种民事法律行为予以明确认可；追认，指的是法定代理人事后明确无误地对限制民事行为能力人实施某种民事法律行为表示同意。无论是事先的同意还是事后的追认，都是法定代理人的单方意思表示，无须行为相对人的同意即可发生效力。需要说明的是，法定代理人对限制民事行为能力人行为的同意或者追认应当采用明示的方式作出，同时应当为行为相对人所知晓才能发生效力。(2)规定了部分民事法律行为无须经法定代理人同意或者追认即可有效。这些行为主要包括两类：一类是纯获利益的民事法律行为。所谓"纯获利益",一般是指限制民事行为能力人在某种民事法律行为中只享有权利或者利益,不承担任何义务,如限制民事行为能力人接受赠与、奖励、报酬等。另一类是与限制民事行为能力人的年龄、智力、精神健康状态相适应的民事法律行为,这些民事法律行为多与日常生活相关,如对于8周岁以上的未成年人购买价值不高的学习用品、平日出行乘坐交通工具等;对于不能完全辨认自己行为的精神病人,在其健康状况允许时,可以实施某些民事法律行为,而不经其法定代理人追认。

本条第2款除规定相对人的催告权外,还规定了善意相对人的撤销权,即民事法律行为被追认前,善意相对人有撤销的权利。这里的撤销权,是指民事法律行为的相对人在法定代理人追认限制民事行为能力人实施的民事法律行为前,撤销自己在该民事法律行为中所作的意思表示。本条撤销权的行使应注意以下几点:(1)相对人撤销权的行使须在法定代理人追认之前,法定代理人一经追认,相对人不得再行使这一权利。(2)仅善意相对人可行使撤销权。所谓善意,是指相对人实施民事法律行为时并不知晓对方为限制民事行为能力人,且此种不知晓不构成重大过失。(3)相对人行使撤销权时,应当通过通知的方式作出,这种通知必须是明示的、明确的,不得通过默示的方式。

第一百四十六条 【虚假表示与隐藏行为的效力】行为人与相对人以虚假的意思表示实施的民事法律行为无效。

以虚假的意思表示隐藏的民事法律行为的效力,依照有关法律规定处理。

条文注解

虚假意思表示又称虚伪表示,所谓虚伪表示,是指行为人与相对人都知道自己所表示的意思并非真意,通谋作出与真意不一致的意思表示。虚伪表示的特征在于,双方当事人都知道自己所表示的意思不是真实意思,民事法律行为本身欠缺效果意思,双方均不希望此行为能够真正发生法律上的效力。

本条第1款是对双方以虚假意思表示作出的民事法律行为效力的规定,即行为人与相对人以虚假的意思表示实施的民事法律行为无效。这一规定的含义:双方通过虚假的意思表示实施的民事法律行为是无效的。之所以对通过虚伪表示实施的民事法律行为的效力予以否定,是因为这一"意思表示"所指向的法律效果并非双方当事人的内心真意,双方对此相互知晓,如果认定其为有效,有悖于意思自治的原则。本款虽未明确规定行为人与相对人须通谋而为虚假的意思表示,实际上双方对虚假意思表示达成一致的结果反映出二者必须有一个意思联络的过程。这也是虚伪表示区别于真意保留的重要一点,真意保留的相对人并不知晓行为人表示的是虚假意思。

本条第2款是对隐藏行为效力的规定,以虚假的意思表示隐藏的民事法律行为的效力,依照有关法律规定处理。所谓隐藏行为,又称隐匿行为,是指在虚伪表示掩盖之下行为人与相对人真心所欲达成的民事法律行为。根据虚伪表示与隐藏行为的对应关系,有虚伪表示,未必存在隐藏行为;但有隐藏行为,则一定存在虚伪表示。前者如以逃避债务为目的的假赠与,赠与行为是通过虚伪表示而实施的行为,但并不存在隐藏行为;后者如名为赠与实为买卖,赠与行为是通过虚伪表示实施的行为,而买卖则是掩盖在虚伪表示之下的隐藏行为。根据本条的规定,当同时存在虚伪表示与隐藏行为时,虚伪表示无效,隐藏行为并不因此无效,其效力如何,应当依据有关法律规定处理。

案例注解

【案例(2021)湘3125民初36号】虚假买卖房屋合同被法院确认无效

【基本案情】

被告梁某曾于2018年向原告向某借款,后来由于被告梁某没钱偿还该笔借款,于是原被告双方于2020年1月8日签订了《转卖房屋证书》,该《转卖房屋证书》载明:"今天2020年1月8日梁某房屋位于××村××组村部下方,转卖给向某,转卖金额为13万元整。2020年1月8日某收到向某人民币壹拾叁万元整,此证书2020年1月8日生效。"《转卖房屋证书》签订时该房屋并没有相关权属证书。2020年2月梁某将该房屋的小门钥匙交付给了向某,后因梁某、龙某将房屋门锁损坏并继续在该房屋内居住。原告向某认为被告违约,为此诉至法院,请求法院判令解除原被告之间的房屋买卖合同;判令被告梁某返还购房款130,000元。

【裁判要旨】

《民法典》第146条规定,行为人与相对人以虚假的意思表示实施的民事法律行为无效。本案中,原告、被告双方签订《转卖房屋证书》的意思表示不真实,且该房屋无相关证书权属证书,故原、被告订立《转卖房屋证书》的行为系无效的法律行为,该《转卖房屋证书》应为无效的合同。

【裁判结果】

2021年6月30日,法院判决确认原告向某与被告梁某于2020年1月8日签订的《转卖房屋证书》无效。(资料来源:中国裁判文书网)

第一百四十七条 【基于重大误解实施的民事法律行为的效力】基于重大误解实施的民事法律行为,行为人有权请求人民法院或者仲裁机构予以撤销。

条文注解

认定重大误解需满足以下几个条件:一是行为人主观上存在错误认识,这种错误可以是关于行为的性质,也可以是关于行为的相对人、交易标的的质量、数量等;二是行为的结果与行为人的意思相悖;三是行为人的错误认识与行为后果之间存在因果关系，即如果没有这种错误认识，将不会产生该行为后果；四是行为人在客观上遭受了较大损失，如果没有损失或者损失较小，也不能构成重大误解。

案例注解

【案例(2021)豫1122民初2133号】杨某重大误解保险合同被依法撤销

【基本案情】

2016年12月31日，原告杨某在被告中国人寿保险股份有限公司某支公司处投保国寿鑫福赢家年金保险，投保单号为1132××××××，合同成立日期为2016年12月31日，合同生效日期为2017年1月1日，每年保费为10,000元。原告杨某按照合同约定共缴纳3年保费，共缴保费30,000元。2020年，原告杨某根据投保时被告销售人员所讲3年到期，到被告处办理满期金领取业务，原告杨某却被告知缴费期为19年，并未期满不能领取保险金。原告杨某要求被告退保费，为此双方就保费问题协商无果。原告诉至法院，请求判令被告支付原告所缴纳保险费30,000元。

【裁判要旨】

《民法典》第147条规定，基于重大误解实施的民事法律行为，行为人有权请求人民法院或者仲裁机构予以撤销。本案中，原告杨某陈述投保时销售人员说保险期是3年，而不是19年，对合同内容存在重大误解，原告申请撤销该保险合同，于法有据，应予支持。

【裁判结果】

2021年7月26日，法院判决撤销原告杨某与被告中国人寿保险股份有限公司某支公司签订的保险合同，被告支付原告杨某保险费30,000元。（资料来源：中国裁判文书网）

关联法规

《最高人民法院关于适用〈中华人民共和国民法典〉总则编若干问题的解释》第19、20条

第一百四十八条　【以欺诈手段实施的民事法律行为的效力】一方以欺诈手段，使对方在违背真实意思的情况下实施的民事法律行为，受欺诈方有权请求人民法院或者仲裁机构予以撤销。

条文注解

民法中的欺诈，一般是指行为人故意欺骗他人，使对方陷入错误判断，并基于此错误判断作出意思表示的行为。欺诈的构成要件一般包括四项：一是行为人须有欺诈的故意。这种故意既包括使对方陷入错误判断的故意，也包括诱使对方基于此错误判断而作出意思表示的故意。二是行为人须有欺诈的行为。这种行为既可以是故意虚构虚假事实，也可以是故意隐瞒应当告知的真实情况等。三是受欺诈人因行为

人的欺诈行为陷入错误判断，即欺诈行为与错误判断之间存在因果关系。四是受欺诈人基于错误判断作出意思表示。

案例注解

【案例(2021)桂0602民初1114号】某房产公司隐瞒真实情况诱签预售合同被法院撤销

【基本案情】

2020年11月22日，原告符某、宾某在防城港市某楼盘看房，楼盘的销售顾问跟原告介绍说该楼盘可以办理公积金贷款买房，于是原告选中了该楼盘10栋1单元1501号房，并通过网上购房平台与被告防城港某房地产开发有限公司签订《商品房优惠网上认购书》，并支付认购定金20,000元和2000元认购金。2020年11月26日，原告与被告签订了《商品房预售合同》，合同中约定余款760,000元向公积金管理中心(贷款机构)申请贷款支付。并于2020年11月26日向被告支付首付款191,510元(包含定金20,000元和2000元认购金)，专项维修基金13,154元及产权登记费、测绘费170元，以上共计204,834元。

2021年1月11日，原告接到销售顾问电话告知，该楼盘未取得公积金贷款资格，无法办理公积金贷款，建议原告办理银行商业贷款。原告不同意并多次与被告协商退房退款。2021年4月30日，被告向原告寄送关于解除《商品房买卖合同》的函，告知原告因逾期155日，已成就合同约定的合同解除事由的条件，被告解除与原告签订的《房屋买卖合同》。

经查，该楼盘房屋于2020年11月26日因欠缺材料并未通过防城港市住房公积金管理中心的审查。2021年3月10日，该房屋才获得住房公积金贷款资质。

原告认为，被告利用虚假宣传诱导原告付了首付款并签订购房合同，严重侵害了原告的合法权益。为此诉至法院，请求判令撤销原告与被告签订的《防城港××商品房认购书》和《商品房买卖合同(预售)》；判令被告退还原告定金20,000元，认购款2000元和首付款182,834元，共计204,834元，并自2020年11月26日起以204,834元为基数按照银行同期贷款利率支付利息损失至实际付清之日止；判令被告向原告赔偿定金20,000元；判令被告发于原告的关于解除《商品房买卖合同》的函无效。

【裁判要旨】

《民法典》第148条规定，一方以欺诈手段，使对方在违背真实意思的情况下实施的民事法律行为，受欺诈方有权请求人民法院或者仲裁机构予以撤销。本案中，被告隐瞒涉案房屋未获得公积金贷款资格，向原告宣称该楼盘项目支持公积金贷款，致使原告在存在重大误解的情形下与被告签订《商品房买卖合同》(预售)，原告有权请求法院撤销。

【裁判结果】

2021年7月6日，法院判决撤销原告符某、宾某与被告某房地产开发有限公司签订的《××商品房认购书》和《××商品房买卖合同(预售)》；返还原告首付款等共计204,834元及占用资金利息(以204,834元为基数，自2020年11月27日起按照全国银行间同业拆借中心公布的贷款市场报价利率计算至付清之日止);赔偿原告定金20,000元;确认被告向原告送达的《关于解除〈商品房买卖合同〉的函》无法律约束力。(资料来源:中国裁判文书网)

第一百四十九条　【受第三人欺诈的民事法律行为的效力】第三人实施欺诈行为,使一方在违背真实意思的情况下实施的民事法律行为,对方知道或者应当知道该欺诈行为的,受欺诈方有权请求人民法院或者仲裁机构予以撤销。

条文注解

本条针对第三人欺诈的行为作了规定,主要内容包括:(1)当事人以外的第三人对一方当事人实施了欺诈行为,致使该当事人陷入错误判断且据此作出了意思表示。欺诈行为的具体形式,有可能是故意告知虚假信息,或者故意隐瞒真实情况,也可能存在其他不同形式,但其根本目的在于使受欺诈人陷入错误认识,作出"若了解真实情况便不会作出的"意思表示。(2)受欺诈人享有对民事法律行为的撤销权,但该撤销权行使须满足一定条件。具体来说,第三人实施欺诈行为,只有在受欺诈人的相对方不属于善意时,受欺诈人才能行使撤销权。相对方的这种非善意表现为,对于第三人的欺诈行为,其知道或者应当知道。实践中,对于第三人实施的欺诈行为,受欺诈人的相对方既可能知情也可能不知情。例如,在欺诈买受人购买朋友二手车的例子中,二手车的出卖人既可能知道交易的达成系其朋友欺诈买受人的结果,也可能对此并不知情,单纯认为买受人愿意购买自己的二手车。法律仅赋予相对方知情时受欺诈人撤销民事法律行为的权利,体现了对善意相对人的保护。(3)撤销权的行使仍须通过人民法院或者仲裁机构。

还有一个问题需要说明的是,在一方当事人实施欺诈行为时,相对人对欺诈并不知情,由此陷入错误判断并作出意思表示。在此种情形下,相对人必然为善意,应当享有撤销权。此时,受欺诈人尽管不能通过行使撤销权的方式保护其自身权益,但如果其权益因此受损,并不妨碍其向实施欺诈的第三人主张赔偿。

关联法规

《最高人民法院关于适用〈中华人民共和国民法典〉总则编若干问题的解释》第21条

第一百五十条　【以胁迫手段实施的民事法律行为的效力】一方或者第三人以胁迫手段,使对方在违背真实意思的情况下实施的民事法律行为,受胁迫方有权请求人民法院或者仲裁机构予以撤销。

条文注解

所谓胁迫,是指行为人通过威胁、恐吓等不法手段对他人思想上施加强制,由此使他人产生恐惧心理并基于恐惧心理作出意思表示的行为。在民法理论中,胁迫与欺诈一样,都属于意思表示不自由的情形。当事人因受胁迫而作出意思表示,其意思表示并没有产生错误,受胁迫人在作出符合胁迫人要求的意思表示时,清楚地意识到自己意思表示的法律后果,只是这种意思表示的作出并非基于受胁迫人的自由意志。胁迫的构成要件一般应当包括:(1)胁迫人主观上有胁迫的故意,即故意实施胁迫行为使他人陷入恐惧以及基于此恐惧心理作出意思表示。(2)胁迫人客观上实施了胁迫的行为,即以将要实施某种加害行为威胁受胁迫人,以此使受胁迫人产生心理恐惧。这种加害既可以是对受胁迫人自身的人身、财产权益的加害,也可以是对受胁迫人的亲友甚至与之有关的其他人的人身、财产权益的加害,客观上使受胁迫人产生了恐惧心理。(3)胁迫须具有不法性,包括手段或者目的的不法性,反之则不成立胁迫。例如,出租人以向法院起诉为要挟,要求承租人按合同约定及时履行交付租金的义务,此种情形便不属于应受法律调整的胁迫行为。(4)受胁迫人基于胁迫产生的恐惧心理作出意思表示。换言之,意思表示的作出与胁迫存在因果关系。此处因果关系的判断,应以受胁迫人自身而非其他人为标准。由于胁迫侵害了被胁迫人的自由意志,法律对通过胁迫手段实施的民事法律行为加以规制。

需要进一步说明的是,胁迫相较于欺诈而言,对当事人意思自由的侵害更为严重,法律应当赋予受胁迫人程度更为严格的保护。因此,本条规定,无论是一方胁迫还是第三人胁迫,受胁迫人均享有对民事法律行为的撤销权。

关联法规

《最高人民法院关于适用〈中华人民共和国民法典〉总则编若干问题的解释》第22条

第一百五十一条 【显失公平的民事法律行为的效力】一方利用对方处于危困状态、缺乏判断能力等情形,致使民事法律行为成立时显失公平的,受损害方有权请求人民法院或者仲裁机构予以撤销。

条文注解

本条所规定的显失公平须包括两项要件:一是主观上民事法律行为的一方当事人利用了对方处于危困状态、缺乏判断能力等情形。这意味着,一方当事人主观上意识到对方当事人处于不利情境,且有利用这一不利情境之故意。所谓危困状态,一般是指因陷入某种暂时性的急迫困境而对于金钱、物的需求极为迫切等。二是客观上民事法律行为成立时显失公平。此处的显失公平是指双方当事人在民事法律行为中的权利义务明显失衡、显著不相称。至于"失衡""不相称"的具体标准,则需要结合民事法律行为的具体情形,如市场风险、交易行情、通常做法等加以判断。同时,需要说明的是,对于显失公平的判断时点,应以民事法律行为成立时为限。由于民事法律行为从成立到实际履行往往有一个过程,这一过程中的许多因素都可能对双方当事人的权利义务产生影响,如果不限定判断的时点,对于显失公平的判定将会缺少客观标准,也无法将原已存在的"权利义务失衡"结果与民事法律行为成立后当事人以外因素对权利义务产生的影响相区分。

关于显失公平民事法律行为的效力,从尊重权益受损方意思自治的角度,本条将其规定为可撤销的民事法律行为。受损害方可以基于民事法律行为的具体情况,选择是否向法院或者仲裁机构请求撤销这一行为。

第一百五十二条 【撤销权的消灭】有下列情形之一的,撤销权消灭:

(一)当事人自知道或者应当知道撤销事由之日起一年内、重大误解的当事人自知道或者应当知道撤销事由之日起九十日内没有行使撤销权;

(二)当事人受胁迫,自胁迫行为终止之日起一年内没有行使撤销权;

(三)当事人知道撤销事由后明确表示或者以自己的行为表明放弃撤销权。

当事人自民事法律行为发生之日起五年内没有行使撤销权的,撤销权消灭。

条文注解

民事法律行为因不同事由被撤销的,其撤销权应当在一定期间内行使。这一点是由撤销权的性质所决定的。在民法理论上,撤销权属于形成权,行为人可以通过自己的行为直接行使权利,实现权利目的。但是,撤销权的行使将使可撤销的民事法律行为效力终局性地归于无效,这将对相对人的利益产生重大影响,因此,享有撤销权的权利人必须在一定期间内决定是否行使这一权利,从而保护相对人的利益,维护交易安全。这一期间被称为除斥期间,除斥期间经过,撤销权终局性地归于消灭,可撤销的民事法律行为自此成为完全有效的民事法律行为。

由于导致民事法律行为可撤销的事由多样,因此不同情况下除斥期间的起算以及期间的长短也应有所不同。对撤销权的除斥期间作了以下规定:(1)撤销权原则上应在权利人知道或者应当知道撤销事由之日起1年内行使,但自民事法律行为发生之日起5年内没有行使的,撤销权消灭。将期间起算的标准规定为"权利人知道或者应当知道撤销事由之日"有利于撤销权人的利益保护,防止其因不知撤销事由存在而错失撤销权的行使。同时,辅之以“自民事法律行为发生之日起五年”的客观期间,有助于法律关系的稳定,稳定交易秩序,维护交易安全。(2)对于因重大误解享有撤销权的,权利人应在知道或者应当知道撤销事由之日起3个月内行使,否则撤销权消灭。与欺诈、胁迫、显失公平等影响意思表示自由的情形相比,重大误解权利人的撤销事由系自己造就,不应赋予其与其他撤销事由同样的除斥期间。因此,本条将重大误解的撤销权除斥期间单独确定为90日,并仍以权利人知道或者应当知道撤销事由之日起算。(3)对于因胁迫享有撤销权的,应自胁迫行为终止之日起1年内行使,否则撤销权消灭。同欺诈、重大误解等其他撤销事由相比,胁迫具有特殊性。受胁迫人在胁迫行为终止前,即使知道胁迫行为的存在,事实上仍然无法行使撤销权。考虑到这一特殊情况,本条将因胁迫享有撤销权的除斥期间起算规定为“自胁迫行为终止之日起”,除斥期间仍为1年。(4)对于权利人知道撤销事由后明确表示或者以自己的行为表明放弃撤销权的,撤销权消灭,不受1年期间的限制。权利人无论是明确表示还是通过行为表示对撤销权的放弃,均属于对自己权利的处分,依据意思自治的原则,法律予以准许。

第一百五十三条 【违反强制性规定及违背公序良俗的民事法律行为的效力】违反法律、行政法规的强制性规定的民事法律行为无效。但是,该强制性规定不导致该民事法律行为无效的除外。

违背公序良俗的民事法律行为无效。

条文注解

本法第143条属于对民事法律行为有效的一般性要求,而本条则属于可以直接判定行为效力的裁判性规范。

本条第1款规定,违反法律、行政法规强制性规定的民事法律行为无效,但是,该强制性规定不导致该民事法律行为无效的除外。法律规范分为强制性规范与任意性规范。任意性规范的目的是引导、规范民事主体的行为,并不具备强制性效力,民事法律行为与任意性规范不一致的,并不影响其效力。任意性规范体现的是法律对主体实施民事法律行为的一种指引,当事人可以选择适用,也可以选择不适用。与任意性规范相对的是强制性规范,后者体现的是法律基于对国家利益、社会公共利益等的考量,对私人意思自治领域所施加的一种限制。民事主体在实施民事法律行为时,必须服从这种对行为自由的限制,否则会因对国家利益、社会公共利益等的侵害而被判定无效。但是,民事法律行为违反强制性规定无效有一种例外,即当该强制性规定本身并不导致民事法律行为无效时,民事法律行为并不无效。这里实际上涉及对具体强制性规定的性质判断问题。某些强制性规定尽管要求民事主体不得违反,但其并不导致民事法律行为无效。违反该法律规定的后果应由违法一方承担,对没有违法的当事人不应承受一方违法的后果。例如,一家经营水果的商店出售种子,农户购买了该种子,该商店违法经营种子,必须承担相应的违法责任,但出于保护农户的目的,不宜认定该买卖行为无效。

本条第2款规定,违背公序良俗的民事法律行为无效。公序良俗是公共秩序和善良习俗的简称,属于不确定概念。民法学说一般采取类型化研究的方式,将裁判实务中依据公序良俗裁判的典型案件,区别为若干公序良俗违反的行为类型。法院或者仲裁机构在审理案件时,如果发现待决案件事实与其中某一个类型相符,即可判定行为无效。这些类型包括但不限于:(1)危害国家政治、经济、财政、税收、金融、治安等秩序类型;(2)危害家庭关系行为类型;(3)违反性道德行为类型;(4)违反人权和人格尊重行为类型;(5)限制经济自由行为类型;(6)违反公平竞争行为类型;(7)违反消费者保护行为类型;(8)违反劳动者保护行为类型等。同强制性规定一样,公序良俗也体现了国家对民事领域意思自治的一种限制。因此,对公序良俗的违背也构成民事法律行为无效的理由。

案例注解

【案例(2021)冀0229民初2277号】丈夫违背公序良俗赠与情人款物被判无效

【基本案情】

原告黄某飞与被告黄某刚系夫妻关系,双方于1999年12月2日登记结婚。被告黄某刚与被告张某平是情人关系。被告黄某刚通过其农业银行卡(卡号:62……79)分别于2016年8月26日、29日、12月6日向被告张某平转账三次,共计273,000元。原告认为,被告黄某刚未经原告同意,将原属于夫妻共同财产的钱款赠与被告张某平,侵害了原告的合法权益。为此,原告诉至法院,请求法院依法判令被告黄某刚赠与被告张某平的行为无效,并判决被告张某平返还原告。

【裁判要旨】

《民法典》第153条规定,违反法律、行政法规的强制性规定的民事法律行为无效。但是,该强制性规定不导致该民事法律行为无效的除外。违背公序良俗的民事法律行为无效。本案中,被告黄某刚违背夫妻应当互相忠实的义务,与被告张某平产生婚外恋情,并转账给被告张某平,其行为违背了公序良俗,因此,应对其转账给被告的款项认定为赠与无效,被告张某平应当归还。

【裁判结果】

2021年7月19日,法院判决被告黄某刚赠与被告张某平273,000元的行为无效;被告张某平返还原告黄某飞273,000元。(资料来源:中国裁判文书网)

关联法规

《最高人民法院关于审理建设工程施工合同纠纷案件适用法律问题的解释(一)》第1条

第一百五十四条 【恶意串通的民事法律行为的效力】行为人与相对人恶意串通,损害他人合法权益的民事法律行为无效。

条文注解

所谓恶意串通,是指行为人与相对人互相勾结,为谋取私利而实施的损害他人合法权益的民事法律行为。恶意串通的民事法律行为在主观上要求双方有互相串通、为满足私利而损害他人合法权益的目的,客观上表现为实施了一定形式的行为来达到这一目的。

需要注意的是,在虚伪表示的民事法律行为中,行为人与相对人所表示出的意思均非真意,而恶意串通的双方当事人所表达的都是内心真意,二者尽管在法律后果上相同,但不可混淆。尽管在某些情况下,双方通谋的虚伪表示也表现为主观上的恶意,且同时损害了他人的合法权益,但二者的侧重点不同,不能相互替代。

关联法规

《拍卖法》第65条,《企业国有资产法》第72条

第一百五十五条 【无效、被撤销的民事法律行为自始无效】无效的或者被撤销的民事法律行为自始没有法律约束力。

条文注解

无效和被撤销的民事法律行为是自始无效的,具有溯及力。这种自始无效意味着,民事法律行为一旦无效或者被撤销后,双方的权利义务状态应当恢复到这一行为实施之前的状态,已经履行的,应当恢复原状。

关于本条,还有两点需要进一步说明:(1)无效的民事法律行为除自始无效外,还应当是当然无效、绝对无效。所谓当然无效,是指只要民事法律行为具备无效条件,其便当然产生无效的法律后果,无须经过特定程序的确认才无效;所谓绝对无效,是指这种民事法律行为的无效是绝对而非相对的,对包括当事人在内的其他任何人而言均是无效的。(2)有的意见提出,被撤销的民事法律行为自始无效的规定过于绝对,身份行为以及具有持续性的民事法律行为被撤销后,其无效的效果应仅向将来发生,不应溯及既往。我国《婚姻法》《收养法》等法律规定已经对无效或被撤销婚姻、无效收养等身份行为的无效溯及既往作了规定,本条应当延续这一规定,对符合无效情形以及被撤销的此类行为,仍坚持无效溯及既往的规定。

第一百五十六条 【民事法律行为部分无效】民事法律行为部分无效,不影响其他部分效力的,其他部分仍然有效。

条文注解

民事法律行为的无效事由既可以导致其全部无效，也可以导致部分无效。在部分无效时，如果不影响其他部分的效力，其他部分仍可有效。这意味着，只有在民事法律行为的内容效力可分且相互不影响的情况下，部分无效才不会导致其他部分同时无效。反之，当部分无效的民事法律行为会影响其他部分效力的，其他部分也应无效。

本条所规定的"民事法律行为部分无效，不影响其他部分效力"的情形，主要包括以下几种：一是民事法律行为的标的数量超过国家法律许可的范围。例如，遗嘱继承中，被继承人将其全部遗产均遗赠他人，并未给胎儿保留必要的遗产份额，违反了继承相关的法律规定。因此，在遗产的应继承份额范围内的那部分遗赠是无效的，但其他部分的遗赠仍然有效。二是民事法律行为的标的可分，其中一项或数项无效。比如，同一买卖合同的标的物有多个，其中一个或数个标的物因属于国家禁止流通物而无效，其他标的物的买卖仍为有效。三是民事法律行为的非根本性条款因违法或违背公序良俗而无效。例如，雇佣合同中有条款约定"工作期间发生的一切人身伤害，雇主概不负责"。这一条款因违反相关劳动法律以及公序良俗原则而无效，但雇佣合同的其他权利义务条款并不因此无效。

本条在民事法律行为无效部分与其他部分效力可分的情况下，规定部分无效在不影响其他部分效力的情况下，其他部分仍然有效。这实际上体现了民法尽可能尊重双方意思自治、承认民事法律行为效力的原则。当然，如果无效部分属于整体民事法律行为成立生效的必要条款，或者无效部分事实上与其他部分不可分割，那么这种部分无效当然会同时导致其他部分的无效，进而影响整体的行为效力。

关联法规

《劳动合同法》第27条

第一百五十七条 【民事法律行为无效、被撤销或确定不发生效力的法律后果】民事法律行为无效、被撤销或者确定不发生效力后，行为人因该行为取得的财产，应当予以返还；不能返还或者没有必要返还的，应当折价补偿。有过错的一方应当赔偿对方由此所受到的损失；各方都有过错的，应当各自承担相应的责任。法律另有规定的，依照其规定。

条文注解

本条规定了民事法律行为无效、被撤销以及确定不发生效力的以下几种法律后果：

1. 返还财产。这是指民事法律行为被确认无效、被撤销或者确定不发生效力后，行为人因民事法律行为所取得的财产应当予以返还，相对人享有对已交付财产的返还请求权。这里需要说明的是，返还财产的目的在于使双方的财产关系恢复到民事法律行为实施前的状态，因此无论双方是否存在过错，都负有返还财产的义务。一方存在过错的，相对方可以通过主张损失的赔偿来维护其利益。

2. 折价补偿。民事法律行为无效、被撤销或者确定不发生效力后，返还财产应当作为恢复原状的原则做法。但是，在有些情况下，返还财产并不具备现实条件或者没有必要，此时应当通过折价补偿的方式来达到使财产关系恢复原状的目的。(1)财产不能返还，包括法律上的不能返还和事实上的不能返还。法律上的不能返还主要是指财产返还受到善意取得制度的影响，即一方当事人将通过民事法律行为取得的财产转让给第三人，第三人取得财产时符合善意取得制度的各项要件，此时该第三人因善意取得制度成为财产的所有权人，该财产又是不可替代的。事实上的不能返还主要是指因标的物已经灭失，造成客观上无法返还，且原物又是不可替代物。此时，取得该财产的当事人应当依据原物的市价进行折价补偿。(2)没有必要返还财产的，主要包括以下两种情况：一是如果当事人接受的财产是劳务或者利益，在性质上不能恢复原状，应以国家规定的价格计算，以金钱返还；没有国家规定的，按照市价或者同类劳务的报酬标准计算返还。二是如果一方当事人是通过使用对方的知识产权获得的利益，因知识产权属于无形财产，此时应折价补偿对方当事人。

3. 赔偿损失。根据本条的规定，有过错的一方应当赔偿对方由此所受到的损失；各方都有过错的，应当各自承担相应的责任。需要指出的是，这里规定的损失赔偿是一种过错责任，行为人只有主观上对民事法律行为无效、被撤销以及确定不发生效力的情形存在过错时才予以承担。

关联法规

《最高人民法院关于适用〈中华人民共和国民法典〉总则编若干问题的解释》第23条

第四节　民事法律行为的附条件和附期限

第一百五十八条　【附条件的民事法律行为】民事法律行为可以附条件，但是根据其性质不得附条件的除外。附生效条件的民事法律行为，自条件成就时生效。附解除条件的民事法律行为，自条件成就时失效。

条文注解

民事法律行为成立之后的效力问题,当事人之间可以自行约定,这也是意思自治原则的体现。民事法律行为中所附条件,是指当事人以未来客观上不确定发生的事实,作为民事法律行为效力的附款。所附条件具有以下特点:第一,条件系当事人共同约定,并作为民事法律行为的一部分内容。条件体现的是双方约定一致的意思,这是与法定条件最大的不同之处,后者是指由法律规定的、不由当事人意思决定并具有普遍约束力的条件。当事人不得以法定条件作为其所附条件。第二,条件是未来可能发生的事实。这意味着,已经过去的、现在的以及将来确定不会发生的事实不能作为民事法律行为的所附条件。如果是将来必然发生的事实,应当作为附期限。应当注意的是,这种条件事实发生的不确定性应当是客观存在的,如果仅是当事人认为事实发生与否不确定,但实际上必然发生或者不发生的,也不能作为所附条件。第三,所附条件是当事人用以限定民事法律行为效力的附属意思表示。应当将所附条件与民事法律行为中的供货条件、付款条件等相互区分,后者是民事法律行为自身内容的一部分而非决定效力的附属意思表示。第四,所附条件中的事实应为合法事实,违法事实不能作为民事法律行为的附条件。如不能约定以故意伤害他人作为合同生效的条件。

以所附条件决定民事法律行为效力发生或消灭为标准,条件可以分为生效条件和解除条件。所谓生效条件,是指使民事法律行为效力发生或者不发生的条件。生效条件具备之前,民事法律行为虽已成立但未生效,其效力是否发生处于不确定状态。条件具备,民事法律行为生效;条件不具备,民事法律行为就不生效。比如,甲、乙双方签订房屋买卖合同,约定甲将所居住的房产出卖给乙,其条件是甲出国定居,不在国内居住。当条件具备时,此房屋买卖合同才生效。所谓解除条件,又称消灭条件,是指对已经生效的民事法律行为,当条件具备时,该民事法律行为失效;如果该条件确定不具备,则该民事法律行为将继续有效。

在附条件的民事法律行为中,所附条件的出现与否直接决定了民事法律行为的效力状态。附生效条件的民事法律行为,自条件成就时生效。附解除条件的民事法律行为,自条件成就时失效。需要特别指出的是,附条件的民事法律行为虽然在所附条件出现时才生效或失效,但在条件尚未具备时,民事法律行为对于当事人仍然具有法律约束力,当事人不得随意变更或者撤销。因此,可以将附条件的民事法律行为的效力分为条件成就前的效力和条件成就后的效力。对于附生效条件的民事法律行为来说,条件成就前的效力表现为当事人不得随意变更、撤销民事法律行为以及对于民事法律行为生效的期待权;对于附解除条件的民事法律行为来说,条件成就前的效力表现为条件具备后民事法律行为效力归于消灭的期待权。

关联法规

《保险法》第 13 条,《票据法》第 33 条,《最高人民法院关于适用〈中华人民共和国民法典〉总则编若干问题的解释》第 24 条

第一百五十九条　【条件成就和不成就的拟制】附条件的民事法律行为，当事人为自己的利益不正当地阻止条件成就的，视为条件已经成就；不正当地促成条件成就的，视为条件不成就。

条文注解

在附条件的民事法律行为中，条件的成就与否直接关系到民事法律行为的效力状况。对于附生效条件的民事法律行为来说，条件成就，民事法律行为就开始生效；条件不成就，民事法律行为就确定不发生效力。对附解除条件的民事法律行为来说，条件成就，民事法律行为就失效，反之民事法律行为继续有效。

本条规定，当事人为自己的利益不正当地阻止条件成就的，视为条件已经成就；不正当地促成条件成就的，视为条件不成就。对本条的把握应当注意以下几点：第一，当事人主观上有为自己利益人为改变条件状态的故意。换言之，当事人从自己利益的角度考虑，主观上具有使条件成就或者不成就的故意。第二，当事人为此实施了人为改变条件成就状态的行为。民事法律行为中所附条件，其成就与否本不确定。当事人为自己利益实施了促成或阻止条件成就的行为。第三，该行为具有不正当性。这主要是指当事人的此种行为违反了诚信原则，不符合事先约定。

第一百六十条　【附期限的民事法律行为】民事法律行为可以附期限，但是根据其性质不得附期限的除外。附生效期限的民事法律行为，自期限届至时生效。附终止期限的民事法律行为，自期限届满时失效。

条文注解

根据所附期限决定民事法律行为的生效或失效，期限可以分为生效期限和终止期限。所谓生效期限，是指决定民事法律行为效力发生的期限。期限届至，民事法律行为生效；期限届至前，民事法律行为虽已成立但并未生效。所谓终止期限，是指决定民事法律行为效力消灭的期限。期限届至，民事法律行为失效；期限届至前，民事法律行为始终有效。

关联法规

《保险法》第 13 条

第七章 代 理

第一节 一般规定

第一百六十一条 【代理适用范围】民事主体可以通过代理人实施民事法律行为。

依照法律规定、当事人约定或者民事法律行为的性质,应当由本人亲自实施的民事法律行为,不得代理。

条文注解

代理,是指代理人代被代理人实施民事法律行为,其法律效果直接归属于被代理人的行为。代理制度是调整被代理人、代理人和第三人之间关系的法律制度。

代理的适用范围原则上限于民事法律行为。但一般认为,一些与合同密切相关的准民事法律行为、事实行为和程序行为,如要约邀请、要约撤回、订约时样品的交付和受领、办理合同公证等,也允许代理。

但不是所有民事法律行为都允许代理。根据本条第 2 款的规定,下列三类民事法律行为不得代理:一是依照法律规定应当由本人亲自实施的民事法律行为。二是依照当事人约定应当由本人亲自实施的民事法律行为。当事人双方基于某种原因,约定某一民事法律行为必须由本人亲自实施的,当事人自然应当遵守这一约定,不得通过代理人实施该民事法律行为。三是依照民事法律行为的性质,应当由本人亲自实施的民事法律行为。这主要是指具有人身性质的身份行为如结婚、离婚、收养、遗嘱、遗赠等。

关联法规

《保险法》第 117 条,《拍卖法》第 26、34 条

第一百六十二条 【代理的效力】代理人在代理权限内,以被代理人名义实施的民事法律行为,对被代理人发生效力。

第一百六十三条 【代理的类型】代理包括委托代理和法定代理。

委托代理人按照被代理人的委托行使代理权。法定代理人依照法律的规定行使代理权。

第一百六十四条 【代理人不当行为的法律后果】代理人不履行或者不完全履行职责,造成被代理人损害的,应当承担民事责任。

代理人和相对人恶意串通,损害被代理人合法权益的,代理人和相对人应当承担连带责任。

条文注解

第164条第2款规定,代理人和相对人应当承担连带责任。根据本款的规定,代理人和相对人承担连带责任的前提是恶意串通。恶意,是指双方都明知或者应知其实施的行为会造成被代理人合法权益的损害还故意为之。串通,是指双方在主观上有共同的意思联络。此处的恶意串通就是双方串通在一起,共同实施某种行为来损害被代理人的合法权益。如果双方当事人或者一方当事人不知且不应知其行为的损害后果,就不构成恶意串通,不能适用本款规定,应当根据各自的行为来承担相应的民事责任。

案例注解

【案例(2021)黑1002民初761号】刘某未完全履行委托职责被判赔偿损失

【基本案情】

2012年4月6日至2013年6月9日,原告王某雇用被告刘某在内蒙古满洲里市卖苹果、橘子等果蔬。张某从刘某处购买果蔬,截至2019年11月18日,尚欠58,000元货款未支付。2019年11月18日,被告刘某向原告王某出具欠条,主要内容:"张某于2012年4月6日至2013年6月9日止共欠王某苹果、橘子款234,293元。2012年10月至2019年8月16日止还欠王某货款58,000元。"刘某在欠款人处书写张某名字,在经手人处书写刘某名字。原告诉至法院,请求法院判令被告刘某给付因委托行为造成的损失58,000元。

【裁判要旨】

《民法典》第164条规定,代理人不履行或者不完全履行职责,造成被代理人损害的,应当承担民事责任。本案中,刘某受王某的委托销售果蔬,未完全履行职责,造成王某损失58,000元至今无法追回,刘某在履行委托代理合同中存在过错,应承担赔偿损失责任。

【裁判结果】

2021年5月30日，法院判决被告刘某于判决生效之日起10日内给付原告王某赔偿款58,000元。（资料来源：中国裁判文书网）

第二节 委托代理

第一百六十五条 【授权委托书】委托代理授权采用书面形式的，授权委托书应当载明代理人的姓名或者名称、代理事项、权限和期限，并由被代理人签名或者盖章。

条文注解

根据本法第135条的规定，在法律、行政法规没有特别规定或者当事人没有约定的情况下，委托代理授权可以采取书面形式、口头形式或者其他形式中的任何一种。其中，书面形式是最主要的一种授权形式，称为授权委托书。根据本条的规定，授权委托书的内容包括代理人的姓名或者名称、代理事项、代理权限、代理期限等，被代理人还应当在授权委托书上签名或者盖章。本条规定是对授权委托书应当包括的内容作提示性规定，目的是减少实践中产生纠纷。

第一百六十六条 【共同代理】数人为同一代理事项的代理人的，应当共同行使代理权，但是当事人另有约定的除外。

条文注解

共同代理，是指数个代理人共同行使一项代理权的代理。共同代理有以下几个特征：一是有数个代理人。如果只有一个代理人，属于单独代理，而不是共同代理。二是只有一个代理权。如果数个代理人有数个代理权，属于集合代理，而不是共同代理。例如，被代理人授权甲为其购买一台电视机、乙为其购买一台电冰箱，即集合代理。被代理人授权甲、乙一起为其购买一台电视机和一台电冰箱，才属于共同代理。三是共同行使代理权。共同行使，是指只有经过全体代理人的共同同意才能行使代理权，即数人应当共同实施代理行为，享有共同的权利义务。任何一个代理人单独行使代理权，均属于无权代理。如果数个代理人对同一个代理权可以单独行使，也属于单独代理，而不是共同代理。比如，被代理人授权甲、乙一起为其购买一台电视机和一台电冰箱，但谁买都可以，此种情况属于单独代理，而不是共同代理。

共同代理，应当由被代理人授权，但在被代理人就同一代理权指定了数个代理人，有约定的当然按约定处理，没约定的，法律推定为共同代理，数个代理人应当共同行使代理权,任何一个代理人都不得擅自单独实施代理行为。

关联法规

《信托法》第31条,《最高人民法院关于适用〈中华人民共和国民法典〉总则编若干问题的解释》第25条

第一百六十七条 【违法代理及其法律后果】代理人知道或者应当知道代理事项违法仍然实施代理行为,或者被代理人知道或者应当知道代理人的代理行为违法未作反对表示的,被代理人和代理人应当承担连带责任。

条文注解

被代理人、代理人利用委托代理关系从事的违法行为可分为两类:一是代理事项本身违法,如委托代理人销售假冒伪劣产品;二是代理事项不违法,但代理人实施的代理行为违法,如委托代理人销售合法产品,代理人将该产品贴上假冒商标进行销售。代理违法造成第三人损害的,自应承担民事责任,但由被代理人承担还是代理人承担应当区分不同情形加以确定。

第一百六十八条 【禁止自我代理和双方代理及例外】代理人不得以被代理人的名义与自己实施民事法律行为,但是被代理人同意或者追认的除外。

代理人不得以被代理人的名义与自己同时代理的其他人实施民事法律行为,但是被代理的双方同意或者追认的除外。

条文注解

自己代理,是指代理人以被代理人的名义与自己实施民事法律行为。实践中,自己代理主要有两种情况:一是代理人以自己的名义向被代理人发出要约且代理人以被代理人的名义予以承诺;二是代理人以被代理人的名义向自己发出要约且以自己的名义予以承诺。

双方代理,是指代理人同时代理被代理人和相对人实施同一民事法律行为。构成双方代理,必须符合两个条件:一是代理人必须既获得被代理人的委托代理授权,又获得相对人的委托代理授权。二是代理人同时代理双方为同一民事法律行为的当事人。

第一百六十九条 【复代理】代理人需要转委托第三人代理的，应当取得被代理人的同意或者追认。

转委托代理经被代理人同意或者追认的，被代理人可以就代理事务直接指示转委托的第三人，代理人仅就第三人的选任以及对第三人的指示承担责任。

转委托代理未经被代理人同意或者追认的，代理人应当对转委托的第三人的行为承担责任；但是，在紧急情况下代理人为了维护被代理人的利益需要转委托第三人代理的除外。

条文注解

复代理，又称再代理、转代理或者次代理，是指代理人为了实施其代理权限内的行为，而以自己的名义为被代理人选任代理人的代理。与复代理相对的是本代理，或者称原代理，是指被代理人直接选任代理人而成立的代理。复代理具有以下几个特征：(1)以本代理的存在为前提。必须有一个本代理，才能在其基础上产生复代理。(2)复代理人是原代理人以自己的名义选任的代理人。原代理人以自己的名义选任复代理人是复代理的重要特征。(3)复代理人行使的代理权是原代理人的代理权，但原代理人的代理权并不因此丧失。复代理人是由原代理人以自己名义选任的，其代理权直接来源于原代理人的代理权，而且权限范围不得大于原代理权的权限范围。同时，原代理人选任复代理人后，其代理权并不因此而消灭，仍然保有其代理人地位，其与被代理人之间的代理法律关系没有发生变化。如果代理人失去其代理权，而向被代理人推介他人接替自己担任代理人的，是向被代理人推介新代理人的行为，而不是选任复代理人的行为。(4)复代理人是被代理人的代理人，而不是代理人的代理人。复代理人以被代理人的名义实施民事法律行为，其法律效果直接归属于被代理人。如果复代理人以代理人的名义实施民事法律行为，就不是复代理，而属于一般代理了。

本条延续了《民法通则》和《合同法》的规定，明确只有在两种情况下才允许复代理：(1)被代理人允许，包括事先同意和事后追认。(2)出现紧急情况。

关联法规

《最高人民法院关于适用〈中华人民共和国民法典〉总则编若干问题的解释》第26条

第一百七十条 【职务代理】执行法人或者非法人组织工作任务的人员，就其职权范围内的事项，以法人或者非法人组织的名义实施的民事法律行为，对法人或者非法人组织发生效力。

法人或者非法人组织对执行其工作任务的人员职权范围的限制，不得对抗善意相对人。

条文注解

职务代理，顾名思义，是指根据代理人所担任的职务而产生的代理，即执行法人或者非法人组织工作任务的人员，就其职权范围内的事项，以法人或者非法人组织的名义实施的民事法律行为，无须法人或者非法人组织的特别授权，对法人或者非法人组织发生效力。

第一百七十一条 【无权代理】行为人没有代理权、超越代理权或者代理权终止后，仍然实施代理行为，未经被代理人追认的，对被代理人不发生效力。

相对人可以催告被代理人自收到通知之日起三十日内予以追认。被代理人未作表示的，视为拒绝追认。行为人实施的行为被追认前，善意相对人有撤销的权利。撤销应当以通知的方式作出。

行为人实施的行为未被追认的，善意相对人有权请求行为人履行债务或者就其受到的损害请求行为人赔偿。但是，赔偿的范围不得超过被代理人追认时相对人所能获得的利益。

相对人知道或者应当知道行为人无权代理的，相对人和行为人按照各自的过错承担责任。

条文注解

本条将无权代理分为三种类型：(1)没有代理权的无权代理。其是指行为人根本没有得到被代理人的授权，就以被代理人名义从事的代理。比如，行为人伪造他人的公章、合同书或者授权委托书等，假冒他人的名义实施民事法律行为，就是典型的无权代理。(2)超越代理权的无权代理。其是指行为人与被代理人之间有代理关系存在，行为人有一定的代理权，但其实施的代理行为超出了代理范围的代理。例如，甲委托乙购买300台电视机，但是乙擅自与他人签订了购买500台电视机的合同；或者甲委托乙购买电视机，但是乙购买了电冰箱，这些都是超越代理权的无权代理。(3)代理权终止后的无权代理。其是指行为人与被代理人之间原本有代理关系，由于法定情形的出现使代理权终止，但是行为人仍然从事的代理。法定情形主要指本法第173条规定的情形，包括代理期限届满、代理事务完成或者被代理人取消委托等。

根据本条的规定，对于无权代理行为，被代理人可以追认该行为，使之确定地发生法律效力，也可以拒绝追认使之确定地不发生法律效力；善意相对人可以在被代理人追认前行使撤销权使之确定地不发生效力，如果相对人希望尽早确定其效力，可以催告被代理人予以追认。

无权代理发生后，根据本条的规定，被代理人有追认和拒绝的权利。这里所指的“追认”，是指被代理人对无权代理行为事后予以承认的一种单方意思表示。被代理人的追认应当以明示的意思表示向相对人作出，如果仅向行为人作出意思表示，也必须使相对人知道后才能产生法律效果。追认必须在相对人催告期限尚未届满前以及善意相对人未行使撤销权前行使。一旦被代理人作出追认，无权代理就变成有权代理，行为人实施的民事法律行为就从成立时起对被代理人产生法律效力。

无权代理经被代理人追认即产生效力，拒绝追认便不产生效力，这是为了更好地保护被代理人的合法权益。但同时相对人的合法权益也应当予以妥善保护，基于此，法律赋予了相对人催告权和善意相对人撤销权。所谓催告权，是指相对人催促被代理人在一定期限内明确答复是否承认无权代理行为。根据本条第2款的规定，催告权的行使一般需具备以下要件：一是要求被代理人在一定的期限内作出答复，本条第2款规定的期限为30日；二是催告应当以通知的方式作出；三是催告的意思必须是向被代理人作出。所谓撤销权，是指相对人在被代理人未追认无权代理行为之前，可撤回其对行为人所作的意思表示。相对人撤销权的行使必须满足以下条件：一是必须在被代理人作出追认之前作出，如果被代理人已经对无权代理行为作出了追认，该民事法律行为就对被代理人产生了效力，相对人就不能再撤销其意思表示了。二是相对人在行为人实施民事法律行为时必须是善意的，也就是说，相对人在作出意思表示时，并不知道对方是无权代理的。如果明知对方是无权代理而仍与对方共同实施民事法律行为，那么相对人就无权撤销其意思表示。三是撤销应当以通知的方式作出。

关联法规

《最高人民法院关于适用〈中华人民共和国民法典〉总则编若干问题的解释》第25、27条

第一百七十二条　【表见代理】行为人没有代理权、超越代理权或者代理权终止后，仍然实施代理行为，相对人有理由相信行为人有代理权的，代理行为有效。

条文注解

所谓表见代理，是指行为人虽无代理权而实施代理行为，如果相对人有理由相信其有代理权，该代理行为有效。根据本条的规定，构成表见代理需要满足以下两个条件：(1)行为人并没有获得被代理人的授权就以被代理人的名义与相对人实施民事法律行为。本条规定了没有代理权、超越代理权或者代理权终止三种情形。(2)相对人在主观上必须是善意、无过失的。所谓善意，是指相对人不知道或者不应当知道行为

人实际上是无权代理；所谓无过失，是指相对人的这种不知道不是因为其大意造成的。如果相对人明知或者应知行为人没有代理权、超越代理权或者代理权已终止，而仍与行为人实施民事法律行为，那么就不构成表见代理，而成为无权代理。

案例注解

【案例(2021)湘0405民初238号】衡阳市某某建材公司构成表见代理被判承担违约责任

【基本案情】

2019年7月26日，原告湖南省某某建材有限公司与被告衡阳市某某建材有限公司签订了一份《供货合同》，杨某以代理人的身份在合同上签字，并加盖了被告衡阳市某某建材有限公司印章，合同中注明衡阳市某某建材有限公司的账户为付款账户。《供货合同》约定：原告湖南省某某建材有限公司向被告衡阳市某某建材有限公司供应水泥、沙子、碎石，次月5日前双方就上月货款进行结算，次月10日前付清上月货款。若衡阳市某某建材有限公司次月10日前未付清上月货款，应将上月所有货物单价加价10%与湖南省某某建材有限公司进行结算，若次月30日仍未付清上月货款，衡阳市某某建材有限公司应支付10万元违约金，合同期限自2019年7月26日起至2020年7月25日止。《供货合同》签订后，湖南省某某建材有限公司向衡阳市某某建材有限公司提供水泥、沙子、碎石等材料。但被告严重违约，未按照合同支付货款，造成原告资金紧张，原告多次向被告催讨货款，被告均以种种理由拒不付款，原告因此停止向被告供货。经协商货款无果，原告诉至法院，请求法院判令被告支付原告货款442,886.58元；违约金100,000元等。

被告衡阳市某某建材有限公司辩称，被告拖欠原告货款不是事实，被告并未与原告签订买卖合同，原告出具的买卖合同系被告公司承包人杨某私自使用作废印章签订的，被告不应承担责任。

【裁判要旨】

《民法典》第172条规定，行为人没有代理权、超越代理权或者代理权终止后，仍然实施代理行为，相对人有理由相信行为人有代理权的，代理行为有效。本案中，杨某在案涉《供货合同》上加盖被告公司的公章、以被告公司的账户进行付款等事实，足以使原告相信印章的真实有效性及杨某得到被告的授权，故杨某与原告湖南省某某建材有限公司签订《供货合同》的行为构成表见代理，该行为对被告衡阳市某某建材有限公司发生效力，被告应当承担相应责任。

【裁判结果】

2021年7月22日，法院判决被告衡阳市某某建材有限公司支付原告湖南省某某建材有限公司货款442,886.58元，违约金10万元。（资料来源：中国裁判文书网）

关联法规

《最高人民法院关于适用〈中华人民共和国民法典〉总则编若干问题的解释》第28条

第三节　代理终止

第一百七十三条　【委托代理终止的情形】有下列情形之一的，委托代理终止：

（一）代理期限届满或者代理事务完成；

（二）被代理人取消委托或者代理人辞去委托；

（三）代理人丧失民事行为能力；

（四）代理人或者被代理人死亡；

（五）作为代理人或者被代理人的法人、非法人组织终止。

第一百七十四条　【委托代理终止的例外】被代理人死亡后，有下列情形之一的，委托代理人实施的代理行为有效：

（一）代理人不知道且不应当知道被代理人死亡；

（二）被代理人的继承人予以承认；

（三）授权中明确代理权在代理事务完成时终止；

（四）被代理人死亡前已经实施，为了被代理人的继承人的利益继续代理。

作为被代理人的法人、非法人组织终止的，参照适用前款规定。

第一百七十五条　【法定代理终止的情形】有下列情形之一的，法定代理终止：

（一）被代理人取得或者恢复完全民事行为能力；

（二）代理人丧失民事行为能力；

（三）代理人或者被代理人死亡；

（四）法律规定的其他情形。

第八章 民事责任

第一百七十六条 【民事义务与责任】民事主体依照法律规定或者按照当事人约定,履行民事义务,承担民事责任。

条文注解

民事责任的基本特征包括以下两个方面:

1. 民事责任是民事主体违反民事义务所应承担的责任,是以民事义务为基础的。法律规定或者当事人约定民事主体应当做什么和不应当做什么,即要求应当为一定的行为或者不为一定的行为,这就是民事主体的义务。法律也同时规定了违反民事义务的后果,即应当承担的责任,这就是民事责任。民事责任不同于民事义务,民事责任是违反民事义务的后果,而不是民事义务本身。本条规定民事主体依照法律规定或者当事人约定履行民事义务,根据这一规定,民事义务分为两类:(1)法律直接规定的义务。(2)在法律允许的范围内民事主体自行约定的义务。民事主体无论违反哪一类义务都要依法承担民事责任。

2. 民事责任具有强制性。强制性是法律责任的重要特征。法律责任中的民事责任的强制性表现在对不履行民事义务的行为予以制裁,要求民事主体承担民事责任。

第一百七十七条 【按份责任】二人以上依法承担按份责任,能够确定责任大小的,各自承担相应的责任;难以确定责任大小的,平均承担责任。

条文注解

按份责任,是指责任人为多人时,各责任人按照一定的份额向权利人承担民事责任,各责任人之间无连带关系。也就是说,责任人各自承担不同份额的责任,不具有连带性,权利人只能请求属于按份责任人的责任份额。按份责任产生的前提是两个以上的民事主体不依照法律规定或者当事人约定履行民事义务产生的民事责任。

案例注解

【案例(2021)宁0122民初1869号】贺某、郭某、雷某向他人借款被判承担按份偿还责任

【基本案情】

2007年2月17日,三被告贺某、郭某、雷某因资金周转需要,向原告高某借款

4000 元，并出具了借条一张，载明："今借到高某现金肆仟元整(4000 元)，借款人：雷某、贺某、郭某。"原、被告之间口头约定月息 2 分，未约定还款日期。被告贺某自认收取 1000 元、郭某自认收取 2000 元、雷某自认收取 1000 元。但原告将上述借款交付给被告后，被告至今未向原告偿还借款和利息。现原告要求三被告归还借款，三被告未予偿还，为此，原告高某诉至法院，请求法院判令被告三人偿还原告借款本金 4000 元，利息 1540 元（利息按国有银行三年期定期 2.75% 计算），共计 5540 元。

【裁判要旨】

《民法典》第 177 条规定，二人以上依法承担按份责任，能够确定责任大小的，各自承担相应的责任；难以确定责任大小的，平均承担责任。本案中，原、被告之间的借款合同合法有效，原告向三被告支付了借款，三被告共同向原告出具了借条，同时根据三被告的自认借款金额能够确定责任大小，依法应当由其各自承担按份责任。

【裁判结果】

2021 年 6 月 20 日，法院判决被告贺某、郭某、雷某向原告高某偿还借款 4000 元、利息 1200 元，合计 5200 元。由被告贺某偿还 1300 元、郭某偿还 2600 元、雷某偿还 1300 元。（资料来源：中国裁判文书网）

第一百七十八条　【连带责任】二人以上依法承担连带责任的，权利人有权请求部分或者全部连带责任人承担责任。

连带责任人的责任份额根据各自责任大小确定；难以确定责任大小的，平均承担责任。实际承担责任超过自己责任份额的连带责任人，有权向其他连带责任人追偿。

连带责任，由法律规定或者当事人约定。

条文注解

连带责任，是指依照法律规定或者当事人的约定，两个或者两个以上当事人对共同产生的不履行民事义务的民事责任承担全部责任，并因此引起内部债务关系的一种民事责任。连带责任是一项重要的责任承担方式。连带责任可能基于合同产生，也可能基于侵权行为产生。

连带责任的特征主要表现在：(1)连带责任对于违反民事义务的主体而言是一种比较严厉的责任方式。连带责任对外是一个整体的责任。连带责任中的每个主体都需要对被损害者承担全部责任。被请求承担全部责任的连带责任主体，不得因自己的过错程度而只承担自己的责任。(2)连带责任对被损害者的保护更为充分。连带责任给了被损害者更多的选择权，被损害者可以请求一个或者数个连带责任人承担全部或者部分的赔偿责任。(3)连带责任是法定责任，连带责任人之间不能约定改变责任的性质，对于内部责任份额的约定对外不发生效力。

在一个或者数个连带责任人清偿了全部责任后，实际承担责任的人有权向其他连带责任人追偿。行使追偿权的前提是连带责任人实际承担了超出自己责任的份额，没有超出自己责任的份额，不得行使追偿权。

案例注解

【案例（2021）陕0825民初4889号】马某、葫某为他人担保被判承担连带清偿责任

【基本案情】

2019年12月9日，原告陕西某农村商业银行股份有限公司与被告王某签订《个人借款合同》，双方约定：被告王某向原告借款人民币本金68,500元，借款期限为1年，即从2019年12月9日至2020年12月8日，同时约定期限内月利率为8.958333‰，逾期月利率为13.4375‰。同时，原告与被告马某、葫某签订《保证担保合同》，该合同约定被告马某、葫某为被告王某的68,500元借款及利息进行担保提供担保，保证方式为连带责任保证，保证范围为所有借款本金及利息、罚息，保证期间为借款到期之日起3年。但借款到期后原告多次向三被告索要，被告将利息清偿至2020年9月21日，对于本金及剩余利息一直未予偿还，经原告多次索要均未果，为此原告诉至法院，请求故涉诉法院，请求法院法判令被告王某偿还原告借款68,500元及利息，判令被告马某、葫某承担连带清偿责任。

【裁判要旨】

《民法典》第178条规定，二人以上依法承担连带责任的，权利人有权请求部分或者全部连带责任人承担责任。连带责任人的责任份额根据各自责任大小确定；难以确定责任大小的，平均承担责任。实际承担责任超过自己责任份额的连带责任人，有权向其他连带责任人追偿。连带责任，由法律规定或者当事人约定。本案中，原被告之间的借款合同、保证合同合法有效，原告履行了借款义务，被告王某应履行还款责任；被告马某、葫某作为保证人与原告书面约定保证方式为连带责任保证，未约定保证份额，且保证的范围为借款合同项下的全部借款本金及利息、罚息，故应对被告王某借款本金及利息、罚息应承担连带清偿责任。

【裁判结果】

2021年7月21日，法院判决被告王某于判决生效后3日内向原告陕西某农村商业银行股份有限公司偿还借款本金68,500元及利息；由被告马某、葫某承担连带清偿责任。（资料来源：中国裁判文书网）

第一百七十九条　【承担民事责任的方式】承担民事责任的方式主要有：

（一）停止侵害；

（二）排除妨碍；

（三）消除危险；

（四）返还财产；

（五）恢复原状；

（六）修理、重作、更换；

（七）继续履行；

（八）赔偿损失；

（九）支付违约金；

（十）消除影响、恢复名誉；

（十一）赔礼道歉。

法律规定惩罚性赔偿的，依照其规定。

本条规定的承担民事责任的方式，可以单独适用，也可以合并适用。

条文注解

根据本条的规定，承担民事责任的方式主要有：

（1）停止侵害，即要求行为人不实施某种侵害。

（2）排除妨碍。这是指行为人实施的行为使他人无法行使或者不能正常行使人身、财产权益，受害人可以要求行为人排除妨碍权益实施的障碍。受害人也可以自己排除妨碍，但排除妨碍的费用由行为人承担。

（3）消除危险。这是指行为人的行为对他人人身、财产权益造成现实威胁，他人有权要求行为人采取有效措施消除这种现实威胁。

（4）返还财产。没有法律或者合同根据占有他人财产，就构成无权占有，侵害了他人的财产权益，行为人应当返还该财产。

（5）恢复原状。这是指行为人通过修理等手段使受到损坏的财产恢复到损坏发生前的状况的一种责任方式。采取恢复原状责任方式要符合受到损坏的财产仍然存在且有恢复原状的可能性且恢复原状有必要。

（6）修理、重作、更换。修理包括对产品、工作成果等标的物质量瑕疵的修补，也包括对服务质量瑕疵的改善。修理、重作、更换不是恢复原状，如果将损坏的财产修理复原，则是承担恢复原状的责任。

（7）继续履行。就是按照合同的约定继续履行义务。

（8）赔偿损失。这是指行为人向受害人支付一定额数的金钱以弥补其损失的责任方式，是运用较为广泛的一种责任方式。

（9）支付违约金。违约金是当事人在合同中约定的或者由法律直接规定的一方违反合同时应向对方支付一定数额的金钱，这是违反合同可以采用的承担民事责任的方式，只适用于合同当事人有违约金约定或者法律规定违反合同应支付违约金的情形。

(10)消除影响、恢复名誉。这是指人民法院根据受害人的请求，责令行为人在一定范围内采取适当方式消除对受害人名誉的不利影响，以使其名誉得到恢复的一种责任方式。

(11)赔礼道歉。这是指行为人通过口头、书面或者其他方式向受害人进行道歉，以取得谅解的一种责任方式。赔礼道歉主要适用于侵害名誉权、荣誉权、隐私权、姓名权、肖像权等人格权益的情形。

本条第2款规定，法律规定惩罚性赔偿的，依照其规定。惩罚性赔偿是指当侵权人(义务人)以恶意、故意、欺诈等的方式实施加害行为而致权利人受到损害的，权利人可以获得实际损害赔偿之外的增加赔偿。其目的是通过对义务人施以惩罚，阻止其重复实施恶意行为，并警示他人不要采取类似行为。

关联法规

《消费者权益保护法》第50、52、53条，《商标法》第63条，《电子商务法》第42条，《食品安全法》第148条

第一百八十条 【不可抗力】因不可抗力不能履行民事义务的，不承担民事责任。法律另有规定的，依照其规定。

不可抗力是不能预见、不能避免且不能克服的客观情况。

条文注解

对"不可抗力"的理解，应是根据现有的技术水平，一般对某事件发生没有预知能力。人们对某事件的发生的预知能力取决于当代的科学技术水平。"不能避免且不能克服"，应是指当事人已经尽到最大努力和采取一切可以采取的措施，仍不能避免某种事件的发生并不能克服事件所造成的后果。"不能避免且不能克服"表明某个事件的发生和事件所造成的后果具有必然性。

通常情况下，因不可抗力不能履行民事义务的，不承担民事责任。但法律规定因不可抗力不能履行民事义务，也要承担民事责任的则需要依法承担民事责任。具体在什么情况下应承担民事责任、承担责任的程度等要依照法律的规定确定。例如，根据《民用航空法》第160条的规定，民用航空器造成他人损害的，民用航空器的经营人只有能够证明损害是武装冲突、骚乱造成的，或者是因受害人故意造成的，才能免除其责任。因不可抗力的自然灾害造成的，不能免除民用航空器经营人的责任。

关联法规

《电力法》第60条，《旅游法》第67条，《民用航空法》第160条，《铁路法》第18条，《水污染防治法》第96条

第一百八十一条 【正当防卫】因正当防卫造成损害的，不承担民事责任。

正当防卫超过必要的限度，造成不应有的损害的，正当防卫人应当承担适当的民事责任。

条文注解

正当防卫，是指本人、他人的人身权利、财产权利遭受不法侵害时，行为人所采取的一种防卫措施。正当防卫作为行为人不承担责任和减轻责任的情形，其根据是行为的正当性、合法性，表明行为人主观上没有过错。正当防卫是法律赋予当事人自卫的权利，是属于受法律鼓励的行为，目的是保护当事人本人、他人不受侵犯。

正当防卫应当同时具备以下六个要件：(1)必须是为了使本人、他人的人身、财产权利免受不法侵害而实施的。可参考《刑法》第20条第1款的规定。(2)必须有不法侵害行为发生。所谓“不法侵害行为”，是指对某种权利或者利益的侵害为法律所明文禁止，既包括犯罪行为，也包括其他违法的侵害行为。(3)必须是正在进行的不法侵害，而不是尚未开始，或者已经实施完毕，或者实施者确已自动停止。否则，就是防卫不适时，应当承担民事责任。(4)必须是本人、他人的人身权利、财产权利遭受不法侵害，在来不及请求有关国家机关救助的情况下实施的防卫行为。(5)必须是针对不法侵害者本人实行，即正当防卫行为不能对没有实施不法侵害行为的第三者(包括不法侵害者的家属)造成损害。(6)不能明显超过必要限度造成损害，应以足以制止不法侵害为限。

只有同时满足以上六个要件，才能构成正当防卫，防卫人才能免予承担民事责任。

正当防卫超过必要限度，造成侵害人不应有的损害的，正当防卫人应当承担适当的民事责任。所谓“适当的民事责任”，是指不对侵害人的全部损失赔偿，而是根据正当防卫人过错的程度，由正当防卫人在损失范围内承担一部分责任。

案例注解

【案例(2021)湘0723民初1227号】曹某乙正当防卫被判不承担民事责任

【基本案情】

原告曹某甲与被告曹某乙系同胞兄弟也是邻居。2021年1月23日早上7点，双方因宅基地问题发生口角，原告曹某甲回屋拿起镰刀与被告曹某乙扭打，被告曹某乙拿着旁边木棒还击，后经双方家人劝阻停止扭打，双方受伤。原告曹某乙在医院住院治疗，共住院治疗10天，经某司法鉴定所司法鉴定为左额部硬膜外血肿构成轻伤一级，左额骨骨折构成轻伤二级，左额部头皮挫裂伤构成轻微伤，伤后误工期90日，护理期45日，营养期45日。2021年1月25日，被告曹某乙经某司法鉴定所司法鉴定为两处轻微伤，伤后全休10天。双方调解无果，原告诉至法院，请求法院判令被告赔偿原告医疗费、误工费、护理费、营养费、住院伙食费、交通费、法医鉴定费等各项损失共计28,931.59元。

被告曹某乙辩称其属于正当防卫,不应承担赔偿责任。

【裁判要旨】

《民法典》第181条第1款规定,因正当防卫造成损害的,不承担民事责任。本案中,原告与被告发生口角,原告曹某甲手持镰刀,对被告曹某乙的人身构成威胁,在此情况下,被告曹某乙顺势拿起旁边木棒进行还击,构成正当防卫,且未超过必要限度,未存在防卫过当,不应承担赔偿责任。

【裁判结果】

2021年7月27日,法院一审认定被告曹某乙属于正当防卫,不应担责,判决驳回原告曹某甲的全部诉讼请求。二审维持原判。(资料来源:中国裁判文书网)

关联法规

《刑法》第20条,《最高人民法院关于适用〈中华人民共和国民法典〉总则编若干问题的解释》第30、31条

第一百八十二条 【紧急避险】因紧急避险造成损害的,由引起险情发生的人承担民事责任。

危险由自然原因引起的,紧急避险人不承担民事责任,可以给予适当补偿。

紧急避险采取措施不当或者超过必要的限度,造成不应有的损害的,紧急避险人应当承担适当的民事责任。

条文注解

紧急避险,是指为了使本人或者他人的人身、财产权利免受正在发生的危险,不得已采取的紧急避险行为,造成损害的,不承担责任或者减轻责任的情形。危险有时来自人的行为,有时来自自然原因。不管危险来自哪里,紧急避险人避让风险、排除危险的行为都有其正当性、合法性。

紧急避险应当同时具备以下四个要件:(1)必须是为了使本人、他人的人身、财产权利免受危险的损害。我国《刑法》第21条明确规定了紧急避险的内容。(2)必须是对正在发生的危险采取的紧急避险行为。倘若危险已经消除或者尚未发生,或者虽然已经发生但不会对合法权益造成损害,则不得采取紧急避险措施。某人基于对危险状况的误解、臆想而采取紧急避险措施,造成他人利益损害的,应向他人承担民事责任。(3)必须是在不得已的情况下采取避险措施。所谓不得已,是指当事人面对突然而遇的危险,不得不采取紧急避险措施,以保全更大的利益,且这个利益是法律所保护的。(4)避险行为不能超过必要的限度,避险人须采取适当的措施,以尽可能小

的损害保全更大的利益，即紧急避险行为所引起的损害应轻于危险所可能带来的损害。

只有同时满足以上四个要件，才能构成紧急避险。行为人（避险人）免予承担民事责任。

按照本条规定，紧急避险人造成本人或者他人损害的，由引起险情发生的人承担责任。如果危险是由自然原因引起的，紧急避险人是为了他人的利益而采取了避险行为，造成第三人利益损害的，紧急避险人免予对第三人承担责任，但如果紧急避险人是为了本人的利益而采取了避险行为，造成第三人利益损害的，紧急避险人本人作为受益人，应当对第三人的损害给予补偿。

因紧急避险采取措施不当或者超过必要的限度，造成不应有的损害的，紧急避险人应当承担适当的责任。“紧急避险采取措施不当”，是指在当时的情况下能够采取可能减少或者避免损害的措施而未采取，或者采取的措施并非排除险情所必需。紧急避险“超过必要的限度”，是指采取紧急避险措施没有减轻损害，或者紧急避险所造成的损害大于所保全的利益。

关联法规

《刑法》第21条，《最高人民法院关于适用〈中华人民共和国民法典〉总则编若干问题的解释》第32、33条

第一百八十三条 【因保护他人民事权益受损时的责任承担与补偿办法】因保护他人民事权益使自己受到损害的，由侵权人承担民事责任，受益人可以给予适当补偿。没有侵权人、侵权人逃逸或者无力承担民事责任，受害人请求补偿的，受益人应当给予适当补偿。

条文注解

受益人应当给予适当补偿的情形。一是侵权人逃逸或者无力承担民事责任的情形。这里需要注意以下几点：第一，侵权人逃逸确实找不到，或者侵权人确实没有承担民事责任的能力。这是受害人请求补偿的前提条件。如果侵权人没有逃逸，能够找到或者有承担民事责任的能力，受害人则不能向受益人提出补偿要求。第二，要有明确的受益人。如果没有明确的受益人，那么受害人就没有提出请求的对象。第三，受害人明确提出了受益人给予适当补偿的请求。补偿不是赔偿，赔偿一般是填平原则，即损失多少赔偿多少，而补偿仅是其中的一部分。本条规定是“给予适当补偿”，表明是要根据受害人的受损情况和受益人的受益情况等因素确定补偿的数额。

二是没有侵权人的情形。因保护他人民事权益使自己受到损害的，有时并无侵权人，如舍身相救落水人员使自己受伤等。在这种情况下，受害人请求受益人给予适当补偿是合乎情理的，受益人给予适当补偿也是理所当然的。因此，本条规定体现了

社会公平。

案例注解

【案例(2021)冀0123民初568号】安某要求见义勇为人返还医疗垫付款被法院驳回

【基本案情】

2015年11月17日19时许,在原告安某开办的彩票店内,安某的内弟任某运因纠纷与其姐姐任某霞发生冲突,任某运持板凳想要打任某霞,来店里买彩票的被告葛某见状后过去拉架。之后,任某运与被告葛某持板凳打在一起,后被告葛某被打受伤。原告随即租车带被告葛某去卫生院治疗,后到县医院住院治疗,其间原告共垫付医疗费用共5200元。2016年,原告与被告为相关费用达成协议一份,内容:2015年11月17日,由任某运致伤葛某,出于正义急需,由安某临时垫付给葛某治伤费用,(1)卫生院100元;(2)送往县医院车费100元;(3)办理医疗卡1000元;(4)办理住院押金2000元;(5)给葛某家人临时花费现金2000元;合计5200元(伍仟贰佰元整)。垫付费用人:安某。接收治疗费用人:葛某。

2016年1月11日,经派出所民警主持调解,任某运与葛某达成调解协议书:双方对打架行为互不追究责任,双方医药费通过其他途径解决。2016年被告葛某以生命权、健康权、身体权纠纷为由到法院起诉任某运,2016年6月20日法院作出(2016)冀0123民初1204号民事判决:"被告任某运于本判决生效后十日内赔偿原告6337.49元。"任某运不服该判决,提起上诉,二审维持原判。但由于任某运没有可供执行的财产,且任某运于2020年去世。被告葛某未能从任某运那里得到任何赔偿。

原告安某认为其所垫付5200元资金为借款,葛某应返还。被告葛某认为,其行为是见义勇为,不能让其流血又流泪,该笔费用不该由他出。现提起诉讼,请求法院判令被告葛某偿还借款5200元。

【裁判要旨】

《民法典》第183条规定,因保护他人民事权益使自己受到损害的,由侵权人承担民事责任,受益人可以给予适当补偿。没有侵权人、侵权人逃逸或者无力承担民事责任,受害人请求补偿的,受益人应当给予适当补偿。本案中,被告葛某是在原告安某的彩票店因制止任某伤害原告妻子任某霞的情况下受到任某运的伤害,属于见义勇为行为。由于侵权人任某运无力承担民事责任且已去世,被告葛某未得到任何赔偿,原告安某作为受益人应当适当补偿,其给予被告葛某的补偿5200元,符合法律规定,不应返还。

【裁判结果】

2021年5月24日,法院判决驳回原告某的诉讼请求。(资料来源:中国裁判文书网)

【案例】李某良、钟某梅诉吴某闲等生命权纠纷案

【基本案情】

2020年6月2日晚,李某林与吴某闲等四人一同就餐后,前往重庆市江津区几江长江大桥下江边码头散步。因琐事发生争执，吴某闲跳入长江，李某林跳江施救，此后吴某闲抓住岸上连接船只的钢丝线后获救，李某林不幸溺亡。吴某闲垫付打捞尸体费用6000元。后李某林的父母李某良、钟某梅以吴某闲等人为被告诉至法院，请求判令吴某闲等赔偿因李某林死亡产生的各项赔偿款800,000元。

【裁判要旨】

《民法典》第183条规定，因保护他人民事权益使自己受到损害，没有侵权人、侵权人逃逸或者无力承担民事责任，受害人请求补偿的，受益人应当给予适当补偿。本案中，李某林在没有法定或者约定义务的前提下，下水救助吴某闲而不幸溺亡，属于见义勇为。吴某闲系因发生争执情绪激动主动跳水，本案没有侵权人，吴某闲作为受益人应当给予适当补偿。

【裁判结果】

法院遂综合考虑李某林救助行为及所起作用、原告受损情况等，判令吴某闲补偿李某良、钟某梅40,000元，吴某闲垫付的打捞尸体费用亦作为吴某闲的补偿费用，不再进行抵扣。（资料来源：最高人民法院网）

关联法规

《最高人民法院关于适用〈中华人民共和国民法典〉总则编若干问题的解释》第34条

第一百八十四条　【紧急救助人不承担民事责任】因自愿实施紧急救助行为造成受助人损害的，救助人不承担民事责任。

条文注解

本条规定包括以下几个方面：（1）救助人自愿实施紧急救助行为。自愿实施紧急救助行为，是指一般所称的见义勇为或者乐于助人的行为，不包括专业救助行为。（2）救助人以救助为目的实施紧急救助行为。本条所称的救助行为应是在紧急情况下，救助人实施的救助他人的行为。（3）受助人的损害与救助人的行为有因果关系，即在紧急救助过程中，因为救助人的救助行为造成受助人的损害。（4）救助人对因救助行为造成受助人的损害不承担民事责任。

第一百八十五条　【侵害英烈等的姓名、肖像、名誉、荣誉的民事责任】侵害英雄烈士等的姓名、肖像、名誉、荣誉，损害社会公共利益的，应当承担民事责任。

条文注解

本条保护的对象"英雄烈士等"包括为了人民利益英勇斗争而牺牲，堪为楷模的人，还包括在保卫国家和国家建设中作出巨大贡献、建立卓越功勋，已经故去的人。

案例注解

【案例】杭州市上城区人民检察院诉某网络科技有限公司英雄烈士保护民事公益诉讼案

【基本案情】

被告某网络科技有限公司将其付费会员称为"雷锋会员"，将其提供服务的平台称为"雷锋社群"，将其注册运营的微信公众号称为"雷锋哥"，在微信公众号上发布有"雷锋会员""雷锋社群"等文字的宣传海报和文章，并在公司住所地悬挂"雷锋社群"文字标识。该公司以"雷锋社群"名义多次举办"创业广交会""电商供应链大会""全球云选品对接会"等商业活动，并以"雷锋社群会费"等名目收取客户费用16笔，金额共计308,464元。公益诉讼起诉人诉称，要求被告立即停止在经营项目中以雷锋的名义进行宣传，并在浙江省内省级媒体就使用雷锋姓名赔礼道歉。

【裁判要旨】

英雄烈士是一个国家和民族精神的体现，是引领社会风尚的标杆，加强对英烈姓名、名誉、荣誉等的法律保护，对于促进社会尊崇英烈、扬善抑恶、弘扬社会主义核心价值观意义重大。根据《民法典》第185条规定，本案中，该公司明知雷锋同志的姓名具有特定的意义，仍擅自将其用于开展网络商业宣传，会让公众对"雷锋社群"等称谓产生误解，侵犯了英雄烈士的人格利益，损害了社会公共利益，依法应当承担相应法律责任。

【裁判结果】

生效裁判认为，英雄的事迹和精神是中华民族共同的历史记忆和精神财富，雷锋同志的姓名作为一种重要的人格利益，应当受到保护。某网络科技有限公司使用的"雷锋"文字具有特定意义，确系社会公众所广泛认知的雷锋同志之姓名。该公司明知雷锋同志的姓名具有特定的意义，仍擅自将其用于开展网络商业宣传，会让公众对"雷锋社群"等称谓产生误解，侵犯了英雄烈士的人格利益。将商业运作模式假"雷锋精神"之名推广，既曲解了"雷锋精神"，与社会公众的一般认知相背离，也损害了承载于其上的人民群众的特定感情，对营造积极健康的网络环境产生负面影响，侵害了社会公共利益。故判决被告停止使用雷锋同志姓名的行为（包括停止使用"雷锋哥"微信公众号名称、"雷锋社群"名称、"雷锋会员"名称等），并在浙江省内省级报刊向社会公众发表赔礼道歉的声明。（资料来源：最高人民法院网）

【案例】杭州市临平区人民检察院诉陈某英雄烈士保护民事公益诉讼案

【基本案情】

2020年6月15日，戍边烈士肖思远在边境冲突中誓死捍卫祖国领土，突围后又义无反顾返回营救战友，遭敌围攻壮烈牺牲，于2021年2月被中央军委追记一等功。2021年2月至4月，陈某在人民日报、央视新闻、头条新闻等微博账号发布的纪念、缅怀肖思远烈士的文章下，发表针对肖思远烈士的不当评论内容共计20条，诋毁其形象和荣誉。公益诉讼起诉人认为，陈某的行为侵害戍边烈士肖思远的名誉和荣誉，损害社会公共利益，故向人民法院提起民事公益诉讼，请求判令陈某在全国性的新闻媒体上公开赔礼道歉、消除影响。

【裁判要旨】

英雄烈士是中华民族最优秀群体的代表，英雄烈士和他们所体现的爱国主义、英雄主义精神，是我们党魂、国魂、军魂、民族魂的不竭源泉和重要支撑，是中华民族精神的集中反映。英雄烈士的事迹和精神是中华民族的共同记忆，是社会主义核心价值观的重要体现。抹黑英雄烈士，既是对社会主义核心价值观的否定和瓦解，也容易对人民群众的价值观念造成恶劣影响。根据《民法典》第185条规定，本案中，陈某在互联网空间多次公开发表针对肖思远烈士名誉、荣誉的严重侮辱、诋毁、贬损、亵渎言论，伤害了国民的共同情感和民族精神，污染了社会风气，不利于民族共同记忆的赓续、传承，更是对社会主义核心价值观的严重背离，已构成对社会公共利益的侵害，应当承担民事责任。

【裁判结果】

法院判决陈某在全国性的新闻媒体上向社会公众公开赔礼道歉、消除影响。（资料来源：最高人民法院网）

关联法规

《烈士褒扬条例》第8、29、32、38、56、57条，《英雄烈士保护法》第22条，《军人抚恤优待条例》第11条，《最高人民法院关于适用〈中华人民共和国民法典〉时间效力的若干规定》第6条

第一百八十六条　【责任竞合】因当事人一方的违约行为，损害对方人身权益、财产权益的，受损害方有权选择请求其承担违约责任或者侵权责任。

条文注解

如果一方当事人的违约行为侵害了对方的人身、财产权益，则同时构成侵权行为，即违约方的同一行为违反了两种法律义务。这时违约方既负有违约责任，也负有侵权责任，这就是违约责任与侵权责任的竞合。违约责任与侵权责任的竞合，是指义务人的违约行为既符合违约要件，又符合侵权要件，导致违约责任与侵权责任一并产生。从另一方面来说，受损害方既可以就违约责任行使请求权，也可以就侵权责任行使请求权。这就产生了两种请求权竞合的情况。在两种请求权同时存在的情况下，如果允许受损害方同时行使双重请求权，则使违约方承受双重责任，这对违约方来说显失公平；从受损害方说，受损害方获得双重补偿，又构成受损害方不当得利，也不合理。因此，根据公平原则，本条规定，受损害方可以在两种请求权中选择行使一种请

求权。这意味着受损害方只能行使一种请求权,如果受损害方选择行使一种请求权并得到实现,那么另一种请求权即告消灭。但是,如果受损害方行使一种请求权未果,而另一种请求权并未因时效而消灭,则受损害方仍可行使另一种请求权。由于合同纠纷与侵权纠纷在管辖法院和适用法律方面存在区别,允许受损害方选择有利于自己的一种诉由提起诉讼,对受损害方比较方便,也有利于对受损害方的保护。对违约方来说,这两种责任无论对方要求其承担哪一种,都是合理的。

第一百八十七条 【民事责任优先承担】民事主体因同一行为应当承担民事责任、行政责任和刑事责任的,承担行政责任或者刑事责任不影响承担民事责任;民事主体的财产不足以支付的,优先用于承担民事责任。

关联法规

《刑法》第36条,《公司法》第263条,《食品安全法》第147条,《消费者权益保护法》第58条,《产品质量法》第64条,《证券法》第220条,《证券投资基金法》第150条

第九章 诉讼时效

第一百八十八条 【普通诉讼时效、最长权利保护期间】向人民法院请求保护民事权利的诉讼时效期间为三年。法律另有规定的,依照其规定。

诉讼时效期间自权利人知道或者应当知道权利受到损害以及义务人之日起计算。法律另有规定的,依照其规定。但是,自权利受到损害之日起超过二十年的,人民法院不予保护,有特殊情况的,人民法院可以根据权利人的申请决定延长。

条文注解

诉讼时效是权利人在法定期间内不行使权利,该期间届满后,发生义务人可以拒绝履行其给付义务效果的法律制度。该制度有利于促使权利人及时行使权利,维护交易秩序和安全。

第1款规定的"法律另有规定的,依照其规定",是允许特别法对诉讼时效作出不同于普通诉讼时效期间的规定。市场经济要求加快经济流转,通信手段和交易方式

的创新使行使权利更加便利。在商事领域可能存在需要短于普通诉讼时效期间的情形。法律另有规定时，根据特别规定优于一般规定的原则，优先适用特别规定。

第2款的“知道或者应当知道权利受到损害”和“知道或者应当知道义务人”两个条件应当同时具备。

案例注解

【案例(2021)粤5103民初1651号】蔡某借款超过诉讼时效要求返还被驳回

【基本案情】

原告蔡某与被告苏某系朋友关系，被告苏某在2014年10月26日因生意资金周转需要向原告蔡某借款11,500元，双方约定借款期限1个月，还款期限为2014年11月26日。被告写下借据一份，交有原告保存。2021年原告诉至法院，请求法院判令被告归还借款。

被告苏某辩称：原告没有催讨本债务，本债务已经超过诉讼时效。

【裁判要旨】

《民法典》第188条第1款规定，向人民法院请求保护民事权利的诉讼时效期间为3年。法律另有规定的，依照其规定。本案中，原被告之间借款归还日期为2014年11月26日，被告在此期间一直未要求原告归还，起诉要求归还时已超过3年的诉讼时效期间，无法获得法院保护。

【裁判结果】

2021年8月2日，法院驳回原告蔡某的诉讼请求。（资料来源：中国裁判文书网）

关联法规

《保险法》第26条，《拍卖法》第61条，《环境保护法》第66条，《最高人民法院关于适用〈中华人民共和国民法典〉总则编若干问题的解释》第35～37条

第一百八十九条 【分期履行债务的诉讼时效】当事人约定同一债务分期履行的，诉讼时效期间自最后一期履行期限届满之日起计算。

第一百九十条 【对法定代理人请求权的诉讼时效】无民事行为能力人或者限制民事行为能力人对其法定代理人的请求权的诉讼时效期间，自该法定代理终止之日起计算。

第一百九十一条 【受性侵未成年人赔偿请求权的诉讼时效】未成年人遭受性侵害的损害赔偿请求权的诉讼时效期间，自受害人年满十八周岁之日起计算。

条文注解

理解本条规定需要注意以下两点：

1. 未成年人遭受性侵害的，在年满 18 周岁之前，其法定代理人当然可以代位行使请求权。此处的请求权应当认为是法定代理人代位向人民法院的请求，人民法院依法作出的生效判决具有既判力，受害人在年满 18 周岁之后对相关处理不满意要求再次处理的，应当符合《民事诉讼法》等法律的规定。如果年满 18 周岁之前，其法定代理人选择与侵害人“私了”的方式解决纠纷，受害人在年满 18 周岁之后，可以依据本条的规定请求损害赔偿。

2. 未成年人遭受性侵害的损害赔偿请求权的诉讼时效期间，自受害人年满 18 周岁之日起计算。其具体的诉讼时效期间，适用本法第 188 条 3 年的普通诉讼时效期间的规定，即从年满 18 周岁之日起计算 3 年；符合本法第 194、195 条诉讼时效中止、中断情形的，可以相应中止、中断。

关联法规

《未成年人保护法》第 54、112 条

第一百九十二条 【诉讼时效期间届满的法律效果】诉讼时效期间届满的，义务人可以提出不履行义务的抗辩。

诉讼时效期间届满后，义务人同意履行的，不得以诉讼时效期间届满为由抗辩；义务人已经自愿履行的，不得请求返还。

条文注解

本条第 1 款规定，诉讼时效期间届满的，义务人可以提出不履行义务的抗辩。这就意味着，权利人享有起诉权，可以向法院主张其已过诉讼时效之权利，法院应当受理。如果义务人不提出时效完成的抗辩，法院将以公权力维护权利人的利益；如果义务人行使抗辩权，法院审查后会依法保护义务人的抗辩权，不得强制义务人履行义务。但是，义务人行使时效抗辩权不得违反诚实信用原则，否则即使诉讼时效完成，义务人也不能取得时效抗辩权。例如，在诉讼时效期间届满前，义务人通过与权利人协商，营造其将履行义务的假象，及至时效完成后，立即援引时效抗辩拒绝履行义务。该种行为违反诚实信用，构成时效抗辩权的滥用，不受保护。

本条第 2 款规定，诉讼时效期间届满后，义务人同意履行的，不得以诉讼时效期间届满为由抗辩；义务人已自愿履行的，不得请求返还。诉讼时效期间届满后，权利人虽不能请求法律的强制性保护，但法律并不否定其权利的存在。若义务人放弃时效利益自愿履行的，权利人可以受领并保持，受领不属于不当得利，义务人不得请求返还。诉讼时效期间届满后，义务人同意履行的，不得以诉讼时效期间届满为由抗辩。这是因为诉讼时效届满后，义务人可以处分自己的时效利益。此时义务人同意履行义务,属于对时效利益的放弃。义务人放弃时效利益的行为属于单方法律行为,并且是处分行为,自义务人放弃时效利益的意思表示到达权利人时即发生时效利益放弃的法律效果,不以权利人同意为条件。放弃的意思表示既可以是承认的明示方式,也可以是不主张时效利益的默示方式。对于义务人已自愿履行的情况,自愿履行意味着义务人自愿解除了债务的自然债务属性,恢复了原本可以获得司法强制执行的可能性,使权利人因时效完成而转化为自然权利回升为法律权利。因此,自愿履行的,不能再请求返还。

还应当注意的是,法律制度需要一系列的具体规定相配合。除本条规定外,还包括本法第 193 条规定的人民法院不得主动适用诉讼时效、第 197 条第 2 款规定的当事人对诉讼时效利益的预先放弃无效等具体规定。

第一百九十三条 【诉讼时效援引】人民法院不得主动适用诉讼时效的规定。

关联法规

《最高人民法院关于审理民事案件适用诉讼时效制度若干问题的规定》第 2 条

第一百九十四条 【诉讼时效中止的情形】在诉讼时效期间的最后六个月内,因下列障碍,不能行使请求权的,诉讼时效中止:

(一)不可抗力;

(二)无民事行为能力人或者限制民事行为能力人没有法定代理人,或者法定代理人死亡、丧失民事行为能力、丧失代理权;

(三)继承开始后未确定继承人或者遗产管理人;

(四)权利人被义务人或者其他人控制;

(五)其他导致权利人不能行使请求权的障碍。

自中止时效的原因消除之日起满六个月,诉讼时效期间届满。

条文注解

诉讼时效中止,是因法定事由的存在使诉讼时效停止进行,待法定事由消除后继续进行的制度。在诉讼时效进行中的某一时间内,出现了权利人主张权利的客观障碍,导致权利人无法在诉讼时效期间内行使权利,可能产生不公平的结果,因此法律规定了诉讼时效中止制度。

第一百九十五条　【诉讼时效中断的情形】有下列情形之一的，诉讼时效中断，从中断、有关程序终结时起，诉讼时效期间重新计算：

（一）权利人向义务人提出履行请求；

（二）义务人同意履行义务；

（三）权利人提起诉讼或者申请仲裁；

（四）与提起诉讼或者申请仲裁具有同等效力的其他情形。

条文注解

诉讼时效期间中断，是指诉讼时效期间进行过程中，出现了权利人积极行使权利等法定事由，从而使已经经过的诉讼时效期间归于消灭，重新计算期间的制度。诉讼时效中断的特征表现：一是发生于诉讼时效的进行中，诉讼时效尚未开始计算或者已经届满的情况下排除其适用。二是发生了一定的法定事由导致诉讼时效存在的基础被推翻。三是它使已经进行的诉讼时效重新起算，以前经过的期间归于消灭。境外立法例均规定有诉讼时效中断制度。

在重新计算诉讼时效期间的起算点上，应根据不同情况区别处理。以本条第1项规定的“权利人向义务人提出履行请求”、第2项规定的“义务人同意履行义务”等方式中断诉讼时效的，一旦履行请求到达义务人，或者义务人同意履行的意思表示到达权利人，即可发生时效中断的效果。因此，在这两款规定的情况下，诉讼时效期间从中断时起重新计算。以本条第3项规定的“权利人提起诉讼或者申请仲裁”、第4项规定的“与提起诉讼或者申请仲裁具有同等效力的其他情形”等方式中断诉讼时效的，权利人处于依据法律程序主张权利的状态。如果规定诉讼时效期间从起诉之日或者提起仲裁之日起重新计算，可能会因法律程序烦琐、耗费时日过长，出现法律程序尚未终结而诉讼时效期间已经届满的情况，这在我国的司法实践中并不算少见。这一情况有违诉讼时效中断制度的目的，为了避免制度上的缺陷，对这两项规定的情形，法律规定从有关程序终结时起，诉讼时效期间重新计算。

关联法规

《最高人民法院关于审理民事案件适用诉讼时效制度若干问题的规定》第8、11～14条，《最高人民法院关于适用〈中华人民共和国民法典〉总则编若干问题的解释》第38条

第一百九十六条　【不适用诉讼时效的情形】下列请求权不适用诉讼时效的规定：

（一）请求停止侵害、排除妨碍、消除危险；

（二）不动产物权和登记的动产物权的权利人请求返还财产；

（三）请求支付抚养费、赡养费或者扶养费；

（四）依法不适用诉讼时效的其他请求权。

案例注解

【案例(2021)皖0523民初1923号】被告主张抚养协议超过诉讼时效被驳回

【基本案情】

原告吴某甲是被告吴某乙的儿子。2012年12月18日，原告吴某甲与被告母亲王某在民政局登记离婚，双方在离婚协议中约定："婚生子吴某甲由女方抚养监护，男方于离婚登记后每年付给女方子女抚养费15,000元(壹万伍仟元)，男方可以随时探视儿子并可以随时将孩子接回由自己抚养监护。"离婚后，吴某甲一直由母亲王某抚养，父亲吴某乙一直未给付抚养费。2021年4月7日，原告诉至法院，请求法院判令被告支付2013年至2020年的抚养费120,000元(8年×15,000元/年)；判令被告自2021年起按照每年15,000元标准支付吴某1抚养费，每年抚养费于当年12月月底前付清。

被告辩称该协议的履行已经超过诉讼时效，法庭应驳回该项诉请。因被告目前的抚养情况发生变化，被告同意从法院受理之日起按每月700元支付。

【裁判要旨】

《民法典》第196条规定，下列请求权不适用诉讼时效的规定：(1)请求停止侵害、排除妨碍、消除危险；(2)不动产物权和登记的动产物权的权利人请求返还财产；(3)请求支付抚养费、赡养费或者扶养费；(4)依法不适用诉讼时效的其他请求权。本案中，原告作为未成年人，有权要求父亲被告承担抚养义务，且不受诉讼时效的限制，被告主张超过诉讼时效不符合法律规定。

【裁判结果】

2021年5月26日，法院判决被告吴某乙于判决生效之日起10日内一次性给付原告吴某甲自2013年1月至2021年3月的抚养费，共计123,750元；被告吴某乙自2021年4月起按照每月800元标准支付原告吴某甲抚养费，于每年的12月30日前给付当年抚养费，直至吴某甲满18周岁时止。(资料来源：中国裁判文书网)

第一百九十七条　【诉讼时效法定、时效利益预先放弃无效】诉讼时效的期间、计算方法以及中止、中断的事由由法律规定，当事人约定无效。

当事人对诉讼时效利益的预先放弃无效。

第一百九十八条 【仲裁时效】法律对仲裁时效有规定的，依照其规定；没有规定的，适用诉讼时效的规定。

关联法规

《劳动争议调解仲裁法》第27条

第一百九十九条 【除斥期间】法律规定或者当事人约定的撤销权、解除权等权利的存续期间，除法律另有规定外，自权利人知道或者应当知道权利产生之日起计算，不适用有关诉讼时效中止、中断和延长的规定。存续期间届满，撤销权、解除权等权利消灭。

条文注解

除斥期间是民法中的一项重要制度，其目的在于促使法律关系早日确定，防止相对人因为消极等待而蒙受损害。除斥期间是权利预设期间，以促使法律关系尽早确定为目标，为达制度目的，需要规定除斥期间经过后，权利人的权利即归于消灭，要么使原本不确定的法律关系明确固定，要么使既有的法律关系归于消灭，都会引起实体法上效果的变化。所以除斥期间没有中断的可能性，一般也不会发生中止。

第十章 期间计算

第二百条 【期间计算单位】民法所称的期间按照公历年、月、日、小时计算。

第二百零一条 【期间起算】按照年、月、日计算期间的，开始的当日不计入，自下一日开始计算。

按照小时计算期间的，自法律规定或者当事人约定的时间开始计算。

关联法规

《民事诉讼法》第85条

第二百零二条　【期间结束】按照年、月计算期间的，到期月的对应日为期间的最后一日；没有对应日的，月末日为期间的最后一日。

第二百零三条　【期间结束日顺延和末日结束点】期间的最后一日是法定休假日的，以法定休假日结束的次日为期间的最后一日。

期间的最后一日的截止时间为二十四时；有业务时间的，停止业务活动的时间为截止时间。

关联法规

《劳动法》第44、45条，《民事诉讼法》第85条

第二百零四条　【期间的法定或约定】期间的计算方法依照本法的规定，但是法律另有规定或者当事人另有约定的除外。

第二编　物　　权

第一分编　通　　则

第一章　一般规定

第二百零五条　【物权编的调整范围】本编调整因物的归属和利用产生的民事关系。

条文注解

本条规定了物权编规范的社会关系,也就是物权编的调整范围。物的归属,是指物的所有人是谁,确定物的归属即确定在民事上财产权属于谁,这是对物进行利用的前提。所有权人对其所有物无论是自己使用还是交由他人使用,都是对物的利用。对物的利用是对物拥有所有权的目的所在。需要明确的是,物权编并不一般性地调整所有的物的归属和利用的关系,物权编只调整平等主体之间因物的归属和利用而产生的财产关系,也就是本条规定的"民事关系"。

关联法规

《民法典》第2、114、115条

第二百零六条　【社会主义基本经济制度与社会主义市场经济】国家坚持和完善公有制为主体、多种所有制经济共同发展,按劳分配为主体、多种分配方式并存,社会主义市场经济体制等社会主义基本经济制度。

国家巩固和发展公有制经济,鼓励、支持和引导非公有制经济的发展。

国家实行社会主义市场经济,保障一切市场主体的平等法律地位和发展权利。

条文注解

物权编把社会主义基本经济制度两个“毫不动摇”作为物权编的基本原则，这一基本原则规定作为物权编的核心，贯穿并体现在整部物权编的始终。作为规范平等主体之间因物的归属和利用而产生的财产关系的物权编，物权关系的主体具有平等的法律地位是物权编调整的平等财产关系存在的前提，这也是物权编乃至民法存在的前提。没有平等关系就没有民法，没有平等的财产关系就没有物权编。因此，物权编将实行社会主义市场经济与保障一切市场主体的平等法律地位和发展权利作为基本原则。

关联法规

《宪法》第6、11、15条

第二百零七条 【物权平等保护原则】国家、集体、私人的物权和其他权利人的物权受法律平等保护，任何组织或者个人不得侵犯。

条文注解

本条是关于平等保护国家、集体和私人的物权原则的规定。民法调整平等主体的自然人、法人和非法人组织之间的人身关系和财产关系；民事主体的人身权利、财产权利以及其他合法权益受法律保护，任何组织或者个人不得侵犯；民事主体在民事活动中的法律地位一律平等；民事主体从事民事活动，应当遵循自愿、公平、诚实信用的原则。本条规定了“其他权利人的物权”，这是由于本条是从所有制的角度对物权主体分类规定平等保护原则的，尚有无法完全纳入“国家”、“集体”和“私人”的权利人，如公益性基金会等，因此规定了“其他权利人”。

关联法规

《宪法》第12、13条，《民法典》第3、113条

第二百零八条 【物权公示原则】不动产物权的设立、变更、转让和消灭，应当依照法律规定登记。动产物权的设立和转让，应当依照法律规定交付。

条文注解

物权公示原则包括两个方面：一是物权变动，物权人享有物权、物权的内容变更或者物权消灭以什么方式确定；二是物权公信，由于物权是排他的“绝对权”“对世权”，须让广大的义务人清楚地知道谁是权利人，不应该妨碍谁。除有相反证据外，确

定物的归属就是不动产看登记,动产看占有。物权编有关财产归属的规定是人类文明的优秀成果,各国有关财产归属的规定大同小异,方法简单,一目了然。如果不采取这种方法,必然使经济秩序混乱不堪,最终影响经济的发展和社会的进步。

关联法规

《城市房地产管理法》第60、61条,《不动产登记暂行条例》

第二章 物权的设立、变更、转让和消灭

第一节 不动产登记

第二百零九条 【不动产物权登记的效力】不动产物权的设立、变更、转让和消灭,经依法登记,发生效力;未经登记,不发生效力,但是法律另有规定的除外。

依法属于国家所有的自然资源,所有权可以不登记。

条文注解

不动产,即土地以及房屋、林木等土地附着物。不动产的物权,在各国和地区都是物权编最重要的内容。不动产物权的重要意义和作用,又与不动产登记制度有着紧密的联系。本条规定,除法律另有规定外,不动产物权的设立、变更、转让和消灭,经依法登记,发生效力;未经登记,不发生效力。这表明,原则上不动产物权登记是不动产物权的法定公示手段,是不动产物权设立、变更、转让和消灭的生效要件,也是不动产物权依法获得承认和保护的依据。

本条规定,"法律另有规定的除外",主要包括三个方面的内容:一是本条第2款所规定的,依法属于国家所有的自然资源,所有权可以不登记。二是本章第三节规定的物权设立、变更、转让或者消灭的一些特殊情况,即主要是非依法律行为而发生的物权变动的情形:第一,因人民法院、仲裁委员会的法律文书,人民政府的征收决定等,导致物权设立、变更、转让或者消灭的,自法律文书生效或者人民政府的征收决定等行为生效时发生效力。第二,因继承取得物权的,自继承开始时发生效力。第三,因合法建造、拆除房屋等事实行为设立和消灭物权的,自事实行为成就时发生效力。三是考虑到现行法律的规定以及我国的实际情况尤其是农村的实际情况,并未一概规定必须经依法登记才发生效力。

关联法规

《不动产登记暂行条例》,《不动产登记暂行条例实施细则》,《民法典》第374条,《森林法》第15条,《土地管理法》第12条,《草原法》第11条

第二百一十条 【不动产登记机构和不动产统一登记】不动产登记,由不动产所在地的登记机构办理。

国家对不动产实行统一登记制度。统一登记的范围、登记机构和登记办法,由法律、行政法规规定。

关联法规

《不动产登记暂行条例》,《不动产登记暂行条例实施细则》

第二百一十一条 【不动产登记申请资料】当事人申请登记,应当根据不同登记事项提供权属证明和不动产界址、面积等必要材料。

条文注解

《不动产登记暂行条例》第16条第1款明确规定,申请人应当提交下列材料,并对申请材料的真实性负责:(1)登记申请书;(2)申请人、代理人身份证明材料、授权委托书;(3)相关的不动产权属来源证明材料、登记原因证明文件、不动产权属证书;(4)不动产界址、空间界限、面积等材料;(5)与他人利害关系的说明材料;(6)法律、行政法规以及该条例实施细则规定的其他材料。

关联法规

《不动产登记暂行条例》第14~16条

第二百一十二条 【登记机构的职责】登记机构应当履行下列职责:

(一)查验申请人提供的权属证明和其他必要材料;

(二)就有关登记事项询问申请人;

(三)如实、及时登记有关事项;

(四)法律、行政法规规定的其他职责。

申请登记的不动产的有关情况需要进一步证明的,登记机构可以要求申请人补充材料,必要时可以实地查看。

关联法规

《不动产登记暂行条例》第17～22条

第二百一十三条 【登记机构不得从事的行为】登记机构不得有下列行为：

（一）要求对不动产进行评估；

（二）以年检等名义进行重复登记；

（三）超出登记职责范围的其他行为。

关联法规

《不动产登记暂行条例》第29、30条

第二百一十四条 【不动产物权变动的生效时间】不动产物权的设立、变更、转让和消灭，依照法律规定应当登记的，自记载于不动产登记簿时发生效力。

关联法规

《不动产登记暂行条例》第21条

第二百一十五条 【合同效力与物权变动区分】当事人之间订立有关设立、变更、转让和消灭不动产物权的合同，除法律另有规定或者当事人另有约定外，自合同成立时生效；未办理物权登记的，不影响合同效力。

条文注解

以发生物权变动为目的的基础关系，主要是合同，它属于债权法律关系的范畴，成立以及生效应该依据《合同法》来判断。民法学将这种合同看成物权变动的原因行为。不动产物权的变动只能在登记时生效，依法成立生效的合同也许不能发生物权变动的结果。这可能是因为物权因客观情势发生变迁，使物权的变动成为不可能；也可能是物权的出让人“一物二卖”，其中一个买受人先行进行了不动产登记，其他的买受人便不可能取得合同约定转让的物权。有关设立、变更、转让和消灭不动产物权的合同和物权的设立、变更、转让和消灭本身是两个应当加以区分的情况。除非法律有特别规定，合同一经成立，只要不违反法律的强制性规定和社会公共利益，就可以发生效力。合同只是当事人之间的一种合意，并不必然与登记联系在一起。登记是针对民事权利的变动而设定的，它是与物权的变动联系在一起的，是一种物权变动的公示的方法。登记并不是针对合同行为，而是针对物权的变动所采取的一种公示方法，如果当事人之间仅就物权的变动达成合意，而没有办理登记，合同仍然有效。例如，当事人双方订立了房屋买卖合同之后，合同就已经生效，如果没有办理登记手续，房屋所有权不能发生移转，但买受人基于有效合同而享有的占有权仍然受到保护。违约的合同当事人一方应该承担违约责任。依不同情形，买受人可以请求债务人实际履行合同，即请求出卖人办理不动产转让登记，或者请求债务人赔偿损失。

关联法规

《民法典》第502条

第二百一十六条 【不动产登记簿的效力和管理】不动产登记簿是物权归属和内容的根据。

不动产登记簿由登记机构管理。

条文注解

本条第1款的规定，在民法学上一般称为权利正确性推定原则，即在不动产登记簿上记载某人享有某项物权时，推定该人享有该项权利，其权利的内容也以不动产登记簿上的记载为准。

不动产登记簿记载的权利和事实上的权利应当是一致的，法律也要求登记机构正确履行职责，如实记载登记事项，但是由于现实经济生活的复杂性，也会产生两者不符的情形。法律在为建立公正安全的交易秩序而保护相对人利益的同时，也为可能的事实权利人提供了异议登记、更正登记等救济手段。

关联法规

《不动产登记暂行条例》第8~10条

第二百一十七条 【不动产登记簿与不动产权属证书的关系】不动产权属证书是权利人享有该不动产物权的证明。不动产权属证书记载的事项，应当与不动产登记簿一致；记载不一致的，除有证据证明不动产登记簿确有错误外，以不动产登记簿为准。

案例注解

【案例(2021)苏0602民初434号】陈某车库产权登记错误要求返还被驳回

【基本案情】

原告陈某系南通市某小区8幢604室业主。被告王某1系南通市某小区8幢102室业主。1997年5月15日,南通A房地产有限公司(甲方)与王某某(乙方)签订调房协议书一份,约定:甲方在该小区的8幢102室,计建筑面积78.29平方米及自行车库14.27平方米(8幢15号)的住房与乙方对调,该套房总价180,749.78元,其中房价158,145.8元、车库19,264.5元;甲方于乙方交清全部购房款差价的同时,将8幢102室住房的产权及车库转给乙方。2008年11月7日,王某某与王某1、王某2签订房屋买卖合同一份,王某某将上述房屋过户至王某1、王某2名下。2008年11月12日,被告王某1取得某小区8幢102室的房屋及车库所有权证。此后,8幢102室及15号车库一直由两被告使用至今。

2018年8月23日,石某与沈某、陈某签订房地产买卖合同一份,约定石某将该小区8幢604室出售给乙方,约定含车库一间(约8~10平方米),但未将合同中的车库向其交付,只是给了原告签订时间为1998年11月7日的商品房购销合同一份、手绘车库平面图一份、1998年11月7日收据一份。原告陈某向不动产登记部门办理并领取了小区8幢车库37室的不动产权属证书。依据手绘车库平面图显示,原告主张的小区8幢车库37室与两被告使用的小区8幢15号自行车库系同一位置。

原告认为其拥有该车库的产权证书,被告一直占有,请求法院判令返还该车库。被告则认为该车库为其所有,并提供了房产买卖合同、车库产权证、车库合同、车库图纸、税费发票,被告提供了不动产登记证书、发票、调房协议、物业管理合同书、房屋买卖合同书、完税证等证据。

【裁判要旨】

《民法典》第217条规定,不动产权属证书是权利人享有该不动产物权的证明。不动产权属证书记载的事项,应当与不动产登记簿一致;记载不一致的,除有证据证明不动产登记簿确有错误外,以不动产登记簿为准。本案中,被告王某1从王某某明处购得该小区8幢102室以及8幢15号车库,由于历史原因以及当时的房地产政策对车库产权的规定,王某某、王某1均未办理产权登记,故王某1是该车库的合法产权人。原告陈某的购买晚于被告王某1,原告对案涉车库的不动产属于登记错误,可依法另行处理。

【裁判结果】

2021年5月17日,法院判决驳回原告陈某的全部诉讼请求。(资料来源:中国裁判文书网)

关联法规

《不动产登记暂行条例》第21条,《最高人民法院关于适用〈中华人民共和国民法典〉有关担保制度的解释》第47条

第二百一十八条 【不动产登记资料的查询、复制】权利人、利害关系人可以申请查询、复制不动产登记资料,登记机构应当提供。

关联法规

《不动产登记暂行条例》第27条

第二百一十九条 【不动产登记资料的合理使用】利害关系人不得公开、非法使用权利人的不动产登记资料。

关联法规

《不动产登记暂行条例》第28条

第二百二十条 【更正登记与异议登记】权利人、利害关系人认为不动产登记簿记载的事项错误的,可以申请更正登记。不动产登记簿记载的权利人书面同意更正或者有证据证明登记确有错误的,登记机构应当予以更正。

不动产登记簿记载的权利人不同意更正的,利害关系人可以申请异议登记。登记机构予以异议登记,申请人自异议登记之日起十五日内不提起诉讼的,异议登记失效。异议登记不当,造成权利人损害的,权利人可以向申请人请求损害赔偿。

条文注解

更正登记与异议登记同样是保护事实上的权利人或者真正权利人以及真正权利状态的法律措施。与异议登记不同的是,更正登记是彻底地消除登记权利与真正权利不一致的状态,避免第三人依据不动产登记簿取得不动产登记簿上记载的物权。因此,也可以认为更正登记是对原登记权利的涂销登记,同时是对真正权利的初始登记。更正登记有两种方式:一种是经权利人(包括登记上的权利人和事实上的权利人)以及利害关系人申请的登记;另一种是登记机关自己发现错误后作出的更正登记。

所谓异议登记,就是将事实上的权利人以及利害关系人对不动产登记簿记载的权利所提出的异议记入登记簿,异议登记的法律效力是,登记簿上所记载权利失去正确性推定的效力,第三人也不得主张依照登记的公信力而受到保护。异议登记虽然可以对真正权利人提供保护，但这种保护应当是临时性的，因为它同时也给不动产物权交易造成了一种不稳定的状态。为使不动产物权的不稳定状态早日恢复正常，法律必须对异议登记的有效期间作出限制。因此，本条规定，申请人自异议登记之日起15日内不起诉的，异议登记失效。申请人在异议登记之日起15日内不起诉，说明异议登记的申请人不积极行使其权利，为使登记簿上记载的权利人的利益和正常的交易秩序不致受到严重的影响，法律规定这时该异议登记失去其效力。由于异议登记可以使登记簿上所记载权利失去正确性推定的效力。同时，异议登记的申请人在提出异议登记的申请时也无须充分证明其权利受到了损害，因此，如果申请人滥用异议登记制度，将可能对登记簿上记载权利人的利益造成损害。所以，本条规定，异议登记不当，造成权利人损害的，权利人可以向申请人请求损害赔偿。

关联法规

《最高人民法院关于适用〈中华人民共和国民法典〉物权编的解释(一)》第3条

第二百二十一条 【预告登记】当事人签订买卖房屋的协议或者签订其他不动产物权的协议，为保障将来实现物权，按照约定可以向登记机构申请预告登记。预告登记后，未经预告登记的权利人同意，处分该不动产的，不发生物权效力。

预告登记后，债权消灭或者自能够进行不动产登记之日起九十日内未申请登记的，预告登记失效。

条文注解

预告登记，是指为保全一项请求权而进行的不动产登记，该项请求权所要达到的目的，是在将来发生不动产物权变动。这种登记是不动产登记的特殊类型。其他的不动产登记都是对现实的不动产物权进行登记，而预告登记所登记的，不是不动产物权，而是目的在于将来发生不动产物权变动的请求权。预告登记的本质特征是使被登记的请求权具有物权的效力。也就是说，进行了预告登记的请求权，对后来发生的与该项请求权内容相同的不动产物权的处分行为，具有对抗的效力，这样，所登记的请求权就得到了保护。

案例注解

【案例(2021)辽0114民初7343号】郭某定购房屋已被他人预告登记要求开发商退款获法院支持

【基本案情】

2019年9月21日，原告郭某与被告海宁市某市场管理有限公司签订了《定购书》一份，约定原告购买被告的位于沈阳市某项目2号楼2单元15－4号房屋一处，建筑面积41.59平方米,单价7350元,房屋总价款305,687元。双方定购书签订当日,原告向被告交付定金50,000元,被告为原告出具收款收据一份。但此后,原告发现该房屋已经于2013年2月6日办理了预购商品房预告登记,权利人为案外人沈阳某投资有限公司,故原告未交纳首付款。原告要求退还定金,被告不肯。经协商无果,原告诉至法院,请求法院判令解除原、被告之间的《定购书》并要求被告返还原告已支付的定金50,000元。

【裁判要旨】

《民法典》第221条第1款规定,当事人签订买卖房屋的协议或者签订其他不动产物权的协议,为保障将来实现物权,按照约定可以向登记机构申请预告登记。预告登记后,未经预告登记的权利人同意,处分该不动产的,不发生物权效力。本案中,双方在签订定购书后,原告发现标的物房屋已经他人预告登记,在此情况下,如果预告登记权利人不同意处分,则原告不能实现合同目的,且存在购房资金损失的风险,为此,原告据此可以行使不安抗辩权,中止履行合同约定的义务,有权要求解除合同,要求被告返还定金50,000元。

【裁判结果】

2021年7月28日,法院判决解除原告郭某与被告海宁某市场管理有限公司签订的《×××定购书》;被告于判决生效后5日内返还原告郭萌定金50,000元。(资料来源:中国裁判文书网)

关联法规

《城市商品房预售管理办法》第10条,《最高人民法院关于适用〈中华人民共和国民法典〉物权编的解释(一)》第4、5条,《最高人民法院关于适用〈中华人民共和国民法典〉有关担保制度的解释》第52条

第二百二十二条 【不动产登记错误的赔偿】当事人提供虚假材料申请登记,造成他人损害的,应当承担赔偿责任。

因登记错误,造成他人损害的,登记机构应当承担赔偿责任。登记机构赔偿后,可以向造成登记错误的人追偿。

条文注解

本条第2款规定,因登记错误,给他人造成损害的,登记机构应当承担赔偿责任。这里造成登记错误的原因,既包括登记机构工作人员故意以及疏忽大意等过错,也包括当事人提供虚假材料欺骗登记机构等情形。登记错误的受害人处于相对弱势的地位,这样规定,是为了对受害人提供更加充分的保护。登记机构赔偿后,可以向造成登记错误的人追偿。

关联法规

《不动产登记暂行条例》第 29 条

第二百二十三条 【不动产登记的费用】不动产登记费按件收取，不得按照不动产的面积、体积或者价款的比例收取。

关联法规

《国家发展和改革委员会、财政部关于不动产登记收费标准等有关问题的通知》

第二节 动产交付

第二百二十四条 【动产交付的效力】动产物权的设立和转让，自交付时发生效力，但是法律另有规定的除外。

条文注解

"动产物权的设立和转让，自交付时发生效力"，指的是当事人通过合同约定转让动产所有权和设立动产质权两种情况。物权编所说的交付，指的是物的直接占有的转移，即一方按照法律行为要求，将物的直接占有移转给另一方的事实。本条规定的"法律另有规定的除外"主要指：(1)本节对动产物权的设立和转让的一些特殊情况，即本法第 226～228 条；(2)本章第三节对主要是非依法律行为而发生的物权变动问题所作的规定，即本法第 229～231 条；(3)本法物权编第四分编"担保物权"对动产抵押权和留置权的相关规定。

案例注解

【案例(2021)湘 0691 民初 354 号】二手车转让交付后新车主被判承担违章责任并交纳相应罚款

【基本案情】

2012 年 4 月 8 日，原告郑某(卖方)与被告谢某(买方)签订了一份《旧车购车协议》，协议约定：原告将其所有的车辆号牌为××221 的轿车(发动机号为×××87，登记日期为 2007 年 1 月 18 日)以 6000 元的价格出售给被告；自成交之日 2012 年 4 月 8 日之后所发生的交通事故责任、债务纠纷责任、电子违章、刑事责任由被告负责，与甲方无关。双方协议签订之日，被告谢某支付了购车款，原告郑某将车交付被告，但被告谢某一直未办理更名过户手续。2012 年 10 月至 2016 年 11 月，该车产生了多处违章记录，且一直未予处理。由于此车辆还登记在原告郑某名下，对原告的生活带来很大的麻烦。为此，原告诉至法院，请求法院确认原告与被告之间2012年4月8日签订的《旧车购车协议》有效；判令自2012年4月8日起由被告谢某承担该车辆的债务、交通违法、电子违章、交通事故等引发的责任，消除该车辆从2012年4月8日至今的违章记录并缴纳相应罚款。

【裁判要旨】

《民法典》第224条规定，动产物权的设立和转让，自交付时发生效力，但是法律另有规定的除外。本案中，原告郑某与被告谢某签订的《旧车购车协议》系双方当事人真实意思的表示，内容不违反法律规定，合法有效。该车辆已于2012年4月8日交付，自交付时该车辆的所有权已由被告谢某取得，则此后发生的电子违章应由谢某负责缴纳。

【裁判结果】

2021年6月29日，法院判决确认原告与被告于2012年4月8日签订的《旧车购车协议》合法有效；被告谢某于判决生效后15日内消除所购车辆自2012年4月8日起至今的违章记录并交纳相应罚款。（资料来源：中国裁判文书网）

关联法规

《民法典》第226～231条，《民法典》物权编第四分编

第二百二十五条　【特殊动产登记的效力】船舶、航空器和机动车等的物权的设立、变更、转让和消灭，未经登记，不得对抗善意第三人。

条文注解

法律对船舶、航空器和汽车等动产规定有登记制度，其物权的变动如果未在登记部门进行登记，就不产生社会公信力，不能对抗善意第三人。所谓善意第三人，是指不知道也不应当知道物权发生了变动的物权关系相对人。

关联法规

《海商法》第3、9、10、13条，《民用航空法》第5、11、12、14、16条，《道路交通安全法》第8、12条，《最高人民法院关于适用〈中华人民共和国民法典〉物权编的解释（一）》第6、19条

第二百二十六条　【简易交付】动产物权设立和转让前，权利人已经占有该动产的，物权自民事法律行为生效时发生效力。

条文注解

本条是对简易交付的规定。简易交付，是指交易标的物已经为受让人占有，转让人无须进行现实交付的无形交付方式。民事法律行为是一种目的性行为，即以设立、变更或终止民事法律关系为目的，民事法律行为的目的与实际产生的后果是相互一致的。本条规定的民事法律行为，主要指的是动产所有权人与受让人订立动产转让的协议以及与质权人订立动产出质协议。受让人已经取得对动产的占有又依据民事法律行为取得其物权的情况下，动产物权的公示已经在事先完成，物权受让人已经能够依物权的排他性行使物权。因此，物权的变动就在当事人之间的关于物权变动的协议生效时生效。

关联法规

《最高人民法院关于适用〈中华人民共和国民法典〉物权编的解释（一）》第17条

第二百二十七条 【指示交付】动产物权设立和转让前，第三人占有该动产的，负有交付义务的人可以通过转让请求第三人返还原物的权利代替交付。

条文注解

指示交付，又称返还请求权的让与，是指让与动产物权的时候，如果让与人的动产由第三人占有，让与人可以将其享有的对第三人的返还请求权让与给受让人，以代替现实交付。

关于本条所规定的指示交付，其逻辑上的前提是，动产物权的让与人对其所转让的标的不享有物理意义上直接占有和直接控制的可能，出让人无法通过现实交付的方式使动产物权得以变动，因此才有本条指示交付适用的余地。条文中的"第三人"指能够对转让标的（动产）进行物理意义上直接占有和直接控制的一方，或者根据保管合同、动产质押协议等而占有动产的保管人、质权人等，都可以成为本条所规定的"第三人"。此外，需要特别说明的是，在利用提单、仓单等证券进行动产物权变动时，接受货物而签发提单或者仓单的承运人或者仓储保管人都可能成为本条中的"第三人"。

除这一类基于合同等关系而产生的能够对动产进行直接占有和控制的"第三人"外，还有一类"第三人"也在本条的适用范围之内，即不具备法律上的正当原因而占有动产的无权占有人。例如，甲将自己收藏的古董出售给乙，买卖合同达成时甲不知该古董已被丙盗去，甲此时只能向乙转让他对于丙的返还原物请求权来代替实际交付，而丙即本条所指的"第三人"。

关联法规

《最高人民法院关于适用〈中华人民共和国民法典〉物权编的解释(一)》第17条

第二百二十八条 【占有改定】动产物权转让时,当事人又约定由出让人继续占有该动产的,物权自该约定生效时发生效力。

条文注解

占有改定,是指动产物权的让与人使受让人取得对标的物的间接占有,以代替该动产现实移转的交付。

占有改定必须符合下列三项要件:第一,让与人与受让人达成移转动产物权的合意,一般通过买卖或者让与担保的设定,使受让人取得动产所有权。第二,让与人与受让人之间还需具有某种使得受让人取得动产间接占有的具体法律关系,即本条所规定的由出让人继续占有该动产的双方约定。第三,让与人已经对物进行了直接占有或者间接占有,否则不能发生占有改定的适用。当让与人间接占有标的物时,让与人可以使受让人取得更上一级的间接占有,这样可能存在多层次的占有关系。举例来说,甲将其寄放在乙处的某物出售给丙,同时又与丙签订借用合同以代替交付,则乙为直接占有人,甲、丙都为间接占有人。此外,需要说明的是,除去现实已经存在的动产,占有改定制度还适用于将来可取得的动产。

第三节 其他规定

第二百二十九条 【法律文书或征收决定导致的物权变动】因人民法院、仲裁机构的法律文书或者人民政府的征收决定等,导致物权设立、变更、转让或者消灭的,自法律文书或者征收决定等生效时发生效力。

关联法规

《最高人民法院关于适用〈中华人民共和国民法典〉物权编的解释(一)》第7、8条,《最高人民法院关于审理建筑物区分所有权纠纷案件适用法律若干问题的解释》第1条

第二百三十条 【因继承取得物权】因继承取得物权的,自继承开始时发生效力。

条文注解

继承是导致物权变动的一个重要方式，根据继承编的规定，继承从被继承人死亡时开始。因此，本条所指的“继承开始”就是“被继承人死亡”之时。而此所谓“死亡”既包括自然死亡，如老死、病死、意外事故致死，也包括宣告死亡。在宣告死亡的情形下，自判决所确定的死亡之时继承开始。

需要说明的是，根据本节规定，因继承而取得物权，如果涉及的遗产为不动产，依照法律规定需要办理登记，但继承人未办理登记的，对该不动产的处分行为不发生效力。

关联法规

《最高人民法院关于适用〈中华人民共和国民法典〉物权编的解释(一)》第8条，《最高人民法院关于审理建筑物区分所有权纠纷案件适用法律若干问题的解释》第1条

第二百三十一条 【因事实行为发生物权变动】因合法建造、拆除房屋等事实行为设立或者消灭物权的，自事实行为成就时发生效力。

条文注解

所谓事实行为，是指不以意思表示为要素的能够产生民事法律后果的法律事实。这一定义表明：首先，事实行为是人的行为，是人的一种有意识的活动，与自然事实有别；其次，事实行为是一种法律事实，即能够在人与人之间产生、变更或终止民事法律关系；最后，事实行为不以意思表示为要素，即行为人是否表达了某种心理状态，法律不予考虑，只要有某种事实行为存在，法律便直接赋予其法律效果。

具体到本条的规定来说，能够引起物权设立或者消灭的事实行为，举例来讲：如用钢筋、水泥、砖瓦、木石建造房屋或者用布料缝制衣服，用木料制作家具，将缝制好的衣物抛弃或者将制作好的家具烧毁等。本条规定的“自事实行为成就时发生效力”，就是指房屋建成之时、衣服制成之时、家具完成之时或者衣服被抛弃之时、家具被烧毁之时，这些物的所有权或为设立或为消灭。这些因事实行为而导致的物权的设立或者消灭，自事实行为成就时发生效力，而不需要遵循一般的物权公示方法(不动产为登记，动产为交付)即生效。

关联法规

《最高人民法院关于适用〈中华人民共和国民法典〉物权编的解释(一)》第8条，《最高人民法院关于审理建筑物区分所有权纠纷案件适用法律若干问题的解释》第1条

第二百三十二条 【处分非因民事法律行为享有的不动产物权】 处分依照本节规定享有的不动产物权，依照法律规定需要办理登记的，未经登记，不发生物权效力。

第三章 物权的保护

第二百三十三条 【物权纠纷解决方式】 物权受到侵害的，权利人可以通过和解、调解、仲裁、诉讼等途径解决。

第二百三十四条 【物权确认请求权】 因物权的归属、内容发生争议的，利害关系人可以请求确认权利。

条文注解

物权的确认是物权保护的前提，它包括对所有权归属的确认和对他物权的确认两个方面。在物权归属问题未得到确认前，其他的保护方法也就无从适用。确认物权的归属必须向有关行政机关或者人民法院提出申请。

第二百三十五条 【返还原物请求权】 无权占有不动产或者动产的，权利人可以请求返还原物。

条文注解

返还原物是物权请求权的一种。物权人的物被他人侵占，物权人的对物支配权受到侵害时，物权人有权请求返还原物，使物复归于物权人事实上的支配。返还原物权请求权的产生，须有他人无权占有不动产或者动产的事实。无权占有就是没有法律根据、没有合法原因的占有。一般包括两种情形：一是占有人从占有之始就没有法律根据，如占有人占有的物是盗窃物。二是占有之初本来有法律根据，但是后来该根据消灭，如租赁他人之物，租赁期限届满而不返还。享有返还原物请求权的权利人应当是物权人，包括所有权人、用益物权人等。至于占有人，无论其是否为有权占有，均应依据占有请求权行使权利，而不能依返还原物请求权行使权利。

关联法规

《最高人民法院关于适用〈中华人民共和国民法典〉物权编的解释(一)》第8条

第二百三十六条　【排除妨害请求权】妨害物权或者可能妨害物权的,权利人可以请求排除妨害或者消除危险。

条文注解

排除妨害也是一种物权请求权。妨害,是指以非法的、不正当的行为,包括施加无权施加的设施,影响了特定物的权利人行使物权。排除妨害请求的目的是消除对物权的障碍或者侵害,使物权恢复圆满状态。需要注意的是,被排除的妨害需具有不法性,倘若物权人负有容忍义务,则物权人不享有排除妨害请求权。

消除危险也是一种物权请求权。消除危险请求权,是指对于某种尚未发生但确有发生可能性的危险,物权人也可以请求有关的当事人采取预防措施加以防止。物权人行使消除危险请求权,只需有危险存在的客观事实,而无论有关的当事人是否具有故意或者过失的主观过错。

案例注解

【案例(2021)云0421民初817号】房屋拆旧建新邻居无理阻挠败诉

【基本案情】

四原告刘开某、李红某、刘自某、李云某与四被告郑俊某、李满某、郑云某、黄丽某系同村村民,四原告家与四被告家的房屋相邻。2020年12月,原告家在对本村××号房屋拆旧建新的过程中,因在使用挖机拆房过程中,挖机驾驶员操作挖机时不慎对四被告的房屋造成了损害,为此双方发生纠纷。纠纷发生后,经当地相关组织调解未果。后原告家在进行建房施工过程中,一直受到被告方不同程度的阻挠,致使原告方至今无法施工。为此,四原告诉至法院,请求法院判令四被告立即停止阻挡原告建房。

【裁判要旨】

《民法典》第236条规定:"妨害物权或者可能妨害物权的,权利人可以请求排除妨害或者消除危险。"本案中,因原告方在对自家房屋进行拆旧建新的过程中对四被告家的房屋造成了损害,为此双方发生纠纷,应本着和睦相处、以邻为善的精神,本着相互间有利生产、方便生活、团结互助、公平合理的原则,客观、理智的处理纠纷。对于四被告家房屋所造成的损害四被告可依法保护自己的权利,但对于原告方对自家房屋进行拆旧建新行为被告方也应当提供必要的便利,不应实施妨害行为。

【裁判结果】

2021年7月19日,法院判决四原告刘开某、李红某、刘自某、李云某在对自家房屋实施拆旧建新施工过程中,被告郑俊某、李满某、郑云某、黄丽某家不得实施妨害行

为。(资料来源:中国裁判文书网)

关联法规

《最高人民法院关于适用〈中华人民共和国民法典〉物权编的解释(一)》第8条

第二百三十七条 【物权复原请求权】造成不动产或者动产毁损的,权利人可以依法请求修理、重作、更换或者恢复原状。

关联法规

《最高人民法院关于适用〈中华人民共和国民法典〉物权编的解释(一)》第8条

第二百三十八条 【物权损害赔偿请求权】侵害物权,造成权利人损害的,权利人可以依法请求损害赔偿,也可以依法请求承担其他民事责任。

案例注解

【案例(2021)豫0325民初2364号】孙某侵占他人房屋被判退还并赔偿

【基本案情】

原告徐某与被告孙某系同村村民。2018年4月月底被告孙某以原告徐某欠其儿子工钱料钱,且借被告有钱、原告承诺给被告一套一室一厅房屋为由,占用原告自建房屋北侧五楼(含一层车库)房屋一套。原告诉称曾多次要求被告腾出房屋或按照正常租赁的标准支付房屋占有使用费,但被告对此置之不理。原告无奈诉至法院,请求法院判令被告腾出占有原告的房屋,支付占有原告房屋占有使用费90,000元及费用利息11,550元总计101,550元。

【裁判要旨】

《民法典》第238条规定:"侵害物权,造成权利人损害的,权利人可以依法请求损害赔偿,也可以依法请求承担其他民事责任。"本案中,徐某拥有该涉案房屋的产权,享有房屋有占有、使用、收益、处分的权利。被告孙某未经徐某允许,擅自对涉案房屋占有居住,侵犯了徐某的所有权益。原告要求被告腾出占有的房屋合法有据,应予支持。

【裁判结果】

2021年7月13日,法院判决被告孙某于判决书生效后3日内腾出占用原告徐某的房屋,支付原告徐某房屋占有使用费(自2018年5月1日起,按每月350元的标准计算至实际腾出房屋之日)。(资料来源:中国裁判文书网)

关联法规

《最高人民法院关于适用〈中华人民共和国民法典〉物权编的解释(一)》第8条

第二百三十九条 【物权保护方式的单用与并用】本章规定的物权保护方式,可以单独适用,也可以根据权利被侵害的情形合并适用。

条文注解

物权受到侵害的,当事人可以通过请求确认权利、返还原物、排除妨害、消除危险、修理、重作、更换、损害赔偿等方式保护自己的权利。上述保护方式,可以单独适用,也可以根据权利被侵害的情形合并适用。如果一种方式不足以救济权利人,就同时适用其他方式。

第二分编 所 有 权

第四章 一 般 规 定

第二百四十条 【所有权的定义】所有权人对自己的不动产或者动产,依法享有占有、使用、收益和处分的权利。

条文注解

通常认为,所有权是对物的支配权,这样讲是很抽象的,具体来说在理论上通常都认为所有权具有四项基本权能:(1)占有。占有就是对于财产的实际管领或控制。拥有一个物的一般前提就是占有,这是财产所有者直接行使所有权的表现。所有人的占有受法律保护,不得非法侵犯。对于动产,除非有相反证明,占有某物即判定占有人享有该物所有权的标准。(2)使用。使用是权利主体对财产的运用,以便发挥财产的使用价值。(3)收益。收益是通过财产的占有、使用等方式取得的经济效益。收益也包括孳息。(4)处分。处分是财产所有人对其财产在事实上和法律上的最终处置。处分权一般由所有权人行使,但在某些情况下,非所有权人也可以有处分权。

第二百四十一条 【所有权人设立他物权】所有权人有权在自己的不动产或者动产上设立用益物权和担保物权。用益物权人、担保物权人行使权利,不得损害所有权人的权益。

条文注解

所有权人在自己的不动产或者动产上设立用益物权和担保物权，是所有权人行使其所有权的具体体现。由于用益物权与担保物权都是对他人的物享有的权利，因此都称为“他物权”，与此相对应，所有权称为“自物权”。

第二百四十二条 【国家专属所有权】法律规定专属于国家所有的不动产和动产，任何组织或者个人不能取得所有权。

第二百四十三条 【征收】为了公共利益的需要，依照法律规定的权限和程序可以征收集体所有的土地和组织、个人的房屋以及其他不动产。

征收集体所有的土地，应当依法及时足额支付土地补偿费、安置补助费以及农村村民住宅、其他地上附着物和青苗等的补偿费用，并安排被征地农民的社会保障费用，保障被征地农民的生活，维护被征地农民的合法权益。

征收组织、个人的房屋以及其他不动产，应当依法给予征收补偿，维护被征收人的合法权益；征收个人住宅的，还应当保障被征收人的居住条件。

任何组织或者个人不得贪污、挪用、私分、截留、拖欠征收补偿费等费用。

关联法规

《土地管理法》第 48 条

第二百四十四条 【耕地保护】国家对耕地实行特殊保护，严格限制农用地转为建设用地，控制建设用地总量。不得违反法律规定的权限和程序征收集体所有的土地。

关联法规

《土地管理法》第 4、30 条，《基本农田保护条例》，《刑法》第 342、410 条

第二百四十五条 【征用】因抢险救灾、疫情防控等紧急需要，依照法律规定的权限和程序可以征用组织、个人的不动产或者动产。被征用的不动产或者动产使用后，应当返还被征用人。组织、个人的不动产或者动产被征用或者征用后毁损、灭失的，应当给予补偿。

条文注解

征用是国家强制使用组织、个人的财产。强制使用就是不必得到所有权人的同意，在国家有紧急需要时即直接使用。国家需要征用组织、个人的不动产和动产的原因，是抢险、救灾、应对突发公共卫生事件等在社会整体利益遭遇危机的情况下，需要动用一切人力、物力进行紧急处理和救助。所以，法律允许在此种情况下限制单位和个人的财产所有权。

由于征用是对所有权的限制，并可能对所有权人造成不利的后果，因此，征用的采用亦有严格的条件限制：(1)征用的前提条件是发生紧急情况，因此征用适用于出现紧急情况时，平时不得采用；(2)征用应符合法律规定的权限和程序；(3)使用后应当将征用财产返还被征用人，并且给予补偿，但通常不及于可得利益的损失。

关联法规

《突发事件应对法》第76条

第五章 国家所有权和集体所有权、私人所有权

第二百四十六条 【国有财产的范围、国家所有的性质和国家所有权的行使】法律规定属于国家所有的财产，属于国家所有即全民所有。

国有财产由国务院代表国家行使所有权。法律另有规定的，依照其规定。

关联法规

《宪法》第9条，《土地管理法》第2条

第二百四十七条 【矿藏、水流、海域的国家所有权】矿藏、水流、海域属于国家所有。

案例注解

【案例(2021)豫1326民初1102号】贾某石头买卖合同侵犯国家矿产所有权被判无效案

【基本案情】

2013年3月21日,原告贾某与被告某石业有限公司、梁某忠、麻某林与某村签订荒山承包协议,该荒山用于开采石头使用。2014年4月至2016年春,原告贾某将开采的石头以每吨60元出卖给被告某石业有限公司,被告在支付8万元货款之后,给原告出具欠条,内容为"欠到贾某石头款玖万玖仟陆佰捌拾元整。小写99,680.00元,某石业有限公司"。原告贾某和被告某石业有限公司均未办理采矿许可证。原告后来多次找被告公司索要欠款,被告一直推脱。为此,原告向法院提起诉讼,请求依法判令被告从速支付原告货款99,680元。

经法院查明:原告贾某于2013年9月至11月未办理采矿许可证擅自在山上开采石头矿产资源,属于违法开采行为,2013年12月该县自然资源局在矿产资源动态巡查中发现该违法行为后,立即责令其停止违法开采行为,并下发《责令停止违法行为通知书》等相关法律文书,对其违法采矿行为给予行政罚款8000元处理。

【裁判要旨】

当事人签订的民事合同不得违反法律、行政法规的强制性规定。《民法典》第153条第1款规定"违反法律、行政法规的强制性规定的民事法律行为无效";第247条规定"矿藏、水流、海域属于国家所有";第246条规定"法律规定属于国家所有的财产,属于国家所有即全民所有。国有财产由国务院代表国家行使所有权"。本案中,沙石属于《矿产资源法实施细则》附件《矿产资源分类细目》中的非金属矿产,对沙石进行开采、买卖应当取得法律规定相关部门的批准、办理采矿许可证。原告贾某未办理采矿许可证擅自开采石头矿产资源并出卖给被某石业有限公司的行为,违反了法律、行政法规的强制性规定,损害了国家利益、环境公共利益,应为无效民事法律行为,不受法律保护。

【裁判结果】

2021年6月21日,法院判决驳回原告贾某的全部诉讼请求。(资料来源:中国裁判文书网)

关联法规

《宪法》第9条,《矿产资源法》第4条,《水法》第3条,《乡镇煤矿管理条例》第3条,《对外合作开采陆上石油资源条例》第3条,《对外合作开采海洋石油资源条例》第2条

第二百四十八条 【无居民海岛的国家所有权】无居民海岛属于国家所有，国务院代表国家行使无居民海岛所有权。

关联法规

《海岛保护法》第4、5条

第二百四十九条 【国家所有土地的范围】城市的土地，属于国家所有。法律规定属于国家所有的农村和城市郊区的土地，属于国家所有。

关联法规

《宪法》第10条，《土地管理法》第9条

第二百五十条 【自然资源的国家所有权】森林、山岭、草原、荒地、滩涂等自然资源，属于国家所有，但是法律规定属于集体所有的除外。

第二百五十一条 【野生动植物资源的国家所有权】法律规定属于国家所有的野生动植物资源，属于国家所有。

关联法规

《野生动物保护法》，《野生植物保护条例》

第二百五十二条 【无线电频谱资源的国家所有权】无线电频谱资源属于国家所有。

关联法规

《无线电管理条例》

第二百五十三条 【文物的国家所有权】法律规定属于国家所有的文物，属于国家所有。

条文注解

本条规定,法律规定属于国家所有的文物,属于国家所有。在此需要明确的是,并不是所有的文物都归国家所有,而是法律规定属于国家所有的文物,属于国家所有。文物的所有者可以是各类民事主体,民事主体可以按照法律规定享有对文物的所有权。依照《文物保护法》第5条的规定,以下文物属于国家所有:(1)中华人民共和国境内地下、内水和领海中遗存的一切文物,属于国家所有。(2)古文化遗址、古墓葬、石窟寺属于国家所有。国家指定保护的纪念建筑物、古建筑、石刻、壁画、近代现代代表性建筑等不可移动文物,除国家另有规定的以外,属于国家所有。(3)下列可移动文物,属于国家所有:①中国境内出土的文物,国家另有规定的除外;②国有文物收藏单位以及其他国家机关、部队和国有企业、事业组织等收藏、保管的文物;③国家征集、购买的文物;④公民、法人和其他组织捐赠给国家的文物;⑤法律规定属于国家所有的其他文物。《文物保护法》第5条还规定:"属于国家所有的可移动文物的所有权不因其保管、收藏单位的终止或者变更而改变。国有文物所有权受法律保护,不容侵犯。""国有不可移动文物的所有权不因其所依附的土地所有权或者使用权的改变而改变。"国家依法享有对法律规定属于国家所有的文物的所有权,也就是国家依法享有对其所有的文物的占有、使用、收益和处分的权利。

关联法规

《文物保护法》第5、6条,《水下文物保护管理条例》第2条

第二百五十四条　【国防资产和基础设施的国家所有权】国防资产属于国家所有。

铁路、公路、电力设施、电信设施和油气管道等基础设施,依照法律规定为国家所有的,属于国家所有。

关联法规

《国防法》第40条第2款、第42条第1款,《电力法》第4条

第二百五十五条　【国家机关的物权】国家机关对其直接支配的不动产和动产,享有占有、使用以及依照法律和国务院的有关规定处分的权利。

第二百五十六条 【国家举办的事业单位的物权】国家举办的事业单位对其直接支配的不动产和动产，享有占有、使用以及依照法律和国务院的有关规定收益、处分的权利。

第二百五十七条 【国家出资的企业出资人制度】国家出资的企业，由国务院、地方人民政府依照法律、行政法规规定分别代表国家履行出资人职责，享有出资人权益。

关联法规

《公司法》第168、171～175条，《企业国有资产法》

第二百五十八条 【国有财产的保护】国家所有的财产受法律保护，禁止任何组织或者个人侵占、哄抢、私分、截留、破坏。

条文注解

"侵占"，是指以非法占有为目的，将其经营、管理的国有财产非法占为己有。"哄抢"，是指以非法占有为目的，组织、参与多人一起强行抢夺国有财产的行为。"私分"，是指违反国家关于国有财产分配管理规定，以单位名义将国有财产按人头分配给单位内全部或者部分职工的行为。"截留"，是指违反国家关于国有资金等国有财产拨付、流转的决定，擅自将经手的有关国有财产据为己有或者挪作他用的行为。"破坏"，是指故意毁坏国有财产，影响其发挥正常功效的行为，如采取爆破的方式毁坏国有铁路，影响国家正常交通运输的行为。破坏的主体可以是任何的组织或者个人，而且需有主观上的毁坏国有财产的故意。

侵占、哄抢、私分、截留、破坏国有财产的，应当承担返还原物、恢复原状、赔偿损失等民事责任；触犯《治安管理处罚法》和《刑法》的，还应当承担相应的法律责任。有关组织的责任人也要依法追究行政责任甚至是刑事责任。

第二百五十九条 【国有财产管理的法律责任】履行国有财产管理、监督职责的机构及其工作人员，应当依法加强对国有财产的管理、监督，促进国有财产保值增值，防止国有财产损失；滥用职权，玩忽职守，造成国有财产损失的，应当依法承担法律责任。

违反国有财产管理规定，在企业改制、合并分立、关联交易等过程中，低价转让、合谋私分、擅自担保或者以其他方式造成国有财产损失的，应当依法承担法律责任。

第二百六十条 【集体财产的范围】集体所有的不动产和动产包括：

（一）法律规定属于集体所有的土地和森林、山岭、草原、荒地、滩涂；

（二）集体所有的建筑物、生产设施、农田水利设施；

（三）集体所有的教育、科学、文化、卫生、体育等设施；

（四）集体所有的其他不动产和动产。

第二百六十一条 【农民集体所有财产归属及重大事项集体决定】农民集体所有的不动产和动产，属于本集体成员集体所有。

下列事项应当依照法定程序经本集体成员决定：

（一）土地承包方案以及将土地发包给本集体以外的组织或者个人承包；

（二）个别土地承包经营权人之间承包地的调整；

（三）土地补偿费等费用的使用、分配办法；

（四）集体出资的企业的所有权变动等事项；

（五）法律规定的其他事项。

关联法规

《土地管理法》第9、10条，《农村土地承包法》第28、52条，《村民委员会组织法》第21～24条，《最高人民法院关于审理涉及农村土地承包纠纷案件适用法律问题的解释》第1条

第二百六十二条 【集体所有的不动产所有权行使】对于集体所有的土地和森林、山岭、草原、荒地、滩涂等，依照下列规定行使所有权：

（一）属于村农民集体所有的，由村集体经济组织或者村民委员会依法代表集体行使所有权；

（二）分别属于村内两个以上农民集体所有的，由村内各该集体经济组织或者村民小组依法代表集体行使所有权；

（三）属于乡镇农民集体所有的，由乡镇集体经济组织代表集体行使所有权。

条文注解

关于谁来行使集体所有权，本条的规定分为三种情况：

一是属于村农民集体所有的，由村集体经济组织或者村民委员会代表集体行使所有权。这里的“村”，是指行政村，即设立村民委员会的村，而非自然村。

二是分别属于村内两个以上农民集体所有的，由村内各该集体经济组织或者村民小组代表集体行使所有权。这里“分别属于村内两个以上农民集体所有”，主要是指该农民集体所有的土地和其他财产在改革开放以前就分别属于两个以上的生产队，现在其土地和其他集体财产仍然分别属于相当于原生产队的村民小组的农民集体所有。这里的“村民小组”，是指行政村内的由村民组成的自治组织。根据《村民委员会组织法》的规定，村民委员会可以根据村民居住状况、集体土地所有权关系等分设若干个村民小组。

三是属于乡镇农民集体所有的，由乡镇集体经济组织代表集体行使所有权。其又可分为两种情况：一种情况是指改革开放以前，原来以人民公社为核算单位的土地，在公社改为乡镇以后仍然属于乡镇农民集体所有；另一种情况是指在人民公社时期，公社一级掌握的集体所有的土地和其他财产仍然属于乡镇农民集体所有。上述两种情况下，由乡镇集体经济组织来行使所有权。

还需要解释的是“行使所有权”。一是行使集体所有权的客体，既包括集体所有的土地和森林、山岭、草原、荒地、滩涂；也包括集体所有的建筑物、生产设施、农田水利设施，集体所有的教育、科学、文化、卫生、体育等设施，以及集体所有的其他不动产和动产。二是行使所有权的内容就是对集体所有的财产享有占有、使用、收益和处分的权利。

关联法规

《土地管理法》第 11 条，《农村土地承包法》第 13 条

第二百六十三条　【城镇集体所有的财产权利行使】城镇集体所有的不动产和动产，依照法律、行政法规的规定由本集体享有占有、使用、收益和处分的权利。

第二百六十四条 【集体成员对集体财产的知情权】农村集体经济组织或者村民委员会、村民小组应当依照法律、行政法规以及章程、村规民约向本集体成员公布集体财产的状况。集体成员有权查阅、复制相关资料。

第二百六十五条 【集体所有财产保护及农村集体成员合法权益保护】集体所有的财产受法律保护,禁止任何组织或者个人侵占、哄抢、私分、破坏。

农村集体经济组织、村民委员会或者其负责人作出的决定侵害集体成员合法权益的,受侵害的集体成员可以请求人民法院予以撤销。

条文注解

针对损害集体财产的主要行为,本条强调了禁止任何组织或者个人侵占、哄抢、私分、破坏集体财产。“侵占”,是指以非常占有为目的,将其经营、管理的集体财产非法占为己有。侵占的客体是集体所有的资产。侵占的主体一般是经营、管理集体资产的单位或者个人。构成侵占,还必须具有非法占有集体资产的主观故意。“哄抢”,是指以非法占有为目的,组织、参与多人一起强行抢夺集体财产的行为。哄抢的客体是集体财产。哄抢的主体可以是任何的组织或者个人,并且还需具备非法占有集体财产的主观故意。“私分”,是指违反集体财产分配管理规定,擅自将集体财产按人头分配给部分集体成员的行为,如有少数村委会干部将应分配给全体村民的征收补偿款擅自分掉据为己有。“破坏”,是指故意毁坏集体财产,致使其不能发挥正常功效的行为。如故意毁坏集体企业的机器设备或者农村集体所有的水利设施,影响集体经济组织生产经营的行为。破坏的主体可以是任何的组织或者个人,而且需有毁坏集体财产的主观故意。

侵占、哄抢、私分、破坏集体所有财产的,应当承担返还原物、恢复原状、赔偿损失等民事责任;触犯《治安管理处罚法》和《刑法》的,还应当承担相应的法律责任。有关单位的责任人也要依法承担行政甚至是刑事责任。

第二百六十六条 【私有财产的范围】私人对其合法的收入、房屋、生活用品、生产工具、原材料等不动产和动产享有所有权。

条文注解

“私人”是与国家、集体相对应的物权主体，不但包括我国的公民，也包括在我国合法取得财产的外国人和无国籍人。不仅包括自然人，还包括个人独资企业、个人合伙等非公有制企业。

私有财产的范围：(1)收入。收入是指人们从事各种劳动获得的货币收入或者有价物。主要包括：①工资。②从事智力创造和提供劳务所取得的物质权利，如稿费、专利转让费、讲课费、咨询费、演出费等。③因拥有债权、股权而取得的利息、股息、红利所得。④出租建筑物、土地使用权、机器设备、车船以及其他财产所得。⑤转让有价证券、股权、建筑物、土地使用权、机器设备、车船以及其他财产取得的所得。⑥得奖、中奖、中彩以及其他偶然所得。⑦从事个体经营的劳动收入、从事承包土地所获得的收益等。(2)房屋。房屋是我国公民最主要、最基本的生活资料，包括依法购买的城镇住宅，也包括在农村宅基地上依法建造的住宅，还包括商铺、厂房等建筑物。(3)生活用品。生活用品是指用于生活方面的物品，包括家用电器、私人汽车、家具和其他用品。(4)生产工具和原材料。生产工具是指人们在进行生产活动时所使用的器具，如机器设备、车辆、船舶等运输工具。原材料是指生产产品所需的物质基础材料，如矿石、木材、钢铁等。(5)除上述外，私人财产还包括其他的不动产和动产，如图书、个人收藏品、牲畜和家禽等。

需要强调的是，私人只能对其合法获得的财产享有所有权，对贪污、侵占、抢夺、诈骗、盗窃、走私等方式非法获取的财产，不但不能受到法律的保护，而且行为人还要依法承担没收、返还原物、赔偿损失等法律责任，构成犯罪的，还要依法追究刑事责任。

关联法规

《宪法》第13条，《刑法》第92条

第二百六十七条 【私人合法财产的保护】私人的合法财产受法律保护，禁止任何组织或者个人侵占、哄抢、破坏。

案例注解

【案例(2021)鲁0523民初256号】唐某损坏张某车辆被判赔偿

【基本案情】

2020年7月3日20时许，在广饶县某村路口，张某与王某因事发生纠纷，张某用拳头将王某打倒在地，导致王某受伤住院，后张某离开事发地点。王某的婆婆唐某用砖块将张某的轿车的前后挡风玻璃、后视镜、尾翼及部分车身上的漆面砸坏。经广饶县某派出所对涉案车辆损失进行了价格认定，损失数额为3150元。因协商无果，张某向法院提起诉讼，要求法院判令被告唐某赔偿车辆损失、租车费、施救费等共计

13,300 元。

被告唐某辩称，本案是因为张某殴打唐某的儿媳王某引起，张某对本案的发生有过错，应当减轻唐某的责任。

经法院委托的某旧机动车鉴定评估有限公司鉴定，该涉案车辆损失为5520元（其中更换配件金额为3370元，维修项目及工时费为2200元，扣旧配件残值50元），维修时长为3个工作日，鉴定费3000元。另查明，张某支付拖车费400元，张某与某汽车租赁服务有限公司签订的租车协议载明，预计租车30天，共计人民币5000元。

【裁判要旨】

《民法典》第267条规定，私人的合法财产受法律保护，禁止任何组织或者个人侵占、哄抢、破坏。本案中，张某因与王某发生纠纷殴打王某，唐某为此将涉案车辆损坏，唐某对张某的损失应承担赔偿责任。张某对事件的发生具有一定过错，可以减轻张某的赔偿责任。

【裁判结果】

2021年5月18日，法院判决被告唐某赔偿原告张某车辆损失、租车费、施救费、鉴定费共计8200元。（资料来源：中国裁判文书网）

第二百六十八条　【国家、集体和私人依法出资设立公司或其他企业】国家、集体和私人依法可以出资设立有限责任公司、股份有限公司或者其他企业。国家、集体和私人所有的不动产或者动产投到企业的，由出资人按照约定或者出资比例享有资产收益、重大决策以及选择经营管理者等权利并履行义务。

第二百六十九条　【法人财产权】营利法人对其不动产和动产依照法律、行政法规以及章程享有占有、使用、收益和处分的权利。

营利法人以外的法人，对其不动产和动产的权利，适用有关法律、行政法规以及章程的规定。

关联法规

《民法典》第57、76条

第二百七十条　【社会团体法人、捐助法人合法财产的保护】社会团体法人、捐助法人依法所有的不动产和动产，受法律保护。

关联法规

《民法典》第87、90、92条

第六章 业主的建筑物区分所有权

第二百七十一条 【建筑物区分所有权】业主对建筑物内的住宅、经营性用房等专有部分享有所有权,对专有部分以外的共有部分享有共有和共同管理的权利。

条文注解

业主的建筑物区分所有权是物权上一项重要的不动产权利,是高层或者多层建筑物产生,并在一栋建筑物存在多个所有权人后出现的物权种类。建筑物区分所有权,一般是指数人区分一建筑物而各有其专有部分,并就共有部分按其专有部分享有共有的权利。业主,是指享有建筑物专有部分所有权的人。根据本条的规定,业主的建筑物区分所有权包括以下三方面内容:(1)业主对专有部分的所有权。即本条规定的,业主对建筑物内的住宅、经营性用房等专有部分享有所有权,有权对专有部分占有、使用、收益和处分。(2)业主对建筑区划内的共有部分的共有的权利。即本条规定的,业主对专有部分以外的共有部分如电梯、过道、楼梯、水箱、外墙面、水电气的主管线等享有共有的权利。(3)业主对建筑区划内的共有部分的共同管理的权利。本法规定,业主可以自行管理建筑物及其附属设施,也可以委托物业服务企业或者其他管理人管理。业主大会和业主委员会,对任意弃置垃圾、排放大气污染物或者噪声、违反规定饲养动物、违章搭建、侵占通道、拒付物业费等损害他人合法权益的行为,有权依照法律、法规以及管理规约,要求行为人停止侵害、消除危险、排除妨害、赔偿损失。

关联法规

《物业管理条例》第6条,《最高人民法院关于审理建筑物区分所有权纠纷案件适用法律若干问题的解释》第1条

第二百七十二条 【业主对专有部分的权利和义务】业主对其建筑物专有部分享有占有、使用、收益和处分的权利。业主行使权利不得危及建筑物的安全,不得损害其他业主的合法权益。

条文注解

建筑区划内符合下列条件的房屋，以及车位、摊位等特定空间，应当认定为本章所称的专有部分：(1)具有构造上的独立性，能够明确区分；(2)具有利用上的独立性，可以排他使用；(3)能够登记成为特定业主所有权的客体。规划上专属于特定房屋，且建设单位销售时已经根据规划列入该特定房屋买卖合同中的露台等，应当认定为《物权法》本章所称专有部分的组成部分。

按照本条的规定，业主对建筑物内属于自己所有的住宅、经营性用房等专有部分可以直接占有、使用，实现居住或者营业的目的；也可以依法出租，获取收益；还可以出借，解决亲朋好友居住之难；或者在自己的专有部分上依法设定负担，例如，为保证债务的履行将属于自己所有的住宅或者经营性用房抵押给债权人，或者抵押给金融机构以取得贷款等；还可以将住宅、经营性用房等专有部分出售给他人，对专有部分予以处分。

建筑物的专有部分与共有部分具有一体性、不可分离性，故业主对专有部分行使专有所有权应受到一定限制，这与建筑物区分所有权的特殊性是分不开的。对此，本条规定，业主行使专有部分所有权时，不得危及建筑物的安全，不得损害其他业主的合法权益。例如，业主在对专有部分装修时，不得拆除房屋内的承重墙，不得在专有部分内储藏、存放易燃易爆等危险物品，危及整个建筑物的安全。

案例注解

【案例(2021)津0115民初3588号】丁某等要求被告刘某等排除妨害纠纷案

【基本案情】

原告丁某等与被告刘某系某小区的楼上楼下邻居。2021年年初，各原告及家人发现卫生间马桶排水不畅，并时常有污水从马桶中喷出的现象，特别是用水高峰时尤为明显，其中二楼、三楼最为严重；同时伴随着卫生间反味严重，楼下尤为明显。各原告将问题反馈给物业公司，经物业公司及其工程部技术人员分析后，发现该被告刘某私自拆除卫生间下水管道并直接安上坐便致使该下水管道丧失排气功能，马桶冲力不足、反水喷溅现象发生。厨房下水管道同样存在此问题，导致楼下业主厨房管道排水缓慢，反味严重。经多方协调，被告拒绝将各处下水管道恢复原状。为此，原告诉至法院，请求法院判令被告立即将拆改的两个卫生间及厨房下水管道设施恢复原状，物业公司予以监督。

【裁判要旨】

《民法典》第272条规定，业主对其建筑物专有部分享有占有、使用、收益和处分的权利。业主行使权利不得危及建筑物的安全，不得损害其他业主的合法权益。本案中，小区楼房排水排气管道设施属业主共有，被告刘某擅自拆除改造，侵害其他业主的合法权益，应当恢复原状。

【裁判结果】

2021年8月5日，法院判决被告自本判决发生法律效力之日起15日内将拆改的某小区××室排气管道(厨房及两个卫生间)恢复原状，物业公司予以监督。(资料来源：中国裁判文书网)

关联法规

《最高人民法院关于审理建筑物区分所有权纠纷案件适用法律若干问题的解释》第2条

第二百七十三条 【业主对共有部分的权利和义务】业主对建筑物专有部分以外的共有部分,享有权利,承担义务;不得以放弃权利为由不履行义务。

业主转让建筑物内的住宅、经营性用房,其对共有部分享有的共有和共同管理的权利一并转让。

条文注解

业主专有部分以外的共有部分,通常是指除建筑物内的住宅、经营性用房等专有部分以外的部分,既包括建筑物内的走廊、楼梯、过道、电梯、外墙面、水箱、水电气管线等部分,也包括建筑区划内,由业主共同使用的物业管理用房、绿地、道路、公用设施以及其他公共场所等,但法律另有规定的除外。建筑区划内的以下部分,也应当认定为本章所称的共有部分:(1)建筑物的基础、承重结构、外墙、屋顶等基本结构部分,通道、楼梯、大堂等公共通行部分,消防、公共照明等附属设施、设备,避难层、设备层或者设备间等结构部分;(2)其他不属于业主专有部分,也不属于市政公用部分或者其他权利人所有的场所及设施等。

业主对专有部分以外的共有部分的权利包括两部分内容,即共有和共同管理的权利。(1)业主对专有部分以外的共有部分享有共有的权利,但是,如何行使占有、使用、收益或者处分的权利,还要依据本法及相关法律、法规和建筑区划管理规约的规定。例如,本法第283条规定,建筑物及其附属设施的费用分摊、收益分配等事项,有约定的,按照约定;没有约定或者约定不明确的,按照业主专有部分面积所占比例确定。业主对专有部分以外的共有部分的共有,还包括对共有部分共负义务。同样地,业主对共有部分如何承担义务,也要依据本法及相关法律、法规和建筑区划管理规约的规定。例如,依据本法第286条的规定,业主对共有部分承担的义务包括不得在共有部分任意弃置垃圾、违章搭建,不得随意侵占通道等。(2)业主对专有部分以外的共有部分不仅享有共有的权利,还享有共同管理的权利,有权对共用部分与公用设备设施的使用、收益、维护等事项行使管理的权利,同时对共有部分的管理也负有相应的义务。

业主的建筑物区分所有权是一个集合权,包括对专有部分享有的所有权、对建筑区划内的共有部分享有的共有和共同管理的权利,这些权利具有不可分离性。因此,业主转让建筑物内的住宅、经营性用房,其对共有部分享有的共有和共同管理的权利一并转让。

案例注解

【案例(2021)湘0482民初2455号】物业公司要求罗某夫妻支付拖欠物业费获法院支持

【基本案情】

原告常宁市某某物业有限公司系被告罗某、黄某某购买住房所在的常宁市某小区的物业服务经营者,被告系该小区业主。2015年3月20日,原告与被告签订了《前期物业管理服务协议》,约定由原告为被告小区提供物业管理服务。并约定按照住宅1.2元/月·平方米的标准向原告支付物业服务费,二次供水加压费每月20元。如被告违反协议逾期支付的,从逾期之日起按拖欠金额每日千分之三的标准加收违约金。原告认为,合同履行期间,原告组织员工为被告提供了完善的物业服务,但二被告未依约向原告缴纳物业管理费用。截至2020年12月31日止,被告罗某尚欠原告3年物业费共计为1880.5元/年×3年=5646元;二次供水加压费为240元/年×3年=720元,共计6366元。原告多次向二被告上门及书面催讨,均无效果。为此,原告诉至法院,请求法院判令被告支付物业服务费、二次供水加压电费共计6366元,并承担违约金2091元。

【裁判要旨】

《民法典》第273条规定,业主对建筑物专有部分以外的共有部分,享有权利,承担义务;不得以放弃权利为由不履行义务。业主转让建筑物内的住宅、经营性用房,其对共有部分享有的共有和共同管理的权利一并转让。依法成立的合同,对当事人具有法律约束力。被告与原告签订的《前期物业管理服务协议》应属有效,对双方均具有约束力。双方均应依照物业服务合同的约定,正确行使权力,忠实履行义务。本案中,原告履行了物业服务义务,被告应当支付相应物业费。即使被告认为原告提供的物业服务不到位,也应向所在的街道办事处或物业主管部门投诉,由相关部门进行监督和督促其整改,而不能采取拒交物业服务费的方式。

【裁判结果】

2021年9月14日,法院判决被告罗某、黄某某支付原告常宁市某某物业有限公司截至2020年12月31日的物业费及二次供水加压费共计6366元。(资料来源:中国裁判文书网)

关联法规

《物业管理条例》第54条,《最高人民法院关于审理建筑物区分所有权纠纷案件适用法律若干问题的解释》第3、4条

第二百七十四条 【建筑区划内道路、绿地等的权利归属】建筑区划内的道路，属于业主共有，但是属于城镇公共道路的除外。建筑区划内的绿地，属于业主共有，但是属于城镇公共绿地或者明示属于个人的除外。建筑区划内的其他公共场所、公用设施和物业服务用房，属于业主共有。

关联法规

《物业管理条例》第37条，《最高人民法院关于审理建筑物区分所有权纠纷案件适用法律若干问题的解释》第3条

第二百七十五条 【车位、车库的归属】建筑区划内，规划用于停放汽车的车位、车库的归属，由当事人通过出售、附赠或者出租等方式约定。

占用业主共有的道路或者其他场地用于停放汽车的车位，属于业主共有。

条文注解

本法区分不同的情况对车位、车库的归属作了规定：(1)建筑区划内，规划用于停放汽车的车位、车库的归属，由当事人通过出售、附赠或者出租等方式约定。建筑区划内，规划用于停放汽车的车位、车库，即开发商在开发项目前，经政府核发的建设工程规划许可证批准同意，规划用于停放汽车的车位、车库。此类车位、车库，在开发商开发后，通过出售、附赠或者出租等方式，与当事人约定车位、车库的归属和使用。(2)占用业主共有的道路或者其他场地用于停放汽车的车位，属于业主共有。规划外的占用业主共有的道路或者其他场地用于停放汽车的车位、车库，由于属于规划外，且是占用业主共有的道路或者其他场地建设的，较易形成属于业主共有的共识，属于业主共有。

案例注解

【案例(2021)苏0581民初6532号】业主要求将地下停车位返还业主被法院驳回

【基本案情】

2017年8月14日，原告司马某(乙方)与常熟某广场投资有限公司(甲方)签署《商品房买卖合同》，原告向被告购买其开发的位于常熟市××路××号×××常熟某广场公寓的商品房。2017年10月13日，原告支付购房款，2020年5月9日取得了该房屋及土地使用权的产权证书。2017年10月13日，原告支付购房款，2020年5月

9日取得了该房屋及土地使用权的产权证书。原告认为,该公寓的地下停车库虽由被告开发,但占用了原告及其他业主共有的土地使用权,建设费用实际已纳入销售单价,车库面积已经实际分摊给公寓的各业主。因此,规划给公寓使用的780个车位应属于原告及公寓其他业主所有,被告无权要求原告支付停车月租费。双方经多次协商无果,原告为此向法院提起诉讼,请求法院判令被告返还属于原告所有的地下停车位,判令被告停止收取停车月租费。

被告辩称,该地下停车位(库),是不可分割销售或分割转让的,为被告所有,且双方签订的商品房买卖合同也明确约定原告所支配的购房款不包含地下停车位,原告对地下停车位不享有权利。

经法院查明,双方购房合同中约定,原告购买的商品房为办公用房,该商品房不包括阁楼、夹层、地下室、半地下室、自行车库、汽车库。合同附件七补充协议第9条第3款约定,如该房屋所在项目有地上车位(库)或地下车位(库)的,双方就该房屋所在项目所有车位等权属、收益等权利及相关事宜明确如下:(1)该房屋所在项目中规划的所有地上车位(库)、地下车位(库)等,均没有列入房屋共用部位和共用房屋的分摊面积范围内,也不是影响该房屋价格的重要因素。所有规划的地上车位(库)、地下车位(库)等全部归甲方(被告)所有,由甲方享有占有、使用、收益、处分等全部权利,不因该房屋买卖而受到任何影响。(2)如乙方需使用归甲方所有的地上车位(库)、地下车位(库),则乙方应与甲方协商一致,购买车位所有权,或者以有偿方式取得相应使用权,并支付相应费用。但如因甲方将车位(库)已提供给他人使用,导致无法提供给乙方的,甲方不承担任何责任。(3)如该房屋所在项目有大商业或写字楼或酒店或住宅的,双方特别明确,大商业、写字楼、酒店及住宅等配套的地上、地下车位(库),乙方不享有任何权益。(4)乙方确认已了解该房屋所在小区车位(库)销售/租赁方案,不存在甲方限制乙方购买/承租车位(库)的任何情况。

【裁判要旨】

《民法典》第275条规定:建筑区划内,规划用于停放汽车的车位、车库的归属,由当事人通过出售、附赠或者出租等方式约定。占用业主共有的道路或者其他场地用于停放汽车的车位,属于业主共有。本案中,原被告双方已在《商品房买卖合同》中明确约定了规划的地上和地下车位归被告所有,原告可以通过购买或租赁等方式使用。该合同对原被告双方均有约束力,原被告双方均应严格履行。因此,原告诉请没有法律依据。

【裁判结果】

2021年7月16日,法院判决驳回原告司马某的全部诉讼请求。(资料来源:中国裁判文书网)

关联法规

《最高人民法院关于审理建筑物区分所有权纠纷案件适用法律若干问题的解释》第6条

第二百七十六条 【车位、车库的首要用途】建筑区划内，规划用于停放汽车的车位、车库应当首先满足业主的需要。

关联法规

《最高人民法院关于审理建筑物区分所有权纠纷案件适用法律若干问题的解释》第5条

第二百七十七条 【业主自治管理组织的设立及指导和协助】业主可以设立业主大会，选举业主委员会。业主大会、业主委员会成立的具体条件和程序，依照法律、法规的规定。

地方人民政府有关部门、居民委员会应当对设立业主大会和选举业主委员会给予指导和协助。

关联法规

《物业管理条例》第8～20条，《业主大会和业主委员会指导规则》第2、6、31、35条

第二百七十八条 【业主共同决定事项及表决】下列事项由业主共同决定：

(一)制定和修改业主大会议事规则；

(二)制定和修改管理规约；

(三)选举业主委员会或者更换业主委员会成员；

(四)选聘和解聘物业服务企业或者其他管理人；

(五)使用建筑物及其附属设施的维修资金；

(六)筹集建筑物及其附属设施的维修资金；

(七)改建、重建建筑物及其附属设施；

(八)改变共有部分的用途或者利用共有部分从事经营活动；

(九)有关共有和共同管理权利的其他重大事项。

业主共同决定事项，应当由专有部分面积占比三分之二以上的业主且人数占比三分之二以上的业主参与表决。决定前款第六项至第八项规定的事项，应当经参与表决专有部分面积四分之三以上的业主且参与表决人数四分之三以上的业主同意。决定前款其他事项，应当经参与表决专有部分面积过半数的业主且参与表决人数过半数的业主同意。

条文注解

关于专有部分面积占比和业主人数占比的计算，可以按照下列方法认定：(1)专有部分面积，按照不动产登记簿记载的面积计算；尚未进行物权登记的，暂按测绘机构的实测面积计算；尚未进行实测的，暂按房屋买卖合同记载的面积计算。(2)建筑物总面积，按照前项的统计总和计算。

关于业主人数和总人数，可以按照下列方法认定：(1)业主人数，按照专有部分的数量计算，一个专有部分按一人计算。但建设单位尚未出售和虽已出售但尚未交付的部分，以及同一买受人拥有一个以上专有部分的，按一人计算。(2)总人数，按照前项的统计总和计算。

关联法规

《最高人民法院关于审理建筑物区分所有权纠纷案件适用法律若干问题的解释》第7～9条，《业主大会和业主委员会指导规则》

第二百七十九条 【业主改变住宅用途的限制条件】业主不得违反法律、法规以及管理规约，将住宅改变为经营性用房。业主将住宅改变为经营性用房的，除遵守法律、法规以及管理规约外，应当经有利害关系的业主一致同意。

条文注解

如何确定业主为有利害关系的业主，因改变住宅为经营性用房的用途不同，影响的范围、程度不同，要具体情况具体分析。总之，无论是相邻还是不相邻的业主，凡是因住宅改变为经营性用房受到影响的业主，均是本条所说的有利害关系的业主。

案例注解

【案例(2021)湘0111民初6379号】被告擅自将住宅改变为经营性用房被法院判令要求恢复原状

【基本案情】

原告彭某系长沙市雨花区某小区B1栋801房业主,被告凌某系同栋302房业主,被告某公司为302房租户。上述房屋均为住宅。但被告某公司将租赁的302房改为商用,经营美容服务等。原告认为,根据《××小区管理规约》第11条,业主应当按照物业的设计用途使用物业。因特殊情况需要改变物业使用性质的,业主应征得有关利害关系的业主、业主委员会的书面同意后,按照规定办理有关批准手续,并告知物业服务企业。被告某公司未经原告及有利害关系业主的一致同意同意,擅自将其住房改为商用,严重扰民,对原告的生活造成了影响。2021年3月30日,虽经街道、社区、业主委员会组织业主和经营户进行了协调,但没有达成具体的整改方案。为此,原告诉至法院,请求判令被告某公司停止在该小区B1栋302房的商业经营活动,恢复该套房屋的住宅性质。

【裁判要旨】

《民法典》第279条规定,业主不得违反法律、法规以及管理规约,将住宅改变为经营性用房。业主将住宅改变为经营性用房的,除遵守法律、法规以及管理规约外,应当经有利害关系的业主一致同意。本案中,被告擅自将住宅改变为经营性用房,未经包括原告在内的有利害关系的业主一致同意,已经违反法律和小区管理规约,应当恢复原状。

【裁判结果】

2021年8月12日,法院判决被告某公司立即停止××小区B1栋302房的商业经营活动,恢复房屋的住宅性质;被告凌某承担连带责任。(资料来源:中国裁判文书网)

关联法规

《最高人民法院关于审理建筑物区分所有权纠纷案件适用法律若干问题的解释》第10、11条

第二百八十条 【业主大会、业主委员会决定的效力】业主大会或者业主委员会的决定,对业主具有法律约束力。

业主大会或者业主委员会作出的决定侵害业主合法权益的,受侵害的业主可以请求人民法院予以撤销。

条文注解

对业主具有约束力的业主大会或者业主委员会的决定，必须是依法设立的业主大会、业主委员会作出的，必须是业主大会、业主委员会依据法定程序作出的，必须是符合法律、法规及规章，不违背公序良俗，不损害国家、公共和他人利益的决定。

本条第2款赋予了业主请求人民法院撤销业主大会或者业主委员会作出的不当决定的权利。业主在具体行使这一权利时，还要依据本法总则编、《民事诉讼法》等法律的规定。例如，撤销的请求，要向有管辖权的人民法院提出，要有明确的诉讼请求和事实、理由等。《最高人民法院关于审理建筑物区分所有权纠纷案件适用法律若干问题的解释》第12条规定，业主请求人民法院撤销决定的，应当在知道或者应当知道业主大会或者业主委员会作出决定之日起1年内行使。

案例注解

【案例(2021)皖0202民初2734号】业委会违反法定程序选聘物业被法院撤销

【基本案情】

2020年3月15日，被告某小区业委会召开业主委员会会议并形成决议：在原物业服务合同到期后，由业委会启动招投标程序，选聘新的小区物业服务企业，业委会将通告全体业主征集反对票，并在3日内告知原物业服务企业。2020年3月18日，被告向原物业公司送达告知函，告知该公司合同到期后不再续聘，并由业委会启动招投标程序，重新选聘物业服务企业。2020年3月22日，被告在小区张贴通告，就与原物业公司不续签物业服务合同及公开招标征集反对意见。2020年4月17日，被告再次在该小区张贴通告，告知业主因受新冠疫情影响，业主委员会无法就重新选聘物业公司等相关事项召开业主大会进行讨论，且业主委员会受限于人力、物力、财力无法完成上门征集书面意见，业主委员会在小区宣传栏、主要出入口张贴了业主意见征询，未收到书面的反对意见或意见，于4月3日至10日再次利用小程序在业主群公开征集意见，截至投票时，只有70人次参与网络投票(其中:30票同意重新招聘;40票同意续聘;59票要求交出公共收益，修改合同)……业主委员会决定启动公开选聘小区物业服务管理单位，并接受属地政府的指导和监督。2020年4月22日，被告委托某工程咨询有限公司采用公开招标的方式处理物业服务企业选聘事宜，并于2020年4月27日与该公司就小区物业项目招标采购签订委托代理协议书。2020年5月22日，上述项目招标活动召开，确定芜湖市某物业管理有限公司等3家公司为中标候选单位，同日被告对于中标候选人情况在该小区张贴公示，后由某工程咨询有限公司通过上门及短信征询意见的形式收集业主投票，并于2020年5月30日进行业主投票结果开箱唱票，经统计芜湖市某物业管理有限公司票数为628票，其余两中标单位票数分别为71票、7票，作废票24票，弃权票834票。2020年5月30日，安徽某工程咨询有限公司在该小区张贴通知，告知全体业主上述投票结果及确定中标单位为芜湖市某物业管理有限公司。2020年6月1日，安徽某工程咨询有限公司在该小区张贴中标公告。2020年8月15日，被告将其与芜湖市某物业管理有限公司初步拟定的物业服务合同在该小区进行了公示。2020年9月19日，被告与芜湖市某物业管理有限公司签订物业管理服务合同。

原告业主王某和鲁某认为,被告在未召开业主大会的情况下,擅自决定不与原物业公司续约以及重新选聘新的物业服务企业并签订新的《物业服务管理合同》的行为,明显违反了《物业管理条例》第11条以及《安徽省物业管理条例》第18条的规定,且被告的招投标程序未尽告知义务,其招投标结果未经专有部分占建筑物总面积过半数的业主且经过总人数过半数的业主同意,严重侵害了包括原告在内的大部分业主的知情权和管理权,故被告作出的上述决定应依法予以撤销,被告与新的物业服务企业签订的物业服务合同应属于无效合同。为此诉至法院,请求法院判决撤销被告选聘芜湖市某物业管理有限公司作为小区物业服务企业的决定;撤销被告代表全体业主与芜湖市某物业管理有限公司签订的《物业管理服务合同》。

【裁判要旨】

《民法典》第280条规定,业主大会或者业主委员会的决定,对业主具有法律约束力。业主大会或者业主委员会作出的决定侵害业主合法权益的,受侵害的业主可以请求人民法院予以撤销。选聘和解聘物业服务企业是业主大会的职责,应由业主共同决定。业主大会或者业委会作出的决定侵害业主合法权益的,受侵害的业主可以请求人民法院予以撤销。本案中,被告在未召集业主大会的情况下,通过召开业主委员会会议形成选聘新的物业服务企业的决议,并向原物业服务企业送达不再续聘的告知函,其后被告虽通过张贴通告的方式征集反对意见,并通过微信小程序进行网络投票,但以上方式明显不符合业主大会形式的要求,网络投票的参与人数及投票结果也不符合关于业主大会表决选聘和解聘物业服务企业应满足的业主参与人数要求。因此,被告在未获得业主大会决议或授权,自行解聘和选聘新的物业服务企业,显然侵犯了包括两原告在内业主的知情权和决策权,应属无效。原告诉请于法有据,应予支持。

【裁判结果】

2021年9月2日,法院判决撤销被告某业主委员会选聘芜湖市某物业管理有限公司作为小区物业服务企业的决定;撤销被告与芜湖市某物业有限公司于2020年9月19日签订的物业管理服务合同。(资料来源:中国裁判文书网)

关联法规

《物业管理条例》第12、19条,《最高人民法院关于审理建筑物区分所有权纠纷案件适用法律若干问题的解释》第12、13条

第二百八十一条 【建筑物及其附属设施维修资金的归属和处分】建筑物及其附属设施的维修资金,属于业主共有。经业主共同决定,可以用于电梯、屋顶、外墙、无障碍设施等共有部分的维修、更新和改造。建筑物及其附属设施的维修资金的筹集、使用情况应当定期公布。

紧急情况下需要维修建筑物及其附属设施的，业主大会或者业主委员会可以依法申请使用建筑物及其附属设施的维修资金。

条文注解

根据本条第2款的规定，紧急情况下需要维修建筑物及其附属设施的，业主大会或者业主委员会可以依法申请使用维修资金。此处对紧急情况下需要维修建筑物及其附属设施使用维修资金作了指引性规定，即需“依法申请”，此处的“依法”，既包括法律，也包括行政法规、部门规章和地方性法规等。

关联法规

《物业管理条例》第53、54、60条，《最高人民法院关于审理建筑物区分所有权纠纷案件适用法律若干问题的解释》第12、13条

第二百八十二条 【共有部分的收入分配】建设单位、物业服务企业或者其他管理人等利用业主的共有部分产生的收入，在扣除合理成本之后，属于业主共有。

条文注解

本条是本次《民法典》编纂新增加的条文。根据本条的规定，建设单位、物业服务企业或者其他管理人等利用业主的共有部分产生的收入，在扣除合理成本之后，属于业主共有。例如，很多小区会在业主的共有部分设置广告，这些广告收入，在扣除合理成本之后，应该属于业主共有。再如，占有业主共有的道路或者其他场地设置的车位，出租车位的租金收入，在扣除合理的成本之后，也应该属于业主共有。

案例注解

【案例(2020)渝0107民初19210号】业主要求物业公开公共受益获法院支持

【基本案情】

原告邹某系九龙坡区某小区业主。原告认为，长期以来，被告某物业公司未将小区物业共用部分、设备设施及相关场地的使用、收益情况进行公示，财务收支不透明。原告希望被告对此进行公示，但其相关请求均被拒绝。为此，原告诉至法院，请求判决被告将小区中所涉及2008年1月1日至2020年12月31日的电梯内外、楼道内平面及多媒体广告的合同及账目明细，出入口道闸广告的合同及账目明细，丰巢快递柜、速递易快递柜的合同及账目明细进行公示。

被告辩称，认可原告对其诉请中涉及的电梯内外、楼道内平面及多媒体广告、出入口道闸广告、丰巢快递柜、速递易快递柜的合同及账目明细享有知情权。但是，根

据《重庆市物业管理条例》第85条规定，“物业服务企业、业主委员会应当每半年公布一次公共收益收支情况”，被告方作为物业企业已经按规定进行公示，分别是2018年11月、2019年11月、2020年12月，故原告要求被告向其公布公共部位经营性收入的相关合同、账目无事实依据。至于2018年之前的共有区域的合同及账目明细，被告亦按照规定进行了公示，只是部分材料因年代久远未进行保存，故请求法院依法作出判决。

【裁判要旨】

《民法典》第282条规定：“建设单位、物业服务企业或者其他管理人等利用业主的共有部分产生的收入，在扣除合理成本之后，属于业主共有。”对于小区内共有部分区域的使用和收益情况，业主有权请求管理人及使用单位进行公布，并要求查阅相关的资料。但与此同时，业主虽依法享有知情权及监督权，但业主的知情权也不是无限的，对其合法权益无关信息亦无必要面面俱到了解，以免加重披露义务主体一方的负担。本案中，原告作为小区业主，有权要求物业公司公开所持有或掌握的，应当公开且尚未公开的情况和资料。

【裁判结果】

2021年2月17日，法院判决被告某物业管理有限公司于本判决生效之日起15日内公布自2017年12月31日至2020年12月31日的小区共有部分的使用收益情况的财务收支账目明细及凭证（含小区电梯、楼道、出入口道闸处、小区内丰巢快递柜、速递易快递柜等共有部分的使用收益及支出凭证等相关材料），以供原告邹某查阅。（资料来源：中国裁判文书网）

关联法规

《物业管理条例》第53、54、60条，《最高人民法院关于审理建筑物区分所有权纠纷案件适用法律若干问题的解释》第14、17条

第二百八十三条　【建筑物及其附属设施的费用分摊和收益分配】建筑物及其附属设施的费用分摊、收益分配等事项，有约定的，按照约定；没有约定或者约定不明确的，按照业主专有部分面积所占比例确定。

第二百八十四条　【建筑物及其附属设施的管理主体】业主可以自行管理建筑物及其附属设施，也可以委托物业服务企业或者其他管理人管理。

对建设单位聘请的物业服务企业或者其他管理人，业主有权依法更换。

关联法规

《物业管理条例》第2、32～36条

第二百八十五条 【业主和物业服务企业或其他管理人的关系】物业服务企业或者其他管理人根据业主的委托,依照本法第三编有关物业服务合同的规定管理建筑区划内的建筑物及其附属设施,接受业主的监督,并及时答复业主对物业服务情况提出的询问。

物业服务企业或者其他管理人应当执行政府依法实施的应急处置措施和其他管理措施,积极配合开展相关工作。

关联法规

《民法典》第937～950条,《物业管理条例》第34条,《最高人民法院关于审理物业服务纠纷案件适用法律若干问题的解释》

第二百八十六条 【业主的相关义务及责任】业主应当遵守法律、法规以及管理规约,相关行为应当符合节约资源、保护生态环境的要求。对于物业服务企业或者其他管理人执行政府依法实施的应急处置措施和其他管理措施,业主应当依法予以配合。

业主大会或者业主委员会,对任意弃置垃圾、排放污染物或者噪声、违反规定饲养动物、违章搭建、侵占通道、拒付物业费等损害他人合法权益的行为,有权依照法律、法规以及管理规约,请求行为人停止侵害、排除妨碍、消除危险、恢复原状、赔偿损失。

业主或者其他行为人拒不履行相关义务的,有关当事人可以向有关行政主管部门报告或者投诉,有关行政主管部门应当依法处理。

条文注解

遵守法律、法规以及管理规约是居住于建筑区划内的业主应当履行的最基本的义务。此外,业主还应当遵守管理规约。管理规约是业主大会制定的区分所有建筑物管理的自治规则。管理规约的订立、变更或者废止,都必须经过业主大会决议,经专有部分占建筑物总面积过半数的业主且占总人数过半数的业主同意。

业主或者其他行为人违反法律、法规、国家相关强制性标准、管理规约,或者违反业主大会、业主委员会依法作出的决定,实施下列行为的,可以认定为"损害他人合法权益的行为”:(1)损害房屋承重结构,损害或者违章使用电力、燃气、消防设施,在建筑物内放置危险、放射性物品等危及建筑物安全或者妨碍建筑物正常使用;(2)违反规定破坏、改变建筑物外墙面的形状、颜色等损害建筑物外观;(3)违反规定进行房屋装饰装修;(4)违章加建、改建,侵占、挖掘公共通道、道路、场地或者其他共有部分。

案例注解

【案例】黄某诉某物业服务有限公司健康权纠纷案

【基本案情】

被告某物业服务有限公司为天津市河东区某物业管理方。原告黄某于2020年6月10日由上海市来到该小区探望祖母。彼时正值我国部分地区出现聚集性新冠疫情,天津市有关部门发布紧急防控通知,要求严格落实社区出入口值班值守,加强验码、亮码、登记等疫情防控措施。2020年6月19日9时许,黄某骑共享单车进入小区,物业公司值守保安当即呼喊要求其停车接受亮码、登记等疫情防控检查措施。黄某听到有人呼喊后回头观看,随即加速向前骑行。值守保安即骑车追赶,伸手接触原告背部时车辆失控摔倒。后黄某将物业公司诉至法院,要求赔偿医疗费、交通费、营养费、护理费、误工费等各项损失共计57,501.3元。

【裁判要旨】

根据《民法典》第286条第1款规定,对于物业服务企业或者其他管理人执行政府依法实施的应急处置措施和其他管理措施,业主应当依法予以配合。本案中,事发之时正值聚集性疫情扩散、防控形势严峻的关键时期,某物业服务有限公司依照有关政策要求派员值守、验码登记、阻拦冲岗,是履职尽责的体现,其行为没有过错,不应当承担赔偿责任。黄某在物业人员大声呼喊之际却加速骑行,最终导致摔伤,应自行承担相应后果。

【裁判结果】

法院判决驳回黄某的诉讼请求。(资料来源:最高人民法院网)

关联法规

《物业管理条例》第17、45、50条,《最高人民法院关于审理建筑物区分所有权纠纷案件适用法律若干问题的解释》第15条

第二百八十七条　【业主合法权益的保护】业主对建设单位、物业服务企业或者其他管理人以及其他业主侵害自己合法权益的行为,有权请求其承担民事责任。

第七章 相邻关系

第二百八十八条 【处理相邻关系的原则】不动产的相邻权利人应当按照有利生产、方便生活、团结互助、公平合理的原则,正确处理相邻关系。

条文注解

相邻关系,是指不动产的相邻各方因行使所有权或者用益物权而发生的权利义务关系。相邻的不动产不仅指土地,也包括附着于土地的建筑物。不动产的相邻关系一般指相互毗邻的不动产权利人之间的关系,但也并不尽然。例如,河流上游的权利人排水需要流经下游的土地,当事人之间尽管土地并不相互毗邻,但行使权利是相互邻接的。相邻的不动产权利人,不仅包括不动产的所有人,而且包括不动产的用益物权人和占有人。

处理相邻关系的原则,不仅是人们在生产、生活中处理相邻关系应遵从的原则,也是法官审理相邻关系纠纷案件应遵从的原则。特别是在法律对相邻关系的某些类型缺乏明确规定的情况下,需要法官以处理相邻关系的一般原则评判是非。

案例注解

【案例(2021)皖1124民初2621号】要求邻居拆除连廊封闭阳台恢复原状获法院支持

【基本案情】

原告任某、任某华系全椒县某小区2幢1602室业主,被告陈某系同一小区2幢1601室业主,原告与被告存在相邻关系。2021年3月左右,原告发现被告陈某家正在将共有部位的连廊进行封闭式装修,由于影响到原告卧室的通风和采光,当即提出反对意见,后原告也联系物业进行劝阻,但被告陈某仍执意将该共有部位进行封闭阳台装修。原告认为被告行为严重侵害了其合法权益。为此诉至法院,请求判决被告陈某立即将共有部位的连廊封闭阳台拆除恢复原状,恢复原状所产生的费用由其自行承担。

被告辩称外连廊加装铝合金窗户合法、合情、合理,是属于安全保护设施,以防特殊天气造成湿滑及防原护栏生锈导致不安全因素。且陈某没有在连廊里堆放任何杂物影响安全和消防通道。

经查,该连廊内侧系属通风采光井,原告房屋有三个窗户位于采光井当中从该井采光通风与连廊可正面隔井相望,并可以往外远眺。

【裁判要旨】

《民法典》第286条第1款规定:"业主应当遵守法律、法规以及管理规约,相关行为应当符合节约资源、保护生态环境的要求。"第288条规定:"不动产的相邻权利人应当按照有利生产、方便生活、团结互助、公平合理的原则,正确处理相邻关系。"本案中,原告与被告系相邻邻居,对涉案连廊、镂空部分与通风井享有共有和共同管理的权利,被告陈某在未经其他业主同意的情形下,将共有部分予以改造,使共有部分形成相对密闭空间,侵害了原告对建筑物共有部分的共有和共同管理的权利。被告陈某私自将其改建为自用的密闭空间,已损害了原告作为相邻权人的通风、采光等合法权益,应承担停止侵害、排除妨碍、恢复原状的责任。

【裁判结果】

2021年7月26日,法院判决被告陈某于本判决生效后30日内拆除涉案连廊两侧封闭的铝合金玻璃窗体等私自搭建的部分,并恢复连廊原状。(资料来源:中国裁判文书网)

第二百八十九条 【处理相邻关系的法律依据】法律、法规对处理相邻关系有规定的,依照其规定;法律、法规没有规定的,可以按照当地习惯。

关联法规

《民法典》第10条

第二百九十条 【用水、排水相邻关系】不动产权利人应当为相邻权利人用水、排水提供必要的便利。

对自然流水的利用,应当在不动产的相邻权利人之间合理分配。对自然流水的排放,应当尊重自然流向。

条文注解

一方擅自堵截或者独占自然流水,影响他方正常生产、生活的,他方有权请求排除妨碍;造成他方损失的,受益人应负赔偿责任。

相邻一方必须使用另一方的土地排水的,应当予以准许;但应在必要限度内使用并采取适当的保护措施排水,如仍造成损失的,由受益人合理补偿。相邻一方可以采取其他合理的措施排水而未采取,向他方土地排水毁损或者可能毁损他方财产,他方要求致害人停止侵害、消除危险、恢复原状、赔偿损失的,应当予以支持。

第二百九十一条 【通行相邻关系】不动产权利人对相邻权利人因通行等必须利用其土地的，应当提供必要的便利。

条文注解

一方必须在相邻一方使用的土地上通行的，应当予以准许；因此造成损失的，应当给予适当补偿。

对于一方所有的或者使用的建筑物范围内历史形成的必经通道，所有权人或者使用权人不得堵塞。因堵塞影响他人生产、生活，他人要求排除妨碍或者恢复原状的，应当予以支持。但有条件另开通道的，可以另开通道。

第二百九十二条 【相邻土地的利用】不动产权利人因建造、修缮建筑物以及铺设电线、电缆、水管、暖气和燃气管线等必须利用相邻土地、建筑物的，该土地、建筑物的权利人应当提供必要的便利。

条文注解

相邻一方因施工临时占用他方使用的土地，占用的一方如未按照双方约定的范围、用途和期限使用的，应当责令其及时清理现场，排除妨碍，恢复原状，赔偿损失。

在邻地上安设管线，从建筑工程学角度上讲，土地权利人非经过邻人的土地而不能安设电线、水管、煤气管等管线，而此等管线又为土地权利人所必需，该土地权利人有权通过邻人土地的上下安设，但应选择损害最小的处所及方法安设，仍有损害的，应支付赔偿金。

第二百九十三条 【相邻通风、采光和日照】建造建筑物，不得违反国家有关工程建设标准，不得妨碍相邻建筑物的通风、采光和日照。

关联法规

《建筑采光设计标准》，《城市居住区规划设计标准》

第二百九十四条 【相邻不动产之间不可量物侵害】不动产权利人不得违反国家规定弃置固体废物，排放大气污染物、水污染物、土壤污染物、噪声、光辐射、电磁辐射等有害物质。

案例注解

【案例(2021)辽0921民初1375号】原告起诉被告木材厂噪声污染获法院支持

【基本案情】

原告李某、赖某与被告陈某是邻居。2017年3月,被告陈某将其房屋出租给被告耿某。被告耿某于同年在该房屋地址成立木材厂。原告认为,被告不应在宅基地建立工厂,木材厂每天进行锯木材、卸木材、铲木材等活动,产生了巨大的噪声,对原告的家人造成了极大的伤害,侵害了原告的合法权益。原告多次找相关部门,进行了噪音测试,测试结果均为噪声超标。为此,原告诉至法院,请求法院判令被告停止侵害、排除妨碍、停止经营木材厂,赔偿原告精神损失费5000元;赔偿原告经济损失10,000元。

【裁判要旨】

《民法典》第294条规定:不动产权利人不得违反国家规定弃置固体废物,排放大气污染物、水污染物、土壤污染物、噪声、光辐射、电磁辐射等有害物质。本案中,原告与被告系相邻邻居,案涉木材厂的生产活动产生的噪声影响了原告的日常生活,且经有关部门检测,该噪声超过国家标准,侵犯了原告的权利,原告有权请求侵权人承担停止侵害、排除妨碍的侵权责任。

【裁判结果】

2021年4月21日,法院一审判决被告耿某采取必要措施(如对现有围墙进行补修加高等措施)排除妨害,将生产噪声降至国家标准(昼间室内噪声标准为45分贝以下);驳回二原告的其他诉讼请求。二审维持原判。(资料来源:中国裁判文书网)

关联法规

《大气污染防治法》第8、9、12条,《水污染防治法》第12~15条,《固体废物污染环境防治法》第14条,《环境保护法》第42条,《广播电视设施保护条例》第11条

第二百九十五条 【维护相邻不动产安全】不动产权利人挖掘土地、建造建筑物、铺设管线以及安装设备等,不得危及相邻不动产的安全。

条文注解

所谓"不得危及相邻不动产的安全"主要包括以下几个方面:(1)在自己的土地上开挖地基时,要注意避免使相邻土地的地基发生动摇或有动摇之危险,致使相邻土地上的建筑物受到损害。(2)在相邻不动产的疆界线附近处埋设水管时,要预防土沙崩溃、水或污水渗漏到相邻不动产。(3)不动产权利人在自己的土地范围内种植的竹木根枝伸延,危及另一方建筑物的安全和正常使用时,应当消除危险,恢复原状。(4)不动产权利人在相邻土地上的建筑物有倒塌的危险从而可能危及自己土地及建

筑物安全时，有权要求相邻不动产权利人消除危险。

关联法规

《建筑法》第39、40条

第二百九十六条 【使用相邻不动产避免造成损害】不动产权利人因用水、排水、通行、铺设管线等利用相邻不动产的，应当尽量避免对相邻的不动产权利人造成损害。

条文注解

本条删除了《物权法》第92条："……造成损害的，应当给予赔偿。"的规定，但并非造成损害无须赔偿，而是如果造成损害，可以依据《民法典》侵权责任编的规定请求损害赔偿，无需在本条作出特别规定。

第八章 共 有

第二百九十七条 【共有及其类型】不动产或者动产可以由两个以上组织、个人共有。共有包括按份共有和共同共有。

条文注解

共有，是指多个权利主体对一物共同享有所有权。共有的主体称为共有人，客体称为共有财产或共有物。各共有人之间因财产共有形成的权利义务关系，称为共有关系。根据本条的规定，共有包括按份共有和共同共有。按份共有和共同共有的区别在于，按份共有人对共有的不动产或者动产按照其份额享有所有权，共同共有人对共有的不动产或者动产共同享有所有权。

第二百九十八条 【按份共有】按份共有人对共有的不动产或者动产按照其份额享有所有权。

条文注解

按份共有，又称分别共有，是与共同共有相对应的一项制度。指数人按应有份额对共有物共同享有权利和分担义务的共有。

在按份共有中，各共有人对共有物享有不同的份额。各共有人的份额，又称应有份额，其具体数额一般是由共有人约定明确的。在按份共有中，每个共有人对共有财产享有的权利和承担的义务，是依据其不同的份额所确定的。共有人的份额决定了其权利义务的范围。共有人对共有物持有多大的份额，就对共有物享有多大权利和承担多大义务，份额不同，共有人对共有财产的权利义务也不同。

按份共有与分别所有是不同的。在按份共有中，各个共有人的权利不是局限在共有财产的某一部分上，或就某一具体部分单独享有所有权，而是各共有人的权利均及于共有财产的全部。当然，在许多情况下，按份共有人的份额可以产生和单个所有权一样的效力，如共有人有权要求转让其份额，但各个份额并不是一个完整的所有权，如果各共有人分别单独享有所有权，则共有也就不复存在了。

第二百九十九条　【共同共有】共同共有人对共有的不动产或者动产共同享有所有权。

条文注解

共同共有，是指两个或两个以上的民事主体，根据某种共同关系而对某项财产不分份额地共同享有权利并承担义务。共同共有的特征：第一，共同共有根据共同关系而产生，以共同关系的存在为前提，如夫妻关系、家庭关系。第二，在共同共有关系存续期间内，共有财产不分份额。这是共同共有与按份共有的主要区别。第三，在共同共有中，各共有人平等地对共有物享有权利和承担义务。

第三百条　【共有人对共有物的管理权】共有人按照约定管理共有的不动产或者动产；没有约定或者约定不明确的，各共有人都有管理的权利和义务。

第三百零一条　【共有物的处分、重大修缮和性质、用途变更】处分共有的不动产或者动产以及对共有的不动产或者动产作重大修缮、变更性质或者用途的，应当经占份额三分之二以上的按份共有人或者全体共同共有人同意，但是共有人之间另有约定的除外。

第三百零二条　【共有物管理费用的分担】共有人对共有物的管理费用以及其他负担，有约定的，按照其约定；没有约定或者约定不明确的，按份共有人按照其份额负担，共同共有人共同负担。

条文注解

对共有物的管理费用主要包括以下几项:(1)对共有物的保存费用,即为保持共有物免于毁损、灭失,处于良好安全状态或使用状态而支付的费用。(2)对共有物作简易修缮或者重大修缮所支出的费用。(3)对共有物的其他费用负担。例如,因为共有物对共有人以外的人造成损害,须向受害人支付的偿金。如共有的房屋倒塌造成他人损害,而向受害人赔偿的医疗费、误工损失费等。

在按份共有中,对共有物的管理费用以及其他负担,有约定的,按照约定;没有约定或者约定不明确的,按份共有人按照其份额负担。在共同共有中,对共有物的管理费用以及其他费用负担,原则上由共同共有人共同负担,即以其他的共有财产支付,如共有的积蓄。但是,共同共有人另有约定的,依照其约定。

共有人中的部分人支付管理费用,该管理费用是必要管理费用的,其超过应有份额所应分担的额外部分,对其他共有人可以按其各应分担的份额请求偿还。

第三百零三条 【共有物的分割】共有人约定不得分割共有的不动产或者动产,以维持共有关系的,应当按照约定,但是共有人有重大理由需要分割的,可以请求分割;没有约定或者约定不明确的,按份共有人可以随时请求分割,共同共有人在共有的基础丧失或者有重大理由需要分割时可以请求分割。因分割造成其他共有人损害的,应当给予赔偿。

第三百零四条 【共有物的分割方式】共有人可以协商确定分割方式。达不成协议,共有的不动产或者动产可以分割且不会因分割减损价值的,应当对实物予以分割;难以分割或者因分割会减损价值的,应当对折价或者拍卖、变卖取得的价款予以分割。

共有人分割所得的不动产或者动产有瑕疵的,其他共有人应当分担损失。

条文注解

分割共有的不动产或者动产,可以采取各共有人间协商确定的方式。协商的内容,由共有人自由决定,当然须经得共有人全体同意。当无法达成协议时,共有人可提请法院进行裁判分割。裁判分割应遵循本条关于实物分割、变价分割或者折价赔偿的原则规定:(1)实物分割。在不影响共有物的使用价值和特定用途时,可以对共有物进行实物分割。(2)变价分割。如果共有物无法进行实物分割,分割将减损物的使用价值或者改变物的特定用途时，或者共有人都不愿接受共有物时，应当将共有物进行拍卖或者变卖，对所得价款进行分割。(3)折价赔偿。对于不可分割的共有物或者分割将减损其价值的，如果共有人中的一人愿意取得共有物，可以由该共有人取得共有物，并由该共有人向其他共有人作价赔偿。

共有人分割所得的不动产或者动产有瑕疵的，其他共有人应当分担损失，即瑕疵担保责任，包括权利的瑕疵担保责任和物的瑕疵担保责任。前者指共有人应担保第三人就其他共有人分得之物不得主张任何权利；后者指共有人对其他共有人应担保其分得部分于分割前未隐含瑕疵。本款的规定是为了防止共有物分割后，共有人发现权利或者利益受到侵害而得不到赔偿的情况发生。

案例注解

【案例(2021)苏1291民初1627号】朱某、夏某离婚后财产分割案

【基本案情】

原告朱某与被告夏某原系夫妻，两人于××××年××月××日结婚，夫妻关系存续期间，双方购买了车牌号码为苏M×××××的车辆并登记于朱某名下。2017年8月1日，双方在民政局协议离婚，领取了离婚证。双方在离婚协议中约定，“女方名下的汽车(苏M×××××)离婚后归男方所有，女方须在离婚后一个月内协助男方办理汽车更名手续，费用由男方承担”。离婚后，原告多次催促被告一起去办理更名过户手续，被告一直拖着至今未办。为此，原告诉至法院，请求法院判被告将原告名下车牌为苏M×××××的轿车过户至被告名下，原告予以配合，费用原告承担。

【裁判要旨】

《民法典》第304条第1款规定，共有人可以协商确定分割方式。达不成协议，共有的不动产或者动产可以分割且不会因分割减损价值的，应当对实物予以分割；难以分割或者因分割会减损价值的，应当对折价或者拍卖、变卖取得的价款予以分割。本案中，案涉车辆系原被告婚姻存续期间购买并登记于原告名下，为原告、被告共同所有。原告、被告离婚之后，共同签署协议，约定案涉车辆归被告所有，原告协助办理车辆转移手续，该协议系原告、被告真实意思表示，不违反法律法规的强制性规定，合法有效，依法应予保护。双方当事人均应按约履行各自义务，因案涉车辆尚未办理产权变更登记手续，故原告、被告均应当互相协助办理产权变更登记手续，原告诉求符合法律规定和双方约定。

【裁判结果】

2021年9月27日，法院判决车牌号码为苏M×××××车辆归被告夏某所有，原告、被告在本判决生效后1个月内互相协助办理车辆产权变更登记，费用由原告朱某承担。(资料来源：中国裁判文书网)

第三百零五条　【按份共有人的份额处分权和其他共有人的优先购买权】按份共有人可以转让其享有的共有的不动产或者动产份额。其他共有人在同等条件下享有优先购买的权利。

条文注解

法律规定其他共有人优先购买权，是为了简化共有关系，防止因外人的介入而使共有人内部关系趋于复杂。此处优先购买权是共有人相对于非共有人而言的，在共有人之间并无优先的问题。此种优先购买权仅具有债的效力，不得对抗善意第三人。而且共有人有相反的约定的，依其约定。

此处的“同等条件下”，是指其他共有人就购买该份额所给出的价格等条件与欲购买该份额的非共有人相同。即当其他共有人与此外的其他人出价相同时，其他共有人有优先购买的权利。

关联法规

《最高人民法院关于适用〈中华人民共和国民法典〉物权编的解释（一）》第9～10、13条

第三百零六条 【优先购买权的实现方式】按份共有人转让其享有的共有的不动产或者动产份额的，应当将转让条件及时通知其他共有人。其他共有人应当在合理期限内行使优先购买权。

两个以上其他共有人主张行使优先购买权的，协商确定各自的购买比例；协商不成的，按照转让时各自的共有份额比例行使优先购买权。

案例注解

【案例（2021）京0106民初5344号】孙某与杨某房屋买卖合同纠纷案

【基本案情】

位于北京市丰台区某号房屋为原告孙某1与第三人孙某2和孙某3的父母之遗产，上述遗产经（2019）京0106民初30452号民事调解书确定原告孙某1继承29%的份额、孙某2继承37%的份额，孙某3继承34%的份额。原告依据该调解书已取得产权证书。2020年4月3日，原告与被告杨某签署《房屋份额转让协议书》，约定原告将诉争房屋29%的份额转让给被告，被告支付转让款75万元。合同签署后，被告支付了首期款20万元，随后原告多次询问第三人孙某2和孙某3是否按照《房屋份额转让协议书》约定的条件收购其份额，二人均不予回复，并拒绝配合办理过户，因此原告的份额未能过户至被告名下，被告也未支付剩余购房款。因第三人为按份共有人，享有同等条件下的优先购买权。原告认为双方应继续履行合同，依据相关法律之规定，故诉至法院，请求判令将；原告孙某1名下该房屋的29%产权份额过户给被告杨某，判令杨某于上述房屋份额过户之日给付原告孙某1购房尾款55万元。

被告辩称，房屋剩余尾款55万元未支付，如原告配合过户同意支付剩余尾款，愿

意继续履行合同。第三人孙某2和孙某3均辩称不购买原告的份额。

【裁判要旨】

《民法典》第306条第1款规定,按份共有人转让其享有的共有的不动产或者动产份额的,应当将转让条件及时通知其他共有人。其他共有人应当在合理期限内行使优先购买权。本案中,原告孙某1作为涉案房屋的按份共有人,有权处分其共有份额,其与杨某就份额所达成的《房屋份额转让协议书》未违反法律、行政法规的强制性规定,依法有效。而第三人孙某2、孙某3作为按份共有人放弃各自优先购买权利,故其主张有相应事实及合同依据,应予以支持。

【裁判结果】

2021年5月28日,法院判决原告孙某1于本判决生效之日起15日内将案涉房屋的29%产权份额过户给杨某,杨某于产权变更之日支付孙某1剩余份额房价款55万元。(资料来源:中国裁判文书网)

关联法规

《最高人民法院关于适用〈中华人民共和国民法典〉物权编的解释(一)》第11、12条

第三百零七条　【因共同财产产生的债权债务关系的对外、对内效力】因共有的不动产或者动产产生的债权债务,在对外关系上,共有人享有连带债权、承担连带债务,但是法律另有规定或者第三人知道共有人不具有连带债权债务关系的除外;在共有人内部关系上,除共有人另有约定外,按份共有人按照份额享有债权、承担债务,共同共有人共同享有债权、承担债务。偿还债务超过自己应当承担份额的按份共有人,有权向其他共有人追偿。

第三百零八条　【按份共有的推定】共有人对共有的不动产或者动产没有约定为按份共有或者共同共有,或者约定不明确的,除共有人具有家庭关系等外,视为按份共有。

第三百零九条　【按份共有人份额的确定】按份共有人对共有的不动产或者动产享有的份额,没有约定或者约定不明确的,按照出资额确定;不能确定出资额的,视为等额享有。

第三百一十条 【用益物权、担保物权共有的参照适用】两个以上组织、个人共同享有用益物权、担保物权的，参照适用本章的有关规定。

条文注解

本条是关于用益物权和担保物权的准共有的规定。所谓准共有，是指数人按份共有或者共同共有所有权以外的财产权。准共有具有以下特征：(1)准共有的标的物是所有权之外的财产权，包括用益物权、担保物权等。(2)准共有即准用共有的有关规定，各人就所有权之外的财产究竟是准用共同共有还是按份共有，应当视其共有关系而定。(3)准共有准用按份共有或共同共有的前提，是规范该财产权的法律没有特别规定。如果有，则应首先适用该特别规定。

第九章 所有权取得的特别规定

第三百一十一条 【善意取得】无处分权人将不动产或者动产转让给受让人的，所有权人有权追回；除法律另有规定外，符合下列情形的，受让人取得该不动产或者动产的所有权：

（一）受让人受让该不动产或者动产时是善意；

（二）以合理的价格转让；

（三）转让的不动产或者动产依照法律规定应当登记的已经登记，不需要登记的已经交付给受让人。

受让人依据前款规定取得不动产或者动产的所有权的，原所有权人有权向无处分权人请求损害赔偿。

当事人善意取得其他物权的，参照适用前两款规定。

条文注解

善意取得，是指受让人以财产所有权转移为目的，支付对价受让且善意占有该财产，即使出让人无转移所有权的权利，受让人仍取得其所有权。善意取得既适用于动产，又适用于不动产。产生善意取得的法律后果，须同时符合以下条件，三项条件必须同时具备，否则不构成善意取得。(1)受让人受让该不动产或者动产时是善意。受让人受让不动产或者动产时，不知道转让人无处分权，且无重大过失的，应当认定受让人为善意。真实权利人主张受让人不构成善意的，应当承担举证证明责任。(2)以合理的价格转让,即受让人是以合理的价格,以符合一般人认知的正常的市场价格受让该不动产或者动产。(3)转让的不动产或者动产依照法律规定应当登记的已经登记,不需要登记的已经交付给受让人,即交易的不动产或者动产已经依法发生了物权变动的效力。

案例注解

【案例(2021)豫1528民初5386号】黄某要求赵某返还不当得利获法院支持

【基本案情】

2021年,原告黄某无意添加了被告赵某的微信好友。2021年4月29日,原告因向案外人购买活鸭而需支付货款76,860元,但原告错将该笔货款转给了被告赵某,被告随即收取了该笔款项。2021年5月1日,原告才发现自己大意转错账给被告,便要求被告返还该笔转账。被告同意返还并分别于2021年5月7日、12日、17日、21日向原告转回20,000元、10,000元、5000元、5000元,合计40,000元,尚有36,860元至今未返还。此后,原告多次要求被告返还剩余不当得利,被告以种种理由拒不返还,并将原告微信拉黑。原告无奈诉至法院,请求法院判令被告返还不当得利36,860元及利息(利息自起诉之日至清偿完毕之日按全国银行间同业拆借中心公布的一年期贷款市场报价利率计算)。

被告辩称通过微信接收原告转账是事实,被告已经退还40,000元,剩余36,860元没有退还系因原告说话太不客气,被告同意再退还30,000元。

【裁判要旨】

《民法典》第311条第1款规定,无处分权人将不动产或者动产转让给受让人的,所有权人有权追回。本案中,被告赵某微信接收原告黄某转账76,860元没有法律依据,属不当得利,应于返还。被告已经返还40,000元,尚有款项36,860元未予返还。原告要求被告返还剩余款项36,860元的诉讼请求,于法有据。因本次是原告自身错误操作导致,故原告要求被告赔偿损失的诉求没有法律依据,不应支持。

【裁判结果】

2021年9月13日,法院判决被告赵某于本判决生效之日起10日内一次性向原告黄某返还款项36,860元,驳回原告黄某的其他诉讼请求。(资料来源:中国裁判文书网)

关联法规

《最高人民法院关于适用〈中华人民共和国民法典〉物权编的解释(一)》第14~20条,《最高人民法院关于适用〈中华人民共和国民法典〉有关担保制度的解释》第37条

第三百一十二条　【遗失物的善意取得】所有权人或者其他权利人有权追回遗失物。该遗失物通过转让被他人占有的，权利人有权向无处分权人请求损害赔偿，或者自知道或者应当知道受让人之日起二年内向受让人请求返还原物；但是，受让人通过拍卖或者向具有经营资格的经营者购得该遗失物的，权利人请求返还原物时应当支付受让人所付的费用。权利人向受让人支付所付费用后，有权向无处分权人追偿。

条文注解

对于善意取得，有人认为应当规定盗赃物的善意取得。本法不规定盗赃物的善意取得，立法考虑是，对被盗、被抢的财物，所有权人主要通过司法机关依照《刑法》《刑事诉讼法》《治安管理处罚法》等有关法律的规定追缴后退回。在追赃过程中，如何保护善意受让人的权益，维护交易安全和社会经济秩序，可以通过进一步完善有关法律规定解决。

第三百一十三条　【善意取得的动产上原有权利的消灭】善意受让人取得动产后，该动产上的原有权利消灭。但是，善意受让人在受让时知道或者应当知道该权利的除外。

第三百一十四条　【拾得遗失物的返还】拾得遗失物，应当返还权利人。拾得人应当及时通知权利人领取，或者送交公安等有关部门。

条文注解

遗失物是非故意抛弃而丢失的物品。遗失物与废弃物不同，废弃物是故意抛弃之物。丢失遗失物的人，称遗失物丢失人。拾得遗失物，是发现并占有遗失物。拾得遗失物的人，称拾得人。拾得人拾得遗失物，知道遗失物所有人的，应当及时通知其领取，或者送交遗失物。拾得人拾得遗失物，不知道遗失物丢失人的，可以张贴招领告示，寻找遗失物丢失人，也可以将遗失物上缴公安机关或者有关单位。

第三百一十五条　【有关部门收到遗失物的处理】有关部门收到遗失物，知道权利人的，应当及时通知其领取；不知道的，应当及时发布招领公告。

条文注解

公安机关收到遗失物,应当查找遗失物丢失人,请其认领,或者存放在遗失物品招领处,待人认领。自公安机关收到遗失物发布招领公告之日起1年内无人认领的,遗失物归国家所有。公安机关可以拍卖、变卖遗失物,所得价金上缴国库。

第三百一十六条　【拾得人及有关部门妥善保管遗失物义务】拾得人在遗失物送交有关部门前,有关部门在遗失物被领取前,应当妥善保管遗失物。因故意或者重大过失致使遗失物毁损、灭失的,应当承担民事责任。

第三百一十七条　【权利人在领取遗失物时应尽义务】权利人领取遗失物时,应当向拾得人或者有关部门支付保管遗失物等支出的必要费用。

权利人悬赏寻找遗失物的,领取遗失物时应当按照承诺履行义务。

拾得人侵占遗失物的,无权请求保管遗失物等支出的费用,也无权请求权利人按照承诺履行义务。

案例注解

【案例(2021)津0114民初1521号】杨某要求李某归还悬赏金被法院驳回

【基本案情】

原告杨某于2020年4月9日在天津市武清区××镇遗失手机一部。原告多次向遗失手机拨打电话,电话处于无人接听状态。于是原告于4月9日13点57分向遗失手机发送短信,要求捡到手机的人退还手机并愿意支付5000元赎金,被告李某拾得该手机后,用原告遗失的手机向原告拨打了电话,要求原告必须先支付2500元作为诚意金才愿意见面,见面后再支付2500元然后退回手机,共计赎金5000元。被告以短信的形式告知原告加绑定被告另一手机号的微信转账。原告向被告微信转账后与被告约定一地点见面退还手机。见面后原告将2500元在微信平台转账给了被告,被告当即将手机退还给了原告。但原告诉称其回家后发现原告的支付宝转账因多次密码错误已被冻结。原告认为被告试图窃取原告财物。为此,原告诉至法院,请求法院依法判令被告退还原告5000元。

【裁判要旨】

权利人悬赏寻找遗失物的,领取遗失物时应当按照承诺履行义务。本案中,原告遗失手机,被告拾得原告的手机,原告在对拾得人不明确的情况下向遗失手机发送悬赏短信,属于向不特定的人发送的悬赏的意思表示,短信显示若拾得人完成归还遗失手机这一行为,原告愿意给付5000元作为报酬,且被告作为手机的拾得人也给予了联系方式,并按照短信中的特定要求完成了指定行为,原告的广告内容亦不违反我国法律和行政法规的强制性规定。故本案悬赏广告成立。根据诚实信用原则,原告通过悬赏的方式找到遗失物,就应向拾得人即被告履行其在悬赏广告中的义务。被告取得原告给付的5000元系酬金,取得该款额有法律依据,不属于不当得利。

【裁判结果】

2021年4月14日,法院判决驳回原告杨某的诉讼请求。(资料来源:中国裁判文书网)

第三百一十八条 【公告期满无人认领的遗失物归属】遗失物自发布招领公告之日起一年内无人认领的,归国家所有。

第三百一十九条 【拾得漂流物、发现埋藏物或隐藏物】拾得漂流物、发现埋藏物或者隐藏物的,参照适用拾得遗失物的有关规定。法律另有规定的,依照其规定。

条文注解

考虑到《文物保护法》中对构成文物的物(包括漂流物、埋藏物和隐藏物)的权属及处理程序作了详细规定,因此对于文物的处理不宜笼统参照拾得遗失物的有关规定,所以本条规定了但书,"法律另有规定的,依照其规定"。此外,由于遗失物、漂流物、埋藏物和隐藏物的概念在外延上同"文物"的概念存在交叉,无论是遗失物、漂流物、埋藏物还是隐藏物,只要构成"文物",《文物保护法》的规定将优先适用。

关联法规

《文物保护法》第5、41、46条

第三百二十条 【从物所有权的转移】主物转让的,从物随主物转让,但是当事人另有约定的除外。

条文注解

主物与从物是根据两个物之间的关系对物所做的分类。主物,是指为同一所有人所有,需要共同使用才能更好地发挥效用,在两物中起主要作用的物。从物,是指两者中辅助主物发挥效用的物。一般来说,从物须具备以下要件:(1)与主物同属一人所有;(2)能够独立存在;(3)属于附从之物,辅助主物发生作用。为了充分发挥物的效用,从物通常不应与主物相分离,否则可能影响主物功能和价值。

要准确把握本条关于主物转让的,从物随主物转让的一般规则,首先需要对主物和从物的概念进行理解。主物、从物的概念不同于物的整体与其重要成分之间的关系。物的重要成分是物的组成部分,而主物和从物在聚合之前分别为独立的物,如自行车与车锁,在聚合之前为独立的物。在聚合之后,根据它们的作用可以决定主从关系,并决定权利的变动。但物的重要成分与物的整体本身就是一个物,如汽车与其发动机,如果没有发动机的作用,汽车就不能称为汽车,也就无法发挥它的整体效用。因此法律上的规则是,不许可在物的整体上和该物的重要成分上分设两个独立的权利;而主物从物之间的关系却不同,在从物随主物转让的一般规则下,均承认当事人例外约定的效力。例如,甲将自行车出售给乙,完全可以约定自行车车锁不出售仍由甲所有。

第三百二十一条 【天然孳息和法定孳息的归属】天然孳息,由所有权人取得;既有所有权人又有用益物权人的,由用益物权人取得。当事人另有约定的,按照其约定。

法定孳息,当事人有约定的,按照约定取得;没有约定或者约定不明确的,按照交易习惯取得。

条文注解

天然孳息,是指依物的自然属性所产生的物。天然孳息的范围非常广,主要来自种植业和养殖业,如耕作土地获得粮食和其他出产物,种植果树产生果实,包括竹木的枝根,养殖牲畜获得各种仔畜和奶产品等。

法定孳息,是指依一定的法律关系由原物所生的物,是原物的所有权人进行租赁、投资等特定的民事法律活动而应当获得的合法收益。如房屋出租所得的租金,依股本金所得的股息等。法定孳息的归属当事人有约定的,按照约定取得;没有约定或者约定不明确的,按照交易习惯取得。交易习惯通常是,孳息在没有与原物分离以前,由原物所有权人享有,原物所有权转移后,孳息的所有权随之转移。

第三百二十二条 【添附取得物的归属】因加工、附合、混合而产生的物的归属,有约定的,按照约定;没有约定或者约定不明确的,依照法律规定;法律没有规定的,按照充分发挥物的效用以及保护无过错当事人的原则确定。因一方当事人的过错或者确定物的归属造成另一方当事人损害的,应当给予赔偿或者补偿。

条文注解

加工、附合、混合统称添附，是指不同所有人的物被结合、混合在一起成为一个新物，或者利用别人之物加工成为新物的事实状态。其中，附合、混合为物与物相结合，加工为劳力与他人之物相结合。添附的发生有的基于人的行为，也有的基于自然的偶然因素。添附包括三种情况：(1)加工。加工是指将他人的物加工制造成新物。加工是一种事实行为，是劳动与动产的结合，包括劳力、知识技术与时间的投入。(2)附合。附合是指不同所有人的物密切结合在一起而成为一种新物，如误将他人的油漆刷了自己的墙。(3)混合。混合是指不同所有人的物掺合、融合在一起而成为新物，从而无法识别，或者虽有办法识别分离，但若进行识别分离则经济上不合理。混合和附合不同之处在于，混合后各所有人的原物已达不能凭视觉识别的程度。

根据本条的规定，因加工、附合、混合而产生的物的归属，按照以下原则确定：(1)有约定的，按照约定。(2)没有约定或者约定不明确的，依照法律规定。(3)没有约定，法律没有规定的，按照充分发挥物的效用以及保护无过错当事人的原则确定。发挥物的效用原则，是指物归属于哪一方更能发挥物的效用就归属于哪一方。(4)因一方当事人的过错或者确定物的归属造成另一方当事人损害的，应当给予赔偿或者补偿。

案例注解

【案例】某金属表面处理公司与某铁塔公司破产债权确认纠纷案

【基本案情】

2019年8月，某金属表面处理公司向某铁塔公司租赁厂房及生产线，租赁期限为10年，同时约定某金属表面处理公司经某铁塔公司同意可以对厂房、设备等进行扩建、改造，但其投资建设的一切固定设施、建筑物均归某铁塔公司所有。之后，某金属表面处理公司使用租赁厂房和生产线进行生产经营，并投入大量资金对厂房、生产线进行改造。2020年7月，某铁塔公司进入破产清算程序，人民法院依法指定管理人接管某铁塔公司。2020年9月，管理人通知某金属表面处理公司解除前述租赁合同。某金属表面处理公司诉至法院，请求确认其购买设备及改造车间费用、遣散工人费用、部分停产停业损失为某铁塔公司的共益债务。

【裁判要旨】

本案纠纷虽然发生在《民法典》施行前，但根据《最高人民法院关于适用〈中华人民共和国民法典〉时间效力的若干规定》第3条，本案可以适用《民法典》关于添附制度的新规定。租赁合同解除后，某金属表面处理公司对租赁标的物所作配套投入形成的添附物所有权依约归某铁塔公司所有。因某铁塔公司进入破产程序而提前解除合同，添附物归属于某铁塔公司导致某金属表面处理公司存在一定损失，依照《民法典》第322条“因一方当事人的过错或者确定物的归属造成另一方当事人损害的，应当给予赔偿或者补偿”的规定精神，某铁塔公司应对某金属表面处理公司的损失承担赔偿责任。由于某铁塔公司对某金属表面处理公司所负赔偿责任并非破产程序开始后为了全体债权人的共同利益而负担的债务，不能认定为共益债务。

【裁判结果】

法院判决确认某金属表面处理公司对某铁塔公司享有普通债权334.3万元。(资料来源:最高人民法院网)

第三分编 用益物权

第十章 一般规定

第三百二十三条 【用益物权的定义】用益物权人对他人所有的不动产或者动产,依法享有占有、使用和收益的权利。

条文注解

用益物权是权利人对他人所有的不动产或者动产,依法享有占有、使用和收益的权利。用益物权是以对他人所有的物为使用、收益的目的而设立的,因而被称作"用益"物权。"占有"是对物的实际控制。"使用"是依物的自然属性、法定用途或者约定的方式,对物进行实际上的利用。"收益"是通过对物的利用而获取经济上的收入或者其他利益。

第三百二十四条 【国有和集体所有自然资源的用益物权】国家所有或者国家所有由集体使用以及法律规定属于集体所有的自然资源,组织、个人依法可以占有、使用和收益。

第三百二十五条 【自然资源使用制度】国家实行自然资源有偿使用制度,但是法律另有规定的除外。

关联法规

《土地管理法》第2条,《矿产资源法》第6条,《水法》第7条

第三百二十六条 【用益物权人权利的行使】用益物权人行使权利,应当遵守法律有关保护和合理开发利用资源、保护生态环境的规定。所有权人不得干涉用益物权人行使权利。

案例注解

【案例(2021)辽1481民初2841号】某村委会要求收回池塘被法院驳回

【基本案情】

2002年9月30日,原告某村委会与被告张某签订《合同书》,原告将其山楂园地5.4亩承包给被告经营管理,期限30年,2002年9月30日至2032年9月30日止,承包费从2006年7月11日起开始,按村委会的规定承包费标准收取,包括农业税等其他费用。2006年3月3日,原告收取被告1万元承包费,原告则为被告出具专用收款收据一张,事由一栏中载明:某承包费,水面归张华使用,但必须保证村民种地用水。后被告一直管理和使用该池塘。2016年8月5日,原告收取被告承包费7928元,原告则为被告出具专用收款收据一张,其中在事由一栏中载明:收山楂园地5.4亩,2016年前补交地款。原告合计收取被告承包费17,928元。2021年5月24日,原告制作《解除合同通知》,并将该通知送达给被告。而被告接到该《解除合同通知》后,将该《解除合同通知》送回给原告,但未将案涉的池塘归还给原告。原告诉至法院,要求被告停止侵害、排除妨害、返还某村大拐子池塘,并要求被告向原告支付池塘使用费8万元。

被告认为原告的诉讼请求无事实和法律依据,依法应当驳回原告的诉讼请求。

【裁判要旨】

《民法典》第326条规定:用益物权人行使权利,应当遵守法律有关保护和合理开发利用资源、保护生态环境的规定。所有权人不得干涉用益物权人行使权利。本案中,原告在收取承包费时,在专用收款收据事由一栏载明:水面归张某使用。被告管理和使用池塘已10多年,而原告在起诉前又向被告送达《解除合同通知》,以上足以证明原告与被告之间存在池塘使用合同关系。虽原告在起诉前向被告送达了《解除合同通知》,但被告在接到通知后就将通知书送回给被告,并表示不同意解除合同关系,故该《解除合同通知》未发生解除合同效力。现被告对案涉池塘具有用益物权,其有权使用案涉池塘。

【裁判结果】

2021年8月26日,法院依法判决驳回原告某村村民委员会的诉讼请求。(资料来源:中国裁判文书网)

关联法规

《宪法》第9、10条,《土地管理法》第3、4、30条,《矿产资源法》第4、37、39条,《农村土地承包法》第1、18条

第三百二十七条 【用益物权人因征收、征用有权获得补偿】因不动产或者动产被征收、征用致使用益物权消灭或者影响用益物权行使的,用益物权人有权依据本法第二百四十三条、第二百四十五条的规定获得相应补偿。

条文注解

征收和征用,应当遵循三个原则:一是公共利益需要的原则。实施征收、征用,必须是出于公共利益的需要,这是征收、征用的前提条件。公共利益通常是指全体社会成员的共同利益和社会的整体利益。二是依照法定程序的原则。征收、征用在一定程度上限制了他人的财产权。为了防止这种手段的滥用,平衡他人财产保护和公共利益需要的关系,征收、征用必须严格依照法律规定的程序进行。三是依法给予补偿的原则。尽管征收和征用是为了公共利益需要,但都不能采取无偿剥夺的方式,必须依法给予补偿。补偿的方式应视财产的类别而加以区别对待。在征收过程中,征收的对象一般都是不动产,并且所有权会改变,一般都要给予金钱补偿、相应的财产补偿或者其他形式的补偿。在征用过程中,如果是非消耗品,使用结束后,原物还存在的,应当返还原物,对于物的价值减少的部分要给予补偿;如果是消耗品,通常要给予金钱补偿。

关联法规

《土地管理法》第48条

第三百二十八条 【海域使用权的法律保护】依法取得的海域使用权受法律保护。

第三百二十九条 【合法探矿权等权利的法律保护】依法取得的探矿权、采矿权、取水权和使用水域、滩涂从事养殖、捕捞的权利受法律保护。

第十一章 土地承包经营权

第三百三十条 【双层经营体制与土地承包经营制度】农村集体经济组织实行家庭承包经营为基础、统分结合的双层经营体制。

农民集体所有和国家所有由农民集体使用的耕地、林地、草地以及其他用于农业的土地,依法实行土地承包经营制度。

关联法规

《农村土地承包法》第1～3条

第三百三十一条　【土地承包经营权的定义】土地承包经营权人依法对其承包经营的耕地、林地、草地等享有占有、使用和收益的权利，有权从事种植业、林业、畜牧业等农业生产。

关联法规

《土地管理法》第13条，《农村土地承包法》第8～11、17条

第三百三十二条　【土地承包期】耕地的承包期为三十年。草地的承包期为三十年至五十年。林地的承包期为三十年至七十年。

前款规定的承包期限届满，由土地承包经营权人依照农村土地承包的法律规定继续承包。

第三百三十三条　【土地承包经营权的设立和登记】土地承包经营权自土地承包经营权合同生效时设立。

登记机构应当向土地承包经营权人发放土地承包经营权证、林权证等证书，并登记造册，确认土地承包经营权。

条文注解

要确定取得土地承包经营权的时间，就必须根据承包合同的生效时间判断。根据合同法的基本原则，合同的生效必须以合同的成立为基础。合同的成立是指订约当事人就合同的主要内容形成合意。对于合同的成立时间，《合同法》及《民法典》合同编都有规定，一般而言，承诺生效时合同成立。合同编还对书面形式合同的成立作出了规定，即当事人采用合同书形式订立合同的，自双方当事人签名、盖章或者捺印时成立。《农村土地承包法》明确规定土地承包合同应当采用书面形式。因此，承包合同成立的时间应当是当事人签名、盖章或者捺印之时。

需要注意的是，根据本法第223条的规定，不动产登记费按件收取，不得按照不动产的面积、体积或者价款的比例收取。

关联法规

《农村土地承包法》第22~24条

第三百三十四条　【土地承包经营权的互换、转让】土地承包经营权人依照法律规定,有权将土地承包经营权互换、转让。未经依法批准,不得将承包地用于非农建设。

案例注解

【案例(2021)新2723民初523号】原告A与被告B的土地承包经营权案

【基本案情】

2020年7月30日原告A将自己的24亩土地以每亩405元的价格承包给了被告B,合计承包费9720元,原被告双方并未签订书面合同,承包款是被告以现金方式支付给了原告。被告承诺如果承包的土地价格增加了,愿意补交差价。现在农业队出具了一份证明,证明该土地以招标的方式以每亩695元的价格给了被告。被告没有兑现承诺,原告的主要收入来源是土地种植,而且原告是老年人没有固定的收入来源,被告的这种不予补交差价的行为给原告带来了经济损失。为此,原告诉至法院,请求法院依法判令被告向原告立即补交24亩地增加的差价6960元(695元×24亩-405元×24亩)。

被告辩称,其认可原告的诉讼请求,愿意向原告支付土地承包费的差价款。

【裁判要旨】

依法成立的土地承包经营权受法律保护。本案是一起土地承包经营权纠纷案件,原告将其拥有经营权的24亩土地交由被告经营种植,原告、被告双方即建立了土地承包经营权的法律关系,且原告、被告双方口头约定的承包内容并不违反法律规定,属合法有效合同。原告、被告双方均应按照合同的约定履行各自的合同义务。被告认可原告的诉讼请求,故对于原告主张的土地承包费6960元的诉讼请求,依法应予以支持。

【裁判结果】

2021年9月18日,法院判决被告于本判决生效之日起10日内向原告支付土地承包费6960元。(资料来源:中国裁判文书网)

关联法规

《农村土地承包法》第7、10、29~47条,《农村土地经营权流转管理办法》,《农村土地承包合同管理办法》

第三百三十五条 【土地承包经营权互换、转让的登记】土地承包经营权互换、转让的，当事人可以向登记机构申请登记；未经登记，不得对抗善意第三人。

条文注解

根据本条的规定，土地承包经营权互换、转让的，当事人要求登记的，应当向登记机构申请办理登记。申请登记时，应当提交土地变更登记申请书及相关资料，内容包括转让人与受让人的姓名、住所，土地坐落、面积、用途，土地承包合同、土地承包经营权转让或者互换合同、土地承包经营权证书，以及登记部门要求提供的其他文件。登记部门收到变更登记的申请及上述文件后，经调查、审核，符合变更登记规定的，变更注册登记，更换或者更改土地承包经营权证书。

第三百三十六条 【承包地的调整】承包期内发包人不得调整承包地。

因自然灾害严重毁损承包地等特殊情形，需要适当调整承包的耕地和草地的，应当依照农村土地承包的法律规定办理。

条文注解

关于在哪些情况下可以调整承包地，本条第2款规定是“因自然灾害严重毁损承包地等特殊情形”，即只有在特殊情形下，才可以适当调整承包地。在一般情形下，不应当采取调整承包地的方法，而应当主要通过土地流转，发展第二产业、第三产业等途径，用市场的办法解决。这里的“特殊情形”，主要是指部分农户因自然灾害严重毁损承包地的。当然，在承包方发生了因自然灾害严重毁损承包地等特殊情形需要调整土地时，并不必然发生对个别农户之间承包的耕地和草地进行调整，如果集体经济组织依法预留了机动地，或者有通过依法开垦等方式增加的土地，或者发包方依法收回和承包方依法、自愿交回的土地，应当先用这些土地解决无地农民的承包地问题，只有在没有上述土地的情况下，才可以对个别农户之间承包的耕地和草地进行适当调整。需要指出的是，人地矛盾突出并不是调整承包地的事由。根据《中共中央、国务院关于保持土地承包关系稳定并长久不变的意见》的规定，稳定承包关系必须继续提倡“增人不增地、减人不减地”原则。

关联法规

《农村土地承包法》第28～31条

第三百三十七条 【承包地的收回】承包期内发包人不得收回承包地。法律另有规定的，依照其规定。

关联法规

《农村土地承包法》第27条

第三百三十八条 【承包地的征收补偿】承包地被征收的，土地承包经营权人有权依据本法第二百四十三条的规定获得相应补偿。

关联法规

《土地管理法》第47、48条，《农村土地承包法》第17条

第三百三十九条 【土地经营权的流转】土地承包经营权人可以自主决定依法采取出租、入股或者其他方式向他人流转土地经营权。

条文注解

根据党中央、国务院出台的一系列关于"三权分置"的文件精神，"三权"分别是指集体所有权、农户承包权和土地经营权。"三权"中，农村土地集体所有权是土地承包经营权的前提，是农村基本经营制度的根本，必须得到充分体现和保障。农户享有土地承包权是农村基本经营制度的基础，是集体所有的具体实现形式，要稳定现有土地承包关系并保持长久不变。在土地流转中，从承包方的土地承包经营权中派生出土地经营权。赋予流转受让方更有保障的土地经营权，是完善农村基本经营制度的关键。根据本条的规定，土地承包经营权人可以自主决定依法采取出租、入股或者其他方式向他人流转土地经营权。具体而言，土地经营权流转的方式主要有三种：(1)出租。出租就是承包方以与非本集体经济组织成员的受让方签订租赁合同的方式设立土地经营权，由受让方在合同期限内占有、使用承包地，并按照约定向承包方支付租金。(2)入股。入股就是承包方将土地经营权作为出资方式，投入到农民专业合作社、农业公司等，并按照出资协议约定取得分红。承包方以土地经营权入股后，即成为农民专业合作社的成员或者公司的股东，享有法律规定的合作社成员或公司股东的权利，可以参与合作社、公司的经营管理，与其他成员、股东一道共担风险、共享收益。(3)其他方式。其他方式就是出租、入股之外的方式，比如，根据《农村土地承包法》第47条第1款的规定，承包方可以用承包地的土地经营权向金融机构融资担保。这也是一种设立土地经营权的方式。在当事人以土地经营权设定担保物权时，一旦债务人未能偿还到期债务，担保物权人就有权就土地经营权优先受偿。

案例注解

【案例(2021)陕0825民初2406号】某村民小组主张承包合同无效被法院驳回

【基本案情】

2000年3月8日,原告发包方某村民小组与承包方该村村民被告白某签订了《土地承包合同》,该合同约定"经甲乙双方认真协商,甲方愿将村西树林西畔土地承包给乙方,特立此合同,以便共同遵守执行。一、地名:西海子滩。二、四至及亩数:南靠四十铺地、三十井地;西至生地畔地;北靠南小沙地;东至本村树畔,共计土地捌佰亩。其中现耕地伍佰亩,荒地叁佰亩。三、承包期限:伍拾年。从2000年3月8日起至2050年3月8日止。四、承包方式:甲方愿将此地以叁仟元人民币承包给乙方,自签订本合同之日乙方一次性付给甲方所有承包款,乙方即行使经营权。五、双方责任:在承包期间内,乙方不得将土地转包他人,在国家政策允许的情况下,乙方可根据实际需要改变土地用途,甲方不得干涉,如甲方违约,应付乙方一切经济损失,并负违约金壹拾万元。如乙方违约,甲方有权无偿终止合同。此合同一式四份,甲、乙双方各执一份,中介单位某村委执一份,公正单位某司法所执一份,本合同自签订之日生效。附:某村民同意白某承包此地花户户主签名表。"现原告以时任该村小组组长夏某未经村民小组集体研究决定违规将涉本案争议土地承包给被告白某为由,将白某、夏某诉至法院,请求法院依法确认《土地承包合同》无效,由被告返还以欺诈手段伪造虚假合同窃取的800亩土地。

被告白某辩称:原告的事实与理由相互矛盾。被告夏某辩称:土地承包合同是真实有效。

【裁判要旨】

土地承包经营权人依法对其承包经营的耕地、林地、草地等享有占有、使用和收益的权利,有权从事种植业、林业、畜牧业等农业生产。土地承包经营权维护的是承包经营权人依法享有的权利。承包期内发包人不得收回承包地。本案中,原告与被告之间签订的《土地承包合同》合法有效,被告权益应受法律保护。原告诉求于法无据,应予驳回。

【裁判结果】

2021年6月7日,法院判决驳回原告某村小组的诉讼请求。(资料来源:中国裁判文书网)

关联法规

《农村土地承包法》第36、47条,《关于开展土地经营权入股发展农业产业化经营试点的指导意见》

第三百四十条　【土地经营权的定义】土地经营权人有权在合同约定的期限内占有农村土地,自主开展农业生产经营并取得收益。

条文注解

土地经营权是受让方根据流转合同的约定对承包方承包的农村土地依法占有，利用其开展农业生产经营并取得收益的权利。土地经营权的权利主体就是根据土地经营权流转合同取得土地经营权的自然人或者组织。在承包方设立土地经营权后，受让方即成为土地经营权人。土地经营权人可以是自然人，也可以是法人；可以是本集体经济组织的自然人，也可以是非本集体经济组织的自然人；可以是农民专业合作社，也可以是从事农业生产经营的公司。

根据物权编及《农村土地承包法》等相关法律规定，土地经营权人的权利具体包括以下几个方面的内容：(1)占有权；(2)使用权；(3)收益权；(4)改良土壤、建设附属设施的权利；(5)再流转的权利；(6)以土地经营权融资担保的权利；(7)其他权利。

关联法规

《农村土地承包法》第43、46、47条

第三百四十一条 【土地经营权的设立及登记】流转期限为五年以上的土地经营权，自流转合同生效时设立。当事人可以向登记机构申请土地经营权登记；未经登记，不得对抗善意第三人。

关联法规

《农村土地承包法》第41、56条

第三百四十二条 【其他方式承包的土地经营权流转】通过招标、拍卖、公开协商等方式承包农村土地，经依法登记取得权属证书的，可以依法采取出租、入股、抵押或者其他方式流转土地经营权。

关联法规

《农村土地承包法》第48、49条

第三百四十三条 【国有农用地实行承包经营的参照适用】国家所有的农用地实行承包经营的，参照适用本编的有关规定。

关联法规

《土地管理法》第13条

第十二章　建设用地使用权

第三百四十四条　【建设用地使用权的定义】建设用地使用权人依法对国家所有的土地享有占有、使用和收益的权利，有权利用该土地建造建筑物、构筑物及其附属设施。

条文注解

出让人通过设立建设用地使用权，使建设用地使用权人对国家所有的土地享有了占有、使用和收益的权利，建设用地使用权人可以利用该土地建造建筑物、构筑物及其附属设施。建设用地包括住宅用地、公共设施用地、工矿用地、交通水利设施用地、旅游用地、军事设施用地等。本条中的建筑物主要是指住宅、写字楼、厂房等；构筑物主要是指不具有居住或者生产经营功能的人工建造物，如道路、桥梁、隧道、水池、水塔、纪念碑等；附属设施主要是指附属于建筑物、构筑物的一些设施。

关联法规

《城市房地产管理法》第二章

第三百四十五条　【建设用地使用权的分层设立】建设用地使用权可以在土地的地表、地上或者地下分别设立。

第三百四十六条　【建设用地使用权的设立原则】设立建设用地使用权，应当符合节约资源、保护生态环境的要求，遵守法律、行政法规关于土地用途的规定，不得损害已经设立的用益物权。

第三百四十七条　【建设用地使用权的设立方式】设立建设用地使用权，可以采取出让或者划拨等方式。

工业、商业、旅游、娱乐和商品住宅等经营性用地以及同一土地有两个以上意向用地者的，应当采取招标、拍卖等公开竞价的方式出让。

严格限制以划拨方式设立建设用地使用权。

条文注解

建设用地使用权出让的方式主要有两种:有偿出让和无偿划拨。有偿出让是建设用地使用权出让的主要方式,是指出让人将一定期限的建设用地使用权出让给建设用地使用权人使用,建设用地使用权人向出让人支付一定的出让金。有偿出让的方式主要包括拍卖、招标和协议等。划拨是无偿取得建设用地使用权的一种方式,是指县级以上人民政府依法批准,在建设用地使用权人缴纳补偿、安置等费用后将该幅土地交付其使用,或者将建设用地使用权无偿交付给建设用地使用权人使用的行为。划拨土地没有期限的规定。

关联法规

《土地管理法》第54条,《城市房地产管理法》第8、13、23、24条

第三百四十八条 【建设用地使用权出让合同】通过招标、拍卖、协议等出让方式设立建设用地使用权的，当事人应当采用书面形式订立建设用地使用权出让合同。

建设用地使用权出让合同一般包括下列条款：

(一)当事人的名称和住所；

(二)土地界址、面积等；

(三)建筑物、构筑物及其附属设施占用的空间；

(四)土地用途、规划条件；

(五)建设用地使用权期限；

(六)出让金等费用及其支付方式；

(七)解决争议的方法。

关联法规

《城市房地产管理法》第15条

第三百四十九条 【建设用地使用权的登记】设立建设用地使用权的，应当向登记机构申请建设用地使用权登记。建设用地使用权自登记时设立。登记机构应当向建设用地使用权人发放权属证书。

关联法规

《土地管理法》第12条，《城市房地产管理法》第60条

第三百五十条 【土地用途管制制度】建设用地使用权人应当合理利用土地，不得改变土地用途；需要改变土地用途的，应当依法经有关行政主管部门批准。

关联法规

《土地管理法》第4、54条，《城市房地产管理法》第18、44条

第三百五十一条 【建设用地使用权人支付出让金等费用的义务】建设用地使用权人应当依照法律规定以及合同约定支付出让金等费用。

案例注解

【案例(2021)内2531民初1062号】某县自然资源局要求某房地产有限公司支付建设用地使用权出让金获法院支持

【基本案情】

被告某房地产公司于2××9年10月30日通过政府招拍挂取得位于侧宗地的国有建设用地使用权，原告某自然资源局与被告双方签订了编号为2××9078《国有建设用地使用权出让合同》，合同的主要内容：出让宗地编号为2××9－24，宗地用途为城镇住宅、其他商服用地，出让宗地面积为42,382平方米，每平方米750.40元，出让总价款为31,803,500元，建筑总面积为82,644.9平方米，建筑容积率不高于1.95不低于1；支付方式为分二期向出让人支付国有建设用地使用权出让价款，2××9年11月29日前给付15,901,750元，2020年10月30日给付15,901,750元，自2××9年11月29日至2020年10月30日第二期土地出让金15,901,750元产生利息675,824.4元，利率按照央行同期贷款利率4.25%计算。违约责任：受让人不能按时支付国有建设用地使用权出让价款的，自滞纳之日起，每日按迟延支付款项的千分之一向出让人缴纳滞纳金，延期付款超过60日，经出让人催交后仍不能支付的，出让人

有权解除合同,受让人无权要求返还定金,出让人并可请求受让人赔偿损失。

合同签订之后,原告依约履行完毕,被告未按时支付第二期土地出让金,经原告多次催要,被告尚欠土地出让金1,000,000元、利息675,900元未支付,同时根据合同约定,自2020年10月31日产生滞纳金,按每日1000元标准计算至2021年4月30日,累计182天,合计182,000元。为此,原告诉至法院,请求法院判决被告支付各项款项1,857,900元,维护原告及国家合法权益。

【裁判要旨】

建设用地使用权人应当依照法律规定以及合同约定支付出让金等费用。原告、被告对双方签订的《国有建设用地使用权出让合同》均无异议,是双方当事人的真实意思表示,应为合法有效,依法成立的合同对双方当事人具有约束力。原告按照合同约定将宗地交付被告,被告亦应按照合同约定向原告支付出让金,故原告要求被告支付出让金1,000,000元于法有据,应予支持。

【裁判结果】

2021年9月8日,法院判决被告某房地产有限公司于本判决生效后15日内向原告某县自然资源局支付土地出让金1,000,000元,支付第二期土地出让金产生的利息675,824.4元;驳回原告的其他诉讼请求。(资料来源:中国裁判文书网)

第三百五十二条 【建设用地使用权人建造的建筑物等设施的权属】建设用地使用权人建造的建筑物、构筑物及其附属设施的所有权属于建设用地使用权人,但是有相反证据证明的除外。

条文注解

建设用地使用权人建造的建筑物、构筑物及其附属设施由建设用地使用权人所有作为通常情况,但仍然存在以下例外:一部分市政公共设施,是通过开发商和有关部门约定,由开发商在房地产项目开发中配套建设的,但是所有权归国家。另一部分设施,其性质属于市政公用,其归属就应当按照有充分的证据证明的事先约定来确定,而不是当然地归建设用地使用权人。后续通过房地产交易成为建设用地使用权人的权利人也应当尊重这种权属划分。

掌握本条规定还应当注意,这里规定的建筑物、构筑物及其附属设施必须是合法建造产生的。对于非法占地、违规搭建,《土地管理法》第74、77、83条以及其他法律法规的有关规定都明确规定了制裁措施,这种违章建筑会被没收和强制拆除,更不会产生合法的所有权,因此并不在本条的调整范围内。

关联法规

《土地管理法》第74、77、83条

第三百五十三条　【建设用地使用权的流转方式】建设用地使用权人有权将建设用地使用权转让、互换、出资、赠与或者抵押，但是法律另有规定的除外。

关联法规

《土地管理法》第2条，《城市房地产管理法》第39、40、48、51条，《城镇国有土地使用权出让和转让暂行条例》第19条

第三百五十四条　【处分建设用地使用权的合同形式和期限】建设用地使用权转让、互换、出资、赠与或者抵押的，当事人应当采用书面形式订立相应的合同。使用期限由当事人约定，但是不得超过建设用地使用权的剩余期限。

关联法规

《城市房地产管理法》第15条，《城镇国有土地使用权出让和转让暂行条例》第20～22条

第三百五十五条　【建设用地使用权流转后变更登记】建设用地使用权转让、互换、出资或者赠与的，应当向登记机构申请变更登记。

案例注解

【案例(2020)赣0826民初1229号】建设用地使用权转让未经登记被判合同无效

【基本案情】

原告吴某禄、被告张某家在2018年4月18日通过协议，由被告张某家转让150平方米土地给原告。第二天，被告肖某萍出具收条，注明收到原告土地款50,000元。由于被告承诺可以短期内办理土地过户手续，并让原告先打基脚。这样，原告花费5万余元去打基脚。之后，原告要求被告办理土地过户手续，无奈被告没有取得权利证书，根本无法为原告过户，致使原告的合同目的不能实现，且给原告造成了重大损失。为此，原告诉至法院，请求依法确认2018年4月18日原告、被告双方签订的协议书无效；判令二被告连带返还原告购地款50,000元，连带赔偿原告损失52,345元；返还原告4200元。

【裁判要旨】

建设用地使用权转让、互换、出资或者赠与的，应当向登记机构申请变更登记。

本案中,不动产登记局于2016年10月13日颁发的证书载明,涉案国有建设用地使用权的权利人系邓某兰,被告张某家和肖某萍未取得涉案地块的国有建设用地使用权,对涉案地块无处分权,故原告与被告张某家于2018年4月18日签订的《协议书》应属无效。

【裁判结果】

2020年6月8日,法院判决确认原告与被告于2018年4月18日签订的《协议书》无效;被告返还原告吴某禄购地款50,000元、建房款52,345元、砖款4200元。(资料来源:中国裁判文书网)

关联法规

《不动产登记暂行条例》

第三百五十六条 【建筑物等设施随建设用地使用权的流转而一并处分】建设用地使用权转让、互换、出资或者赠与的,附着于该土地上的建筑物、构筑物及其附属设施一并处分。

关联法规

《城市房地产管理法》第32条,《城镇国有土地使用权出让和转让暂行条例》第23、33条

第三百五十七条 【建设用地使用权随建筑物等设施的流转而一并处分】建筑物、构筑物及其附属设施转让、互换、出资或者赠与的,该建筑物、构筑物及其附属设施占用范围内的建设用地使用权一并处分。

关联法规

《民法典》第365、397、398条,《城市房地产管理法》第32条,《城镇国有土地使用权出让和转让暂行条例》第24、33条

第三百五十八条 【建设用地使用权提前收回及其补偿】建设用地使用权期限届满前,因公共利益需要提前收回该土地的,应当依据本法第二百四十三条的规定对该土地上的房屋以及其他不动产给予补偿,并退还相应的出让金。

关联法规

《土地管理法》第58条

第三百五十九条　【建设用地使用权的续期】住宅建设用地使用权期限届满的,自动续期。续期费用的缴纳或者减免,依照法律、行政法规的规定办理。

非住宅建设用地使用权期限届满后的续期,依照法律规定办理。该土地上的房屋以及其他不动产的归属,有约定的,按照约定;没有约定或者约定不明确的,依照法律、行政法规的规定办理。

条文注解

国家通过出让的方式,使建设用地使用权人获得一定期限内利用土地的权利。根据《城镇国有土地使用权出让和转让暂行条例》的规定,土地使用权出让的最高年限:居住用地70年;工业用地50年;教育、科技、文化、卫生、体育用地50年;商业、旅游、娱乐用地40年;综合或者其他用地50年。因此,建设用地使用权期限届满后,面临建设用地使用权如何续期的问题。本条住宅建设用地使用权期限届满的,自动续期。而非住宅建设用地的续期不是自动续期,需要根据法律规定办理。为什么非住宅建设用地使用权没有采取自动续期的规定?这是因为非住宅建设用地和住宅建设用地有较大的区别。非住宅建设用地的使用期限相对比较短,使用用途也各不相同。有的建设用地使用权人仅需要在特定的期限内使用建设用地,过了该期限,就没有使用该土地的必要。因此,不宜将自动续期作为非住宅建设用地使用权适用的一般原则,是否续期应当由建设用地使用权人自己决定。根据本条第2款的规定,非住宅建设用地使用权期限届满后的续期,依照法律规定办理,即建设用地使用权可以在建设用地使用权期限届满前1年申请续期。只要建设用地使用权人提出续期的要求,出让人就应当同意,只有在公共利益需要使用该建设用地的情况下,出让人才有权拒绝建设用地使用权人续期的要求,收回该土地。

关联法规

《城市房地产管理法》第22条

第三百六十条　【建设用地使用权注销登记】建设用地使用权消灭的,出让人应当及时办理注销登记。登记机构应当收回权属证书。

第三百六十一条 【集体所有土地作为建设用地的法律适用】集体所有的土地作为建设用地的,应当依照土地管理的法律规定办理。

第十三章 宅基地使用权

第三百六十二条 【宅基地使用权的定义】宅基地使用权人依法对集体所有的土地享有占有和使用的权利,有权依法利用该土地建造住宅及其附属设施。

关联法规

《宪法》第10条,《土地管理法》第9条

第三百六十三条 【宅基地使用权取得、行使和转让的法律适用】宅基地使用权的取得、行使和转让,适用土地管理的法律和国家有关规定。

条文注解

《土地管理法》第62条规定,农村村民一户只能拥有一处宅基地,其宅基地的面积不得超过省、自治区、直辖市规定的标准。人均土地少、不能保障一户拥有一处宅基地的地区,县级人民政府在充分尊重农村村民意愿的基础上,可以采取措施,按照省、自治区、直辖市规定的标准保障农村村民实现户有所居。农村村民建住宅,应当符合乡(镇)土地利用总体规划、村庄规划,不得占用永久基本农田,并尽量使用原有的宅基地和村内空闲地。编制乡(镇)土地利用总体规划、村庄规划应当统筹并合理安排宅基地用地,改善农村村民居住环境和条件。农村村民住宅用地,由乡(镇)人民政府审核批准;其中,涉及占用农用地的,依照《土地管理法》第44条的规定办理审批手续。农村村民出卖、出租、赠与住宅后,再申请宅基地的,不予批准。国家允许进城落户的农村村民依法自愿有偿退出宅基地,鼓励农村集体经济组织及其成员盘活利用闲置宅基地和闲置住宅。国务院农业农村主管部门负责全国农村宅基地改革和管理有关工作。

关联法规

《土地管理法》第62条,《自然资源部关于加快宅基地和集体建设用地使用权确权登记工作的通知》,《中央农村工作领导小组办公室、农业农村部关于进一步加强农村宅基地管理的通知》

第三百六十四条 【宅基地的灭失和重新分配】宅基地因自然灾害等原因灭失的,宅基地使用权消灭。对失去宅基地的村民,应当依法重新分配宅基地。

第三百六十五条 【宅基地使用权变更和注销登记】已经登记的宅基地使用权转让或者消灭的,应当及时办理变更登记或者注销登记。

关联法规

《土地登记规则》第37、39、56、58条

第十四章 居 住 权

第三百六十六条 【居住权的定义】居住权人有权按照合同约定,对他人的住宅享有占有、使用的用益物权,以满足生活居住的需要。

条文注解

居住权,是指居住权人对他人所有住宅的全部或者部分及其附属设施,享有占有、使用的权利。根据本条规定,居住权有以下法律特征:(1)居住权是居住权人在他人所有的住宅上设立的物权。(2)居住权是一种用益物权,居住权人对他人所有的住宅的全部或者部分及其附属设施享有占有、使用的权利,以满足生活居住的需要。特别应注意的是,并非所有居住他人住宅的权利均是本条规定的居住权。如果当事人之间存在抚养、扶养、赡养、租赁、借用等关系,也同样可能享有居住他人住宅的权利。但由此而享有的权利不具有物权的排他效力,不是本条所规定的居住权,不能适用本章的规定。(3)居住权是住宅所有人为特定自然人的利益在自己所有的住宅上设定的权利,法人或其他组织不能享有居住权。(4)居住权人只能将其享有居住权的住宅

用于满足其生活居住的需要，一般情况下，居住权人不能将其享有居住权的住宅出租，但是当事人另有约定的除外。(5)居住权人按照合同约定对他人的住宅享有占有、使用的权利。

第三百六十七条　【居住权合同】设立居住权，当事人应当采用书面形式订立居住权合同。

居住权合同一般包括下列条款：

(一)当事人的姓名或者名称和住所；

(二)住宅的位置；

(三)居住的条件和要求；

(四)居住权期限；

(五)解决争议的方法。

条文注解

居住权既可以基于当事人的约定设立，也可以基于被继承人的遗嘱设立。设立居住权，当事人应当采用书面形式订立居住权合同。需要注意的是，本条第2款所规定的内容并非全部都是居住权合同必须约定的内容。当事人应当对第1项“当事人的姓名或者名称和住所”、第2项“住宅的位置”作出明确约定，如果欠缺这两项内容将导致居住权的主体和客体不明，不可能设立居住权。其他各项均非合同必须约定的内容，如果当事人未作约定，不影响居住权的设立。

案例注解

【案例(2021)川0421民初617号】丁某1、丁某2居住权纠纷案

【基本案情】

原告丁某1诉称，2011年8月31日，原告与被告丁某2的母亲自愿协议离婚。当时离婚协议约定，原告与被告的母亲将房屋赠与被告，离婚后，原告享有房屋的居住权。2020年4月13日，被告向法院提起诉讼，要求原告将房屋过户至被告名下。此处房屋是原告及85岁母亲的唯一居住用房，房屋过户至被告后，可能侵害原告的居住权。为保障原告的基本生存权，原告诉至法院，请求法院确认原告对位于×县××镇××巷××号××号的住宅享有居住权。

被告丁某2辩称，其对原告享有房屋的居住权无异议，但房屋只能原告居住，原告的女朋友等其他人不能居住，并且原告享有居住权不能影响被告的使用权，被告要将房屋用于结婚。

经查，2011年8月31日，原告丁某1与谭某在县民政局登记离婚时约定：“1. 双方将夫妻共同财产位于×县××镇××巷××号××号的房屋一套(建筑面积67.12

平方米)赠与被告丁某2;2. 该套房屋产权必须变更为丁某2,夫妻双方中的任何一方不能擅自出售该套房屋;3. 离婚后,丁某1对房屋必须享有居住的权利;4. 丁某2由丁某1抚养,直到工作时为止,费用由夫妻双方共同承担。"2020年4月13日,×县人民法院作出(2020)川0421民初116号民事判决书,判决谭某、丁某1于判决生效后10日内协助丁某2办理房屋权属转移登记手续。此后,讼争房屋的产权人变更为丁某2单独所有。

【裁判要旨】

《民法典》第366条规定,居住权人有权按照合同约定,对他人的住宅享有占有、使用的用益物权,以满足生活居住的需要。依据该条规定,合同相对人有权按照合同的约定,对他人的住宅享有居住的权利。本案中,原告丁某1与谭某离婚时约定,将夫妻共财产房屋一套赠与其子丁某2,并约定丁某1对赠与房屋享有居住权,该约定符合法律规定。原告丁某1请求确认对讼争房屋享有居住权的诉讼请求,符合法律规定。

【裁判结果】

2021年5月25日,法院判决确认原告丁某1对位于四川省×县××镇××巷××号××号的房屋一套享有居住权。(资料来源:中国裁判文书网)

第三百六十八条　【居住权的设立】居住权无偿设立,但是当事人另有约定的除外。设立居住权的,应当向登记机构申请居住权登记。居住权自登记时设立。

条文注解

根据本条的规定,当事人签订居住权合同后,居住权并未设立,当事人需持居住权合同到不动产登记机构申请居住权登记。不动产登记机构将设立居住权的情况登记在不动产登记簿上,居住权自登记时设立。如果仅就住宅的部分设立居住权应当在此居住权合同中予以明确,并在不动产登记簿上予以明确。

案例注解

【案例(2021)皖0111民初8138号】钟某、周某居住权纠纷案

【基本案情】

原告钟某和被告周某原系夫妻关系,双方于2019年7月22日协议离婚,约定儿子钟某宸由女方周某抚养;位于安徽省合肥市滨湖新区××栋××室的房产归儿子所有,男女双方均自愿放弃国家拆迁补助的45平方米的安置面积,现房屋双方均可居住,直至儿子年满18周岁(另:男女双方居住期间,未经一方允许,另一方不可带人过夜、居住)。原被告离婚后,因双方纠纷,被告周某搬离案涉房屋,现案涉房屋由原告钟某及被告周某的妹妹居住使用。原告认为,离婚后,被告未经原告允许,携带他人长期居住在该房屋内,违反了离婚协议,侵害了原告合法权益,为此诉至法院,请求确认原告对安徽省合肥市滨湖新区××栋××的房产有居住权;判令被告停止侵害原告居住权,并支付原告经济补偿3000元。

被告周某辩称:涉案房屋所有权无法确定,故居住权没有存在的基础;本案居住权没有登记故无法确认居住权;带亲戚朋友居住且并未侵害原告的权益,故本案原告主张被告赔偿没有依据等,为此请求法院驳回原告的全部诉讼请求。

经查,案涉房屋系拆迁安置房,约100平方米,有三个独立卧室。被告周某的家庭系拆迁地的祖居户,原告钟某及儿子作为被告周某的配偶及子女享受了每人45平方米的安置面积,现该房屋尚未办理权属登记。

【裁判要旨】

《民法典》第368条规定,居住权人有权按照合同约定,对他人的住宅享有占有、使用的用益物权,以满足生活居住的需要。设立居住权的,应对向登记机构申请居住权登记,居住权自登记时设立。本案中,原被告虽在离婚协议中约定了案涉房屋的居住权,但案涉房屋系拆迁安置房,尚未办理产权证即房屋产权并未明晰,原被告对该房屋约定的居住权也未依法登记,因此,原告诉请确认的居住权这一物权并未设立,其无权依据该物权诉请被告停止侵害、赔偿损失。原被告之间对居住权的协议约定系双方真实意思表达,合同依法成立。但被告周某因双方纠纷原因,已无奈搬离了案涉房屋,该房屋一直由原告居住使用,原告已实际享用了居住权,其权益并未受到被告周某的侵害,其诉求于法无据。

【裁判结果】

2021年6月30日,法院判决驳回原告钟某的诉讼请求。(资料来源:中国裁判文书网)

【案例】邱某光与董某军居住权执行案

【基本案情】

邱某光与董某峰于2006年登记结婚,双方均系再婚,婚后未生育子女,董某军系董某峰之弟。董某峰于2016年3月去世,生前写下遗嘱,其内容为:"我名下位于洪山区珞狮路某房遗赠给我弟弟董某军,在我丈夫邱某光没再婚前拥有居住权,此房是我毕生心血,不许分割、不许转让、不许卖出……"董某峰离世后,董某军等人与邱某光发生遗嘱继承纠纷并诉至法院。法院判决被继承人董某峰名下位于武汉市洪山区珞狮路某房所有权归董某军享有,邱某光在其再婚前享有该房屋的居住使用权。判决生效后,邱某光一直居住在该房屋内。2021年年初,邱某光发现所住房屋被董某军挂在某房产中介出售,其担心房屋出售后自己被赶出家门,遂向法院申请居住权强制执行。

【裁判要旨】

根据《民法典》第368条规定,本案中,案涉房屋虽为董某军所有,但是董某峰通过遗嘱方式使得邱某光享有案涉房屋的居住使用权。法院已判决被继承人董某峰名下位于武汉市洪山区珞狮路某房所有权归董某军享有,邱某光在其再婚前享有该房屋的居住使用权。邱某光申请强制执行于法有据,应予支持。

【裁判结果】

执行法院遂依照《民法典》第368条关于居住权的规定,裁定将董某军所有的案

涉房屋的居住权登记在邱某光名下。(资料来源:最高人民法院网)

第三百六十九条　【居住权的转让、继承和设立居住权的住宅出租】居住权不得转让、继承。设立居住权的住宅不得出租,但是当事人另有约定的除外。

第三百七十条　【居住权的消灭】居住权期限届满或者居住权人死亡的,居住权消灭。居住权消灭的,应当及时办理注销登记。

第三百七十一条　【以遗嘱方式设立居住权的参照适用】以遗嘱方式设立居住权的,参照适用本章的有关规定。

关联法规

《民法典》第1133条

第十五章　地　役　权

第三百七十二条　【地役权的定义】地役权人有权按照合同约定,利用他人的不动产,以提高自己的不动产的效益。

前款所称他人的不动产为供役地,自己的不动产为需役地。

条文注解

地役权是传统民法用益物权中的一项重要权利,是按照合同约定利用他人的不动产,以提高自己不动产效益的权利。在地役权法律关系中为自己土地的便利而使用他人土地的一方成为地役权人,将自己的土地供他人使用的一方称为供役地人。他人的不动产称为供役地,自己的不动产称为需役地。地役权的设立,必须是以增加需役地的利用价值和提高其效益为前提。此种"效益"既包括生活上得到的便利,也包括经营上获得的效益。

第三百七十三条　【地役权合同】设立地役权，当事人应当采用书面形式订立地役权合同。

地役权合同一般包括下列条款：

(一)当事人的姓名或者名称和住所；

(二)供役地和需役地的位置；

(三)利用目的和方法；

(四)地役权期限；

(五)费用及其支付方式；

(六)解决争议的方法。

第三百七十四条　【地役权的设立与登记】地役权自地役权合同生效时设立。当事人要求登记的，可以向登记机构申请地役权登记；未经登记，不得对抗善意第三人。

条文注解

需要注意的是，地役权不登记，并非意味着地役权就不能对抗第三人，未登记的地役权，仅仅是不得对抗善意第三人。地役权属于用益物权，与债权不同(债权为相对权，不具有排他性)，物权为绝对权。因此，地役权一经设立即具有对世效力。虽然地役权未经登记，但作为物权，仍可以对抗侵权行为人，如果他人非法侵害当事人的地役权，未登记的地役权人仍可以请求排除妨碍、赔偿损失。此外，未登记的地役权还可以对抗恶意第三人，所谓恶意第三人包括以不公正手段获得地役权登记的人，或者明知该地役权已经存在的第三人。

第三百七十五条　【供役地权利人的义务】供役地权利人应当按照合同约定，允许地役权人利用其不动产，不得妨害地役权人行使权利。

条文注解

在供役地权利人违反合同约定，阻挠、妨害地役权人行使地役权时，其行为形成违约责任与侵权责任的竞合，地役权人既可以选择根据合同请求供役地权利人承担违约责任，作为用益物权人也可以选择要求对方对侵害地役权的行为承担侵权责任。

关联法规

《民法典》第186、509条

第三百七十六条 【地役权人的义务】地役权人应当按照合同约定的利用目的和方法利用供役地,尽量减少对供役地权利人物权的限制。

条文注解

地役权人的主要权利就是利用供役地,以提高自己土地的效益。地役权人利用供役地的目的和方法都必须按照合同约定。一般而言,地役权的利用目的有通行、通过、排水、通风、采光、取水、眺望。

地役权人按照合同约定的利用目的和方法利用供役地时,应当采取对供役地损害最小的方法,在利用供役地的同时,不要过分损害其利益。同时地役权人还应当履行合同约定的其他义务,如交纳使用费用等。

案例注解

【案例(2021)湘0525民初1826号】杨某与肖某、龙某地役权纠纷案

【基本案情】

原告杨某与被告肖某、龙某在洞口九中附近购买同一块地皮。原告已建好房屋多年,原告屋后还留有一块空地修建车库。被告的宅基地与原告的空地相邻,2019年被告开始建房,被告在原告空地上扎架,并在每层房屋后墙上开了窗户。2020年6月20日,原告(甲方)与被告肖某(乙方)签订了《关于屋后土地使用的协议》,协议约定:甲乙双方关于屋后土地使用的问题,协商后达成如下协议:(1)土地使用权归甲方所有;(2)甲方同意乙方房屋朝这边开窗,但挨近甲方房屋的窗户防盗网不能伸出墙面;(3)甲方30年内不得在此土地上修建三层以上的房屋,但修三层以下的建筑,乙方不得干涉;(4)乙方一次性补偿甲方的购地款36,000元整;(5)严禁乙方住户从窗户口投掷垃圾,违者承担一切后果;(6)此协议一式两份,自签字后生法律效力。被告肖某在附注栏写明:"伍拾年内不得在此土地上修建两层以上的房屋。"协议签订后,原告按协议约定在该空地上修建了二层楼房。尔后,原告多次向被告催收该购地补偿款36,000元未果,遂酿成纠纷。为此,原告诉至法院,请求判令二被告支付原告款项36,000元。

【裁判要旨】

地役权人有权按照合同约定,利用他人的不动产,以提高自己的不动产的效益。地役权自地役权合同生效时设立。本案中,被告修建房屋时在靠近原告空地的后墙上开了窗户,通过原告的空地通风采光,以提高自己不动产的效益。原告与被告肖某于2020年6月20日签订的《关于屋后土地使用的协议》,该协议是当事人真实意思表示,不违反法律、行政法规的强制性规定,不违背公序良俗,该协议合法有效。当事人应当按照合同约定全面履行自己的义务。原告按约定在此土地上修建了三层以下的房屋,被告肖某应当按照协议约定一次支付原告购地补偿款36,000元。

【裁判结果】

2021年6月22日,法院判决由被告肖某于本判决生效后30日内支付原告杨某购地补偿款36,000元;驳回原告杨某的其他诉讼请求。(资料来源:中国裁判文书网)

第三百七十七条　【地役权期限】地役权期限由当事人约定;但是,不得超过土地承包经营权、建设用地使用权等用益物权的剩余期限。

第三百七十八条　【地役权的承继】土地所有权人享有地役权或者负担地役权的,设立土地承包经营权、宅基地使用权等用益物权时,该用益物权人继续享有或者负担已经设立的地役权。

第三百七十九条　【在先用益物权对地役权的限制】土地上已经设立土地承包经营权、建设用地使用权、宅基地使用权等用益物权的,未经用益物权人同意,土地所有权人不得设立地役权。

第三百八十条　【地役权的转让】地役权不得单独转让。土地承包经营权、建设用地使用权等转让的,地役权一并转让,但是合同另有约定的除外。

条文注解

地役权虽然是一种独立的用益物权,但仍然应当与需役地的所有权或者使用权共命运,必须与需役地所有权或者使用权一同移转,不得与需役地分离而单独让与,这就是地役权的从属性,主要表现在以下三种情形:第一,地役权人不得自己保留需役地的所有权或者用益物权,单独将地役权转让。第二,地役权人不得自己保留地役权,而单独将需役地的使用权转让。第三,地役权人也不得将需役地的使用权与地役权分别让与不同的人。

第三百八十一条　【地役权的抵押】地役权不得单独抵押。土地经营权、建设用地使用权等抵押的，在实现抵押权时，地役权一并转让。

第三百八十二条　【地役权对需役地及其上权利的不可分性】需役地以及需役地上的土地承包经营权、建设用地使用权等部分转让时，转让部分涉及地役权的，受让人同时享有地役权。

第三百八十三条　【地役权对供役地及其上权利的不可分性】供役地以及供役地上的土地承包经营权、建设用地使用权等部分转让时，转让部分涉及地役权的，地役权对受让人具有法律约束力。

第三百八十四条　【供役地权利人单方解除地役权合同的法定事由】地役权人有下列情形之一的，供役地权利人有权解除地役权合同，地役权消灭：

（一）违反法律规定或者合同约定，滥用地役权；

（二）有偿利用供役地，约定的付款期限届满后在合理期限内经两次催告未支付费用。

条文注解

认定地役权人是否滥用地役权，可以从两个方面判断。一是根据合同约定判断。一般而言，地役权合同会就供役地和需役地的位置、地役权的利用目的和方法等作出约定。如果地役权人违反合同约定的目的、方法等行使地役权，即可认定为构成滥用地役权，此时供役地权利人可以单方解除地役权合同。二是根据法律规定判断。根据法律规定判断地役权人是否滥用地役权，所依据的法律既包括《民法典》的规定，也包括其他与行使地役权相关的法律规定。比如违反《水污染防治法》的规定，大量排放超过地方规定的水污染物排放标准的水污染物，造成土地被严重污染。

案例注解

【案例（2021）云 2322 民初 34 号】白某主张单方面解除地役权合同被法院驳回

【基本案情】

原告白某与被告李某是同母异父的兄弟。2018 年，原告外出打工，被告未与原告协商,在红岭岗大鱼田地块上建设了两个水窖。2019 年年底,原告发现后与被告交涉,被告支付原告 400 元。2020 年年初,被告又在没有事先和原告商量的情况下,在该地块的地头间挖了一个坑塘,欲建水窖。原告发现后及时阻止,申请村委会和司法所调解。2020 年 11 月 10 日,镇综治办、司法所和村委会的工作人员到现场进行调解。经调解,双方自愿达成如下协议:(1)红岭岗大鱼田地块明确归属原告;(2)红岭岗大鱼田地块上方新挖坑塘停止建设,待其自然漾平;(3)被告之前支付的 400 元明确为其 2018 年建水窖的占地费用,从 2020 年 11 月 10 日算起,红岭岗大鱼田地块上两个水窖 10 年内归李某使用,10 年后拆除水窖,恢复地块归还原告,其间被告不得耕种红岭岗大鱼田地块。原告认为,该调解协议签订后,被告不遵守调解协议,又开始开挖扩大坑塘,一再侵占原告的土地,为此诉至法院,请求判令被告李某停止对原告名下红岭岗大鱼田地块土地的占有,3 年内拆除水窖,将地块归还原告;判令被告将红岭岗大鱼田地块地头间坑塘填平,恢复原状。但原告未能提供证据证明其诉求。

被告辩称,其严格按照人民调解协议要求,没有扩挖坑塘,也没有耕种原告的土地,原告的诉讼请求不能成立。经法院依职权调取的证据亦不能证实被告有扩挖坑塘,滥用地役权的行为。

【裁判要旨】

《民法典》第 384 条规定,地役权人有下列情形之一的,供役地权利人有权解除地役权合同,地役权消灭:(1)违反法律规定或者合同约定,滥用地役权;(2)有偿利用供役地,约定的付款期限届满后在合理期限内经两次催告未支付费用。本案中,原告、被告在人民调解委员会的主持下,自愿达成人民调解协议,双方均应当严格履行人民调解协议。原告以被告违反人民调解协议,扩挖坑塘为由向法院提起诉讼,要求提前消灭被告依据人民调解协议取得的地役权,但原告未能提供证据,法院依职权调取的证据亦不能证实被告有扩挖坑塘,滥用地役权的行为,故原告的起诉理由不能成立。

【裁判结果】

2021 年 3 月 1 日,法院判决驳回原告白某的诉讼请求。(资料来源:中国裁判文书网)

第三百八十五条 【已登记地役权的变更、转让或消灭手续】已经登记的地役权变更、转让或者消灭的,应当及时办理变更登记或者注销登记。

第四分编 担保物权

第十六章 一般规定

第三百八十六条 【担保物权的定义】担保物权人在债务人不履行到期债务或者发生当事人约定的实现担保物权的情形，依法享有就担保财产优先受偿的权利，但是法律另有规定的除外。

条文注解

担保物权是以直接支配特定财产的交换价值为内容，以确保债权实现为目的而设定的物权。

担保物权具有以下特征：第一，有利于确保债权的实现。担保物权旨在确保债务的清偿，是为确保债务的清偿而设立的，因此在担保物权设立时，要有被担保债权事先存在，从属于所担保的债权。第二，担保物权具有优先受偿的效力。优先受偿，是指在债务人到期不清偿债务或者出现当事人约定的实现担保物权的情形时，债权人可以对担保财产进行折价或者拍卖、变卖，以所得的价款优先实现自己的债权。第三，担保物权是在债务人或者第三人的财产成立的权利。根据本法的规定，可以用于担保的财产范围比较广，既包括现在的财产也包括将来的财产；既包括不动产也包括动产，在特定情形下还可以用权利进行担保，如本法规定的权利质权。第四，担保物权具有物上代位性。担保财产即使灭失、毁损，但代替该财产的交换价值还存在，担保物权的效力仍存在，但此时担保物权的效力转移到了该代替物上。

关联法规

《民法典》第388、393、403条，《商业银行法》第36条，《最高人民法院关于适用〈中华人民共和国民法典〉有关担保制度的解释》第45条

第三百八十七条 【担保物权的适用范围和反担保】债权人在借贷、买卖等民事活动中，为保障实现其债权，需要担保的，可以依照本法和其他法律的规定设立担保物权。

第三人为债务人向债权人提供担保的，可以要求债务人提供反担保。反担保适用本法和其他法律的规定。

条文注解

担保物权是平等民事主体之间为确保债权的实现而设定的。对适用范围的规定,应当注意以下几点:第一,担保物权适用于民事活动,不适用因国家行政行为(如税款)、司法行为(如扣押产生的费用)等而产生的不平等主体之间的关系。第二,为了引导当事人设定担保物权,本法列举了借贷、买卖两种典型的可以设定担保物权的民事活动,但可以设定担保物权的民事活动很广泛,并不仅限于这两种民事活动。在其他民事活动中,如货物运输、加工承揽、无因管理、补偿贸易等都可以设定担保物权。第三,在立法中,因侵权行为产生的债权不能用事先设定担保物权的方式加以保障,但是因侵权行为已经产生的债权,属于普通债权的范围,可以用设定担保物权的方式确保该债权的实现。第四,本条第1款规定,可以依照本法和其他法律的规定设立担保物权。这里的"其他法律"主要指《海商法》《民用航空法》《农村土地承包法》等对船舶抵押、航空器抵押、土地经营权抵押等作了规定的法律,"其他法律"的表述也为今后相关特别法规定设立担保物权留下接口。因此,设立担保物权还应当依据这些特别法。

反担保,是指替债务人提供担保的第三人,为了保证自己的追偿权得到实现,可以要求债务人为自己追偿权的实现提供担保。在由第三人提供担保物权的债权债务关系中,在债务人未清偿到期债务或者出现当事人约定的可以实现担保物权的情形时,提供担保财产的第三人应当承担担保责任,债权人可以就第三人提供的担保财产实现自己的债权。第三人基于担保合同以及替代债务人清偿债务这一法律事实,成为债务人的新债权人,其有权向债务人追偿。第三人为保障自己追偿权的实现,可以要求债务人向自己提供担保,这里的担保可以是债务人或者其他人提供的担保物权,也可以是其他人提供的保证。

第三百八十八条 【担保合同】设立担保物权,应当依照本法和其他法律的规定订立担保合同。担保合同包括抵押合同、质押合同和其他具有担保功能的合同。担保合同是主债权债务合同的从合同。主债权债务合同无效的,担保合同无效,但是法律另有规定的除外。

担保合同被确认无效后,债务人、担保人、债权人有过错的,应当根据其过错各自承担相应的民事责任。

条文注解

我国现行立法和司法实务中,对于抵押权和质权这两类意定担保物权的设立均要求采用书面形式订立合同。我国现行立法和司法实务中,对于抵押权和质权这两类意定担保物权的设立均要求采用书面形式订立合同。

担保物权的一个重要特点就是其附随于主债权债务关系,没有主债权债务关系的存在,担保关系也就没有了存在以及实现的可能和价值。需要指出的是,担保合同随主债权债务合同无效而无效只是一般规则,并不是绝对的,在法律另有规定的情况下,担保合同可以作为独立合同存在,不受主债权债务合同效力的影响。例如,在本法规定的最高额抵押权中,最高额抵押合同就具有相对的独立性。

在主债权债务合同无效导致担保合同无效的情形下,虽然不存在履行担保义务的问题,但债务人、担保人或者债权人并非不承担任何法律后果。需要特别强调的是,导致担保合同无效的原因很多,主债权债务合同无效导致担保合同无效只是原因之一。在主债权债务合同有效的情况下,担保合同也有可能无效。例如,担保合同因违反法律、行政法规的强制性规定而无效,担保合同因担保人为无民事行为能力人而无效等。也就是说,判断担保合同是否有效,不能仅以主债权债务合同是否有效为标准,还要看担保合同本身是否有《民法典》总则编第六章“民事法律行为”以及合同编规定的合同无效情形。

关联法规

《民法典》第155、157、400、427条,《最高人民法院关于适用〈中华人民共和国民法典〉有关担保制度的解释》第2、5~11、17、19条

第三百八十九条 【担保物权的担保范围】担保物权的担保范围包括主债权及其利息、违约金、损害赔偿金、保管担保财产和实现担保物权的费用。当事人另有约定的,按照其约定。

条文注解

担保物权的担保范围包括:

(1)主债权。主债权指债权人与债务人之间因债的法律关系所发生的原本债权。例如,金钱债权、交付货物的债权、提供劳务的债权。主债权是相对于利息和其他附随债权而言,不包括利息以及其他因主债权而产生的附随债权。

(2)利息。利息指实现担保物权时主债权所应产生的一切收益。一般来说,金钱债权都有利息,因此其当然也在担保范围内。利息可以按照法律规定确定,也可以由当事人自己约定,但当事人不能违反法律规定约定过高的利息,否则超过部分的利息无效。

(3)违约金。违约金指按照当事人的约定,一方当事人违约时,应当根据违约情况向另一方支付的一定数额的金钱。在担保行为中,只有因债务人的违约行为导致产生支付违约金的义务时,违约金才可以纳入担保物权的担保范围。

(4)损害赔偿金。损害赔偿金指一方当事人因违反合同或者因其他行为给债权人造成的财产、人身损失而给付的赔偿额。损害赔偿金的范围可以由法律直接规定,或由双方当事人约定,在法律没有特别规定或者当事人没有约定的情况下,应按照完

全赔偿原则确定具体赔偿数额。

(5)保管担保财产的费用。保管担保财产的费用指债权人在占有担保财产期间因履行善良保管义务而支付的各种费用。需要特别指出的是,只有在质押和留置中,“保管担保财产的费用”才被纳入担保物权的担保范围;在抵押中,抵押财产由抵押人自己保管,所以保管抵押财产的费用已由抵押人自己承担,自然也就不应纳入担保范围。

(6)实现担保物权的费用。实现担保物权的费用指担保物权人在实现担保物权过程中所花费的各种实际费用,如对担保财产的评估费用、拍卖或者变卖担保财产的费用、向人民法院申请强制变卖或者拍卖的费用等。当然,担保物权人应本着诚实信用的原则实现担保物权,所花的费用也应当合理,对不合理的费用不应当纳入担保的范围。

对担保物权所担保的债权范围,当事人可以依照自己的意思进行约定。当事人约定的担保物权的担保范围可以与第1款规定的范围不同。例如,当事人可以约定抵押权的担保范围只限于主债权、损害赔偿金、实现担保物权的费用,不包括利息。这是民法的意思自治原则在担保物权中的体现。

关联法规

《民法典》第432、451、584条,《最高人民法院关于适用〈中华人民共和国民法典〉有关担保制度的解释》第3条

第三百九十条 【担保物权的物上代位性及代位物的提存】担保期间,担保财产毁损、灭失或者被征收等,担保物权人可以就获得的保险金、赔偿金或者补偿金等优先受偿。被担保债权的履行期限未届满的,也可以提存该保险金、赔偿金或者补偿金等。

条文注解

担保财产的代位物包括:(1)赔偿金。担保财产因第三人的侵权行为或者其他原因毁损、灭失时,担保人所获得的损害赔偿金可以作为担保财产的代位物。但是,如果担保财产是由于债权人的原因而毁损、灭失的,则不能作为担保财产的代位物。(2)保险金。担保人为担保财产投保的,因保险事故发生而致使担保财产毁损、灭失时,担保人可以请求保险人支付保险金。该保险金可以作为代位物。(3)补偿金。这里的补偿金主要指担保财产被国家征收时,担保人从国家得到的补偿金。例如,城市居民将自己的房屋向银行作了抵押贷款,如果房屋被国家征收的,其所得的补偿金应当作为抵押财产的代位物。值得注意的是,损害赔偿金、保险金或者补偿金只是代位物的几种形态,但并不以此为限,如担保财产的残留物也属于代位物的范围。

在因担保财产毁损、灭失或者被征收产生代位物的时候,可能会出现两种情况:

一种情况是担保物权人的债权已经到期或者出现当事人约定的可以实现担保物权的情形。在这种情况下,担保物权人当然可以立即在代位物上实现自己的优先受偿权。另一种情况是担保物权人的债权还没有到期。在这种情况下,代位物虽说是特定的,但是毕竟已经货币化,担保物权人对其进行控制的可能性降低,其到期实现债权的可能性也会降低,为保障担保物权人的债权得以实现,担保物权人可以提前在代位物上实现自己的债权;如果担保物权人还希望保留自己的期限利益,也可以不立即在代位物上实现担保物权,而是等到债权履行期限届满或者出现当事人约定的可以实现担保物权的情形,债务人不履行债务时再在代位物上优先受偿。担保人可以自己或者应担保物权人的要求向提存机构提存该保险金、赔偿金或者补偿金等。

关联法规

《民法典》第 117、243、432、451 条,《最高人民法院关于适用〈中华人民共和国民法典〉有关担保制度的解释》第 42 条

第三百九十一条 【未经担保人同意转移债务的法律后果】第三人提供担保,未经其书面同意,债权人允许债务人转移全部或者部分债务的,担保人不再承担相应的担保责任。

条文注解

正确理解本条应当注意以下几点:

一是本条只适用于第三人提供担保财产的情况,如果担保财产是由债务人自己提供的,除非债权人明确放弃担保物权或者债务的受让人明确表示愿意代位提供新的担保,否则债权人同意债务人转移债务的行为并不意味着债务人担保责任的免除。

二是债权人允许债务人转移债务必须经提供担保的第三人的书面同意。担保合同为要式合同,设立担保需要书面形式,担保人如果继续为新的债务人担保,这种变更也应当秉承要式合同的规则。如果不是书面形式,而是其他形式,视为不存在担保人的同意。

三是本条规定的债务转移不但包括债务人将债务全部转移给他人,也包括将部分债务转移给他人。债权人许可债务人部分转移的,原债务人并不退出债务关系,只是其所应承担的债务额发生减少,新债务人与原债务人共同向债权人承担债务。部分转移债务的也必须经担保人同意,否则担保人对转移出去的部分债务不承担担保责任。

四是未经担保人书面同意,债权人许可债务人转移全部债务的,可以免除担保人全部担保责任;债权人许可债务人转移部分债务的,可以免除担保人部分的担保责任,担保人不得要求免除全部担保责任,其还是要对债务人未转移的债务承担担保责任。

关联法规

《民法典》第469、551条

第三百九十二条 【人保和物保并存时担保权的实行规则】被担保的债权既有物的担保又有人的担保的，债务人不履行到期债务或者发生当事人约定的实现担保物权的情形，债权人应当按照约定实现债权；没有约定或者约定不明确，债务人自己提供物的担保的，债权人应当先就该物的担保实现债权；第三人提供物的担保的，债权人可以就物的担保实现债权，也可以请求保证人承担保证责任。提供担保的第三人承担担保责任后，有权向债务人追偿。

条文注解

本条区分三种情况对物的担保与人的担保的关系作了规定：

(1)在当事人对物的担保和人的担保的关系有约定的情况下，应当尊重当事人的意思，按约定实现，这充分尊重了当事人的意思自治。

(2)在没有约定或者约定不明确，债务人自己提供物的担保的情况下，应当先就物的担保实现担保物权。

(3)在没有约定或者约定不明确，第三人提供物的担保，又有人的担保的情况下，应当允许当事人进行选择。

实践中，对同一债权，还可能出现债务人和第三人均提供了物的担保，还有保证人提供人的担保的情形。在这种情况下，无论是从公平的角度，还是从防止日后追索权的烦琐、节约成本的角度，债权人都应当先行使对债务人的物的担保，否则保证人可以有抗辩权。

案例注解

【案例(2021)湘0421民初2769号】某融资担保有限公司与熊某追偿权纠纷案

【基本案情】

2018年12月7日，熊某(甲方)与原告某担保公司(乙方)于2018年12月7日签订《牡丹卡购车分期付款担保服务合同》，约定甲方向工商银行申请牡丹卡购车分期付款，用于购买汽车，申请乙方作为甲方该笔牡丹信用卡购车分期付款的担保人，向工商银行提供全额保证金质押担保；如乙方未能按牡丹卡购车分期付款合同清偿本息，导致甲方承担责任，甲方有权要求乙方承担违约责任，违约责任包括牡丹卡购车分期付款总金额30%的违约金或者以乙方替甲方垫付逾期款项之日起按千分之一每天分段计算违约金，二者中择其违约金较高者计取等。

同日，被告熊某与工商银行某支行签订《牡丹信用卡透支分期付款/抵押合同》，透支37,600元(交易总价45,800元,债务人自行支付首付款13,800元,透支附加消费5600元)用于购车,透支期限为36个月;原告某担保公司向工商银行出具了《连带保证和保证金质押承诺书》,由原告公司为熊某与工商银行的上述《牡丹信用卡透支分期付款/抵押合同》承担连带保证责任。

因被告未能及时履行清偿本息,导致原告分别于2020年11月24日代偿6180元;2021年4月25日代偿5059元,共计11,239元。为此,原告诉至法院,请求判令被告偿还代偿款11,239元;赔偿原告违约金(从每笔款垫付之日起按年利率15.4%计算至款清之日止,暂算至2021年8月4日,共计875.27元)。

【裁判要旨】

《民法典》第392条规定,提供担保的第三人承担担保责任后,有权向债务人追偿。本案中,原告、被告签订的《牡丹卡购车分期付款担保服务合同》系各方真实意思的表示,不违反法律、行政法规强制性规定,合法有效,各方应当遵照履行。现原告为被告代偿银行信用卡透支本息,被告熊某作为借款人理应予以归还,并应根据合同约定承担违约责任。

【裁判结果】

2021年9月17日,法院判决被告熊某于判决生效之日起10日内偿还原告某融资担保有限公司代偿款11,239元及违约金875.27元,合计12,114.27元。(资料来源:中国裁判文书网)

关联法规

《最高人民法院关于适用〈中华人民共和国民法典〉有关担保制度的解释》第13、14、18条

第三百九十三条　【担保物权消灭事由】有下列情形之一的,担保物权消灭:

(一)主债权消灭;

(二)担保物权实现;

(三)债权人放弃担保物权;

(四)法律规定担保物权消灭的其他情形。

条文注解

本条规定了下列情形下担保物权消灭:

第一,因主债权的消灭而消灭。担保物权是从属于主债权的权利,主债权消灭的,担保物权也随之消灭。

第二,担保物权实现导致担保物权消灭。"担保物权实现",是指债务人到期不履行债务时,债权人与担保人约定以担保财产折价实现自己的债权或者拍卖、变卖担保

财产，以拍卖、变卖担保财产所得的价款优先受偿。

第三，债权人放弃担保物权导致担保物权消灭。这里的"放弃"是指债权人的明示放弃，明示放弃主要包括两种情形：一种情形是债权人用书面的形式明确表示放弃担保物权，如债权人与债务人或者提供担保的第三人以签订协议的方式同意放弃担保物权。另一种情形是债权人以行为放弃，如因债权人自己的行为导致担保财产毁损、灭失的，视为债权人放弃了担保物权。

第四，法律规定的其他导致担保物权消灭的情形。这是一项兜底性条款，主要是指《民法典》的其他条款或者其他法律规定的担保物权消灭的特殊情形或者专属于某一类担保物权的消灭原因。

关联法规

《民法典》第 413、438、455、457 条

第十七章 抵 押 权

第一节 一般抵押权

第三百九十四条 【抵押权的定义】为担保债务的履行，债务人或者第三人不转移财产的占有，将该财产抵押给债权人的，债务人不履行到期债务或者发生当事人约定的实现抵押权的情形，债权人有权就该财产优先受偿。

前款规定的债务人或者第三人为抵押人，债权人为抵押权人，提供担保的财产为抵押财产。

条文注解

抵押法律关系的当事人为抵押人和抵押权人，客体为抵押财产。抵押人指为担保债务的履行而提供抵押财产的债务人或者第三人，抵押权人指接受抵押担保的债权人，抵押财产指抵押人提供的用于担保债务履行的特定的物。例如，甲向乙借款 200 万元人民币，为保证按时偿还借款，将自己的房屋抵押给乙。在这个法律关系中，甲既是债务人又是抵押人；乙既是债权人又是抵押权人；房屋是抵押财产。有时，提供抵押财产的人并非债务人，而是主债权债务合同的当事人以外的第三人，该第三人就是抵押人。例如，甲向乙借款，丙将自己的汽车抵押给乙，作为甲向乙履行债务的担保。这种情况下，丙为抵押人，乙为抵押权人，丙的汽车是抵押财产。

实现抵押权应当具备以下条件之一：一是债务清偿期限届满，债务人不履行义

务。清偿期限未届满，抵押权人无权就抵押财产优先受偿。二是发生当事人约定的实现抵押权的情形。

优先受偿，是指当债务人有多个债权人，其财产不足清偿全部债权时，有抵押权的债权人，可以优先于其他无抵押权的债权人而受到清偿。

案例注解

【案例(2021)湘02032民初2777号】中国农业银行某支行向被告蒋某行使抵押权案

【基本案情】

2011年12月27日，原告中国农业银行某支行与被告蒋某签订了《个人购房担保借款合同》，合同约定：(1)借款金额为380,000元整；(2)借款期限240个月，自2011年12月27日至2031年12月26日止；(3)被告以位于株洲市××路××号×××栋1205房屋为其在原告处发生的债务提供抵押担保，约定抵押担保范围包括主合同项下的全部债务，包括借款本金、利息、罚息、复利、违约金、损害赔偿金、按《民事诉讼法》有关规定确定由借款人和抵押人承担的迟延履行债务利息和迟延履行金以及诉讼费、律师费、处置费过户费等贷款人实现债权的一切费用；(4)被告未按约定按期足额偿还贷款本息时，原告有权提前收回已发放借款，有权行使担保权，对逾期借款从逾期之日起在合同约定的借款执行利率基础上上浮50%计收罚息，对逾期归还的利息(含逾期罚息)自借款到期之日起，按逾期借款利率计算复利；(5)因两被告违约致使原告采取诉讼方式实现债权的，原告为此支付的律师费、差旅费及其他实现债权的费用由被告承担。合同签订后，原告依约向被告发放了380,000元贷款，履行了放款义务。后被告未按约定按期足额偿还本息，原告多次催讨，但被告仍不履行还款义务。截至2021年7月23日，被告尚欠原告借款本金273,035.09元、利息15,394.37元，合计288,429.46元。为此，原告诉至法院，请求判令被告蒋某立即向原告偿还借款本金273,035.09元、利息15,394.37元，合计288,429.46元(利息按本案合同约定的标准计算至2021年7月23日，此后利息等按前述标准计算至实际清偿完毕之日止)；判令被告蒋某向原告支付实现债权的费用14,421.47元(按欠款本息的5%计算)；以上金额合计302,850.93元；确认原告对被告提供抵押的房屋抵押有效，并对拍卖、变卖抵押物所得价款在上述借款本息及实现债权的费用范围内享有优先受偿权等。

【裁判要旨】

《民法典》第394条规定，为担保债务的履行，债务人或者第三人不转移财产的占有，将该财产抵押给债权人的，债务人不履行到期债务或者发生当事人约定的实现抵押权的情形，债权人有权就该财产优先受偿。本案中，原告与被告签订的《个人购房担保借款合同》系双方当事人真实意思表示，不违反法律、行政法规的强制性规定，不违背公序良俗，合法有效，双方当事人应按合同约定履行。原告已履行发放贷款的义务，被告作为借款人未按合同约定按时足额还款，已构成违约。原告诉求于法有据，应予支持。

【裁判结果】

2021年9月27日,法院判决被告蒋某于本判决生效之日起10日内偿还原告借款本金273,035.09元、利息15,394.37元,合计288,429.46元(利息暂计算至2021年7月23日,其后利息按原、被告签订的《个人购房担保借款合同》约定的计息方式计算至债务实际清偿完毕之日止);被告蒋某于本判决生效之日起10日内支付原告律师费14,421.47元;原告对被告蒋某提供抵押的房屋(不动产权证号为××××,他项权证号为××××)。抵押有效,并对该抵押物折价或者以拍卖、变卖该房屋所得价款在上述被告蒋某届时所负债务范围内优先受偿。(资料来源:中国裁判文书网)

第三百九十五条 【抵押财产的范围】债务人或者第三人有权处分的下列财产可以抵押:

(一)建筑物和其他土地附着物;

(二)建设用地使用权;

(三)海域使用权;

(四)生产设备、原材料、半成品、产品;

(五)正在建造的建筑物、船舶、航空器;

(六)交通运输工具;

(七)法律、行政法规未禁止抵押的其他财产。

抵押人可以将前款所列财产一并抵押。

条文注解

根据本条规定,财产抵押必须符合两个条件:第一,债务人或者第三人对抵押财产有处分权;第二,是本条规定的可以抵押的财产。债务人或者第三人对抵押财产有处分权包括:(1)债务人或者第三人是抵押财产的所有权人。(2)债务人或者第三人对抵押财产享有用益物权,法律规定该用益物权可以抵押。(3)债务人或者第三人根据法律、行政法规的规定,或者经过政府主管部门批准,可以将其占有、使用的财产抵押。

抵押财产,是指被设置了抵押权的不动产、动产或者权利。抵押财产的特点:(1)抵押财产包括不动产、特殊动产和权利。(2)抵押财产须具有可转让性,抵押权的性质是变价权,抵押物如果有妨害其使用的目的,具有不得让与的性质或者即使可以让与但让与导致其变价受到影响的,都不能设置抵押权。

根据本条第2款的规定,企业可以将企业的动产、不动产及其某些权利作为一个整体进行担保,如将厂房、机器设备、库存产成品、工业产权等财产作为总资产向银行抵押贷款。但是,企业将财产一并抵押时,各项财产的名称、数量等情况应当是明确的。

关联法规

《宪法》第 10 条,《城市房地产管理法》第 32、48 条,《农村土地承包法》第 53 条

第三百九十六条 【浮动抵押】企业、个体工商户、农业生产经营者可以将现有的以及将有的生产设备、原材料、半成品、产品抵押,债务人不履行到期债务或者发生当事人约定的实现抵押权的情形,债权人有权就抵押财产确定时的动产优先受偿。

条文注解

设立浮动抵押应当符合下列条件:

第一,设立浮动抵押的主体限于企业、个体工商户、农业生产经营者。企业可以是国有独资企业、合伙企业、个人独资企业、公司制企业等,只要注册登记为企业的组织都可以设定浮动抵押。个体工商户是以个人或者家庭经营为主的经济单位,注册登记为个体工商户的,也都可以设立浮动抵押。农业生产经营者,主要指农村承包经营户,也可以是其他从事农业生产的人。除了上述三项主体,非营利法人和非法人组织、特别法人以及非从事生产经营的自然人等不可以设立浮动抵押。

第二,设立浮动抵押的财产限于生产设备、原材料、半成品、产品。对除此以外的动产不得设立浮动抵押,对不动产也不得设立浮动抵押。

第三,实现抵押权的条件是不履行到期债务或者发生当事人约定的实现抵押权的事由。

第四,浮动抵押优先受偿的效力范围为抵押财产确定时的动产。

动产浮动抵押是特殊的动产抵押,尽管与一般的动产抵押相比具有抵押财产在确定前具有浮动性、浮动抵押期间处分的财产不受追及等特征,但是在其他方面也适用动产抵押的一般规则。如在抵押财产的范围、抵押合同、抵押权的设立与对抗效力、抵押权的优先受偿顺位等方面都适用动产抵押的一般规则。

关联法规

《民法典》第 400、410、411 条,《最高人民法院关于适用〈中华人民共和国民法典〉有关担保制度的解释》第 57 条

第三百九十七条 【建筑物与建设用地使用权同时抵押规则】以建筑物抵押的,该建筑物占用范围内的建设用地使用权一并抵押。以建设用地使用权抵押的,该土地上的建筑物一并抵押。

抵押人未依据前款规定一并抵押的,未抵押的财产视为一并抵押。

条文注解

由于房地的不可分性，我国在处理房地关系时的一个重要原则就是“地随房走或者房随地走”的房地一体原则。所谓“地随房走”，就是转让房屋的所有权时，建设用地使用权同时转让。所谓“房随地走”，就是转让建设用地使用权时，该土地上的房屋所有权也应一并转让。这一原则也同样适用于抵押，在设定抵押权时，房屋的所有权和建设用地使用权应当一并抵押，只有这样，才能保证实现抵押权时，房屋所有权和建设用地使用权同时转让。

关联法规

《城市房地产管理法》第32、48条

第三百九十八条 【乡镇、村企业的建设用地使用权抵押限制】乡镇、村企业的建设用地使用权不得单独抵押。以乡镇、村企业的厂房等建筑物抵押的，其占用范围内的建设用地使用权一并抵押。

条文注解

乡镇、村企业不能仅以集体所有的建设用地使用权抵押，但可以将乡镇、村企业的厂房等建筑物抵押，以厂房等建筑物抵押的，其占用范围内的建设用地使用权一并抵押。以乡镇、村企业的建设用地使用权随厂房等建筑物一并抵押，实现抵押权后，未经法定程序不得改变土地所有权的性质和土地用途。

关联法规

《民法典》第361、397、418条，《最高人民法院关于适用〈中华人民共和国民法典〉有关担保制度的解释》第6条

第三百九十九条 【禁止抵押的财产范围】下列财产不得抵押：

（一）土地所有权；

（二）宅基地、自留地、自留山等集体所有土地的使用权，但是法律规定可以抵押的除外；

（三）学校、幼儿园、医疗机构等为公益目的成立的非营利法人的教育设施、医疗卫生设施和其他公益设施；

（四）所有权、使用权不明或者有争议的财产；

（五）依法被查封、扣押、监管的财产；

（六）法律、行政法规规定不得抵押的其他财产。

条文注解

土地所有权既包括国有土地的所有权,也包括集体所有土地的所有权。

除学校、幼儿园、医疗机构以外,其他以公益为目的成立的非营利法人的社会公益设施也不得抵押,如不得将公共图书馆、科学技术馆、博物馆、国家美术馆、少年宫、工人文化宫、敬老院、残疾人福利基金会等用于社会公益目的的设施抵押。

依法查封、扣押财产,是指人民法院或者行政机关采取强制措施将财产就地贴上封条或者运到另外的处所,不准任何人占有、使用或者处分。依法监管的财产,指行政机关依照法律规定监督、管理的财产。比如,海关依照有关法律、法规,监管进出境的运输工具、货物、行李物品、邮递物品和其他物品,对违反《海关法》和其他有关法律、法规规定的进出境货物、物品予以扣留。依法被查封、扣押、监管的财产,其合法性处于不确定状态,国家法律不能予以确认和保护。

案例注解

【案例(2021)湘1103民初3759号】所有权有争议抵押合同被判无效

【基本案情】

2014年8月31日,原告刘某、赵某(乙方)与被告某A公司(甲方)签订两份《商品房买卖合同》,约定:(1)乙方购买甲方开发建设的××中心1栋第4层B41号、B42号商品房,乙方在签订合同时一次性支付全部购房款;(2)甲方在2014年11月30日将标的商品房屋现状交付给乙方,甲方在乙方签订商品房买卖合同和委托租赁合同后,以委托租赁合同上计租之日起2年内代为乙方办理房屋所有权证和土地使用证。同日,原告刘某、赵某与被告某B公司签订两份《××中心商品房委托租赁合同》,约定刘某、赵某将其所有的××中心商品房1栋第4层B41号、B42号房的使用权,全权委托交由该公司代为租赁、招商及管理,委托租赁期限为自2014年12月1日起至2029年12月31日止,租金按房屋购房款每年10%的标准计算,租金支付时间按季支付,支付时间为每季度首月的前10个工作日内。合同签订后,原告刘某、赵某支付了全部购房款,并缴纳了契税和维修基金。之后,被告某公司向原告交房并返租,但一直未为原告办理不动产权证。2018年1月25日,案外人姚某、王某向被告邓某借款,并以××中心1栋第4层相关商铺进行抵押并办理抵押登记。2019年8月,法院裁定受理某A公司、某B公司破产重整一案,指定湖南某律师事务所为管理人。原告因要求办理房屋不动产权证未果,遂诉至法院,请求判令确认被告邓某与湖南省某B公司签订的针对原告所购房屋的抵押合同无效,并撤销被告邓某对原告所购房屋的抵押权,注销抵押登记。

【裁判要旨】

《民法典》第399条规定:“下列财产不得抵押:……(四)所有权、使用权不明或者有争议的财产……”,依据前述抵押合同设立的抵押权以及抵押形式上存在争议的财产,均导致抵押行为的无效。本案中,案涉房屋虽然登记在被告某B公司名下,但基于案涉《商品房买卖合同》的签订与履行,该房屋的所有权已实际转归于原告刘某、赵某。故在案涉抵押合同签订时,被告某B公司并非案涉房屋的真实权利人,对案涉房屋无处分权。且原告刘某、赵某未追认该抵押行为,故该抵押合同不发生法律效力。

【裁判结果】

2021年8月30日,法院判决被告湖南省某置业有限公司与被告邓某之间涉及××中心1栋第4层B41号、B42号房屋的抵押合同无效;驳回原告的其他诉讼请求。(资料来源:中国裁判文书网)

关联法规

《农村土地承包法》第9、47条

第四百条 【抵押合同】设立抵押权,当事人应当采用书面形式订立抵押合同。

抵押合同一般包括下列条款:

(一)被担保债权的种类和数额;

(二)债务人履行债务的期限;

(三)抵押财产的名称、数量等情况;

(四)担保的范围。

条文注解

设立抵押权是抵押人与抵押权人之间的民事法律行为,该种行为不仅要求当事人双方意思表示一致,还要求通过一定的法律形式即合同表现出来。因抵押涉及的财产数额较大,法律关系比较复杂,而且要在一段时间内为债权担保,因此应采用书面形式订立抵押合同。

抵押合同一般包括以下内容:被担保债权的种类,主要指主债权是财物之债,还是劳务之债。履行债务的期限,是指债务人履行债务的最终日期。抵押财产的名称,是指抵押的是何种标的物,并允许当事人对担保财产进行一般性或者概况性描述。抵押财产担保的范围包括主债权及其利息、违约金、损害赔偿金和实现抵押权的费用。

设立抵押权是双方民事法律行为,抵押合同除包括上述四项内容以外,当事人之间可能还有其他认为需要约定的事项,如抵押财产的保险责任由谁承担,抵押人如果提前偿还债权向谁提存,发生纠纷后是否申请仲裁等,这些内容也可以在协商一致的情况下在抵押合同中进行约定。

关联法规

《城市房地产管理法》第50条

第四百零一条 【流押】抵押权人在债务履行期限届满前，与抵押人约定债务人不履行到期债务时抵押财产归债权人所有的，只能依法就抵押财产优先受偿。

条文注解

本条是对禁止流押的规定。

流押条款，是指债权人在订立抵押合同时与抵押人约定，债务人不履行债务时抵押财产归债权人所有。抵押权性质上属于担保物权，抵押权人设立抵押权的目的在于支配抵押财产的交换价值而使债权获得清偿，而不是取得抵押财产的所有权。故应当否认抵押权人可以取得抵押财产所有权的事先约定的效力。

订立流押条款的，虽然流押条款无效，仍享有担保权益，但是只能依法就抵押财产或者质押财产优先受偿。

关联法规

《民法典》第410、413条，《最高人民法院关于适用〈中华人民共和国民法典〉时间效力的若干规定》第7条

第四百零二条 【不动产抵押登记】以本法第三百九十五条第一款第一项至第三项规定的财产或者第五项规定的正在建造的建筑物抵押的，应当办理抵押登记。抵押权自登记时设立。

条文注解

财产抵押是重要的民事法律行为，法律除要求设立抵押权要订立书面合同以外，还要求对某些财产办理抵押登记，不经抵押登记，抵押权不发生法律效力。本条规定，以下列不动产设立抵押的，应当办理抵押登记，抵押权自登记时设立：(1)建筑物和其他土地附着物；(2)建设用地使用权；(3)海域使用权；(4)正在建造的建筑物。

关联法规

《民法典》第209条，《最高人民法院关于适用〈中华人民共和国民法典〉有关担保制度的解释》第46、48～51条

第四百零三条 【动产抵押的效力】以动产抵押的，抵押权自抵押合同生效时设立；未经登记，不得对抗善意第三人。

条文注解

本条规定,以动产抵押的,如生产设备、原材料、半成品、产品,正在建造的船舶、航空器,交通运输工具等,采取登记对抗主义,抵押权自抵押合同生效时设立;未经登记,不得对抗善意第三人。需要说明的是,本条既适用于一般的动产抵押,也适用于浮动抵押。

在受偿顺序上,已登记的抵押权优先于未登记的抵押权、后设立的抵押权以及质权受偿。由此可见,为了切实保障自己债权的实现,抵押权人最好进行抵押登记。

关联法规

《民法典》第395、396条,《最高人民法院关于适用〈中华人民共和国民法典〉有关担保制度的解释》第54条

第四百零四条 【动产抵押权无追及效力】以动产抵押的,不得对抗正常经营活动中已经支付合理价款并取得抵押财产的买受人。

条文注解

按照本条规定,受到保护的买受人必须符合以下三个条件:第一,买受人是在正常经营活动中买受了抵押财产,即出卖人出卖抵押财产是其正常的经营活动,而买受人既可以是在存货融资中,买受出卖人在正常经营过程中出售的已设定担保的存货的人,也可以是市场交易中的消费者。买受人取得的标的物应当是出卖人通常销售的动产,而出卖人也一般以销售该类动产为业。第二,买受人必须已经支付合理价款。在判断买受人支付价款是否合理时,应当根据转让标的物的性质、数量以及付款方式等具体情况,参考转让时交易地市场价格以及交易习惯等因素综合认定。第三,买受人已取得抵押财产,即抵押财产的所有权已通过交付转让给买受人。具备这三个条件,无论该动产抵押是否登记,抵押财产的买受人可以对抗抵押权人,即买受人可以取得买受的抵押财产的所有权并且不受抵押权人的追及。

关联法规

《最高人民法院关于适用〈中华人民共和国民法典〉有关担保制度的解释》第54、56条

第四百零五条 【抵押权与租赁权的关系】抵押权设立前,抵押财产已经出租并转移占有的,原租赁关系不受该抵押权的影响。

条文注解

随着社会经济的发展，为了保护承租人尤其是不动产承租人的利益，维护社会稳定，采取了增强租赁权效力的做法，确立"买卖不破租赁"规则，即租赁关系成立后，即使出租人将租赁物转卖给第三人，该原已存在的租赁关系仍然对买受人有效，承租人仍然可以向受让人主张租赁权，受让人取得的是一项有租赁关系负担的财产所有权。对于抵押权设立后抵押财产出租的，已登记的可以对抗其后设立的租赁关系，未登记的按照不得对抗善意第三人的规则来判断抵押权与租赁权的效力。

关联法规

《民法典》第725条，《最高人民法院关于适用〈中华人民共和国民法典〉有关担保制度的解释》第54条

第四百零六条　【抵押财产的处分】抵押期间，抵押人可以转让抵押财产。当事人另有约定的，按照其约定。抵押财产转让的，抵押权不受影响。

抵押人转让抵押财产的，应当及时通知抵押权人。抵押权人能够证明抵押财产转让可能损害抵押权的，可以请求抵押人将转让所得的价款向抵押权人提前清偿债务或者提存。转让的价款超过债权数额的部分归抵押人所有，不足部分由债务人清偿。

条文注解

根据本条规定，抵押人对其所有的抵押财产享有占有、使用、收益、处分的权利，抵押期间抵押人可以转让抵押财产，而不需要经过其他人的同意。如果抵押权人与抵押人在设立抵押权时约定抵押人在抵押期间不得转让抵押财产，那么抵押人不能转让抵押财产，但是该约定不得对抗善意受让人。抵押财产转让的，抵押权不受影响，即无论抵押财产转让到哪里，也无论抵押财产的受让人是谁，抵押权人对该抵押财产享有抵押权，在实现抵押权的条件成就时，可以追及该抵押财产并就抵押财产进行变价和优先受偿。

由于抵押权人并不占有、控制抵押财产，因此对于抵押财产的状态和权属状况不可能随时知悉，因此本条对抵押人规定了在转让抵押财产时及时通知抵押权人的义务。在这种情况下本条规定，抵押权人能够证明抵押财产转让可能损害抵押权的，可以请求抵押人将转让所得价款提前清偿债务或者提存。一般来说，抵押人转让抵押财产的所得价款不可能完全与其担保的债权数额一致，当抵押财产价款超过债权数额时，超过的部分，应当归抵押人所有；不足的部分由债务人清偿。也就是说，如果抵押人为债务人以外的第三人时，抵押人不再承担责任，剩余未清偿的债权由债务人

偿还。

关联法规

《最高人民法院关于适用〈中华人民共和国民法典〉有关担保制度的解释》第56条

第四百零七条　【抵押权处分的从属性】抵押权不得与债权分离而单独转让或者作为其他债权的担保。债权转让的，担保该债权的抵押权一并转让，但是法律另有规定或者当事人另有约定的除外。

条文注解

担保物权的一个重要特点就是其附随于主债权债务关系，作为担保物权的一种，抵押权以其所担保的债权存在为前提，没有债权，就不可能有抵押权，抵押权失去了债权，也就失去了存在的意义。由于抵押权不具有独立存在的特性，因此本条规定，抵押权不得与债权分离而单独转让或者作为其他债权的担保，即抵押权人不得将抵押权单独让与他人而自己保留债权。

债权转让的，担保该债权的抵押权一并转让。需要注意的是，关于这一规定，本条还有一项但书规定，“但是法律另有规定或者当事人另有约定的除外”。“法律另有规定”，是指法律规定在一些情况下，债权转让的，抵押权不一并转让，如本法第421条规定，最高额抵押担保的债权确定前，部分债权转让的，最高额抵押权不得转让但是当事人另有约定的除外。“当事人另有约定”，既可以是抵押权人在转让债权时，与受让人约定，只转让债权而不转让担保该债权的抵押权，这种情形大多发生在债权的部分转让时；也可以是第三人专为特定的债权人设定抵押的，该第三人与债权人约定，被担保债权的转让未经其同意的，抵押权因债权的转让而消灭。在上述情形下，债权转让的，担保该债权的抵押权不一并转让。

关联法规

《民法典》第421条

第四百零八条　【抵押权的保护】抵押人的行为足以使抵押财产价值减少的，抵押权人有权请求抵押人停止其行为；抵押财产价值减少的，抵押权人有权请求恢复抵押财产的价值，或者提供与减少的价值相应的担保。抵押人不恢复抵押财产的价值，也不提供担保的，抵押权人有权请求债务人提前清偿债务。

条文注解

在抵押期间，有可能由于抵押人的行为致使抵押财产价值减少，损害抵押权人的利益。抵押人使抵押财产价值减少的行为主要包括两个方面：一是抵押人采取积极的行为致使抵押财产价值减少，如拆除抵押的房屋；二是抵押人消极的不作为致使抵押财产价值减少，如对抵押的危旧房屋不做修缮。需要注意的是，本条规定的抵押财产价值减少，均是由于抵押人的行为造成的，即只有在抵押人对抵押财产价值减少有过错时，才按照本条的规定处理。

关联法规

《民法典》第390条

第四百零九条　【抵押权及其顺位的处分】抵押权人可以放弃抵押权或者抵押权的顺位。抵押权人与抵押人可以协议变更抵押权顺位以及被担保的债权数额等内容。但是，抵押权的变更未经其他抵押权人书面同意的，不得对其他抵押权人产生不利影响。

债务人以自己的财产设定抵押，抵押权人放弃该抵押权、抵押权顺位或者变更抵押权的，其他担保人在抵押权人丧失优先受偿权益的范围内免除担保责任，但是其他担保人承诺仍然提供担保的除外。

条文注解

抵押权作为抵押权人享有的一项权利，抵押权人可以放弃抵押权从而放弃其债权就抵押财产优先受偿的权利。抵押权人不行使抵押权或者怠于行使抵押权的，不得推定抵押权人放弃抵押权。抵押权人放弃抵押权，不必经过抵押人的同意。抵押权人放弃抵押权的，抵押权消灭。

抵押权人可以放弃其顺位，即放弃优先受偿的次序利益。抵押权人放弃抵押权顺位的，该抵押权人将处于最后顺位，所有后顺位抵押权人的顺位依次递进。但是在抵押权人放弃抵押权顺位之后新设定的抵押权不受该放弃的影响，其顺位仍应在该抵押权人的抵押权顺位之后。

所谓抵押权顺位的变更，是指将同一抵押财产上的数个抵押权的清偿顺序调换。抵押权的顺位变更后，各抵押权人只能在其变更后的顺位上行使优先受偿权。抵押权顺位的变更对其他抵押权人产生不利影响时，必须经过他们的书面同意。

本条第2款是针对被担保的债权既有以债务人自己的财产作抵押的抵押担保又有其他担保的情形而作出的特别规定。这里的“其他担保人”既包括为债务人担保的保证人，也包括提供抵押、质押担保的第三人。

关联法规

《民法典》第392、414条

第四百一十条 【抵押权的实现】债务人不履行到期债务或者发生当事人约定的实现抵押权的情形，抵押权人可以与抵押人协议以抵押财产折价或者以拍卖、变卖该抵押财产所得的价款优先受偿。协议损害其他债权人利益的，其他债权人可以请求人民法院撤销该协议。

抵押权人与抵押人未就抵押权实现方式达成协议的，抵押权人可以请求人民法院拍卖、变卖抵押财产。

抵押财产折价或者变卖的，应当参照市场价格。

条文注解

抵押权人实现抵押权的条件作出了规定：一是债务履行期限届满，债务人不履行债务；二是发生了当事人约定的实现抵押权的情形。满足上述任一条件，抵押权人就可以依照本条规定的方式和程序处理抵押财产以实现其债权。债务人不履行到期债务或者发生当事人约定的实现抵押权的情形的，抵押权人可以与抵押人就如何处理抵押财产进行协商，如果双方达成协议，就可以按照协议的方式实现抵押权。本条提供了三种抵押财产的处理方式供抵押权人与抵押人协议时选择：

（1）折价方式。在实现抵押权的条件成就时，抵押权人可以与抵押人协议，以折价的方式实现抵押权。折价的方式也就是抵押权人与抵押人协议，参照市场价格确定一定的价款将抵押财产的所有权转移给抵押权人，以实现债权。如果双方确定的抵押财产的价款高于被担保的债权时，依照本法规定，超出的部分要归抵押人所有，这样抵押权人与抵押人双方的权益就都得到了保护。

（2）拍卖方式。拍卖是抵押权实现的最为普通的一种方式。拍卖也称为竞卖，是指以公开竞争的方法将标的物卖给出价最高的买者。拍卖又分为自愿拍卖和强制拍卖两种，自愿拍卖是出卖人与拍卖机构订立委托合同，委托拍卖机构拍卖，拍卖机构一般为拍卖行；强制拍卖是债务人的财产基于某些法定的原因由司法机关如人民法院强制性拍卖。抵押权人与抵押人协议以抵押财产拍卖来实现债权的方式属于第一种方式，双方达成一致意见，即可选择拍卖机构进行拍卖。

（3）变卖方式。变卖方式就是以拍卖以外的生活中一般的买卖形式出让抵押财产，以变卖抵押财产的价款来实现债权的方式。为了保障变卖的价格公允，变卖抵押财产应当参照市场价格。

案例注解

【案例(2021)浙0602民初7627号】浙江某银行与楼某金融借款合同纠纷

【基本案情】

2020年1月9日,被告楼某向原告浙江某银行申请大额分期卡,并签署领用合同。2020年1月11日,原告、被告签订《××信用卡大额分期卡分期付款抵押借款合同》一份,约定原告为债权人,被告为债务人和抵押人。债务人申请的分期资金金额为137,800元,分期还款期数为36期,债务人应于透支分期当月起,每期账单到期还款日(含)前将每期应偿还分期资金足额存入大额分期卡。每期应偿还分期资金=分期资金金额÷分期期数。债务人向债权人支付分期付款手续费13,780元,手续费分期支付。债务人应于透支分期当月起,每期账单到期还款日(含)前将每期应付手续费足额存入大额分期卡。每期应付手续费=分期付款手续费÷分期期数。债务人逾期还款经债权人累计催讨2次仍未归还的,债权人有权宣布本合同项下的分期付款债务提前到期,并要求债务人立即偿还本合同项下全部债务。抵押人自愿向债权人提供抵押担保,抵押物为发动机号为451594的奥迪汽车一辆,抵押担保范围为主合同项下的分期资金、分期手续费、利息、复利、违约金、提前还款手续费等全部应付款项以及债权人为实现债权和担保权利所发生的费用(包括但不限于诉讼费、仲裁费、律师费、催收费等),案涉抵押物为被告名下机动车已办理抵押登记手续(证书编号为××××)。原告已按约发放贷款,但因被告未按约还款,为此原告诉至法院,请求判令被告立即偿还结欠原告的透支本金111,677.77元,支付利息、费用等26,224.77元,合计应还款总额137,902.54元(利息、费用等算至2021年6月9日,此后产生的利息、费用、滞纳金等按中国人民银行有关规定及章程协议约定计付,利随本清);判令被告就上述第一项债务对被告名下机动车登记证书编号××××项下抵押物经拍卖或变卖所得价款在本金111,677.77元及相应利息、费用、滞纳金等范围内享有优先受偿权。

【裁判要旨】

《民法典》第410条第1款规定,债务人不履行到期债务或者发生当事人约定的实现抵押权的情形,抵押权人可以与抵押人协议以抵押财产折价或者以拍卖、变卖该抵押财产所得的价款优先受偿。本案中,原告、被告之间的金融借款合同关系、抵押合同关系,各方主体适格,内容未违反法律、行政法规的强制性规定,应认定合法有效。原告已依约向被告发放贷款,但被告未能按约还款,其行为已违反合同义务,原告诉求,于法有据。

【裁判结果】

2021年9月7日,法院本判决被告楼某应于本判决生效之日起30日内归还原告借款本金人民币111,677.77元,并支付自2020年8月10日起至借款实际还清之日止按中国人民银行有关规定及合同约定计算的利息、违约金、手续费(利息、手续费、违约金的收取标准最高不得超过年利率24%,扣除已经支付的利息、手续费、违约金);原告就其享有的上述第一项债权对编号为××的机动车登记证书项下抵押物经折价、拍卖或变卖后所得款项享有优先受偿权;驳回原告的其他诉讼请求。(资料来源:中国裁判文书网)

关联法规

《民法典》第151、401条

第四百一十一条 【浮动抵押财产的确定】依据本法第三百九十六条规定设定抵押的，抵押财产自下列情形之一发生时确定：

（一）债务履行期限届满，债权未实现；

（二）抵押人被宣告破产或者解散；

（三）当事人约定的实现抵押权的情形；

（四）严重影响债权实现的其他情形。

条文注解

浮动抵押权确定的情形有以下四种：

（1）债务履行期限届满，债权未实现的，抵押财产确定。自债务履行期限届满之日起，抵押人不得再处分抵押财产。

（2）抵押人被宣告破产或者解散的，抵押财产确定。主要适用于抵押人为法人或者非法人组织的情形。

（3）发生当事人约定的实现抵押权的情形的，抵押财产确定。抵押权人为保障自己的债权得到清偿，可以与抵押人约定提前实现抵押权的情形，一旦发生了该情形，抵押财产即被确定，抵押权人可以要求实现抵押权。

（4）发生严重影响债权实现的其他情形的，抵押财产确定。严重影响债权实现的情形，范围比较广泛。需要说明的是，如果抵押人有放弃其债权、无偿转让财产、以明显不合理的低价转让财产或者以明显不合理的高价受让他人财产等行为，严重影响抵押权人债权实现的，抵押权人除可以要求确定抵押财产外，还可以有权请求抵押人停止其行为，请求恢复抵押财产的价值，或者提供与减少的价值相应的担保。

自以上任一情形的发生时浮动抵押即转化为固定抵押，抵押财产确定，抵押人不得再处分抵押财产。

关联法规

《民法典》第68、69、106、107、396、408、410、413条

第四百一十二条 【抵押权对抵押财产孳息的效力】债务人不履行到期债务或者发生当事人约定的实现抵押权的情形，致使抵押财产被人民法院依法扣押的，自扣押之日起，抵押权人有权收取该抵押

财产的天然孳息或者法定孳息，但是抵押权人未通知应当清偿法定孳息义务人的除外。

前款规定的孳息应当先充抵收取孳息的费用。

条文注解

抵押财产的孳息，是指由抵押财产而产生的收益。孳息分为天然孳息和法定孳息，天然孳息指物依照自然属性产生的收益，法定孳息指依照法律关系产生的收益。

需要说明的是，抵押权的效力及于抵押财产的孳息必须具备两个条件：(1)必须是抵押财产被人民法院依法扣押后，抵押权人才能收取其孳息；(2)抵押财产被扣押后，抵押权人已经通知应当给付法定孳息的义务人。孳息应当先充抵收取孳息的费用，再用于清偿抵押权人的债权。

第四百一十三条 【抵押财产变价后的处理】抵押财产折价或者拍卖、变卖后，其价款超过债权数额的部分归抵押人所有，不足部分由债务人清偿。

条文注解

在抵押权人实现抵押权后，抵押人已就其抵押财产承担了担保责任，抵押权因实现而消灭，但是未清偿的部分债权，仍然在债权人与债务人之间存在，只是不再是抵押权担保的债权，债务人仍然负有清偿债务的义务，如果债务人与抵押人不是同一人时，抵押财产的变价款不足清偿的债务由债务人承担，抵押人不再承担责任。

关联法规

《民法典》第410条

第四百一十四条 【数个抵押权的清偿顺序】同一财产向两个以上债权人抵押的，拍卖、变卖抵押财产所得的价款依照下列规定清偿：

（一）抵押权已经登记的，按照登记的时间先后确定清偿顺序；

（二）抵押权已经登记的先于未登记的受偿；

（三）抵押权未登记的，按照债权比例清偿。

其他可以登记的担保物权，清偿顺序参照适用前款规定。

条文注解

同一财产向两个以上债权人抵押的，拍卖、变卖抵押财产所得的价款按照以下原则清偿：

首先，抵押权已登记的，按照登记的时间先后确定清偿顺序。关于抵押权生效的原则，本法区分不动产和动产抵押，作了不同规定。确定抵押权登记的先后，以登记部门的登记材料中记载的登记时间为准。作为第一顺序抵押登记的被担保债权，就拍卖、变卖抵押财产的价款优先受偿，处于第二顺序的抵押权只能就变价款的剩余部分受偿，以此类准。

其次，抵押权已登记的先于未登记的受偿。这一原则是针对动产抵押而言的。当事人是否办理抵押登记，在法律效力上还是有差别的，办理抵押登记的，抵押权人可以对抗第三人。在清偿顺序的问题上，作出抵押权已登记的先于未登记的受偿的规定。

最后，抵押权未登记的，按照债权比例清偿。这一原则也是针对动产抵押而言的。各抵押权人对抵押财产拍卖、变卖所得的价款应当享有同等的权利，按照各自的债权的比例受清偿。

需要说明的是，随着不动产统一登记制度的全面实行，不动产权利都经由不动产登记机构在统一的不动产登记簿上办理登记，同一个不动产上设立的多个抵押权都登记在一个登记簿上，可以对各个抵押权登记的先后顺序作出判断。故同一个动产上的多个抵押权不大可能出现登记顺序相同的情形，本条删除了多个抵押权登记的顺序相同时按照债权比例清偿的规定。

关联法规

《民法典》第414～416、456条

第四百一十五条　【抵押权与质权的清偿顺序】同一财产既设立抵押权又设立质权的，拍卖、变卖该财产所得的价款按照登记、交付的时间先后确定清偿顺序。

条文注解

本条是《民法典》新增的条文。对于同一财产上抵押权与质权并存时的清偿顺序作了补充完善，规定对于同一财产既设立抵押权又设立质权的，拍卖、变卖该财产所得的价款按照登记、交付的时间先后确定清偿顺序，即以权利公示的时间先后决定清偿顺序。本条在具体适用时，主要有以下两种情况。

（1）先质押后抵押的情形：在动产上先设立质权后设立抵押权的，在动产质权和动产抵押权中，交付和登记都是公示方式，本身并不存在效力的强弱之分，都具有对抗后面产生的权利的效力。动产抵押权虽然进行了登记，但是其登记对抗效力仅能向后发生，不能影响成立在先的质权。

(2)先抵押后质押的情形：在动产上先设立抵押权后设立质权的，会因先设立的抵押权是否登记而有所不同。具体清偿顺序表现：已登记的动产抵押权优于动产质权受偿；动产质权优于未登记的动产抵押权受偿。因此，抵押权人在取得动产抵押权后应当及时进行登记，否则可能会失去优先清偿的顺位。

关联法规

《民法典》第403、429条

第四百一十六条 【动产购买价款抵押担保的优先权】动产抵押担保的主债权是抵押物的价款，标的物交付后十日内办理抵押登记的，该抵押权人优先于抵押物买受人的其他担保物权人受偿，但是留置权人除外。

第四百一十七条 【抵押权对新增建筑物的效力】建设用地使用权抵押后，该土地上新增的建筑物不属于抵押财产。该建设用地使用权实现抵押权时，应当将该土地上新增的建筑物与建设用地使用权一并处分。但是，新增建筑物所得的价款，抵押权人无权优先受偿。

第四百一十八条 【集体所有土地使用权抵押权的实行效果】以集体所有土地的使用权依法抵押的，实现抵押权后，未经法定程序，不得改变土地所有权的性质和土地用途。

第四百一十九条 【抵押权存续期间】抵押权人应当在主债权诉讼时效期间行使抵押权；未行使的，人民法院不予保护。

第二节 最高额抵押权

第四百二十条 【最高额抵押权的定义】为担保债务的履行，债务人或者第三人对一定期间内将要连续发生的债权提供担保财产的，债务人不履行到期债务或者发生当事人约定的实现抵押权的情形，抵押权人有权在最高债权额限度内就该担保财产优先受偿。

最高额抵押权设立前已经存在的债权，经当事人同意，可以转入最高额抵押担保的债权范围。

条文注解

最高额抵押权具有以下特征：

首先，最高额抵押权是限额抵押权。设定抵押时，抵押人与抵押权人协议约定抵押财产担保的最高债权限额，无论将来实际发生的债权如何增减变动，抵押权人只能在最高债权额范围内对抵押财产享有优先受偿权。实际发生的债权超过最高限额的，以抵押权设定时约定的最高债权额为限优先受偿；不及最高限额的，以实际发生的债权额为限优先受偿。

其次，最高额抵押权是为将来发生的债权提供担保。最高额抵押权设定时，不以主债权的存在为前提，是典型的担保将来债权的抵押权。这里的“将来债权”，是指设定抵押时尚未发生，在抵押期间将要发生的债权。

再次，最高额抵押权所担保的最高债权额是确定的，但实际发生额不确定。设定最高额抵押权时，债权尚未发生，为担保将来债权的履行，抵押人和抵押权人协议确定担保的最高数额，在此额度内对债权担保。

最后，最高额抵押权是对一定期间内连续发生的债权作担保。这里讲的一定期间，不仅指债权发生的期间，还指抵押权担保的期间。连续发生的债权，是指所发生的债权次数不确定，且接连发生。

案例注解

【案例(2021)湘0624民初2360号】某商业银行与被告朱某等最高额抵押借款合同纠纷案

【基本案情】

被告朱某与被告梁某系夫妻。两被告于2014年以住房抵押向原告湖南某商业银行贷款150万元，之后被告一直循环续贷。原告与被告于2017年6月1日签订了最高抵押合同，该合同约定担保2017年6月1日至2020年6月1日原告与被告所产生的全部债务，本金金额不超过150万元。两被告于2017年6月7日以其名下位于湘阴县(湘房权证新泉镇字第××号)向原告提供抵押,并办理了抵押登记手续,不动产登记证明为湘(2017)湘阴县不动产证明×××号。2019年4月16日,原告与被告朱某重新办理了贷款手续,签订了《个人借款合同》,合同中约定借款金额为150万元,年利率为8.265%,还款方式为按月结息,到期一次性还本,贷款期限为1年即2019年4月16日至2020年4月16日。当天原告向被告朱某重新发放了150万元贷款。2020年4月15日贷款到期,两被告又向原告申请贷款展期,原告同意申请展期10个月,双方又签订了借款展期协议,约定借款展期到2021年2月16日到期,贷款利率仍为年利率8.265%。贷款展期到期后,原告仍未按约还款。后原告多次向两被告催要借款未果,故诉至法院,请求法院判令被告梁某、朱某偿付所欠贷款,截至2021年6月17日本金150万元,利息69,841.52元,合计实际金额以贷款结清当日数据为准;对被告朱某名下位于新泉镇××街道××门面及住房的处置价款优先受偿。

被告朱某辩称,贷款属实,他一家人只有一套住房,希望不要处置住房,最好能够通过其他方式偿还借款。

【裁判要旨】

《民法典》第420条第1款规定,为担保债务的履行,债务人或者第三人对一定期间内将要连续发生的债权提供担保财产的,债务人不履行到期债务或者发生当事人约定的实现抵押权的情形,抵押权人有权在最高债权额限度内就该担保财产优先受偿。本案中,两被告朱某、梁某与原告某银行签订了借款合同,原告向两被告发放了借款,两被告与原告成立了合法有效的借款合同关系,两被告应当按照合同约定的期限偿还借款。原告、被告约定以两被告名下的房屋为该笔贷款进行抵押,签订了最高抵押合同,并办理了抵押登记,原告为抵押权人,原告依法对登记在两被告名下的房屋拍卖、变卖后所得的价款享有优先受偿权。

【裁判结果】

2021年9月23日,法院判决由两被告朱某、梁某共同偿还原告湖南某银行本息共计1,569,841.52元;由两被告以借款本金1,499,988.26元为基数,按照年利率8.265%的标准,向原告支付从2021年6月18日起至借款实际清偿之日止的利息;原告对两被告办理抵押登记的房产拍卖、变卖所得的价款享有优先受偿权。

驳回原告的其他诉讼请求。(资料来源:中国裁判文书网)

关联法规

《最高人民法院关于适用〈中华人民共和国民法典〉有关担保制度的解释》第15条

第四百二十一条 【最高额抵押权担保的债权转让】最高额抵押担保的债权确定前,部分债权转让的,最高额抵押权不得转让,但是当事人另有约定的除外。

第四百二十二条 【最高额抵押合同条款变更】最高额抵押担保的债权确定前，抵押权人与抵押人可以通过协议变更债权确定的期间、债权范围以及最高债权额。但是，变更的内容不得对其他抵押权人产生不利影响。

第四百二十三条 【最高额抵押权所担保的债权确定】有下列情形之一的，抵押权人的债权确定：

（一）约定的债权确定期间届满；

（二）没有约定债权确定期间或者约定不明确，抵押权人或者抵押人自最高额抵押权设立之日起满二年后请求确定债权；

（三）新的债权不可能发生；

（四）抵押权人知道或者应当知道抵押财产被查封、扣押；

（五）债务人、抵押人被宣告破产或者解散；

（六）法律规定债权确定的其他情形。

第四百二十四条 【最高额抵押权的法律适用】最高额抵押权除适用本节规定外，适用本章第一节的有关规定。

第十八章 质 权

第一节 动产质权

第四百二十五条 【动产质权的定义】为担保债务的履行，债务人或者第三人将其动产出质给债权人占有的，债务人不履行到期债务或者发生当事人约定的实现质权的情形，债权人有权就该动产优先受偿。

前款规定的债务人或者第三人为出质人，债权人为质权人，交付的动产为质押财产。

第四百二十六条　【禁止质押的动产范围】法律、行政法规禁止转让的动产不得出质。

条文注解

合法拥有的并且依法可以转让的动产可以设定质权。因此，可以设定质权的动产应当是十分宽泛的，如车辆、古董字画、珠宝首饰。但是，法律、行政法规规定禁止流通的动产不得设定质权，如毒品、管制枪支。设定动产质权是一种民事权利，对于禁止性的限定应当是十分严格的。规定禁止转让的动产的依据只能是全国人大及其常委会制定的法律、国务院制定的行政法规。其他规范性文件，不能作为规定禁止转让动产的依据。

第四百二十七条　【质押合同】设立质权，当事人应当采用书面形式订立质押合同。

质押合同一般包括下列条款：

（一）被担保债权的种类和数额；

（二）债务人履行债务的期限；

（三）质押财产的名称、数量等情况；

（四）担保的范围；

（五）质押财产交付的时间、方式。

第四百二十八条　【流质】质权人在债务履行期限届满前，与出质人约定债务人不履行到期债务时质押财产归债权人所有的，只能依法就质押财产优先受偿。

条文注解

流质条款，是指债权人在订立质押合同时与出质人约定，债务人到期不履行债务时质押财产归债权人所有。《民法典》物权编对《物权法》的规定进行了修改，明确了流质条款的效力，根据本条规定，当事人订立流质条款的，当债务履行期限届满时，不发生质押财产所有权转移的效力，而是应当根据本法第436、438条规定的实现质权的方式就质押财产优先受偿。需要注意的是，当事人之间订有流质条款的，债权人依法就质押财产优先受偿，需要满足质权设立的前提条件，即存在合法有效的质押合同，并且通过交付或者登记设立了质权。如果质权没有有效设立，质权人不能对质押财产享有优先受偿权。

关联法规

《最高人民法院关于适用〈中华人民共和国民法典〉时间效力的若干规定》第7条

第四百二十九条 【质权生效时间】质权自出质人交付质押财产时设立。

条文注解

出质人与质权人订立动产质押合同,该合同自成立时生效。但是在移转质押财产的占有之前,并不发生担保物权的效力;出质人只有将质押财产通过交付的形式实际移转给质权人占有时,质权才发生效力。根据本条的规定,质押财产是否移转是质权是否生效的判断标准:当事人没有移转质押财产,质权无效。其质押合同是否有效要根据本法合同编的有关规定判断,质权无效并不当然导致合同无效,不应将质权有效与否与质押合同的效力混淆判断。

第四百三十条 【质权人孳息收取权及孳息首要清偿用途】质权人有权收取质押财产的孳息,但是合同另有约定的除外。

前款规定的孳息应当先充抵收取孳息的费用。

条文注解

质押财产所产生的孳息包括自然孳息和法定孳息。质权人依法收取孳息时,并不当然取得所有权,而是取得对孳息的质权,孳息成为质权的标的。如果孳息是金钱,质权人可以直接用于清偿;如果孳息是物,可以由质权人与出质人协议以该孳息折价或者拍卖、变卖,以所得价款优先受偿。

第四百三十一条 【质权人擅自使用、处分质押财产的责任】质权人在质权存续期间,未经出质人同意,擅自使用、处分质押财产,造成出质人损害的,应当承担赔偿责任。

案例注解

【案例(2021)皖1181民初2912号】潘某擅自处分质押物造成损害被判赔偿

【基本案情】

原告周某系个体业务员,被告潘某经营珠宝玉器行。原告因为业务需要有时会从被告处购买一些玉器送客户,为此双方熟悉成为朋友。2014年3月28日,原告在被告处购买了千足金999项链一条,重86.66克,单价每克310元,计26,864.60元,并开具了收据。2016年1月19日原告因做生意需要资金周转,向潘某提出借款请求,潘某要求周某将其佩戴的一条黄金项链作为抵押物,后周某将一条黄金项链交给潘某,潘某于2016年1月19日向周某出具收条一张。后潘某借给周某17,000元,周某也于2016年1月20日向潘某出具借条一张。周某向潘某借款时双方口头约定1个月内还款,拿回自己的项链,并支付潘某好处费1000元。约定的还款日期满后,周某向潘某提出还款请求,并要求返还抵押物。但某一直未予理睬。为此,原告周某诉至法院,请求法院判令判决被告潘某立即返还原告抵押物86.6克黄金项链一条。若被告不能返还原物,按原物现有价值冲抵原告借被告现金后将差价偿还原告,约20,000元。

【裁判要旨】

《民法典》第431条规定,质权人在质权存续期间,未经出质人同意,擅自使用、处分质押财产,造成出质人损害的,应当承担赔偿责任。本案中,原告周某将一条重86.6克黄金项链于2016年1月19日出质给被告潘某占有,是为了其向潘某借款17,000元提供担保。按照法律规定,债务人履行债务或者出质人提前清偿所担保的债权的,质权人应当返还质押财产。但潘某在约定的债务履行期限到期后至今均拒绝周某偿还债务返还质押财产的请求,其行为不符合法律规定。潘某因擅自使用、处分质押财产,应当承担赔偿责任。

【裁判结果】

2021年8月3日,法院判决被告潘某于本判决生效之日起15日内赔偿原告周某黄金项链损失14,180.56元,驳回原告周某的其他诉讼请求。(资料来源:中国裁判文书网)

第四百三十二条　【质权人的保管义务和赔偿责任】质权人负有妥善保管质押财产的义务;因保管不善致使质押财产毁损、灭失的,应当承担赔偿责任。

质权人的行为可能使质押财产毁损、灭失的,出质人可以请求质权人将质押财产提存,或者请求提前清偿债务并返还质押财产。

条文注解

所谓妥善保管,即以善良管理人的注意义务加以保管。善良管理人的注意义务,是指依照一般交易上的观念,认为有相当的知识经验及诚意的人所应负的注意义务,即以一种善良的心和应当具备的知识来保管质押财产。如果达不到应当注意的保管标准的,就不是妥善保管。

第四百三十三条 【质权的保护】因不可归责于质权人的事由可能使质押财产毁损或者价值明显减少，足以危害质权人权利的，质权人有权请求出质人提供相应的担保；出质人不提供的，质权人可以拍卖、变卖质押财产，并与出质人协议将拍卖、变卖所得的价款提前清偿债务或者提存。

条文注解

拍卖、变卖所得的价款，性质上属于质押财产的替代物，质权人不当然取得价款的所有权，出质人可以用该价款提前向质权人清偿债务；如果以该价款提存的，则要等债务履行期限届满，以提存的价款清偿债务。无论是提前清偿债权，还是提存后届时清偿，其价款超出所担保债权的部分，应当直接归还出质人。

第四百三十四条 【责任转质】质权人在质权存续期间，未经出质人同意转质，造成质押财产毁损、灭失的，应当承担赔偿责任。

条文注解

质权人为担保自己或者他人的债务，在占有的质押财产上再次设定质权的行为称为转质，所成立的质权为转质权。因转质而取得质权的人为转质权人。转质既可以适用于动产质权，也可以适用于权利质权。转质依其是否经出质人同意，分为承诺转质和责任转质。承诺转质，是指经出质人同意，质权人在占有的质押财产上为第三人设定质权的行为。承诺转质事前已经取得出质人的同意，质权人对因转质权人的过错而造成的损失承担责任，并不因转质而加重法律责任。责任转质指质权人不经出质人同意，将质押财产转质于第三人的行为。责任转质因未经出质人同意就将质押财产转质，不仅要承担质押财产因转质权人的过错而毁损、灭失的责任，还要承担转质期间发生的因不可抗力产生的质押财产毁损、灭失的风险责任，其责任要比未转质的情况沉重得多。

第四百三十五条 【质权的放弃】质权人可以放弃质权。债务人以自己的财产出质，质权人放弃该质权的，其他担保人在质权人丧失优先受偿权益的范围内免除担保责任，但是其他担保人承诺仍然提供担保的除外。

条文注解

质权人放弃质权,是指质权人放弃其因享有质权而就质押财产优先于普通债权人受清偿的权利的行为。质权人有权处分自己的质权。当质权人以放弃质权的方式处分质权时,应当符合法律的规定。质权人放弃质权应当明示作出意思表示。质权人不行使质权或者怠于行使质权的,不能推定为质权人放弃质权。质权人放弃质权,原因可能是多方面的。如果是质权人单方的意思表示,无须取得出质人的同意。质权因质权人的放弃而消灭。

第四百三十六条　【质物返还及质权实现】债务人履行债务或者出质人提前清偿所担保的债权的,质权人应当返还质押财产。

债务人不履行到期债务或者发生当事人约定的实现质权的情形,质权人可以与出质人协议以质押财产折价,也可以就拍卖、变卖质押财产所得的价款优先受偿。

质押财产折价或者变卖的,应当参照市场价格。

案例注解

【案例(2021)黑1123民初926号】原告张某要求被告韩某返还质押车辆被法院驳回

【基本案情】

原告张某向被告韩某借款50,000元。借款到期后,原告未清偿全部欠款本息,于2020年1月19日签署了欠条一份,欠条上金额、利息、还款日期明确,并且以原告张某本人的车牌号为黑NG×××的皮卡作为抵押,原告张某在欠款人处签字并捺指印。2020年8月22日,原告又与被告签订了一份保证书,保证书内容为张某借韩某的钱在2020年11月20日前一次性付清,如不付清张某的黑NG×××直接归韩某管。2020年11月18日晚,被告韩某到原告张某家商店后院内与原告张某沟通要将车开走,被告张某没有阻拦,看到被告韩某将车开走。现原告诉至法院,请求法院判令被告返还占有车牌号为(黑NG×××)的车辆,并支付在这期间所产生的雇车费用11,940元;并赔偿因耽误修车、整地、种地所受到的损失。

【裁判要旨】

《民法典》第436条第1款规定,债务人履行债务或者出质人提前清偿所担保的债权的,质权人应当返还质押财产。本案中,原告张某向被告韩某借款,将涉案车辆作为"抵押物",并且在被告韩某将涉案车辆开走时并未进行阻拦的行为,双方实质上系为担保债务的履行而形成动产质押合同权利义务关系,故应视为原告张某以其名下车牌号为黑N×××车辆作为质押物向被告韩某借款。在此动产质权协议未被依法撤销、被确认无效或在相关欠款未清偿完毕的前提下,被告仍然具备占有涉案车辆的权利。现原告张某尚未还清借款，故原告无权要求被告返还质押车辆。

【裁判结果】

2021 年 8 月 30 日，法院判决驳回原告张某的诉讼请求。（资料来源：中国裁判文书网）

第四百三十七条 【质权的及时行使】出质人可以请求质权人在债务履行期限届满后及时行使质权；质权人不行使的，出质人可以请求人民法院拍卖、变卖质押财产。

出质人请求质权人及时行使质权，因质权人怠于行使权利造成出质人损害的，由质权人承担赔偿责任。

条文注解

质权人怠于行使权利可能会致使质押财产价格下跌，或者发生其他毁损、灭失等情形，质押财产无法获得与原有价值相当的变价款，质权人对于出质人的损失要承担赔偿责任。需要注意的是，根据本款的规定，出质人首先要有请求质权人及时行使质权的行为；其次要有证据证明造成损害是由于质权人怠于行使质权造成的，损害的事实应当与质权人怠于行使质权有直接的因果关系。

第四百三十八条 【质押财产变价后的处理】质押财产折价或者拍卖、变卖后，其价款超过债权数额的部分归出质人所有，不足部分由债务人清偿。

第四百三十九条 【最高额质权】出质人与质权人可以协议设立最高额质权。

最高额质权除适用本节有关规定外，参照适用本编第十七章第二节的有关规定。

条文注解

最高额质权，是指为担保债务的履行，债务人或者第三人对一定期间内将要连续发生的债权提供质押财产担保，但预定了一个限额，债务人不履行到期债务或者发生当事人约定的实现质权的情形，质权人有权在最高债权额限度内就该质押财产优先受偿。

第二节 权利质权

第四百四十条 【权利质权的范围】债务人或者第三人有权处分的下列权利可以出质：

（一）汇票、本票、支票；

（二）债券、存款单；

（三）仓单、提单；

（四）可以转让的基金份额、股权；

（五）可以转让的注册商标专用权、专利权、著作权等知识产权中的财产权；

（六）现有的以及将有的应收账款；

（七）法律、行政法规规定可以出质的其他财产权利。

条文注解

权利质权，是指以出质人提供的财产权利为标的而设定的质权。权利质权具有与动产质权相同的一些特征，都是以担保债务履行和债权实现为目的，性质都是价值权、担保权。

权利质权的标的是出质人提供的作为债权担保的权利。但并不是所有的权利都可以作为权利质权的标的，其必须满足下列条件：（1）必须是财产权，人身权由于不直接具有经济价值，不得作为权利质权的标的。（2）必须具有让与性，标的应有变价的可能。（3）必须是适于设定质权的权利。在我国，在不动产物权上设定的权利一般认定为抵押权，因此，不动产物权不能作为权利质权的标的。至于抵押权、质权和留置权等担保物权，由于不能与其所担保的主债权分离，因此也不能成为权利质权的标的。

案例注解

【案例（2021）陕0923民特24号】牛某申请拍卖、变卖质押股权获法院支持

【基本案情】

申请人牛某诉称，申请人是某生态旅游投资有限公司的原股东，持有该生态旅游投资有限公司20%的股权。2017年9月15日，申请人委托张某与西安某酒店管理有限公司签订《股权转让协议》，约定将包括原告持有的某生态旅游投资有限公司20%股权在内的100%股权转让给西安某酒店管理有限公司，约定股权转让价款为人民币5100万元，约定合同签订后付第一笔1530万元，2017年12月15日前付第二笔2550

万元,2018 年 3 月 31 日前付第三笔 1020 万元,并明确约定将第三笔 1020 万元支付给申请人。在合同第 7 条约定逾期支付股权转让款,应按照应付价款万分之三每日支付违约金。合同签订后,西安某酒店管理有限公司依约支付了合同约定的第一笔、第二笔股权转让款,但是应在 2018 年 3 月 31 日支付给申请人的第三笔股权转让款 1020 万元未能支付,经申请人多次讨要未能支付。

2019 年 10 月 28 日,被申请人白某与申请人签订《股权质押协议》,约定为确保西安某酒店管理有限公司与申请人 2017 年 9 月 15 日签订的《股权转让协议》的履行,被申请人以在某生态旅游投资有限公司出资的 20.4% 股权作为质押,所担保的债权为:西安某酒店管理有限公司依《股权转让协议》欠付申请人的 1020 万元的股权转让款、逾期违约金以及由此产生的处置费用、实现债权的诉讼费用等。

2019 年 10 月 28 日,某生态旅游投资有限公司召开股东会并形成股东会决议,同意被申请人自愿以拥有某生态旅游投资有限公司 20.4% 的股权等价人民币 1020 万元质押给申请人,作为西安某酒店管理有限公司欠付申请人股权转让款的担保措施,全体股东在股权转让时放弃优先购买权。2019 年 10 月 28 日,被申请人质押给申请人的 20.4% 股权在市场监督管理局办理股权出质登记,该局出具股质登记设字(2019)第××××××号《股权出质设立登记通知书》,确认质权设立成立,质权登记编号为 612424×××××××。

由于债务人西安某酒店管理有限公司欠付申请人的股权转让款 1020 万元债务期满未能履行,截至 2021 年 8 月 10 日产生违约金 3,757,680 元债务也未履行,为此,申请人诉至法院,请求法院裁定:(1)准许拍卖、变卖被申请人白某质押给申请人的某生态旅游投资有限公司的 20.4% 的股权,所得价款优先偿还西安某酒店管理有限公司欠付申请人的股权转让款 1020 万元、律师代理费 20 万元、违约金 3,757,680 元(违约金暂计算至 2021 年 8 月 10 日为 3,757,680 元,违约金请求以欠付款 1020 万元为基数,按日万分之三的标准自 2018 年 8 月 31 日裁定至实际拍卖清偿日止)。合计 14,157,860 元;(2)申请费由被申请人承担。

被申请人白某辩称,申请人申请的事实及理由属实,对申请人的请求无异议。

【裁判要旨】

《民法典》第 440 条第 4 项规定,债务人或者第三人有权处分的下列权利可以出质:可以转让的基金份额、股权。本案中,申请人与被申请人之间的《股权质押协议》,系双方当事人真实意思表示,内容不违反国家法律法规的强制性规定,均属有效协议,故当事人均应按协议约定履行各自义务。西安某酒店管理有限公司未按《股权转让协议》约定于 2018 年 3 月 31 日前直接向申请人牛某支付第三笔股权转让款 1020 万元,构成违约,应依法承担违约责任。被申请人白某作为出质人应按《股权质押协议》约定承相应担保责任。且被申请人白某对申请人牛某申请实现担保物权无异议,应予支持。

【裁判结果】

2021 年 9 月 8 日,法院裁定准许拍卖、变卖被申请人白某质押给申请人牛某的某生态旅游投资有限公司 20.4% 的股权,所得价款优先偿还西安某酒店管理有限公司欠付申请人牛某的股权转让款10,200,000元、律师代理费200,000元、违约金3,757,680元,以上合计14,157,860元(违约金暂计算至2021年8月10日,之后的违约金以欠款1020万元为基数,按日万分之三的标准自2021年8月11日计算至实际拍卖清偿之日止)。(资料来源:中国裁判文书网)

第四百四十一条 【有价证券出质的质权的设立】以汇票、本票、支票、债券、存款单、仓单、提单出质的,质权自权利凭证交付质权人时设立;没有权利凭证的,质权自办理出质登记时设立。法律另有规定的,依照其规定。

第四百四十二条 【有价证券出质的质权的特别实现方式】汇票、本票、支票、债券、存款单、仓单、提单的兑现日期或者提货日期先于主债权到期的,质权人可以兑现或者提货,并与出质人协议将兑现的价款或者提取的货物提前清偿债务或者提存。

条文注解

载明兑现日期或者提货日期的汇票、本票、支票、债券、存款单、仓单、提单的兑现日期或者提货日期届至时,原则上必须兑现或者提货,以免除第三债务人的债务。提前清偿债权的,质权消灭;提存的,质权继续存在于提存的款项或者货物上,在主债权到期时可以以该提存的款项或者货物优先受偿。出质人只能在提前清偿债权和提存中选择,不能既不同意提前清偿债权也不同意提存。

第四百四十三条 【以基金份额、股权出质的质权设立及转让限制】以基金份额、股权出质的,质权自办理出质登记时设立。

基金份额、股权出质后,不得转让,但是出质人与质权人协商同意的除外。出质人转让基金份额、股权所得的价款,应当向质权人提前清偿债务或者提存。

条文注解

基金份额和股权出质后,原则上不能转让;但如果出质人与质权人协商一致,都同意转让已出质的基金份额和股权,这属于双方当事人对自己权利的自由处分,法律自然允许。但是转让基金份额和股权所得的价款,并不当然用于清偿所担保的债权;因为此时债务清偿期限尚未届至,出质人应当与质权人协商,将所得的价款提前清偿所担保的债权或者提存。提前清偿债权的，质权消灭。提存的，质权继续存在于提存的价款上，在债务履行期限届满时，质权人可以对该价款优先受偿。出质人只能在提前清偿债权和提存中选择，不能既不同意提前清偿债权，也不同意提存。

第四百四十四条　【以知识产权中的财产权出质的质权的设立及转让限制】以注册商标专用权、专利权、著作权等知识产权中的财产权出质的，质权自办理出质登记时设立。

知识产权中的财产权出质后，出质人不得转让或者许可他人使用，但是出质人与质权人协商同意的除外。出质人转让或者许可他人使用出质的知识产权中的财产权所得的价款，应当向质权人提前清偿债务或者提存。

第四百四十五条　【以应收账款出质的质权的设立及转让限制】以应收账款出质的，质权自办理出质登记时设立。

应收账款出质后，不得转让，但是出质人与质权人协商同意的除外。出质人转让应收账款所得的价款，应当向质权人提前清偿债务或者提存。

条文注解

以应收账款出质的，双方当事人应当订立书面质押合同。合同内容一般包括被担保债权的种类和数额，债务人履行债务的期限，应收账款的名称、数额，担保的范围等。以应收账款出质的，在订立质押合同后，质权并不当然设立，双方当事人还需到有关部门办理出质登记后质权才设立。

关联法规

《动产和权利担保统一登记办法》

第四百四十六条　【权利质权的法律适用】权利质权除适用本节规定外，适用本章第一节的有关规定。

第十九章 留 置 权

第四百四十七条 【留置权的定义】债务人不履行到期债务，债权人可以留置已经合法占有的债务人的动产，并有权就该动产优先受偿。

前款规定的债权人为留置权人，占有的动产为留置财产。

条文注解

留置权，是指在债务人不履行到期债务时，债权人有权依照法律规定留置已经合法占有的债务人的动产，并就该动产优先受偿的权利。这时，债权人便为留置权人，占有的动产便为留置财产。

留置权具有以下三项特征：

(1)从属性。留置权依主债权的存在而存在，依主债权的转移而转移，并因主债权的消灭而消灭。

(2)法定性。留置权只能直接依据法律的规定发生，不能由当事人自由设定。只要债务人不履行到期债务，债权人即可以依照法律规定留置已经合法占有的债务人的动产，并在满足法律规定的条件的情况下，折价或者拍卖、变卖留置财产以受偿。

(3)不可分性。留置权的不可分性表现：①留置权所担保的是债权的全部，而不是部分。②留置权的效力及于债权人所留置的全部留置财产，留置权人可以对留置财产的全部行使留置权，而不是部分。只要债权未受全部清偿，留置权人就可以对全部留置财产行使权利，不受债权分割或者部分清偿以及留置财产分割的影响。当然，为了公平起见，根据法律规定，留置财产为可分物的，债权人留置的财产的价值应当相当于债务的金额，而不应留置其占有的债务人的全部动产。

案例注解

【案例(2021)湘1002民初1614号】原告王某要求被告何某返还留置物资被法院驳回

【基本案情】

2020年9月29日，原告王某(甲方)与被告何某(乙方)签订一份《加工协议》，约定乙方利用其所租赁的某公司回转窑为甲方加工含锌氧化矿回收次氧化锌，加工总量8000毛吨，加工费780元/毛吨，每天最低处理量70毛吨，双方还约定了其他事项。合同签订后，双方选定案外人何某柱进行监工，由原告向何某柱发放工资，被告依约加工含锌氧化矿。原告最后一批来料时间是2020年12月3日，被告于2020年12月6日烧制结束。原告由于自身原因仍有部分经过加工的氧化锌矿和返料灰未及时装运，亦未支付相应费用，该批成品由被告进行仓储保管。

被告于2021年1月31日向原告发出《催促函》，催促原告支付被告合计100,801元，并及时将遗留在被告方所租赁厂房内的加工氧化锌矿清运走，要求被告自收到本催促函3天内予以回复，并结清所欠加工费。原告未予回复，后被告又于2021年2月4日向原告发出《催促函》，要求原告于2021年2月7日前来被告处进行加工费结算及处理相关物料等事宜，若原告再次逾期被告将自行清理存在仓库内的物料，并保留追讨原告所欠加工费的权利。原告于2021年2月11日通过微信回复被告称对被告所发送的数据不予认可。

现原告诉至法院，请求判令被告向原告交付12,760千克的氧化锌粉和8400千克的返料灰。

被告辩称，本案原被告双方签订矿物承揽合同是事实，目前仍有部分经过加工的氧化锌矿和返料灰在被告处也是事实，但是原告未依约付完全部加工费，故被告只是正当合法行使留置权。

【裁判要旨】

《民法典》第447条第1款规定，债务人不履行到期债务，债权人可以留置已经合法占有的债务人的动产，并有权就该动产优先受偿。本案中，原告与被告签订书面合同，双方之间存在承揽合同关系。该合同关系系双方当事人的真实意思表示，未违反法律、行政法规的强制性规定，亦未侵犯他人的合法权益，应属有效，对此双方均应自觉履行各自的义务。被告完成了承揽加工义务，原告应当及时支付相应加工费。因被告两次催告原告支付加工费但原告未能支付，被告有权留置加工物。

【裁判结果】

2021年5月17日，法院一审判决驳回原告王某的全部诉讼请求。二审维持原判。（资料来源：中国裁判文书网）

第四百四十八条　【留置财产与债权的关系】债权人留置的动产，应当与债权属于同一法律关系，但是企业之间留置的除外。

条文注解

所谓同一法律关系，就是留置财产应当与债权所形成的债权债务关系属于同一个民事法律关系。同一法律关系最为常见的就是因合同产生的债权债务关系，同一法律关系还可以是因不当得利、无因管理、侵权形成的同一债权债务关系。

关联法规

《最高人民法院关于适用〈中华人民共和国民法典〉有关担保制度的解释》第62条

第四百四十九条　【留置权适用范围限制】法律规定或者当事人约定不得留置的动产，不得留置。

第四百五十条　【留置财产为可分物的特殊规定】留置财产为可分物的，留置财产的价值应当相当于债务的金额。

条文注解

从物的分割是否影响其价值或效用的角度，可将物分为不可分物和可分物两类。不可分物就是将其分割会影响其价值或者失去其效用的物。如一块手表，如果将手表拆分成零件，将失去手表作为计时器的功能。可分物，是指经分割而不损害其经济用途或者失去其价值的物。

所谓价值相当，并不是必须完全等值，而是留置财产的价值不能明显超过债权金额。

关联法规

《最高人民法院关于适用〈中华人民共和国民法典〉有关担保制度的解释》第38条

第四百五十一条　【留置权人的保管义务】留置权人负有妥善保管留置财产的义务；因保管不善致使留置财产毁损、灭失的，应当承担赔偿责任。

条文注解

一般而言，只要留置权人尽到了善良管理人的注意义务，妥善保管了留置财产，非因留置权人的重大过失导致留置财产的毁损或者灭失，就不能认定为保管不善。妥善保管留置财产，是一种消极性义务，不需要留置权人有积极的作为，留置权人对留置财产并不负有保值增值的义务。

第四百五十二条　【留置权人收取孳息的权利】留置权人有权收取留置财产的孳息。

前款规定的孳息应当先充抵收取孳息的费用。

条文注解

收取留置财产的孳息属于留置权人的权利。既然是留置权人的权利,那么留置权人既可以行使,也可以放弃。只有在留置权人放弃不行使时,债务人才可以自行收取留置财产的孳息。但在特殊情形下,妥善收取孳息也是留置权人保管义务的内容,留置权人不得放弃。此外,留置权人的权利仅是收取孳息,并非直接能获得孳息的所有权。所谓收取,就是通过事实行为或者法律行为获得并控制留置财产的孳息。收取之后,留置财产的孳息所有权归属需要根据法律规定或者当事人约定判断。如果债务人和留置权人并未就留置财产的孳息的归属作出明确约定,孳息的所有权应当属于债务人。

第四百五十三条 【留置权债务人的债务履行期】留置权人与债务人应当约定留置财产后的债务履行期限;没有约定或者约定不明确的,留置权人应当给债务人六十日以上履行债务的期限,但是鲜活易腐等不易保管的动产除外。债务人逾期未履行的,留置权人可以与债务人协议以留置财产折价,也可以就拍卖、变卖留置财产所得的价款优先受偿。

留置财产折价或者变卖的,应当参照市场价格。

第四百五十四条 【留置权债务人的请求权】债务人可以请求留置权人在债务履行期限届满后行使留置权;留置权人不行使的,债务人可以请求人民法院拍卖、变卖留置财产。

第四百五十五条 【留置权的实现】留置财产折价或者拍卖、变卖后,其价款超过债权数额的部分归债务人所有,不足部分由债务人清偿。

案例注解

【案例(2021)黔0303民初4619号】某汽修公司要求拥有留置权并享有优先受偿权获法院支持

【基本案情】

2018年8月22日13时30分许,被告胡某驾驶车牌号为贵C×××××的小型轿车,行驶中该车与道路左侧山体发生碰撞,造成车辆局部受损的交通事故。该事故经认定胡某负全部责任。交通事故发生后,被告将贵C×××××车辆在原告遵义市某汽车销售服务有限公司处维修，产生维修费19,187.68元。中国太平洋财产保险股份有限公司于2018年9月25日转入被告胡某银行账户贵C×××××车辆维修费等费用21,358元。因被告至今未将车辆修理费支付给原告，原告遂诉至法院，请求判令被告支付原告公司车辆维修费用19,187.68元、车辆停放管理费用6350.00元，上述费用共计人民币25,537.68元；依法判定原告对贵C×××××拥有留置权，并对处置贵C×××××车辆所获价款在诉讼请求第1条的范围内为第一优先受偿权人。

经查，原告已将贵C×××××车辆留置于原告处。

【裁判要旨】

《民法典》第447条第1款规定，债务人不履行到期债务，债权人可以留置已经合法占有的债务人的动产，并有权就该动产优先受偿。本案中，被告胡某将其所有的贵C×××××小型轿车在原告处维修，双方产生修理合同关系，双方应恪守合同约定。原告履行车辆维修义务后，被告应当支付维修费用。因被告未能支付维修费用，原告有权对贵C×××××小型轿车享有留置权，以该车辆折价或以拍卖、变卖该车辆的价款优先受偿。

【裁判结果】

2021年7月27日，法院判决胡某于本判决生效后5日内支付遵义市某汽车销售服务有限公司车辆维修费19,187.68元；原告对贵C×××××小型轿车享有留置权，以该车辆折价或以拍卖、变卖该车辆的价款优先受偿；驳回原告的其他诉讼请求。(资料来源：中国裁判文书网)

第四百五十六条 【留置权、抵押权与质权竞合时的顺位原则】同一动产上已经设立抵押权或者质权，该动产又被留置的，留置权人优先受偿。

条文注解

在同一动产上，无论留置权是产生于抵押权或者质权之前，还是产生于抵押权或者质权之后，留置权的效力都优先于抵押权或者质权。也就是说，留置权对抵押权或者质权的优先效力不受其产生时间的影响。

留置权对抵押权或者质权的优先效力也不受留置权人在留置动产时是善意还是恶意的影响。当然，如果留置权人与债务人恶意串通成立留置权，其目的就是排除在动产上的抵押权或者质权，那么这已经超出了“恶意和善意”的范畴，属于严重违反诚实信用原则的恶意串通行为。在这种情况下，不但该留置权不能优先于抵押权或者质权，而且该留置权应当被视为不存在。

第四百五十七条 【留置权消灭的特殊情形】留置权人对留置财产丧失占有或者留置权人接受债务人另行提供担保的,留置权消灭。

第五分编 占　　有

第二十章 占　　有

第四百五十八条 【有权占有的法律适用】基于合同关系等产生的占有,有关不动产或者动产的使用、收益、违约责任等,按照合同约定;合同没有约定或者约定不明确的,依照有关法律规定。

条文注解

占有,是指对不动产或者动产事实上的控制与支配。它分为有权的占有和无权的占有:前者指在占有人与占有返还请求人之间有寄托、租赁或其他正当法律关系时占有人对不动产或者动产的占有;后者指在占有人对不动产或者动产的占有无正当的法律关系或者原法律关系被撤销或无效时占有人对不动产或者动产的占有。

第四百五十九条 【无权占有造成占有物损害的赔偿责任】占有人因使用占有的不动产或者动产,致使该不动产或者动产受到损害的,恶意占有人应当承担赔偿责任。

条文注解

关于无权占有时无权占有人需要承担何种责任,需要根据无权占有的具体情况判断。根据占有人的主观状态,无权占有可以分为善意占有和恶意占有。所谓善意占有,就是占有人在主观上认为自己有权占有标的物。所谓恶意占有,指占有人明知或者因重大过失不知自己为无权占有而仍然进行的占有。

第四百六十条 【权利人的返还请求权和占有人的费用求偿权】不动产或者动产被占有人占有的,权利人可以请求返还原物及其孳息;但是,应当支付善意占有人因维护该不动产或者动产支出的必要费用。

条文注解

首先,有权请求权利人支付费用的仅限于善意占有人,如果占有人为恶意,则不能要求权利人支付任何费用。其次,返还的费用限于因维护该不动产或者动产所支出的费用。所谓维护,就是确保该标的物处于良好的状态或者正常使用状态。如占有的房屋漏水了,请维修工人予以加固防漏,为此支付的修理费。最后,有权要求支付的费用应是必要的,此等费用的金额应该是合理的,而不能明显超出正常水平。

案例注解

【案例(2021)陕0104民初9111号】王某萍等要求张某返还占有物获法院支持

【基本案情】

原告王某萍、王某军系姐弟关系,其父王某某生前与被告张某以夫妻名义共同生活近3年,共同生活期间王某某将个人工资及银行卡交予被告张某管理,由其支配并从中支取二人生活费用。2020年8月12日王某某因病去世,2020年8月20日被告张某从其持有的王某某名下建设银行卡中支取20,000元。庭审中被告张某认可取款20,000元的事实,但表示取款是为了事后答谢亲友和以备不时之需,愿意向原告退还10,000元。经查,王某某名下的中国建设银行存折、银行卡、两张存单中的存款共计427,808.44元,除被告张某支取20,000元外,剩余407,808.44元原告二人均已支取。中国银行银行卡和中国工商银行银行卡中存款尚未支取。原告诉至法院,请求:(1)判令被告向二原告返还20,000元及该资金占用利息476元(按照全国银行同业拆借中心发布一年期贷款市场报价利率,自2020年8月20日起暂计算至2021年3月30日,主张至实际支付之日止),合计20,476元;(2)判令被告向二原告返还王某某名下中国建设银行工资存折(存折号:××××××××××××××××5836)、中国建设银行银行卡(卡号:××××××××××××××5047)和中国建设银行存单(单号:××××××××××××××××9167、××××××××××××××××3602)、中国银行银行卡(卡号:××××××××××××××××7458)、中国工商银行银行卡(卡号:××××××××××××××××0894);判令被告向二原告进行公开道歉。

诉讼过程中,被告张某向原告返还了中国建设银行存折(存折号:××××××××××××××××5836)和中国建设银行银行卡(卡号:××××××××××××××5047)。王某某与其妻闵某(2012年3月20日去世)共同育有二子一女,分别为王某萍、王某军、王某辉(2000年6月24日去世)。

【裁判要旨】

无权占有不动产或动产的,权利人可以请求返还原物。本案中,被告张某与王某某以夫妻名义共同生活近3年,但并未登记结婚,无权占有王某某遗物,现二原告作为王某某的合法继承人,要求其返还占有物,符合法律规定。王某某名下的银行卡遗留存款共计427,808.44元,张某从中支取20,000元用于处理王某某身后事及答谢亲友,符合公序良俗,现其自愿返还10,000元,应予认可。原告主张该资金占用利息,无事实依据。被告张某并非恶意占有财物,因此原告要求被告道歉不应支持。

【裁判结果】

法院判决被告张某于本判决生效后15日内向原告王某萍、王某军返还10,000元;驳回原告王某萍、王某军其余之诉讼请求。(资料来源:中国裁判文书网)

第四百六十一条 【权利人的损害赔偿请求权】占有的不动产或者动产毁损、灭失,该不动产或者动产的权利人请求赔偿的,占有人应当将因毁损、灭失取得的保险金、赔偿金或者补偿金等返还给权利人;权利人的损害未得到足够弥补的,恶意占有人还应当赔偿损失。

第四百六十二条 【占有保护请求权】占有的不动产或者动产被侵占的,占有人有权请求返还原物;对妨害占有的行为,占有人有权请求排除妨害或者消除危险;因侵占或者妨害造成损害的,占有人有权依法请求损害赔偿。

占有人返还原物的请求权,自侵占发生之日起一年内未行使的,该请求权消灭。

第三编 合 同

第一分编 通 则

第一章 一般规定

第四百六十三条 【合同编的调整范围】本编调整因合同产生的民事关系。

第四百六十四条 【合同的定义和身份关系协议的法律适用】合同是民事主体之间设立、变更、终止民事法律关系的协议。

婚姻、收养、监护等有关身份关系的协议，适用有关该身份关系的法律规定；没有规定的，可以根据其性质参照适用本编规定。

条文注解

本条第1款：合同编所规定的“合同”是民事主体之间的协议，即平等主体的自然人、法人和非法人组织之间的协议。

首先，“平等主体”是民事关系的核心特征。从行政管理的角度来说，行政机关与行政相对人之间系不平等主体；从企业管理角度来说，企业与职工也系不平等主体，这些都不属于“民事主体”。

其次，民事主体包括自然人、法人和非法人组织三类。自然人是最基本的民事主体，“自然人”就是通常意义上的人，民法上使用这个概念，主要是与法人相区别。自然人不仅包括中国公民，还包括我国领域内的外国人和无国籍人。“法人”是一种社会组织，法律基于社会现实的需要，赋予符合一定条件的组织以法人资格，便于这些组织独立从事民事活动。

对于自然人、法人之外的个人独资企业、合伙企业等其他组织，考虑到赋予此类不具有法人资格的组织以民事主体地位，有利于其开展民事活动、促进经济社会发展，原《民法总则》明确将个人独资企业、合伙企业、不具有法人资格的专业服务机构等作为第三类民事主体“非法人组织”。《民法典》将原《民法总则》纳入作为总则编，延续了关于非法人组织的规定。

本条第2款：此为关于身份关系协议参照适用合同编的规定。合同编主要调整财产关系，婚姻、收养、监护等有关身份关系的协议有其特殊性，相关法律对这些身份关系作出规定的，适用该相关法律规定；相关法律对这些身份关系没有作出规定的，可以根据婚姻、收养、监护这类身份关系协议的性质，参照适用合同编的相关规定。

关联法规

《保险法》第10条

第四百六十五条 【依法成立的合同效力】依法成立的合同，受法律保护。

依法成立的合同，仅对当事人具有法律约束力，但是法律另有规定的除外。

案例注解

【案例（2021）陕0525民初1156号】张某与白某、杨某买卖合同纠纷案

【基本案情】

被告白某、杨某系夫妻关系，原告张某给二被告经营的烧烤店供应啤酒和饮料。2020年4月18日，原告、被告经算账，二被告尚欠原告啤酒款17,000元，并于当日向原告出具欠条一张，载明“欠条　今欠啤酒张某货款壹万柒仟元整（17,000元）　白某　杨某　2020.4.18”。后二被告向原告支付2000元再未付款。原告多次索要无果，于2021年5月24日诉至法院，请求判令二被告清偿原告货款15,000元；清偿原告资金占用期间利息8000元。

【裁判要旨】

《民法典》第465条第1款规定，依法成立的合同，受法律保护。本案中，被告白某、杨某从原告张某处购买啤酒，原告、被告之间形成买卖合同关系，双方经核算，二被告尚欠原告货款17,000元，后二被告向原告支付2000元再未付款，原告要求二被告支付剩余货款，于法有据，应予支持。

【裁判结果】

2021年9月26日，法院判决被告白某、杨某在本判决生效后10日内清偿原告张某货款共计15,000元，驳回原告张某的其他诉讼请求。（资料来源：中国裁判文书网）

第四百六十六条 【合同条款的解释】当事人对合同条款的理解有争议的，应当依据本法第一百四十二条第一款的规定，确定争议条款的含义。

合同文本采用两种以上文字订立并约定具有同等效力的，对各文本使用的词句推定具有相同含义。各文本使用的词句不一致的，应当根据合同的相关条款、性质、目的以及诚信原则等予以解释。

条文注解

合同条款是基于合同当事人意思表示一致而订立的，但在实践中由于种种原因，当事人可能会对合同某些条款的理解发生争议。《民法典》总则编第 142 条第 1 款规定，有相对人的意思表示的解释，应当按照所使用的词句，结合相关条款、行为的性质和目的、习惯以及诚信原则，确定意思表示的含义。对此，可做以下理解：第一，首先要按照条款所使用的词句进行解释。法理上，这种解释方法又被称为文义解释。合同条款是由词句构成的，所以，解释合同条款必须首先从词句的含义入手。第二，对条款中词句的理解不能孤立进行，而要结合其他相关条款、行为的性质和目的、习惯以及诚实信用原则，综合判断、确定争议条款的含义。

《最高人民法院关于适用〈中华人民共和国民法典〉合同编通则若干问题的解释》第 1 条对合同解释的规定进行了细化，根据该条规定，人民法院依据《民法典》第 142 条第 1 款、第 466 条第 1 款的规定解释合同条款时，应当以词句的通常含义为基础，结合相关条款、合同的性质和目的、习惯以及诚信原则，参考缔约背景、磋商过程、履行行为等因素确定争议条款的含义。有证据证明当事人之间对合同条款有不同于词句的通常含义的其他共同理解，一方主张按照词句的通常含义理解合同条款的，人民法院不予支持。对合同条款有两种以上解释，可能影响该条款效力的，人民法院应当选择有利于该条款有效的解释；属于无偿合同的，应当选择对债务人负担较轻的解释。

关联法规

《民法典》总则编第 142 条第 1 款，《最高人民法院关于适用〈中华人民共和国民法典〉合同编通则若干问题的解释》第 1、2 条

第四百六十七条　【无名合同及涉外合同的法律适用】本法或者其他法律没有明文规定的合同，适用本编通则的规定，并可以参照适用本编或者其他法律最相类似合同的规定。

在中华人民共和国境内履行的中外合资经营企业合同、中外合作经营企业合同、中外合作勘探开发自然资源合同，适用中华人民共和国法律。

条文注解

本条第1款是关于非典型合同法律适用规则的规定。在经济社会生活中,大量合同类型既在合同编中没有规定,也在其他相关法律中没有明文规定,对这些非典型合同如何适用现有法律进行约束和指导,是十分重要的。

合同编通则的规定是针对所有合同的共性规定。因此,非典型合同应当适用合同编通则的规定,合同编通则对合同的订立、合同的效力、合同的履行、合同的保全、合同的变更和转让、合同的权利义务终止、违约责任等所作的规定均适用于各类非典型合同。合同编第二分编规定的典型合同,虽然是对某类合同的专门性规定,但其他一些合同可能会与合同编规定的典型合同存在共同之处或者相近之处。例如,买卖合同是典型的有偿合同,非典型合同中也有许多有偿合同,这些有偿合同可以参照适用买卖合同的有关规定。由于合同编关于买卖合同的规定对有偿类合同的指引、示范作用较强,合同编第646条还对此专门作了规定,即"法律对其他有偿合同有规定的,依照其规定;没有规定的,参照适用买卖合同的有关规定"。同样的道理,其他非典型合同也可以参照适用本编或者其他法律最相类似合同的规定,本条对此予以明确。

本条第2款还对特定涉外合同的法律适用作了规定,即在中华人民共和国境内履行的中外合资经营企业合同、中外合作经营企业合同、中外合作勘探开发自然资源合同,适用中华人民共和国法律。

第四百六十八条 【非因合同产生的债权债务关系的法律适用】 非因合同产生的债权债务关系,适用有关该债权债务关系的法律规定;没有规定的,适用本编通则的有关规定,但是根据其性质不能适用的除外。

第二章 合同的订立

第四百六十九条 【合同订立形式】 当事人订立合同,可以采用书面形式、口头形式或者其他形式。

书面形式是合同书、信件、电报、电传、传真等可以有形地表现所载内容的形式。

以电子数据交换、电子邮件等方式能够有形地表现所载内容,并可以随时调取查用的数据电文,视为书面形式。

条文注解

本条第1款对合同形式作了原则性规定,即订立合同可以采用书面形式或者口头形式,也可以采取其他形式。只要法律没有作出特别规定或者当事人另有特别约定,对合同形式一般不作特殊要求。

本条第2款对书面形式的定义作了界定。依据本条第1款规定,书面形式的核心特征是可以有形地表现所载内容。合同书、信件、电报、电传、传真是“可以有形地表现所载内容的形式”,但书面形式也不限于这几类。合同的书面形式有多种,凡是“可以有形地表现所载内容的形式”都可以作为合同的书面形式。

本条第3款对符合书面形式的数据电文作了规定。数据电文要符合书面形式,必须满足两个条件:一是能够有形地表现所载内容;二是可以随时调取查用。依此款规定,无论是以电子数据交换方式,还是以电子邮件或者其他方式,如果该数据电文能够有形地表现所载内容,并且可以随时调取查用,就可以视为书面形式。

案例注解

【案例(2021)湘1027民初493号】郭某与某房产开发公司买卖合同纠纷案

【基本案情】

2015年6月至2016年10月,被告某房产公司在湖南省承建某房地产项目工程时,向原告郭某陆续购买了价值合计约550,000元的红砖、河沙等建筑材料。其间被告支付原告部分材料货款后,至今尚有150,000元没有支付。2021年1月13日,被告向原告出具《欠条》,对其尚欠原告红砖、河沙等材料货款150,000元予以确认。经原告一再催收,被告仍未支付。为此,原告诉至法院,请求判令被告向原告支付材料款150,000元整。

【裁判要旨】

《民法典》第469条第1款规定,当事人订立合同,可以采用书面形式、口头形式或者其他形式。本案中,原告、被告虽未签订书面买卖合同,但被告向原告购买红砖、河沙等建材的事实清楚,有原告提供的被告出具的《欠条》等佐证,足以证明双方的买卖合同关系成立。原告已按双方约定履行了发货义务,被告理应依约向原告履行支付货款义务。被告应付未付货款的行为有违契约精神,已构成违约,应承担支付原告货款的民事责任。

【裁判结果】

2021年9月26日,法院判决被告湖南某房地产开发有限公司于本判决生效之日起1个月内支付原告郭某货款150,000元。(资料来源:中国裁判文书网)

关联法规

《民法典》第135条,《电子签名法》第2~5条,《仲裁法》第16条,《广告法》第30条,《城市房地产管理法》第15、41、50、54条,《建筑法》第15条,《保险法》第13条,《最高人民法院关于审理买卖合同纠纷案件适用法律问题的解释》第1条

第四百七十条 【合同主要条款与示范文本】合同的内容由当事人约定,一般包括下列条款:

(一)当事人的姓名或者名称和住所;

(二)标的;

(三)数量;

(四)质量;

(五)价款或者报酬;

(六)履行期限、地点和方式;

(七)违约责任;

(八)解决争议的方法。

当事人可以参照各类合同的示范文本订立合同。

关联法规

《保险法》第18条,《著作权法》第24、25条,《农村土地承包法》第40条,《旅游法》第58条

第四百七十一条 【合同订立方式】当事人订立合同,可以采取要约、承诺方式或者其他方式。

条文注解

要约、承诺方式是最为典型的合同订立方式。当事人形成合意的过程,是对合同内容协商一致的过程,很多都是经过要约、承诺完成的。向对方提出合同条件、作出签订合同的意思表示称为"要约",而另一方如果表示接受就称为"承诺"。

第四百七十二条 【要约的定义及构成要件】要约是希望与他人订立合同的意思表示,该意思表示应当符合下列条件:

(一)内容具体确定;

(二)表明经受要约人承诺,要约人即受该意思表示约束。

条文注解

要约是希望与他人订立合同的意思表示。发出要约的人称为"要约人",接收要

约的人称为“受要约人”。

要约应当具备下列条件：(1)要约的内容应具体确定。要约的内容必须具备足以使合同成立的主要条件，这要求要约的内容必须是具体的和确定的，必须明确清楚，不能模棱两可、产生歧义。要约的效力在于，一经受要约人承诺，合同即可成立。(2)要约必须表明经受要约人承诺，要约人即受该意思表示拘束。能否构成一个要约要看这种意思表示是否表达了与被要约人订立合同的意愿，这要根据特定情况和当事人所使用的语言表达来判断。(3)要约一般应向特定人发出。因为，相对人的特定化意味着要约人对谁有资格作为承诺人和合同相对方作出了选择，这样对方一承诺，一个合同就成立了。如果相对人不确定，则作为合同的另一方当事人就是不确定的，既然不确定，作出承诺后合同也不一定成立。在这种情况下，把一项订约的意思表示视为一个要约就是不合适的，只能视为一个要约邀请。

第四百七十三条　【要约邀请】要约邀请是希望他人向自己发出要约的表示。拍卖公告、招标公告、招股说明书、债券募集办法、基金招募说明书、商业广告和宣传、寄送的价目表等为要约邀请。

商业广告和宣传的内容符合要约条件的，构成要约。

条文注解

要约邀请又称要约引诱，是邀请或者引诱他人向自己发出要约的表示，可以是向特定人发出的，也可以是向不特定的人发出的。本条列举了五种比较典型的要约邀请类型：

第一，拍卖公告。拍卖是一种特殊买卖方式。一般认为，在拍卖活动中，竞买人的出价为要约，拍卖人击槌（或者以其他方式）拍定为承诺。

第二，招标公告。招标投标是一种特殊的签订合同的方式，广泛应用于货物买卖、建设工程、土地使用权出让与转让、技术转让等领域。

第三，招股说明书、债券募集办法和基金招募说明书。招股说明书是股份有限公司发起人向社会公开募集股份时或者公司经批准向社会公开发行新股时，向社会公众公开的说明文书。债券募集办法，是指公司发行公司债券时，应当按照规定公告公司债券募集办法，记载并披露对投资者作出投资决策有重大影响的信息。基金招募说明书是基金发起人公开发售基金时，为基金投资者提供的对基金情况进行说明的文件。

第四，商业广告和宣传。商业广告是指商品经营者或者服务提供者通过一定媒介和形式直接或者间接地介绍自己所推销的商品或者服务的广告。

第五，寄送的价目表。根据对要约条件的分析，价目表仅指明了商品、价格，并没有指明数量，对方不能以“是”、“对”或者“同意”等肯定词语的答复使合同成立，自然不符合要约的条件，只能视作要约邀请。

本条第2款规定，商业广告和宣传的内容符合要约条件的，构成要约。依照合同编第472条的规定，一项意思表示构成要约应当符合下列条件：一是内容具体确定；二是表明经受要约人承诺，要约人即受该意思表示约束。认定一项商业广告或者商业宣传是否符合要约的条件，需要根据实际情况进行判断。

关联法规

《公司法》第154、155条，《招标投标法》第10、16、17条，《拍卖法》第45～48条，《最高人民法院关于审理商品房买卖合同纠纷案件适用法律若干问题的解释》第3条

第四百七十四条　【要约生效时间】要约生效的时间适用本法第一百三十七条的规定。

第四百七十五条　【要约撤回】要约可以撤回。要约的撤回适用本法第一百四十一条的规定。

条文注解

要约的撤回，是指在要约发出之后、生效以前，要约人欲使该要约不发生法律效力而作出的意思表示。要约之所以可以撤回，是因为要约尚未发生法律效力，不会对受要约人产生任何影响，也不会危害交易秩序。因此，在此阶段，应当允许要约人撤回要约，使尚未生效的要约不产生预期的效力，这也是对行为人意愿的充分尊重。基于此，本条规定，要约可以撤回。

第四百七十六条　【要约不得撤销情形】要约可以撤销，但是有下列情形之一的除外：

（一）要约人以确定承诺期限或者其他形式明示要约不可撤销；

（二）受要约人有理由认为要约是不可撤销的，并已经为履行合同做了合理准备工作。

条文注解

要约的撤销，是指要约人在要约发生法律效力之后、受要约人作出承诺之前，欲使该要约失去法律效力的意思表示。在要约撤销的问题上，英美法系与大陆法系的理论迥异。按照英美合同法中的“对价”理论，要约作为诺言在被承诺以前是无对价的，对发出要约的人没有拘束力，因而要约在被承诺以前是可以撤销的，即使是附承诺期限的要约也是如此。大陆法系国家和地区则一般认为，要约一旦生效就不得撤

销。如《德国民法典》第145条规定，向他人发出订立合同的要约的人，受要约的约束，但预先声明不受拘束者不在此限。《德国民法典》没有规定要约人有权撤销要约。我国台湾地区的规定与德国一致。

关联法规

《证券法》第68条

第四百七十七条 【要约撤销】撤销要约的意思表示以对话方式作出的，该意思表示的内容应当在受要约人作出承诺之前为受要约人所知道；撤销要约的意思表示以非对话方式作出的，应当在受要约人作出承诺之前到达受要约人。

条文注解

要约生效后，受要约人已经知悉了要约的内容，甚至可能已经基于对要约的信赖做出了某些行为。为了保障受要约人的合理信赖利益，要约人应当在受要约人作出承诺之前撤销要约。如果受要约人已经作出承诺，则要约人不得撤销要约。

第四百七十八条 【要约失效】有下列情形之一的，要约失效：

（一）要约被拒绝；

（二）要约被依法撤销；

（三）承诺期限届满，受要约人未作出承诺；

（四）受要约人对要约的内容作出实质性变更。

条文注解

要约的失效，也可以称为要约的消灭或者要约的终止，指要约丧失法律效力，要约人与受要约人均不再受其约束。要约人不再承担接受承诺的义务，受要约人亦不再享有通过承诺使合同得以成立的权利。其中，受要约人对一项要约的内容作出实质性变更的，为新要约。新要约使原要约失去效力，要约人即不受原要约的拘束。

案例注解

【案例(2021)沪0113民初6305号】原告张某与被告杨某房屋租赁合同纠纷案

【基本案情】

原告诉称，2020年10月26日，被告杨某与原告张某签订《房屋租赁合同》，约定杨某将系争房屋出租给原告张某，租期自2020年11月17日至2023年6月14日，月租金13,300元。2020年10月27日，张某向杨某支付3个月租金及1个月押金共计53,200元。之后，杨某无故提出合同无效，并于2020年10月29日将全部款项退还给张某，于2020年10月30日对系争房屋加锁并张贴告知书，称系争房屋已由被告收回，任何人不得进入。原告认为其已履行了合同义务，并为此支付中介费、设计费、律师费、交通费，被告杨某的行为造成合同无法履行，应承担违约责任。为此诉至法院，请求判令：(1)确认张某与杨某就上海市宝山区××路×××弄×××号×××层×××－×××－×××室房屋（以下简称系争房屋）签订的《房屋租赁合同》于2020年10月30日解除；(2)杨某向张某支付违约金人民币26,600元（以下币种均为人民币）；(3)杨某向张某赔偿中介费损失1万元、设计费损失1万元、律师费损失5000元、交通费损失170元。

被告杨某辩称，2020年10月26日下午4点左右，杨某单方在租赁合同上签字，之后交给中介公司的业务员，由中介公司将合同文本寄给张某签字。2020年10月26日晚上10点左右，杨某以微信方式通知张某，以电话方式通知中介公司，告知寄出的合同文本无效，应另行当面签订合同。当天，杨某将张某支付的定金13,300元予以退回。张某收到合同文本后，在已经收到杨某上述通知的情况下还是签订了合同，并且擅自将租金、押金打给杨某，之后杨某又予退回。因此，双方之间的租赁合同不成立，不同意张某的所有诉讼请求。

【裁判要旨】

《民法典》第476条规定，要约可以撤销，但是有下列情形之一的除外：(1)要约人以确定承诺期限或者其他形式明示要约不可撤销；(2)受要约人有理由认为要约是不可撤销的，并已经为履行合同做了合理准备工作。《民法典》第477条规定，撤销要约的意思表示以对话方式作出的，该意思表示的内容应当在受要约人作出承诺之前为受要约人所知道；撤销要约的意思表示以非对话方式作出的，应当在受要约人作出承诺之前到达受要约人。本案中，杨某于2020年10月26日在合同上签字，张某于2020年10月27日在合同上签字。杨某于2020年10月26日晚上10点左右以电话的方式通知中介公司、以微信的方式通知张某，要求另行当面签订合同，此时张某尚未在合同文本上签字，杨某有权撤回其要约。因此，杨某向张某发出签订合同的要约已失效，张某在合同上签字的行为并不发生承诺的效力，双方之间的租赁合同并不成立。

【裁判结果】

2021年5月24日，法院判决驳回原告张某的全部诉讼请求；被告杨某于本判决生效之日起10日内，向原告张某返还定金13,300元。（资料来源：中国裁判文书网）

关联法规

《拍卖法》第36条

第四百七十九条　【承诺的定义】承诺是受要约人同意要约的意思表示。

条文注解

所谓承诺,是指受要约人同意接受要约的全部条件以缔结合同的意思表示。从性质上来说,承诺与要约一样,都属于意思表示。意思表示,是指行为人为了产生一定民法上的效果而将其内心意思通过一定方式表达于外部的行为,是实现当事人意思自治的工具。对承诺的定义,可以从以下三个方面理解:

一是承诺须由受要约人作出。要约是要约人向受要约人发出的,受要约人是要约人选定的交易相对方,只有受要约人才具有作出承诺的资格,受要约人以外的第三人不具有承诺的资格。

二是承诺须向要约人作出。承诺是对要约的同意,受要约人意在与要约人订立合同,当然要向要约人作出。如果承诺不是向要约人作出,则作出的承诺意思表示不视为承诺,不能达到与要约人订立合同的目的。

三是承诺的内容须与要约的内容保持一致。这是承诺最核心的要件,承诺必须是对要约完全的、单纯的同意。因为受要约人如想与要约人订立合同,必须使承诺在内容上与要约的内容保持一致,否则要约人就可能拒绝受要约人而使合同不能成立。如果受要约人在承诺中对要约的内容加以扩张、限制或者变更,便不能构成承诺,并可能构成一项新的要约。

第四百八十条 【承诺的方式】承诺应当以通知的方式作出;但是,根据交易习惯或者要约表明可以通过行为作出承诺的除外。

条文注解

承诺方式,是指受要约人将其承诺的意思表示传达给要约人所采用的方式。一般来说,法律并不对承诺必须采取的方式作限定,而只是一般规定承诺应当以明示或者默示的方式作出。所谓明示的方式,一般指通知。以通知的方式作出承诺可以是口头通知,也可以是书面通知。一般来说,如果法律或要约中没有规定必须以书面形式表示承诺,当事人就可以口头形式表示承诺。所谓默示的方式,一般指按照交易的习惯或者当事人之间的约定,受要约人尽管没有通过书面或者口头方式明确表达其意思,但是通过实施一定的行为和其他形式作出了承诺。

本条中"通知的方式"是典型的明示方式。"通过行为作出承诺"属于默示的方式,这里的"行为"通常是指履行行为,如预付价款、装运货物或在工地上开始施工等。以通知方式作出承诺具有直接、明确、不易产生纠纷的特点,因此承诺一般应以通知的方式作出。但是商业实践中往往还存在一些交易习惯,根据这些交易习惯,承诺也可以通过行为作出。这些交易习惯一般为从事该项交易的当事人所知晓,"通过行为作出承诺"的方式在要约人的预期之内,不会损害要约人的利益,因此本条对此予以认可。除了交易习惯外,如果要约人在要约中表明了可以通过行为作出承诺,那么受要约人通过行为作出承诺的,符合要约人的意愿,自然也应当予以认可。

第四百八十一条 【承诺的期限】承诺应当在要约确定的期限内到达要约人。

要约没有确定承诺期限的，承诺应当依照下列规定到达：

（一）要约以对话方式作出的，应当即时作出承诺；

（二）要约以非对话方式作出的，承诺应当在合理期限内到达。

条文注解

本条区分要约是否确定了承诺期限，对承诺的到达时间分别作了规定。要约确定了承诺期限的，受要约人自然应当尊重要约人的意愿，承诺应当在该承诺期限内到达要约人。要约没有确定承诺期限的，根据要约是以对话方式作出还是以非对话方式作出，承诺到达时间又有所不同：

一是关于以对话方式作出的要约。所谓以对话方式作出的要约，是指采取使受要约方可以同步受领的方式作出的要约，如面对面交谈、电话等方式。在以这种方式作出的要约中，要约人作出要约和受要约人受领要约是同步进行的，没有时间差，受要约人可以即时决定是否接受。

二是关于以非对话方式作出的要约。要约本身没有确定承诺期限的，如果要约以非对话方式作出，则如何确定承诺期限？一般来说，"合理期限"可分为三段：第一，要约到达受要约人的期间；第二，为承诺所必要的期间；第三，承诺的通知到达要约人所必要的期间。第一段与第三段的期间，依通讯方式确定，如依邮寄或电报为要约或回答通常所必要的期间。在要约及承诺的通知的送达途中有非常事变（火车障碍、暴风雨等）的迟延的，要约人如果知道该情况的发生，应当斟酌以定其达到所必要的期间。此承诺达到所必要的期间，依其通知的方法而有不同。要约人如特别限定其承诺通知的方法，须以其方法为承诺。否则得依通常交易上所用的方法。以电报为要约时，是否必须以电报作为回答，应依要约的性质及特别的情势确定。第二段的期间，是自要约达到时以至发送承诺通知的期间，是受要约人审查考虑是否承诺所必要的时间。这个时间可以通常人为标准确定，但依要约的内容不同有所差异，内容复杂，审查考虑的时间就长，如果还要经过法定代表人或者董事会的批准，则可能时间还会更长。

第四百八十二条 【以信件或者电报等作出的要约的承诺期限计算方法】要约以信件或者电报作出的，承诺期限自信件载明的日期或者电报交发之日开始计算。信件未载明日期的，自投寄该信件的邮戳日期开始计算。要约以电话、传真、电子邮件等快速通讯方式作出的，承诺期限自要约到达受要约人时开始计算。

第四百八十三条　【合同成立时间】承诺生效时合同成立，但是法律另有规定或者当事人另有约定的除外。

条文注解

一般而言，原则上承诺生效时，就是合同成立之时。但民事活动应当充分尊重当事人的意愿。总则编第5条规定，民事主体从事民事活动，应当遵循自愿原则，按照自己的意思设立、变更、终止民事法律关系。据此，合同成立时间也应当允许当事人双方另行约定。

本条在原则上将“承诺生效时”作为合同成立时间的同时，还作了但书规定，即“法律另有规定或者当事人另有规定的除外”。这样，既为法律另行规定留下了空间，也有利于当事人根据实际情况对合同成立时间另行约定。比如，依照法律规定，实践性合同自实际交付标的物时成立。合同编第586条规定，定金合同自实际交付定金时成立。第679条规定，自然人之间的借款合同，自贷款人提供借款时成立。第905条规定，仓储合同自保管人和存货人意思表示一致时成立。此外，要约人与受要约人也可能会对合同成立时间作出另行约定。例如，要约人与受要约人约定，承诺生效后还要制作专门的合同书，当事人均签名、盖章时合同始成立。在这种情况下，就不能将承诺生效时间直接作为合同成立时间，而是应当尊重当事人之间的约定，以当事人均签名、盖章时作为合同成立时间。

第四百八十四条　【承诺生效时间】以通知方式作出的承诺，生效的时间适用本法第一百三十七条的规定。

承诺不需要通知的，根据交易习惯或者要约的要求作出承诺的行为时生效。

条文注解

承诺生效的时间即合同成立的时间，合同一成立即对当事人双方都产生法律约束力。承诺何时生效还直接影响承诺生效地点的确定。合同编第492条第1款规定，承诺生效的地点为合同成立的地点。因此，承诺何时生效与合同成立的地点也密切相关，与管辖法院的确定以及法律的选择适用都有密切联系。确定承诺生效的时间非常重要。本条区分以通知方式作出的承诺与通过行为作出的承诺，对承诺的生效时间分别作了规定。

(1)以通知方式作出的承诺的生效时间。对于以通知方式作出的承诺的生效时间，也应当区分承诺是以对话方式作出的还是以非对话方式作出的，分别对待。①承诺是以对话方式作出的，即受要约人通过面对面交谈、电话等方式向要约人作出承诺的，受要约人作出承诺和要约人受领承诺是同步进行的，没有时间差。受要约人作出承诺并使要约人知道时即发生效力。②承诺是以非对话方式作出的,比如受要约人通过信函、传真、电子邮件等方式向要约人作出承诺的,受要约人作出承诺的时间与要约人受领承诺的时间不同步,二者之间存在时间差。总则编第137条参考了大多数国家和地区的立法例,对以非对话方式作出的意思表示的生效时间采用了"到达主义",即以非对话方式作出的意思表示,到达相对人时生效。基于此,以非对话方式作出的承诺的生效时间应当为"到达要约人时"。

(2)通过行为作出承诺的生效时间。根据本条规定,承诺不需要通知的,根据交易习惯或者要约的要求作出承诺的行为时,承诺生效。此处予以举例说明:为建立一个数据库,甲要求乙编写一套专门的程序。在未给甲发出承诺通知的情况下,乙开始编写程序,并在完成后要求甲根据要约中所开列的条件付款。这种情况下,乙无权要求付款,因为乙从未通知甲,乙对要约的所谓承诺没有生效。但如果甲在其要约中通知乙随后的2周甲不在,乙如果有意承诺该要约,为节省时间,应立即着手编写程序。这种情况下,一旦乙开始编写工作,合同即告成立,即便乙未将承诺立即通知甲或在以后阶段通知甲。

第四百八十五条 【承诺的撤回】承诺可以撤回。承诺的撤回适用本法第一百四十一条的规定。

条文注解

承诺的撤回,是指受要约人阻止承诺发生法律效力的意思表示。承诺是一种能够产生法律效果的意思表示,承诺作出后如果要撤回必须满足一定的条件。总则编第141条对意思表示的撤回条件作了规定,即撤回意思表示的通知应当在意思表示到达相对人前或者与意思表示同时到达相对人。承诺是一种意思表示,承诺的撤回条件应当适用总则编第141条关于意思表示撤回条件的规定。据此,承诺的撤回条件可以概括为,撤回承诺的通知应当在承诺通知到达要约人之前或者与承诺通知同时到达要约人。如果撤回承诺的通知晚于承诺通知到达要约人,则承诺已经生效,合同已经成立,受要约人撤回承诺的通知不生效力。

第四百八十六条 【迟延承诺】受要约人超过承诺期限发出承诺,或者在承诺期限内发出承诺,按照通常情形不能及时到达要约人的,为新要约;但是,要约人及时通知受要约人该承诺有效的除外。

条文注解

本条从反面对逾期承诺,即承诺到达要约人时超过承诺期限的情形予以规定,明确了逾期承诺的法律效果。对本条的规定可以从以下两个层面理解:

一是逾期承诺视为新要约。本条的“承诺期限”不仅指要约人在要约中确定的承诺期限,也指要约人未确定承诺期限,而根据实际情况推断的合理期限。逾期承诺包括两类情形:第一类情形是,受要约人超过承诺期限发出承诺。这种情况下,承诺到达要约人时肯定也已经超过承诺期限。第二类情形是,承诺虽然是在承诺期限内发出的,按照通常情形不能及时到达要约人,并且也确实没有在承诺期限内到达要约人。

二是虽然承诺已经迟延到达要约人,但是如果要约人及时通知受要约人该承诺有效的,该承诺仍为有效。这体现了对要约人意愿的尊重,也符合受要约人的利益,有利于促进交易。何谓“及时”,要根据交易的实际情况予以判断。

第四百八十七条 【未迟发而迟到的承诺】受要约人在承诺期限内发出承诺,按照通常情形能够及时到达要约人,但是因其他原因致使承诺到达要约人时超过承诺期限的,除要约人及时通知受要约人因承诺超过期限不接受该承诺外,该承诺有效。

条文注解

对于未迟发而逾期的承诺,按照通常情形能够及时到达要约人,只是因其他原因造成承诺逾期,受要约人对承诺能够及时到达要约人的预期和信赖有必要予以保护,在法律效果上应当与本法第486条规定的逾期承诺的一般情形区别对待。依照本条规定,受要约人在承诺期限内发出承诺,按照通常情形能够及时到达要约人,但是因其他原因致使承诺到达要约人时超过承诺期限的,该承诺有效。同时为了保护要约人的利益,本条对此作了除外规定,允许要约人及时否定该承诺的效力,即如果要约人及时通知受要约人因承诺超过期限不接受该承诺,则该承诺对要约人不产生拘束力。如果要约人没有及时通知受要约人不接受该承诺,则该承诺有效、合同成立。

第四百八十八条 【承诺对要约内容的实质性变更】承诺的内容应当与要约的内容一致。受要约人对要约的内容作出实质性变更的,为新要约。有关合同标的、数量、质量、价款或者报酬、履行期限、履行地点和方式、违约责任和解决争议方法等的变更,是对要约内容的实质性变更。

条文注解

承诺的内容必须与要约的内容一致,不得作更改,否则视为新的要约,这是英美法系与大陆法系两大法系共有的原则。但在解释上,这一原则也并非铁板一块。因为现实中的承诺往往不是简单地回答“是”或者“同意”,承诺是否与要约一致,也是需要进行判断的。承诺虽然在形式上对要约内容有变更,但实质上并没有变更的,仍然可以认为与要约一致,承诺仍为有效。比如,承诺的内容与要约的主要内容意思一致,仅就要约的附随事项附以条件或者为其他非实质变更的,承诺仍为有效。

本条对实质性条款作了列举,有关合同标的、数量、质量、价款或者报酬、履行期限、履行地点和方式、违约责任和解决争议方法的条款,为实质性条款。但是,实质性条款不限于所列的这些项目,如对合同所适用的法律的选择一般也可以归为实质性条款。本条对于实质性条款项目的开列具有提示性质,在实际交易的具体合同中,哪些条款内容的变更构成实质性变更,还需就个案进行具体分析。

案例注解

【案例(2021)辽0293民初890号】原告李某与被告陈某等买卖合同纠纷案

【基本案情】

2020年4月20日,原告李某与被告陈某微信沟通向其购买熔喷布事宜。当日18时9分许,原告向被告陈某转账20,000元,转账说明为订金。18时53分许,被告陈某向原告发送信息“样品我今天才发过去,之前那个样品让他们拿走了,你等明天吧,最晚明后天就到了,寄到小吴那块挺多的,你过去上他那拿也行”。2020年4月21日上午9时许,因被告陈某微信转账限额,故原告将20,000元转至被告张某的招商银行账户,转账说明为订金。当日17时1分许,原告向被告陈某发送的文件中,对熔喷布注明为民用,被告陈某认为其熔喷布仅用于医用,故其向原告发送信息“民用改成医用一次性”。原告回复“到现在合同还没签上,这下班了,会计也打不了钱”,被告陈某说“今天货确实是没有了,明天两顿一起就签了,签了以后,明天肯定货能发出来”。当日20时38分许,被告陈某告知原告“我们这货只能做医用,你要确定好”,原告回复“知道,他说做民用能到达95以上防护就行”。被告陈某说“我们是防细菌,防尘不达标”。后21时29分许,原告向被告陈某发送信息“合同我重新做个格式吧”,被告陈某回复“合同按他这个走”。经协商无果,原告诉至法院,请求判令被告张某、陈某返还原告订金40,000元。

庭审中,被告陈某陈述其于2020年4月22日双方准备签订合同时,向原告索要购买医用熔喷布的资质,原告无法提供,故将熔喷布卖给了别人,未向原告发货。

【裁判要旨】

《民法典》第488条规定,承诺的内容应当与要约的内容一致,受要约人对要约的内容作出实质性变更的,为新要约。本案中,第一,原告向被告陈某支付订金时,被告陈某尚未将合同标的熔喷布的样品交付原告,因此在原告给付订金时,双方对标的物并未确定一致。第二,原告向被告购买的熔喷布标注为民用,而被告陈某将民用改为医用,就标的物的确定发生了实质性变更。第三,原告于2020年4月21日前已将订金转给被告陈某,而被告陈某于4月22日双方准备签订合同时才向原告索要购买熔喷布的资质,且最终双方也未订立书面合同。第四,被告陈某未向原告发货。因此,原告与被告陈某就买卖熔喷布的磋商并未达成合意,且被告陈某也未向原告履行交货的主要义务，故双方买卖合同并未成立。据此，被告陈某于双方订立合同前所取得的订金40,000元，应予以返还。

【裁判结果】

2021年7月9日，法院判决被告陈某于本判决生效之日起10日内返还原告李某订金40,000元，驳回原告李某的其他诉讼请求。（资料来源：中国裁判文书网）

第四百八十九条　【承诺对要约内容的非实质性变更】承诺对要约的内容作出非实质性变更的，除要约人及时表示反对或者要约表明承诺不得对要约的内容作出任何变更外，该承诺有效，合同的内容以承诺的内容为准。

条文注解

承诺对要约的内容作出非实质性变更的，该承诺有效，合同的内容以承诺的内容为准。但是，如果要约人及时表示反对或者要约表明承诺不得对要约的内容作出任何变更，则承诺对要约人不产生拘束力；如果要约人没有及时表示反对，要约也没有表明承诺不得对要约的内容作出任何变更，则该承诺仍为有效承诺，合同的内容以承诺的内容为准。

举例予以说明：甲向乙订购一台机器，并提出在甲的工地上调试。在订单确认书中，乙声明接受要约的条款，但增加了乙希望参加检验机器的条款。该添加条款不是对要约的实质性变更，因此将其作为合同内容的一部分，除非甲毫不迟延地拒绝。

第四百九十条　【合同成立时间】当事人采用合同书形式订立合同的，自当事人均签名、盖章或者按指印时合同成立。在签名、盖章或者按指印之前，当事人一方已经履行主要义务，对方接受时，该合同成立。

法律、行政法规规定或者当事人约定合同应当采用书面形式订立，当事人未采用书面形式但是一方已经履行主要义务，对方接受时，该合同成立。

条文注解

本条是关于采用书面形式订立的合同的成立时间的规定。书面形式是当事人订立合同的形式之一，具体包括合同书、信件、数据电文等形式。

本条第1款规定，当事人采用合同书形式订立合同的，自当事人均签名、盖章或者捺指印时合同成立。在合同书中当事人的签名、盖章或者捺指印是十分重要的，没有各方当事人的签名、盖章或者捺指印，就不能最终确认当事人对合同的内容协商一致，也就不能认定合同成立。但如果一个以合同书形式订立的合同已经履行，而仅仅是没有签名、盖章或者捺指印，鉴于当事人已经履行主要义务，对方也接受了，那么合同当然成立。

本条第2款规定就属于当事人未按照规定或者约定采用书面形式但合同仍成立的一种情形。法律、行政法规规定或者当事人约定合同应当采用书面形式订立，一般来说，主要是考虑到有些合同类型各方权利义务关系比较复杂，采用书面形式订立合同对明确各方当事人的权利义务、责任至关重要，对促进合同履行、预防和处理纠纷都具有重要意义。如果法律、行政法规规定或者当事人约定合同应当采用书面形式订立，当事人就应当采用书面形式订立合同。但是，并不能反推说，当事人未采用书面形式的，合同一定不成立。

关联法规

《电子签名法》第13、14、26～28条，《电子商务法》第49条，《保险法》第13条，《信托法》第8条，《最高人民法院关于审理著作权民事纠纷案件适用法律若干问题的解释》第22条，《最高人民法院关于印发〈全国法院民商事审判工作会议纪要〉的通知》第41条

第四百九十一条 【信件、数据电文形式合同和网络合同成立时间】当事人采用信件、数据电文等形式订立合同要求签订确认书的，签订确认书时合同成立。

当事人一方通过互联网等信息网络发布的商品或者服务信息符合要约条件的，对方选择该商品或者服务并提交订单成功时合同成立，但是当事人另有约定的除外。

条文注解

依照本条第1款的规定，当事人采用信件、数据电文等形式订立合同要求签订确认书的，签订确认书时合同成立。这一规定虽然没有明确何时可以提出签订确认书的要求，但不能理解为允许当事人在承诺生效后再提出签订确认书的要求。因为按照本法规定的要约、承诺规则，承诺生效后合同即已成立。在合同成立后，一方当事人提出签订确认书的要求的，对合同的成立不产生任何影响。

本条第2款吸收了《电子商务法》的规定，对电子合同的成立时间作了规定。根据本条规定，电子合同的成立需要具备两个基本条件：(1)当事人一方通过互联网等信息网络发布的商品或者服务信息符合要约条件。符合要约条件，是指符合合同编第472条规定的要约条件。(2)相对方选择该商品或者服务并提交订单成功。相对方选择该商品或者服务并成功提交订单，即属于作出承诺。

以上是电子合同成立的一般规则。《合同法》奉行合同自愿原则，允许当事人对此作出另外的约定。实践中，通过信息网络发布商品或者服务信息的当事人往往通过设置格式条款的方式作出特别的意思表示，相对方必须勾选同意该格式条款方能提交订单。该格式条款不得违反法律关于格式条款规制的规定。

案例注解

【案例(2021)湘0281民初6号】在网购平台提交订单成功并支付了货款，法院判定视为合同成立

【基本案情】

2020年12月9日，原告匡某通过某网购平台在被告广州某贸易有限公司所开设的网店购买了4盒广西野生金花茶，支付货款1832元，订单号：13377426××××。被告承诺48小时内发货，发货信息显示的承运单号为YT××××××，但经过多日，该承运单号并无物流更新信息。原告多次与被告联系，但被告一直未予回复。2020年12月16日，原告通过平台客服与被告解除该买卖合同，2020年12月19日，原告收到退款1832元。原告认为被告行为构成欺诈，为此诉至法院，请求法院判令被告赔偿价款三倍1832×3=5496元。

经查明，《××开发平台发货管理规则》规定，交易达成后48小时内消费者可以查询到订单的物流公司揽件跟踪信息(以物流公司系统揽收时间为准)，订单迟延发货后48小时内无揽件信息的，或商家自主承认缺货/拒绝发货/要求加价发货的，视为缺货/无货，消费者投诉成立后，商家应以发放×豆的方式向消费者进行赔付。平台认定虚假发货的情形包括但不限于：(1)商家填写了物流单号后查询不到物流信息；(2)物流揽收后超24小时未更新……，物流揽收后超24小时未更新，消费者投诉成立后商家应以发放×豆的方式向消费者进行赔付，赔付标准为商品实际成交金额30%的等值×豆，单笔交易最低不少于5元，不高于500元。……针对同一消费者和商家，订单付款时间在同一自然日内的多笔交易同时出现上述任一或多项交易纠纷的，赔付金额合并计算最高不超过500元。

【裁判要旨】

《民法典》第491条第2款规定，当事人一方通过互联网等信息网络发布的商品或者服务信息符合要约条件的，对方选择该商品或者服务并提交订单成功时合同成立，但是当事人另有约定的除外。原告通过某平台在被告处购买4盒广西野生金花茶，提交订单成功，并支付了货款，应视为合同成立。因该行为属一般性合同违约，被告仅需承担相应的违约责任，而非承担《消费者权益保护法》第55条规定的三倍惩罚性赔偿责任。根据《××开发平台发货管理规则》规定，被告应赔偿原告损失500元。

【裁判结果】

2021年3月30日，法院一审判决被告广州某贸易有限公司于本判决发生法律效力后3日内赔偿原告损失500元；驳回原告匡某的其他诉讼请求。二审维持原判。(资料来源：中国裁判文书网)

关联法规

《电子商务法》第49条,《拍卖法》第53条

第四百九十二条　【合同成立地点】承诺生效的地点为合同成立的地点。

采用数据电文形式订立合同的,收件人的主营业地为合同成立的地点;没有主营业地的,其住所地为合同成立的地点。当事人另有约定的,按照其约定。

条文注解

一般来说,承诺生效时合同成立,承诺生效的地点为合同成立的地点。此外,本条虽然没有明确规定,但基于民法的自愿原则,合同成立的地点也可以由双方当事人自行约定。

根据本条第2款规定,采用数据电文形式订立的合同,原则上以收件人的主营业地为合同成立的地点。这里的收件人是指要约人,即收到承诺的人。如果收件人没有主营业地,则其住所地为合同成立的地点,即收件人是自然人的,合同成立的地点以自然人的住所地为准;收件人是法人的,合同成立的地点以法人的主要办事机构所在地为准。

第四百九十三条　【书面合同成立地点】当事人采用合同书形式订立合同的,最后签名、盖章或者按指印的地点为合同成立的地点,但是当事人另有约定的除外。

条文注解

非要式的合同,一般以承诺生效的地点为合同成立的地点。要式合同,以要式达成的地点为合同成立的地点。当事人采用合同书形式订立合同的,以签名、盖章或者捺指印的地点为合同成立的地点;如果各方当事人签名、盖章或者捺指印的时间不同步,则以最后签名、盖章或者捺指印的地点为合同成立的地点。当然,如果当事人对合同成立的地点另有约定的,则应当尊重当事人的意愿,以当事人之间的约定确定合同成立的地点。如果当事人以要约与承诺达成合意后又协商签订合同书,则除非当事人另有约定,合同已于承诺生效时成立,承诺生效的地点为合同订立的地点,而不适用本条的规定。

关联法规

《电子签名法》第12条,《民事诉讼法》第35条

第四百九十四条　【依国家订货任务、指令性任务订立合同及强制要约、强制承诺】国家根据抢险救灾、疫情防控或者其他需要下达国家订货任务、指令性任务的,有关民事主体之间应当依照有关法律、行政法规规定的权利和义务订立合同。

依照法律、行政法规的规定负有发出要约义务的当事人,应当及时发出合理的要约。

依照法律、行政法规的规定负有作出承诺义务的当事人,不得拒绝对方合理的订立合同要求。

第四百九十五条　【预约合同】当事人约定在将来一定期限内订立合同的认购书、订购书、预订书等,构成预约合同。

当事人一方不履行预约合同约定的订立合同义务的,对方可以请求其承担预约合同的违约责任。

条文注解

预约合同与本约合同有所区别。是否要另行订立合同,是预约合同与本约合同最显著的区别。预约合同的目的在于订立本约合同,预约合同当事人的义务就是在一定期限内订立本约合同,订立本约合同是预约合同得到履行的结果。本约合同当事人可直接履行各自义务(如一方交付货物、另一方支付货款),实现合同目的,无须再另行订立合同。

案例注解

【案例(2021)湘0624民初1949号】周某要求解除商品房认购书获法院支持

【基本案情】

2019年7月26日,原告周某与被告湖南某置业公司签订了《××商品房认购书》,约定原告认购被告公司开发的××楼盘39栋2504号房,房屋总价为559,645元,签署《认购书》时需支付定金20,000元。原告于2019年6月8日向被告支付定金20,000元,于2019年7月26日向被告支付首期款35,965元同时预缴税费390元,于2019年10月21日向被告支付购房款83,947元,原告共计支付购房款139,912元(含定金)、税费390元。但被告一直未与原告签订《商品房买卖合同》。为此,原告诉至

法院,请求判令解除原告、被告签订的《××商品房认购书》(以下简称认购书);判令被告向原告返还购房款 140,302 元。

【裁判要旨】

《民法典》第 495 条规定,当事人约定在将来一定期限内订立合同的认购书、订购书、预订书等,构成预约合同。当事人一方不履行预约合同约定的订立合同义务的,对方可以请求其承担预约合同的违约责任。本案中,原告与被告签订的《××商品房认购书》系双方的真实意思表示,不违反法律、法规的强制性规定,属合法有效的预约合同。原告按约支付了购房款,然而被告并未按时与原告签订《商品房买卖合同》,被告的行为已属违约。原告要求解除合同并要求被告返还购房款,于法有据。

【裁判结果】

2021 年 9 月 7 日,法院判决解除原告周某与被告湖南某置业有限公司于 2019 年 7 月 26 日签订的《××商品房认购书》;被告在本判决生效后 10 日内退还原告购房款、税款共计 140,302 元。(资料来源:中国裁判文书网)

关联法规

《最高人民法院关于适用〈中华人民共和国民法典〉合同编通则若干问题的解释》第 6~8 条,《最高人民法院关于审理商品房买卖合同纠纷案件适用法律若干问题的解释》第 5 条

第四百九十六条 【格式条款】格式条款是当事人为了重复使用而预先拟定,并在订立合同时未与对方协商的条款。

采用格式条款订立合同的,提供格式条款的一方应当遵循公平原则确定当事人之间的权利和义务,并采取合理的方式提示对方注意免除或者减轻其责任等与对方有重大利害关系的条款,按照对方的要求,对该条款予以说明。提供格式条款的一方未履行提示或者说明义务,致使对方没有注意或者理解与其有重大利害关系的条款的,对方可以主张该条款不成为合同的内容。

条文注解

格式条款最实质的特征在于"未与对方协商"。"未与对方协商",是指格式条款提供方没有就条款内容与相对方进行实质上的磋商,相对方对条款内容并没有进行实际修改的余地。

本条第 2 款规定了格式条款提供方的提示、说明义务,并明确了违反该义务的法律效果。依照本条规定,采用"合理的方式",目的在于使相对方充分注意,如实践中一些格式条款采用特别的字体予以提示。对于"合理的方式"具体指什么方式,要视

具体情况而定，应能引起相对方的注意。“有重大利害关系的条款”，一般来说主要包括但不限于格式条款提供方免除或者减轻其责任、加重对方责任、限制或者排除对方主要权利等的条款。“有重大利害关系的条款”的认定，要视格式条款的具体情况而定。例如，对于经营者单方提供的与消费者之间的格式条款，“有重大利害关系的条款”就不能仅限于以上几类，对消费者权益有重大影响的内容都要提示、说明。《消费者权益保护法》还对此作了特别规定。

关联法规

《最高人民法院关于适用〈中华人民共和国民法典〉时间效力的若干规定》第9条，《最高人民法院关于适用〈中华人民共和国民法典〉合同编通则若干问题的解释》第10条，《最高人民法院关于适用〈中华人民共和国保险法〉若干问题的解释(二)》第10条，《最高人民法院关于适用〈中华人民共和国保险法〉若干问题的解释(四)》第2条

第四百九十七条　【格式条款无效的情形】有下列情形之一的，该格式条款无效：

(一)具有本法第一编第六章第三节和本法第五百零六条规定的无效情形；

(二)提供格式条款一方不合理地免除或者减轻其责任、加重对方责任、限制对方主要权利；

(三)提供格式条款一方排除对方主要权利。

条文注解

格式条款无效情形：

一是与其他民事法律行为通用的无效情形，即具有总则编第六章第三节和合同编第506条规定的无效情形。总则编第六章第三节对民事法律行为的无效情形作了总括性规定，包括无民事行为能力人实施的民事法律行为，限制民事行为能力人超出其年龄、智力、精神健康状况实施的民事法律行为，以虚假意思表示实施的民事法律行为，违反法律、行政法规的强制性规定的民事法律行为，违背公序良俗的民事法律行为等。合同编第506条是对合同中免责条款无效情形的规定，如果合同中有免除“造成对方人身损害的”或者“因故意或者重大过失造成对方财产损失的”责任的条款，则该条款无效。

二是格式条款特有的无效情形。本条第2项规定的“不合理地免除或者减轻其责任、加重对方责任、限制对方主要权利”以及第3项规定的“提供格式条款一方排除对方主要权利”，均属于违背公平原则的情形。格式条款具有这些情形的，该格式条款无效。

总则编第156条规定，民事法律行为部分无效，不影响其他部分效力的，其他部分仍然有效。该规定也适用于格式条款无效的情形，即格式条款无效，并不意味着含有格式条款的合同整体无效，格式条款无效不影响合同其他部分效力的，其他部分仍然有效。

关联法规

《民用航空法》第130条，《保险法》第10条，《消费者权益保护法》第26条，《海商法》第126条，《最高人民法院关于适用〈中华人民共和国民法典〉合同编通则若干问题的解释》第9条，《最高人民法院关于适用〈中华人民共和国民事诉讼法〉的解释》第31条，《最高人民法院关于审理网络消费纠纷案件适用法律若干问题的规定（一）》第1条，《最高人民法院关于适用〈中华人民共和国保险法〉若干问题的解释（二）》第9、10条，《最高人民法院关于审理旅游纠纷案件适用法律若干问题的规定》第6条

第四百九十八条　【格式条款的解释】对格式条款的理解发生争议的，应当按照通常理解予以解释。对格式条款有两种以上解释的，应当作出不利于提供格式条款一方的解释。格式条款和非格式条款不一致的，应当采用非格式条款。

条文注解

本条是关于格式条款解释的规定：

一是按照通常理解予以解释规则。格式条款是为了重复使用而拟定的，因此对格式条款也应当按照通常理解予以解释，既不按照提供格式条款一方的理解予以解释，也不按照个别的相对方的理解予以解释，而是按照可能订立该格式条款的一般人的理解予以解释，这对保护相对方的利益是公平的。

二是不利解释规则。对格式条款有两种以上解释的，应当如何处理？格式条款提供方往往处于优势地位，相对方不能实际参与格式条款内容的拟定与磋商，无法对格式条款内容施加影响，因此在对格式条款内容有两种以上解释时，有必要给予相对方倾斜性的保护，即作出不利于提供格式条款一方的解释。

案例注解

【案例(2021)湘0481民初2306号】某中介看房确认书格式条款限制甚至排除对方主要权利，被法院认定无效

【基本案情】

被告谢某欲购买房屋找到原告耒阳市某房地产营销代理有限公司，2020年10月16日，被告谢某在由原告某房地产公司提供的看房确认书上签名后，由原告安排其公

司员工李某带被告看了耒阳市××1号楼2幢1604号房屋。被告所签订的看房确认书属于原告提供的格式合同,该合同中约定甲方即被告看房时与房产业主不应交换名片和联络方式,不能与房产业主私下成交。之后,原告代表房主与被告商谈价格,由于双方价格差异较大,无法达成一致意见。于是被告另找一家中介公司,该公司所提供的房源仍是××1号楼1幢16层1604号房屋。经该公司服务,被告与该房东达成购房协议,被告以388,000元价格购买该房屋,被告并为此支付该中介公司服务费4760元。原告认为被告跳过中介公司与房东私下成交并签订买卖合同。经原告多次催要被告中介费,但被告一直拒绝支付,为此诉至法院,请求判令被告依法向原告支付中介服务费7760元;判令被告支付延迟付款的利息5700元(以7760元为基数按日0.005暂计至起诉之日)等。

【裁判要旨】

采用格式条款订立的合同的,提供格式条款的一方应当遵循公平原则确定当事人之间的权利和义务,并采取合理方式提示对方注意免除或者减轻其责任等与对方有重大利害关系的条款,按照对方的要求,对该条款予以说明。本案中,被告所签订的看房确认书属于原告提供的格式合同,该合同中约定甲方即被告看房时与房产业主不应交换名片和联络方式,不能与房产业主私下成交。该约定限制了作为买方的被告的权利,并将被告置于作为不利的交易一方,最终无法达成购房协议。因此,该格式条款无效,原告诉求于法无据,不应支持。

【裁判结果】

2021年7月26日,法院判决驳回原告耒阳市某房地产营销代理有限公司五里牌分公司的诉讼请求。(资料来源:中国裁判文书网)

关联法规

《保险法》第30条,《旅行社条例》第29条,《最高人民法院关于适用〈中华人民共和国保险法〉若干问题的解释(三)》第14、17条,《最高人民法院关于为促进消费提供司法服务和保障的意见》第5条

第四百九十九条　【悬赏广告】悬赏人以公开方式声明对完成特定行为的人支付报酬的,完成该行为的人可以请求其支付。

条文注解

悬赏广告在经济社会中较为常见,各个国家和地区普遍对悬赏广告制度作了规定。依据本条规定,悬赏广告的构成要满足以下三个条件:一是以公开的方式作出声明。公开的具体方式,可以是通过广播电视、报纸期刊或者互联网等媒介发布,也可以是在公众场所发传单、在公开的宣传栏张贴广告等。二是悬赏人在声明中提出明确的要求,即要完成特定行为。声明对于该要求,要有具体、明确的表达,不能含混不清。三是悬赏人具有支付报酬的意思表示,即对完成特定行为的人给付一定报酬。

悬赏人应当对报酬的形式、给付方式等作出明确的表达;如果报酬是给付金钱,应当明确金钱的币种、数额等。对于满足以上条件的悬赏广告,完成该特定行为的人可以请求悬赏人支付报酬,悬赏人不得拒绝。

案例注解

【案例(2021)津0114民初1521号】杨某手机遗失发布悬赏广告反悔被法院驳回

【基本案情】

原告杨某于2020年4月9日在天津市遗失手机一部。原告于4月9日13点57分向遗失手机发送短信,要求捡到手机的人退还手机并愿意支付5000元赎金。被告李某拾得后用原告遗失的手机向原告拨打了电话,要求原告必须先支付2500元作为诚意金才愿意见面,见面后再支付2500元然后退回手机,共计赎金5000元。被告以短信的形式告知原告加绑定手机号为×××的微信并转账2500元。原告向被告微信转账2500元后与被告约定于天津市某医院对面的某地退还手机。原告、被告见面后原告将2500元在微信平台转账给了被告,被告当即将手机退还给了原告。现原告以被告不当得利为由诉至法院,请求依法判令被告退还原告5000元。

【裁判要旨】

《民法典》第499条规定,悬赏人以公开方式声明对完成特定行为的人支付报酬的,完成该行为的人可以请求其支付。本案中原告向其遗失的手机发送悬赏短信的行为属于悬赏广告。原告通过悬赏的方式找到遗失物,就应向拾得人即被告履行其在悬赏广告中的义务。被告取得原告给付的5000元系酬金,取得该款额有法律依据,不属于不当得利。因此,原告诉求于法无据,应予驳回。

【裁判结果】

2021年4月14日,法院判决驳回原告杨某的诉讼请求。(资料来源:中国裁判文书网)

第五百条 【缔约过失责任】当事人在订立合同过程中有下列情形之一,造成对方损失的,应当承担赔偿责任:

(一)假借订立合同,恶意进行磋商;

(二)故意隐瞒与订立合同有关的重要事实或者提供虚假情况;

(三)有其他违背诚信原则的行为。

条文注解

缔约过失责任指当事人在订立合同过程中,因违背诚信原则而给对方造成损失的赔偿责任。在这个阶段,合同尚未成立,但一方对另一方在协商、谈判中实施的行为已经产生了合理信赖。如果当事人在这个阶段实施了违背诚信原则的行为,如隐瞒了重要事实和情况等,使对方的信赖利益受损,则缔约过失责任即成立。

根据本条规定，有下列情况之一，给对方当事人造成损失的，应当承担缔约过失责任：(1)假借订立合同，恶意进行磋商。这是指当事人根本没有与对方订立合同的目的，与对方进行谈判协商只是个借口，目的是损害对方或者第三人的利益。(2)故意隐瞒与订立合同有关的重要事实或者提供虚假情况。根据诚信原则的要求，当事人在订立合同过程中，对有关的重要事实和情况负有告知义务。当事人故意隐瞒重要事实和情况，造成对方损失的，应当承担缔约过失责任。(3)其他违背诚信原则的行为。如果当事人违反了诚信原则要求的互相协助、照顾、保护、通知等义务，实施了违背诚信原则的行为，并造成对方损失，就要承担缔约过失责任。

缔约过失责任的赔偿范围以受损害的当事人的信赖利益的损失为限，包括直接利益的减少，如谈判中发生的费用，还包括受损害的当事人因此失去与第三人订立合同机会的损失。具体的损失额根据案件实际情况进行计算，但不得超过合同履行利益即合同成立并得到履行后所获得的利益。

第五百零一条　【当事人保密义务】当事人在订立合同过程中知悉的商业秘密或者其他应当保密的信息，无论合同是否成立，不得泄露或者不正当地使用；泄露、不正当地使用该商业秘密或者信息，造成对方损失的，应当承担赔偿责任。

条文注解

按照我国《反不正当竞争法》第 9 条的规定，商业秘密是指不为公众所知悉、具有商业价值并经权利人采取相应保密措施的技术信息、经营信息等商业信息。商业秘密中的技术信息涉及有关技术数据、技术知识，表现为产品配方、工艺流程、设计图纸等，可以给权利人带来很大的经济利益。

此外，还有其他一些信息虽然不构成商业秘密，但也对当事人的经营活动具有重大意义，也属于应当保密的信息。根据诚信原则，当事人在订立合同过程中知悉这些信息的，无论合同是否成立，都不得泄露或者不正当地使用信息。

关联法规

《反不正当竞争法》第 9、21 条

第三章　合同的效力

第五百零二条　【合同生效时间】依法成立的合同，自成立时生效，但是法律另有规定或者当事人另有约定的除外。

依照法律、行政法规的规定，合同应当办理批准等手续的，依照其规定。未办理批准等手续影响合同生效的，不影响合同中履行报批等义务条款以及相关条款的效力。应当办理申请批准等手续的当事人未履行义务的，对方可以请求其承担违反该义务的责任。

依照法律、行政法规的规定，合同的变更、转让、解除等情形应当办理批准等手续的，适用前款规定。

条文注解

在未办理批准等手续影响合同生效的情形下，如果当事人未办理批准等手续，则该合同不生效。但此类合同中往往存在履行报批等义务条款及相关条款，这些条款对报批等义务的履行甚至违反报批义务的责任等作了专门约定。这类报批条款的履行是整个合同生效的前提和基础，合同生效后，才能进入合同的履行环节，当事人一方才能请求对方履行合同义务。但即使合同整体因未办理批准等手续不生效，也不影响合同中履行报批等义务条款以及相关条款的效力。也即合同中履行报批等义务条款以及相关条款的效力不受合同整体不生效的影响。

关联法规

《城市房地产管理法》第 44 条，《民用航空法》第 14 条，《海商法》第 13 条，《最高人民法院关于适用〈中华人民共和国民法典〉合同编通则若干问题的解释》第 12、13 条，《最高人民法院关于审理技术合同纠纷案件适用法律若干问题的解释》第 8 条，《最高人民法院关于审理外商投资企业纠纷案件若干问题的规定(一)》第 1 ~ 3 条，《最高人民法院关于审理涉及农村土地承包纠纷案件适用法律问题的解释》第 14 条，《最高人民法院关于审理商品房买卖合同纠纷案件适用法律若干问题的解释》第 2、6、7 条，《最高人民法院关于印发〈全国法院民商事审判工作会议纪要〉的通知》第 37 ~ 40 条

第五百零三条　【被代理人对无权代理合同的追认】无权代理人以被代理人的名义订立合同，被代理人已经开始履行合同义务或者接受相对人履行的，视为对合同的追认。

条文注解

根据《民法典》总则编第171条的规定，行为人没有代理权、超越代理权或者代理权终止后，仍然实施代理行为，未经被代理人追认的，对被代理人不发生效力。

关于被代理人以默示的方式追认无权代理行为。行为人无代理权却以被代理人的名义实施的民事法律行为，不符合被代理人的意愿，其法律效果不能直接及于被代理人，本应对被代理人不发生效力，但是考虑到行为人实施的民事法律行为并非都是对被代理人不利的，有些对被代理人可能是有利的；而且，既然代理行为已经完成，如果被代理人事后愿意承认，从鼓励交易、维护交易秩序稳定以及更好地保护各方当事人利益的角度出发，也没有必要一概否定其效力。

案例注解

【案例(2021)豫0482民初4172号】某混凝土公司与被告吴某等合同纠纷案

【基本案情】

2020年9月3日，被告吴某作为第三人A公司委托代理人与原告汝州市某混凝土有限公司签订了《商品砼供需合同》，约定由原告为A公司承建的位于汝州市的××(二期)供应商品砼。同时，吴某在该合同第10条担保条款中签字，自愿承担连带责任保证，担保期限为债务履行期限届满之日起3年。2020年9月12日，A公司与吴某签订《A公司城市建设有限公司项目内部承包经营协议》，协议中显示吴某为A公司正式员工，并经公司授权为汝州市××二期项目的管理负责人。2020年12月23日经双方进行对账，确认截至2020年11月30日A公司仍拖欠原告货款共计335,026.7元。

原告认为，原告与A公司签订的商品砼供需合同依法成立并生效，被告吴某自愿为该合同项下商砼款提供连带责任保证，应为A公司所欠货款承担连带责任，为此提起诉讼，请求法院依法判令被告及第三人共同向原告支付货款335,026.7元及逾期利息25,940.37元(按起诉时一年期贷款市场报价利率的四倍15.4%自2020年11月30日起计至实际偿清之日止，暂计至2021年5月31日为25,940.37元)。判令被告及第三人共同向原告支付违约金30,487.43元(以所欠货款335,026.7元为基数，按日万分之五自2020年11月30日起计至实际偿清之日止，暂计至2021年5月31日为30,487.43元)。

【裁判要旨】

《民法典》第503条规定，“无权代理人以被代理人的名义订立合同，被代理人已经开始履行合同义务或者接受相对人履行的，视为对合同的追认”。本案中，2020年9月3日原告与A公司签订《商品砼供需合同》时，被告吴某还没有委托代理权限，但2020年9月12日A公司与吴某签订《A公司城市建设有限公司项目内部承包经营协议》并授权吴某为汝州市××二期项目的管理负责人，且原告提供的商品砼已实际使用在A公司承建的位于汝州市的××(二期)项目中，应视为A公司对《商品砼供需合同》的追认。因此，原告请求被告吴某与第三人A公司共同支付335,026.7元货款的诉求，于法有据。

【裁判结果】

2021年8月24日,法院判决被告吴某与第三人A公司于本判决生效后5日内,向原告汝州市某混凝土有限公司支付货款335,026.7元及违约金(以所欠货款335,026.7元为基数,按日万分之五收取,计算至实际清偿之日止),驳回原告其他诉讼请求。(资料来源:中国裁判文书网)

关联法规

《民法典》第171条,《最高人民法院关于适用〈中华人民共和国民法典〉合同编通则若干问题的解释》第21条

第五百零四条 【越权订立的合同效力】法人的法定代表人或者非法人组织的负责人超越权限订立的合同,除相对人知道或者应当知道其超越权限外,该代表行为有效,订立的合同对法人或者非法人组织发生效力。

条文注解

法人的法定代表人或者非法人组织的负责人超越权限订立合同的,一般情况下代表行为有效,所订立的合同对法人或者非法人组织发生效力。如果合同的相对人在订立合同时知道或者应当知道法人的法定代表人或者其他组织的负责人的行为是超越权限的,而仍与之订立合同,则合同相对人具有恶意,此时没有对合同的相对人加以保护的必要。本条立足于维护交易安全,应当保护的是善意相对人的利益。因此,本条在规定法定代表人、负责人超越权限订立的合同一般对法人或者非法人组织发生效力的同时,排除了相对人知道或者应当知道其超越权限的情形。

关联法规

《最高人民法院关于适用〈中华人民共和国民法典〉合同编通则若干问题的解释》第20、22条,《最高人民法院关于适用〈中华人民共和国民法典〉有关担保制度的解释》第7~10条,《公司法》第15条,《最高人民法院关于印发〈全国法院民商事审判工作会议纪要〉的通知》第17~23条

第五百零五条 【超越经营范围订立的合同效力】当事人超越经营范围订立的合同的效力,应当依照本法第一编第六章第三节和本编的有关规定确定,不得仅以超越经营范围确认合同无效。

条文注解

本法总则编第六章第三节和本编对合同的效力问题作了全面、系统的规定。对当事人超越经营范围订立的合同效力的判断，应当依照这些规定确定，例如，要看是否有违反法律、行政法规强制性规定的情形等，而不得仅以超越经营范围认定合同无效。

第五百零六条　【免责条款效力】合同中的下列免责条款无效：

（一）造成对方人身损害的；

（二）因故意或者重大过失造成对方财产损失的。

条文注解

合同中的免责条款，是指合同中的双方当事人在合同中约定的免除或者限制一方或者双方当事人责任的条款。

在现代合同的发展中免责条款大量出现，免责条款一般具有以下特征：一是免责条款具有约定性。免责条款是当事人双方协商同意的合同的组成部分。二是免责条款应当以明示的方式作出，以默示的方式作出的免责通常是无效的。三是合同中的免责条款具有免责性。免责条款的目的，就是排除或者限制当事人的民事责任。当然这种免责既可以是部分免责（限制），也可以是全部免责（排除）。本条规定了以下两种免责条款无效：

一是造成对方人身伤害的免责条款。对于人身的健康和生命安全，法律是给予特殊保护的。如果允许免除一方当事人对另一方当事人人身伤害的责任，那么就无异于纵容当事人利用合同形式对另一方当事人的生命健康进行摧残，这与保护公民的人身权利的宪法原则是相违背的。在实践中，这种免责条款一般也都是与另一方当事人的真实意思相违背的。所以本条对于这类免责条款加以禁止。

二是因故意或者重大过失给对方造成财产损失的免责条款。之所以将免除因故意或者重大过失造成对方财产损失责任的条款确认无效，是因为这种条款严重违反了诚信原则。对于本项规定需要注意以下两点：(1)对于免除因一般过失而给对方当事人造成财产损失责任的条款，可以认定为有效。(2)必须是免除因故意或者重大过失给对方当事人造成财产损失责任的条款无效。

案例注解

【案例(2021)湘1126民初912号】某工程公司与被告万某合同免责条款被法院确认无效

【基本案情】

2012年9月24日，原告（反诉被告）珠海市某工程有限公司与被告（反诉原告）万某签订《按量包工包料包工具施工计价合同书》，约定由被告承包原告中标的某市某体育馆综合楼(三)后续工程和培训楼改造工程。《合同书》第4条约定:乙方(被告方)必须安全施工,任何安全事故及责任由乙方(被告方)自负全部责任,乙方必须为全部工人购买保险。2018年1月12日,被告聘请的案外人韩某在工地施工时,从高处摔下受伤,被告万某为案外人垫付医疗费11,287.1元。2018年2月8日,原告、被告双方签订《协议书》,双方约定,待案外人的工伤待遇赔偿诉裁结果出来后,万某班组及原告公司严格遵守裁定结果,各自承担相应责任。2018年5月25日,某市人力资源和社会保障局认定韩某的受伤为工伤。2019年7月23日,经某市劳动能力鉴定委员会鉴定韩某为八级伤残。2020年5月19日,某市劳动人事争议仲裁委员会裁决,由原告公司向韩某支付各项工伤待遇赔偿金共计228,834.81元。后原告向某市中级人民法院起诉,请求撤销仲裁裁决书。在庭审中,双方达成调解协议,由原告向韩某支付16万元,不再互相追究责任。原告按照调解书约定,分四次向韩某支付了16万元。

原告认为被告应当赔偿案外人的工伤待遇赔偿金,原告已经为其垫付,有权向被告追偿,为此诉至法院,请求判决被告万某向原告支付工伤待遇赔偿金160,000元。被告辩称,韩某在为船厅雨棚、雨棚平台及梯步施工的过程中受伤,其工伤赔偿责任应当由原告承担,韩某工伤待遇赔偿金16万元是自行履行2018年2月8日签订的《协议书》,与被告无关。并提出反诉,反诉原告为案外人韩某垫付医疗费11,287.1元,应当由反诉被告承担。

【裁判要旨】

《民法典》第506条第1项规定,合同中的下列免责条款无效:造成对方人身损害的。《工伤保险条例》第10条第1款规定,用人单位应当按时缴纳工伤保险费。职工个人不缴纳工伤保险费。本案中,原告与被告签订的《按量包工包料包工具施工计价合同书》第4条约定"乙方(被告方)必须安全施工,任何安全事故及责任由乙方(被告方)自负全部责任,乙方必须为全部工人购买保险"与以上法律相冲突,该条无效。被告与案外人均为原告雇用的员工,被告应当为其缴纳工伤保险而没有缴纳,应当对案外人韩某承担赔偿工伤待遇赔偿金。

【裁判结果】

2021年4月23日,法院判决驳回原告珠海市某工程有限公司的诉讼请求。(资料来源:中国裁判文书网)

关联法规

《民用航空法》第130条,《保险法》第19条,《消费者权益保护法》第26条,《海商法》第126条

第五百零七条　【争议解决条款效力】合同不生效、无效、被撤销或者终止的,不影响合同中有关解决争议方法的条款的效力。

条文注解

本条是关于解决争议方法条款效力独立性的规定。合同不生效、无效、被撤销或者终止，虽不能产生当事人所预期的法律效果，但并不是不产生任何法律后果。本条所说的有关解决争议方法的条款包括四种形式：第一，仲裁条款。仲裁条款是仲裁协议的一种表现形式，是当事人在合同中约定的用仲裁方式解决双方争议的条款。第二，选择受诉法院的条款。第三，选择检验、鉴定机构的条款。当事人可以在合同中约定，若对标的物质量或技术的品种发生争议，在提交仲裁或者诉讼前，应当将标的物送交双方认可的机构或科研单位检验或鉴定。第四，法律适用条款。依照我国《涉外民事关系法律适用法》第41条的规定，对于具有涉外因素的合同争议，当事人可以协议选择合同适用的法律。

关联法规

《仲裁法》第19条，《最高人民法院关于适用〈中华人民共和国仲裁法〉若干问题的解释》第10条

第五百零八条　【合同效力援引规定】本编对合同的效力没有规定的，适用本法第一编第六章的有关规定。

条文注解

本法总则编第六章对民事法律行为的效力作了全面、系统的规定，包括民事法律行为的有效要件，无民事行为能力人和限制民事行为能力人实施的民事法律行为的效力，以虚假意思表示实施的民事法律行为的效力，基于重大误解实施的民事法律行为的效力，以欺诈手段实施的民事法律行为的效力，以胁迫手段实施的民事法律行为的效力，显失公平的民事法律行为的效力，撤销权除斥期间的规定，违反法律、行政法规的强制性规定及违背公序良俗的民事法律行为的效力，恶意串通的民事法律行为的效力，无效或者被撤销的民事法律行为自始无效，民事法律行为部分无效，民事法律行为无效、被撤销及确定不发生效力的后果，附条件和附期限民事法律行为的生效与失效规定等。合同属于双方或者多方民事法律行为，本编即合同编没有规定的，自然应当适用总则编第六章的有关规定。

第四章　合同的履行

第五百零九条　【合同履行的原则】当事人应当按照约定全面履行自己的义务。

当事人应当遵循诚信原则，根据合同的性质、目的和交易习惯履行通知、协助、保密等义务。

当事人在履行合同过程中，应当避免浪费资源、污染环境和破坏生态。

条文注解

本条第1款是关于全面履行原则的规定。按照全面履行原则的要求，当事人应当履行的义务不限于合同的主要义务，对于当事人约定的其他义务，当事人也应当按照约定履行。例如，房产买卖合同中，出卖人不但要履行转移房产所有权于买受人这一合同主要义务，还要按照约定与买受人办理物业交割手续等。

本条第2款是关于诚信履行的原则。当事人除应当按照合同约定履行自己的义务外，也要履行合同未作约定但依照诚信原则应当履行的通知、协助、保密等义务。第一，通知义务。在合同履行过程中，依照诚信原则，当事人一方有必要在某些情况下向对方告知、报告有关信息。第二，协助义务。在合同履行过程中，依照诚信原则，当事人一方有必要在某些情况下为对方行使权利、履行义务提供必要的协助。第三，保密义务。依照诚信原则，当事人在合同履行中负有保密义务。一方当事人对在合同履行中知悉的商业秘密或者其他应当保密的信息，不得泄露或者不正当使用。

第五百一十条　【合同没有约定或者约定不明的补救措施】合同生效后，当事人就质量、价款或者报酬、履行地点等内容没有约定或者约定不明确的，可以协议补充；不能达成补充协议的，按照合同相关条款或者交易习惯确定。

条文注解

合同内容一般包括合同主体即当事人的姓名或者名称和住所、标的、数量、质量、价款或者报酬、履行期限、履行地点和方式等。一般来说，合同的标的、数量是合同的必备条款，需由当事人明确约定。当事人对合同的标的、数量没有约定或者约定不明确的，合同内容无法确定，合同不成立。但当事人就质量、价款或者报酬、履行期限、履行地点和方式等没有约定或者约定不明，一般并不影响合同成立，可以就这些内容进行补充。这也体现了《合同法》尽可能鼓励交易、促成交易达成的立法目的。对本条规定，可以从以下两个方面予以理解：

一是当事人协议补充。按照民法自愿原则，当事人有权自主决定合同内容。

二是按照合同有关条款或者交易习惯确定。如果当事人就有关内容不能达成补充协议，则按照合同有关条款或者交易习惯确定。合同各条款都是当事人协商一致的结果，体现了当事人的真实意愿。合同条款与条款之间在表达上往往存在一定的关联，在合同欠缺有关内容或者对有关内容约定不明确时，可以结合相关条款探寻当事人真实的意图，进而补充所欠缺的内容或者将不明确的内容予以明确。交易习惯在一定范围内被普遍接受和采用，或者在特定当事人之间经常使用。在合同欠缺有关内容或者对有关内容约定不明确时，也可以用交易习惯来对合同内容进行补充。关于交易习惯的认定，《最高人民法院关于适用〈中华人民共和国民法典〉合同编通则若干问题的解释》第2条规定："下列情形，不违反法律、行政法规的强制性规定且不违背公序良俗的，人民法院可以认定为民法典所称的'交易习惯'：（一）当事人之间在交易活动中的惯常做法；（二）在交易行为当地或者某一领域、某一行业通常采用并为交易对方订立合同时所知道或者应当知道的做法。对于交易习惯，由提出主张的当事人一方承担举证责任。"

关联法规

《最高人民法院关于审理买卖合同纠纷案件适用法律问题的解释》第2条，《最高人民法院关于适用〈中华人民共和国民法典〉合同编通则若干问题的解释》第2条

第五百一十一条 【合同约定不明确时的履行】当事人就有关合同内容约定不明确，依据前条规定仍不能确定的，适用下列规定：

（一）质量要求不明确的，按照强制性国家标准履行；没有强制性国家标准的，按照推荐性国家标准履行；没有推荐性国家标准的，按照行业标准履行；没有国家标准、行业标准的，按照通常标准或者符合合同目的的特定标准履行。

（二）价款或者报酬不明确的，按照订立合同时履行地的市场价格履行；依法应当执行政府定价或者政府指导价的，依照规定履行。

（三）履行地点不明确，给付货币的，在接受货币一方所在地履行；交付不动产的，在不动产所在地履行；其他标的，在履行义务一方所在地履行。

（四）履行期限不明确的，债务人可以随时履行，债权人也可以随时请求履行，但是应当给对方必要的准备时间。

（五）履行方式不明确的，按照有利于实现合同目的的方式履行。

（六）履行费用的负担不明确的，由履行义务一方负担；因债权人原因增加的履行费用，由债权人负担。

案例注解

【案例（2021）湘1222民初2127号】合同付款时间约定不明案

【基本案情】

2019年，被告刘某因土石方作业需要租赁原告张某某挖机。经双方结算，确认被告刘某尚欠原告张某某挖机租赁款58,000元未付，被告刘某于2020年8月29日向原告张某某出具欠条一张，载明："今欠到张某某一中工地挖机台班费伍万捌仟元整刘某2020年8月29日。"之后，原告向被告刘某多次催要该笔58,000元款项未果。原告张某某以被告刘某未履行付款义务，侵害了原告的合法权益为由，诉至法院，请求判决被告刘某支付挖机租赁费58,000元。

【裁判要旨】

《民法典》第511条规定："当事人就有关合同内容约定不明确，依据前条规定仍不能确定的，适用下列规定：……（四）履行期限不明确的，债务人可以随时履行，债权人也可以随时请求履行，但是应当给对方必要的准备时间……"；第577条规定："当事人一方不履行合同义务或者履行合同义务不符合约定的，应当承担继续履行、采取补救措施或者赔偿损失等违约责任。"本案中，原告、被告经过结算，确认被告刘某尚欠原告张某某挖机租赁费58,000元款项未付，并向原告张某某出具欠条一张，系双方当事人真实意思表示，且未违反法律法规强制性规定，合法有效，对原告、被告均具有法律效力。被告刘某至今未予支付，应依法承担继续履行的违约责任。

【裁判结果】

法院判决被告刘某于本判决生效后3日内支付原告张某某挖机租赁款58,000元。（资料来源：中国裁判文书网）

关联法规

《标准化法》第10～12条，《电子商务法》第51～53条，《最高人民法院关于为促进消费提供司法服务和保障的意见》第4条，《最高人民法院关于适用〈中华人民共和国民事诉讼法〉的解释》第18～21条

第五百一十二条 【电子合同标的交付时间】通过互联网等信息网络订立的电子合同的标的为交付商品并采用快递物流方式交付的,收货人的签收时间为交付时间。电子合同的标的为提供服务的,生成的电子凭证或者实物凭证中载明的时间为提供服务时间;前述凭证没有载明时间或者载明时间与实际提供服务时间不一致的,以实际提供服务的时间为准。

电子合同的标的物为采用在线传输方式交付的,合同标的物进入对方当事人指定的特定系统且能够检索识别的时间为交付时间。

电子合同当事人对交付商品或者提供服务的方式、时间另有约定的,按照其约定。

条文注解

本条是关于电子合同交付商品或者提供服务的方式、时间的规定。

(1)电子合同标的为交付商品的情形。本条吸收了《电子商务法》的规定,明确电子合同标的为交付商品并采用快递物流方式交付的,收货人的签收时间为交付时间。(2)电子合同标的为提供服务的情形。电子合同的标的为提供服务的,原则上以生成的电子凭证或者实物凭证中载明的时间为提供服务时间。但是,实践中有的电子凭证或者实物凭证没有载明时间,也有的电子凭证或者实物凭证载明的时间与实际提供服务时间不一致,这些情况下,以实际提供服务的时间为准。(3)采用在线传输方式交付标的物的情形。电子合同的有些标的物,例如,一些数字产品,通常采用在线传输方式交付。从表述上看,本条关于交付时间的规定不但要求合同标的物"进入对方当事人指定的特定系统",还要求"能够检索识别",与总则编、《电子签名法》的规定相比,增加了"能够检索识别",目的在于使交付时间的判断标准更明确具体,更有利于保护相对方利益,避免纠纷。如果进入相对方指定的特定系统的电子合同标的物本身不能够检索识别,例如,已经感染病毒的标的物,则不能直接将标的物进入相对方指定的特定系统的时间作为交付时间,应当由负有交付义务的当事人承担不利的法律后果。

《民法典》总则编明确将自愿原则作为民法的基本原则。本条第1款和第2款规定是对电子合同当事人交付商品、提供服务的方式与时间的一般规则,当事人可以对交付商品或者提供服务的方式、时间另行约定。当事人作出另外约定的,依照其约定。

关联法规

《电子商务法》第51~57条

第五百一十三条 【政府定价、政府指导价】执行政府定价或者政府指导价的，在合同约定的交付期限内政府价格调整时，按照交付时的价格计价。逾期交付标的物的，遇价格上涨时，按照原价格执行；价格下降时，按照新价格执行。逾期提取标的物或者逾期付款的，遇价格上涨时，按照新价格执行；价格下降时，按照原价格执行。

条文注解

价格是决定价金的重要因素，我国实行宏观经济调控下主要由市场形成价格的机制，价格分为市场调节价和政府指导价、政府定价。市场调节价，是指由经营者自主制定，通过市场竞争形成的价格。政府指导价，是指由政府价格主管部门或者其他有关部门按照定价权限和范围规定基准价及其浮动幅度，指导经营者定价的价格。政府定价，是指由政府价格主管部门或者其他有关部门按照定价权限和范围制定的价格。合同交易中，价格通常按照市场调节价由当事人共同商定。国家对合同交易规定有政府指导价的，当事人应当在指导价的幅度内商定价格。国家对合同交易规定了政府定价的，当事人均应当遵守，一方违反价格管理规定的，另一方可以请求其退还多收的价款。

第五百一十四条 【金钱之债中对于履行币种约定不明时的处理】以支付金钱为内容的债，除法律另有规定或者当事人另有约定外，债权人可以请求债务人以实际履行地的法定货币履行。

条文注解

本条是关于以实际履行地的法定货币履行金钱债务的规定。

法定货币依靠国家规定成为一定地域内合法流通的货币。《中国人民银行法》第16条中规定，中华人民共和国的法定货币是人民币。我国香港特别行政区和澳门特别行政区的法定货币分别为港元、澳元。美国的法定货币为美元，英国的法定货币为英镑等。正是基于法定货币的特殊地位，本条规定，在合同交易中，对于以支付金钱为内容的债务，除法律另有规定或者当事人另有约定外，债权人可以请求债务人以实际履行地的法定货币履行。

第五百一十五条 【选择之债中选择权归属与移转】标的有多项而债务人只需履行其中一项的，债务人享有选择权；但是，法律另有规定、当事人另有约定或者另有交易习惯的除外。

享有选择权的当事人在约定期限内或者履行期限届满未作选择,经催告后在合理期限内仍未选择的,选择权转移至对方。

条文注解

本条第1款确立了选择权归属的一般原则,即除非法律有特别规定或者当事人另有约定,选择权原则上归属于债务人。本条规定了法律另有规定、当事人另有约定或者另有交易习惯三种例外。一是法律对选择权的归属主体另有规定的,应当按照该规定确定享有选择权的主体。二是民事活动应当遵循自愿原则,在当事人对选择权的归属主体作出特别约定的情况下,应当尊重当事人的选择,按照当事人的约定确定选择权的归属主体。三是交易习惯在某一地域、某一领域、某一行业等范围内被普遍接受和采用,或者在特定当事人之间经常使用的,适用交易习惯确定选择权的归属主体符合当事人的预期,有利于公平、合理地平衡当事人之间的利益。

本条第2款对选择权转移作了规定。依照第2款的规定,享有选择权的当事人在约定期限内或者履行期限届满未作选择的,相对方可以催告其在合理期限内作出选择。这就意味着,即使当事人对选择权的行使期限作了约定,在约定期限届满未作选择的,相对方都要先进行催告。只有当有选择权的当事人在催告后的合理期限内仍未选择的,选择权才转移至对方。

第五百一十六条 【选择权的行使方式】当事人行使选择权应当及时通知对方,通知到达对方时,标的确定。标的确定后不得变更,但是经对方同意的除外。

可选择的标的发生不能履行情形的,享有选择权的当事人不得选择不能履行的标的,但是该不能履行的情形是由对方造成的除外。

条文注解

选择之债的选择权属于形成权的一种。选择权一旦经当事人行使,将直接导致民事权利义务关系的变动,债的标的得以确定,债务人应当按照确定后的标的履行义务,债权人有权按照确定后的标的请求债务人履行义务。本条第1款规定,有选择权的当事人行使选择权应当采用通知的方式,通知到达对方时,标的即确定,不需要经过相对方同意。标的一旦确定,对双方当事人均产生拘束力。除非经过相对方同意,享有选择权的当事人不得再自行变更标的。

本条第2款从尽可能促成债务履行的角度出发,规定可选择的标的之中发生不能履行情形的,享有选择权的当事人不得选择不能履行的标的,即只能从剩余的标的中选择。同时为了公平、合理地平衡当事人双方之间的利益,如果该不能履行的情形是由相对方即无选择权的当事人造成的,则享有选择权的当事人既可以在剩余标的中选择，也可以选择该不能履行的标的进而主张相应的法律效果。

第五百一十七条　【按份之债】债权人为二人以上，标的可分，按照份额各自享有债权的，为按份债权；债务人为二人以上，标的可分，按照份额各自负担债务的，为按份债务。

按份债权人或者按份债务人的份额难以确定的，视为份额相同。

条文注解

本条是关于按份债权和按份债务定义的规定。

按份之债是相对于连带之债而言的，按份之债和连带之债都属于复数主体债权债务，即债权人或者债务人为二人以上。按份债权和连带债权是债权人为二人以上，按份债务和连带债务是债务人为二人以上。依照本条第1款的规定，按份债权和按份债务的标的都是可分的，标的不可分不能成立按份债权或者按份债务。当然，标的可分的债权并不都是按份债权，标的可分的债务并不都是按份债务，标的可分的债权或者债务也可依照法律规定或者当事人约定成立连带债权或者连带债务。依照第1款的规定，按份债权的债权人为二人以上，按照份额各自享有债权，每个债权人只能就自己的份额向债务人主张债权，不得超过自己份额行使债权。按份债务的债务人为二人以上，按照份额各自负担债务，每个债务人只就自己应当承担的份额向债权人履行债务，对超过自己份额的债务有权拒绝。由此可以看出，第1款对按份债权和按份债务的定义所作的界定，同时包含了按份债权和按份债务的内外部效力，即各债权人之间对内按照份额分享权利，对外按照各自份额行使权利；各债务人之间对内按照份额分担债务，对外按照各自份额履行债务。

本条第2款还对份额难以确定的情形作了规定。按份债权人的份额或者按份债务人的份额，法律有规定或者当事人有约定的，依照法律规定或者当事人约定。法律没有规定，当事人也没有约定或者约定不明确，难以确定按份债权人或者按份债务人的份额的，视为份额相同，每个债权人平均分享债权，每个债务人平均分担债务。

第五百一十八条　【连带之债】债权人为二人以上，部分或者全部债权人均可以请求债务人履行债务的，为连带债权；债务人为二人以上，债权人可以请求部分或者全部债务人履行全部债务的，为连带债务。

连带债权或者连带债务，由法律规定或者当事人约定。

条文注解

本条是关于连带债权和连带债务定义的规定。连带之债是相对于按份之债而言的,与按份之债同属于复数主体债权债务。

本条第1款延续了《民法通则》的规定,对连带债权和连带债务的基本内涵作了界定。连带债权的债权人为二人以上,部分或者全部债权人均可以请求债务人履行债务。连带债务的债务人为二人以上,不管债务人之间的内部份额如何划分,债权人既可以请求全部债务人履行全部债务或者部分债务,也可以请求部分债务人履行全部债务或者部分债务。全部或者部分债务人履行一部分债务的,未履行的债务部分仍然是各债务人的连带债务,债权人有权请求全部债务人或者部分债务人履行。

本条第2款对连带之债的成立作了规定。连带债务的成立对债权人有利,但对各债务人影响重大,对其成立有必要作严格的限制。因此本条第2款规定,连带债务由法律规定或者当事人约定。既没有法律规定也没有当事人约定的,不可成立连带债务。连带债权的各债权人共享同一债权,但可以由某一债权人单独行使该债权,这种情况也要有法律的明确规定或者当事人之间的特别约定。

案例注解

【案例(2021)渝0109民初8770号】张某、王某连带责任案

【基本案情】

2021年3月1日,被告王某、张某共同出具欠条,内容为"今欠到何某水土金融街项目误工费8400元(大写捌仟肆佰元)",该欠条由王某、张某共同签名捺印,该欠条另有备注五名原告"何某、顾某、胡某、吴某、谌某5个人8400元"。欠条下方有见证人"刘某""庹某"两人的身份信息及签名捺印。因何某多次催收,两被告均未支付,为此,五原告诉至法院,请求判令二被告支付判令被告立即支付劳务费8400元;支付利息500元、误工费2000元。

【裁判要旨】

《民法典》第518条第1款规定,债权人为二人以上,部分或者全部债权人均可以请求债务人履行债务的,为连带债权;债务人为二人以上,债权人可以请求部分或者全部债务人履行全部债务的,为连带债务。本案中,王某、张某共同签署欠条,确认其欠付原告5人工资共计8400元,现原告5人要求两被告支付工资,符合法律规定。王某与张某对外债务系连带债务,承担连带责任。

【裁判结果】

2021年9月3日,法院判决由被告张某、王某于本判决生效之日起5日内共同向原告何某、胡某、顾某、黄某、谌某支付工资及利息共计8500元,驳回原告的其他诉讼请求。(资料来源:中国裁判文书网)

关联法规

《合伙企业法》第30~40条

第五百一十九条 【连带债务人的份额确定及追偿权】连带债务人之间的份额难以确定的，视为份额相同。

实际承担债务超过自己份额的连带债务人，有权就超出部分在其他连带债务人未履行的份额范围内向其追偿，并相应地享有债权人的权利，但是不得损害债权人的利益。其他连带债务人对债权人的抗辩，可以向该债务人主张。

被追偿的连带债务人不能履行其应分担份额的，其他连带债务人应当在相应范围内按比例分担。

条文注解

本条第1款是关于连带债务人之间份额确定的规定。债权人有权要求任一连带债务人履行全部债务，这是就各连带债务人与债权人之间的关系而言的。至于在连带债务人内部关系中如何确定各自应当承担的债务份额，有法律规定或者当事人约定的，按照法律规定或者当事人约定；既没有法律规定也没有当事人约定，难以确定各连带债务人的债务份额的，依照本条第1款的规定，视为份额相同，即由各连带债务人平均分担债务。

本条第2款规定，连带债务人有权就超过部分在其他连带债务人未履行的份额范围内向其追偿，并相应地享有债权人的权利。连带债务人所享有的债权人的权利，比较典型的是债权所附的担保等从权利。连带债务人之一通过清偿债务使债权人对连带债务人的债权消灭的，由作出清偿的连带债务人在一定范围内取得原债权人的地位，取得原债权人所享有的担保权等权利。同时考虑到连带债务规则设立的目的主要是保护债权人，为了合理平衡债权人与享有追偿权的连带债务人之间的利益，本条还规定，实际承担债务的连带债务人享有债权人的权利，但是不得损害债权人的利益。

此外，为了合理平衡享有追偿权的连带债务人与其他连带债务人之间的利益，本条还规定，其他连带债务人对债权人的抗辩，可以向该债务人主张。

本条第3款基于公平考虑，规定被追偿的连带债务人不能履行其应分担份额的，其他连带债务人应当在相应范围内按比例分担。该规定中的“其他连带债务人”，是指除不能履行其应分担份额的连带债务人之外的所有连带债务人，包括实际承担债务后行使追偿权的连带债务人。

第五百二十条 【连带债务涉他效力】部分连带债务人履行、抵销债务或者提存标的物的，其他债务人对债权人的债务在相应范围内消灭；该债务人可以依据前条规定向其他债务人追偿。

部分连带债务人的债务被债权人免除的，在该连带债务人应当承担的份额范围内，其他债务人对债权人的债务消灭。

部分连带债务人的债务与债权人的债权同归于一人的，在扣除该债务人应当承担的份额后，债权人对其他债务人的债权继续存在。

债权人对部分连带债务人的给付受领迟延的，对其他连带债务人发生效力。

条文注解

本条是关于部分连带债务人与债权人之间发生的事项对其他连带债务人的效力的规定。

(一)关于履行、抵销债务或者提存

本条第1款是关于部分连带债务人履行、抵销债务或者提存标的物对其他连带债务人发生效力的规定。部分连带债务人向债权人履行债务、以债权人对自己所负债务与连带债务人对债权人所负债务相抵销，或者提存标的物，均可使债权人的债权全部或者部分得到满足，其他债务人对债权人的债务也就在相应范围内消灭。

(二)关于免除债务

本条第2款是关于部分连带债务人的债务被债权人免除对其他债务人发生效力的规定。如果债权人仅免除部分连带债务人的债务，对其他债务人产生什么效力，法律有必要予以明确规定。本条参考境外立法例，对债权人免除部分连带债务人债务的法律效果采用了限制绝对效力的做法。举例以说明：债权人对连带债务人甲、乙、丙享有100万元债权，就连带债务人内部而言，甲承担20万元、乙承担30万元、丙承担50万元。现债权人表示免除甲的债务。此时，债权人仍可向乙、丙主张债权，但是要扣除甲承担的份额20万元，即乙、丙对债权人只承担80万元连带债务。

(三)关于混同

本条第3款参考境外立法例，在发生混同时，即部分连带债务人的债务与债权人的债权同归于一人的，对其他债务人产生什么效力的问题，采取了限制绝对效力的做法。根据本款规定，部分连带债务人的债务与债权人的债权同归于一人的，混同后的债权人(或者发生混同的连带债务人)仍然可以以债权人的地位向其他连带债务人请求承担连带债务，但是连带债务的数额要扣除发生混同的连带债务人应当承担的内部份额。

(四)关于债权人受领迟延

本条第4款参考境外立法例，规定债权人对部分连带债务人的给付受领迟延的，对其他连带债务人发生效力。例如，对于债权人受领迟延期间的利息，作出给付行为的连带债务人有权拒绝，其他连带债务人根据本款规定也有权拒绝。

第五百二十一条 【连带债权的内部关系及法律适用】连带债权人之间的份额难以确定的，视为份额相同。

实际受领债权的连带债权人，应当按比例向其他连带债权人返还。

连带债权参照适用本章连带债务的有关规定。

第五百二十二条 【向第三人履行的合同】当事人约定由债务人向第三人履行债务，债务人未向第三人履行债务或者履行债务不符合约定的，应当向债权人承担违约责任。

法律规定或者当事人约定第三人可以直接请求债务人向其履行债务，第三人未在合理期限内明确拒绝，债务人未向第三人履行债务或者履行债务不符合约定的，第三人可以请求债务人承担违约责任；债务人对债权人的抗辩，可以向第三人主张。

条文注解

为了适应复杂的交易实践需求，现代民法对涉他合同予以认可。涉他合同，又称涉及第三人的合同，包括利益第三人合同和由第三人履行的合同。本条规定的是利益第三人合同，合同编第523条规定的是由第三人履行的合同。

我们可以将本条第1款称为不真正的利益第三人合同，将第2款称为真正的利益第三人合同。二者的重要区别就是，真正的利益第三人合同的第三人取得对债务人的履行请求权，而不真正的利益第三人合同的第三人仅可以接受债务人的履行，不享有对债务人的履行请求权。

(1)不真正的利益第三人合同。本条第1款规定的不真正的利益第三人合同，由债务人向第三人履行债务，是债权人与债务人之间所作的约定，该约定不对第三人产生法律约束力。第三人不享有请求债务人履行的权利，履行请求权仍然属于作为合同当事人的债权人。债务人未向第三人履行债务或者履行债务不符合约定的，债务人应当向债权人承担违约责任，而不是向第三人承担违约责任。第三人没有享受到预期利益的，第三人可以依据其与债权人之间的约定等另作处理。

(2)真正的利益第三人合同。本条第2款对真正利益第三人合同中第三人取得履行请求权的条件及相关法律效果作了规定。①第三人取得履行请求权的条件。首先，第三人取得履行请求权要有法律规定或者当事人约定。依照本条规定，只有在法律规定或者当事人约定第三人可以直接请求债务人向其履行债务的，才构成真正的利益第三人合同，第三人才能取得履行请求权。其次，利益第三人合同是为第三人的利益而设置，按照民法的自愿原则，即使是为他人赋予利益，他人也有权拒绝。因此，本条对利益第三人合同还规定了第三人的拒绝权，第三人在合理期限内可以拒绝，未在合理期限内明确拒绝的，第三人就取得了直接请求债务人履行的权利，可以直接请求债务人向其履行。②真正的利益第三人合同的法律效果。债务人未向第三人履行债务或者履行债务不符合约定的，第三人可以请求债务人承担继续履行、赔偿损失等违约责任。一般认为，第三人对债务人虽取得履行请求权，但由于其不是合同当事人，合同本身的权利如解除权、撤销权等，第三人不得行使。③债务人的抗辩。债务人基于债务人地位对债权人所享有的抗辩，不应因向第三人履行而受到影响。因此，本条规定，债务人对债权人的抗辩，可以向第三人主张。

关联法规

《最高人民法院关于适用〈中华人民共和国民法典〉合同编通则若干问题的解释》第29条

第五百二十三条 【由第三人履行的合同】当事人约定由第三人向债权人履行债务，第三人不履行债务或者履行债务不符合约定的，债务人应当向债权人承担违约责任。

条文注解

本条是关于由第三人履行合同的规定。

由第三人履行的合同，又称第三人负担的合同，是指双方当事人约定债务由第三人履行的合同。本条根据实践需求，参考相关立法例，对由第三人履行的合同作了规定。根据本条规定，由第三人履行的合同，具有三个特点：

一是合同是在债权人与债务人之间订立，以债权人、债务人为合同双方当事人，第三人不是合同当事人。二是合同标的是第三人向债权人的履行行为。由第三人履行的合同，不是由债务人直接向债权人履行债务，而是由第三人向债权人履行债务。三是第三人不履行债务的违约责任由债务人承担，而不是由第三人承担。

由第三人履行的合同与保证合同具有一定的相似性，都是可基于他人不履行债务的行为而承担一定的责任。由第三人履行合同的债务人因第三人不履行债务的行为承担责任，保证合同的保证人可因主债务人不履行债务而承担责任。但二者存在本质的不同。保证合同是主债权债务的从合同，一般保证的保证人享有先诉抗辩权，在就债务人的财产依法强制执行仍不能履行债务前，有权拒绝承担保证责任；连带责任的保证人和债务人对债务承担连带责任。而由第三人履行的合同，是一种独立的合同，债务人对于第三人不向债权人履行债务的行为，独立向债权人承担违约责任；第三人不是债务人，其只实施履行行为，不对债权人承担违约责任。

此外，对于本条规定的由第三人履行的合同，还需要注意的是，由第三人履行的合同没有突破合同相对性，不解决债权人是否具有直接请求第三人履行的问题。债权人是否享有直接请求第三人履行的权利，属于真正的利益第三人合同的范畴，要看债务人与第三人之间是否订有以债权人为受益人的真正的利益第三人合同。例如，某一产品的经销商甲与买受人乙订立买卖合同，甲乙之间约定由该产品的生产商丙直接向买受人乙交付产品，甲乙之间的该约定属于由第三人（丙）履行的合同，乙不能依据由第三人履行的合同请求丙直接向其履行。但同时，经销商甲又与生产商丙订立了真正的利益第三人合同，约定买受人乙可以直接请求丙向其履行的，乙取得了直接请求丙向其履行的权利，丙不履行或者履行不符合约定的，乙可以依法要求丙承担违约责任。

关联法规

《旅游法》第71、111条，《最高人民法院关于审理旅游纠纷案件适用法律若干问题的规定》第4条

第五百二十四条 【第三人清偿规则】债务人不履行债务，第三人对履行该债务具有合法利益的，第三人有权向债权人代位履行；但是，根据债务性质、按照当事人约定或者依照法律规定只能由债务人履行的除外。

债权人接受第三人履行后，其对债务人的债权转让给第三人，但是债务人和第三人另有约定的除外。

条文注解

本条规定打破了债的相对性，赋予该第三人代位履行的权利。该第三人代位履行债务，不需要考虑是否违反债务人的意思，债权人也不得拒绝。何谓"对债务履行具有合法利益的第三人"，本条未作具体规定，需要根据实践情况的需要和发展进行判断并归纳总结。目前，《最高人民法院关于适用〈中华人民共和国民法典〉合同编通则若干问题的解释》第30条认为，下列民事主体，人民法院可以认定为《民法典》第524条第1款规定的对履行债务具有合法利益的第三人：(1)保证人或者提供物的担保的第三人；(2)担保财产的受让人、用益物权人、合法占有人；(3)担保财产上的后顺位担保权人；(4)对债务人的财产享有合法权益且该权益将因财产被强制执行而丧失的第三人；(5)债务人为法人或者非法人组织的，其出资人或者设立人；(6)债务人为自然人的，其近亲属；(7)其他对履行债务具有合法利益的第三人。当然，具有合法利益的第三人并不是在所有情况下都享有代位履行的权利，本条对此作了除外规定，即根据债务性质、按照当事人约定或者依照法律规定只能由债务人履行的，则第三人即使具有合法利益，也不能代位履行。何谓"根据债务性质"，要根据具体情况进行判断。例如，对于育儿保姆提供的劳务，一般来说就属于根据债务性质只能由债务人履行的情况，第三人不得代位履行。

本条第2款对有合法利益的第三人代位履行的法律效果作了规定，将其作为一

种法定的债权移转。有合法利益的第三人代位履行后,债权人的债权得以实现,债权人与债务人之间的债权债务关系终止。对于第三人与债务人之间的关系,根据本条规定,债权人接受第三人履行后,其对债务人的债权转让给第三人。

案例注解

【案例】某物流有限公司诉吴某运输合同纠纷案

【基本案情】

某物流有限公司(甲方)与吴某(乙方)于2020年签订《货物运输合同》,约定该公司的郑州运输业务由吴某承接。合同还约定调运车辆、雇用运输司机的费用由吴某结算,与某物流有限公司无关。某物流有限公司与吴某之间已结清大部分运费,但因吴某未及时向承运司机结清运费,2020年11月某日,承运司机在承运货物时对货物进行扣留。基于运输货物的时效性,某物流有限公司向承运司机垫付了吴某欠付的46万元,并通知吴某,吴某当时对此无异议。后吴某仅向某物流有限公司支付了6万元。某物流有限公司向吴某追偿余款未果,遂提起诉讼。

【裁判要旨】

根据《民法典》第524条规定,本案中,某物流有限公司与吴某存在运输合同关系,在吴某未及时向货物承运司机结清费用,致使货物被扣留时,某物流有限公司对履行该债务具有合法利益,有权代吴某向承运司机履行。某物流有限公司代为履行后,承运司机对吴某的债权即转让给该公司,因此某物流有限公司有权向吴某追偿余款。

【裁判结果】

生效裁判依照《民法典》第524条规定,判决支持某物流有限公司请求吴某支付剩余运费的诉讼请求。(资料来源:最高人民法院网)

关联法规

《最高人民法院关于适用〈中华人民共和国民法典〉合同编通则若干问题的解释》第30条

第五百二十五条 【同时履行抗辩权】当事人互负债务,没有先后履行顺序的,应当同时履行。一方在对方履行之前有权拒绝其履行请求。一方在对方履行债务不符合约定时,有权拒绝其相应的履行请求。

条文注解

同时履行抗辩权,是指在没有先后履行顺序的双务合同中,一方当事人在对方当事人未为履行或者履行不符合约定的情况下,享有拒绝对待给付的权利。

根据本条规定,同时履行抗辩权的成立,要具备以下四个要件:一是须基于同一双务合同互负债务,在履行上存在关联性。二是当事人的债务没有先后履行顺序。三是须双方所负的债务均已届履行期。四是对方当事人未履行自己所负的债务或者履行债务不符合约定仍然提出履行请求。履行债务不符合约定的情况,包括部分履行、瑕疵履行等。

同时履行抗辩权属延期的抗辩权,只是暂时阻止对方当事人请求权的行使,非永久的抗辩权。对方当事人完全履行了合同义务,同时履行抗辩权消灭,当事人应当履行自己的义务。当事人行使同时履行抗辩权致使合同迟延履行的,该当事人不承担违约责任。

关联法规

《最高人民法院关于适用〈中华人民共和国民法典〉合同编通则若干问题的解释》第31条

第五百二十六条 【先履行抗辩权】当事人互负债务,有先后履行顺序,应当先履行债务一方未履行的,后履行一方有权拒绝其履行请求。先履行一方履行债务不符合约定的,后履行一方有权拒绝其相应的履行请求。

条文注解

本条是关于后履行抗辩权的规定。后履行抗辩权的成立,须具备以下要件:一是须基于同一双务合同。双方当事人因同一合同互负债务,在履行上存在关联性。后履行抗辩权不适用于单务合同。二是当事人的债务有先后履行顺序。当事人互负债务,并且能够确定先后履行顺序。这种履行顺序的确立,或依法律规定,或按当事人约定,或按交易习惯。三是应当先履行的当事人不履行债务或者履行债务不符合约定。四是后履行一方当事人的债务已届履行期。如果后履行一方当事人的债务尚未到期,在对方当事人请求履行时,后履行一方当事人可以主张债务履行期尚未届至的抗辩,无须适用后履行抗辩权制度。

后履行抗辩权属延期的抗辩权,只是暂时阻止对方当事人请求权的行使,非永久的抗辩权。对方当事人履行了合同义务,后履行抗辩权消灭,当事人应当履行自己的义务。后履行一方当事人行使后履行抗辩权致使合同迟延履行的,该当事人不承担违约责任,迟延履行的责任由对方承担。后履行一方当事人行使后履行抗辩权,不影响追究应当先履行一方当事人的违约责任。

关联法规

《最高人民法院关于适用〈中华人民共和国民法典〉合同编通则若干问题的解

释》第31条,《最高人民法院关于审理买卖合同纠纷案件适用法律问题的解释》第31条

第五百二十七条 【不安抗辩权】应当先履行债务的当事人,有确切证据证明对方有下列情形之一的,可以中止履行:

(一)经营状况严重恶化;

(二)转移财产、抽逃资金,以逃避债务;

(三)丧失商业信誉;

(四)有丧失或者可能丧失履行债务能力的其他情形。

当事人没有确切证据中止履行的,应当承担违约责任。

条文注解

依照本条规定,不安抗辩权的成立,要具备以下要件:(1)当事人需基于同一双务合同互负债务。(2)当事人互负的债务有先后履行顺序。这也是不安抗辩权和后履行抗辩权共同的成立要件,只是不安抗辩权由应当先履行债务的一方当事人享有,后履行抗辩权由后履行债务的一方当事人享有。当事人互负的债务没有先后履行顺序的,属于同时履行抗辩权的成立要件。(3)后履行的当事人发生了丧失或者可能丧失债务履行能力的情形。这些情形包括经营状况严重恶化,转移财产、抽逃资金以逃避债务,丧失商业信誉和其他丧失或者可能丧失履行债务能力的情形。

尤其需要注意的是,对于后履行的当事人发生了丧失或者可能丧失债务履行能力的情形,应当先履行债务的当事人必须有确切的证据证明。如果有确切的证据证明,则属于正当行使不安抗辩权,可以中止履行顺序在先的债务;如果没有确切的证据证明而中止履行的,则属于违约行为,应当先履行债务的当事人要承担违约责任。

案例注解

【案例(2021)皖1722民初470号】被告方某、何某行使不安抗辩权要被法院驳回

【基本案情】

2018年7月15日,原告某房产公司与被告方某、何某签订《××认购书》,认购书约定:被告认购原告公司出售的房子,认购总价为909,201元,交楼日期为2020年10月26日;付款时间:签署本认购书时付清定金50,000元;第一期楼款317,325元(含定金)于2018年7月30日前付清;如选择银行按揭付款方式,须同时办妥按揭申请手续;第二期楼款137,876元于同年8月30日前付清;第三期楼款454,000元(银行按揭款)于2020年7月30日前付清,付款方式非经石台碧盛公司同意不得更改;双方同时约定,2018年7月30日前,被告与石台碧盛原告公司签订《商品房预售合同》及三个合同附件等合同文件,认购书还就其他事项作出约定。被告已于2018年7月11日交付定金50,000元。同年7月29日,被告与石原告公司签订了《商品房预售合同》

等合同文件，其中，对逾期付款责任作出约定：(1)逾期在90日之内，自合同约定的应付款期限届满之次日起至实际全额支付应付款之日止，买受人按日向出卖人支付逾期应付款万分之三的违约金，合同继续履行；(2)逾期超过90日后，出卖人有权解除合同。出卖人解除合同的，买受人按合同约定总房价款的15%向出卖人支付违约金。出卖人不解除合同的，合同继续履行，自本合同约定的应付款期限届满之次日起至实际全额支付应付款之日止，买受人按日向出卖人支付逾期应付款万分之三的违约金，但该违约金总额最高不超过合同约定总房价款的15%。合同签订当日，被告支付第一期楼款剩余部分267,325元。次日，双方签订了《银行按揭及公积金付款方式补充协议》，协议约定：该商品房总房价款为909,201元，其中49.93%（贷款金额为454,000元）被告以商业银行按揭贷款的方式支付给原告公司，如方因被告导致商业银行按揭贷款不被审批，被告必须按双方的买卖合同约定期限支付房款，逾期则承担日万分之三违约金。2019年8月18日原告公司与被告签订编号××××《商品房买卖合同》以及需要合同备案的其他合同文件。该《商品房买卖合同》于2020年1月8日在县房地产服务中心登记备案。同年7月4日，双方就前期签订《商品房预售合同》中的限制性经营条款进行了变更。2019年2月25日，被告交付了第二期楼款137,876元，迟于双方约定的应付二期楼款日期2018年8月30日178天（2018年8月31日至2019年2月25日）；2020年9月28日，被告在某农村商业银行办理按揭贷款454,000元，迟于双方约定的应付三期楼款日期2020年7月30日59天（2020年7月31日至同年9月28日）；至此，该商铺楼款已全部付清。原告认为，被告已构成违约，为此诉至法院，请求判令被告支付逾期付款违约金15,712.14元（逾期付款违约金以相应本金为基数，按照每日万分之三，自违约之日起计算至付清之日止）。

被告辩称，房屋按揭迟延的情况系原告出售房屋未及时备案，导致银行按揭款不能及时发放，以及交易房屋出现严重质量问题，被告是行使不安抗辩权的结果。

【裁判要旨】

《民法典》第527条规定，应当先履行债务的当事人，有确切证据证明对方有下列情形之一的，可以中止履行：(1)经营状况严重恶化；(2)转移财产、抽逃资金，以逃避债务；(3)丧失商业信誉；(4)有丧失或者可能丧失履行债务能力的其他情形。当事人没有确切证据中止履行的，应当承担违约责任。本案中，原告、被告双方签订的《××认购书》、《商品房预售合同》和《商品房买卖合同》等合同文件均是双方真实的意思表示，合法有效，双方均应严格履行。被告以原告出售商品房存在质量问题，无法按期交房，行使不安抗辩权导致逾期付款的理由于法无据，不应支持。被告可以根据双方合同约定，以此向原告主张逾期交房违约金或行使解除权，另行起诉。

【裁判结果】

2021年8月24日，法院判决被告方某、何某于本判决生效之日起30日内给付原告某房地产开发有限公司逾期付款违约金15,398.4元；驳回原告某房地产开发有限公司的其他诉讼请求。（资料来源：中国裁判文书网）

第五百二十八条 【行使不安抗辩权】当事人依据前条规定中止履行的，应当及时通知对方。对方提供适当担保的，应当恢复履行。中止履行后，对方在合理期限内未恢复履行能力且未提供适当担保的，视为以自己的行为表明不履行主要债务，中止履行的一方可以解除合同并可以请求对方承担违约责任。

条文注解

不安抗辩权的行使，对对方当事人影响重大，应当让对方及时知晓，以便作出相应安排。从诚信原则出发，法律有必要规定应先履行债务一方的通知义务。依照本条规定，应先履行的一方当事人行使不安抗辩权，中止履行后，应当及时通知对方当事人。当事人行使不安抗辩权中止履行后，往往会给对方当事人一个"补救"的机会，即要求对方当事人在一定期限内提供担保。对方未提供担保的，应当先履行债务一方可以解除合同；对方提供担保的，应当先履行债务一方恢复履行。

第五百二十九条 【因债权人原因致债务履行困难时的处理】债权人分立、合并或者变更住所没有通知债务人，致使履行债务发生困难的，债务人可以中止履行或者将标的物提存。

条文注解

法人分立包括存续分立和新设分立。存续分立，是指法人分出一部分财产设立新法人，原法人不因分出财产而终止。新设分立，是指一个法人分成几个法人，原法人终止。法人合并包括新设合并和吸收合并。新设合并，是指几个法人合为一个新法人，原法人终止。吸收合并，是指一个法人将其财产移交给另一个法人，移交出财产的法人终止。

债权人分立、合并或者变更住所应当及时通知债务人，以便债务人履行债务。如果没有通知债务人，致使债务人履行债务发生困难的，此时债务人可以中止履行或者将标的物提存。这种情形下债务人中止履行或者将标的物提存，不能算作债务人违约。当然，如果债权人分立、合并或者变更住所没有通知债务人，但并不会使债务履行发生困难的，此时债务人不得以此为由中止履行或者将标的物提存，否则属于债务人违约。

第五百三十条 【债务人提前履行债务】债权人可以拒绝债务人提前履行债务，但是提前履行不损害债权人利益的除外。

债务人提前履行债务给债权人增加的费用，由债务人负担。

第五百三十一条 【债务人部分履行债务】债权人可以拒绝债务人部分履行债务,但是部分履行不损害债权人利益的除外。

债务人部分履行债务给债权人增加的费用,由债务人负担。

条文注解

本条是关于部分履行债务的规定。

本条规定的部分履行债务不同于分期履行。分期履行是合同约定的,由债务人分期给付,每期的给付虽然也属于债务整体的一部分,但不属于本条所规定的部分履行。本条所规定的部分履行是指债务的履行期限届满时,债务人只履行其中一部分债务,既可以是就整个债务部分履行,也可以是就分期履行中的某一期部分履行。

合同编将全面履行作为合同履行的原则。合同编第509条规定,当事人应当按照约定全面履行自己的义务。当事人全面履行自己的义务就包括按照约定履行全部债务。债务人履行部分债务,属于违反合同约定的行为,原则上属于违约行为,债权人当然可以拒绝并请求债务人承担违约责任。债权人也可以接受债务人部分履行的请求,并保留请求债务人承担违约责任的权利。当然,债权人也可以无保留地接受债务人部分履行的请求,此时债务人的部分履行不再被当作违约对待。

如果债务人部分履行不损害债权人的利益,基于诚信原则,债权人应当接受债务人部分履行债务,不得拒绝。债权人接受债务人部分履行,可能会额外增加一些费用,这些费用由债务人负担。

第五百三十二条 【当事人变化对合同履行的影响】合同生效后,当事人不得因姓名、名称的变更或者法定代表人、负责人、承办人的变动而不履行合同义务。

第五百三十三条 【情势变更】合同成立后,合同的基础条件发生了当事人在订立合同时无法预见的、不属于商业风险的重大变化,继续履行合同对于当事人一方明显不公平的,受不利影响的当事人可以与对方重新协商;在合理期限内协商不成的,当事人可以请求人民法院或者仲裁机构变更或者解除合同。

人民法院或者仲裁机构应当结合案件的实际情况,根据公平原则变更或者解除合同。

条文注解

情势变更制度,是指合同依法成立后,客观情况发生了无法预见的重大变化,致使原来订立合同的基础丧失或者动摇,如继续履行合同则对一方当事人明显不公平,因此允许变更或者解除合同以维持当事人之间的公平。依照本条规定,情势变更制度的适用需要满足以下基本条件:

一是合同成立后,合同的基础条件发生了重大变化。第一,这种重大变化是一种客观情况,要达到足以动摇合同基础的程度。第二,这种重大变化应发生在合同成立后至履行完毕前的期间内。第三,这种重大变化应当是当事人在订立合同时无法预见的。第四,这种重大变化不能属于商业风险。对于合同履行过程中的商业风险,按照独立决定、独立负责的原则,遭受不利的当事人应当自行承担不利后果。

二是继续履行合同对于当事人一方明显不公平。情势变更制度是为了实现合同正义,对当事人意思自治所作的调整,但这种调整必须限制在非常必要的情形内。只有在继续履行合同对于一方当事人明显不公平时,才可能适用情势变更制度,对当事人之间的权利义务关系进行干预和调整。

满足以上情势变更制度适用条件的,可以产生以下法律效果:一是受不利影响的当事人有权请求与对方重新协商。二是双方当事人在协商过程中,就合同的变更或者解除达不成一致意见,协商不成的,当事人可以请求法院或者仲裁机构作最终裁断。

案例注解

【案例(2021)桂0206民初3092号】原告因情势变更要求解除合同获法院支持

【基本案情】

2020年3月13日,原告某运输有限公司作为甲方与被告韦某作为乙方签订《车辆挂靠合同》,约定乙方将车牌号为桂B×××××车辆挂靠登记在甲方名下,合同还对双方的其他权利义务进行了约定。合同签订后,被告依约交纳押金2000元给原告,并一直依约交纳挂靠服务费至2020年12月31日。2020年11月2日,挂靠在原告公司名下的桂B×××××大货车因车辆出现问题,在靠右缓慢行驶过程中被后车追尾,造成3死5伤的重大交通事故。事故发生后,运管部门停止了原告的道路运输经营业务。原告遂于2021年1月6日微信通知被告及时将挂靠车辆提档转户,但被告未予理会。2021年4月6日,市交通运输综合行政执法支队向原告发出《违法行为通知书》,通知原告拟作出吊销原告的《道路运输经营许可证》的行政处罚。2021年4月27日,市行政审批局向原告发出《注销行政许可告知书》,告知原告拟决定注销原告的《道路运输经营许可证》。2021年7月23日,原告向被告邮寄送达《车辆挂靠合同解除协商函》,该函件言明,因前述交通事故的发生,原告的《道路运输经营许可证》已被吊销,要求被告尽快来公司办理解除挂靠关系的手续。后被告于2021年7月24日接收到该函件,但未予答复。原告遂诉至法院,请求法院确认原告与被告于2020年3月13日签订的车牌为桂B×××××大货车的《车辆挂靠合同》解除。

被告辩称,原告其以其自身的过错要求解除合同无事实及法律依据,原告作为违约方，应处理好被告车辆年检及另行挂靠其他公司等手续，在原告处理完毕相关事宜后，被告才同意解除合同。

【裁判要旨】

《民法典》第533条规定："合同成立后，合同的基础条件发生了当事人在订立合同时无法预见的、不属于商业风险的重大变化，继续履行合同对于当事人一方明显不公平的，受不利影响的当事人可以与对方重新协商；在合理期限内协商不成的，当事人可以请求人民法院或者仲裁机构变更或者解除合同。人民法院或者仲裁机构应当结合案件的实际情况，根据公平原则变更或者解除合同。"本案中，原告、被告签订的《车辆挂靠合同》，系双方当事人的真实意思表示，未违反法律和行政法规的强制性规定，合法有效。但该合同合法有效的基础条件应包括原告具备合法的道路运输经营资质。现原告的《道路运输经营许可证》已被相关部门注销，《车辆挂靠合同》的基础条件已发生了双方在订立合同时无法预见的、不属于商业风险的重大变化，继续履行合同已无法实现合同目的。故原告要求解除合同，应予支持。

【裁判结果】

2021年9月7日，法院判决原告某运输有限公司与被告韦某于2020年3月13日签订的车牌号为桂B×××××车辆的《车辆挂靠合同》于2021年7月24日解除。(资料来源：中国裁判文书网)

关联法规

《最高人民法院关于适用〈中华人民共和国民法典〉合同编通则若干问题的解释》第32条

第五百三十四条　【合同监管】对当事人利用合同实施危害国家利益、社会公共利益行为的，市场监督管理和其他有关行政主管部门依照法律、行政法规的规定负责监督处理。

第五章　合同的保全

第五百三十五条　【债权人代位权】因债务人怠于行使其债权或者与该债权有关的从权利，影响债权人的到期债权实现的，债权人可以向人民法院请求以自己的名义代位行使债务人对相对人的权利，但是该权利专属于债务人自身的除外。

代位权的行使范围以债权人的到期债权为限。债权人行使代位权的必要费用,由债务人负担。

相对人对债务人的抗辩,可以向债权人主张。

条文注解

代位权指债务人怠于行使权利,债权人为保全债权,以自己的名义代位行使债务人对相对人的权利。《民法典》合同编对代位权制度基本上延续了《合同法》的规定,同时根据实践发展作了一定修改。最主要的修改之处有两点:依照本条规定,债权人行使代位权应当符合以下条件:

一是需债务人享有对外的债权。这是代位权存在的基础。倘若债务人没有对外的债权,就无所谓代位权。

二是需债务人怠于行使其债权或者与该债权有关的从权利。代位权的客体,即债务人怠于行使的权利,不能是专属于债务人自身的权利。《最高人民法院关于适用〈中华人民共和国民法典〉合同编通则若干问题的解释》第34条规定,专属于债务人自身的权利:(1)抚养费、赡养费或者扶养费请求权;(2)人身损害赔偿请求权;(3)劳动报酬请求权,但是超过债务人及其所扶养家属的生活必需费用的部分除外;(4)请求支付基本养老保险金、失业保险金、最低生活保障金等保障当事人基本生活的权利;(5)其他专属于债务人自身的权利。

三是需债务人怠于行使自己的权利,已影响债权人的到期债权实现。债务人怠于行使权利若不影响债权人的到期债权实现,则不发生代位权。例如,虽然债务人怠于行使某一债权,但债务人的其他资产充足,足以清偿对债权人所负的债务,在这种情况下,债权人不得代位行使债务人的债权。

四是需债务已陷于迟延履行。债务人的债务履行期限未届满的,债权人不能行使代位权。债务履行期限已届满,债务陷于迟延履行,债权人方可行使代位权。

债权人行使代位权会支出一定的费用,本条第2款规定,债权人行使代位权的必要费用,由债务人负担。

案例注解

【案例(2021)渝0156民初1989号】原告钟某代位行使债权获法院支持

【基本案情】

2017年2月15日,被告冯某、孙某共同向第三人肖某之父肖××出具借条一张,载明"今借到肖××现金10000.00元整。大写壹万元整,用于去××镇做加油站工地"。冯某、孙某均在该借条上签字并加盖了指印。因肖××向原告钟某借款未清偿,原告于2020年4月1日向法院起诉肖××及案外人蒋某(后撤回对蒋某的起诉),提出判令肖××向其偿还借款20万元等诉讼请求。该案审理过程中,肖××于2020年8月11日去世。2021年2月24日,法院就该案作出(2020)渝0156民初766

号民事判决,判决第一项载明:肖某于本判决生效之日起5日内在其继承肖××的遗产范围内偿还钟某借款119,600元及利息(2020年1月8日至2020年8月19日的利息为26,134.03元,其后利息以119,600元为基数,自2020年8月20日起,按年利率16.2%计算至本金清偿时止)。该判决现已生效。

2021年6月7日,原告钟某起诉至法院,请求法院判令(1)由二被告立即向原告偿还向第三人肖某之父肖××的借款10,000元以抵扣肖某的债务;(2)由第三人按中国人民银行同期同类贷款利率的四倍支付利息至还清之日止。

【裁判要旨】

《民法典》第535条规定,因债务人怠于行使其债权或者与该债权有关从权利,影响债权人的到期债权实现的,债权人可以向人民法院请求以自己的名义代位行使债务人对相对人的权利,但是该权利专属于债务人自身的除外。本案中,原告与第三人肖某之父肖××之间10,000元债权已被法院确认,且二被告与第三人之间存在10,000元债务关系,原告代位向二被告主张偿还债务的请求成立,依法应予支持。

【裁判结果】

2021年9月2日,法院判决被告冯某、孙某于本判决生效之日起5日内向原告钟某偿还借款10,000元并支付利息(利息计算方式:以10,000元为基数,从2021年6月17日起,按照全国银行间同业拆借中心发布的同期贷款市场报价利率计算,利随本清);驳回原告钟某的其余诉讼请求。(资料来源:中国裁判文书网)

关联法规

《最高人民法院关于适用〈中华人民共和国民法典〉合同编通则若干问题的解释》第33~41条

第五百三十六条 【债权人代位权的提前行使】债权人的债权到期前,债务人的债权或者与该债权有关的从权利存在诉讼时效期间即将届满或者未及时申报破产债权等情形,影响债权人的债权实现的,债权人可以代位向债务人的相对人请求其向债务人履行、向破产管理人申报或者作出其他必要的行为。

条文注解

为了保护债权人的利益,即使债权人的债权未到期,也应当允许债权人代位行使债务人的权利,作出中断诉讼时效、申报债权等必要的行为,该行为在理论上称为“保存行为”。本条对保存行为作了规定。本条列举规定了保存行为的两种典型类型:一是债权人可以代位债务人作出中断诉讼时效的行为。针对的是债权人的债权到期前,债务人的债权或者与债权有关的从权利存在诉讼时效期间即将届满的情况。二是债权人可以代位向破产管理人申报破产债权。针对的是债务人的相对人破产,债务人不积极申报破产债权，影响债权人的债权将来实现的，债权人可以代位向债务人的相对人的破产管理人申报破产债权。

保存行为不限于以上两种类型，本条在“未及时申报破产债权”后还有一个“等”字，并规定了“作出其他必要的行为”，以适应实践发展需求。

关联法规

《企业破产法》第45、46条

第五百三十七条　【债权人代位权行使效果】人民法院认定代位权成立的，由债务人的相对人向债权人履行义务，债权人接受履行后，债权人与债务人、债务人与相对人之间相应的权利义务终止。债务人对相对人的债权或者与该债权有关的从权利被采取保全、执行措施，或者债务人破产的，依照相关法律的规定处理。

第五百三十八条　【无偿处分时的债权人撤销权行使】债务人以放弃其债权、放弃债权担保、无偿转让财产等方式无偿处分财产权益，或者恶意延长其到期债权的履行期限，影响债权人的债权实现的，债权人可以请求人民法院撤销债务人的行为。

条文注解

本条是关于撤销债务人无偿行为的规定。

撤销权亦称废罢诉权，指债务人有积极减少责任财产，影响债权实现的行为，债权人享有撤销该行为的权利。债权人撤销权与代位权都具有保全债务人责任财产的功能，但又有所差异。债权人行使代位权是防止债务人消极行使权利而听任责任财产不当减少，债权人行使撤销权是通过撤销债务人积极减少责任财产的不当行为来达到债权保全的目的。本章将债务人积极减少责任财产的不当行为区分为两种类型，分别对债权人撤销权的成立要件予以规定。本条规定的是撤销权的第一种类型，主要是针对债务人无偿处分财产的行为。第二种类型主要是针对债务人有偿处分财产的行为，本法第539条对此予以规定。

关联法规

《税收征收管理法》第50条，《最高人民法院关于适用〈中华人民共和国企业破产法〉若干问题的规定（二）》第13条，《最高人民法院关于审理与企业改制相关的民事纠纷案件若干问题的规定》第29条，《最高人民法院关于适用〈中华人民共和国民法典〉婚姻家庭编的解释（二）》第3条

第五百三十九条 【不合理价格交易时的债权人撤销权行使】债务人以明显不合理的低价转让财产、以明显不合理的高价受让他人财产或者为他人的债务提供担保，影响债权人的债权实现，债务人的相对人知道或者应当知道该情形的，债权人可以请求人民法院撤销债务人的行为。

条文注解

本条是关于撤销债务人有偿行为的规定。

若债务人的行为是有偿行为，债务人的相对人取得利益也付出了代价，与债务人的行为是无偿行为相比，在设计撤销权成立要件时，需要更重视对交易安全因素的考量，需要更加严格适用。根据本条规定，债务人有偿行为情形下撤销权的成立要件包括：

一是要有以明显不合理的低价转让财产、以明显不合理的高价受让他人财产或者为他人的债务提供担保的行为。《最高人民法院关于适用〈中华人民共和国民法典〉合同编通则若干问题的解释》第42条规定，“明显不合理”的低价或者高价，人民法院应当按照交易当地一般经营者的判断，并参考交易时交易地的市场交易价或者物价部门指导价予以认定。转让价格未达到交易时交易地的市场交易价或者指导价70%的，一般可以认定为“明显不合理的低价”；受让价格高于交易时交易地的市场交易价或者指导价30%的，一般可以认定为“明显不合理的高价”。债务人与相对人存在亲属关系、关联关系的，不受前款规定的70%、30%的限制。

二是债务人的行为影响债权人的债权实现。债务人以明显不合理的低价转让财产、以明显不合理的高价受让他人财产或者为他人的债务提供担保的行为，要在客观上影响债权人债权的实现，方能撤销。

三是债务人的相对人主观上存在恶意。这一要件是与债务人的行为是无偿行为时行使撤销权所不同之处。

债务人的相对人在主观上存在恶意，指债务人的相对人知道或者应当知道债务人的行为影响债权人的债权实现，该要件的举证责任由行使撤销权的债权人承担。如果债务人的相对人在主观上并不存在恶意，对债务人的有偿行为或者债务人提供担保的行为影响债权人的债权实现的情况并不知情，那么债权人也不得撤销债务人的行为。

案例注解

【案例(2021)辽0111民初2131号】何某无偿转让房产给第三人被法院撤销

【基本案情】

原告张某与被告何某原系夫妻关系，被告何某与第三人段某系母女关系。原告与被告于2019年3月29日经婚姻登记机关离婚。法院于2020年11月11日作出

(2020)辽0111民初4002号民事判决书,确认被告欠原告房屋折价款25万元,市中级人民法院于2021年2月22日作出(2021)辽01民终899号民事判决书,维持(2020)辽0111民初4002号民事判决。因被告并未自动履行判决确定的义务,原告申请强制执行,并已依法立案[(2021)辽0111执653号],目前,该案正在执行过程中。原告在案件执行过程中,发现被告于2021年1月14日以与第三人签订房地产买卖合同方式,将其名下的一处位于沈阳市××区的房屋(建筑面积47.57平方米)无偿转让给第三人(已过户到第三人名下)。原告认为,被告以远低于市场价转让房产,导致案件无法执行,遂诉至法院,请求依法撤销被告与第三人之间买卖位于沈阳市××区房屋的合同,房产价值12万元。

【裁判要旨】

《民法典》第539条规定,债务人以明显不合理的低价转让财产、以明显不合理的高价受让他人财产或者为他人的债务提供担保,影响债权人的债权实现,债务人的相对人知道或者应当知道该情形的,债权人可以请求人民法院撤销债务人的行为。本案中,被告无偿转让其所有的涉案房产给第三人,对债权人原告的债权实现造成损害,对转让涉案房产的行为应予撤销。原告的诉讼请求,有事实和法律的依据,本应予以支持。

【裁判结果】

2021年5月31日,法院判决撤销被告何某将位于沈阳市××区房屋转让给第三人段某的行为。(资料来源:中国裁判文书网)

关联法规

《最高人民法院关于适用〈中华人民共和国民法典〉合同编通则若干问题的解释》第42、43条,《最高人民法院关于适用〈中华人民共和国民法典〉婚姻家庭编的解释(二)》第4条

第五百四十条　【债权人撤销权行使范围以及必要费用承担】撤销权的行使范围以债权人的债权为限。债权人行使撤销权的必要费用,由债务人负担。

条文注解

《最高人民法院关于适用〈中华人民共和国民法典〉合同编通则若干问题的解释》第45条规定,在债权人撤销权诉讼中,被撤销行为的标的可分,当事人主张在受影响的债权范围内撤销债务人的行为的,人民法院应予支持;被撤销行为的标的不可分,债权人主张将债务人的行为全部撤销的,人民法院应予支持。债权人行使撤销权所支付的合理的律师代理费、差旅费等费用,可以认定为《民法典》第540条规定的"必要费用"。

关联法规

《最高人民法院关于适用〈中华人民共和国民法典〉合同编通则若干问题的解释》第44、45条

第五百四十一条 【债权人撤销权除斥期间】撤销权自债权人知道或者应当知道撤销事由之日起一年内行使。自债务人的行为发生之日起五年内没有行使撤销权的,该撤销权消灭。

条文注解

本条是关于撤销权行使期间的规定。

就撤销权行使期间的性质,理论上有除斥期间和诉讼时效两种学说,本条规定采用除斥期间的观点。除斥期间是法律为形成权设定的行使期间。所谓形成权,是指因单方民事行为即能引起民事法律关系产生、变更、终止的权利。除斥期间届满,形成权消灭。

第五百四十二条 【债权人撤销权行使效果】债务人影响债权人的债权实现的行为被撤销的,自始没有法律约束力。

关联法规

《最高人民法院关于适用〈中华人民共和国民法典〉合同编通则若干问题的解释》第46条

第六章 合同的变更和转让

第五百四十三条 【协议变更合同】当事人协商一致,可以变更合同。

条文注解

合同的变更,是指合同成立后,当事人对合同的内容进行修改或者补充。本条规定的合同变更,不包括合同当事人或者合同主体的改变,债权人和债务人的改变,是通过本章债权转让、债务转移等制度调整的。

此外,法律、行政法规规定合同的变更等情形需要办理批准等手续的,应当依照

其规定。这在本法第502条第3款明确予以规定。同时,根据本法第502条第2款规定,如果未办理批准等手续影响当事人之间的改变原合同内容的合同生效的,不影响当事人履行报批等义务条款和相关条款的效力。应当办理申请批准等手续的当事人未履行该义务的,对方可以请求其承担违反该义务的责任。同时,当事人之间的合同变更,未经第三人同意,不得对该第三人产生不利影响,否则对第三人不发生效力。

合同的变更不仅可以通过当事人协商一致的民事法律行为实现,还可以通过人民法院的判决或者仲裁机构的仲裁裁决实现。应当注意的是,合同变更与合同更新不同。合同更新,又称合同更改,是消灭旧的权利义务,设定新的权利义务。其与合同变更的区别在于,合同变更没有使合同丧失同一性,合同更新则使合同丧失了同一性。故在合同变更中,合同债权所附着的担保、抗辩等利益和瑕疵继续存在,而合同更新中,这些利益和瑕疵归于消灭。

关联法规

《民法典》第502条,《保险法》第20条

第五百四十四条　【变更不明确推定为未变更】当事人对合同变更的内容约定不明确的,推定为未变更。

条文注解

本条是关于合同变更的内容约定不明确的规定。合同变更的过程,就是当事人协商一致的过程。因此,本法中关于要约、承诺的规定也适用于合同变更的情况。当事人在变更合同的过程中,可能出现对需要变更的内容达不成完全一致意见的情况。

合同变更会改变当事人之间的权利义务,直接关系当事人的利益,为了减少在合同变更时可能发生的纠纷,本条规定,当事人对合同变更的内容约定不明确的,推定为未变更。即使当事人对变更形成合意,但是,在对变更的内容约定不明确的情况下,推定为未变更,除非当事人可以举证推翻该推定。此时,当事人只需按照原有合同的约定履行即可,任何一方不得要求对方履行变更中约定不明确的内容。如果当事人在约定合同变更时,对部分条款的变更的约定是明确的,但另一部分条款的变更约定是不明确的,若这两类条款在内容上可以分开,则约定明确的部分有效,而约定不明确的部分推定为未变更;但如果这两类条款在内容上是不可分割的,则应当认为,整个合同条款的变更约定不明确,应当推定为未变更。

第五百四十五条　【债权转让】债权人可以将债权的全部或者部分转让给第三人,但是有下列情形之一的除外:

(一)根据债权性质不得转让;

（二）按照当事人约定不得转让；

（三）依照法律规定不得转让。

当事人约定非金钱债权不得转让的，不得对抗善意第三人。当事人约定金钱债权不得转让的，不得对抗第三人。

条文注解

债权转让，是指不改变债权的内容，由债权人通过合同将债权转让给第三人。从鼓励交易、促进市场经济发展的目的看，法律应当允许债权人的转让行为，承认债权的经济价值，使债权具有流通性，实现担保融资、托收、贴现、保理、资产证券化等多种交易模式的构建可能。因此，债权原则上具有可转让性，债权人可以转让其债权，无论该债权是现有的还是将有的债权，只要债权可以被特定化。此时，债权人作为让与人，与第三人作为受让人之间，必须经过协商一致达成债权转让合同，转让合同作为民事法律行为应当适用民事法律行为的一般性规定。同时依据本法第 502 条，如果按照法律、行政法规规定，债权转让应当办理批准等手续的，依照其规定；如未办理批准等手续影响债权转让合同生效的，不影响合同中履行报批等义务条款以及相关条款的效力；应当办理申请批准等手续的当事人未履行义务的，对方可以请求其承担违反该义务的责任。债权人既可以将债权全部转让，也可以将债权部分转让。债权全部转让的，第三人作为受让人取代原债权人即让与人的地位，成为新的债权人；债权部分转让的，第三人作为受让人，除受让人和让与人另有约定外，受让人与让与人按份享有债权。

关联法规

《保险法》第 34 条

第五百四十六条　【债权转让通知】债权人转让债权，未通知债务人的，该转让对债务人不发生效力。

债权转让的通知不得撤销，但是经受让人同意的除外。

案例注解

【案例（2021）陕 0423 民初 1750 号】赵某、石某债权转让合同纠纷案

【基本案情】

案外人任某与被告赵某间存在债权债务关系，2015 年 9 月 1 日被告向案外人任某某出具借条一份，载明借款金额为 30,000 元，期限为 3 个月。2021 年 5 月 17 日案外人任某将其对被告赵某享有的借款本金 30,000 元及利息的债权转让给原告石某，原告同意受让。同时案外人任某将上述转让行为以短信的形式通知了被告赵某。原告多次向被告催要未果，于是诉至法院，请求判令被告向原告清偿借款本金30,000元及利息。

【裁判要旨】

《民法典》第546条规定，债权人转让债权，未通知债务人的，该转让对债务人不发生效力。债权转让的通知不得撤销，但是经受让人同意的除外。本案中，案外人任某与被告赵某存在债权债务关系并以借据固定，案外人任某作为债权人依法将该笔借款债权转让给原告，同时通知被告赵某，该债权转让协议对被告赵某产生效力。原告作为借款债权受让人随即成为新的债权人，享有和原债权人同样的权利。现被告未按约履行还款义务，原告作为新的债权人请求被告支付借款并承担利息，符合法律规定。

【裁判结果】

2021年8月30日，法院判决被告赵某于本判决生效之日起10日内归还原告石某借款本金30,000元并支付逾期还款利息（以30,000元本金为基数，自2015年12月1日起至2020年8月19日按照年利率6%计算，自2020年8月20日至实际清偿完毕之日止，按全国银行间同业拆借中心公布的一年期贷款市场报价利率计算）；驳回原告石某的其他诉讼请求。（资料来源：中国裁判文书网）

关联法规

《最高人民法院关于适用〈中华人民共和国民法典〉合同编通则若干问题的解释》第48条

第五百四十七条　【债权转让时从权利一并变动】债权人转让债权的，受让人取得与债权有关的从权利，但是该从权利专属于债权人自身的除外。

受让人取得从权利不因该从权利未办理转移登记手续或者未转移占有而受到影响。

条文注解

本条是关于受让人取得转让债权的从权利的规定。

从权利是指附随于主权利的权利。抵押权、质权、保证等担保权利以及附属于主债权的利息等孳息请求权，都属于主权利的从权利。由于从权利是从主权利派生出来的，从权利从属于主权利，这也包括转让上的从属性。

根据本条第1款规定，债权人转让主权利时应当将从权利一并转让，受让人在取得主权利的同时，也取得与债权有关的从权利。本法第407条也规定，债权转让的，担保该债权的抵押权一并转让，但是法律另有规定或者当事人另有约定的除外；根据第696条第1款可推知，债权人将全部或者部分债权转让给第三人，通知保证人后，保证人对受让人承担相应的保证责任。同时，主债权被分割或者部分转让的，各债权人可以就其享有的债权份额行使担保权。

考虑到有的从权利的设置是针对债权人自身的，与债权人有不可分离的关系，本条第1款在确立从权利随主权利转让原则的同时，规定专属于债权人自身的从权利不随主权利的转让而转让。在法律另有规定或者当事人另有约定时，受让人可能也会在取得主债权的同时未取得从权利。

第五百四十八条　【债权转让时债务人抗辩权】债务人接到债权转让通知后，债务人对让与人的抗辩，可以向受让人主张。

条文注解

本条是关于债权转让中债务人抗辩的规定。

债权人转让债权，不需要经债务人同意，因此债务人的利益不应因债权人转让权利的行为而遭受损害，受让人所享有的权利也不应优于让与人曾经享有的权利，而是享有和让与人同样的权利；同时，受让人较债务人也更有能力控制由此所产生的风险。

关联法规

《最高人民法院关于适用〈中华人民共和国民法典〉合同编通则若干问题的解释》第47条

第五百四十九条　【债权转让时债务人抵销权】有下列情形之一的，债务人可以向受让人主张抵销：

（一）债务人接到债权转让通知时，债务人对让与人享有债权，且债务人的债权先于转让的债权到期或者同时到期；

（二）债务人的债权与转让的债权是基于同一合同产生。

条文注解

债务人对受让人主张抵销权的条件包括：(1)债务人必须对让与人享有债权，且标的物种类、品质相同。(2)债务人对让与人享有债权的法律原因必须在债务人接到债权转让通知时已经存在。(3)债务人对让与人的债权先于转让的债权到期或者同时到期。(4)债务人对让与人的债权与转让债权是基于同一合同产生的。由于这两个债权是基于同一合同产生的，因此具有密切的联系，受让人就应当认识到债务人对让与人可能基于该合同享有债权，因此受让人能够在订立债权转让合同时对这种抵销可能性进行预先的安排。

关联法规

《合伙企业法》第41条

第五百五十条　【债权转让增加的履行费用的负担】因债权转让增加的履行费用，由让与人负担。

第五百五十一条　【债务转移】债务人将债务的全部或者部分转移给第三人的，应当经债权人同意。

债务人或者第三人可以催告债权人在合理期限内予以同意，债权人未作表示的，视为不同意。

条文注解

债务转移，是指不改变债务的内容，债务人将债务全部或者部分地转移给第三人。正如债权人可以全部或者部分转让债权一样，债务人也可以依照法律规定将债务全部或者部分转移给第三人。债务转移分为两种情况：一种情况是债务的全部转移，在这种情况下，新的债务人完全取代了原债务人，新的债务人负责全面地履行债务；另一种情况是债务的部分转移，即原债务人和新债务人负有按份债务。

案例注解

【案例(2021)云0624民初601号】田某与刘某、殷某等债务转移合同纠纷案

【基本案情】

被告王某因与被告刘某、殷某的子女合伙做生意，于2018年7月9日向原告田某借款4万元，约定借款期限1年，借款期限内未约定利息，约定逾期利息为银行利息的4倍，并以房屋为抵押。被告王某确认收到借款后，出具借条。因被告王某友与被告刘某、殷某约定，由被告王某返还另一笔借款，本笔借款由被告刘某、殷某返还。原告田某口头同意。但被告刘某、殷某一直拒不返还，为此原告诉至法院，请求判令被告刘某、殷某支付原告借款本金4万元。

被告殷某辩称，原告田某所述事实属实，但现在经济困难，无力返还，请求延期履行。被告刘某、王某未作答辩。

【裁判要旨】

《民法典》第551条第1款规定：债务人将债务的全部或者部分转移给第三人的，应当经债权人同意。第554条规定：债务人转移债务的，新债务人应当承担与主债务有关的从债务，但是该从债务专属于原债务人自身的除外。本案中，被告王某将欠原告田某的债务4万元转移给被告刘某、殷某，原告田某表示同意。故被告刘某、银某应承担被告王某的借款4万元的还款义务。原告诉求于法有据，应予支持。

【裁判结果】

2021年6月30日,法院判决被告刘某、殷某于本判决15日内返还原告田某借款本金4万元。(资料来源:中国裁判文书网)

关联法规

《招标投标法》第48条

第五百五十二条 【并存的债务承担】第三人与债务人约定加入债务并通知债权人,或者第三人向债权人表示愿意加入债务,债权人未在合理期限内明确拒绝的,债权人可以请求第三人在其愿意承担的债务范围内和债务人承担连带债务。

条文注解

本条是关于债务加入的规定。

债务加入,即第三人加入债务中,作为新债务人和原债务人一起向债权人负有连带债务。债务加入与债务转移之间的区别在于,在债务转移中,原则上原债务人不再作为债务人,而由第三人作为债务人,因此债务转移又被称为免责的债务转移;但债务加入中,第三人和原债务人一起对债权人负有连带债务,因此债务加入也被称为并存的债务转移。

同样应当区分的是债务加入和连带保证。两者均增加了担保债权实现的责任财产,但不同在于:第一,保证债务是债务人不履行债务时,保证人承担保证责任的从属性债务,而债务加入中第三人作为连带债务人,没有主从关系;第二,连带保证具有保证期间和诉讼时效的限制,而债务加入后产生的连带债务仅具有诉讼时效的限制;第三,连带保证人承担保证责任后,可以向债务人追偿,而债务加入人作为连带债务人履行债务后,是否对债务人有追偿权,取决于其与债务人之间的约定。

案例注解

【案例】蔡某勤诉姚某、杨某昊买卖合同纠纷案

【基本案情】

2020年春节后新冠疫情暴发期间,蔡某勤与姚某协商订购200支额温枪,并支付77,000元货款,姚某收款后与杨某昊联系订购150支额温枪,并付款42,000元。后姚某、杨某昊均未能交付货物,经蔡某勤催要,姚某退还蔡某勤15,000元。杨某昊向蔡某勤出具承诺,表示其因被他人诈骗不能交付货物,如2020年6月3日前不能退赃退赔,愿意直接退还蔡某勤42,000元。后姚某、杨某昊均未退还货款,蔡某勤遂提起诉讼,要求姚某对62,000元及利息承担还款责任,杨某昊对其中42,000元及利息承担连带责任。

【裁判要旨】

根据《民法典》第 552 条规定，本案中，蔡某勤、杨某昊均未明示同意免除姚某的还款责任，双方的诉讼主张也表明双方均未同意免除姚某的还款责任，故本案不属于债务转移，姚某应对 62,000 元货款承担还款责任。杨某昊自愿向蔡某勤作出承担 42,000 元债务的意思表示，其行为构成债务加入。《民法典》之前的法律对债务加入未作规定，根据《最高人民法院关于适用〈中华人民共和国民法典〉时间效力的若干规定》第 3 条，本案可以适用《民法典》关于债务加入的规定。

【裁判结果】

法院判决由姚某对 62,000 元及利息承担还款责任，杨某昊对其中 42,000 元及利息承担连带责任。（资料来源：最高人民法院网）

关联法规

《最高人民法院关于适用〈中华人民共和国民法典〉合同编通则若干问题的解释》第 51 条，《最高人民法院关于适用〈中华人民共和国民法典〉有关担保制度的解释》第 12、36 条

第五百五十三条　【债务转移时新债务人抗辩权】债务人转移债务的，新债务人可以主张原债务人对债权人的抗辩；原债务人对债权人享有债权的，新债务人不得向债权人主张抵销。

关联法规

《最高人民法院关于适用〈中华人民共和国民法典〉合同编通则若干问题的解释》第 47 条

第五百五十四条　【债务转移时从债务一并转移】债务人转移债务的，新债务人应当承担与主债务有关的从债务，但是该从债务专属于原债务人自身的除外。

条文注解

本条是关于债务转移中新债务人承担从债务的规定。

债务人转移主债务的，与主债务有关的从债务随着主债务的转移而转移，新债务人应当承担与主债务有关的从债务。所谓从债务，是指附随于主债务的债务。从债务与主债务密切联系在一起，不能与主债务相互分离而单独存在。所以当主债务发生转移以后，从债务也要发生转移，新债务人应当承担与主债务有关的从债务。如附随于主债务的未发生的利息债务等，因主债务转移将转移给新的债务人，新债务人应

当向债权人承担这些从债务。新债务人在承担债务时能够对该债务的状况进行调查或者审核,因此新债务人承担这些从债务也是公平的。但是,有的从债务是专属于债务人本身的,这些从债务不随主债务的转移而转移。例如,债务人应向债权人提供服务,以抵充利息的,因为该义务具有专属性,如果主债务已经转移给新债务人,则新债务人并不当然负有向债权人提供服务以抵充利息的义务。

第五百五十五条 【合同权利义务一并转让】当事人一方经对方同意,可以将自己在合同中的权利和义务一并转让给第三人。

条文注解

本条是关于合同权利义务一并转让的规定。

合同权利义务的一并转让,又被称为概括转让或者合同地位转让,是指合同关系的一方当事人将其合同权利义务一并转移给第三人,由第三人全部地承受这些权利义务。合同权利义务的一并转让不同于债权转让、债务转移的是,它是一方当事人对其当事人地位的转让,其转让的内容实际上包括但不限于债权转让和债务转移,并非债权转让和债务转移的简单组合,而是第三人成为新的当事人,与当事人地位联系在一起的撤销权、解除权等权利,也均转移给第三人。合同权利义务的一并转让主要发生于双务合同,只有双务合同中的当事人一方才可以转让此种权利和义务。在单务合同中,由于一方当事人可能仅享有权利或仅承担义务,因此不能出让全部的权利义务,故单务合同一般不发生合同权利义务的一并转让。比如,赠与合同的被赠与人只享有权利而不承担义务,这些合同的当事人一般不可能出现将合同权利义务一并转让的情况。

第五百五十六条 【合同权利义务一并转让的法律适用】合同的权利和义务一并转让的,适用债权转让、债务转移的有关规定。

条文注解

本条是关于合同权利和义务一并转让应当适用有关条款的规定。

合同权利和义务一并转让时,应当遵守本法有关债权转让和债务转移的其他规定。具体而言,在涉及债权转让的范围内,适用以下规定:(1)不得转让的债权的规定(第545条)。(2)债权受让人取得与债权有关的从权利的规定(第547条)。(3)债务人对让与人的抗辩可以继续向受让人主张的规定(第548条)。(4)债务人对受让人主张抵销的规定(第549条)。(5)债权转让增加的履行费用的负担的规定(第550条)。(6)债权转让批准的规定(第502条第3款)。

在涉及债务转移的范围内,适用以下规定:(1)新债务人的抗辩和抵销的规定(第

553 条)。(2)新债务人承担与主债务有关的从债务的规定(第 554 条)。(3)债务转移批准的规定(第 502 条第 3 款)。

第七章　合同的权利义务终止

第五百五十七条　【债权债务终止情形】有下列情形之一的,债权债务终止:

(一)债务已经履行;

(二)债务相互抵销;

(三)债务人依法将标的物提存;

(四)债权人免除债务;

(五)债权债务同归于一人;

(六)法律规定或者当事人约定终止的其他情形。

合同解除的,该合同的权利义务关系终止。

条文注解

本条是关于债权债务终止情形的规定。按照本条第 1 款规定,有下列情形之一的,债权债务终止:

(1)债务已经履行,是指债务人按照债的标的、质量、数量、价款或者报酬、履行期限、履行地点和方式正确地、适当地全面履行了债务。

(2)债务相互抵销,是指当事人互负债务、互享债权,以自己的到期债权充抵对方的债权,使自己的债务与对方的债务在等额内消灭。

(3)债务人依法将标的物提存。提存,是指由于法律规定的原因,债务人无法向债权人交付合同标的物时,债务人将该标的物交给提存部门而消灭债务的制度。

(4)债权人免除债务。债权人免除债务,是指债权人放弃自己的债权。债权人可以免除债务的部分,也可以免除债务的全部。

(5)债权债务同归于一人。债权和债务同归于一人,是指由于某种事实的发生,使原本由一方当事人享有的债权,而由另一方当事人负担的债务,同归于一方当事人,使该当事人既是债权人,又是债务人。

(6)法律规定或者当事人约定终止的其他情形。除了前述债权债务终止的情形,出现了法律规定的终止的其他情形的,合同的权利义务也可以终止。比如,根据本法第 934 条规定,委托人死亡、终止或者受托人死亡、丧失民事能力、终止,构成了委托合同的特殊终止事由。

本条第 2 款规定了合同解除导致该合同的权利义务关系终止。合同的解除,是指合同成立对当事人具有法律约束力后，当具备法律规定的或者当事人约定的合同解除事由时，或者当事人协商一致时，因当事人一方或双方的意思表示而使整体的合同关系终止。

关联法规

《证券投资基金法》第81条

第五百五十八条　【债权债务终止后的义务】债权债务终止后，当事人应当遵循诚信等原则，根据交易习惯履行通知、协助、保密、旧物回收等义务。

条文注解

本条是关于后合同义务的规定。后合同义务，是指合同的权利义务终止后，当事人依照法律的规定，遵循诚信等原则，根据交易习惯履行的各项义务。

遵循诚信等原则，根据交易习惯，债权债务终止后的义务通常有以下几个方面：(1)通知的义务。合同权利义务终止后，一方当事人应当将有关情况及时通知另一方当事人。(2)协助的义务。合同的权利义务终止后，当事人应当协助对方处理与原合同有关的事务。(3)保密的义务。保密指保守国家秘密、商业秘密和合同约定不得泄露的事项。(4)旧物回收的义务。

第五百五十九条　【债权的从权利消灭】债权债务终止时，债权的从权利同时消灭，但是法律另有规定或者当事人另有约定的除外。

关联法规

《大气污染防治法》第60条，《海商法》第252条

第五百六十条　【债的清偿抵充顺序】债务人对同一债权人负担的数项债务种类相同，债务人的给付不足以清偿全部债务的，除当事人另有约定外，由债务人在清偿时指定其履行的债务。

债务人未作指定的，应当优先履行已经到期的债务；数项债务均到期的，优先履行对债权人缺乏担保或者担保最少的债务；均无担保或者担保相等的，优先履行债务人负担较重的债务；负担相同的，按照债务到期的先后顺序履行；到期时间相同的，按照债务比例履行。

条文注解

本条是关于数项债务的清偿抵充顺序的规定。

清偿抵充，指的是债务人对同一债权人负担的数项债务种类相同，债务人的给付不足以清偿全部债务时，确定该给付抵充这些债务中某项或者某几项债务；或者债务人在履行主债务外还应当支付利息和实现债权的有关费用，其给付不足以清偿全部债务的，确定该给付抵充该项债务中的某个或者某几个部分。

在当事人对抵充顺序没有约定时，则由债务人指定其履行的债务，但债务人的指定应在清偿时作出，其生效适用本法第137条的一般规则。债务人在清偿时未指定，清偿后不可指定，否则在有争议的时候，债务人可以立即指定，之后的法定抵充顺序就没有任何意义。

在当事人对抵充顺序没有约定且债务人在清偿时未指定的，则直接依据法定的顺序。在本条第1款已经承认了债务人指定权的情况下，法定的抵充顺序应更多地考量债权人的利益，采取债权人利益优先、兼顾债务人利益的原则确定顺序。依据本条第2款规定，依次依据下列方式确定抵充顺序：

（1）已到期债务。如果到期的债务和未到期的债务并存，应当先抵充已到期的债务，毕竟债务未到期，则债务人不负有履行义务。

（2）缺乏担保或者担保最少的债务。该规定旨在保护债权人的利益，使债权人未清偿的债务尽量存在担保。

（3）债务人负担较重的债务。该规定旨在保护债务人的利益，优先清偿负担较重的债务，使债务人因清偿而获益最多。

（4）先到期的债务。

第五百六十一条　【费用、利息和主债务的抵充顺序】债务人在履行主债务外还应当支付利息和实现债权的有关费用，其给付不足以清偿全部债务的，除当事人另有约定外，应当按照下列顺序履行：

（一）实现债权的有关费用；

（二）利息；

（三）主债务。

条文注解

本条是关于费用、利息和主债务的清偿抵充顺序的规定。

本条的适用，首先要求债务人在履行主债务外还应当支付利息和实现债权的有关费用。其次要求债务人的给付不足以清偿主债务、利息和实现费用。此时确定清偿抵充顺序的基本原则：有约定按约定，无约定按法定。

在当事人对抵充顺序没有约定时，各个立法例与本条的规定基本一致，采取有利于债权人的立场，依次按照下列顺序抵充：

(1)实现债权的有关费用。包括保管费用、诉讼费用、执行费用等。(2)利息。利息是债权人预期应有的收益，是资金占有的成本，应当先于主债务或者本金而抵充。(3)主债务。

应当注意的是，本条规定更着重于债权人利益的保护，与前条规定不同，本条排除了债务人指定的权利，否则与本条的债权人利益保护立场相违背。因此，债务人不能指定先抵充主债务，再抵充利息，以避免给债权人带来损害。

第五百六十二条　【合同约定解除】当事人协商一致，可以解除合同。

当事人可以约定一方解除合同的事由。解除合同的事由发生时，解除权人可以解除合同。

条文注解

协商解除，是指合同产生法律约束力后，当事人以解除合同为目的，经协商一致，订立一个解除原来合同的协议。

约定解除权，是指当事人约定，合同履行过程中出现某种情况，当事人一方或者双方有解除合同的权利。解除权的约定也是一种合同，行使约定的解除权应当以该合同为基础，因此对解除权的约定也应当遵循民事法律行为和合同的一般规定。当事人行使约定解除权，应当通知对方，合同解除的时间根据本法第565条的规定处理，除非当事人另有约定。合同解除的效果首先根据当事人的约定予以确定，当事人没有约定或者约定不明时，适用本法对于合同解除效果的规定。

关联法规

《最高人民法院关于适用〈中华人民共和国民法典〉合同编通则若干问题的解释》第52条，《劳动法》第24条，《最高人民法院关于印发〈全国法院民商事审判工作会议纪要〉的通知》第47条

第五百六十三条　【合同法定解除】有下列情形之一的，当事人可以解除合同：

(一)因不可抗力致使不能实现合同目的；

(二)在履行期限届满前，当事人一方明确表示或者以自己的行为表明不履行主要债务；

(三)当事人一方迟延履行主要债务，经催告后在合理期限内仍未履行；

（四）当事人一方迟延履行债务或者有其他违约行为致使不能实现合同目的；

（五）法律规定的其他情形。

以持续履行的债务为内容的不定期合同，当事人可以随时解除合同，但是应当在合理期限之前通知对方。

条文注解

法律规定解除的事由，也是对任意解除合同的限制，以鼓励交易，避免资源浪费，合理保护双方当事人的合法权益；同时，并不是说具备这些事由，当事人必须解除合同，是否行使解除的权利，应由当事人决定。合同解除的目的是使当事人摆脱合同权利义务的约束，并非制裁，因此法定解除权的发生，不以当事人的过错为要件。但是为了避免当事人任意解除合同，重点考虑的是合同目的是否能够实现，这是判断是否产生法定解除权的重心。如果合同目的仍然能够实现，则一般不产生法定解除权。

案例注解

【案例（2021）青 2523 民初 1298 号】房东因租客拖延支付租金要求解除合同获法院支持

【基本案情】

2019 年 12 月 2 日，原告万某与被告宏某签订《租房合同》，原告将自己从青海某房地产开发有限公司租赁的××小区 1 号楼 14 号商铺二楼转租给被告，租赁费每年 60,690 元，租期自 2019 年 12 月 2 日至 2023 年 12 月 1 日。租赁合同签订后，被告向原告支付租赁费 36,000 元，尚欠原告 2020 年剩余租赁费 19,632.5 元，及 2020 年 12 月 1 日至 2021 年 8 月 30 日的租赁费 45,517.5 元，合计 65,150 元。该款经原告多次催要未果，原告诉至法院，请求判令解除原告与被告签订的《租房合同》；判令被告向原告支付铺面租赁费 65,150 元。

【裁判要旨】

《民法典》第 563 条规定，有下列情形之一的，当事人可以解除合同：当事人一方迟延履行主要债务，经催告后在合理期限内仍未履行；因不可抗力致使不能实现合同目的的，当事人可以解除合同。本案中，被告自 2019 年 12 月 2 日签订合同至今只支付了 36,000 元租赁费，尚欠原告 65,150 元租赁费至今未付，被告的行为属迟延履行主要债务。现原告要求解除与被告之间签订的租赁合同，并主张拖欠的租赁费，有事实及法律依据，应予支持。

【裁判结果】

2021 年 9 月 15 日，法院判决依法解除原告万某与被告宏某签订的《租房合同》；被告宏某于本判决生效后 10 日内给付原告万某商铺租赁费 65,150 元。（资料来源：

中国裁判文书网)

关联法规

《城市房地产管理法》第16、17条,《农村土地承包法》第42条,《消费者权益保护法》第24条,《最高人民法院关于审理买卖合同纠纷案件适用法律问题的解释》第19条,《最高人民法院关于审理技术合同纠纷案件适用法律若干问题的解释》第15条,《最高人民法院关于审理商品房买卖合同纠纷案件适用法律若干问题的解释》第9~11、15条,《最高人民法院关于审理外商投资企业纠纷案件若干问题的规定(一)》第5~8、16条

第五百六十四条　【解除权行使期限】法律规定或者当事人约定解除权行使期限,期限届满当事人不行使的,该权利消灭。

法律没有规定或者当事人没有约定解除权行使期限,自解除权人知道或者应当知道解除事由之日起一年内不行使,或者经对方催告后在合理期限内不行使的,该权利消灭。

条文注解

本条是关于解除权行使期限的规定。

无论是约定解除权,还是法定解除权,解除权的行使,是法律赋予当事人的保护自己合法权益的手段,但该权利的行使不能毫无限制。行使解除权会引起合同关系的重大变化,如果享有解除权的当事人长期不行使解除的权利,就会使合同关系处于不确定状态,影响当事人权利的享有和义务的履行。因此,解除权作为形成权,应当在一定期限内行使,以促使法律关系尽早得以确定。该期限是解除权的行使期限、存续期间或者除斥期间。按照本条规定,行使解除权的期限分为以下三种情况:

一是按照法律规定或者当事人约定的解除权的行使期限行使。法律规定或者当事人约定解除权行使期限的,期限届满当事人不行使的,该权利消灭。

二是在对方当事人催告后的合理期限内行使。法律没有规定或者当事人没有约定解除权行使期限的,对方当事人为明确自己义务是否还需要履行,可以催告享有解除权的当事人行使解除权,享有解除权的当事人超过合理期限不行使解除权的,解除权消灭,合同关系仍然存在,当事人仍要按照合同约定履行义务。

三是自解除权人知道或者应当知道解除事由之日起1年内不行使。法律没有规定或者当事人没有约定解除权行使期限的,另一方当事人未催告的,或者另一方当事人在很长时间之后才进行催告的,如果解除权长期存在,就可能在很长时间之后仍然行使解除权,这不利于合同关系的尽快确定和稳定。

关联法规

《最高人民法院关于适用〈中华人民共和国民法典〉时间效力的若干规定》第25条

第五百六十五条 【合同解除程序】当事人一方依法主张解除合同的，应当通知对方。合同自通知到达对方时解除；通知载明债务人在一定期限内不履行债务则合同自动解除，债务人在该期限内未履行债务的，合同自通知载明的期限届满时解除。对方对解除合同有异议的，任何一方当事人均可以请求人民法院或者仲裁机构确认解除行为的效力。

当事人一方未通知对方，直接以提起诉讼或者申请仲裁的方式依法主张解除合同，人民法院或者仲裁机构确认该主张的，合同自起诉状副本或者仲裁申请书副本送达对方时解除。

条文注解

本条是关于合同解除程序的规定。

当事人一方依照本法第562条第2款、第563条规定行使解除权而解除合同，应当遵守下列规定：

(1)必须享有解除权。本法第562条第2款和第563条对约定解除权和法定解除权作了规定，按照这两条规定，才享有解除权，而不必经对方当事人同意，只需向对方作出解除合同的意思表示，就可以解除合同。(2)行使解除权应当通知对方当事人。当事人一方行使解除合同的权利，必然引起合同的权利义务的终止。但是，解除权产生之后，并不导致合同自动解除，为了防止一方当事人因不确定对方已行使合同解除权而仍为履行的行为，避免债权人的消极反应使债务人误解债权人会接受其履行，从而对己方给付作出必要的安排以避免遭受损害，解除权人必须行使解除权才能使合同解除。

解除权是一种形成权，其仅需要通知对方即可，而无须取得对方的同意。同时，自解除通知到达对方当事人时，合同解除。

关联法规

《最高人民法院关于适用〈中华人民共和国民法典〉时间效力的若干规定》第10条，《最高人民法院关于适用〈中华人民共和国民法典〉合同编通则若干问题的解释》第53、54条，《最高人民法院关于印发〈全国法院民商事审判工作会议纪要〉的通知》第46条

第五百六十六条 【合同解除的效力】合同解除后，尚未履行的，终止履行；已经履行的，根据履行情况和合同性质，当事人可以请求恢复原状或者采取其他补救措施，并有权请求赔偿损失。

合同因违约解除的，解除权人可以请求违约方承担违约责任，但是当事人另有约定的除外。

主合同解除后，担保人对债务人应当承担的民事责任仍应当承担担保责任，但是担保合同另有约定的除外。

条文注解

本条是关于合同解除后法律后果的规定。本条第1款从实际出发，遵循经济活动高效的原则，对合同解除的效力作了比较灵活的规定。首先是针对尚未履行的部分，由于解除终止了合同权利义务关系，因此本条第1款规定，尚未履行的，终止履行。针对已经履行的部分，本条第1款规定，根据履行情况和合同性质，当事人可以要求恢复原状、采取其他补救措施，并有权要求赔偿损失。如果当事人互负恢复原状或者采取其他补救措施的义务，可以行使同时履行抗辩权。

所谓根据履行情况，是指根据履行部分对债权的影响。如果债权人的利益不是必须通过恢复原状才能得到保护，不一定采用恢复原状。当然，如果债务人已经履行的部分，对债权人根本无意义，可以请求恢复原状。

所谓根据合同性质，是指根据合同标的的属性。根据合同的属性不可能或者不容易恢复原状的，不必恢复原状。这类情况主要包括：(1)以持续履行的债务为内容的合同。(2)涉及第三人利益或者交易秩序的合同。比如，合同标的物的所有权已经转让给他人，如果返还将损害第三人利益；解除委托合同，如果允许将已办理的委托事务恢复原状，就意味着委托人与第三人发生的法律关系失效，将使第三人的利益失去保障。

关联法规

《城市房地产管理法》第16条，《劳动法》第28条，《保险法》第47条，《旅游法》第65、68条，《最高人民法院关于审理商品房买卖合同纠纷案件适用法律若干问题的解释》第19～23条，《最高人民法院关于印发〈全国法院民商事审判工作会议纪要〉的通知》第49条

第五百六十七条 【合同终止后有关结算和清理条款效力】合同的权利义务关系终止，不影响合同中结算和清理条款的效力。

第五百六十八条　【债务法定抵销】当事人互负债务，该债务的标的物种类、品质相同的，任何一方可以将自己的债务与对方的到期债务抵销；但是，根据债务性质、按照当事人约定或者依照法律规定不得抵销的除外。

当事人主张抵销的，应当通知对方。通知自到达对方时生效。抵销不得附条件或者附期限。

条文注解

法定抵销，是指法律规定抵销的条件，具备条件时依当事人一方的意思表示即发生抵销的效力。抵销使债权人无须诉讼、判决或者强制执行，即可实现债权。

法定抵销应具备以下条件：(1)当事人双方互负有效的债务、互享有效的债权。(2)被抵销一方的债务已经到期。(3)债务的标的物种类、品质相同。

当事人互负债务，该债务的标的物种类、品质相同的，任何一方可以将自己的债务与对方的到期债务抵销，但下列情形除外。

根据债务性质不得抵销的情形主要有：(1)必须履行的债务不得抵销。如应当支付给下岗工人的生活保障金，不得用以抵销工人欠企业的债务。(2)具有特定人身性质或者依赖特定技能完成的债务，以及相互提供劳务的债务，不得相互抵销。(3)不作为债务不得相互抵销，此种债务不经过相互实际履行，就无法实现债权的目的。(4)故意侵权所产生的债务，作为债务人的侵权人不得主张抵销，避免债权人任意侵犯债务人的人身和财产权利，如果允许抵销，有违公序良俗，且会诱发故意的侵权行为。(5)约定应当向第三人履行的债务，债务人不得以自己对于对方当事人享有的债权而主张抵销。(6)相互出资的义务不得抵销，即使仅存在两个出资人。

关联法规

《最高人民法院关于适用〈中华人民共和国民法典〉合同编通则若干问题的解释》第55～58条

第五百六十九条　【债务约定抵销】当事人互负债务，标的物种类、品质不相同的，经协商一致，也可以抵销。

条文注解

约定抵销，是指当事人双方协商一致，使自己的债务与对方的债务在对等额内消灭。法定抵销与约定抵销都是将双方的债务在对等额内消灭。但两者有所不同，主要表现：(1)抵销的根据不同。法定抵销是基于法律规定，只要具备法定条件，任何一方可将自己的债务与对方的债务抵销,无须对方当事人的同意;约定抵销,双方必须协商一致,不能由单方决定抵销。(2)对抵销的债务的要求不同。法定抵销要求标的物的种类、品质相同;约定抵销标的物的种类、品质可以不同。例如,可以约定以煤炭抵销运输费,以二级大米抵销一级大米。(3)对抵销的债务的期限要求不同。法定抵销要求提出抵销的当事人一方所享有的债权也即对方的债务已经到期;约定抵销,双方互负的债务即使没有到期,只要双方当事人协商一致,愿意在履行期到来前将互负的债务抵销,也可以抵销。(4)程序要求不同。法定抵销,当事人主张抵销的应当通知对方,通知未到达对方,抵销不生效;约定抵销,双方达成抵销协议时,除双方另有约定外,即发生抵销的法律效力,不必履行通知义务。

约定抵销使交易活动更加灵活,改变法定抵销的条件,可能对当事人也更为便利,也可能使抵销更为困难。

第五百七十条　【标的物提存的条件】有下列情形之一,难以履行债务的,债务人可以将标的物提存:

(一)债权人无正当理由拒绝受领;

(二)债权人下落不明;

(三)债权人死亡未确定继承人、遗产管理人,或者丧失民事行为能力未确定监护人;

(四)法律规定的其他情形。

标的物不适于提存或者提存费用过高的,债务人依法可以拍卖或者变卖标的物,提存所得的价款。

条文注解

提存,是指由于法律规定导致债务人难以向债权人履行债务时,债务人将标的物交给提存部门而消灭债务的制度。除了此种以消灭债权债务为目的的清偿提存之外,还有以保管或者担保为目的的提存,后者在本法第390、406、432、433、442、445条有规定。本条至第574条的规定仅适用于清偿提存。根据本条规定,有下列情形之一,难以履行债务的,债务人可以将标的物提存:(1)债权人无正当理由拒绝受领。债权人无正当理由拒绝受领,是指在债务履行期届至后,债务的履行需要债权人受领时,债务人提出了履行债务的请求,债权人能够接受履行,却无正当理由地不予受领。(2)债权人下落不明。债权人下落不明,是指当事人离开自己的住所、不知去向,或因为债权人地址不详等原因无法查找。债权人下落不明,即使未被宣告失踪,债务人也无法履行,为消灭债权债务关系,债务人可以将标的物提存。(3)债权人死亡未确定继承人、遗产管理人或者丧失民事行为能力未确定监护人。债权人死亡或者丧失民事行为能力,并不必然导致债务人债务的消灭。当债权人死亡时,由于该债权人的继承人可以继承其债权，因此，债务人应当向债权人的继承人、遗产管理人履行债务。如果债权人死亡以后其继承人、遗产管理人未确定，造成债务人无法履行其债务的，债务人可以将标的物提存。如果债权人因为丧失民事行为能力导致其在法律上不能受领，应由其监护人代理。如果债权人的监护人未确定，造成债务人无法履行其债务的，债务人也可以将标的物提存。(4)法律规定的其他情形。除了上述三种由于债权人导致难以履行债务的事由之外，还存在法律规定的其他事由。

提存的标的物主要是货币、有价证券、票据、提单、权利证书、贵重物品等适宜提存的标的物。标的物不适于提存或者提存费用过高的，债务人依法可以拍卖或者变卖标的物，提存所得的价款。所谓标的物不适于提存，是指标的物不适于长期保管或者长期保管将损害其价值的，如易腐、易烂、易燃、易爆等物品。所谓标的物提存费用过高，一般指提存费与所提存的标的的价额不成比例，如需要特殊设备或者人工照顾的动物。标的物不适于提存或者提存费用过高有悖设立提存制度的目的，但不提存，债务人又达不到使债务消灭的目的，为此，可以依照我国《拍卖法》等有关法律规定，拍卖或者变卖标的物，提存所得的价款。

关联法规

《提存公证规则》第2~8条

第五百七十一条　【提存成立及提存对债务人效力】债务人将标的物或者将标的物依法拍卖、变卖所得价款交付提存部门时，提存成立。

提存成立的，视为债务人在其提存范围内已经交付标的物。

第五百七十二条　【提存通知】标的物提存后，债务人应当及时通知债权人或者债权人的继承人、遗产管理人、监护人、财产代管人。

第五百七十三条　【提存对债权人效力】标的物提存后，毁损、灭失的风险由债权人承担。提存期间，标的物的孳息归债权人所有。提存费用由债权人负担。

第五百七十四条　【提存物的受领及受领权消灭】债权人可以随时领取提存物。但是，债权人对债务人负有到期债务的，在债权人未履行债务或者提供担保之前，提存部门根据债务人的要求应当拒绝其领取提存物。

债权人领取提存物的权利，自提存之日起五年内不行使而消灭，提存物扣除提存费用后归国家所有。但是，债权人未履行对债务人的到期债务，或者债权人向提存部门书面表示放弃领取提存物权利的，债务人负担提存费用后有权取回提存物。

第五百七十五条　【债务免除】债权人免除债务人部分或者全部债务的，债权债务部分或者全部终止，但是债务人在合理期限内拒绝的除外。

条文注解

免除，是指债权人抛弃债权，从而全部或者部分消灭债权债务。

免除也是意思表示，而且是有相对人的意思表示，因此应当适用意思表示的一般规定。免除发生债权消灭的后果，需要债权人具有处分权，且不得损害第三人的利益，否则对第三人不发生免除效力。

免除可以附条件或者附期限。

第五百七十六条　【债权债务混同】债权和债务同归于一人的，债权债务终止，但是损害第三人利益的除外。

条文注解

债权债务的混同，是指债权人和债务人同归于一人，致使债权债务终止。广义的混同，是指不能并立的两种法律关系同归于一人而使其权利义务归于消灭的现象。包括：(1)所有权与他物权同归于一人；(2)债权与债务同归于一人；(3)主债务与保证债务同归于一人。狭义的混同，也即债权债务的混同，仅指债权与债务同归于一人的情况。本条仅规定了债权债务的混同，混同是一种法律规定的事件，即因某些客观事实发生而产生的债权债务同归于一人，不必由当事人为意思表示。

第八章　违约责任

第五百七十七条　【违约责任】当事人一方不履行合同义务或者履行合同义务不符合约定的,应当承担继续履行、采取补救措施或者赔偿损失等违约责任。

条文注解

违约责任的形式包括继续履行、采取补救措施或者赔偿损失等。具体而言,包括:(1)继续履行;(2)修理、重作、更换;(3)采取其他补救措施,包括退货、减少价款或者报酬等;(4)赔偿损失,包括法定的赔偿损失和违约金、定金等约定的赔偿损失。本章对此进行了详细的规定。本法第179条第2、3款规定:"法律规定惩罚性赔偿的,依照其规定。本条规定的承担民事责任的方式,可以单独适用,也可以合并适用。"

案例注解

【案例(2021)陕0114民初1934号】曾某、刘某等房屋买卖合同纠纷案

【基本案情】

2009年11月23日,买受人原告曾某与出卖人刘某、张某两被告订立房屋买卖合同一份,约定:两被告自愿将其拥有房屋产权(登记在刘某名下)、坐落于西安市××栋49-50号房屋一套及车棚一间出售给原告;价款126,000元;两被告自合同签订日起10日内将房屋腾空,连同原房屋所有权证等交付原告;在办理房屋产权移转过户登记时,两被告应出具申请房屋产权转移给原告的书面报告等手续;过户登记费契税、估价费、印花税由原告负担,其他税费按有关法律规定,各自承担等。合同订立后,原告依约支付了价款,两被告依约交付了房屋,但没有办理产权过户手续。后原告找两被告要求协助房屋产权过户,两被告未能履行协助过户义务,导致房屋产权过户无法办理。为此,原告诉至法院,请求确认原告、被告之间签订的房屋买卖合同合法有效;两被告立即协助原告办理涉案房屋的不动产产权过户手续。

【裁判要旨】

《民法典》第577条规定,当事人一方不履行合同义务或者履行合同义务不符合约定的,应当承担继续履行、采取补救措施或者赔偿损失等违约责任。本案中,原告与两被告于2009年11月23日订立的房屋买卖合同,系双方当事人真实意思表示,合同合法有效,双方当事人均应严格恪守。合同订立后,原告依约履行了合同义务,两被告虽依约交付了案涉房屋,但未依约办理案涉房屋的过户手续,已构成违约,应承担违约责任。原告诉求于法有据,应予支持。

【裁判结果】

2021年9月23日,法院判决原告曾某与被告刘某、被告张某于2009年11月23日订立的房屋买卖合同合法有效;本判决生效后10日内,被告刘某、被告张某协助原告曾某办理刘某名下的坐落于××栋49-50号房屋的不动产产权过户手续。过户登记费、契税、估价费、印花税由原告曾某负担。其他税费按有关法律规定,各自承担。(资料来源:中国裁判文书网)

关联法规

《旅游法》第70~72条,《最高人民法院关于审理食品药品纠纷案件适用法律若干问题的规定》第5条,《最高人民法院关于审理建设工程施工合同纠纷案件适用法律问题的解释(一)》第19条,《最高人民法院关于适用〈中华人民共和国公司法〉若干问题的规定(四)》第21条,《最高人民法院关于印发〈全国法院审理债券纠纷案件座谈会纪要〉的通知》第21条

第五百七十八条　【预期违约责任】当事人一方明确表示或者以自己的行为表明不履行合同义务的,对方可以在履行期限届满前请求其承担违约责任。

条文注解

按照违约行为发生的时间,可分为预期违约和届期违约。违约行为发生于合同履行期限届满之前的,为预期违约,又称为先期违约。在履行期限届满之前,当事人一方明确表示或者以自己的行为表明不履行合同债务,当然要求其不享有履行抗辩权等正当理由的,才构成预期违约。

预期违约包括明示预期违约和默示预期违约。所谓明示预期违约,是指合同履行期限届满之前,一方当事人明确肯定地向另一方当事人表示自己将不履行合同义务。所谓默示预期违约,是指合同履行期限届满之前,一方当事人以自己的行为表明不履行合同债务。应当注意的是,本条规定的预期违约的违约责任,不同于本法第563条第1款第2项所规定的预期违约的解除。在预期违约的解除中,当事人一方明确表示或者以自己行为表明其不履行的是主要债务,一般只有主要债务的不履行才会致使不能实现合同目的,此时当事人才有法定解除权。但是,本条规定的预期违约包括当事人一方明确表示或者以自己行为表明其不履行合同义务,无论该合同义务是否是主要义务,即使是从给付义务或者附随义务等,对方都有权请求其承担违约责任。

第五百七十九条　【金钱债务实际履行责任】当事人一方未支付价款、报酬、租金、利息,或者不履行其他金钱债务的,对方可以请求其支付。

条文注解

所谓金钱债务,是指以债务人给付一定货币作为内容的债务,包括以支付价款、报酬、租金、利息,或者以履行其他金钱债务为内容的债务。当然,这里所说的报酬指的是金钱报酬,而不包括其他形式的报酬。本条在《合同法》规定的基础上进一步明确适用前提是金钱债务,以与下一条相对应。

当事人一方未按照合同约定履行金钱债务的,对方可以请求其履行。货币具有高度流通性和可替代性,一般不会出现法律上或者事实上不能履行,或者不适于强制履行、履行费用过高的情形,一般也不会出现因为不可抗力而完全不能继续履行的情形,因此违约方应当继续履行,对方可以请求其支付。本条要求金钱债务的继续履行,这有利于强化诚信观念,防止交易当事人以各种不正当理由拒绝继续履行金钱债务。

当事人一方迟延履行金钱债务的,除应当继续履行金钱债务外,还应当承担其他违约责任,如支付违约金、赔偿逾期利息等。

第五百八十条 【非金钱债务实际履行责任及违约责任】当事人一方不履行非金钱债务或者履行非金钱债务不符合约定的,对方可以请求履行,但是有下列情形之一的除外:

(一)法律上或者事实上不能履行;

(二)债务的标的不适于强制履行或者履行费用过高;

(三)债权人在合理期限内未请求履行。

有前款规定的除外情形之一,致使不能实现合同目的的,人民法院或者仲裁机构可以根据当事人的请求终止合同权利义务关系,但是不影响违约责任的承担。

条文注解

本条是关于非金钱债务继续履行的规定。所谓继续履行,也称为实际履行,就是按照合同的约定继续履行义务。

债权人请求继续履行,必须以非金钱债务能够继续履行为前提,如果非金钱债务不能继续履行,对方就不能请求继续履行,或者其提出继续履行的请求,债务人能够依据本条第1款提出抗辩。当然,即使债权人不能请求债务人继续履行,但其仍然有权依法请求债务人承担其他违约责任,尤其是赔偿损失。不能请求继续履行具体包括以下几种情形:

(1)法律上或者事实上不能履行。所谓法律上不能履行,指的是基于法律规定而不能履行,或者履行将违反法律的强制性规定。

(2)债务的标的不适于强制履行或者履行费用过高。债务的标的不适于强制履行,指依据债务的性质不适合强制履行,或者执行费用过高。履行费用过高,指履行仍然可能,但确会导致履行方负担过重,产生不合理的过大的负担或者过高的费用。

(3)债权人在合理期限内未请求履行。履行合同义务需要债务人进行特定的准备和努力,如果履行期限已过,并且债权人未在合理期限内请求债务人继续履行,债务人则可能会推定债权人不再坚持继续履行。

案例注解

【案例】北京某旅游公司诉北京某村民委员会等合同纠纷案

【基本案情】

2019年2月26日,北京某村民委员会、北京某经济合作社、北京某旅游公司就北京某村域范围内旅游资源开发建设签订经营协议,经营面积595.88公顷,经营范围内有河沟、山谷、民宅等旅游资源,经营期限50年。北京某旅游公司交纳合作费用300万元。2018年年中,区水务局开始进行城市蓝线规划工作,至2019年年底形成正式稿,将涉案经营范围内河沟两侧划定为城市蓝线。2019年11月左右,北京某旅游公司得知河沟两侧被划定为城市蓝线,于2020年5月11日通知要求解除相关协议,后北京某旅游公司撤场。区水务局提供的城市蓝线图显示,城市蓝线沿着河沟两侧划定,大部分村民旧宅在城市蓝线范围外。区水务局陈述,城市蓝线是根据标准不同以及河道防洪等级不同划定的,开发建设必须保证不影响防洪,如果影响,需要对河道进行治理,治理验收合格后则能正常开发建设。庭审中,北京某旅游公司未提交证据证明其对经营范围内区域进行旅游开发时,曾按照政策要求报请相关审批手续,也未提交证据证明因城市蓝线的划定相关政府部门向其出具禁止开展任何活动的通知。

【裁判要旨】

根据《民法典》第580条规定,本案中,城市蓝线的划定不属于情势变更。城市蓝线划定不属于无法预见的重大变化,不会导致一方当事人无法履约。本案中,北京某旅游公司已撤场,且明确表示不再对经营范围进行民宿及旅游资源开发,要求解除或终止合同,而北京某村民委员会不同意解除或终止合同,要求北京某旅游公司继续履行合同。由于双方签订的经营协议系具有合作性质的长期性合同,长期性合作合同须以双方自愿且相互信赖为前提,在涉案经营协议已丧失继续履行的现实可行性情形下,如不允许双方权利义务终止,既不利于充分发挥土地等资源的价值,又不利于双方利益的平衡保护。因此,涉案经营协议履行已陷入僵局,故对于当事人依据《民法典》第580条请求终止合同权利义务关系的主张,人民法院予以支持。

【裁判结果】

法院判决认为,旅游开发建设未实际开展,合同权利义务关系终止后,产生恢复原状的法律后果,但合同权利义务关系终止不影响违约责任的承担。综合考虑北京某村民委员会前期费用支出、双方合同权利义务约定、北京某旅游公司的违约情形、合同实际履行期间等因素,酌定北京某村民委员会、北京某经济合作社退还北京某旅游公司部分合作费120万元。(资料来源:最高人民法院网)

关联法规

《最高人民法院关于适用〈中华人民共和国民法典〉时间效力的若干规定》第11条,《最高人民法院关于适用〈中华人民共和国民法典〉合同编通则若干问题的解释》第59条,《最高人民法院关于印发〈全国法院民商事审判工作会议纪要〉的通知》第48条

第五百八十一条　【替代履行】当事人一方不履行债务或者履行债务不符合约定,根据债务的性质不得强制履行的,对方可以请求其负担由第三人替代履行的费用。

条文注解

本条适用的前提是,当事人一方不履行债务或者履行债务不符合约定,并且该债务根据债务的性质不得强制履行。此时,债权人可以请求债务人负担由第三人替代履行的费用。如果该债务是以作为为标的的债务,则债权人可以请求债务人负担由第三人替代履行的费用。比如,本法第713条第1款中规定,承租人在租赁物需要维修时可以请求出租人在合理期限内维修。出租人未履行维修义务的,承租人可以自行维修,维修费用由出租人负担。如果该债务是以不作为为标的的债务,且表现为有形状态的持续,则债权人同样可以请求债务人负担由第三人替代履行的费用。例如,债务人负有不搭建建筑物的义务,债务人搭建后则负有拆除的义务,债务人不拆除的,则债权人可请求债务人负担由第三人拆除该建筑物的费用。

第五百八十二条　【瑕疵履行违约责任】履行不符合约定的,应当按照当事人的约定承担违约责任。对违约责任没有约定或者约定不明确,依据本法第五百一十条的规定仍不能确定的,受损害方根据标的的性质以及损失的大小,可以合理选择请求对方承担修理、重作、更换、退货、减少价款或者报酬等违约责任。

条文注解

债务人履行合同义务不符合约定的,主要是品质、数量等不符合约定,可以考虑一些补救措施,主要包括修理、重作、更换以及退货、减少价款或者报酬。这有利于尽量维持当事人之间的合同关系。

如果债务人和债权人事先对此有约定的,则应当按照当事人的约定承担违约责任,该约定是民事法律行为,因此适用民事法律行为的一般规定。比如,双方约定的"三包"规定中,对不同瑕疵的后果进行了详细的约定,此时违约方就应当按照当事人之间的约定承担违约责任。

如果当事人对违约责任没有约定，或者虽有约定但约定不明确的，此时就应当依据本法第510条的规定予以确定，即合同生效后，当事人就质量、价款或者报酬、履行地点等内容没有约定或者约定不明确的，可以协议补充；不能达成补充协议的，按照合同相关条款或者交易习惯确定。

如果当事人对此既无约定，也无法依据本法第510条的规定予以确定的，则受损害方根据标的的性质以及损失的大小，可以合理选择请求对方承担修理、重作、更换、退货、减少价款或者报酬等违约责任。

关联法规

《最高人民法院关于审理买卖合同纠纷案件适用法律问题的解释》第15~17条，《最高人民法院关于审理商品房买卖合同纠纷案件适用法律若干问题的解释》第13、14条

第五百八十三条 【违约损害赔偿责任】当事人一方不履行合同义务或者履行合同义务不符合约定的，在履行义务或者采取补救措施后，对方还有其他损失的，应当赔偿损失。

第五百八十四条 【损害赔偿范围】当事人一方不履行合同义务或者履行合同义务不符合约定，造成对方损失的，损失赔偿额应当相当于因违约所造成的损失，包括合同履行后可以获得的利益；但是，不得超过违约一方订立合同时预见到或者应当预见到的因违约可能造成的损失。

条文注解

违约赔偿损失，是指行为人违反合同约定造成对方损失时，行为人向受害人支付一定数额的金钱以弥补其损失，是运用较为广泛的一种责任方式。

承担违约赔偿损失责任的构成要件包括：一是有违约行为，即当事人一方不履行合同义务或者履行合同义务不符合约定。二是违约行为造成了对方的损失。如果违约行为未给对方造成损失，则不能用赔偿损失的方式追究违约人的民事责任。三是违约行为与对方损失之间具有因果关系，对方的损失是违约行为所导致的。四是无免责事由。

按照完全赔偿原则，违约损失赔偿额应当相当于因违约所造成的损失，包括对实际损失和可得利益的赔偿。实际损失，即所受损害，是指因违约而导致现有利益的减少，是现实利益的损失，又被称为积极损失。可得利益是合同履行后债权人所能获得的纯利润。可得利益也可能与信赖利益中的丧失其他交易机会的损失存在重合。根据交易的性质、合同的目的等因素，可得利益损失主要分为生产利润损失、经营利润

损失和转售利润损失等类型。

按照本条规定,违约赔偿的数额不得超过违反合同一方订立合同时预见到或者应当预见到的因违反合同可能造成的损失,这不仅适用于对可得利益的限制,也适用于对实际损失的限制。应当根据当事人订立合同的目的,综合考虑合同主体、合同内容、交易类型、交易习惯、磋商过程等因素,按照与违约方处于相同情况的民事主体在订立合同时所能预见到的损失类型予以确定。

关联法规

《最高人民法院关于适用〈中华人民共和国民法典〉合同编通则若干问题的解释》第60~63条,《最高人民法院关于审理买卖合同纠纷案件适用法律问题的解释》第22、23条,《最高人民法院关于审理旅游纠纷案件适用法律若干问题的规定》第21条,《食品安全法》第148条,《旅游法》第70条,《消费者权益保护法》第7、11、49、51、52、55条

第五百八十五条 【违约金】当事人可以约定一方违约时应当根据违约情况向对方支付一定数额的违约金,也可以约定因违约产生的损失赔偿额的计算方法。

约定的违约金低于造成的损失的,人民法院或者仲裁机构可以根据当事人的请求予以增加;约定的违约金过分高于造成的损失的,人民法院或者仲裁机构可以根据当事人的请求予以适当减少。

当事人就迟延履行约定违约金的,违约方支付违约金后,还应当履行债务。

条文注解

《最高人民法院关于适用〈中华人民共和国民法典〉合同编通则若干问题的解释》第65条规定,当事人主张约定的违约金过分高于违约造成的损失,请求予以适当减少的,人民法院应当以《民法典》第584条规定的损失为基础,兼顾合同主体、交易类型、合同的履行情况、当事人的过错程度、履约背景等因素,遵循公平原则和诚信原则进行衡量,并作出裁判。约定的违约金超过造成损失的30%的,人民法院一般可以认定为过分高于造成的损失。恶意违约的当事人一方请求减少违约金的,人民法院一般不予支持。

案例注解

【案例(2021)陕0116民初11859号】违约金过高被法院适当调低

【基本案情】

2021年3月9日,原告陕西某机械有限公司(甲方、卖方)与被告穆某(乙方、买

方)、被告贺某(乙方、共同购买人)、被告张某(丙方、保证人)共同签订了《工程机械分期付款买卖合同》,约定:乙方购买甲方型号为 LG855NGI 装载机,总价 333,000 元,货款支付方式:乙方以分期付款方式向甲方支付货款。乙方应于 2021 年 3 月 12 日前向甲方支付首付款(设备价款的 24%)RENMINBI 80,000.00 元,剩余货款人民币 253,000.00 元,乙方应按照还款明细表从 2021 年 4 月 10 日起至 2022 年 3 月 10 日止,分 12 期向甲方支付。第 10 条约定了违约责任。乙方未按照本合同付款约定,则构成本合同违约。乙方构成违约后,对未按照约定按时足额付款部分加收每日千分之二的违约金……丙方对自愿为乙方向甲方提供担保,就乙方所负债务向甲方承担不可撤销的无限连带保证责任。合同签订后,原告已经将设备交付给被告穆某并签署了产品接收证书。被告穆某及贺某足额支付了首付款,按照合同约定分期款项从 2021 年 4 月 10 日开始支付,每期 21,100 元,但是被告穆某、被告贺某于 2021 年 5 月 17 日支付了 10,000 元,于 2021 年 5 月 18 日支付了 7000 元,截至 2021 年 6 月 10 日,共计应支付 63,300 元,尚欠 46,300 元没有支付。被告张某亦未履行担保责任,原告多次索要未果,遂起诉至法院,请求判令被告穆某和被告贺某向原告支付剩余全部货款 46,300 元、违约金 3080.4 元(暂计算至 2021 年 6 月 10 日,以欠款金额 46,300 元为基数,按日千分之二计算至实际支付之日),共计 49,380.4 元;判令被告张某承担连带偿还责任。

【裁判要旨】

《民法典》第 585 条规定,当事人可以约定一方违约时应当根据违约情况向对方支付一定数额的违约金,也可以约定因违约产生的损失赔偿额的计算方法。约定的违约金低于造成的损失的,人民法院或者仲裁机构可以根据当事人的请求予以增加;约定的违约金过分高于造成的损失的,人民法院或者仲裁机构可以根据当事人的请求予以适当减少。当事人就迟延履行约定违约金的,违约方支付违约金后,还应当履行债务。本案中,原告与被告签订的合同系双方真实意思的表示,应当按照合同约定履行相应的义务。原告已经履行了供货义务,被告穆某、被告贺某应当按照合同约定向原告足额支付货款。但被告穆某、被告贺某未按照约定按期足额支付全部货款,已经构成违约,应依据合同约定支付货款并支付违约金。因原告主张违约金过高,可适当予以调低。

【裁判结果】

2021 年 9 月 1 日,法院判决被告穆某、被告贺某于本判决生效后 10 日支付原告陕西某机械有限公司设备款 46,300 元及违约金(违约金以每期剩余还款额为基数,从每期逾期之日起按一年期贷款市场报价利率 4 倍计算至实际给付之日止)。被告张某对上述款项承担连带责任。(资料来源:中国裁判文书网)

关联法规

《最高人民法院关于适用〈中华人民共和国民法典〉合同编通则若干问题的解释》第 64 ~ 66 条,《最高人民法院关于审理买卖合同纠纷案件适用法律问题的解释》第 20、21 条

第五百八十六条　【定金担保】当事人可以约定一方向对方给付定金作为债权的担保。定金合同自实际交付定金时成立。

定金的数额由当事人约定；但是，不得超过主合同标的额的百分之二十，超过部分不产生定金的效力。实际交付的定金数额多于或者少于约定数额的，视为变更约定的定金数额。

条文注解

所谓定金，是指当事人约定的，为保证债权的实现，由一方在履行前预先向对方给付的一定数量的货币或者其他代替物。《担保法》对定金作出了规定，考虑到本法生效后，《担保法》被废止，因此本法吸收了《担保法》有关定金的规定。

定金是担保的一种形式，由于定金是预先交付的，定金惩罚的数额在事先也是明确的，因此通过定金罚则的运用可以督促双方自觉履行义务，起到担保作用。(1)定金与预付款不同，定金具有担保作用，不履行债务或者履行债务不符合约定，致使不能实现合同目的的，适用定金罚则；但预付款仅仅是在标的物正常交付或者服务正常提供的情况下预付的款项，如有不足，交付预付款的一方再补交剩余的价款即可，在交付标的物或者提供服务的一方违约时，如果交付预付款的一方解除合同，有权请求返还预付款。(2)定金与押金也不同，一般而言，押金的数额没有定金数额的限制，而且没有定金罚则的适用。押金类型非常多，无法统一确定，甚至有的押金需要清算，多退少补。履约保证金的类型也是多种多样。当事人交付留置金、担保金、保证金、订约金、押金或者订金等，但没有约定定金性质的，不能按照定金处理，但是，如果押金和保证金根据当事人的约定符合定金构成的，可以按照定金处理。

关联法规

《最高人民法院关于适用〈中华人民共和国民法典〉合同编通则若干问题的解释》第67条

第五百八十七条　【定金罚则】债务人履行债务的，定金应当抵作价款或者收回。给付定金的一方不履行债务或者履行债务不符合约定，致使不能实现合同目的的，无权请求返还定金；收受定金的一方不履行债务或者履行债务不符合约定，致使不能实现合同目的的，应当双倍返还定金。

条文注解

按照本条规定，债务人按照合同约定履行债务的，定金应当抵作价款或者收回。但如果债务人不履行债务或者履行债务不符合约定，致使不能实现合同目的的，违约定金最为重要的效力是定金罚则，即定金合同约定的条件成就时，进行双倍返还定金或者扣收。

适用定金罚则的前提条件首先是按照当事人的约定和法律的规定，当法律对定金有特别规定时，应当适用特别规定；当事人另有约定时，根据自愿原则，应尊重当事人的特别约定。在不存在法律另有规定或者当事人另有约定的情形中，适用定金罚则的前提条件是，当事人一方不履行债务或者履行债务不符合约定，并且该违约行为要达到致使合同目的不能实现，即根本违约的程度。同时，违约方必须因违约行为承担违约责任的，才能适用定金罚则。如果违约方因不可抗力而免责，则也不能适用定金罚则。

适用定金罚则的效果是，给付定金的一方无权请求返还定金，收受定金的一方应当双倍返还定金。

案例注解

【案例(2021)陕0113民初18670号】赵某收取定金违约被判双倍返还定金

【基本案情】

2021年1月月底，原告仵某欲购买被告赵某位于西安市雁塔区××路××城××小区××栋××单元××号房屋，与某房屋中介郝某某联系协商，达成意向后于同年2月3日向某中介转账2万元作为诚意金。

2021年2月7日，被告赵某签署《委托代收定金款协议》，载明：被告现有西安市雁塔区××路××城××小区××栋××单元××号房屋，欲以195万元出售给原告仵某，现委托郝某某代收房屋出售定金2万元，并仔细阅读定金收条的各项细节，表示无异议同意执行定金收据的甲方义务。同日，韩某、原告仵某（买方）与张某某、被告赵某（卖方）签署《购房定金收据》载明：原告向被告支付购房定金5万元，欲购买被告位于西安市雁塔区××路××城××小区××栋××单元××号房屋；双方协商成交价195万元，取得产证后直接办理过户不等满二；如原告违约意向金不退，如被告违约承担定金二倍的违约金。同日，原告向该中介转账3万元；郝某某向被告转账2万元，备注为“购房定金”。后原告、被告双方因房屋价款及首付款比例问题未达成一致，致交易最终无法完成。2021年3月5日，被告向郝某某转账2万元，备注为“退还定金”。原告认为，被告收取原告购房定金后又反悔，不履行合同义务，构成违约，致使原告购房目的不能实现，为此诉至法院，请求判令被告向原告双倍返还定金10万元；律师费5000元、诉讼费用由被告承担。后原告称庭前被告及中介已向其退还定金5万元，当庭变更诉讼请求为判令被告向原告双倍返还定金5万元；律师费5000元、诉讼费用由被告承担。

【裁判要旨】

《民法典》第586条第1款规定，当事人可以约定一方向对方给付定金作为债权的担保。定金合同自实际交付定金时成立。第587条规定,债务人履行债务的,定金应当抵作价款或者收回。给付定金的一方不履行债务或者履行债务不符合约定,致使不能实现合同目的的,无权请求返还定金;收受定金的一方不履行债务或者履行债务不符合约定,致使不能实现合同目的的,应当双倍返还定金。本案中,原告、被告双方签署的《购房定金收据》虽载明定金数额为5万元,但被告赵某签署的《委托代收定金款协议》中仅委托案外人郝某某代收案涉房屋出售定金2万元,后被告从案外人郝某某处实际收到的定金也为2万元。被告收取原告定金2万元,后拒绝与原告签署房屋买卖合同的行为,违反了诚实信用原则,构成违约,应承担双倍返还定金的法律责任。因被告已退还原告定金2万元,现原告要求被告双倍返还定金中2万元的部分,有明确的事实和法律依据,应予支持。

【裁判结果】

2021年9月17日,法院判决被告赵某于本判决生效后10日内向原告仵某返还定金2万元,驳回原告仵某的其他诉讼请求。(资料来源:中国裁判文书网)

关联法规

《最高人民法院关于适用〈中华人民共和国民法典〉合同编通则若干问题的解释》第68条

第五百八十八条 【违约金与定金竞合时的责任】当事人既约定违约金,又约定定金的,一方违约时,对方可以选择适用违约金或者定金条款。

定金不足以弥补一方违约造成的损失的,对方可以请求赔偿超过定金数额的损失。

条文注解

本条第1款规定了违约金和定金之间的适用关系,合同当事人既约定了违约金,又约定了定金,在当事人不存在明确的特别约定的情况下,如果一方违约,对方当事人可以选择适用违约金或者定金条款,即对方当事人享有选择权,可以选择适用违约金条款,也可以选择适用定金条款,但二者不能并用。当然,不能并用的前提是针对同一违约行为,如果违约金和定金是针对不同的违约行为,在这些违约行为都存在的前提下,仍然存在并用的可能性,但无论如何不应超过违约行为所造成的损失总额。

本条第2款规定了定金和法定赔偿损失之间的适用关系。与违约金不同,定金的数额不得超过主合同标的额的20%,但是,违约行为造成的损失可能会超过适用定金罚则之后的数额;并且,对于违约金,本法第585条第2款规定了司法酌增的规则,而对于定金并未明确规定类似规则。因此,本款规定,定金不足以弥补一方违约造成的损失的,对方可以请求赔偿超过定金数额的损失。据此,约定的定金不足以弥补一方违约造成的损失的，守约方既可以请求定金，也可以就超过定金数额的部分请求法定的赔偿损失，此时，定金和损失赔偿的数额总和不会高于因违约造成的损失。这既有助于对守约方利益的充分保护，又避免了守约方获得超过其损失的利益。

第五百八十九条 【拒绝受领和受领迟延】债务人按照约定履行债务，债权人无正当理由拒绝受领的，债务人可以请求债权人赔偿增加的费用。

在债权人受领迟延期间，债务人无须支付利息。

条文注解

债权人无正当理由拒绝受领，是指债务人按照约定履行了债务或者提出了履行债务的请求，债权人无理由地不予受领或者协助。

债权人无正当理由拒绝受领，构成的要件包括：(1)债务人按照约定现实履行了债务，或者提出了履行债务的请求，即债务人已经现实提出或者言辞提出。但是，如果债权人预先表示了拒绝受领的意思，或者给付也同时需要债权人的行为的，债务人可以准备给付的情事通知债权人，代替提出。这里同样也包括第三人依法有权代债务人履行债务，且债权人无权拒绝的情形。(2)债务内容的实现以债权人的受领给付或者其他协助为必要。如果不需要受领给付或者其他协助的债务，例如，不作为债务，就不会产生拒绝受领的问题。(3)债权人拒绝受领，这里的拒绝受领是广义的，即不受领，包括了迟延受领或者明确或以自己的行为表明拒绝受领等情形。例如，应在债务人一方所在地履行的债务，债务人按照约定把受领给付的时间和地点通知债权人，债权人没有在债务人所在地出现以受领给付；甲乙约定由甲到乙家里为其提供辅导，甲按时到达，但乙外出旅游不归。(4)债权人无正当理由。债权人拒绝的正当理由，例如，债务人交付的标的物存在严重质量问题、迟延交付或者有其他违约行为，致使不能实现合同目的。但是，如果债务人履行的瑕疵是非常轻微的，这不构成债权人拒绝受领的正当理由。

第五百九十条 【不可抗力】当事人一方因不可抗力不能履行合同的，根据不可抗力的影响，部分或者全部免除责任，但是法律另有规定的除外。因不可抗力不能履行合同的，应当及时通知对方，以减轻可能给对方造成的损失，并应当在合理期限内提供证明。

当事人迟延履行后发生不可抗力的，不免除其违约责任。

条文注解

不可抗力是独立于人的行为之外,不受当事人意志所支配的现象,是人力所不可抗拒的力量。不可抗力规则的适用存在以下要求:(1)发生了不可抗力的事件。本法第180条第2款规定,不可抗力是不能预见、不能避免且不能克服的客观情况。(2)债务人因不可抗力事件的发生不能履行合同。不可抗力事件的发生,对合同履行造成的影响是不同的,可能是对主体、履行期限的影响;可能是对合同标的物的影响,例如,租赁的房屋、场所无法经营;可能是对合同履行方式的影响;可能是全部不能履行或者部分不能履行;可能是一时不能履行或者永久不能履行。不可抗力事件的发生必须导致债务人不能履行合同,不能履行合同义务并非狭义的履行不能情形,而是包括所有不能履行合同义务或者履行合同义务不符合约定的情形。在符合上述两个条件时,在所产生的法律后果上,要根据不可抗力的影响,部分或者全部免除债务人的责任。

本条第2款规定,当事人迟延履行后发生不可抗力的,不免除其违约责任。如果债务人没有迟延履行,则不可抗力的发生就不会导致债务的不能履行进而发生损害,因此债务人的迟延履行与债权人的损害之间具有因果关系,债务人应当就不可抗力负责。但是,如果债务人能够证明,即使其不迟延履行,仍不免发生债务的不能履行进而发生损害的,则债务人应当能够免责,此时债务人的迟延履行和债务的不能履行进而发生损害之间不存在因果关系。

案例注解

【案例(2021)陕0525民初1570号】某印务公司与某景观公司买卖合同纠纷案

【基本案情】

2020年1月,原告西安某景观工程有限公司与被告渭南某印务有限责任公司经协商后确定,被告向原告采购工艺花灯一组、展示花灯两小组,用于当年春节展览,原告按被告要求制作完毕后,因疫情被告取消了2020年春节花灯展览。原告、被告经协商后,于2020年2月签订采购合同一份,合同约定,被告向原告采购工艺花灯一组、展示花灯两小组,总金额160,000元;2021年元宵节前花灯运到甲方定点地方安装后支付给乙方60%,剩余部分待花灯展销完毕、全部拆卸后支付;协议有效期2年,自2020年1月1日起至2021年2月28日止。合同签订后,原告于2020年5月30日带安装人员及吊车将制作完毕的花灯,运送至被告指定地址,等待安装,但被告再次取消展览。原告分别于2020年1月20日、3月6日向被告开具增值税专用发票共计96,000元。被告于2020年3月30日、2021年2月10日向原告支付货款共计48,000元,之后剩余货款再未支付。为此,原告诉至法院,请求依法判决被告立即向原告支付货款11.2万元整,并承担逾期付款利息1417.64元(自2021年3月1日起按LPR计算至实际付清之日止)。

被告渭南某印务有限责任公司辩称,原告至今未按照合同约定履行完花灯的安装以及灯展完毕后的拆卸义务。原告、被告签订合同不能履行的原因是受新冠疫情影响导致灯展活动不能开展,对于合同不能履行的原因属于不可抗力,双方均不应承担违约责任,故本案合同应依法解除。被告愿意承担原告已经履行合同部分的费用。

【裁判要旨】

《民法典》第590条第1款规定,当事人一方因不可抗力不能履行合同的,根据不可抗力的影响,部分或者全部免除责任,但是法律另有规定的除外。本案中,原告西安某景观工程有限公司与被告渭南某印务有限责任公司签订的采购合同系双方当事人真实意思表示,合法有效。原告按照合同约定将工艺花灯制作完成后,送至被告指定地点,被告应当按照合同约定履行支付货款的义务。因新冠疫情防控,春节花灯活动的基础条件发生了当事人在订立合同时无法预见的、不属于商业风险的重大变化,被告因此取消展览,另原告未能按照约定履行完花灯安装、拆卸义务,应在保证原告合同成本的基础上,对未履行完合同造成的损失依据公平原则由原、被告共同分担。

【裁判结果】

2021年9月23日,法院判决被告渭南某印务有限责任公司在本判决生效后10日内给付原告西安某景观工程有限公司货款90,000元,驳回原告其他诉讼请求。(资料来源:中国裁判文书网)

第五百九十一条 【减损规则】当事人一方违约后,对方应当采取适当措施防止损失的扩大;没有采取适当措施致使损失扩大的,不得就扩大的损失请求赔偿。

当事人因防止损失扩大而支出的合理费用,由违约方负担。

第五百九十二条 【双方违约和与有过失】当事人都违反合同的,应当各自承担相应的责任。

当事人一方违约造成对方损失,对方对损失的发生有过错的,可以减少相应的损失赔偿额。

条文注解

本条第1款规定了双方违约。违约可以区分为单方违约和双方违约。仅当事人一方违约的,称为单方违约;双方当事人都违约的,称为双方违约。在双务合同中,有些合同义务是彼此独立的,不具有牵连性和对价性,因此,双方违反这些相互独立的合同义务是可能的,并且不成立双务合同的履行抗辩权。在双方各自违反了相互独立的合同义务时,实际上是两个独立的违约行为,因此各自都要向对方承担相应的违约责任。据此,本条第1款规定,当事人都违反合同的,应当各自承担相应的责任。

本条第2款规定了与有过错。与有过错,又称为过错相抵、混合过错,是指受损害一方对于损害结果的发生存在过错的,在计算损失赔偿额时应当予以相应减少。

例如，甲从乙那里购买了一辆汽车，之后甲驾驶汽车运载超重货物，由于钢圈破碎导致翻车。交通事故处理部分认定汽车质量不合格是导致事故的主要原因，但甲超重行驶也是造成事故的原因之一。此时，根据本款，可以减少乙对甲的损失赔偿数额。

第五百九十三条　【第三人原因造成违约时违约责任承担】当事人一方因第三人的原因造成违约的，应当依法向对方承担违约责任。当事人一方和第三人之间的纠纷，依照法律规定或者按照约定处理。

第五百九十四条　【国际贸易合同诉讼时效和仲裁时效】因国际货物买卖合同和技术进出口合同争议提起诉讼或者申请仲裁的时效期间为四年。

第二分编　典型合同

第九章　买卖合同

第五百九十五条　【买卖合同定义】买卖合同是出卖人转移标的物的所有权于买受人，买受人支付价款的合同。

第五百九十六条　【买卖合同条款】买卖合同的内容一般包括标的物的名称、数量、质量、价款、履行期限、履行地点和方式、包装方式、检验标准和方法、结算方式、合同使用的文字及其效力等条款。

第五百九十七条　【无权处分效力】因出卖人未取得处分权致使标的物所有权不能转移的，买受人可以解除合同并请求出卖人承担违约责任。

法律、行政法规禁止或者限制转让的标的物，依照其规定。

条文注解

无权处分，是指没有处分权而处分他人财产，无权处分行为是现代社会生活中的常见现象，在买卖交易关系中尤为普遍。依据买卖合同的定义，出卖人负有交付买卖标的物并移转所有权的义务，因此，出卖人为保证买卖合同的履行，应当对买卖标的物具有处分权。当出卖人对买卖合同的标的物不具有处分权时，意味着买受人无法获得标的物的所有权，也就是不能实现合同的目的，根据本法第563条和第566条的规定，买受人可以解除其与出卖人之间订立的买卖合同并要求出卖人承担违约责任。

案例注解

【案例(2021)陕0824民初5149号】袁某与高某买卖合同纠纷案

【基本案情】

原告袁某与其妻子朱某某共同经营一家"××门窗经销部"，2011年，被告高某数次在原告经营的店铺购买铝合金材料，后经结算共欠原告材料款15,735元，并于2011年5月2日向原告出具欠款条据。出具条据后，被告又两次在原告处购买铝合金材料，分别欠款415元、830元。后被告于2011年10月3日支付1000元。剩余部分经原告索要未果，诉至法院，请求人民法院依法判令被告立即偿还原告欠款15,980元。

【裁判要旨】

《民法典》第595条规定，买卖合同是出卖人转移标的物的所有权于买受人，买受人支付价款的合同。本案中，被告向原告经营的门窗经销部购买铝合金材料，并就所欠货款向原告出具欠款条据，事实清楚，证据确实充分，双方买卖合同关系合法有效，原告请求由被告高某偿还欠款的诉讼请求依法应予支持。

【裁判结果】

2021年9月26日，法院判决由被告高某于本判决生效之日起15日内支付原告袁某欠款共计15,980元。(资料来源：中国裁判文书网)

关联法规

《最高人民法院关于审理买卖合同纠纷案件适用法律问题的解释》第6、7条，《宪法》第10条，《土地管理法》第2条，《城市房地产管理法》第38条，《野生动物保护法》第27、28条，《文物保护法》第35、68条

第五百九十八条　【出卖人基本义务】出卖人应当履行向买受人交付标的物或者交付提取标的物的单证，并转移标的物所有权的义务。

关联法规

《最高人民法院关于审理买卖合同纠纷案件适用法律问题的解释》第2、5条,《土地管理法》第12条,《城市房地产管理法》第60、61条,《民用航空法》第14条,《道路交通安全法》第8、12条

第五百九十九条 【出卖人交付有关单证和资料义务】出卖人应当按照约定或者交易习惯向买受人交付提取标的物单证以外的有关单证和资料。

关联法规

《最高人民法院关于审理买卖合同纠纷案件适用法律问题的解释》第4条

第六百条 【知识产权归属】出卖具有知识产权的标的物的,除法律另有规定或者当事人另有约定外,该标的物的知识产权不属于买受人。

条文注解

在买卖合同中,有些标的物本身可能是知识产权的载体,如计算机软件等。本条规定的意旨在于说明作为知识产权的载体的买卖与知识产权转让的不同。知识产权的转让是权利买卖的一种。涉及权利主体转变的合同法律关系,在有关法律中一般称为权利的转让。

在权利买卖中,当事人所追求的合同目的与一般的货物买卖是不同的。尽管从根本上说,一般货物买卖也是权利,即货物所有权的转移,但是,货物的所有权是建立在现实的、可见的实物之上,其所有权是一个法律上的抽象概念,当事人所追求的是物的实用性。而权利的买卖或者转让则不同,当事人所追求的是权利本身所体现的利益。作为买卖对象的权利,尽管也有一定的载体,但买卖当事人看重的显然不是该载体本身,而是通过它表现的一定技术以及对这一技术享有支配的权利而能带来的利益。因此,如果一个买卖合同的标的物本身体现着一定的知识产权,除非当事人明确表明或者法律有相关规定(如《著作权法》第20条第1款规定美术作品的展览权随作品原件转移),买卖可以影响知识产权,否则,该标的物所体现的知识产权就不转移于买受人。另举一例来说,某人购买了一台计算机,其中计算机内包括了各种软件,作为买受人来讲,只是对计算机这一物体享有了所有权,但是对于计算机内所包括的作为软件的知识产权不属于买受人,买受人只有使用权,没有权利处分该计算机中所包含的知识产权。

关联法规

《著作权法》第20条,《计算机软件保护条例》第9~14条

第六百零一条 【标的物交付期限】出卖人应当按照约定的时间交付标的物。约定交付期限的,出卖人可以在该交付期限内的任何时间交付。

第六百零二条 【标的物交付期限不明时的处理】当事人没有约定标的物的交付期限或者约定不明确的,适用本法第五百一十条、第五百一十一条第四项的规定。

第六百零三条 【标的物交付地点】出卖人应当按照约定的地点交付标的物。

当事人没有约定交付地点或者约定不明确,依据本法第五百一十条的规定仍不能确定的,适用下列规定:

(一)标的物需要运输的,出卖人应当将标的物交付给第一承运人以运交给买受人;

(二)标的物不需要运输,出卖人和买受人订立合同时知道标的物在某一地点的,出卖人应当在该地点交付标的物;不知道标的物在某一地点的,应当在出卖人订立合同时的营业地交付标的物。

关联法规

《最高人民法院关于审理买卖合同纠纷案件适用法律问题的解释》第8条

第六百零四条 【标的物毁损、灭失风险负担的基本规则】标的物毁损、灭失的风险,在标的物交付之前由出卖人承担,交付之后由买受人承担,但是法律另有规定或者当事人另有约定的除外。

条文注解

本条也是买卖合同章最重要的条文之一。风险承担,是指买卖的标的物在合同

生效后因不可归责于当事人双方的事由，如地震、火灾、飓风等致使发生毁损、灭失时，该损失应当由哪方当事人承担。

风险承担制度具有三个主要特点：一是风险承担发生在双务合同之中，单务合同没有对待给付问题，即使可能存在标的物毁损灭失风险，但不存在价金风险的问题。二是风险承担是因为标的物的毁损灭失而引起，不是因当事人的违约行为而引起。三是风险承担是因为不可归责于双方当事人的事由而产生的损失的分配制度，风险的发生具有极大的不可预测性。风险承担的关键是风险转移的问题，也就是说，如何确定风险转移的时间。转移的时间确定了，风险由谁来承担也就清楚了。由于它涉及买卖双方当事人最根本的利益，所以从来都是各国、各地区有关买卖合同法律规范中要解决的一个重要问题。

本条确立的规则属于买卖合同风险承担的一般性规则，如果特别法或者本法另有特别的规定，则应当适用该特别规定。

案例注解

【案例(2021)宁0425民初2097号】卖方将牛交付之前牛摔断前腿导致价格贬损，法院判决风险由卖方承担

【基本案情】

2021年8月3日，被告何某向原告孙某购买一头牛，约定价款17,800元，牛拉到车上付款。孙某与何某往车上拉牛时，牛挣脱二人掉下土坎，摔断前腿。后孙某将牛出卖给案外人后获得价款5500元。原告孙某认为牛已经交付何某，何某否认。孙某为此诉至法院，请求判令何某支付牛款12,300元。

被告辩称，牛掉下土坎，摔断前腿，后孙某将牛出卖给案外人。其没有责任，不承担责任。经查，法院认定牛未交付给何某。

【裁判要旨】

《民法典》第604条规定，标的物毁损、灭失的风险，在标的物交付之前由出卖人承担，交付之后由买受人承担，但是法律另有规定或者当事人另有约定的除外。本案中，孙某未将牛交付何某之前，牛摔断前腿导致价格贬损，风险应由孙某承担。

【裁判结果】

2021年8月20日，法院判决驳回孙某的诉讼请求。(资料来源：中国裁判文书网)

关联法规

《最高人民法院关于审理买卖合同纠纷案件适用法律问题的解释》第11条

第六百零五条　【迟延交付标的物的风险负担】因买受人的原因致使标的物未按照约定的期限交付的，买受人应当自违反约定时起承担标的物毁损、灭失的风险。

第六百零六条 【路货买卖中的标的物风险负担】出卖人出卖交由承运人运输的在途标的物，除当事人另有约定外，毁损、灭失的风险自合同成立时起由买受人承担。

第六百零七条 【需要运输的标的物风险负担】出卖人按照约定将标的物运送至买受人指定地点并交付给承运人后，标的物毁损、灭失的风险由买受人承担。

当事人没有约定交付地点或者约定不明确，依据本法第六百零三条第二款第一项的规定标的物需要运输的，出卖人将标的物交付给第一承运人后，标的物毁损、灭失的风险由买受人承担。

第六百零八条 【买受人不收取标的物的风险负担】出卖人按照约定或者依据本法第六百零三条第二款第二项的规定将标的物置于交付地点，买受人违反约定没有收取的，标的物毁损、灭失的风险自违反约定时起由买受人承担。

第六百零九条 【未交付单证、资料不影响风险转移】出卖人按照约定未交付有关标的物的单证和资料的，不影响标的物毁损、灭失风险的转移。

条文注解

本条的内容主要包括两个方面：一方面，出卖人已经将标的物交付给买受人并由买受人占有，只是没有按照约定履行交付有关标的物的单证和资料的义务；另一方面，没有交付有关单证和资料，不影响标的物毁损、灭失风险的转移，即此时的风险由买受人承担。需要说明的是，本条中所称的"有关标的物的单证和资料"，既可能是提取标的物的单证，也可能是提取标的物单证以外的有关单证和资料。

第六百一十条 【出卖人根本违约的风险负担】因标的物不符合质量要求，致使不能实现合同目的的，买受人可以拒绝接受标的物或者解除合同。买受人拒绝接受标的物或者解除合同的，标的物毁损、灭失的风险由出卖人承担。

案例注解

【案例(2021)皖1523民初3834号】标的物不符合质量原告要求单方解除合同获法院支持

【基本案情】

2020年11月16日,原告邓某通过微信向被告杨某订购山东某高分子材料有限公司聚丙烯熔喷料8吨,约定按照每吨7800元,共计62,400元,款到发货,被告承诺假货退货。2020年11月17日,原告将货款付至被告指定账户,但被告仅发货4吨,原告多次催促,被告仍未补齐后续货物。2020年12月12日,山东某高分子材料有限公司鉴定出被告交付的熔喷料并非该公司生产或销售。原告认为被告的行为严重违反双方约定,侵害了原告的合法权益,为此诉至法院,请求判令解除原告、被告的买卖合同关系;判令被告返还合同款62,400元,并支付自起诉之日起至实际付清之日的利息(以62,400元为基数,按照中国人民银行间同业拆借中心公布的贷款市场报价利率计算)

【裁判要旨】

《民法典》第610条规定,因标的物不符合质量要求,致使不能实现合同目的的,买受人可以拒绝接受标的物或者解除合同。本案中,原告、被告虽未签订书面合同,但通过微信明确了买卖合同的标的物、数量、质量及价款,能够通过文字有形地表现合同所载内容,应视为书面形式,双方的买卖合同合法有效。原告依约支付货款,被告应当按照约定及时交付货物,但被告仅交付4吨货物,且货物并非双方约定的山东某高分子材料有限公司生产的聚丙烯熔喷料,原告要求解除双方的买卖合同关系,符合法律规定。

【裁判结果】

2021年8月9日,法院判决解除原告邓某与被告杨某之间的买卖合同,被告于判决生效之日起10日内返还原告货款62,400元,被告已交付的4吨熔喷料由被告自行取回;被告杨某向原告邓某赔偿货款利息损失,损失计算方法:以62,400元为基数,自2021年6月10日起按全国银行间同业拆借中心公布的一年期贷款市场报价利率计算至实际支付之日止。(资料来源:中国裁判文书网)

关联法规

《最高人民法院关于审理买卖合同纠纷案件适用法律问题的解释》第24条

第六百一十一条 【买受人承担风险与出卖人违约责任关系】标的物毁损、灭失的风险由买受人承担的,不影响因出卖人履行义务不符合约定,买受人请求其承担违约责任的权利。

条文注解

本条的规定表明,在出卖人违约的情况下,买受人虽然按照本法的规定承担了标的物风险,但并不影响因出卖人的违约行为,买受人请求其承担违约责任的权利,如请求损害赔偿。主要的理由:标的物毁损、灭失的风险由买受人承担的根据是买受人已经收到了出卖人交付的标的物,但并不表明买受人已经认可出卖人已经完全履行了债务,也不表明出卖人没有违约行为;如果出卖人存在违约行为,买受人自然可以要求出卖人承担违约责任。

需要特别说明的是,本条规定确实可能与前条的规定存在交叉。比如,在出卖人向买受人交付的标的物不符合质量要求,致使不能实现合同目的的情况下,买受人可以依据前条的规定主张权利。即买受人既可以通过拒收标的物或者解除合同而不承担标的物毁损、灭失风险,同时也可以进一步要求出卖人承担相应的违约责任。

第六百一十二条 【出卖人权利瑕疵担保义务】出卖人就交付的标的物,负有保证第三人对该标的物不享有任何权利的义务,但是法律另有规定的除外。

条文注解

买卖合同中出卖人对标的物的权利担保义务,是指出卖人应当保证对标的物享有合法的权利,没有侵犯任何第三人的权利,并且任何第三人就该标的物不享有任何权利。买卖合同根本上就是标的物所有权的转让,因此,出卖人的这项义务也就是其一项最基本的义务。本条所规定的义务是买卖合同中出卖人的一项法定义务,即使合同中对其未作约定,出卖人也必须履行。

具体到本条的规定而言,出卖人的权利担保义务包括:(1)出卖人对出卖的标的物享有合法的权利,其须对标的物具有所有权或者处分权。出卖人作为代理人替货主出售货物,即出卖人具有处分权的情形。而出卖人将其合法占有或者非法占有的他人财产作为出卖的标的物,或者出卖自己只有部分权利的标的物,如与他人共有的财产等都是对本项义务的违反。(2)出卖人应当保证标的物上不存在他人实际享有的权利,如抵押权、租赁权等。(3)出卖人应当保证标的物没有侵犯他人的知识产权。确定出卖人的这项义务比较复杂,需要结合有关知识产权的法律作出判断。

第六百一十三条 【出卖人权利瑕疵担保义务免除】买受人订立合同时知道或者应当知道第三人对买卖的标的物享有权利的,出卖人不承担前条规定的义务。

第六百一十四条　【买受人的中止支付价款权】买受人有确切证据证明第三人对标的物享有权利的，可以中止支付相应的价款，但是出卖人提供适当担保的除外。

第六百一十五条　【标的物的质量要求】出卖人应当按照约定的质量要求交付标的物。出卖人提供有关标的物质量说明的，交付的标的物应当符合该说明的质量要求。

关联法规

《消费者权益保护法》第18、23条，《产品质量法》第26条

第六百一十六条　【标的物质量要求不明时的处理】当事人对标的物的质量要求没有约定或者约定不明确，依据本法第五百一十条的规定仍不能确定的，适用本法第五百一十一条第一项的规定。

条文注解

本条解决的主要问题是买卖双方如果在合同中对标的物的质量要求问题没有约定或者约定不明确时怎么办。与合同的其他条款一样，首先要依照本法第510条的规定予以确定。确定不了的，接着适用本法第511条的有关一般性规定。即"质量要求不明确的，按照强制性国家标准履行；没有强制性国家标准的，按照推荐性国家标准履行；没有推荐性国家标准的，按照行业标准履行；没有国家标准、行业标准的，按照通常标准或者符合合同目的的特定标准履行"。

第六百一十七条　【质量瑕疵担保责任】出卖人交付的标的物不符合质量要求的，买受人可以依据本法第五百八十二条至第五百八十四条的规定请求承担违约责任。

案例注解

【案例(2021)湘0321民初1895号】卖家交付"杜宾犬"品种不符合约定被判赔偿损失

【基本案情】

2021年5月30日，原告尚某通过抖音平台得知被告马某从事犬类养殖和贩卖工作，遂添加被告为微信好友。双方通过微信联系，原告欲向被告购买一只"杜宾犬"。

被告以微信方式向原告发送“杜宾犬”的图片后，原告表示满意。双方商定购买该“杜宾犬”的价格为4500元。原告遂通过支付宝转账方式分别于2021年5月30日上午10:35分向被告支付1000元，于2021年5月31日下午2:38分向被告支付3500元。2021年6月2日上午8时许，被告指定的宠物托运公司将一只“杜宾犬”送至原告指定的地点。原告在上述地点收到犬只后，向宠物托运公司工作人员微信支付600元托运费。随后，原告发现被告托运送达的犬只与被告发送图片的犬只品种不一致，遂与被告联系，并通过上述被告指定的宠物托运公司将犬只退还给被告。因宠物托运公司向被告索要退回犬只托运费1370元，被告拒绝领回犬只，也未退还原告购犬款。原告遂诉至法院，请求判令解除原告、被告之间于2021年5月30日订立的购买犬只协议；判决被告返还原告货款及托运费共计5100元。

被告辩称原告、被告之间销售合同已经因双方权利义务履行完毕而终止，不存在任何约定解除或法定解除的条件。

【裁判要旨】

《民法典》第617条规定，出卖人交付的标的物不符合质量要求的，买受人可以依据本法第582条至第584条的规定请求承担违约责任。本案中，原告、被告之前通过微信聊天方式订立购买犬只的买卖合同，原告已按约支付价款4500元，被告应按约完成交付指定货物的义务。被告未按约交付指定的犬只，经双方联系，由被告指派的托运公司退回货物，原告、被告双方已实际通过协商方式解除买卖合同。上述合同解除系被告的违约行为造成，根据本案案涉合同性质和履行情况，原告作为守约方，有权请求被告返还已支付的价款4500元，并要求被告赔偿托运费损失600元。

【裁判结果】

2021年7月20日，法院判决解除原告尚某与被告马某于2021年5月30日订立的购买犬只协议；由被告马某在判决生效后10日内退还原告尚某货款4500元，并赔偿原告尚某托运费600元。（资料来源：中国裁判文书网）

关联法规

《消费者权益保护法》第23条

第六百一十八条 【减轻或者免除瑕疵担保责任的例外】当事人约定减轻或者免除出卖人对标的物瑕疵承担的责任，因出卖人故意或者重大过失不告知买受人标的物瑕疵的，出卖人无权主张减轻或者免除责任。

第六百一十九条 【标的物包装方式】出卖人应当按照约定的包装方式交付标的物。对包装方式没有约定或者约定不明确,依据本法第五百一十条的规定仍不能确定的,应当按照通用的方式包装;没有通用方式的,应当采取足以保护标的物且有利于节约资源、保护生态环境的包装方式。

第六百二十条 【买受人的检验义务】买受人收到标的物时应当在约定的检验期限内检验。没有约定检验期限的,应当及时检验。

第六百二十一条 【买受人的通知义务】当事人约定检验期限的,买受人应当在检验期限内将标的物的数量或者质量不符合约定的情形通知出卖人。买受人怠于通知的,视为标的物的数量或者质量符合约定。

当事人没有约定检验期限的,买受人应当在发现或者应当发现标的物的数量或者质量不符合约定的合理期限内通知出卖人。买受人在合理期限内未通知或者自收到标的物之日起二年内未通知出卖人的,视为标的物的数量或者质量符合约定;但是,对标的物有质量保证期的,适用质量保证期,不适用该二年的规定。

出卖人知道或者应当知道提供的标的物不符合约定的,买受人不受前两款规定的通知时间的限制。

条文注解

根据《最高人民法院关于审理买卖合同纠纷案件适用法律问题的解释》第 12 条至第 14 条的规定,人民法院具体认定本条第 2 款规定的"合理期限"时,应当综合当事人之间的交易性质、交易目的、交易方式、交易习惯、标的物的种类、数量、性质、安装和使用情况、瑕疵的性质、买受人应尽的合理注意义务、检验方法和难易程度、买受人或者检验人所处的具体环境、自身技能以及其他合理因素,依据诚实信用原则进行判断。本条第 2 款规定的"二年"是最长的合理期限。该期限为不变期间,不适用诉讼时效中止、中断或者延长的规定。检验期限、合理期限、二年期限经过后,买受人主张标的物的数量或者质量不符合约定的,人民法院不予支持。出卖人自愿承担违约责任后,又以上述期限经过为由反悔的,人民法院不予支持。

案例注解

【案例(2021)皖0705民初2942号】原告未及时对标的物进行检验主张撤销合同被法院驳回

【基本案情】

2021年1月2日,被告吴某与朋友想出售其所有的两个包,便通过网上搜索找到了原告某信息咨询公司。后经电话联系,被告与原告公司法定代表人李某微信沟通相关事宜后。下午16:31分,李某与其公司同事驱车赶赴至双方约定地点。经李某及其随行人员检验后,双方商定两个包的转让价格为18,600元。17:28分,吴某将包交付后,李某通过支付宝将18,600元付至吴某账户。19:05分,李某微信联系吴某,告知两个包均不是正品,要求退还。双方就此协商无果,原告诉至法院,请求判令撤销与被告订立的买卖合同,判令被告退还原告支付的18,600元。

被告辩称其交付的包是合规产品,并且经过原告鉴定。且被告出售给原告的二手包未经封存,被告无法确定原告向法庭出示的二手包是否为被告出售的那两只。

经查明,原告公司的经营范围包含有二手日用百货销售;鞋帽批发;箱包销售等,李某为该公司法定代表人,并具有鉴定师资格。

【裁判要旨】

《民法典》第621条规定,当事人约定检验期限的,买受人应当在检验期限内将标的物的数量或者质量不符合约定的情形通知出卖人。买受人怠于通知的,视为标的物的数量或者质量符合约定。当事人没有约定检验期限的,买受人应当在发现或者应当发现标的物的数量或者质量不符合约定的合理期限内通知出卖人。当事人约定检验期间的,买受人应当在检验期间内将标的物的数量或者质量不符合约定的情形通知出卖人。本案中,被告吴某与原告公司之间的合同关系系双方真实意思的表示,且不违反法律、行政法规的强制性规定,合法有效。根据本案实际情况,双方属于当场交易,即时结清款项。李某作为公司法定代表人且具有相应的鉴定师资格,在长达1个小时的时间内,对交易标的进行检验后确定进行交易。然而原告公司在交易完成1个多小时后提出吴某出售的包并非正品。但又不能证明其作出鉴定的标的就是双方交易的标的物。故其诉求于法无据,应予驳回。

【裁判结果】

2021年7月15日,法院判决驳回原告某信息咨询有限公司的诉讼请求。(资料来源:中国裁判文书网)

关联法规

《最高人民法院关于审理买卖合同纠纷案件适用法律问题的解释》第12~14条

第六百二十二条 【检验期限过短时的处理】当事人约定的检验期限过短，根据标的物的性质和交易习惯，买受人在检验期限内难以完成全面检验的，该期限仅视为买受人对标的物的外观瑕疵提出异议的期限。

约定的检验期限或者质量保证期短于法律、行政法规规定期限的，应当以法律、行政法规规定的期限为准。

第六百二十三条 【检验期限未约定时的处理】当事人对检验期限未作约定，买受人签收的送货单、确认单等载明标的物数量、型号、规格的，推定买受人已经对数量和外观瑕疵进行检验，但是有相关证据足以推翻的除外。

第六百二十四条 【向第三人履行情形下的检验标准】出卖人依照买受人的指示向第三人交付标的物，出卖人和买受人约定的检验标准与买受人和第三人约定的检验标准不一致的，以出卖人和买受人约定的检验标准为准。

第六百二十五条 【出卖人回收义务】依照法律、行政法规的规定或者按照当事人的约定，标的物在有效使用年限届满后应予回收的，出卖人负有自行或者委托第三人对标的物予以回收的义务。

第六百二十六条 【买受人支付价款的数额和方式】买受人应当按照约定的数额和支付方式支付价款。对价款的数额和支付方式没有约定或者约定不明确的，适用本法第五百一十条、第五百一十一条第二项和第五项的规定。

第六百二十七条 【买受人支付价款的地点】买受人应当按照约定的地点支付价款。对支付地点没有约定或者约定不明确，依据本法

第五百一十条的规定仍不能确定的，买受人应当在出卖人的营业地支付；但是，约定支付价款以交付标的物或者交付提取标的物单证为条件的，在交付标的物或者交付提取标的物单证的所在地支付。

第六百二十八条 【买受人支付价款的时间】买受人应当按照约定的时间支付价款。对支付时间没有约定或者约定不明确，依据本法第五百一十条的规定仍不能确定的，买受人应当在收到标的物或者提取标的物单证的同时支付。

案例注解

【案例(2021)苏1323民初4076号】未按约定支付时间支付被判违约

【基本案情】

原告仲某与被告李某系生意伙伴，被告于2021年4月1日在原告处赊欠装饰材料货款4298元并出具欠条一张，约定于2021年4月30日前付清。因付款期限届满，被告未还款，该款经原告多次催要未果，诉至法院，请求判令被告给付原告货款4298元及利息(利息以4298元为基数，自起诉之日起至实际给付之日止，按全国银行间同业拆借中心公布的贷款市场报价利率计算)。

【裁判要旨】

依法成立的合同受法律保护。本案中，原告、被告之间的买卖合同关系系双方真实意思表示，并不违反我国法律、行政法规的强制性规定，应认定合法有效。买受人应当按照约定的时间支付货款。被告向原告出具的4298元欠条，确认了双方之间的债权债务关系，现双方约定的付款期限已经届满，被告尚欠原告货款4298元未付，已构成违约，故原告有权要求被告支付上述余款及利息，其诉求符合法律规定，应予以支持。

【裁判结果】

2021年7月13日，法院判决被告李某于本判决生效后10日内支付原告仲某货款4298元利息(利息以4298元为基数，自2021年7月5日起至实际给付之日止，按年利率3.85%计算)。(资料来源：中国裁判文书网)

第六百二十九条 【出卖人多交标的物的处理】出卖人多交标的物的，买受人可以接收或者拒绝接收多交的部分。买受人接收多交部分的，按照约定的价格支付价款；买受人拒绝接收多交部分的，应当及时通知出卖人。

关联法规

《最高人民法院关于审理买卖合同纠纷案件适用法律问题的解释》第3条

第六百三十条 【标的物孳息的归属】标的物在交付之前产生的孳息，归出卖人所有；交付之后产生的孳息，归买受人所有。但是，当事人另有约定的除外。

条文注解

孳息是"原物"的对称，是由物或者权利而产生的收益，分为"天然孳息"和"法定孳息"。天然孳息，是指物依自然规律产生的收益，如土地生长的稻麦、树木的果实、牲畜的幼畜、挤出的牛乳、剪下的羊毛等。法定孳息，是指依民事法律关系产生的收益，如有利息的借贷或租赁、出借人有权收取的利息、出租人有权收取的租金等。买卖合同中标的物涉及的孳息，一般为天然孳息。但如果买卖的不是一般的货物，则也有可能涉及法定孳息，如买卖正被出租的房屋。

第六百三十一条 【从物与合同解除】因标的物的主物不符合约定而解除合同的，解除合同的效力及于从物。因标的物的从物不符合约定被解除的，解除的效力不及于主物。

第六百三十二条 【数物同时出卖时的合同解除】标的物为数物，其中一物不符合约定的，买受人可以就该物解除。但是，该物与他物分离使标的物的价值显受损害的，买受人可以就数物解除合同。

第六百三十三条 【分批交付标的物的合同解除】出卖人分批交付标的物的，出卖人对其中一批标的物不交付或者交付不符合约定，致使该批标的物不能实现合同目的的，买受人可以就该批标的物解除。

出卖人不交付其中一批标的物或者交付不符合约定，致使之后其他各批标的物的交付不能实现合同目的的，买受人可以就该批以及之后其他各批标的物解除。

买受人如果就其中一批标的物解除，该批标的物与其他各批标的物相互依存的，可以就已经交付和未交付的各批标的物解除。

第六百三十四条 【分期付款买卖合同】分期付款的买受人未支付到期价款的数额达到全部价款的五分之一，经催告后在合理期限内仍未支付到期价款的，出卖人可以请求买受人支付全部价款或者解除合同。

出卖人解除合同的，可以向买受人请求支付该标的物的使用费。

条文注解

分期付款买卖合同，是指由出卖人先向买受人交付标的物，买受人将应付的总价款，在一定期限内分次向出卖人支付的买卖合同。分期付款买卖也是一种特殊买卖，其根本特征在于买受人在接受标的物后不是一次性支付全部价款，而是将全部价款分成若干份，分不同日期支付。

分期付款买卖使买受人未支付全部价金即取得买卖标的物，出卖人未得到全部价金即需移转买卖标的物，出卖人存在不能取得全部价金的风险。因此，在分期付款买卖合同中，出卖人为规避风险，往往提出一些有利于自己的合同条款。一般来说这也是合理的，是合同自愿原则的体现。然而，分期付款的买受人往往是弱者，其利益容易受到损害。因此，法律为了防止出卖人提出的这些条款过于苛刻，就应当作出一定的限制，以保证买卖当事人之间利益的平衡。

出卖人在对分期付款买卖采取规避风险的各种措施中，最重要的就是解除合同或者请求支付全部价款的特别约定。

关联法规

《最高人民法院关于审理买卖合同纠纷案件适用法律问题的解释》第27、28条

第六百三十五条 【凭样品买卖合同】凭样品买卖的当事人应当封存样品，并可以对样品质量予以说明。出卖人交付的标的物应当与样品及其说明的质量相同。

条文注解

凭样品买卖合同，又称货样买卖，是指买卖双方根据货物样品而订立的由出卖人按照样品交付标的物的合同。

样品是凭样品买卖的核心问题。这对于双方当事人来讲均很重要，需要高度重视，不然容易引起不必要的纠纷。为此，本条规定，“当事人应当封存样品”。这一规定包括三层意思：一是样品必须是订立合同时的样品；二是样品的封存必须为双方所认可，包括对封存地点、数量、时间以及保存人的认可等；三是双方当事人应当对封存

的样品盖章或者签字。至于封存的具体方法,当事人可以根据自己的具体情况作出具体的约定。

关联法规

《最高人民法院关于审理买卖合同纠纷案件适用法律问题的解释》第29条

第六百三十六条 【凭样品买卖合同的隐蔽瑕疵处理】凭样品买卖的买受人不知道样品有隐蔽瑕疵的,即使交付的标的物与样品相同,出卖人交付的标的物的质量仍然应当符合同种物的通常标准。

第六百三十七条 【试用买卖的试用期限】试用买卖的当事人可以约定标的物的试用期限。对试用期限没有约定或者约定不明确,依据本法第五百一十条的规定仍不能确定的,由出卖人确定。

条文注解

试用买卖合同,也称试验买卖合同,是指出卖人和买受人约定,由买受人对标的物进行试用,并由买受人决定是否购买标的物的一种特殊的买卖合同。在试用买卖中,买卖当事人双方约定由买受人使用或者试验标的物,以买受人经过一段时间后认可标的物为合同生效条件。因此,标的物的试用期限是试用买卖合同中的重要条款,基于合同的自愿原则,合同当事人可以就标的物的试用期限进行约定。所以,本条首先规定试用买卖的当事人可以约定标的物的试用期限。如果当事人在试用买卖合同中对试用期限没有约定或者约定不明确,自然应当依据本法第510条的规定,通过重新协商或者根据合同的条款、交易习惯来确定。也就是说,当事人双方可以协议补充;双方不能达成补充协议的,按照试用买卖合同中的有关条款进行确定;仍然无法确定的,按照交易习惯确定。如果此时还不能确定,则由出卖人来确定试用的期限,以避免试用期限一直处于不确定的状态。

试用买卖的买受人在试用期内已经支付部分价款或者对标的物实施出卖、出租、设立担保物权等行为的,视为同意购买。

第六百三十八条 【试用买卖的效力】试用买卖的买受人在试用期内可以购买标的物,也可以拒绝购买。试用期限届满,买受人对是否购买标的物未作表示的,视为购买。

试用买卖的买受人在试用期内已经支付部分价款或者对标的物实施出卖、出租、设立担保物权等行为的,视为同意购买。

条文注解

根据《最高人民法院关于审理买卖合同纠纷案件适用法律问题的解释》第30条的规定，买卖合同存在下列约定内容之一的，不属于试用买卖。买受人主张属于试用买卖的，人民法院不予以支持：(1)约定标的物经过试用或者检验符合一定要求时，买受人应当购买标的物；(2)约定第三人经试验对标的物认可时，买受人应当购买标的物；(3)约定买受人在一定期限内可以调换标的物；(4)约定买受人在一定期限内可以退还标的物。

案例注解

【案例(2021)宁0303民初929号】被告马某在产品试用期内未归还被视为购买

【基本案情】

2020年8月26日，被告马某从原告丁某处赊购一台型号为75C-2的净水器，价款3680元。被告向原告出具欠条一张，承诺于2020年9月26日前支付。期限届满后，原告多次向被告催要该款项，被告拒绝支付。为此，原告诉至法院，判令被告马某支付净水器款3680元。

被告马某辩称，欠条上汉字写的是叁仟陆佰捌，然后数字又写了368元，上面写多少钱我就给多少钱。

经查，法院确认2020年8月26日被告向原告赊购价值3680元的净水机一台，并约定试用期为1个月的事实。

【裁判要旨】

《民法典》第638条第1款规定，试用买卖的买受人在试用期内可以购买标的物，也可以拒绝购买。试用期限届满，买受人对是否购买标的物未作表示的，视为购买。本案中，被告马某向原告丁某赊购价值3680元的净水机一台，并出具借条一张，双方形成买卖合同法律关系。对原告要求被告支付净水器款3680元的诉讼请求，欠条中显示双方约定试用期1个月。试用期1个月届满后被告理应向原告支付净水器款。原告诉求于法有据，应予支持。

【裁判结果】

2021年6月10日，法院判决被告马某于本判决生效后5日内支付原告丁某净水器款3680元。(资料来源：中国裁判文书网)

关联法规

《最高人民法院关于审理买卖合同纠纷案件适用法律问题的解释》第30条

第六百三十九条　【试用买卖使用费的负担】试用买卖的当事人对标的物使用费没有约定或者约定不明确的，出卖人无权请求买受人支付。

第六百四十条　【试用期间标的物灭失风险的承担】标的物在试用期内毁损、灭失的风险由出卖人承担。

第六百四十一条　【所有权保留】当事人可以在买卖合同中约定买受人未履行支付价款或者其他义务的，标的物的所有权属于出卖人。

出卖人对标的物保留的所有权，未经登记，不得对抗善意第三人。

条文注解

通常来讲，买卖合同标的物的所有权自标的物交付时起转移，但法律另有规定或者当事人另有约定的，则应当依照法律规定或者当事人的约定确定所有权转移的时间。本条的规定即体现了当事人另外约定的一种情形。因此，本条实际上是一个提示性的条款，当事人可以根据实际情况运用这样的约定确定相互的权利义务关系，而这种约定是当事人根据合同自愿原则确定合同内容的表现，是受法律保护的。

买卖合同中的所有权保留条款，是标的物所有权转移问题中的重要内容。所有权保留条款是有利于出卖人的条款。它的主要功能是可以使出卖人躲避不能取得标的物价款的风险。在买受人未履行支付价款或者其他义务以前，出卖人仍然享有标的物的所有权。这样就可以免去在出卖人已交付标的物而买受人不履行其主要义务时，因所有权已转移可能给出卖人造成的损害。

自2020年1月1日起施行的《优化营商环境条例》第47条第2款规定："国家推动建立统一的动产和权利担保登记公示系统，逐步实现市场主体在一个平台上办理动产和权利担保登记。纳入统一登记公示系统的动产和权利范围另行规定。"

基于实现优化营商环境、消灭隐形担保的总目标，本条规定出卖人对标的物保留的所有权，未经登记不得对抗善意第三人，明确了必须登记才能取得对抗第三人的效力。

关联法规

《最高人民法院关于审理买卖合同纠纷案件适用法律问题的解释》第25条

第六百四十二条　【出卖人的取回权】当事人约定出卖人保留合同标的物的所有权，在标的物所有权转移前，买受人有下列情形之一，造成出卖人损害的，除当事人另有约定外，出卖人有权取回标的物：

（一）未按照约定支付价款，经催告后在合理期限内仍未支付；

（二）未按照约定完成特定条件；

（三）将标的物出卖、出质或者作出其他不当处分。

出卖人可以与买受人协商取回标的物；协商不成的，可以参照适用担保物权的实现程序。

条文注解

所有权保留出卖人取回权，是指在所有权保留买卖合同中，当买受人出现违约的情形时，出卖人享有取回标的物的权利。依据本条第1款的规定，出卖人取回权的主要内涵：在所有权保留买卖中，标的物进行实际交付以后，标的物所有权移转于买受人之前，因买受人未按照约定支付价款、未按照约定完成特定条件或者将标的物作出卖或者出质等不当处分的，出卖人有权取回标的物。据此表明，出卖人若取回标的物，除当事人另有约定外，必须符合本条规定的条件才可以行使。之所以明确出卖人的取回权，是因为在所有权保留买卖中，由于买受人占有、使用标的物，出卖人以保留的所有权来担保其价金债权的实现，这就造成了所有权人和标的物相分离，一旦买受人不依约支付价款，或者对标的物进行处分进而使标的物的价值降低或状态改变，都将危害到出卖人的利益。在此前提下，当买受人未履行支付价款义务或未尽善良管理人应尽的注意义务时，出卖人应当享有一定的救济权利，取回标的物无疑是最好的手段。出卖人可以行使取回权的具体条件如下：

第一，买受人未按照约定支付价款。通常情况下，出卖人在买受人未支付价款达到何种程度才可以取回标的物，应当由合同约定。如果合同没有约定，出卖人在买受人未支付价款达到何种程度可以取回。

第二，买受人未按照约定完成特定条件。如果汽车买卖当事人约定买受人应当在购买车辆1个月内更换刹车系统并购买车辆交强险及商业险，否则出卖人有权取回汽车。

第三，买受人在占有标的物期间擅自处分标的物且标的物未被第三人善意取得。在买卖双方未就出卖人何时可以取回标的物作出约定时，买受人就标的物实施了转卖、出质等行为的，将严重侵害出卖人的所有权，故出卖人依法有权行使取回权。

但是，如果第三人依据本法第311条的规定已经善意取得标的物所有权或者其他物权的，出卖人无权取回标的物，否则将严重损害交易的安全和交易的秩序。

在符合上述出卖人可以行使取回权条件的前提下，出卖人应当以何种程序取回，将影响出卖人取回标的物的效率。因此，本条第2款规定，出卖人可以与买受人协商取回标的物；协商不成的，可以参照适用担保物权的实现程序。

案例注解

【案例(2021)浙0683民初5142号】出卖人要求取回标的物获法院支持

【基本案情】

2020年6月27日,原告浙江某印染机械公司与被告绍兴某纺织公司签订《供货合同》1份,约定:"一、产品名称热风拉幅定形机,规格型号ZCMD768－260,数量1台,金额136万元;二、发货时间:2020年7月10日;三、交货地点、方式:需方派人来供方公司自提……七、质保期限:自安装完成起12个月;八、结算方式及期限:合同签订后3日内需方应付供方定金10万元,需方提货当日应支付70万元,余款56万元于安装完毕起12个月内付清……十一、特别约定:需方承诺的设备款未付清,设备所有权属供方所有,已付款项不予退还。"2020年8月12日,被告公司转账给原告50万元;次日,被告公司转账给原告30万元,共计80万元,尚欠56万元未付。原告诉称现因被告公司车间停业多日,已无法继续经营下去,原告所有的设备也将由被告统一处理掉,故向法院起诉,请求法院依法确认安装在被告公司的型号为ZCMD768－260的这台热风拉幅定形机归原告享有所有,并由被告协助返还;判令被告李某对被告公司所欠款项576,000元及机器费用承担无限连带付款责任。

经查,2021年7月19日绍兴市某纺织品整理有限公司向法院对被告公司、李某就房屋租赁合同纠纷提起诉讼,同月27日对被告公司内的全部机器设备进行了查封,被告公司已经处于停产状态。

【裁判要旨】

《民法典》第642条规定:当事人约定出卖人保留合同标的物的所有权,在标的物所有权转移前,买受人有下列情形之一,造成出卖人损害的,除当事人另有约定外,出卖人有权取回标的物:(1)未按照约定支付价款,经催告后在合理期限内仍未支付;(2)未按照约定完成特定条件;(3)将标的物出卖、出质或者作出其他不当处分。本案中,原告、被告双方当事人签订的《供货合同》,系双方当事人真实意思表示,且不违约法律、法规的强制性规定,故合法有效,双方应当按约履行。虽然原告起诉时未届尾款的支付期限,但因被告已经停产,亦因涉及其他债务厂区内设备已被法院查封,原告若不及时主张权利该标的务可能会被作其他处分,故此时原告享有标的物取回权。

【裁判结果】

2021年8月18日,法院判决被告绍兴某纺织公司返还给原告浙江某印染机械公司ZCMD768－260型热风拉幅定型机1台,限于本判决生效之日起10日内返还。(资料来源:中国裁判文书网)

关联法规

《最高人民法院关于审理买卖合同纠纷案件适用法律问题的解释》第26条

第六百四十三条　【买受人的回赎权】出卖人依据前条第一款的规定取回标的物后，买受人在双方约定或者出卖人指定的合理回赎期限内，消除出卖人取回标的物的事由的，可以请求回赎标的物。

买受人在回赎期限内没有回赎标的物，出卖人可以以合理价格将标的物出卖给第三人，出卖所得价款扣除买受人未支付的价款以及必要费用后仍有剩余的，应当返还买受人；不足部分由买受人清偿。

关联法规

《招标投标法》

第六百四十四条　【招标投标买卖】招标投标买卖的当事人的权利和义务以及招标投标程序等，依照有关法律、行政法规的规定。

第六百四十五条　【拍卖】拍卖的当事人的权利和义务以及拍卖程序等，依照有关法律、行政法规的规定。

第六百四十六条　【买卖合同准用于有偿合同】法律对其他有偿合同有规定的，依照其规定；没有规定的，参照适用买卖合同的有关规定。

第六百四十七条　【互易合同】当事人约定易货交易，转移标的物的所有权的，参照适用买卖合同的有关规定。

第十章　供用电、水、气、热力合同

第六百四十八条　【供用电合同定义及强制缔约义务】供用电合同是供电人向用电人供电，用电人支付电费的合同。

向社会公众供电的供电人，不得拒绝用电人合理的订立合同要求。

条文注解

供用电合同涉及千家万户，关系基本民生，供用电合同不仅关系当事人的利益，而且关系社会公共利益。如果作为供电人的供电企业拒绝向某个当事人提供供电服务，则用电人将很可能无法得到这些服务，进而影响最基本的生产和生活，需要法律对此类合同作出特别规定，对供电人的自由进行适当限制。因此，法律上有必要规定强制缔约义务。

所谓强制缔约，是指只要一方提出订立合同的要求，负有强制缔约义务的人依法不得拒绝，必须与之订立合同。我国《电力法》第26条第1款规定："供电营业区内的供电营业机构，对本营业区内的用户有按照国家规定供电的义务；不得违反国家规定对其营业区内申请用电的单位和个人拒绝供电。"这就是供电人的强制缔约义务。在《民法典》编纂过程中，考虑到用电的普遍性和对民众生活的必需性，经研究认为，有必要在《电力法》的基础上，进一步在《民法典》中对供用电合同当事人的强制缔约义务作出规定，以在更广范围指引社会、经济生活。因此本条第2款规定："向社会公众供电的供电人，不得拒绝用电人合理的订立合同要求。"

本章从现实出发，本着合同自愿订立的原则，把供用电双方作为平等的民事主体，着重从当事人合同关系的角度，对供用电合同的有关内容、供用电双方的权利义务及违约责任等作出规定，以适应社会主义市场经济体制发展和完善的需要。

关联法规

《电力法》第27条，《电力供应与使用条例》第33条

第六百四十九条　【供用电合同内容】供用电合同的内容一般包括供电的方式、质量、时间，用电容量、地址、性质，计量方式，电价、电费的结算方式，供用电设施的维护责任等条款。

第六百五十条　【供用电合同履行地】供用电合同的履行地点，按照当事人约定；当事人没有约定或者约定不明确的，供电设施的产权分界处为履行地点。

第六百五十一条　【供电人的安全供电义务】供电人应当按照国家规定的供电质量标准和约定安全供电。供电人未按照国家规定的供电质量标准和约定安全供电，造成用电人损失的，应当承担赔偿责任。

关联法规

《电力法》第28、59、60条,《电力供应与使用条例》第19~24条

第六百五十二条 【供电人中断供电时的通知义务】供电人因供电设施计划检修、临时检修、依法限电或者用电人违法用电等原因,需要中断供电时,应当按照国家有关规定事先通知用电人;未事先通知用电人中断供电,造成用电人损失的,应当承担赔偿责任。

条文注解

供用电合同是一种持续供给合同,供电人在发电、供电系统正常的情况下,应当连续向用电人供电,不得中断,否则应当承担违约责任。这是供电人连续供电的义务。但是在某些法定情形下,供电人可以中断供电,根据本条和《电力法》第29条的规定,这些情形主要包括:

(1)供电设施检修。为了保障安全、及时供电,供电人应当加强对供电设施的检修,从公平合理角度来讲,检修供电设施自然可以中断供电。本条对"供电设施检修"未加法定限制条件,因此,无论是计划检修还是临时检修,只要依照规定事先通知了用电人,供电人都可以根据需要中断供电。

(2)依法限电。这是指依照有关法律、行政法规对一个地区中的一部分地区、部分用户、用电大户的部分用电设施中断供电,使其用电总量减少的一种措施行为。既然是依法进行的限电,供电人根据需要中断供电是应有之义。

(3)用电人违法用电。这种情形具体包括违章用电、窃电、超计划用电、不安全用电以及其他违反法律、行政法规用电的行为。《电力法》第32条第1款规定:"用户用电不得危害供电、用电安全和扰乱供电、用电秩序。"其中的"危害供电、用电安全",是指用户违反供用电安全的有关规定,故意采取不正当手段,威胁供用电安全,或由于管理、使用不当,引发电气设施损坏事故、火灾事故、人身伤亡事故、停电事故等情况。"扰乱供电、用电秩序"则主要包括违章用电行为、窃电行为、超计划用电行为、故意冲击供电企业与变电设施所在地行为等。供电人在上述情形下中断供电,不承担违约责任,但前提是应当按照国家有关规定事先通知用电人。

因供电设施计划检修停电,供电企业应当提前7天通知用户或者进行公告。因供电设施临时检修停电,供电企业应当提前24小时通知重要用户。因发电、供电系统发生故障需要停电、限电时,供电企业应当按照事先确定的限电序位进行停电或者限电;但限电序位应事前公告用户。引起停电或者限电的原因消除后,供电企业应当尽快恢复供电。但是,如果因供电设施检修、依法限电或者用户违法用电等原因中断供电,供电企业没有按照国家有关规定事先通知用户,比如遇到计划检修时,没有提前7天通知用户或者进行公告,依法限电时,没有按照事先确定的限电序位进行限电,因此给用电人造成损失的,应当承担损害赔偿责任。

案例注解

【案例(2021)津0103民初627号】刘某要求电力公司赔偿被法院驳回

【基本案情】

原告刘某诉称基于同案外人李某签订的《天津市房屋租赁合同》自2015年3月21日起在天津市西青区××路××道××房屋内居住,租赁期限自2015年3月21日起至2034年3与20日止。并称其自入住该房屋起履行缴纳电费的义务。刘某提供的购电证中载明的用户编号:0223200××××,户名:天津××集团有限公司,地址:天津市西青区××路××号楼××单元××,受理日期:2018年12月6日。国网天津市电力公司城南供电分公司提供的购电证中载明的用户编号:0223200371,户名:王某利,地址:天津市西青区××路××号楼××单元××,受理日期:2021年1月1日。

原告认为,2021年1月4日,被告工作人员在明知道该房屋内有实际使用人的情况下,将该房屋电表拆除,中断了对原告的供电,给原告行使居住使用该房屋权利造成了很大的困难,严重扰乱了原告的正常生活,造成用电人损失,应当承担赔偿责任。为此诉至法院,请求法院判令被告继续履行向原告供电义务。

经查,天津市西青区××3－1－2901室(以下简称该房屋)产权人为王某树,登记日期为2020年12月22日。2021年1月1日,王某树向国网天津市电力公司×8供电分公司申请办理该房屋的用电销户手续。

【裁判要旨】

《民法典》第652条规定,供电人因供电设施计划检修、临时检修、依法限电或者用电人违法用电等原因,需要中断供电时,应当按照国家有关规定事先通知用电人;未事先通知用电人中断供电,造成用电人损失的,应当承担赔偿责任。当事人的合法民事权益应予保护。本案中,原告刘某虽主张因同案外人李某签订房屋租赁合同而合法占有使用该房屋并自入住该房屋起履行了实际缴纳电费的义务,但结合原、被告提交的证据,刘某、国网天津市电力公司××供电分公司之间不构成供用电合同关系。国网天津市电力公司××供电分公司系依据用电申请人王某树的销户申请终止供用电合同关系后不再供电,不存在违约停止供电的情形。

【裁判结果】

2021年3月29日,法院判决驳回原告刘某的全部诉讼请求。(资料来源:中国裁判文书网)

关联法规

《电力法》第29条,《电力供应与使用条例》第28条

第六百五十三条 【供电人的抢修义务】因自然灾害等原因断电,供电人应当按照国家有关规定及时抢修;未及时抢修,造成用电人损失的,应当承担赔偿责任。

关联法规

《电力法》第30条

第六百五十四条　【用电人的交付电费义务】用电人应当按照国家有关规定和当事人的约定及时支付电费。用电人逾期不支付电费的，应当按照约定支付违约金。经催告用电人在合理期限内仍不支付电费和违约金的，供电人可以按照国家规定的程序中止供电。

供电人依据前款规定中止供电的，应当事先通知用电人。

案例注解

【案例(2021)津0104民初7417号】某公司欠缴电费被判支付违约金

【基本案情】

原告国网天津市电力公司某供电分公司与被告某制药公司签订了《高压供用电合同》(注:该合同未注明签订日期,原告留存的底档给被告供电自1996年12月始),约定:"用电地址为南开区××路××号,用电分类为大工业用电,供电方按国家规定,在用电方每个受电点安装用电计量装置,用电计量装置的记录作为向用电方计算电费的依据,电费结算方式按电费协议执行,电费违约金当年欠费部分每日按欠费总额的千分之二计算,跨年度欠费部分每日按欠费总额的千分之三计算。"合同履行中,被告自2020年1月始欠付原告电费62,902.15元,原告于同年4月7日、6月28日两次向被告发出催交电费通知,7月2日向被告发出实施停电通知,7月10日停止对被告的供电。原告诉至法院,请求判令被告立即给付原告电费62,902.15元(截至起诉之日),被告支付逾期付款违约金19,581.63元(截至起诉之日)。

【裁判要旨】

《民法典》第654条第1款规定,用电人应当按照国家有关规定和当事人的约定及时支付电费。用电人逾期不支付电费的,应当按照约定支付违约金。经催告用电人在合理期限内仍不支付电费和违约金的,供电人可以按照国家规定的程序中止供电。本案中,原被告自愿签订《高压供用电合同》,系双方真实意思表示,合法有效,双方均应依照合同约定履行各自义务。原告已按合同约定向被告供电,被告即应依约给付原告用电使用费,故原告诉请被告给付所欠电费,于法有据,应予支持。

【裁判结果】

2021年7月20日,法院判决被告天津某制药有限公司在判决生效后15日内给付原告国网天津市电力公司某供电分公司欠付电费62,902.15元;被告给付原告欠付电费违约金19,581.63元。(资料来源:中国裁判文书网)

关联法规

《电力法》第33条,《电力供应与使用条例》第23~26、34条

第六百五十五条 【用电人的安全用电义务】用电人应当按照国家有关规定和当事人的约定安全、节约和计划用电。用电人未按照国家有关规定和当事人的约定用电,造成供电人损失的,应当承担赔偿责任。

条文注解

用电人违章用电,应当承担一定的法律责任,有关电力供应与使用的法律法规对违章用电的法律责任作出了规定。《电力法》第65条规定,违反该法第32条规定,危害供电、用电安全或者扰乱供电、用电秩序的,由电力管理部门责令改正,给予警告;情节严重或者拒绝改正的,可以中止供电,可以并处5万元以下的罚款。《电力供应与使用条例》第40条规定,违反该法第30条规定,违章用电的,供电企业可以根据违章事实和造成的后果追缴电费,并按照国务院电力管理部门的规定加收电费和国家规定的其他费用;情节严重的,可以按照国家规定的程序停止供电。以上规定,多是从行政管理的角度出发,给予行政处罚。从合同关系考虑,违反国家有关规定和当事人的有关约定用电,属于违约用电行为,对此,应当承担违约责任。故本条规定,用电人未按照国家有关规定和当事人的约定用电,造成供电人损失的,应当承担赔偿责任。具体地,用电人承担哪种违约责任,承担多大的违约责任,均由当事人根据合同编第一分编通则有关违约责任的规定加以确定。通常包括采取补救措施、支付违约金、供电人中止供电等,造成供电人损失的,应当给予赔偿。

关联法规

《电力法》第32、59、60条,《电力供应与使用条例》第29~31条

第六百五十六条 【供用水、供用气、供用热力合同的参照适用】供用水、供用气、供用热力合同,参照适用供用电合同的有关规定。

关联法规

《城市供水条例》,《城镇燃气管理条例》

第十一章 赠与合同

第六百五十七条 【赠与合同定义】赠与合同是赠与人将自己的财产无偿给予受赠人，受赠人表示接受赠与的合同。

条文注解

赠与具有相当的社会意义，有利于弘扬文明友善的社会主义核心价值观。赠与合同，是指赠与人将自己的财产无偿给予受赠人，受赠人愿意接受赠与的合同。我们可以从赠与合同的概念中看出以下内涵：

一是赠与是一种合意，是双方的法律行为。赠与合同虽为单务、无偿合同，但也需有当事人双方一致的意思表示才能成立。如果一方有赠与意愿，另一方无意接受该赠与，赠与合同不能成立。在现实生活中，也会出现一方出于某种考虑而不愿接受对方赠与的情形，如遇此情况，赠与合同即不成立。

二是赠与合同是转移财产所有权的合同。赠与合同是以赠与人将自己的财产给予受赠人为内容的合同，是赠与人转移财产所有权于受赠人的合同。这是赠与合同与借用合同的主要区别。

三是赠与合同为无偿合同。所谓“无偿合同”，是指仅由当事人一方为给付，另一方不必向对方偿付相应代价的合同。在赠与合同中，仅由赠与人无偿地将自己的财产给予受赠人，而受赠人取得赠与的财产，不需向赠与人偿付相应的代价。这是赠与合同与买卖等有偿合同的主要区别。

四是赠与合同是单务合同。所谓“单务合同”，是指仅由当事人一方负债务，另一方不负债务，或者另一方虽负有债务但无对价关系的合同。在一般情况下，赠与合同仅由赠与人负有将自己的财产给予受赠人的义务，而受赠人并不负有义务。在附义务的赠与中，赠与人负有将其财产给予受赠人的义务，受赠人按照合同约定负担某种义务，但受赠人所负担的义务并非赠与人所负义务的对价，受赠人的义务通常远小于赠与人的义务，双方的义务并不是相互对应的，因此，赠与合同为单务合同。

五是赠与合同为诺成合同。赠与合同是实践合同还是诺成合同，与赠与合同自何时成立直接相关。赠与合同是否以交付标的物为成立要件，国外立法例上有不同规定，我国法学界也有不同认识。所谓“实践合同”，又称“要物合同”，是指除当事人间的意思表示一致以外，还需交付标的物才能成立的合同。它以当事人的合意和交付标的物为成立要件。所谓“诺成合同”，又称“非要物合同”，是指当事人之间意思表示一致，即能成立的合同。它以当事人的合意为成立要件。

六是赠与合同为不要式合同。赠与合同是要式合同还是不要式合同，与赠与合同是否成立也有关联。所谓“要式合同”，是指法律要求必须采用一定的形式的合同。所谓“不要式合同”，是指法律没有要求必须具备特定的形式的合同。不要式合同不排斥合同采用书面、公证等形式，只是合同的形式不影响合同的成立。依照本法的规定，赠与合同为不要式合同。赠与合同既可采用口头形式，又可采用书面形式或者在合同订立后办理公证证明。无论采用何种形式，也无论是否经过公证，都不影响赠与合同的成立。

第六百五十八条 【赠与人任意撤销权及其限制】赠与人在赠与财产的权利转移之前可以撤销赠与。

经过公证的赠与合同或者依法不得撤销的具有救灾、扶贫、助残等公益、道德义务性质的赠与合同，不适用前款规定。

案例注解

【案例(2021)湘0181民初656号】罗某在赠与财产权利转移之前撤销赠获法院支持

【基本案情】

被告罗某与其妻邹某某(已于2019年11月16日去世)于1968年结婚，育有二子即被告罗某1和第三人罗某2。位于浏阳市××街道××路××号××房××，建筑面积66.23m²，登记在罗某名下，权证号为浏房权证字第0××5号。2012年，该房屋被纳入旧城改造项目的征收范围。2014年12月4日，罗某、邹某某作为甲方与罗某2之子本案原告罗某3作为乙方签订《房屋、土地产权赠与合同》1份，合同约定：“甲方自愿将位于浏阳市××街道××路××号住房和土地使用权赠与乙方，房屋赠与关系确立后，由乙方办理房屋及土地过户手续，甲方积极协助办理。”合同尾部有邹某某、罗某、罗某3、罗某2的签字及捺印。此后，房屋一直未转移过户。2015年，该房屋被征拆，以产权调换方式获得“××”住宅小区面积为99.92m²的安置房1套，且同意超过应安置面积19.06m²按合同约定补交超面积购房款，该房屋至今未交付。该房屋被拆迁前，罗某曾一直居住在案涉房屋内，拆迁后，在外租房后居住亲戚家。

2021年1月8日原告诉至法院，请求判令位于浏阳市××(原淮川长南路××号浏房权××5号)房屋属于邹某某的50%产权份额归原告所有，并要求被告配合原告进行产权登记手续。

被告辩称，罗某2对被告不尽赡养扶助义务，所以被告在罗某2起诉被告时，就已宣布撤销赠与，请求法院驳回其诉求。

【裁判要旨】

《民法典》第658条规定，赠与人在赠与财产的权利转移之前可以撤销赠与。经过公证的赠与合同或者依法不得撤销的具有救灾、扶贫、助残等公益、道德义务性质的赠与合同，不适用前款规定。本案中，被告罗某与其妻邹某某于2014年12月4日签订《房屋、土地产权赠与合同》，自愿将夫妻共同财产——位于浏阳市××街道××路××号住房和土地使用权赠与原告罗某3所有，实际上是二人自愿将共有财产赠与给原告的意思表示。因该财产系不动产,不动产以登记为财物的交付完成。因此,被告罗某与邹某某须将讼争房屋过户到原告名下才能完成对原告的赠与。现讼争房屋尚未登记至原告名下,赠与物的财产权利尚未转移,此时,财产权利人对赠与享有任意撤销权,被告罗某作为共有财产权利人有权撤销赠与。

【裁判结果】

2021年7月5日,法院判决驳回罗某3的全部诉讼请求。(资料来源:中国裁判文书网)

关联法规

《公益事业捐赠法》第2~5条

第六百五十九条 【赠与财产办理有关法律手续】赠与的财产依法需要办理登记或者其他手续的,应当办理有关手续。

第六百六十条 【受赠人的交付请求权以及赠与人的赔偿责任】经过公证的赠与合同或者依法不得撤销的具有救灾、扶贫、助残等公益、道德义务性质的赠与合同,赠与人不交付赠与财产的,受赠人可以请求交付。

依据前款规定应当交付的赠与财产因赠与人故意或者重大过失致使毁损、灭失的,赠与人应当承担赔偿责任。

案例注解

【案例(2021)渝0112民初1732号】某公益组织要求被告支付赠与款获法院支持

【基本案情】

2019年7月5日,被告重庆某食品厂(甲方)与原告重庆市某川菜文化发展基金会(乙方)签订《认捐协议书》,主要载明:甲方自愿向乙方捐赠公益基金,大写壹拾万元整(小写:100,000.00元);捐赠时间为2019年11月15日之前;乙方在收到甲方捐赠资金后于10个工作日内为甲方开具由财政部统一监制的有效收据凭证。协议还约定了其他事项。该协议签订后,被告未按约向原告支付公益基金。原告认为,其系为弘扬、发展川菜文化成立的慈善组织,案涉赠与行为系公益性捐赠,被告不履行捐赠义务,原告有权要求被告支付捐赠款项,为此诉至法院,请求判令被告向原告支付公益基金100,000元。

经查,原告的《基金会法人登记证书》载明,原告为慈善组织,业务范围为实施符合传承、保护、弘扬、发展川菜文化的资助项目;筹集川菜文化发展资金;资助川菜文化研究;奖励对中国川菜文化作出突出贡献的人士。

【裁判要旨】

《民法典》第660条第1款规定，经过公证的赠与合同或者依法不得撤销的具有救灾、扶贫、助残等公益、道德义务性质的赠与合同，赠与人不交付赠与财产的，受赠人可以请求交付。本案中，原告的《基金会法人登记证书》载明，原告为慈善组织，其业务范围为实施符合传承、保护、弘扬、发展川菜文化的资助项目，筹集川菜文化发展资金，资助川菜文化研究，奖励对中国川菜文化作出突出贡献的人士。双方《认捐协议书》还约定被告捐赠的资金为公益基金，故原告、被告签订的《认捐协议书》为具有公益性质的赠与合同。原告、被告签订的《认捐协议书》系双方当事人真实意思表示，该赠与合同合法有效，且依法不得撤销，原告有权要求被告交付捐助金。

【裁判结果】

2021年6月18日，法院判决被告重庆某食品厂于本判决生效之日起10日内支付原告重庆市某川菜文化发展基金会100,000元。(资料来源：中国裁判文书网)

第六百六十一条　【附义务赠与合同】赠与可以附义务。

赠与附义务的，受赠人应当按照约定履行义务。

条文注解

附义务的赠与，也称附负担的赠与，是指以受赠人对赠与人或者第三人为一定给付为条件的赠与，即使受赠人接受赠与后负担一定义务的赠与。附义务的赠与不同于一般的赠与，而属一种特殊的赠与。其特殊性：(1)一般的赠与，受赠人仅享有取得赠与财产的权利，不承担任何义务；而附义务的赠与，赠与人对其赠与附加一定的条件，使受赠人承担一定的义务。(2)附义务的赠与，其所附义务不是赠与的对价，即所附义务不能大于或者等于受赠人所获得的利益，通常是低于赠与财产的价值。(3)除当事人另有约定外，通常情况下，在赠与人履行了赠与义务后，才发生受赠人义务的履行问题。例如，某捐款人应当先将捐款实际交付某大学，该大学拿到捐款后才开始动工建造捐款人希望建造的图书馆和体育场馆。(4)赠与所附义务既可以约定向赠与人履行，也可以约定向第三人履行，还可以约定向不特定的多数人履行。(5)履行赠与所负的义务，依照当事人的约定，既可以是作为，也可以是不作为。(6)赠与所附义务，是赠与合同的组成部分，而不是另外的独立合同。(7)附义务的赠与，其义务不能违反法律或者违背公序良俗，如赠与人提出受赠人只能用赠款去还赌债，这个附义务的赠与就是不合法的，因为赌债是不合法的债务。

第六百六十二条　【赠与人瑕疵担保责任】赠与的财产有瑕疵的，赠与人不承担责任。附义务的赠与，赠与的财产有瑕疵的，赠与人在附义务的限度内承担与出卖人相同的责任。

赠与人故意不告知瑕疵或者保证无瑕疵，造成受赠人损失的，应当承担赔偿责任。

第六百六十三条 【赠与人的法定撤销权及其行使期间】受赠人有下列情形之一的，赠与人可以撤销赠与：

（一）严重侵害赠与人或者赠与人近亲属的合法权益；

（二）对赠与人有扶养义务而不履行；

（三）不履行赠与合同约定的义务。

赠与人的撤销权，自知道或者应当知道撤销事由之日起一年内行使。

条文注解

赠与合同的法定撤销，是指赠与合同成立后，在具备法律规定的情形时，撤销权人可以撤销赠与。赠与的法定撤销与任意撤销的不同之处：第一，撤销赠与须依法律规定的事由；第二，只要具备法定事由，无论赠与合同以何种形式订立甚至经过公证证明，无论赠与的财产是否已经交付或已发生权利转移，也无论赠与是否属于社会公益或者道德义务性质，享有撤销权的赠与人均可以撤销赠与。依本条规定，赠与人撤销赠与应当具有以下三种法定情形之一：

第一种情形，受赠人严重侵害赠与人或者赠与人的近亲属。其要点：一是受赠人实施的是严重侵害行为，而不是轻微的、一般的侵害行为；二是受赠人侵害的是赠与人本人或其近亲属，近亲属的范围应当适用本法第1045条第2款“配偶、父母、子女、兄弟姐妹、祖父母、外祖父母、孙子女、外孙子女为近亲属”的规定，如果侵害的是其他亲友则不在此列。

第二种情形，受赠人对赠与人有扶养义务而不履行。其要点：一是受赠人对赠与人有扶养义务；二是受赠人对赠与人有扶养能力，而不履行对赠与人的扶养义务。如果受赠人没有扶养义务或者丧失了扶养能力，则不产生赠与人撤销赠与的权利。需要特别指出的是，这里的“扶养”应当作广义解释，不应当仅理解为本法第1059条第1款规定的“夫妻有相互扶养的义务”等同辈之间的照顾义务，也包括对长辈的“赡养”以及对晚辈的“抚养”等关系的照顾义务。

第三种情形，受赠人不履行赠与合同约定的义务。其要点：一是赠与合同约定了受赠人负有一定的义务；二是赠与人已将赠与的财产交付于受赠人；三是受赠人不履行赠与合同约定的义务。在附义务的赠与中，受赠人应当依约定履行其所负义务。在赠与人向受赠人交付了赠与的财产后，受赠人如果不依约履行其义务，赠与人可以撤销赠与。

赠与人的法定撤销权属于形成权，撤销权一经赠与人行使即发生效力，双方当事人的赠与关系即归于消灭。为了维护社会关系的稳定，尽快确定赠与的法律关系，撤销权人应当依法及时行使撤销权。赠与人行使撤销权的期间为1年，自知道或者应当知道撤销原因之日起计算。这一期间属于除斥期间，即法律对某种权利所预定的行使期间，不存在中止、中断和延长的问题。撤销权人如在法律规定的期间内不行使撤销权的，其撤销权即归于消灭。当然，依据本法第152条第2款的规定，"当事人自民事法律行为发生之日起五年内没有行使撤销权的，撤销权消灭"。因此，赠与人的法定撤销权应受该5年期间的限制。

另外需要说明的是，赠与人行使法定撤销权，应当将其撤销赠与的意思表示通知受赠人。撤销赠与的意思表示既可以是明示的，也可以是默示的。例如，赠与人没有明确说明撤销赠与，而是向受赠人索要已经交付的赠与财产，即属于默示的意思表示。赠与人没有将其撤销赠与的意思表示通知受赠人的，不发生撤销赠与的法律效力。

案例注解

【案例(2021)苏0321民初216号】董某要求撤销房屋赠与获法院支持

【基本案情】

原告董某与被告周某系母子关系。2014年7月，双方居住的房屋拆迁。原告、被告口头约定由被告周某负责原告养老事宜，原告于2014年7月4日签署保证书一份，载明：董某自愿将拆迁安置面积40平方米给予周某，并由原告、被告及见证人签字确认。2014年7月8日，被告周某(乙方)与××县经济开发区管理委员会(甲方)签订《集体土地房屋拆迁产权调换补偿安置协议书》一份，约定甲方应于上房结算时向乙方支付应退金额33,298.84元。该协议书附件载明，甲方核定乙方人口共5人，按照每人40平方安置面积标准，并奖励20平方米安置面积。2019年，被告周某所选的两套拆迁安置房上房完毕。2020年10月，原告、被告及其他亲属一起吃饭，期间被告与其亲属产生争执，并对原告有推搡行为。后原告、被告关系恶化，原告诉至法院，请求撤销原告对被告的房屋赠与。

【裁判要旨】

《民法典》第663条第1款规定，受赠人有下列情形之一的，赠与人可以撤销赠与：(1)严重侵害赠与人或者赠与人近亲属的合法权益；(2)对赠与人有扶养义务而不履行；(3)不履行赠与合同约定的义务。本案中，被告周某为原告的儿子，对原告负有法定的赡养义务。原告在庭审中称，被告在2020年10月之后被告对其不管不问，原告一直用养老和遗属的钱生活，被告周某从未带原告看病，还有殴打原告的行为，并提供证人证言予以证明。原告主张撤销赠与其享有的40平方米安置面积的诉请，于法有据，且未超过法定除斥期间，应予以支持。

【裁判结果】

2021年7月2日，法院判决撤销原告董某将位于××县房屋拆迁中原告享有的40平方拆迁安置面积赠与被告周某的行为；驳回原告董某的其余诉讼请求。(资料来

源:中国裁判文书网)

第六百六十四条 【赠与人继承人或者法定代理人的撤销权】因受赠人的违法行为致使赠与人死亡或者丧失民事行为能力的,赠与人的继承人或者法定代理人可以撤销赠与。

赠与人的继承人或者法定代理人的撤销权,自知道或者应当知道撤销事由之日起六个月内行使。

第六百六十五条 【撤销赠与的法律后果】撤销权人撤销赠与的,可以向受赠人请求返还赠与的财产。

第六百六十六条 【赠与人穷困抗辩】赠与人的经济状况显著恶化,严重影响其生产经营或者家庭生活的,可以不再履行赠与义务。

第十二章 借款合同

第六百六十七条 【借款合同定义】借款合同是借款人向贷款人借款,到期返还借款并支付利息的合同。

条文注解

借款合同,是指贷款人向借款人提供借款,借款人到期返还借款,并向贷款人支付利息的合同。

借款合同和传统民法借贷合同的概念有所区别。借贷合同是贷与人交付金钱或者其他种类物并转移其所有权供借用人消耗使用,借用人向贷与人返还种类、质量、数量相同的种类物的合同,一般分为使用借贷和消费借贷。其中,使用借贷是指当事人约定,当事人一方将物品借给对方使用,对方无偿使用后将物品返还的合同,又称为借用合同。消费借贷是指当事人约定,当事人一方有偿地将金钱或者其他代替物的所有权转移给对方,对方以相同物品返还的合同。本法并未对使用借贷作出规定,本章的借款合同,仅指消费借贷中的金钱借贷的内容。

第六百六十八条　【借款合同形式和内容】借款合同应当采用书面形式,但是自然人之间借款另有约定的除外。

借款合同的内容一般包括借款种类、币种、用途、数额、利率、期限和还款方式等条款。

关联法规

《商业银行法》第37条

第六百六十九条　【借款人应当提供真实情况义务】订立借款合同,借款人应当按照贷款人的要求提供与借款有关的业务活动和财务状况的真实情况。

关联法规

《商业银行法》第39条

第六百七十条　【借款利息不得预先扣除】借款的利息不得预先在本金中扣除。利息预先在本金中扣除的,应当按照实际借款数额返还借款并计算利息。

案例注解

【案例(2021)辽0124民初1651号】预先扣除利息被判按实际借款归还借款

【基本案情】

2016年2月14日,被告李某向原告佟某借款100,000元,原告预先扣除一年利息18,000元,实际交付被告借款82,000元,被告给原告出具借据一份,主要内容:"2016年2月14日,李某伟借款拾万元整,¥100,000.00,利息付清,期限一年,借款人李某伟"。此款经原告催要,被告至今未还,故原告诉至法院,请求法院判令被告返还原告借款82,000元并支付利息14,760元,合计96,760元。

【裁判要旨】

《民法典》第670条规定,借款的利息不得预先在本金中扣除。利息预先在本金中扣除的,应当按照实际借款数额返还借款并计算利息。本案中,被告向原告借款100,000元,原告预先扣除一年利息18,000元,实际交付被告借款82,000元,应当按照实际借款数额82,000元返还借款并计算利息。

【裁判结果】

2021年9月17日，法院判决被告李某伟于本判决发生法律效力后15日内返还原告佟某借款82,000元并支付利息14,760元，合计96,760元。（资料来源：中国裁判文书网）

第六百七十一条　【贷款人未按照约定提供借款以及借款人未按照约定收取借款的后果】贷款人未按照约定的日期、数额提供借款，造成借款人损失的，应当赔偿损失。

借款人未按照约定的日期、数额收取借款的，应当按照约定的日期、数额支付利息。

关联法规

《商业银行法》第42条

第六百七十二条　【贷款人的监督、检查权】贷款人按照约定可以检查、监督借款的使用情况。借款人应当按照约定向贷款人定期提供有关财务会计报表或者其他资料。

第六百七十三条　【借款人未按照约定用途使用借款的责任】借款人未按照约定的借款用途使用借款的，贷款人可以停止发放借款、提前收回借款或者解除合同。

第六百七十四条　【借款人支付利息的期限】借款人应当按照约定的期限支付利息。对支付利息的期限没有约定或者约定不明确，依据本法第五百一十条的规定仍不能确定，借款期间不满一年的，应当在返还借款时一并支付；借款期间一年以上的，应当在每届满一年时支付，剩余期间不满一年的，应当在返还借款时一并支付。

关联法规

《商业银行法》第42条

第六百七十五条 【借款人返还借款的期限】借款人应当按照约定的期限返还借款。对借款期限没有约定或者约定不明确，依据本法第五百一十条的规定仍不能确定的，借款人可以随时返还；贷款人可以催告借款人在合理期限内返还。

第六百七十六条 【借款人逾期返还借款的责任】借款人未按照约定的期限返还借款的，应当按照约定或者国家有关规定支付逾期利息。

案例注解

【案例(2021)湘0821民初2055号】侯某到期未归还借款被判令支付逾期利息

【基本案情】

2019年9月2日，原告代某给被告侯某借款20,000元，侯某向原告代某出具欠条一张。双方约定还款时间为2019年9月20日，未约定借款利率和逾期利率。借款到期后，原告代某多向被告侯某催收，但被告侯某一直未偿还借款。原告诉至法院，请求判令被告侯某偿还原告代某借款本金20,000元，并支付逾期利息2000元。

【裁判要旨】

《民法典》第676条规定，借款人未按照约定的期限返还借款的，应当按照约定或者国家有关规定支付逾期利息。本案中，原告与被告之间的民间借贷合同合法有效，原告代某已经按照合同约定向被告侯某提供了20,000元借款，被告侯某应当按照合同约定向原告代某偿还借款本金。被告至今未向原告履行还款义务，依法应当承担继续履行偿还借款的违约责任。

【裁判结果】

2021年9月27日，法院判决被告侯某偿还原告代某借款20,000元，并支付2019年9月21日至2021年9月27日的逾期利息2000元，在本判决生效后10日内履行完毕。(资料来源：中国裁判文书网)

第六百七十七条 【借款人提前返还借款】借款人提前返还借款的，除当事人另有约定外，应当按照实际借款的期间计算利息。

第六百七十八条 【借款展期】借款人可以在还款期限届满前向贷款人申请展期；贷款人同意的，可以展期。

条文注解

借款展期，是指借款人在合同约定的借款期限不能偿还借款，在征得贷款人同意的情况下，延长原借款的期限，使借款人能够继续使用借款。借款展期实际上是对原合同的履行期限的变更，因此，借款展期应当遵循合同变更的有关规定。

第六百七十九条 【自然人之间借款合同的成立时间】自然人之间的借款合同，自贷款人提供借款时成立。

第六百八十条 【禁止高利放贷以及对借款利息的确定】禁止高利放贷，借款的利率不得违反国家有关规定。

借款合同对支付利息没有约定的，视为没有利息。

借款合同对支付利息约定不明确，当事人不能达成补充协议的，按照当地或者当事人的交易方式、交易习惯、市场利率等因素确定利息；自然人之间借款的，视为没有利息。

条文注解

对于借款合同当事人就支付利息约定不明确时的处理规则：首先，应当允许当事人就支付利息问题进行重新协商，经重新协商能够达成补充协议的，按补充协议的内容执行。其次，如果借款合同当事人就支付利息问题不能达成补充协议的，依据本法第142条第1款以及第510条的规定，应当根据借款合同所使用的词句，结合合同的相关条款确定利息约定不明条款的含义，如果通过合同的文义解释和整体解释能够确定利息的，可据此确定的利息标准执行。再次，如果通过上述两种方式均无法确定借款合同的利息标准，可以按照合同履行地或者当事人之间的交易方式、交易习惯补充确定利息。但是，利用交易方式、交易习惯确定利息标准，必须接受四个限制：一是就客观条件而言，应为交易行为当地或者行业通常采用的做法；二是就主观条件而言，为交易对方知道或者应当知道，以加强对不了解当地习惯或者缺乏业内经验的相对人的保护；三是从交易习惯的时间节点来看，应为订立合同时知道或者应当知道的习惯做法；四是交易习惯本身不得违反法律、行政法规的强制性规定或者公序良俗，否则将影响借款合同本身的效力。最后，如果按照上述三种方法仍然无法确定利息标准的，应当依据本法第511条第2项的规定，价款或者报酬不明确的，按照订立合同时履行地的市场价格履行；依法应当执行政府定价或者政府指导价的，依照规定履行，以此最终确定借款合同的利息计付标准。实践中，法院或者仲裁机构在当事人就利息问题约定不明时，可以订立借款合同时合同履行地的商业银行同期同类贷款利率计算利息。

案例注解

【案例(2021)川1903民初1408号】张某要求冯某、邓某支付借款本金利息获法院支持

【基本案情】

2017年2月18日,被告冯某在原告张某处借款人民币15,000元,当天,原告张某在被告冯某家中将此款交付给被告冯某,被告冯某给原告出具"借条"一张,载明:今借到张某现金人民币现金15,000元。还款日期于2017年年底还清(2018年2月14日如未还此款按3分算,在未到还款时间不能产生任何费用)。到期后,原告多次催收无果。经原告多次催收无果,原告诉至法院,请求判令二被告立即偿还原告借款本金15,000元及资金利息。

【裁判要旨】

《民法典》第680条规定,禁止高利放贷,借款的利率不得违反国家有关规定。借款合同对支付利息没有约定的,视为没有利息。本案中,被告冯某向原告张某借款人民币15,000元,有被告出具的借条等证据佐证。被告向原告借款后理应及时归还,但在原告多次催收后,未履行还款义务,属违约行为。原告诉求于法有据,应予支持。

【裁判结果】

2021年9月3日,法院判决被告冯某、邓某于本判决生效后10日内偿还原告张某借款人民币15,000元及利息(以借款本金15,000元为基数,自2017年1月29日起至2020年8月19日止按照年利率24%计算;2020年8月20日起,按照2021年1月22日全国银行间同业拆借中心公布的一年期贷款市场报价利率的四倍计算至实际给付之日止),驳回原告张某其他诉讼请求。(资料来源:中国裁判文书网)

第十三章 保证合同

第一节 一般规定

第六百八十一条 【保证合同定义】保证合同是为保障债权的实现,保证人和债权人约定,当债务人不履行到期债务或者发生当事人约定的情形时,保证人履行债务或者承担责任的合同。

条文注解

保证,是指法人、非法人组织和公民以其信誉和不特定的财产为他人的债务提供担保,当债务人不履行其债务时,该第三人按照约定履行债务或者承担责任的担保方式。这里的第三人叫作保证人，保证人必须是主合同以外的第三人。债务人不得为自己的债务作保证，且保证人应当具有清偿债务的能力，必须具有足以承担保证责任的财产，具有代位清偿能力是保证人应当具备的条件。这里的债权人既是主合同等主债务的债权人，又是保证合同中的债权人，“保证人履行债务或者承担责任”成为保证债务或者保证责任。保证属于人的担保范畴，而不同于抵押、质押、留置等物的担保形式。保证不是用具体的财产提供担保，而是以保证人的信誉和不特定的财产为他人的债务提供担保。

关联法规

《最高人民法院关于适用〈中华人民共和国民法典〉时间效力的若干规定》第27条

第六百八十二条 【保证合同的从属性及保证合同无效的法律后果】保证合同是主债权债务合同的从合同。主债权债务合同无效的，保证合同无效，但是法律另有规定的除外。

保证合同被确认无效后，债务人、保证人、债权人有过错的，应当根据其过错各自承担相应的民事责任。

第六百八十三条 【不得担任保证人的主体范围】机关法人不得为保证人，但是经国务院批准为使用外国政府或者国际经济组织贷款进行转贷的除外。

以公益为目的的非营利法人、非法人组织不得为保证人。

关联法规

《公司法》第15条，《商业银行法》第22条

第六百八十四条 【保证合同内容】保证合同的内容一般包括被保证的主债权的种类、数额，债务人履行债务的期限，保证的方式、范围和期间等条款。

第六百八十五条　【保证合同形式】保证合同可以是单独订立的书面合同，也可以是主债权债务合同中的保证条款。

第三人单方以书面形式向债权人作出保证，债权人接收且未提出异议的，保证合同成立。

条文注解

保证合同为要式合同。此要式为书面形式，即保证合同既可以是单独订立的书面合同，也可以是书面订立的主债权债务合同中的保证条款。而保证合同的成立方式也可以有所变通，债权人和保证人可以协议约定保证合同的成立方式和时间。但当第三人单方以书面形式向债权人作出保证时，只要债权人接收第三人的保证书或主债权债务中的保证条款且未提出异议的，保证合同也可成立，此时法律推定债权人默示同意，因为此时债权人无附加义务而增加了权利，对债权人只会有利。

第六百八十六条　【保证方式】保证的方式包括一般保证和连带责任保证。

当事人在保证合同中对保证方式没有约定或者约定不明确的，按照一般保证承担保证责任。

条文注解

保证的方式被分为一般保证和连带责任保证。一般保证是指当事人在保证合同中约定，在债务人不能履行债务时，保证人承担保证责任的保证。连带责任保证是指当事人在保证合同中约定保证人与债务人对债务承担连带责任的保证。这两种保证之间最大的区别在于保证人是否享有先诉抗辩权。在一般保证的情况下，保证人享有先诉抗辩权，即一般保证的保证人在就债务人的财产依法强制执行仍不能履行债务前，对债权人可以拒绝承担保证责任。而在连带责任保证的情况下，保证人不享有先诉抗辩权，即连带责任保证的债务人在主合同规定的债务履行期届满没有履行债务的，债权人既可以要求债务人履行债务，也可以要求保证人在其保证范围内承担保证责任。

上述情况表明，保证人在不同的保证方式中所处的地位不同，其利益受到法律保护的程度也有差异。一般而言，保证人在一般保证中的地位较为优越，往往并不实际承担任何责任，债务人是债务履行的第一顺序人，保证人则是债务履行的第二顺序人，保证人在债务人履行不能或者不能完全承担责任时，对债务承担补充责任。保证人在连带责任保证中的地位不太有利，只要连带责任保证的债务人在主合同规定的履行期届满没有履行债务的，债权人既可以要求债务人履行债务，也可以要求保证人在其保证范围内承担保证责任。在此情形下,法律对保证人和债务人同等要求。既然如此,保证人承担何种方式的保证责任就显得十分重要,需认真对待,最好是在保证合同中明确约定。但当事人对保证方式没有约定或者约定不明确的,按照一般保证承担保证责任。

第六百八十七条　【一般保证人先诉抗辩权】当事人在保证合同中约定,债务人不能履行债务时,由保证人承担保证责任的,为一般保证。

一般保证的保证人在主合同纠纷未经审判或者仲裁,并就债务人财产依法强制执行仍不能履行债务前,有权拒绝向债权人承担保证责任,但是有下列情形之一的除外:

(一)债务人下落不明,且无财产可供执行;

(二)人民法院已经受理债务人破产案件;

(三)债权人有证据证明债务人的财产不足以履行全部债务或者丧失履行债务能力;

(四)保证人书面表示放弃本款规定的权利。

条文注解

一般保证,是指当事人在保证合同中约定,在债务人不能履行债务时,保证人承担保证责任的保证。一般保证与连带责任保证之间最大的区别在于保证人是否享有先诉抗辩权。在一般保证的情况下,保证人享有先诉抗辩权,又称为检索抗辩权,是指一般保证的保证人在就债务人的财产依法强制执行仍不能履行债务前,对债权人可以拒绝承担保证责任的权利。如果保证人不行使先诉抗辩权,那么债权人可以对主债务人和保证人有效地行使两个请求权,并可以同时或先后请求其为全部履行或部分履行。当然,在任何一方为部分或全部清偿后,其债务(责任)随之缩减或消灭。

由于金钱债务没有不能履行,种类债务大多也不构成不能履行,所以在金钱之债及种类之债中,一般保证会名存实亡,先诉抗辩权变成无条件的、永不消失的权利,这违背立法目的,故此处的"不能履行"应当解释为"就债务人财产依法强制执行无效果前,对债权人可以拒绝承担保证责任"。所谓依法"强制执行无效果",包括执行结果不能清偿债务或不足清偿债务诸情形。例如,拍卖主债务人的财产无人应买,或拍卖所得价款仅能清偿一部分债务,或主债务人虽有财产却不知其所在等。不能清偿应指对债务人的存款、现金、有价证券、成品、半成品、原材料、交通工具等可以执行的动产和其他方便执行的财产执行完毕后,债务仍未能得到清偿的状态。

先诉抗辩权既可以通过诉讼方式行使,也可以在诉讼外行使。但按照本条第2

款的规定,在下列四种情况下不得行使:第一,债务人下落不明,且无财产可供执行。债务人下落不明致债权人请求主债务人履行债务发生重大困难,而对于重大困难的判断,应综合诉讼及执行的难易程度、债务人的财产状况等客观情况进行。第二,人民法院已经受理债务人破产案件。债权人和债务人的纠纷经人民法院审理或者仲裁机构仲裁后,依法进入了执行程序。在执行期间,由于债务人不能清偿到期债务,债权人或者债务人向人民法院申请债务人破产。人民法院受理了债务人的破产案件后,应当依法中止执行程序,在这种情况下,债务人的财产实际上处于冻结状况,债权人在此期间不能从主债务人处实现其债权,并将来也极有可能如此,只有保证人实际承担保证责任才能实现债权,故法律不允许保证人行使先诉抗辩权,如果破产的债务人有保证人提供保证的,债权人可以不向破产组织申报债权,而直接请求保证人承担保证责任。为了保护保证人的利益,保证人可以在债权人未向人民法院申报债权的情况下,向人民法院申报债权,直接参加破产财产的分配,预先行使追偿权。第三,债权人有证据证明债务人的财产不足以履行全部债务或者丧失履行债务能力。此情况下,债权人在一定期间内无法从主债务人处实现债权,故只能请求保证人承担保证责任。第四,保证人书面表示放弃本款规定的权利。既然保证人放弃权利,则法律不允许其再主张先诉抗辩权。先诉抗辩权的放弃应当以书面形式作出,主要是为了证明保证人确实放弃该权利,同时也可以防止债权人和保证人在先诉抗辩权是否放弃问题上发生争议。

案例注解

【案例(2021)青2621民初427号】连带保证人代偿后向债务人追偿获法院支持

【基本案情】

2020年4月27日,原告A与被告B协商约定:原告将其“东风牌”小轿车(车牌号为×××)以55,000元的价格转让给被告,当时被告因资金紧张无法及时给付购车款,原被告签订书面购车合同,被告承诺于2020年8月27日前一次性付清购车款,被告C为债务提供担保。原告认为,债务履行期限届满,被告B和被告C尚未按照约定履行偿债义务。事后,原告多次索要,二被告以各种理由搪塞拒绝给付尚欠的购车款,为此诉至法院,请求法院依法请求判令二被告给付购车款55,000元。

被告B辩称,原告所述事实无异议。被告C辩称,其与被告是朋友,所以就在合同上签了字并提供了担保,应该由其履行给付义务。

【裁判要旨】

《民法典》第687条第1款规定,当事人在保证合同中约定,债务人不能履行债务时,由保证人承担保证责任的,为一般保证。本案中,原告交付了车辆,被告关应当依约履行给付义务,故原告要求被告支付购车款55,000元的诉求,于法有据,应予支持。案中被告C系一般保证。一般保证的保证人与债权人未约定保证期间的,保证期间为主债务履行期届满之日起6个月。保证合同期间内,债权人可随时向债务人及保证人要求偿还欠款,但在主债务履行期届满6个月后,债权人未要求保证人承担保证责任的,保证人免除保证责任。

【裁判结果】

2021年8月30日,法院依法判决被告B于本判决生效之日起10日内向原告玛麻A支付购车款55,000元;驳回原告的其他诉讼请求。(资料来源:中国裁判文书网)

第六百八十八条　【连带责任保证】当事人在保证合同中约定保证人和债务人对债务承担连带责任的,为连带责任保证。

连带责任保证的债务人不履行到期债务或者发生当事人约定的情形时,债权人可以请求债务人履行债务,也可以请求保证人在其保证范围内承担保证责任。

条文注解

连带责任保证,是指当事人在保证合同中约定保证人与债务人对债务承担连带责任的保证。债务履行期届满债务人没有履行债务的,债权人既可以要求债务人履行债务,也可以要求保证人在其保证范围内履行债务。故在连带责任保证中,保证责任已届承担期,债权人请求保证人实际承担保证责任的,保证人没有先诉抗辩权,但有主债务已适当履行或相应责任已经承担的抗辩权。连带责任保证一方面对于保证人来说承担了较重的责任,另一方面有利于保护债权人的权益。

值得注意的是,本条的连带责任保证(理论上简称连带保证)要与本法第699条规定的共同保证中的多个保证人之间承担连带责任的情形(理论上简称保证连带)进行区分。本条解决的是保证人和债务人之间的关系是不是连带责任的问题;本法第699条解决的是多个保证人之间是否是连带责任的问题。因此,实际上在共同保证的情形,结合本条和本法第699条,可能会出现四种不同的责任形态的排列组合:按份共同一般保证、按份共同连带保证、连带共同一般保证、连带共同连带保证。共同保证时,《民法典》出台前的默认规则是连带共同连带保证,《民法典》出台后的默认规则是连带共同一般保证。

案例注解

【案例(2021)辽0103民初13676号】某银行与高某等借款合同纠纷案

【基本案情】

2013年2月28日,原告某银行沈阳分行与被告高某签订了《××银行个人购房借款合同》,约定被告向原告借款37万元,用于购买位于沈阳市××路41－1号2－7－3房产(建筑面积75.33平方米),借款期限216个月,贷款初始年利率为5.895%,采用等额本息还款方式,并以所购房产为上述借款提供抵押担保,并办理了房产抵押预告登记。被告沈阳某房地产开发有限公司提供阶段性连带责任保证。合同签订后,原告依约履行了放款义务,但被告在合同履行过程中没有按合同约定偿还贷款本息,截至2020年12月28日,被告尚欠原告借款本金255,332.12元,逾期利息3976.73元。原告为索要借款本金及利息,原告诉至法院,请求判令请求被告高某偿还原告贷款本金余额255,332.12元,逾期利息3976.73元,总计259,308.85元(以上款项暂计算至2020年12月28日,自2020年12月29日起按照合同约定计算利息、罚息、复利至贷款还清之日止)。依法判令原告对被告高某位于××路41-1号2-7-3的房产(产权证明号:沈房预中心字第××号)享有优先受偿权;依法判令被告沈阳某房地产开发有限公司对被告高某全部债务承担连带还款责任等。

【裁判要旨】

《民法典》第688条规定,当事人在保证合同中约定保证人和债务人对债务承担连带责任的,为连带责任保证。连带责任保证的债务人不履行到期债务或者发生当事人约定的情形时,债权人可以请求债务人履行债务,也可以请求保证人在其保证范围内承担保证责任。本案中,原被告双方签订的《××个人购房借款合同》系双方当事人的真实意思表示,合法有效,当事人均应按合同约定履行各自义务。合同签订后,原告已按合同约定履行了发放借款的义务,被告未按合同约定期限还款,已构成违约,故原告主张被告偿还借款本金及利息、罚息等诉讼请求,符合合同约定及法律规定。被告沈阳某房地产开发有限公司作为保证人应对上述债务承担连带还款责任。

【裁判结果】

2021年9月18日,法院依法判决被告高某于本判决发生法律效力之日起10日内偿还原告某银行股份有限公司沈阳分行借款本金255,332.12元,逾期利息3976.73元(以上利息、罚息及复利截止至2020年12月28日,自2020年12月29日起利息、复息、罚息至债务实际清偿之日止按借款合同约定计算);被告沈阳某房地产开发有限公司对本判决第一项承担连带还款责任;驳回原告其他诉讼请求。(资料来源:中国裁判文书网)

第六百八十九条 【反担保】保证人可以要求债务人提供反担保。

条文注解

所谓反担保,是指在商品贸易、工程承包和资金借贷等经济往来中,为了换取担保人提供保证、抵押或质押等担保方式,由债务人或第三人向该担保人新设担保,以担保该担保人在承担了担保责任后易于实现其追偿权的制度。除了此条关于保证中的反担保规定外,《民法典》第387条第2款对反担保亦有规定。

关于反担保提供者的范围,无论是本条还是本法第387条第2款,都仅规定债务人为反担保的提供者,忽视了债务人委托第三人向原担保人提供反担保的情形。按本条侧重保护原担保人的合法权益、换取原担保人立保的立法目的和基本思想衡量,法条文本涵盖的反担保提供者的范围过于狭窄,不足以贯彻其立法目的,构成法律漏洞。对该漏洞的弥补应采取目的性扩张解释方式,将第三人提供反担保的情形纳入本条的适用范围。

关于反担保的方式,并不是所有担保常见的五种方式均可作为反担保的方式。首先,留置权不能为反担保方式。按本条规定,反担保产生于约定,而留置权却发生于法定。留置权在现行法上一律以动产为客体,价值相对较小,在主债额和原担保额均为巨大的场合,把留置权作为反担保的方式实在不足以保护原担保人的合法权益。其次,定金虽然在理论上可以作为反担保的方式,但是因为支付定金会进一步削弱债务人向债权人支付价款或酬金的能力,加之往往形成原担保和反担保不成比例的局面,所以在实践中极少采用。在实践中运用较多的反担保形式是保证、抵押权,然后是质权。不过,在债务人亲自向原担保人提供反担保的场合,保证就不得作为反担保的方式。因为这会形成债务人既向原担保人负偿付因履行原担保而生之必要费用的义务,又向原担保人承担保证债务,债务人和保证人合二为一的局面,起不到反担保的作用。

设立反担保的行为是法律行为,必须符合本法总则编关于民事法律行为有效的条件。而每种反担保的方式又各有其特定的成立条件,因此,尚需符合本法物权编和合同编于相应条款规定的特定成立要件。此外,依反担保设立的目的要求,反担保的实行应于原担保实行之后。

第六百九十条 【最高额保证合同】保证人与债权人可以协商订立最高额保证的合同,约定在最高债权额限度内就一定期间连续发生的债权提供保证。

最高额保证除适用本章规定外,参照适用本法第二编最高额抵押权的有关规定。

条文注解

最高额保证,是指保证人和债权人签订一个总的保证合同,为一定期限内连续发生的借款合同或同种类其他债权提供保证,只要债权人和债务人在保证合同约定的期限内且债权额限度内进行交易,保证人则依法承担保证责任的保证行为。最高额保证基于保证人与债务人双方约定而产生,属于人的担保中保证的一种特殊形式,是在最高债权额限度内对一定期间连续发生的不特定同种类债权提供的保证,为现实经济活动中,特别是银行融资业务中一种较为常用的担保方式。其特征具体体现为以下几个方面:

第一,不特定性。在普通保证中,被担保的主债务是现实存在的债务,且保证合同的成立,须以主债务的存在为前提。

第二,连续性。普通保证中,主债务的发生通常是基于一个合同,而最高额保证所担保的是连续发生的一系列债务。

第三,期间性。根据债法基本原理,债务人承担债务的前提是债务的内容具有特定性。债务的内容由当事人协商确定,或者由法律规定。每一个具体的债务,都有具体和确定的标的及其质量、数量、履行期限等内容,使之特定化。由于最高额保证担保的主债务属于未来的、连续性债务,具有不确定性,基于保证债务的从属性,如果不限制主债务的发生期间,不仅无法使保证债务特定化,也使保证人无法预知何时方能解脱,既不利于债权人获得清偿,也对保证人实为不利。因而最高额保证所担保的债权,须在规定期间内发生。

第四,同质性。最高额保证担保的债权系列并非多个任意债权的组合,它们必须是同种类债权,产生于同一性质的法律关系,在该法律关系中债务人对债权人承担同一性质的给付义务。

值得注意的是最高额保证与最高额抵押权的区别。本法物权编第 420 ~ 424 条对最高额抵押权有具体的规定。

本条第 2 款规定,最高额保证除适用本章规定外,参照适用物权编最高额抵押权的有关规定。也就是说,最高额保证的债权的范围、确定、转让等方面的规定与最高额抵押权保持一致。

第二节　保 证 责 任

第六百九十一条　【保证范围】保证的范围包括主债权及其利息、违约金、损害赔偿金和实现债权的费用。当事人另有约定的,按照其约定。

条文注解

主债权即主合同所确立的债权,这是保证范围的主要部分,当事人设立保证合同,就是为了担保主债权的实现。利息即主债权所产生的利息,有法定利息和约定利息两种。违约金是指由当事人通过协商预先确定的、在违约后一方向另一方支付一定数额的金钱。损害赔偿金是指一方违约时应当向另一方承担的损害赔偿责任。在担保关系中,担保的对象也包括损害赔偿金。实现债权的费用包括诉讼费用,申请扣押、执行等的费用。

保证范围是保证合同的一项内容,保证人可以随意约定保证范围,约定范围既可大于上述法定范围,也可等于或小于上述法定范围。约定范围与法定范围不一致的,适用约定范围,即约定范围优于法定范围。

第六百九十二条　【保证期间】保证期间是确定保证人承担保证责任的期间,不发生中止、中断和延长。

债权人与保证人可以约定保证期间，但是约定的保证期间早于主债务履行期限或者与主债务履行期限同时届满的，视为没有约定；没有约定或者约定不明确的，保证期间为主债务履行期限届满之日起六个月。

债权人与债务人对主债务履行期限没有约定或者约定不明确的，保证期间自债权人请求债务人履行债务的宽限期届满之日起计算。

条文注解

保证期间为确定保证人承担保证责任的期间，事关保证人和债权人之间的债权债务能否行使或履行，也是确定保证债务和诉讼时效关系的依据。保证期间既可以是法定期间，也可以是约定期间。如果债权人请求保证人承担保证责任超过该期间，则保证人无须再承担保证责任。如果当事人没有就保证期间作出特别约定，则可以适用法定期间。保证合同中之所以要规定保证期间，是因为保证期间可以起到督促债权人主张权利、限制保证人责任的作用。

保证期间具有如下特征：第一，保证期间是就保证责任的承担所设定的期间。从性质上说，保证期间是确定保证人承担保证责任的期间，它既非保证合同的有效期间，也非附期限合同中的期限，而仅仅是针对保证责任的承担所设定的期限。第二，保证期间由当事人约定或法律规定。保证期间可以由法律作出明确规定，也可以由当事人通过特别约定确定，在当事人没有约定或约定不明时，才适用法律规定的保证期间。保证期间设立的目的在于限制保证人的责任、保障保证人的利益，当事人可以就保证期间作出特别约定，按照私法自治的原则，此种约定应当有效。第三，保证期间是保证合同的组成部分。保证合同的当事人可以就保证期间作出约定，只要此种约定不违反法律的强制性规定，该约定就是有效的，其应当成为保证合同的重要组成部分。

本条第 3 款规定了主债务履行期限没有约定或约定不明确的情况下保证期间的起算问题，此时保证期间自债权人请求债务人履行债务的宽限期届满之日起计算。

第六百九十三条　【保证责任免除】一般保证的债权人未在保证期间对债务人提起诉讼或者申请仲裁的，保证人不再承担保证责任。

连带责任保证的债权人未在保证期间请求保证人承担保证责任的，保证人不再承担保证责任。

案例注解

【案例(2021)陕0603民初1033号】某银行超过保证期间要求连带保证人承担保证责任被法院驳回

【基本案情】

被告梁某玲与陈某宏属夫妻关系,双方共同以养牛为由向原告某银行申请贷款180,000元。2013年8月31日,原告某银行与被告梁某玲与陈某宏签订《个人借款合同》及《保证担保合同》,由梁某林、韩某雄提供连带责任担保,保证范围:借款本金及利息、复利、罚息、违约金、损害赔偿金和实现债权的费用。借款到期之日起2年。如借款展期,则为展期协议约定的债务履行期限届满次日起2年。2015年8月28日签订《借款展期协议》。合同约定的贷款金额:180,000元。贷款期限从2013年8月31日至2016年8月26日。合同约定借款月利率11.04‰,按季结息、到期还本,逾期罚息在原利率基础上浮30%为14.35‰。2013年8月31日原告向被告发放贷款本金180,000元。2015年8月28日展期之前的利息清偿完毕,展期之后再未清偿利息。截至2021年8月5日欠借款本金180,000元及利息176,787.88元(其中展期内利息23,846.4元、逾期利息152,941.48元)。

现原告诉至法院,请求判令被告陈某宏、梁某玲偿还借款本金180,000元及截至2021年8月5日的借款利息176,787.88元,并承担从2021年8月6日起至实际履行完毕止月利率为14.35‰的逾期借款顺延利息;被告梁某林、韩某雄对上述借款及利息承担连带担保责任。

【裁判要旨】

《民法典》第693条规定,一般保证的债权人未在保证期间对债务人提起诉讼或者申请仲裁的,保证人不再承担保证责任。连带责任保证的债权人未在保证期间请求保证人承担保证责任的,保证人不再承担保证责任。本案中,被告陈某宏、梁某玲借款后,不能按《借款展期协议》的约定,按期向原告某银行偿还借款本金及支付借款利息,已构成违约,应承担违约责任。因原告未在保证期间要求被告梁某林、韩某雄承担保证责任,故被告梁某林、韩某雄的保证责任已免除,不再对原告的债权承担保证责任。

【裁判结果】

2021年8月30日,法院依法判决被告陈某宏、梁某玲于判决生效之日起10日内偿还原告陕西某商业银行股份有限公司借款本金180,000元及截至2021年8月5日的借款利息176,787.88元,并以180,000元借款本金为基数,自2021年8月6日起至实际给付之日止,按月利率14.35‰计算逾期借款顺延利息;驳回原告其他诉讼请求。(资料来源:中国裁判文书网)

第六百九十四条 【保证债务诉讼时效】一般保证的债权人在保证期间届满前对债务人提起诉讼或者申请仲裁的,从保证人拒绝承担保证责任的权利消灭之日起,开始计算保证债务的诉讼时效。

连带责任保证的债权人在保证期间届满前请求保证人承担保证责任的，从债权人请求保证人承担保证责任之日起，开始计算保证债务的诉讼时效。

条文注解

保证债务的诉讼时效，是指当债权人请求保证人履行保证债务，经过法定的时效期间即丧失获得法院强制执行保证人承担保证责任的权利。该时效期间适用本法关于诉讼时效的规定。

保证合同诉讼时效的设立，使保证人享有两种期限利益：一是保证期间利益；二是时效利益。如果债权人未在保证期间内向主债务人或保证人主张权利，保证人可以免责。如果债权人在保证期间内主张了权利，但在此后诉讼时效期间内未向保证人要求承担保证责任，则诉讼时效届满，保证人也可以行使保证合同时效抗辩权而无须承担责任。

需要注意的是，本条第 1 款对《最高人民法院关于适用〈中华人民共和国担保法〉若干问题的解释》第 36 条进行了修正，该条第 1 款中规定，“一般保证中，主债务诉讼时效中断，保证债务诉讼时效中断”，这一规定具有逻辑错误，在主债务诉讼时效中断的时候，保证债务的诉讼时效尚未计算，所以保证债务的诉讼时效中断一说无从谈起。

本条第 2 款是对连带责任保证的保证债务诉讼时效起算的规定。不同于一般保证，连带责任保证中债权人对债务人或保证人主张债权并无先后次序之分，债权人既可以要求债务人履行主债务，也可以要求保证人履行其保证责任，保证人不能以债权人尚未对债务人主张债务而拒绝履行保证责任。所以在连带责任保证中，债权人在保证期间届满前要求保证人履行保证责任之时，才系保证责任的诉讼时效开始之日。但此处有两点值得注意：其一，债权人要求保证人履行保证责任的方式，并不仅限于诉讼与仲裁，还包括其他的非司法途径，比如口头催告、书面告知等，但实务中一般采用书面的方式请求保证人履行保证责任，因为书面的方式更加易于举证；其二，债权人需要向保证人要求履行保证责任，才构成保证债务诉讼时效的开始，而债权人向债务人要求履行债务，并不构成保证债务诉讼时效的开始。

第六百九十五条　【主合同变更对保证责任影响】债权人和债务人未经保证人书面同意，协商变更主债权债务合同内容，减轻债务的，保证人仍对变更后的债务承担保证责任；加重债务的，保证人对加重的部分不承担保证责任。

债权人和债务人变更主债权债务合同的履行期限，未经保证人书面同意的，保证期间不受影响。

条文注解

合同变更,是债的变更的主要形式,它有广义和狭义两种含义。广义的合同变更是指合同的内容和主体发生变化。合同内容的变更,是指在合同的主体保持不变的情况下,合同的内容发生变更。具体来说,是指在合同成立以后,尚未履行或尚未完全履行之前,当事人就合同的内容达成修改和补充的协议,或者依据法律规定请求法院或者仲裁机构变更合同内容。本法所采纳的合同变更是狭义上的合同变更,即合同内容的变更。本法合同编第六章严格区分了合同的变更和转让,当事人的变更属于合同转让的范畴,而合同内容的变更属于合同的变更。

主债权债务合同变更后,原由保证人承担的保证范围可能发生变化,由此可能加大保证人的责任,这于保证人而言是十分不利的。因此,法律要求债权人与债务人协议变更主债权债务合同时需要取得保证人的书面同意。保证人书面同意,意味着其愿意为变更后的合同内容提供保证。否则,在未取得保证人书面同意的情况下,减轻债务的,保证人仍对变更后的债务承担保证责任,而加重债务的,保证人对加重的部分不承担保证责任。这改变了《担保法》第 24 条协议变更主合同未经保证人书面同意的,保证人不再承担保证责任的规定,更加符合维护保证人利益的原则。

本条第 2 款规定,“债权人和债务人变更主债权债务合同的履行期限,未经保证人书面同意的,保证期间不受影响”,该款亦是对于保证人利益的维护。根据本法第 692 条的规定,保证期间与主债务履行期限密切相关。保证期间可以由当事人自主约定,但约定的保证期间如早于主债务履行期限或者与主债务履行期限同时届满的,视为没有约定;没有约定或者约定不明确的,保证期间为主债务履行期限届满之日起 6 个月。如果债权人和债务人在未经保证人书面同意的情况下变更主债权债务合同的履行期间,可能会对保证人的保证期间利益带来不利影响,因此,作出了本款规定。但需要特别指出的是,未经保证人书面同意的主债权债务合同履行期限变更未必一定给保证人带来保证期间上的不利影响,但本款规定未像第 1 款作出“有利变更则有效,不利变更则无效”的规定。

第六百九十六条 【债权转让对保证责任影响】债权人转让全部或者部分债权,未通知保证人的,该转让对保证人不发生效力。

保证人与债权人约定禁止债权转让,债权人未经保证人书面同意转让债权的,保证人对受让人不再承担保证责任。

第六百九十七条 【债务承担对保证责任影响】债权人未经保证人书面同意,允许债务人转移全部或者部分债务,保证人对未经其同意转移的债务不再承担保证责任,但是债权人和保证人另有约定的除外。

第三人加入债务的,保证人的保证责任不受影响。

条文注解

债务承担,是指在不改变债务内容的情况下移转债务,由第三人承担了原债务人的债务。债务承担可以分为免责的债务承担和并存的债务承担。免责的债务承担,即第三人代替原债务人成为新债务人,原债务人的债务消灭。并存的债务承担,即第三人成为连带债务人,与原债务人共同承担债务。两种债务承担都会对保证人的责任产生影响,本条第1款规定免责的债务承担对保证责任的影响,第2款规定并存的债务承担对保证责任的影响。

正确理解本条应当注意以下几点:一是债权人允许债务人转移债务必须经保证人的书面同意。如果不是书面形式,而是其他形式,视为不存在担保人的同意。根据法律规定,书面形式是指合同书、信件和数据电文(包括电传、电报、传真、电子数据交换和电子邮件)等可以有形地表现所载内容的形式。二是本条规定的债务转移不但包括债务人将债务全部转移给他人,也包括将部分债务转移给他人。债权人许可债务人部分转移的,原债务人并不退出债务关系,只是其所应承担的债务额发生减少,新债务人与原债务人共同向债权人承担债务。部分转移债务的也必须经担保人同意,否则担保人对转移出去的部分债务不承担担保责任。三是未经担保人书面同意,债权人许可债务人转移全部债务的,可以免除担保人全部担保责任;债权人许可债务人转移部分债务的,可以免除担保人部分担保责任,担保人不得要求免除全部担保责任。

不同于债权让与,在债权让与中只规定债务加重需要经过保证人书面同意,这是由于除了具有人身专属性的特别情形,对于保证人来说,对哪个债权人承担保证责任,其实是没有那么重要的,因为最终而言债务人无法履行债务才是最关键的事情。但是在免责债务承担的情形下,债务转出的部分若要保证人继续承担保证责任,需要经过保证人的书面同意,因为债务承担会影响保证人的权益,债务转让导致相应部分的债务人更换,而债务人的偿债能力会影响保证人的权益。债务人的责任承担能力,对于保证人是否会承担保证责任以及最后的追偿权能否实现,都是极其重要的。

本条第2款应结合第552条进行解释,该条规定:"第三人与债务人约定加入债务并通知债权人,或者第三人向债权人表示愿意加入债务,债权人未在合理期限内明确拒绝的,债权人可以请求第三人在其愿意承担的债务范围内和债务人承担连带责任。"第三人加入债务,债务人的整体责任承担能力只会增加而不会有所减损,对保证人的权益不会有影响,只会更有利于保证人,因此,不需要保证人书面同意,保证人按照约定继续承担保证责任。

第六百九十八条　【一般保证人保证责任免除】一般保证的保证人在主债务履行期限届满后,向债权人提供债务人可供执行财产的真实情况,债权人放弃或者怠于行使权利致使该财产不能被执行的,保证人在其提供可供执行财产的价值范围内不再承担保证责任。

条文注解

此条适用于一般保证的情形。所谓一般保证,是指当事人在保证合同中约定,在债务人不能履行债务时,保证人承担保证责任的保证。区别于连带责任保证,一般保证情况下保证人享有先诉抗辩权,即一般保证的保证人在主合同纠纷未经审判或者仲裁,并就债务人财产依法强制执行仍不能履行债务前,对债权人可以拒绝承担保证责任。

一般保证情形下,债权人需要在对债务人财产执行不能之后,才能主张保证人承担保证责任,也就是说,债务人财产执行不能时,保证人有承担责任的义务。本条规定,如果是因为债权人自己放弃或者怠于行使权利致使债务人相应财产执行不能时,此时由于是债权人自己的原因导致对债务人财产执行不能,因此,保证人可以在相应范围内免责。

连带责任保证,是指当事人在保证合同中约定保证人与债务人对债务承担连带责任的保证。在连带责任保证中,由于债权人对债务人和保证人请求承担责任的主张没有先后顺序,债权人可自主决定请求债务人或是连带保证人承担全部或部分责任,因此,本条规定不适用于连带责任保证的情形。

第六百九十九条 【共同保证】同一债务有两个以上保证人的,保证人应当按照保证合同约定的保证份额,承担保证责任;没有约定保证份额的,债权人可以请求任何一个保证人在其保证范围内承担保证责任。

条文注解

共同保证,是指两个或两个以上的保证人为同一债务而向债权人所提供的担保。共同保证是相对于一人保证而言的,它是指数人为一人担保。

本条所规定的共同保证,无论是按份共同保证还是连带共同保证,和一般保证、连带责任保证是完全不同的概念。一般保证和连带责任保证定义的是保证人和主债务人之间的关系,而本条所涉及的共同保证是保证人之间的相互关系。一般保证的情形下,保证人享有先诉抗辩权,一般保证的保证人在主合同纠纷未经审判或者仲裁,并就债务人财产依法强制执行仍不能履行债务前,对债权人可以拒绝承担保证责任;连带责任保证情形下,保证人和主债务人是连带关系,债权人可以任意选择向主债务人或者保证人请求承担责任,保证人不享有先诉抗辩权。

此条所涉及的按份共同保证和连带共同保证定义的是多个保证人之间的关系,多个保证人之间的关系,实际上是三种情形:明确约定为按份共同保证;明确约定为连带共同保证,此时为真正连带;没有约定保证份额,但适用本法第699条所规定的"没有约定保证份额的,债权人可以请求任何一个保证人在其保证范围内承担保证责任"的不真正连带共同保证,此时债权人可以请求任何一个保证人承担全部保证责任,保证人承担保证责任之后可以找债务人追偿,但是多个保证人之间没有相互追偿权”。

第七百条 【保证人追偿权】保证人承担保证责任后,除当事人另有约定外,有权在其承担保证责任的范围内向债务人追偿,享有债权人对债务人的权利,但是不得损害债权人的利益。

第七百零一条 【保证人抗辩权】保证人可以主张债务人对债权人的抗辩。债务人放弃抗辩的,保证人仍有权向债权人主张抗辩。

第七百零二条 【保证人拒绝履行权】债务人对债权人享有抵销权或者撤销权的,保证人可以在相应范围内拒绝承担保证责任。

第十四章 租赁合同

第七百零三条 【租赁合同定义】租赁合同是出租人将租赁物交付承租人使用、收益,承租人支付租金的合同。

条文注解

本条规定,租赁合同是出租人将租赁物交付承租人使用、收益,承租人支付租金的合同。

租赁合同是在人们的经济生活和日常生活中经常使用的一种合同。它可以在自然人、法人之间调剂余缺,充分发挥物的使用功能,最大限度地使用其价值。通过租赁,承租人与出租人双方的利益可以同时得到满足,因此,租赁是现实经济生活中较为重要的一种经济形式。

对于企业的租赁经营合同与本法规定的租赁合同是不同的,表现:一是企业租赁的当事人一方是企业的所有人或管理人,另一方则是本企业的职工,他们之间本来就有一个内部管理的关系;二是合同订立是以公开招标的形式进行的,有时还需有关部门批准;三是租赁的标的是整个企业,而不是某一特定的财产,是人财物、产供销、资金、技术、经营等多种因素的综合体,承租人获得的不仅是对财产的使用权,而且是一种经营权;四是承租人须以自己的财产向企业提供担保;五是按照合同的要求,合同终止时,企业的价值须大于租赁时的价值。从上述特征中可以看出,本法规定的租赁合同不适用于企业的租赁经营活动。

第七百零四条 【租赁合同主要内容】租赁合同的内容一般包括租赁物的名称、数量、用途、租赁期限、租金及其支付期限和方式、租赁物维修等条款。

关联法规

《海商法》第130、145条

第七百零五条 【租赁最长期限】租赁期限不得超过二十年。超过二十年的,超过部分无效。

租赁期限届满,当事人可以续订租赁合同;但是,约定的租赁期限自续订之日起不得超过二十年。

案例注解

【案例(2021)鲁0481民初5060号】土地租赁合同期限超过20年部分被判无效

【基本案情】

2017年4月23日,原告李某与滕州市某村村民委员会签订《协议书》一份,约定由李某租赁村老农具厂、铸锅车间老场房,期限为长期使用。协议签订后,原告交付3万元租金,在村委会出具的收据中注明:"老农具厂两院租用长期钱款已清。"2017年5月18日,原告李某与被告周某签订《土地租赁合同》一份,约定承租期限为长期,承租金为肆拾贰万元(¥420,000元)分三年付清,第一次付款十二万元(120,000元),2018年5月18日付十五万元(150,000元),2019年5月18日付十五万元(150,000元),双方还约定了其他事项。原告、被告合同签订后,周某按照约定向原告交付前两次的租金12万元和15万元,2019年5月18日,周某按约定交付租金15万元时,原告李某以合同属无效合同为由,拒绝收受余下租金。之后双方协商无果,原告遂诉至法院,请求确认原告李某、被告周某签订的租赁合同无效,由被告周某恢复原状后返还土地及房屋。

被告周某辩称,李某诉称的事实理由和客观事实不符,请求法院驳回其诉求。被告向原告支付余下租赁款15万元,未有履行系因原告拒收造成,被告可随时向原告履行。

【裁判要旨】

《民法典》第705条规定,租赁期限不得超过20年。超过20年的,超过部分无效。租赁期限届满,当事人可以续订租赁合同;但是,约定的租赁期限自续订之日起不得超过20年。本案原告、被告签订的《土地租赁合同》租赁期限超过20年的部分无效，即自2017年5月18日签订之日起至2037年5月17日止，超过部分无效。

【裁判结果】

2021年8月5日，法院判决确认原告李某与被告周某于2017年5月18日签订的《土地租赁合同》中约定租赁期限超过20年的部分无效；驳回原告李某的其他诉讼请求。（资料来源：中国裁判文书网）

第七百零六条　【租赁合同的登记备案手续对合同效力影响】当事人未依照法律、行政法规规定办理租赁合同登记备案手续的，不影响合同的效力。

第七百零七条　【租赁合同形式】租赁期限六个月以上的，应当采用书面形式。当事人未采用书面形式，无法确定租赁期限的，视为不定期租赁。

条文注解

本条所称的超过或低于6个月的租赁期限，应指当事人所约定的租赁期限。为了既便利交易又保证交易安全，本条对租赁合同的形式作了以下几个层次的规定：

第一，租赁期限不满6个月的租赁合同，既可以采用口头形式也可以采用书面形式。这是因为租赁期限较短的合同一般来说租赁物价值不大（当然不排除大型的机械设备），租赁物使用后变化也不大，租金也较少，租赁关系结束得快，证据不易失散。一旦发生纠纷容易分清责任，因此，不必要求当事人一定以书面形式订立合同。但对于房屋租赁合同即使租赁期限不满6个月，因房屋的价值较高，租金多，按照我国《城市房地产管理法》规定，房屋租赁，出租人和承租人应当签订书面租赁合同，并向房产管理部门登记备案。此项规定可以在一定程度上弥补短期租赁涉及金额较大情况下，形式要件对交易安全的保护问题。

第二，租赁期限6个月以上的，当事人没有采用书面形式，并非导致合同无效，而是产生约定的期限不予承认的效果，即以不定期租赁作为不采用书面形式的后果，促使欲保持交易稳定性的当事人注重满足订立合同的形式要件。同时，增加欲保持交易状态灵活性的当事人从合同中摆脱的可能性。

在本条规定中，即使应采用书面形式而未采用，也有可以视为定期租赁的情况。其一，如果租赁合同虽未采用书面形式，但双方当事人对租赁期限无争议的，应为定期租赁。其二，即使双方当事人对租赁期限有争议，但一方如果能举证证明约定有确切的租赁期限的，应为定期租赁。其三，若双方对租赁期限有争议，可以参照本法第510条确定租赁期限，也可以适用本法第730条关于租赁期限“没有约定或者约定不明确”情形下的规定。“无法确定”的表述意味着，不仅当事人自身可以对约定期限情况进行举证证明，司法机关也可以依据法律规定的关于合同约定不明情况下，交易习惯、行业标准等进行推定。这体现了充分保障当事人意思自治，增加了认定为定期合同的可能性，有利于维护交易的稳定性。

第七百零八条　【出租人交付租赁物义务和适租义务】出租人应当按照约定将租赁物交付承租人，并在租赁期限内保持租赁物符合约定的用途。

第七百零九条　【承租人按约定使用租赁物的义务】承租人应当按照约定的方法使用租赁物。对租赁物的使用方法没有约定或者约定不明确，依据本法第五百一十条的规定仍不能确定的，应当根据租赁物的性质使用。

第七百一十条　【承租人按约定使用租赁物的免责义务】承租人按照约定的方法或者根据租赁物的性质使用租赁物，致使租赁物受到损耗的，不承担赔偿责任。

第七百一十一条　【租赁人未按约定使用租赁物的责任】承租人未按照约定的方法或者未根据租赁物的性质使用租赁物，致使租赁物受到损失的，出租人可以解除合同并请求赔偿损失。

案例注解

【案例（2021）青 0104 民初 2379 号】承租人造成租赁房屋损毁被判赔偿损失

【基本案情】

2018 年 3 月 16 日，原告王某委托其女婿任某作为出租方，被告董某作为承租方签订了《房屋租赁合同》1 份，合同主要约定被告从原告处租赁 × × 小区 9 栋 1 号 × × 室房屋，面积：112 平方米，租赁期限自 2018 年 3 月 16 日至 2020 年 3 月 15 日，每月租金 2500 元，一年合计租金 30,000 元，租金每一年缴纳一次，承租方一次性缴纳房屋押金 2500 元，合同履行期满退还。租赁期间水电费、暖气费、物业管理费等由被告支付，各项费用不得拖欠，如有拖欠，按照每天 0.3% 收取滞纳金。乙方有义务爱护维护承租房屋建筑以及内部设施。租赁到期时，承租房屋应是整体的，如有损坏，应向甲方赔偿。合同签订后，原告将房屋交付被告使用，被告实际租赁该涉案房屋至 2021

年3月15日，期间被告向原告支付了35个月的租金共计87,500元、押金2500元，2021年3月15日被告向原告女婿任某打电话提出不再租赁该涉案房屋。自2018年8月1日至2021年7月涉案房屋3年物业费共计4875元，自2018年至2021年涉案房屋3年的采暖费共计8382.77元，经原告催要后，被告于2021年4月1日向原告女婿任某转账12,587元。

原告诉至法院，请求判令被告将承租的房屋客厅、卧室墙面整体恢复原状，并保持墙面整体着色一致；判令被告支付原告欠缴的租房费、取暖费及滞纳金、物业费滞纳金、租赁损失费、精神损害费、水龙头材料费共计41,126.67元；判令被告赔偿原告重新购置小区门禁卡2张、COOMO(楷模)牌木制小茶桌等费用共计9337元。

经查明，根据原告提供的视频和照片显示涉案房屋在被告租赁期间其墙面部分损坏并有涂鸦，卫生间水龙头、拖布池损坏，客厅沙发烧毁，茶几磕损等均有不同程度的损坏。

【裁判要旨】

《民法典》第711条规定，承租人未按照约定的方法或者未根据租赁物的性质使用租赁物，致使租赁物受到损失的，出租人可以解除合同并请求赔偿损失。承租人未按照约定的方法或者根据租赁物的性质使用租赁物，致使租赁物受到损失的，出租人可以解除合同并请求赔偿损失。本案中，原告、被告之间签订的《房屋租赁合同》系双方真实意思表示，合法有效，对双方均有约束力，双方在合同履行中应当按双方约定执行。被告董某未按《房屋租赁合同》的约定爱护涉案房屋，现涉案房屋墙面部分损坏，被告有义务向原告进行赔偿。

【裁判结果】

2021年7月13日，法院判决被告董某于本判决生效后10日内将位于西宁市××房屋内客厅、卧室墙面整体恢复原状，并保持墙面整体着色一致；被告董某于本判决生效后10日内给付原告王某水龙头材料费63元、赔偿损坏物品损失6000元，共计6063元；驳回原告的其他诉讼请求。(资料来源：中国裁判文书网)

关联法规

《最高人民法院关于审理城镇房屋租赁合同纠纷案件具体应用法律若干问题的解释》第6条

第七百一十二条 【出租人维修义务】出租人应当履行租赁物的维修义务，但是当事人另有约定的除外。

条文注解

出租人的维修义务是出租人对物的瑕疵担保责任中派生的义务。出租人的维修义务并不是绝对的、无限的，应当满足以下要件：(1)有维修的正当理由，即限于租赁物本身的缺陷造成，对承租人增添于租赁物的缺陷无维修的义务。(2)须租赁物有维修的必要。有维修的必要是指租赁物已出现影响正常使用、发挥效用的情况，不进行维修就不能使用，出租人应对租赁物进行及时的维修，以保证其正常使用。(3)须租赁物有维修的可能。有维修的可能是指租赁物损坏后能够将其修好以恢复或达到损坏前的状态。维修不能，包括事实不能与经济不能。(4)当事人无相反的约定。基于租赁合同债权相对性，尊重当事人意思自治，允许当事人对维修义务的分配作出约定，即另有约定时也存在承租人承担维修义务的情况。

法律虽然规定了在一般情况下出租人负有维修义务，但并非在所有的情况下维修的义务都由出租人承担。排除出租人维修义务的情况有以下几种：其一，法律、行政法规规定，由承租人承担维修义务的。例如，我国《海商法》第147条规定，在光船租赁期间，承租人负责船舶的保养、维修。其二，双方约定维修义务由承租人负担。其三，依当地习惯或商业习惯，由承租人承担维修义务的。例如，在汽车租赁中对汽车的维修义务一般都由承租人负担。

关联法规

《海商法》第132、133、146条

第七百一十三条　【出租人不履行维修义务的法律后果】承租人在租赁物需要维修时可以请求出租人在合理期限内维修。出租人未履行维修义务的，承租人可以自行维修，维修费用由出租人负担。因维修租赁物影响承租人使用的，应当相应减少租金或者延长租期。

因承租人的过错致使租赁物需要维修的，出租人不承担前款规定的维修义务。

第七百一十四条　【承租人妥善保管租赁物义务】承租人应当妥善保管租赁物，因保管不善造成租赁物毁损、灭失的，应当承担赔偿责任。

第七百一十五条　【承租人对租赁物进行改善或增设他物】承租人经出租人同意，可以对租赁物进行改善或者增设他物。

承租人未经出租人同意，对租赁物进行改善或者增设他物的，出租人可以请求承租人恢复原状或者赔偿损失。

关联法规

《最高人民法院关于审理城镇房屋租赁合同纠纷案件具体应用法律若干问题的解释》第7～12条

第七百一十六条 【承租人对租赁物转租】承租人经出租人同意，可以将租赁物转租给第三人。承租人转租的，承租人与出租人之间的租赁合同继续有效；第三人造成租赁物损失的，承租人应当赔偿损失。

承租人未经出租人同意转租的，出租人可以解除合同。

条文注解

转租，是指承租人将租赁物转让给第三人使用、收益，承租人与第三人形成新的租赁合同关系，而承租人与出租人的租赁关系继续合法有效的一种交易形式。转租包括经出租人同意和未经出租人同意两种情况。

(1)经出租人同意的转租包括两种情形：一是在租赁合同订立时明确约定承租人有权转租租赁物；二是在租赁期限内承租人征得出租人同意将租赁物转租。根据本法第718条的规定，出租人知道或者应当知道承租人转租，但是在6个月内未提出异议的，视为出租人同意转租。

经出租人同意的转租是有效的，但由于在同一租赁物上出现了三个当事人（出租人、承租人、次承租人）、两个合同关系，这三人之间的法律关系必须明确。按照本条的规定，经过转租的租赁合同关系中当事人的关系应包括三个方面：其一，出租人与承租人之间的关系不因转租而受影响，继续有效，承租人仍然应向出租人承担支付租金、在租赁期限届满时返还租赁物的义务。因次承租人的行为造成租赁物损失的，承租人仍然要对出租人负责。其二，虽然次承租人与出租人之间没有合同关系，次承租人在特定条件下可以直接向出租人支付租金，出租人不得拒绝。其三，在租赁合同终止或者被解除时，承租人与次承租人之间的租赁关系也随之终止。因为这次承租合同的订立是以前一个租赁合同为基础的。

(2)未经出租人同意转租的，出租人可以解除合同。因为承租人未经出租人同意擅自将租赁物转租他人，直接破坏了出租人对承租人的信任，也直接损害了出租人对租赁物的所有权或处分权，同时造成多层次的对租赁物的占有关系，增加了出租人要求返还租赁物的困难或使租赁物的毁损程度加重，所以出租人有权解除合同。

案例注解

【案例(2021)沪0107民初18532号】租客朱某未经房东同意转租房屋被判解除合同

【基本案情】

2019年5月2日，原告叶某（甲方）与被告朱某（乙方）签订《房地产租赁协议》，约定甲方将涉案房屋出租给乙方，建筑面积59.44平方米，租期自2019年6月3日至2024年6月2日，押一付三，租赁保证金6300元，乙方在租赁期限内，未经甲方的书面同意，不得将承租的物业全部或部分转租给第三方或与第三人互换物业使用或以其他变相方式供第三人使用。

2021年3月左右，原告发现被告将涉案房屋转租给案外人姚某某、何某某，并与案外人签订《房屋租赁合同》，租赁期限自2020年6月3日至2021年6月2日。原告认为朱某的行为违反双方之间的约定，故于2021年4月27日向朱某发送《解除租赁合同通知书》，要求解除《房地产租赁协议》，返还房屋等。朱某于2021年4月28日收悉《解除租赁合同通知书》。现双方对合同解除协商无果，叶某诉至法院请求确认原、被告就上海市××区××路×××弄×××号×××室房屋（以下简称“涉案房屋”）签订的《房地产租赁协议》于2021年4月27日解除；判令被告搬离涉案房屋，并将涉案房屋返还给原告。

【裁判要旨】

《民法典》第716条规定，承租人经出租人同意，可以将租赁物转租给第三人。承租人转租的，承租人与出租人之间的租赁合同继续有效；第三人造成租赁物损失的，承租人应当赔偿损失。承租人未经出租人同意转租的，出租人可以解除合同。本案中，叶某与朱某签订的《房地产租赁协议》是双方真实意思表示，内容不违反法律规定，双方均应恪守履行。被告朱某违反协议将涉案房屋转租，原告叶某有权解除《房地产租赁协议》，合同解除日期为朱某收悉《解除租赁合同通知书》之日，《房地产租赁协议》解除后，朱某继续占用涉案房屋没有依据，应当搬离。

【裁判结果】

法院判决原告叶某与被告朱某签订的关于上海市×区×路×××弄×××号×××室房屋的《房地产租赁协议》于2021年4月28日解除；被告朱某应于本判决生效之日起10日内从该房屋搬离，并将上述房屋返还给原告叶某。（资料来源：中国裁判文书网）

关联法规

《海商法》第137、138、150条，《最高人民法院关于审理城镇房屋租赁合同纠纷案件具体应用法律若干问题的解释》第13条

第七百一十七条　【超过承租人剩余租赁期限的转租期间效力】承租人经出租人同意将租赁物转租给第三人，转租期限超过承租人剩余租赁期限的，超过部分的约定对出租人不具有法律约束力，但是出租人与承租人另有约定的除外。

第七百一十八条　【推定出租人同意转租】出租人知道或者应当知道承租人转租，但是在六个月内未提出异议的，视为出租人同意转租。

第七百一十九条　【次承租人代位求偿权】承租人拖欠租金的，次承租人可以代承租人支付其欠付的租金和违约金，但是转租合同对出租人不具有法律约束力的除外。

次承租人代位支付的租金和违约金，可以充抵次承租人应当向承租人支付的租金；超出其应付的租金数额的，可以向承租人追偿。

第七百二十条　【租赁物收益归属】在租赁期限内因占有、使用租赁物获得的收益，归承租人所有，但是当事人另有约定的除外。

第七百二十一条　【租金支付期限】承租人应当按照约定的期限支付租金。对支付租金的期限没有约定或者约定不明确，依据本法第五百一十条的规定仍不能确定，租赁期限不满一年的，应当在租赁期限届满时支付；租赁期限一年以上的，应当在每届满一年时支付，剩余期限不满一年的，应当在租赁期限届满时支付。

关联法规

《海商法》第 140 条

第七百二十二条　【承租人违反支付租金义务的法律后果】承租人无正当理由未支付或者迟延支付租金的，出租人可以请求承租人在合理期限内支付；承租人逾期不支付的，出租人可以解除合同。

案例注解

【案例(2021)苏 0706 民初 6938 号】王某未履行支付租金义务被判违约

【基本案情】

2019 年 7 月 22 日，原告刘某(甲方、出租方)与被告王某(乙方、承租方)签订《租赁合同》,约定:(1)原告将其所有的××商铺出租给被告作为餐饮使用。(2)租赁期限自2019年9月1日至2022年8月31日,年租金200,000元,房屋租金交付方式为每半年一付,先付后租,每期租金提前30日支付。(3)在签订合同时,被告向原告交纳水电费押金10,000元,待租赁期满,各项费用结清后返还。(4)租赁期内产生的水费、电费、物业费等由被告自行承担。(5)在租赁期限内,被告不按时缴纳房租的,原告有权终止合同,收回房屋,由此给原告造成损失的,被告应予以赔偿;被告擅自退租的,被告应赔偿原告20,000元。(6)在租赁期限内,原告不得擅自解除合同,否则赔偿被告20,000元。合同签订后,被告向原告支付押金10,000元。2020年12月1日起,因被告未能按时足额支付房屋租金,原告对涉案租赁房屋锁门处理,被告不再使用该房屋。2020年9月1日至11月30日租金共计50,000元,被告已支付30,000元,扣除押金10,000元后,被告尚欠原告租金10,000元。涉案房屋2019年11月6日至2021年1月6日使用期间,共计产生燃气费22,688.28元。原告为此诉至法院,请求判令被告支付原告租金、燃气费等共计52,688.28元。

【裁判要旨】

《民法典》第722条规定,承租人无正当理由未支付或者迟延支付租金的,出租人可以请求承租人在合理期限内支付;承租人逾期不支付的,出租人可以解除合同。本案中,原告、被告签订的租赁合同是双方真实意思表示,不违反法律、行政法规的强制性规定,合法有效,双方均应恪守履行。被告王某使用租赁房屋至2020年11月30日,应支付相应期限的租金,合同约定租赁房屋使用期间水电费、物业费、燃气费等由应被告自行承担。

【裁判结果】

2021年9月8日,法院判决被告王某于本判决生效之日起10日内给付原告刘某租金及燃气费32,688.28元;驳回原告刘某的其他诉讼请求。(资料来源:中国裁判文书网)

关联法规

《海商法》第140条

第七百二十三条 【出租人权利瑕疵担保责任】因第三人主张权利,致使承租人不能对租赁物使用、收益的,承租人可以请求减少租金或者不支付租金。

第三人主张权利的,承租人应当及时通知出租人。

条文注解

所谓出租人的权利瑕疵担保,是指出租人担保第三人不能就租赁物主张任何权利。权利瑕疵担保责任,是指当第三人对租赁物主张权利时,出租人所应承担的责任。权利瑕疵担保责任的构成要件:第一,权利瑕疵在合同成立时已存在;第二,相对人不知有权利瑕疵的存在,如果在订立合同时相对人明知行为人对该物无处分权而与之订立合同,相对人不能作为善意相对人而享受对对方权利的瑕疵担保的要求;第三,权利瑕疵在合同成立后仍未能排除,如果在合同成立时,虽有权利瑕疵,但在合同成立后,行为人取得了该物的处分权,则应视为权利瑕疵已经除去。

出租人承担权利瑕疵担保责任的条件:

第一,因第三人向承租人主张权利。第三人主张权利可以是第三人作为租赁物的所有人主张出租人对租赁物无处分权,该租赁合同无效;也可以是第三人作为租赁物的抵押权人,在义务人不履行义务时,要求实现其抵押权。在这种情况下,势必影响承租人对租赁物的使用、收益。

第二,第三人主张权利妨碍承租人对租赁物的使用和收益。例如,第三人主张抵押权的实现时,因其涉及对租赁物实体的处置,则会妨碍承租人对租赁物的使用。

第三,承租人在订立合同时不知有权利瑕疵。如果承租人在订立合同时明知出租人对该租赁物没有处分权,而自愿承担第三人主张权利的风险,出租人不负瑕疵担保责任。

在第三人主张权利时,除出租人已经知道第三人主张权利外,承租人应当及时通知出租人,如果承租人怠于通知致使出租人能够救济而未能及时救济的,则出租人对承租人的损失不负赔偿责任。承租人及时通知出租人,出租人对第三人主张权利不能排除的,承租人事实上对租赁物已无法使用、收益,这时,承租人有权请求减少租金或不支付租金。

第七百二十四条 【非承租人构成根本性违约承租人可以解除合同】有下列情形之一,非因承租人原因致使租赁物无法使用的,承租人可以解除合同:

(一)租赁物被司法机关或者行政机关依法查封、扣押;

(二)租赁物权属有争议;

(三)租赁物具有违反法律、行政法规关于使用条件的强制性规定情形。

第七百二十五条 【所有权变动不破租赁】租赁物在承租人按照租赁合同占有期限内发生所有权变动的,不影响租赁合同的效力。

案例注解

【案例(2021)豫0204民初794号】房屋所有权发生变动主张解除租赁合同被法院驳回

【基本案情】

2020年1月1日,被告某大药房的投资人薛某(承租方,乙方)以其个人名义与案外人开封市A公司(出租方,甲方)签订《店面租赁合同》一份,约定:位于××路东段××号临街一楼,面积80平方米的房屋租给薛某用于大药房的经营,月租金2500元(包含水费),租期自2020年1月1日至2022年12月31日,租金每3个月预交一次。2021年1月29日,开封市某行政事业用房管理处向被告送达《通知》一份,内容:"××号房屋是我单位管理的直管非住宅房屋,属国有资产。该房屋现由你占用使用,根据《中华人民共和国民法典》,为维护国有资产不流失,现我单位通知你:1.从2021年2月1日起向我处交纳房租。2.接本通知3个工作日内来我处办理相关手续,否则我处按相关规定收回房屋并追究法律责任。"该通知由被告员工签收。

原告认为,2020~2021年,原告委托相关人员多次找被告协商,讲明上述事实,要求重新与其签订新的房屋租赁合同,被告却不理会,严重侵犯了原告的合法权益,为此诉至法院,请求判令原告、被告双方解除事实房屋租赁关系;判令被告立即腾出所占原告的房屋,并从2021年3月16日开始按照市场4161元/月向原告缴纳房屋租金,直至腾出所占房屋之日止(暂算3个月12,483元)。

被告辩称,不同意解除合同,对于租金4164元的价格认为过高。

【裁判要旨】

《民法典》第725条规定,租赁物在承租人按照租赁合同占有期限内发生所有权变动的,不影响租赁合同的效力。本案中,原告于2012年6月取得涉案房屋所有权,其并未在取得产权后或者在被告租赁时及时通知被告产权已变更,故被告与案外人签订的租赁协议继续有效。原告请求解除与被告房屋租赁关系的诉求,于法无据,不应支持。

【裁判结果】

2021年7月13日,法院判决被告开封市某大药房生效之日起10日内,支付原告开封市某旅游投资集团有限公司2021年3月16日起至2021年6月15日止的房屋租金7500元。本判决生效之日起10日内,被告开封市某大药房按2500/月的标准向原告开封市某旅游投资集团有限公司支付自2021年6月16日起至2022年12月31日止的房屋租金,驳回原告开封市某旅游投资集团有限公司的其他诉讼请求。(资料来源:中国裁判文书网)

关联法规

《最高人民法院关于审理城镇房屋租赁合同纠纷案件具体应用法律若干问题的解释》第14条

第七百二十六条 【房屋承租人优先购买权】出租人出卖租赁房屋的，应当在出卖之前的合理期限内通知承租人，承租人享有以同等条件优先购买的权利；但是，房屋按份共有人行使优先购买权或者出租人将房屋出卖给近亲属的除外。

出租人履行通知义务后，承租人在十五日内未明确表示购买的，视为承租人放弃优先购买权。

条文注解

房屋承租人优先购买权的适用条件包括以下几个方面：

第一，存在合法有效的房屋租赁合同关系，即两者之间的房屋租赁合同依法成立并生效。

第二，在同等条件下行使。所谓同等条件，是指承租人与其他购买人在买卖条件上等同，要综合考虑价格的多少、付款期限的长短、一次性付清还是分期付款、有无担保等因素。在非同等条件下，承租人不能享有优先购买权。设立房屋承租人优先购买权制度的初衷是在不损害房屋出租人实质利益的情况下，维护承租人居住或生产经营的稳定。

第三，必须在一定期限内行使。如果出租人通知承租人其将要出卖租赁的房屋，而承租人在15日内没有购买的意思表示，则承租人优先购买权丧失。这说明承租人并不想购买该房屋，也就没有保护的必要了。对承租人优先购买权的行使期限加以限制是基于促进经济正常运转、交易安全的同时，以保护出租人和承租人双方各自利益为考虑。

同时，本条也规定了房屋承租人优先购买权行使的限制情形：

第一，共有人的优先购买权与承租人优先购买权行使的竞合。共有分为共同共有和按份共有，在共同共有关系中，房屋出租人未经全体共有人同意不得出售该共有房屋，共同共有人无行使优先购买权的必要。而在按份共有关系中，若房屋出租人所占份额超过2/3，则其有权决定出售该共有房屋，此时必然对其他按份共有人的利益造成一定影响。同时，本法第306条规定，按份共有人在同等条件下也享有优先购买权。从表面上看，似乎有可能出现同一标的物上承租人的优先购买权和按份共有人的优先购买权的冲突。但是仔细分析会发现，两种优先购买权针对的标的物是不同的。按份共有人的优先购买权针对的是其他共有人的共有份额；而承租人的优先购买权针对的是租赁标的物本身。所以实际上，二者并不会真正发生冲突。当涉及按份共有人的优先购买权时，此时讨论的是份额买卖问题，根本就不会触发承租人的优先购买权。当然，仅从结果上看，确实是按份共有人的优先购买权可以优先行使。本条将按份共有人行使优先购买权作为承租人行使优先购买权的例外，直接在条文文字层面点明此点，从而避免实践中引发不必要的争议。

第二，近亲属之间的房屋买卖具有浓厚的人身色彩，与纯粹的买卖关系有很大区别。我国是亲情和人情关系极为浓厚的熟人社会，在社会主义市场经济往来中，人们既注重经济效益，也注重人与人之间的情感关系，出租人将租赁房屋出售给近亲属时同样也会夹杂这种情感关系，其与纯粹意义上的买卖关系之间存在区别，主要体现在低于正常价格出售房屋、延长交易付款期限等，其无法作为承租人优先购买权行使的同等条件。故本条确认出租人将租赁房屋出卖给近亲属的，承租人不得主张优先购买权。

承租人享有优先购买权就要求出租人在出卖租赁房屋时应当在出卖之前的合理期限内通知承租人，给承租人考虑是否购买该房屋的时间。承租人在接到通知后应及时答复，若承租人接到通知后15日内未明确表示购买的，则自动丧失优先购买权，这是基于不动产交易秩序和交易安全所做的考虑。

关联法规

《最高人民法院关于审理城镇房屋租赁合同纠纷案件具体应用法律若干问题的解释》第15条

第七百二十七条　【委托拍卖情况下房屋承租人优先购买权】出租人委托拍卖人拍卖租赁房屋的，应当在拍卖五日前通知承租人。承租人未参加拍卖的，视为放弃优先购买权。

第七百二十八条　【房屋承租人优先购买权受到侵害的法律后果】出租人未通知承租人或者有其他妨害承租人行使优先购买权情形的，承租人可以请求出租人承担赔偿责任。但是，出租人与第三人订立的房屋买卖合同的效力不受影响。

案例注解

【案例(2021)豫0782民初1190号】承租人以出租人妨害承租人行使优先购买权主张买卖合同无效被法院驳回

【基本案情】

原告孟某胜与张某系夫妻关系，2019年9月被告孟某霞陆续借张某现金81万元。为实现原告债权，2019年10月1日孟某胜与孟某霞签订了房屋租赁合同，约定孟某霞将其××小区5号楼1－1302房屋（以下简称租赁房屋）出租给原告孟某胜；合同租期为20年，月租金为1500元，不包含水电费，用于清偿被告所负债务。2020年12月30日，被告在原告租赁期间未通知原告将该房屋出让给第三人。原告认为，被告导致原告合法租赁的房屋被侵占，损害了原告的居住权等合法权益，故向法院起诉，请求法院判令被告孟某霞与第三人秦某就××小区5号楼1－1302所签订的房屋买卖合同无效。

被告孟某霞未答辩。第三人秦某述称,原告所诉事实不属实,孟某霞与第三人签订的房屋买卖合同有效。

【裁判要旨】

《民法典》第728条规定,出租人未通知承租人或者有其他妨害承租人行使优先购买权情形的,承租人可以请求出租人承担赔偿责任。但是,出租人与第三人订立的房屋买卖合同的效力不受影响。本案中,被告在原告租赁期间未通知原告将该房屋出让给第三人,侵害了原告的优先购买权,原告可主张赔偿相应损失,但出租人与第三人订立的房屋买卖合同的效力不受影响。

【裁判结果】

2021年4月8日,法院判决驳回原告孟某胜、张某的诉讼请求。(资料来源:中国裁判文书网)

第七百二十九条 【不可归责于承租人的租赁物毁损、灭失的法律后果】因不可归责于承租人的事由,致使租赁物部分或者全部毁损、灭失的,承租人可以请求减少租金或者不支付租金;因租赁物部分或者全部毁损、灭失,致使不能实现合同目的的,承租人可以解除合同。

第七百三十条 【租赁期限没有约定或约定不明确时的法律后果】当事人对租赁期限没有约定或者约定不明确,依据本法第五百一十条的规定仍不能确定的,视为不定期租赁;当事人可以随时解除合同,但是应当在合理期限之前通知对方。

第七百三十一条 【租赁物质量不合格时承租人解除权】租赁物危及承租人的安全或者健康的,即使承租人订立合同时明知该租赁物质量不合格,承租人仍然可以随时解除合同。

案例注解

【案例(2021)京0108民初4930号】承租房存在长期受油烟味侵扰租客要求解除合同退还租金获法院支持

【基本案情】

2020年5月16日,原告宋某向被告某公司承租位于北京市学院路×××的一处房屋,房屋租赁期限为2020年5月13日至2021年5月13日,被告公司于2020年5月13日交付了房屋。合同约定,租金的方式为押一付三,3个月租金为20,370元,押金6790元,原告均按约支付了房租。2020年5月16日原告入住后,发现房屋存在质量问题,屋内长期受油烟味侵扰,包含厨房、卫生间及客厅、卧室,严重影响了原告居住。自2020年5月27日始,原告先后4次与被告公司沟通维修,均未能解决问题。2020年10月23日原告在被告公司自营的软件中发起退租申请,被告公司退还了租金、服务费,但拒不退还6790元押金。对此,原告诉至法院,请求判令被告公司返还押金6790元。

被告辩称,其按照约定扣除宋某押金作为单方解除合同的违约金,不同意退还。

【裁判要旨】

《民法典》第731条规定,租赁物危及承租人的安全或者健康的,即使承租人订立合同时明知该租赁物质量不合格,承租人仍然可以随时解除合同。本案中,被告公司与原告宋某签订的《房屋租赁合同》系双方当事人真实意思表示,不违反相关法律、行政法规强制性规定,故合法有效,双方均应严格按照合同约定履行各自义务。原告如约支付了租金等费用,被告亦应当保证该房屋具备生活居住的适宜环境。该房屋长期处于油烟环境下,损害人体健康是一般常识,即使承租人订立合同时明知该租赁物质量不合格,承租人仍然可以随时解除合同。故原告宋某要求被告返还押金的请求于法有据,应予支持。

【裁判结果】

2021年4月5日,法院判决被告某公司于本判决生效后7日内返还原告宋某押金6790元。(资料来源:中国裁判文书网)

第七百三十二条　【房屋承租人死亡的租赁关系的处理】承租人在房屋租赁期限内死亡的,与其生前共同居住的人或者共同经营人可以按照原租赁合同租赁该房屋。

第七百三十三条　【租赁期限届满承租人返还租赁物】租赁期限届满,承租人应当返还租赁物。返还的租赁物应当符合按照约定或者根据租赁物的性质使用后的状态。

关联法规

《海商法》第142～153条

第七百三十四条 【租赁期限届满承租人继续使用租赁物及房屋承租人的优先承租权】租赁期限届满,承租人继续使用租赁物,出租人没有提出异议的,原租赁合同继续有效,但是租赁期限为不定期。

租赁期限届满,房屋承租人享有以同等条件优先承租的权利。

条文注解

法定优先承租权的行使条件包括以下几个要件:第一,存在合法有效的租赁关系。第二,出租人继续出租房屋。第三,满足同等条件。为了保障相对人的利益,优先权必须在同等条件下才能被行使,法定优先承租权也不例外。第四,在合理期限内主张。法定优先承租权的行使理应存在时间限制,否则涉及租赁物的新的租赁法律关系将无法产生及确定,法律关系长期悬而未决会导致更多的法律纠纷,也侵害了出租人和第三人的合法权益,不符合法定优先承租权设立的前提,此外,为保障承租人在合理期限内能够主张权利,出租人应当承担通知义务。

关联法规

《最高人民法院关于适用〈中华人民共和国民法典〉时间效力的若干规定》第21条

第十五章 融资租赁合同

第七百三十五条 【融资租赁合同定义】融资租赁合同是出租人根据承租人对出卖人、租赁物的选择,向出卖人购买租赁物,提供给承租人使用,承租人支付租金的合同。

条文注解

融资租赁是一种贸易与信贷相结合,融资与融物为一体的综合性交易。鉴于其复杂的法律关系,不同国家和地区对融资租赁有着不同的理解和定义。一般来说,融资租赁要有三方当事人(出租人、承租人和出卖人)参与,通常由两个合同(融资租赁合同、买卖合同)或者两个以上的合同构成,其内容是融资,表现形式是融物。典型的融资租赁合同具有以下三个方面的含义:

第一,出租人须根据承租人对出卖人和租赁物的选择出资购买租赁物。这是融资租赁合同不同于租赁合同的一个重要特点。租赁合同的出租人是以自己现有的财物出租,或者根据自己的意愿购买财物用于出租。而融资租赁合同是出租人按照承租人的要求,主要是根据承租人对出卖人和租赁物的选择,出资购买出租的财物,使承租人不必付出租赁物的价值,即可取得租赁物的使用收益,从而达到融资的效果。正是在这一意义上,这种合同被冠以"融资"的称号。

第二,出租人须将购买的租赁物交付承租人使用收益。在融资租赁合同中,出租人虽然须向第三人购买标的物,但其购买的直接目的是交付承租人使用收益,而不是自己使用收益。这是融资租赁合同中出租人的买卖行为不同于买卖合同之处。

第三,承租人须向出租人支付租金。融资租赁合同的承租人对出租人购买的租赁物为使用收益,并须支付租金。也正是在这种意义上,该种合同的名称中含有"租赁"一词。

关联法规

《最高人民法院关于审理融资租赁合同纠纷案件适用法律问题的解释》第1条

第七百三十六条 【融资租赁合同内容和形式】融资租赁合同的内容一般包括租赁物的名称、数量、规格、技术性能、检验方法,租赁期限,租金构成及其支付期限和方式、币种,租赁期限届满租赁物的归属等条款。

融资租赁合同应当采用书面形式。

案例注解

【案例(2021)川1622民初3439号】原告某融资租赁有限公司与被告李某融资租赁合同纠纷案

【基本案情】

被告李某向原告某融资租赁有限公司申请车辆融资租赁。2015年9月23日,原告、被告签订《××融资租赁合同主要条款》及《通用条款》等一系列融资租赁文件生效。《融资租赁合同主要条款》第7条约定:"出租人同意购买承租人指定的本合同第一条所述的机动车辆,购车款即通用条款第七条所述的融资租赁本金,出租人打款即视为完成购车款支付;承租人同意出租人将购车款一次性支付给本合同项下的代理商(经销商);出租人仅出于为承租人提供融资租赁服务的目的购买承租人指定的机动车,出租人支付购车款后,由承租人继续占有使用车辆或由经销商直接交付给承租人,即视为出租人以占有改定方式向承租人交付了标的车辆。出租人向承租人实际拨付的融资款即购车款,双方无须另行签订车辆买卖合同;出租人为承租人提供的融资租赁模式为售后回租,出租人因本合同第七条约定的购买行为取得车辆的所有权,租赁期间将所购车辆登记到承租人名下。承租人在融资租赁期间为车辆的名义所有人,出租人为实际所有人;出租人授权承租人将车辆抵押于出租人名下。"《通用条款》

第7条约定，承租人融资租赁的本金总额为76,560元，租期为36期，本合同项下租金年利率为11.99%，月融资租赁费用为2842.38元（其中月租金2542.52元、管理费299.86元）；第15条约定，如承租人未按约定支付租赁费，则出租人有权行使加速到期权，要求承租人立即清偿合同项下的全部债务，包括到期的未到期的租赁费、罚息、违约金等；出租人有权以承租人逾期租赁费总额为基数，按每日万分之八收取罚息。合同签订后，被告李某依约取得车辆使用权，但被告李某支付6期租赁费后，未向原告某融资租赁有限公司继续支付剩余租赁费用，于2016年4月23日开始逾期。经多次协商，被告李某仍不履行义务。为此，原告某融资租赁有限公司诉至法院，请求判决被告李某支付到期未付融资租赁费用84,895.72元和罚息（以每期到期未付融资租赁费为本金，自逾期之日起按年利率15.4%计算至实际清偿日止）；判决原告某融资租赁有限公司对抵押车辆享有优先受偿权。

【裁判要旨】

《民法典》第735条规定，融资租赁合同是出租人根据承租人对出卖人、租赁物的选择，向出卖人购买租赁物，提供给承租人使用，承租人支付租金的合同。本案中，原告、被告签订的《××汽车融资租赁合同主要条款》及《××融资租赁汽车抵押合同主要条款》系双方当事人的真实意思表示，未违反法律和行政法规的强制性规定，也未损害国家和社会共同利益，合法有效，对双方当事人具有法律约束力，当事人应当按照约定全面履行自己的义务。原告某融资租赁有限公司按约履行了自己的出资义务，被告李某应当按照约定支付融资租赁费用。

【裁判结果】

2021年9月24日，法院判决被告李某向原告某融资租赁有限公司支付融资租赁费用84,895.72元；原告某融资租赁有限公司对上述债权，有权以登记于被告李某名下的××牌汽车一辆（车牌号为××××）折价或者以拍卖、变卖的价款优先受偿；驳回原告某融资租赁有限公司的其他诉讼请求。（资料来源：中国裁判文书网）

关联法规

《最高人民法院关于审理融资租赁合同纠纷案件适用法律问题的解释》第1~2条

第七百三十七条 【融资租赁合同无效】当事人以虚构租赁物方式订立的融资租赁合同无效。

第七百三十八条 【租赁物经营许可对合同效力影响】依照法律、行政法规的规定，对于租赁物的经营使用应当取得行政许可的，出租人未取得行政许可不影响融资租赁合同的效力。

第七百三十九条 【融资租赁标的物交付】出租人根据承租人对出卖人、租赁物的选择订立的买卖合同，出卖人应当按照约定向承租人交付标的物，承租人享有与受领标的物有关的买受人的权利。

第七百四十条 【承租人拒绝受领标的物的条件】出卖人违反向承租人交付标的物的义务，有下列情形之一的，承租人可以拒绝受领出卖人向其交付的标的物：

（一）标的物严重不符合约定；

（二）未按照约定交付标的物，经承租人或者出租人催告后在合理期限内仍未交付。

承租人拒绝受领标的物的，应当及时通知出租人。

关联法规

《最高人民法院关于审理融资租赁合同纠纷案件适用法律问题的解释》第3条

第七百四十一条 【承租人行使索赔权】出租人、出卖人、承租人可以约定，出卖人不履行买卖合同义务的，由承租人行使索赔的权利。承租人行使索赔权利的，出租人应当协助。

第七百四十二条 【承租人行使索赔权不影响支付租金义务】承租人对出卖人行使索赔权利，不影响其履行支付租金的义务。但是，承租人依赖出租人的技能确定租赁物或者出租人干预选择租赁物的，承租人可以请求减免相应租金。

第七百四十三条 【索赔失败的责任承担】出租人有下列情形之一，致使承租人对出卖人行使索赔权利失败的，承租人有权请求出租人承担相应的责任：

（一）明知租赁物有质量瑕疵而不告知承租人；

（二）承租人行使索赔权利时，未及时提供必要协助。

出租人怠于行使只能由其对出卖人行使的索赔权利，造成承租人损失的，承租人有权请求出租人承担赔偿责任。

第七百四十四条　【出租人不得擅自变更买卖合同内容】出租人根据承租人对出卖人、租赁物的选择订立的买卖合同，未经承租人同意，出租人不得变更与承租人有关的合同内容。

第七百四十五条　【租赁物的所有权】出租人对租赁物享有的所有权，未经登记，不得对抗善意第三人。

第七百四十六条　【融资租赁合同租金的确定】融资租赁合同的租金，除当事人另有约定外，应当根据购买租赁物的大部分或者全部成本以及出租人的合理利润确定。

第七百四十七条　【租赁物质量瑕疵担保责任】租赁物不符合约定或者不符合使用目的的，出租人不承担责任。但是，承租人依赖出租人的技能确定租赁物或者出租人干预选择租赁物的除外。

关联法规

《最高人民法院关于审理融资租赁合同纠纷案件适用法律问题的解释》第8条

第七百四十八条　【出租人保证承租人占有和使用租赁物】出租人应当保证承租人对租赁物的占有和使用。

出租人有下列情形之一的，承租人有权请求其赔偿损失：

（一）无正当理由收回租赁物；

（二）无正当理由妨碍、干扰承租人对租赁物的占有和使用；

（三）因出租人的原因致使第三人对租赁物主张权利；

（四）不当影响承租人对租赁物占有和使用的其他情形。

条文注解

出租人负有保证承租人对租赁物的占有和使用的义务，此项义务也被称为保障承租人和平占有的义务。具体而言，应当包括以下几个方面：

第一，出租人不得妨碍承租人依照融资租赁合同所拥有的承租权，也不得擅自变更原承租条件。

第二，承租人在租赁期限内，对租赁物拥有独占使用权。在融资租赁合同中，虽然承租人是通过租赁公司融通资金的，但承租人订立融资租赁合同的根本目的是取得租赁物的使用权。所以，承租人在接受出卖人交付的标的物后，在租赁期限内，承租人对租赁物享有独占使用权，对使用租赁物所取得的收益可以独立处分。从买卖的角度看，出租人为买受人，出卖人虽将标的物直接交付给承租人，但标的物的所有权属于出租人，承租人则取得标的物的占有权、使用权和收益权。

第三，出租人应保证承租人在租赁期限内对租赁物的占有和使用，不受第三人的干扰。例如，出租人转让租赁物所有权的，融资租赁合同对新的所有权人继续有效，新所有权人不得解除合同，取回租赁物。此即所谓"买卖不破租赁"原则。出租人将租赁物设定抵押时，出租人的抵押行为不得影响承租人的使用收益权。承租人的使用收益权可以对抗抵押权人的抵押权。

当然，如果在融资租赁合同期间出现本条第2款列举的因出租人原因不当影响承租人对租赁物占有和使用的，承租人有权请求出租人赔偿损失。

案例注解

【案例(2021)津0319民初515号】出租人无正当理由收回租赁物被判赔偿损失

【基本案情】

2019年2月1日，原告吴某斌与被告某公司通过App签订《汽车租赁服务协议》，约定：被告将现代轿车一辆(车牌号×××)出租给原告使用，原告应在合同签订时支付首付租金21,100元，剩余租金分36期支付，自2019年3月至2022年2月每月14日支付5068元；租金支付方式为原告同意由被告或关联公司以原告名义委托银行代扣；双方开展融资租赁业务，原告授权被告按照原告需求购置车辆，租赁车辆的出卖人和车辆系根据原告的需要独立选定；租赁期间，租赁车辆所有权归被告所有，原告在协议约定范围内享有使用权；原告按协议如期付清租金及其他应付款项，被告是协助原告办理车辆所有权转移手续后，租赁车辆产权归原告所有，将租赁车辆过户至原告名下，过户费用由原告承担。

合同订立后，被告依约将租赁车辆交付原告，原告按月通过App支付租金，租金收款账户为被告B公司。合同履行期间，原告出现逾期支付租金情况，被告B公司于2020年9月18日将租赁车辆取回。2020年9月24日，原告将欠付租金(包括未到期租金)全部付清，被告B公司出具结清收据。此后，原告多次与二被告沟通车辆返还问题，未果。另据原告陈述，租赁车辆登记在案外人名下，并未登记在二被告名下。为此，原告诉至法院，请求令二被告履行《汽车租赁服务协议》；判令二被告向原告吴某斌交付现代牌××轿车一辆(车牌号为××××)并完成过户登记；判令二被告连

第三编 合 同

带赔偿原告经济损失15,204元(暂计至起诉之日,此后按照每月5068元的标准计算,至车辆实际返还之日止)。

【裁判要旨】

《民法典》第748条规定,出租人应当保证承租人对租赁物的占有和使用。出租人有下列情形之一的,承租人有权请求其赔偿损失:(1)无正当理由收回租赁物;(2)无正当理由妨碍、干扰承租人对租赁物的占有和使用;(3)因出租人的原因致使第三人对租赁物主张权利;(4)不当影响承租人对租赁物占有和使用的其他情形。融资租赁中,出租人应当保证承租人对租赁物的占有和使用。无正当理由收回租赁物,承租人有权请求其赔偿损失。本案中,原告吴某斌与被告某公司签订的《汽车租赁服务协议》合法有效,双方均应按照协议约定履行各自义务。合同履行中因原告出现违约行为,被告将租赁车辆取回。现原告已将全部租金付清,被告收回租赁车辆的正当理由消除,其应将租赁车辆及时返还原告。

【裁判结果】

2021年4月8日,法院判决被告某融资租赁有限公司、被告B公司与原告吴某斌继续履行《汽车租赁服务协议》;二被告自本判决生效之日起10日内,将《汽车租赁服务协议》项下租赁车辆现代轿车一辆(车牌号×××)返还原告吴某斌;二被告自本判决生效之日起10日内连带赔偿原告吴某斌经济损失,经济损失按照每月2500元的标准计算,自2020年10月10日起计算至车辆实际返还之日止;驳回原告的其他诉讼请求。(资料来源:中国裁判文书网)

关联法规

《最高人民法院关于审理融资租赁合同纠纷案件适用法律问题的解释》第6条

第七百四十九条 【租赁物致人损害的责任承担】承租人占有租赁物期间,租赁物造成第三人人身损害或者财产损失的,出租人不承担责任。

第七百五十条 【承租人对租赁物的保管、使用和维修义务】承租人应当妥善保管、使用租赁物。

承租人应当履行占有租赁物期间的维修义务。

第七百五十一条 【租赁物毁损、灭失对租金给付义务的影响】承租人占有租赁物期间,租赁物毁损、灭失的,出租人有权请求承租人继续支付租金,但是法律另有规定或者当事人另有约定的除外。

第七百五十二条　【承租人支付租金义务】承租人应当按照约定支付租金。承租人经催告后在合理期限内仍不支付租金的，出租人可以请求支付全部租金；也可以解除合同，收回租赁物。

案例注解

【案例(2021)闽0502民初673号】承租人拖延支付租金被判承担违约责任

【基本案情】

2019年6月21日，原告某汽车公司作为出租人（买受人）与被告陈某作为承租人（出卖人）签订一份《乘用车融资租赁（售后回租）合同》，约定：融资租赁方式为融资性售后回租，即承租人将其从经销商处购买的标的车辆（融资车辆）出售给出租人，再从出租人处租回使用，并按约定向出租人支付租金。租赁期内，出租人采用等额本息法计算应收月租金，租赁本金（融资金额）113,600元，首期租金3988元，计息租赁本金109,612元，后期月付租金3433.48元，租赁期限36期（个月），租息年利率9.88%；后期租金由承租人按月支付，承租人应从出租人融资款项支付日的次月开始按月支付，若融资款项是在当月25日之前发放的，则支付日为租赁期内每月的融资款项发放对应日；承租人未按期足额支付租金，出租人将按日计收承租人违约金，违约金计算公式：违约金＝承租人当期应付未付租金×逾期天数×0.5‰；该合同还对双方的其他权利义务进行约定。

同日，原告作为抵押权人与陈某作为抵押人签订一份《机动车辆抵押合同》。上述合同签订后，原告于2019年6月24日以陈某的名义将购车款113,600元支付给某汽车销售服务有限公司。陈某支付给原告公司2019年7月至2020年3月共计九期的租金，自2020年4月起陈某未能按照合同约定支付租金。

2021年1月14日，原告公司向法院提起诉讼，请求判令陈某一次性付清全部租金92,703.96元；判令陈某支付违约金人民币1871.26元，以当期未付应付租金92,703.96元为基数，按每日0.5‰支付违约金，从2020年12月23日起至全部实际付清之日止；判令陈某支付原告为实现债权而发生的律师费人民币1500元；判令东风公司对牌号为闽C7××××抵押车辆享有优先受偿权等。

【裁判要旨】

《民法典》第752条规定，承租人应当按照约定支付租金。承租人经催告后在合理期限内仍不支付租金的，出租人可以请求支付全部租金；也可以解除合同，收回租赁物。本案中，原告与被告签订的《乘用车融资租赁（售后回租）合同》，系双方的真实意思表示，未违反法律、行政法规的强制性规定，应认定合法有效。被告陈某未能按照合同约定支付租金，已构成违约，应承担违约责任。

【裁判结果】

2021年3月17日，法院判决被告陈某应于本判决生效之日起10日内支付原告租金92,703.96元；支付被告逾期付款违约金（以租金92,703.96元为基数按每日

0.5‰标准计算至实际付清之日止，其中租金27,467.84元自2020年12月23日起计算，剩余租金65,236.12元按照双方合同约定的支付期限届满后开始计算）；支付被告律师代理费1500元；被告就上述债权对陈某提供的抵押物即闽C7××××车辆享有优先受偿权，有权以该抵押财产折价或者以变卖、拍卖该抵押财产的款项优先受偿；驳回被告的其他诉讼请求。（资料来源：中国裁判文书网）

关联法规

《最高人民法院关于审理融资租赁合同纠纷案件适用法律问题的解释》第10条

第七百五十三条　【出租人解除融资租赁合同】承租人未经出租人同意，将租赁物转让、抵押、质押、投资入股或者以其他方式处分的，出租人可以解除融资租赁合同。

第七百五十四条　【出租人或承租人解除融资租赁合同】有下列情形之一的，出租人或者承租人可以解除融资租赁合同：

（一）出租人与出卖人订立的买卖合同解除、被确认无效或者被撤销，且未能重新订立买卖合同；

（二）租赁物因不可归责于当事人的原因毁损、灭失，且不能修复或者确定替代物；

（三）因出卖人的原因致使融资租赁合同的目的不能实现。

关联法规

《最高人民法院关于审理融资租赁合同纠纷案件适用法律问题的解释》第5条

第七百五十五条　【承租人承担赔偿责任】融资租赁合同因买卖合同解除、被确认无效或者被撤销而解除，出卖人、租赁物系由承租人选择的，出租人有权请求承租人赔偿相应损失；但是，因出租人原因致使买卖合同解除、被确认无效或者被撤销的除外。

出租人的损失已经在买卖合同解除、被确认无效或者被撤销时获得赔偿的，承租人不再承担相应的赔偿责任。

第七百五十六条 【租赁物意外毁损灭失】融资租赁合同因租赁物交付承租人后意外毁损、灭失等不可归责于当事人的原因解除的，出租人可以请求承租人按照租赁物折旧情况给予补偿。

第七百五十七条 【租赁期限届满租赁物归属】出租人和承租人可以约定租赁期限届满租赁物的归属；对租赁物的归属没有约定或者约定不明确，依据本法第五百一十条的规定仍不能确定的，租赁物的所有权归出租人。

第七百五十八条 【租赁物价值返还及租赁物无法返还】当事人约定租赁期限届满租赁物归承租人所有，承租人已经支付大部分租金，但是无力支付剩余租金，出租人因此解除合同收回租赁物，收回的租赁物的价值超过承租人欠付的租金以及其他费用的，承租人可以请求相应返还。

当事人约定租赁期限届满租赁物归出租人所有，因租赁物毁损、灭失或者附合、混合于他物致使承租人不能返还的，出租人有权请求承租人给予合理补偿。

案例注解

【案例(2021)苏0282民初4707号】租赁物灭失承租人被判承担赔偿责任

【基本案情】

2012年10月7日，被告顾某与原告张某签订了某活动架租赁业务受理单一份。该受理单载明："活动脚手架每副每天2元，租赁架数3大+1小，共计4付；收押金200元。签名：顾某。备注运费已付等。"截至2016年2月5日，顾某所欠租金为9536元，因租赁物无法返还，顾某应赔偿租赁物价款1940元，以上合计为11,476元。顾某于2016年2月6日付2000元，于2016年年底付2000元，于2019年2月4日付1000元，减去押金200元，尚欠6276元。原告多次电话微信催讨，被告总是以各种理由一拖再拖，为此，原告诉至法院，请求判令依法判定顾某归还所欠原告活动脚手架余下费用6276元。如继续拖欠应加付恶意拖欠利息(月息2%)直至付清为止。庭审中，张某变更诉请，放弃主张利息及追讨费用。

【裁判要旨】

承租人占有租赁物期间，租赁物毁损、灭失的风险由承租人承担。本案中，张某与顾某之间的租赁关系合法有效，应受法律保护，当事人应当按照合同约定全面履行自己的义务。承租人应及时归还租赁物和支付租金，现顾某未能归还租赁物并支付租金，张某要求支付租金并赔偿租赁物损失的主张，于法有据，应予支持。

【裁判结果】

2021年7月16日，法院判决顾某应于本判决发生法律效力之日起10日内向张某支付租赁费及租赁物赔偿款共计6276元，驳回张某其他诉讼请求。（资料来源：中国裁判文书网）

第七百五十九条　【支付象征性价款后租赁物归属】当事人约定租赁期限届满，承租人仅需向出租人支付象征性价款的，视为约定的租金义务履行完毕后租赁物的所有权归承租人。

第七百六十条　【融资租赁合同无效租赁物归属】融资租赁合同无效，当事人就该情形下租赁物的归属有约定的，按照其约定；没有约定或者约定不明确的，租赁物应当返还出租人。但是，因承租人原因致使合同无效，出租人不请求返还或者返还后会显著降低租赁物效用的，租赁物的所有权归承租人，由承租人给予出租人合理补偿。

第十六章　保理合同

第七百六十一条　【保理合同定义】保理合同是应收账款债权人将现有的或者将有的应收账款转让给保理人，保理人提供资金融通、应收账款管理或者催收、应收账款债务人付款担保等服务的合同。

条文注解

保理合同，是以债权人转让其应收账款为前提，集资金融通、应收账款催收或者管理、付款担保等服务于一体的综合性金融服务合同。保理目前在我国区分为银行业保理和商业保理。保理法律关系，涉及保理商与债权人、保理商与债务人之间不同的法律关系，债权人与债务人之间的基础交易合同是成立保理的前提，而债权人与保理商之间的应收账款债权转让则是保理关系的核心。这与单纯的借款合同有显著区别，故不应将保理合同简单视为借款合同。

按照本条规定，保理合同必须具备的要素是应收账款债权的转让，没有应收账款的转让就不能构成保理合同。所谓应收账款，是指权利人因提供一定的货物、服务或设施而获得的要求债务人付款的权利以及依法享有的其他付款请求权，包括现有的和未来的金钱债权，但不包括因票据或其他有价证券而产生的付款请求权，以及法律、行政法规禁止转让的付款请求权。应收账款主要包括下列权利：(1)销售、出租产生的债权，包括销售货物，供应水、电、气、暖，知识产权的许可使用，出租动产或不动产等；(2)提供医疗、教育、旅游等服务或劳务产生的债权；(3)能源、交通运输、水利、环境保护、市政工程等基础设施和公用事业项目收益权；(4)提供贷款或其他信用活动产生的债权；(5)其他以合同为基础的具有金钱给付内容的债权。这些应收账款的转让既可以是单独转让，也可以是批量集合转让，这取决于当事人之间的约定。应收账款的转让，应当适用本法关于债权转让的一般规则。

除了必须具备的应收账款转让之外，保理合同还需要保理人提供资金融通、应收账款管理或者催收、应收账款债务人付款担保等服务。资金融通，是指保理人应债权人的申请，在债权人将应收账款转让给保理人后，为债权人提供的贷款或者应收账款转让预付款。应收账款催收，是指保理人根据应收账款账期，主动或应债权人要求，采取电话、函件、上门等方式直至运用法律手段等对债务人进行催收。应收账款管理，又称为销售分户账管理，是指保理人根据债权人的要求，定期或不定期向其提供关于应收账款的回收情况、逾期账款情况、对账单等财务和统计报表，协助其进行应收账款管理。付款担保，是指保理人与债权人签订保理合同后，为债务人核定信用额度，并在核准额度内，对债权人无商业纠纷的应收账款，提供约定的付款担保。除了这些服务之外，保理合同中，保理人提供的服务通常还包括资信调查与评估、信用风险控制等其他可认定为保理性质的金融服务。

关联法规

《最高人民法院关于适用〈中华人民共和国民法典〉时间效力的若干规定》第12条

第七百六十二条 【保理合同内容和形式】保理合同的内容一般包括业务类型、服务范围、服务期限、基础交易合同情况、应收账款信息、保理融资款或者服务报酬及其支付方式等条款。

保理合同应当采用书面形式。

案例注解

【案例(2021)川0191民初12387号】受让应收账款不能收回原告要求返还融资本息获法院支持

【基本案情】

2020年6月16日，原告某保理公司、被告舒某与案外人成都高新区某美容门诊部有限公司、案外人成都某科技有限公司签订《××保理合同》，约定被告舒某在美容公司消费医疗美容项目，分期支付消费总金额23,800元，美容公司将该债权转让给原告某保理公司，并向舒某履行了债权转让通知的义务。原告某保理公司与舒某签订《保理服务协议》，约定舒某须按月向某保理公司支付服务费。舒某在接受了美容公司医疗美容服务后，未按照约定给付应付款。为此，原告诉至法院，请求判令被告舒某立即偿还尚欠消费金额8583.89元并支付违约金（以8583.89元为基数，按照年利率15.4%的标准从2021年2月17日起计算至该款项付清之日止）。

被告舒某未到庭参加诉讼，也未向法庭提交任何书面材料。

【裁判要旨】

《民法典》第761条规定："保理合同是应收账款债权人将现有的或者将有的应收账款转让给保理人，保理人提供资金融通、应收账款管理或者催收、应收账款债务人付款担保等服务的合同。"本案中，案涉的《××保理合同》《保理服务协议》系合同各方当事人的真实意思表示，且不违反法律、行政法规的强制性规定，属合法有效，各方当事人均应按约履行。舒某未按期足额向原告某保理公司支付分期款项，原告有权要求被告舒某提前一次性清偿剩余全部款项。

【裁判结果】

法院判决被告舒某于本判决生效之日起10日内向原告某商业保理有限公司支付消费欠款本金8173.89元，支付违约金（计算方式：以8173.89元为基数，按照年利率15.4%的标准从2021年2月17日起计算至该款项付清之日止）；驳回原告的其他诉讼请求。（资料来源：中国裁判文书网）

第七百六十三条　【虚构应收账款的法律后果】应收账款债权人与债务人虚构应收账款作为转让标的，与保理人订立保理合同的，应收账款债务人不得以应收账款不存在为由对抗保理人，但是保理人明知虚构的除外。

第七百六十四条　【保理人表明身份义务】保理人向应收账款债务人发出应收账款转让通知的，应当表明保理人身份并附有必要凭证。

第七百六十五条　【无正当理由变更或者终止基础交易合同行为对保理人的效力】应收账款债务人接到应收账款转让通知后，应收账款债权人与债务人无正当理由协商变更或者终止基础交易合同，对保理人产生不利影响的，对保理人不发生效力。

条文注解

依据保理合同，为保障保理人地位，应收账款债权人负有不减损该应收账款债权价值的义务，因此，债权人不能通过与债务人协商，作出任何使得转让的应收账款债权价值落空或者减损的行为，债权人违反该义务时，保理人有权依法解除保理合同并请求债权人承担违约责任。

本条适用的前提如下：

首先，应收账款债权人和债务人协商作出了有关转让债权的民事法律行为。该民事法律行为必须是关于转让债权的，如果不涉及转让债权，不会对保理人发生影响，就不适用本条。

其次，该民事法律行为对保理人产生不利影响。这意味着债权人和债务人通过协商使得应收账款债权的价值落空或者减损，而对保理人产生不利影响，例如，债权人和债务人协商一致变更基础交易合同而减少了债权数额，或者协商一致解除基础交易合同而对保理人产生了不利影响。如果债权人和债务人的行为对保理人是有利的，自然无须保理人同意即可对保理人发生有利的效力。

再次，该民事法律行为发生在债务人接到债权转让通知后。债务人接到债权转让通知前，由于债权转让对债务人不发生效力，债务人有权主张债权人仍然对债权有处分权，此时债权人和债务人协商一致作出的民事法律行为，即使导致保理人利益受损，该行为仍然对保理人发生效力，保理人所取得的债权发生相应变动，保理人仅能依法解除保理合同并请求债权人承担违约责任。

最后，对保理人产生不利影响的民事法律行为无正当理由。这里所谓的正当理由，一是指经过了保理人的同意。如果经过了保理人的同意，自然能够对保理人发生效力。二是指该民事法律行为符合诚信原则且保理人并无合理理由反对的情形。

本条的法律后果是，该民事法律行为对保理人不发生效力。这意味着保理人仍然可以根据该民事法律行为成立之前的债权状况请求债务人履行支付应收账款的债务。该规定的目的是保护保理人利益，保理人自然可以放弃此种保护，而选择依法解除保理合同并请求债权人承担违约责任。债权人与债务人恶意串通变更或者终止基础交易合同，损害保理人利益的，保理人也有权选择依据本法第1168条的规定主张债权人与债务人构成共同侵权，请求他们对造成的损失承担连带责任。

应当注意的是，本条仅适用于保理合同，但是在其他债权转让中也同样会发生类似情形，如果在其他债权转让中出现类似的问题，可以参照适用本条予以处理。

第七百六十六条　【有追索权保理】当事人约定有追索权保理的，保理人可以向应收账款债权人主张返还保理融资款本息或者回购应收账款债权，也可以向应收账款债务人主张应收账款债权。保理人向应收账款债务人主张应收账款债权，在扣除保理融资款本息和相关费用后有剩余的，剩余部分应当返还给应收账款债权人。

条文注解

按照保理人在债务人破产、无理拖欠或无法偿付应收账款时，是否可以向债权人反转让应收账款，或要求债权人回购应收账款或归还融资，可以区分为有追索权保理和无追索权保理。有追索权保理，是指保理人不承担为债务人核定信用额度和提供坏账担保的义务，仅提供包括融资在内的其他金融服务，有追索权保理在应收账款到期无法从债务人处收回时，保理人可以向债权人反转让应收账款，或要求债权人回购应收账款或归还融资，又称为回购型保理。无追索权保理，是指保理人根据债权人提供的债务人核准信用额度，在信用额度内承购债权人对债务人的应收账款并提供坏账担保责任，债务人因发生信用风险未按基础合同约定按时足额支付应收账款时，保理人不能向债权人追索，又称为买断型保理。

在有追索权保理中，保理人向应收账款债务人主张应收账款债权的，在获得债务人的履行后，首先应当扣除保理融资款本息和相关费用，具体包括保理融资款本息、保理商未受清偿的应收账款融资额度承诺费、保理手续费、保理首付款使用费，以及其他债权人到期未付款等。在扣除后仍有剩余的这部分保理余款，应当返还给应收账款债权人。

第七百六十七条　【无追索权保理】当事人约定无追索权保理的，保理人应当向应收账款债务人主张应收账款债权，保理人取得超过保理融资款本息和相关费用的部分，无需向应收账款债权人返还。

案例注解

【案例(2021)川0191民初5806号】保理人主张保理债权获法院支持

【基本案情】

原告诉称，2019年9月15日，原告某保理公司、被告刘某与案外人河南某美容有限公司签订《项目服务定购书》，约定刘某在美容公司消费医疗美容项目，分期支付消费总金额28,800元，美容公司将该债权转让给原告保理公司，并向刘某履行了债权转让通知的义务。同时约定了刘某付款的方式、时间及金额；若刘某未按约定及时足额付款，保理公司有权要求其提前一次性结清剩余全部应付款并支付违约金。刘某在接受了皇家公司医疗美容服务后，未按照约定给付应付款。保理公司为此提起诉讼，请求法院判令刘某立即偿还尚欠消费金额14,271.20元并支付违约金(以14,271.20元为基数，按年利率15.4%的标准从2020年7月16日起计算至该款项付清之日止)。

被告刘某未到庭参加诉讼，亦未向法庭提交任何书面材料。

【裁判要旨】

《民法典》第766条规定，当事人约定有追索权保理的，保理人可以向应收账款债权人主张返还保理融资款本息或者回购应收账款债权，也可以向应收账款债务人主张应收账款债权。保理人向应收账款债务人主张应收账款债权，在扣除保理融资款本息和相关费用后有剩余的，剩余部分应当返还给应收账款债权人。本案中，案涉的《××保理合同》《保理服务协议》系合同各方当事人的真实意思表示，且不违反法律、行政法规的强制性规定，属合法有效，各方当事人均应按约履行。原告公司在本案中选择仅向债务人刘某主张应收账款债权，系其权利行使之自由，但在扣除保理融资款本息和相关费用后有剩余的，其应诚信履行合同义务，将剩余部分返还给某美容公司。

【裁判结果】

2021年6月30日，法院判决被告刘某于本判决生效之日起10日内向原告西安国某保理公司支付消费欠款本金14,271.20元，支付违约金（计算方式：以14,271.20元为基数，按年利率15.4%的标准从2020年7月16日起计算至该款项付清之日止）。（资料来源：中国裁判文书网）

第七百六十八条　【多重保理的清偿顺序】应收账款债权人就同一应收账款订立多个保理合同，致使多个保理人主张权利的，已经登记的先于未登记的取得应收账款；均已经登记的，按照登记时间的先后顺序取得应收账款；均未登记的，由最先到达应收账款债务人的转让通知中载明的保理人取得应收账款；既未登记也未通知的，按照保理融资款或者服务报酬的比例取得应收账款。

第七百六十九条　【适用债权转让规定】本章没有规定的，适用本编第六章债权转让的有关规定。

第十七章　承揽合同

第七百七十条　【承揽合同定义和承揽主要类型】承揽合同是承揽人按照定作人的要求完成工作，交付工作成果，定作人支付报酬的合同。

承揽包括加工、定作、修理、复制、测试、检验等工作。

条文注解

承揽合同是承揽人按照定作人的要求完成一定的工作,并将工作成果交付给定作人,定作人接受该工作成果并按照约定向承揽人支付报酬的合同。承揽合同的主体是承揽人和定作人。承揽人就是按照定作人指示完成特定工作并向定作人交付该工作成果的人;定作人是要求承揽人完成承揽工作并接受承揽工作成果、支付报酬的人。承揽人和定作人可以是法人或者非法人组织,也可以是自然人。承揽合同的客体是完成特定的工作。承揽合同的对象为承揽标的,承揽标的是有体物的,合同的标的物又可以称为承揽物或者定作物。承揽工作具有特定性,如修理汽车、裁剪制作衣服等。承揽人完成的承揽工作需有承揽工作成果,该工作成果可以是有形的,如加工的零部件、印刷的图书、录制的磁带、检验的结论;也可以是无形的,如测试仪器的运行。

承揽合同是一大类合同的总称,传统民法中承揽合同包括加工承揽合同和建设工程合同两大类。由于建设工程合同在发展中形成了许多独特的行业特点,《经济合同法》将建设工程合同独立于加工承揽合同加以规定,因此本章所指的承揽合同主要是指加工承揽合同而不包括建设工程合同。根据本条第 2 款的规定,承揽合同的形式包括加工、定作、修理、复制、测试、检验等多种形式。(1)加工。所谓加工,就是指承揽人以自己的技能、设备和劳力,按照定作人的要求,将定作人提供的原材料加工为成品,定作人接受该成品并支付报酬的合同。加工合同是实践中大量存在的合同,它既有生产性,如一个企业将另一个企业提供的材料加工成特定的设备,也有生活性,如服装店用顾客提供的布料为其裁缝衣服,还可能具有一些艺术性,如画廊为他人装裱图画等。在国际经济活动中,来料加工是一种重要的外贸形式。(2)定作。定作就是承揽人根据定作人的要求,以自己的技能、设备和劳力,用自己的材料为定作人制作成品,定作人接受该特别制作的成品并支付报酬的合同。定作合同在日常生活中也很常见,如家具厂为顾客定作家具,服装厂为某学校定作校服等。定作与加工的区别在于定作中承揽人需自备材料,而不是由定作人提供。(3)修理。修理既包括承揽人为定作人修复损坏的动产,如修理汽车、手表、电器、自行车、鞋等;也包括对不动产的修缮,如检修房屋屋顶的防水层。(4)复制。复制是指承揽人按照定作人的要求,根据定作人提供的样品,重新制作类似的成品,定作人接受复制品并支付报酬的合同。复制包括复印文稿,也包括复制其他物品,如文物部门要求承揽人复制一文物用以展览。(5)测试。测试是指承揽人根据定作人的要求,利用自己的技术和设备为定作人完成某一项目的性能测试,定作人接受测试成果并支付报酬的合同。(6)检验。检验是指承揽人以自己的技术和仪器、设备等为定作人提供的特定事物的性能、问题、质量等进行检查化验,定作人接受检验成果,并支付报酬的合同。

需要说明的是,承揽合同作为一种广义上的劳务合同,其范围并不限于本条第 2 款所列举的几类,任何符合本条第 1 款所定义的合同行为,如印刷、洗染、打字、翻译、拍照、冲卷、扩印、广告制作、测绘、鉴定等都属于本章所调整的承揽。

第七百七十一条　【承揽合同主要内容】承揽合同的内容一般包括承揽的标的、数量、质量、报酬，承揽方式，材料的提供，履行期限，验收标准和方法等条款。

第七百七十二条　【承揽工作主要完成人】承揽人应当以自己的设备、技术和劳力，完成主要工作，但是当事人另有约定的除外。

承揽人将其承揽的主要工作交由第三人完成的，应当就该第三人完成的工作成果向定作人负责；未经定作人同意的，定作人也可以解除合同。

案例注解

【案例(2021)宁0104民初9572号】承揽人未按约完成工作被判退还货款并赔偿损失

【基本案情】

2020年8月15日，原告武某(甲方、购买方)与被告银川市某全屋家具经销部(乙方、销售方)签订《××衣柜产品购货合同》一份，约定甲方委托乙方生产加工以下产品：(1)全屋定制，鞋柜、酒柜、衣帽间，数量16,999元，19平方米；主卧衣柜，书房榻榻米，合计33平方米。(2)橱柜，地柜，4.9米，吊柜4.5米，柜门：PE系列。合计42,000元。双方还约定了其他事项。签订合同当日，原告向被告支付衣柜定金15,000元，2020年9月5日，原告向被告支付衣柜款15,000元，2020年9月11日，原告向被告支付衣柜款9000元。2020年12月19日，原告(甲方)与被告(乙方)签订《赔偿协议书》一份，约定原告委托被告定制的柜子等共计10件商品，收取原告货款39,000元，并约定在2020年11月12日前送货上门并安装，乙方在指定日期未履行合同承诺并逾期37天，给甲方造成严重损失，双方协商被告赔偿原告损失费9000元，时间期限为2021年1月1日前保证货物质量，送货上门并进行安装的当天，当场进行赔付。乙方承诺甲方尾款1000元整人民币已结清。乙方承诺甲方2021年1月1日前保证货物质量，送货上门并进行安装。乙方承诺赔偿甲方一台海尔10公斤自动洗衣机一台。乙方履行赔偿义务和保证货物质量并送货上门安装后，甲方保证就此事不再以任何形式和任何理由向乙方赔偿费用要求。

原告诉至法院，请求依法判令被告退还原告家具款10,498元，支付赔偿款9000元，支付赔付尾款1000元，合计20,498元；判令被告赔偿原告一台全自动洗衣机，价值3000元。

庭审中，原告陈述签订合同时，双方约定合同价款42,000元，签完后，双方又口头约定合同价款40,000元，已付39,000元，剩余1000元作为尾款。合同中约定的产品现只剩橱柜没做，价值9498元，尾款1000元实际并未支付，在签订赔偿协议书时被告承诺已付清。

【裁判要旨】

《民法典》第770条第1款规定,承揽合同是承揽人按照定作人的要求完成工作,交付工作成果,定作人支付报酬的合同。本案中,原告与被告之间的承揽合同关系合法有效,双方均应恪守。本案中,原告在被告处定做衣柜和橱柜等家具,由被告完成工作并交付工作成果,原被告之间已建立承揽合同关系,双方均应按照合同约定履行义务。现被告至今未按照合同约定的期限履行合同义务,原告请求被告退还相应的合同价款9498元,并主张被告按双方的约定,承担违约责任,赔偿原告损失9000元,符合法律规定,应予支持。

【裁判结果】

2021年8月26日,法院判决被告银川市某全屋家具经销部于本判决生效之日起5日内向原告武某退还货款9498元,并赔偿损失9000元。(资料来源:中国裁判文书网)

第七百七十三条　【承揽辅助工作转交】承揽人可以将其承揽的辅助工作交由第三人完成。承揽人将其承揽的辅助工作交由第三人完成的,应当就该第三人完成的工作成果向定作人负责。

第七百七十四条　【承揽人提供材料时的义务】承揽人提供材料的,应当按照约定选用材料,并接受定作人检验。

第七百七十五条　【定作人提供材料时双方当事人的义务】定作人提供材料的,应当按照约定提供材料。承揽人对定作人提供的材料应当及时检验,发现不符合约定时,应当及时通知定作人更换、补齐或者采取其他补救措施。

承揽人不得擅自更换定作人提供的材料,不得更换不需要修理的零部件。

第七百七十六条　【定作人要求不合理时双方当事人的义务】承揽人发现定作人提供的图纸或者技术要求不合理的,应当及时通知定作人。因定作人怠于答复等原因造成承揽人损失的,应当赔偿损失。

第七百七十七条 【定作人变更工作要求的法律后果】定作人中途变更承揽工作的要求，造成承揽人损失的，应当赔偿损失。

第七百七十八条 【定作人协助义务】承揽工作需要定作人协助的，定作人有协助的义务。定作人不履行协助义务致使承揽工作不能完成的，承揽人可以催告定作人在合理期限内履行义务，并可以顺延履行期限；定作人逾期不履行的，承揽人可以解除合同。

关联法规

《第八次全国法院民事商事审判工作会议（民事部分）纪要》第33条

第七百七十九条 【定作人监督检验】承揽人在工作期间，应当接受定作人必要的监督检验。定作人不得因监督检验妨碍承揽人的正常工作。

第七百八十条 【承揽人工作成果交付】承揽人完成工作的，应当向定作人交付工作成果，并提交必要的技术资料和有关质量证明。定作人应当验收该工作成果。

第七百八十一条 【工作成果不符合质量要求时的违约责任】承揽人交付的工作成果不符合质量要求的，定作人可以合理选择请求承揽人承担修理、重作、减少报酬、赔偿损失等违约责任。

案例注解

【案例（2021）吉2403民初1576号】定作人某科技公司中途变更合同被判支付报酬和赔偿损失

【基本案情】

2020年11月30日，原告某商贸公司（甲方）与被告某传媒公司（乙方）签订牌匾制作安装施工协议。合同约定乙方按甲方要求进行制作，乙方须提供施工图纸及施工方案、提供相关的设备及技术人员负责安装；乙方应按甲方关于制作安装的要求进行施工，包括材质、规格、质量、数量及其他技术参数，制作安装的相关要求详见本协议附页所载内容等，双方还约定了其他事项。合同签订后，原告按合同约定给付被告预付款50,000元，渤被告进场施工。在施工过程中被告利用原有的主骨架（钢结构框架），与原告产生分歧，后原告亦同意利用原有的主骨架。2020年12月19日，被告要求原告支付第二笔工程款50,000元，因被告施工进度没有达到合同约定的支付第二笔工程款的制作安装进度要求，原告拒绝支付。2020年12月20日，被告停工。2020年12月26日，因被告未按合同约定的期限完成牌匾的制作安装，原告通知被告撤离施工现场，带走施工材料，并要求其返还预付款50,000元。2021年1月1日，被告撤离了施工现场，运走所有施工材料。被告至今未返还给原告预付款50,000元，原告为此诉至法院，请求判令被告承担违约责任，返还预付款50,000元。

【裁判要旨】

《民法典》第781条规定，承揽人交付的工作成果不符合质量要求的，定作人可以合理选择请求承揽人承担修理、重作、减少报酬、赔偿损失等违约责任。本案中，原被告之间承揽合同依法成立并生效。被告公司停工导致施工期限届满未能完成牌匾的制作安装，以其行为表明不履行主要债务，原告有权解除合同。在施工期限届满后，被告未能完成牌匾的制作安装，已构成违约，其已将所有施工材料运走，原告有权要求被告返还预付款50,000元。

【裁判结果】

2021年5月24日，法院判决被告某传媒有限公司于本判决生效之日立即给付原告某商贸有限责任公司50,000元。（资料来源：中国裁判文书网）

关联法规

《产品质量法》第40条

第七百八十二条　【定作人支付报酬的期限】定作人应当按照约定的期限支付报酬。对支付报酬的期限没有约定或者约定不明确，依据本法第五百一十条的规定仍不能确定的，定作人应当在承揽人交付工作成果时支付；工作成果部分交付的，定作人应当相应支付。

第七百八十三条　【定作人未履行付款义务时承揽人权利】定作人未向承揽人支付报酬或者材料费等价款的，承揽人对完成的工作成果享有留置权或者有权拒绝交付，但是当事人另有约定的除外。

第七百八十四条　【承揽人保管义务】承揽人应当妥善保管定作人提供的材料以及完成的工作成果，因保管不善造成毁损、灭失的，应当承担赔偿责任。

第七百八十五条 【承揽人保密义务】承揽人应当按照定作人的要求保守秘密,未经定作人许可,不得留存复制品或者技术资料。

第七百八十六条 【共同承揽人连带责任】共同承揽人对定作人承担连带责任,但是当事人另有约定的除外。

第七百八十七条 【定作人任意解除权】定作人在承揽人完成工作前可以随时解除合同,造成承揽人损失的,应当赔偿损失。

条文注解

根据本条规定,定作人在承揽人完成工作前可以随时解除合同。解除合同,是指在合同成立后,因当事人一方或者双方的意思表示而使合同关系消灭的行为。根据本法合同编的有关规定,双方当事人可以协商解除合同。当事人一方解除合同的,只限于两种情况:一是发生不可抗力致使合同目的无法实现。二是对方当事人严重违约,包括在履行期限届满之前,当事人一方明确表示或者以自己的行为表明不履行其主要债务;当事人一方迟延履行主要债务,经催告后在合理期限内仍未履行;对方当事人迟延履行债务或者有其他违约行为致使不能实现合同目的等。除这些法定解除权外,当事人擅自解除合同的,应当承担违约责任。

但在承揽合同中,定作人除了享有合同编所规定的合同解除权外,还可以享有在承揽人完成工作前随时解除合同的权利,这是承揽合同的一大特点,也是由承揽合同的性质所决定的。

根据本条,定作人解除合同的前提是赔偿承揽人的损失。这样处理,既可以避免给定作人造成更大的浪费,也不会给承揽人造成不利。定作人依据本条行使随时解除权的,应当符合以下要求:第一,定作人应当在承揽人完成工作前提出解除合同。第二,定作人根据本条解除合同的,应当通知承揽人。解除通知到达承揽人时,解除生效,合同终止,承揽人可以不再进行承揽工作。第三,定作人根据本条解除承揽合同造成承揽人损失的,应当赔偿损失。这些损失主要包括承揽人已完成的工作部分所应当获得的报酬、承揽人为完成这部分工作所支出的材料费以及承揽人因合同解除而受到的其他损失。

合同解除后,承揽人应当将已完成的部分工作交付定作人。定作人提供材料的,如有剩余,也应当返还定作人。定作人预先支付报酬的,在扣除已完成部分的报酬后,承揽人也应当将剩余价款返还定作人。

案例注解

【案例(2021)湘0481民初5034号】定作人随意解除合同被判赔偿损失

【基本案情】

原告曹某、被告周某经朋友介绍相识,被告经营一家兰舍硅藻泥,原告因生意合作,需向被告购买硅藻泥。后原告向被告预先支付8000元材料费用,要求被告包工包料,待工程完工后,再付其他费用。2020年6月至8月,原告共向被告转账8000元,被告收到预付款后,没有按照之前约定的工期进行。原告便要求被告退还预付款,被告迟迟未还。原告便于2020年11月27日报警,通过派出所调解,被告暂支付了280元,剩余7720元年底付清,后被告电话不接,信息不回,为维护原告合法权益,原告诉至法院,请求判令被告向原告退还材料款7720元。

【裁判要旨】

《民法典》第787条规定:"定作人在承揽人完成工作前可以随时解除合同,造成承揽人损失的,应当赔偿损失。"本案中,被告周某未按照约定进行施工,应承担违约责任,退还原告曹某预付的材料款。

【裁判结果】

2021年8月16日,法院判决被告周某在本判决生效之日起10日内返还原告曹某预付材料款7720元。(资料来源:中国裁判文书网)

第十八章　建设工程合同

第七百八十八条　【建设工程合同定义和种类】建设工程合同是承包人进行工程建设,发包人支付价款的合同。

建设工程合同包括工程勘察、设计、施工合同。

条文注解

建设工程合同,是指承包人进行工程建设,发包人支付价款的合同。建设工程合同的客体是工程。这里的工程是指土木建筑工程和建筑业范围内的线路、管道、设备安装工程的新建、扩建、改建及大型的建筑装修装饰活动,主要包括房屋、铁路、公路、机场、港口、桥梁、矿井、水库、电站、通信线路等。建设工程的主体是发包人和承包人。建设工程的发包人,一般为建设工程的建设单位,即投资建设该项工程的单位,通常也称作"业主"。建设工程实行总承包的,总承包单位经发包人同意,在法律规定的范围内对部分工程项目进行分包的,工程总承包单位即成为分包工程的发包人。建设工程的承包人,即实施建设工程的勘察、设计、施工等业务的单位,包括对建设工程实行总承包的单位、勘察承包单位、设计承包单位、施工承包单位和承包分包工程的单位。

本条第1款规定的建设工程合同的定义，体现了合同双方当事人即发包人和承包人的基本义务。承包人的基本义务就是按质按期地进行工程建设，包括工程勘察、设计和施工。发包人的基本义务就是按照约定支付价款。

本条第2款规定了建设工程合同的主要内容。一项工程一般包括勘察、设计和施工等一系列过程，因此建设工程合同通常包括工程勘察、设计、施工合同。

勘察合同，是指发包人与勘察人就完成建设工程地理、地质状况的调查研究工作而达成的协议。建设工程勘察，通常需要根据建设工程的要求，查明、分析、评价建设场地的地质地理环境特征和岩土工程条件，并编制建设工程勘察文件。勘察合同就是反映并调整发包人与受托地质工程单位之间权利义务关系的依据。

设计合同，是指发包人与设计人就完成建设工程设计工作而达成的协议。建设工程设计，通常需要根据建设工程的要求，对建设工程所需的技术、经济、资源、环境等条件进行综合分析、论证，并编制建设工程设计文件。建设工程设计一般涉及方案设计、初步设计以及施工图设计，它们之间还具有一定的关联性。按照《建设工程勘察设计管理条例》的规定，编制方案设计文件，应当满足编制初步设计文件和控制概算的需要；编制初步设计文件，应当满足编制施工招标文件、主要设备材料订货和编制施工图设计文件的需要；编制施工图设计文件，应当满足设备材料采购、非标准设备制作和施工的需要，并注明建设工程合理使用年限。

施工合同，是指发包人与施工单位就完成建设工程的一定施工活动而达成的协议。施工合同主要包括建筑和安装两方面内容，这里的建筑是指对工程进行营造的行为，安装主要是指与工程有关的线路、管道、设备等设施的装配。建设工程施工合同是工程建设质量控制、进度控制、投资控制的主要依据。

工程勘察、设计、施工是专业性很强的工作，所以一般应当由专门的具有相应资质的工程单位来完成。按照《建筑法》的规定，施工企业、勘察单位、设计单位按照其各自拥有的注册资本、专业技术人员、技术装备和已完成的建筑工程业绩等资质条件，划分为不同的资质等级，经资质审查合格，取得相应等级的资质证书，方可在其资质等级许可的范围内从事建筑活动。

建设工程通常具有资金投入量大、工程复杂、技术含量高、专业性强的特点，建设工程的质量不仅涉及发包人的利益，而且更是关系社会上不特定第三人的人身和财产安全，甚至关系国计民生和社会稳定，因而在建设工程领域具有突出的国家干预特征。建设工程合同也难免受到相应影响。按照《建设工程勘察设计管理条例》的规定，从事建设工程活动，必须严格执行基本建设程序，坚持先勘察、后设计、再施工的原则。因而，勘察、设计、施工合同虽然可能是分别与不同单位签订的合同，但是基于勘察、设计、施工在整个建设工程中的不同作用和相互关系，它们的签订和履行在客观上仍具有一定的相关性。

第七百八十九条　【建设工程合同的形式】建设工程合同应当采用书面形式。

关联法规

《建筑法》第15条

第七百九十条 【建设工程招投标活动的原则】建设工程的招标投标活动，应当依照有关法律的规定公开、公平、公正进行。

关联法规

《建筑法》第16～22条，《招标投标法》第3条，《招标投标法实施条例》第2条

第七百九十一条 【建设工程的发包、承包、分包】发包人可以与总承包人订立建设工程合同，也可以分别与勘察人、设计人、施工人订立勘察、设计、施工承包合同。发包人不得将应当由一个承包人完成的建设工程支解成若干部分发包给数个承包人。

总承包人或者勘察、设计、施工承包人经发包人同意，可以将自己承包的部分工作交由第三人完成。第三人就其完成的工作成果与总承包人或者勘察、设计、施工承包人向发包人承担连带责任。承包人不得将其承包的全部建设工程转包给第三人或者将其承包的全部建设工程支解以后以分包的名义分别转包给第三人。

禁止承包人将工程分包给不具备相应资质条件的单位。禁止分包单位将其承包的工程再分包。建设工程主体结构的施工必须由承包人自行完成。

条文注解

建设工程合同发包承包根据订约双方的不同，可以分为直接承包和分包两大类。直接承包，是指发包人直接将工程承包给承包人，包括工程总承包和单项工程承包两种方式。分包，是指总承包人或者勘察、设计、施工承包人经发包人同意，可以将自己承包的部分工作交由第三人完成。

建设工程的总承包，又称为"交钥匙承包"，是指建设工程任务的总承包，即发包人将建设工程的勘察、设计、施工等工程建设的全部任务一并发包给一个具备相应的总承包资质条件的承包人，由该承包人负责工程的全部建设工作，直至工程竣工，向发包人交付经验收合格符合发包人要求的建设工程的发包承包方式。工程总承包是国内外建设活动中多有使用的发包承包方式，它有利于充分发挥那些在工程建设方面具有较强的技术力量、丰富的经验和组织管理能力的大承包商的专业优势，综合协

调工程建设中的各种关系,强化对工程建设的统一指挥和组织管理,保证工程质量和进度,提高投资效益。在建设工程的发包承包中采用总承包方式,对那些缺乏工程建设方面的专门技术力量、难以对建设项目实施具体的组织管理的建设单位来说,更具有明显的优越性,也符合社会化大生产专业分工的要求。为此应当提倡对建设工程实行总承包,发包人可以将全部工程发包给一个总承包人完成,由该承包人就工程建设的全过程向发包人负责。与总承包方式相对应的是单项任务的承包,即发包人将建设工程中的勘察、设计、施工等不同工作任务,分别发包给勘察人、设计人、施工人,与其签订相应的承包合同。这种发包方式有利于吸引较多的承包商参与各项工程建设业务的投标竞争,使发包人有更大的选择余地;也有利于发包人对建设工程的各环节、各阶段实施直接的监督管理,这对于那些具有建设活动方面的专业技术人才、对工程建设有较强的组织管理能力的单位来说是有利的。

建设工程的发包承包是采取总承包方式还是单项工程承包方式,可以由发包人根据实际情况自行确定。但是无论发包人采取何种方式与承包人签订合同,都应当遵守本条的规定,不得将建设工程支解发包,即不得将应当由一个承包人完成的建设工程支解成若干部分发包给几个承包人。这是针对目前我国建筑市场中多有发生且危害较大的将工程支解发包的实际情况所作出的规定。一些发包单位将按其性质和技术联系应当由一个承包单位整体承包的工程支解成若干部分,分别发包给几个承包单位,使整个工程建设在管理和技术上缺乏应有的统筹协调,往往造成施工现场秩序混乱、责任不清,严重影响工程建设质量,出了问题也很难找到责任者。而且从实际情况看,支解发包往往与发包单位的工作人员徇私舞弊、利用支解发包多拿回扣等违法行为有关。因此,本条第 1 款中明确规定,发包人不得将应当由一个承包人完成的建设工程支解成若干部分发包给数个承包人。至于如何确定是不是应当由一个承包人完成的建设工程,需要由国务院有关主管部门根据实际情况作出具体规定。如对一幢房屋的供水管线,发包人就不应将其分成若干部分发包给几个承包单位。又如对一幢房屋中的供水管线和空调设备的安装,尽管都属于同一建筑的设备安装,但因各有较强的专业性,发包人则可以将其分别发包给不同的承包人。

所谓建设工程的分包,是指工程总承包人、勘察承包人、设计承包人、施工承包人承包建设工程后,将其承包的某一部分工程或某几部分工程,再发包给其他承包人,与其签订承包合同项下的分包合同的发包承包方式。总承包人或者勘察、设计、施工承包人在分包合同中即成为分包合同的发包人。总承包人或者勘察、设计、施工承包人分包建设工程的,应当符合以下条件:(1)总承包人或者勘察、设计、施工承包人只能将部分工程分包给具有相应资质条件的分包人;(2)为防止总承包人或者勘察、设计、施工承包人擅自将应当由自己完成的工程分包出去或者将工程分包给发包人所不信任的第三人,分包工程的,必须经过发包人的同意。

在承包与分包相结合的承包形式中,存在承包合同与分包合同两个不同的合同关系。承包合同是发包人与总承包人或者勘察人、设计人、施工人之间订立的合同,总承包人或者勘察、设计、施工承包人应当就承包合同的履行向发包人承担全部的责任;即使总承包人或者勘察、设计、施工承包人根据合同约定或者经发包人同意将承包合同范围内的部分建设项目分包给他人,其也需要对分包的工程向发包人负责。分包合同是承包合同中的总承包人或者勘察、设计、施工承包人与分包人之间订立的合同。通常来说,分包人仅就分包合同的履行向总承包人或者勘察、设计、施工承包人负责,并不直接向发包人承担责任;但为了维护发包人的利益,保证工程的质量,本条适当地加重了分包人的责任,即第三人(分包人)就其完成的工作成果与总承包人或者勘察、设计、施工承包人向发包人承担连带责任。分包的工程出现问题,发包人既可以要求总承包人或者勘察、设计、施工承包人承担责任,也可以直接要求分包人承担责任。

所谓转包,是指建设工程的承包人将其承包的建设工程倒手转让给第三人,使该第三人实际上成为该建设工程新的承包人的行为。转包与分包的根本区别:转包行为中,原承包人将其工程全部倒手转给他人,自己并不实际履行合同约定的义务;而在分包行为中,承包人只是将其承包工程的某一部分或几部分再分包给其他承包人,承包人仍然要就承包合同约定的全部义务的履行向发包人负责。依照本法和其他法律规定,承包人经发包人同意将其部分工程分包给他人的行为是允许的,但承包人的转包行为是禁止的。本条明确规定承包人不得将其承包的全部建设工程转包给第三人或者将其承包的全部建设工程支解以后以分包的名义分别转包给第三人。这是因为:(1)在实践中,转包行为具有很大的危害性。一些单位将其承包的工程压价转包给他人,从中谋取不正当利益,形成"层层转包、层层扒皮"的现象,最后实际用于工程建设的费用大为减少,导致严重的偷工减料;一些建设工程转包后落入不具备相应资质条件的包工队中,留下严重的工程质量隐患,甚至造成重大质量事故。(2)承包人擅自将其承包的工程项目转包,破坏了合同关系应有的稳定性和严肃性。在建设工程合同订立过程中,发包人往往是经过慎重选择,才确定与其所信任并具有相应资质条件的承包人订立合同。承包人将其所承包的工程转包给他人,违背了发包人的意志,损害了发包人的利益,这是法律所不允许的。

为了保证工程的质量,本条第3款规定,禁止承包人将工程分包给不具备相应资质条件的单位;禁止分包单位将其承包的工程再分包。依据本款规定,工程的分包人必须具备相应的资质条件。依照我国有关法律的规定,从事建设活动的勘察人、设计人和施工人必须具备以下资质条件:(1)有符合国家规定的注册资本;(2)有与其从事的建设活动相适应的具有法定执业资格的专业技术人员;(3)有从事相关建设活动所应有的技术装备;(4)法律、行政法规规定的其他条件。从事工程建设活动的勘察人、设计人和施工人,按照其拥有的注册资本、专业技术人员、技术装备和已完成的建设工程业绩等资质条件,划分为不同的资质等级,经资质审查合格,取得相应等级的资质证书后,方可在其资质等级许可的范围内从事建设活动。承包人在将工程分包时,应当审查分包人是否具备承包该部分工程建设的资质条件。承包人将工程分包给不具备相应资质条件的分包人的,该分包合同无效。为避免因层层分包造成责任不清以及因中间环节过多造成实际用于工程的费用减少的问题,依据本款的规定,分包人不得将其承包的工程再分包,即对工程建设项目只能实行一次分包。实行施工承包的,建设工程的主体结构必须由承包人自行完成,不得分包,即承包人承包工程全部施工任务的，该工程的主体结构必须由承包人自行完成，即使经发包人同意，也不得将主体工程的施工再分包给第三人；承包人违反本款规定，将工程主体部分的施工任务分包给第三人的，该分包合同无效。

案例注解

【案例(2021)辽1402民初1877号】某公司要求支付工程款获法院支持

【基本案情】

2013年6月7日，被告葫芦岛某开发建设有限公司将葫芦岛某工程承包给原告沈阳市某公司进行施工，约定完工后2年内按比例支付全部工程款，该工程于2013年10月31日竣工并验收合格。2015年2月10日，经审计局审计，该工程造价确认为7,335,405.30元。2015年10月31日前，被告已经分三次支付原告工程款350万元，尚欠工程款3,835,405.30元。2016年10月31日，被告支付原告工程款600,000.00元；2018年7月31日又支付工程款300,000.00元；同年12月20日支付工程款300,000.00元。余款2,635,405.30元一直未付。为此，原告诉至法院，请求判令被告立即给付拖欠的工程款2,635,405.30元，并支付逾期利息845,758.84元。

【裁判要旨】

《民法典》第788条第1款规定，建设工程合同是承包人进行工程建设，发包人支付价款的合同。本案中，被告将其工程承包给原告进行施工，该工程已经验收合格且交付使用多年，为此，被告应该按约定给付原告工程款2,635,405.30元。原告主张被告违约应给付此笔工程款的利息，时间自2015年11月1日起分段计算，符合法律规定，应予支持。

【裁判结果】

2021年8月20日，法院判决被告某开发建设有限公司于本判决生效后10日内给付原告沈阳市某公司工程款2,635,405.30元，并自2015年11月1日起，以3,835,405.30元为基数，按中国人民银行同期同类贷款利率支付利息至2016年10月31日止；自2016年11月1日起，以3,235,405.30元为基数，按中国人民银行同期同类贷款利率支付利息至2018年7月31日止；自2018年8月1日起，以2,935,405.30元为基数，按中国人民银行同期同类贷款利率支付利息至2018年12月20日止；自2018年12月21日起，以2,635,405.30元为基数，按中国人民银行同期同类贷款利率支付利息至本判决确定给付之日止。(资料来源：中国裁判文书网)

关联法规

《建筑法》第24、28、29条，《建设工程质量管理条例》第7、18、78条，《最高人民法院关于审理建设工程施工合同纠纷案件适用法律问题的解释(一)》第4、5条

第七百九十二条 【订立国家重大建设工程合同】国家重大建设工程合同，应当按照国家规定的程序和国家批准的投资计划、可行性研究报告等文件订立。

第七百九十三条 【建设工程合同无效、验收不合格的处理】建设工程施工合同无效，但是建设工程经验收合格的，可以参照合同关于工程价款的约定折价补偿承包人。

建设工程施工合同无效，且建设工程经验收不合格的，按照以下情形处理：

（一）修复后的建设工程经验收合格的，发包人可以请求承包人承担修复费用；

（二）修复后的建设工程经验收不合格的，承包人无权请求参照合同关于工程价款的约定折价补偿。

发包人对因建设工程不合格造成的损失有过错的，应当承担相应的责任。

第七百九十四条 【勘察、设计合同的内容】勘察、设计合同的内容一般包括提交有关基础资料和概预算等文件的期限、质量要求、费用以及其他协作条件等条款。

第七百九十五条 【施工合同的内容】施工合同的内容一般包括工程范围、建设工期、中间交工工程的开工和竣工时间、工程质量、工程造价、技术资料交付时间、材料和设备供应责任、拨款和结算、竣工验收、质量保修范围和质量保证期、相互协作等条款。

第七百九十六条 【建设工程监理】建设工程实行监理的，发包人应当与监理人采用书面形式订立委托监理合同。发包人与监理人的权利和义务以及法律责任，应当依照本编委托合同以及其他有关法律、行政法规的规定。

关联法规

《建筑法》第30~35条，《建设工程质量管理条例》第12、34~38条

第七百九十七条 【发包人的检查权】发包人在不妨碍承包人正常作业的情况下,可以随时对作业进度、质量进行检查。

第七百九十八条 【隐蔽工程】隐蔽工程在隐蔽以前,承包人应当通知发包人检查。发包人没有及时检查的,承包人可以顺延工程日期,并有权请求赔偿停工、窝工等损失。

第七百九十九条 【建设工程的竣工验收】建设工程竣工后,发包人应当根据施工图纸及说明书、国家颁发的施工验收规范和质量检验标准及时进行验收。验收合格的,发包人应当按照约定支付价款,并接收该建设工程。

建设工程竣工经验收合格后,方可交付使用;未经验收或者验收不合格的,不得交付使用。

条文注解

建设工程的竣工验收,是指建设工程已按照设计要求完成全部工作任务,准备交付给发包人投入使用前,由发包人或者有关主管部门依照国家关于建设工程竣工验收制度的规定,对该项工程是否合乎设计要求和工程质量标准所进行的检查、考核工作。建设工程的竣工验收是工程建设全过程的最后一道程序,是对工程质量实行控制的最后一个重要环节。验收的内容主要是:

第一,工程是否符合规定的建设工程质量标准。建设工程的质量标准包括依照法律、行政法规的有关规定制定的保证建设工程质量和安全的强制性国家标准和行业标准以及国家颁发的施工验收规范,建设工程合同中约定的对该项建设工程特殊的质量要求,以及为体现法律、行政法规规定的质量标准和建设工程合同约定的质量要求而在工程设计文件、施工图纸和说明书中提出的有关工程质量的具体指标和技术要求。

第二,承包人是否提供了完整的工程技术经济资料。这里的工程技术经济资料,一般应包括建设工程合同、建设用地的批准文件、工程的设计图纸及其他有关设计文件、工程所用的主要建筑材料、建筑构配件和设备的进场试验报告,申请竣工验收的报告书及有关工程建设的技术档案,完整的施工管理资料等。

第三,承包人是否有建设工程质量检验书等凭证。

第四,工程是否具备国家规定的其他竣工条件。

建设工程必须竣工经验收合格后,方可交付使用;没有经过竣工验收或者经过竣工验收确定为不合格的建设工程，不得交付使用。

关联法规

《建筑法》第60、61条，《建设工程质量管理条例》第16、17、49条，《城镇燃气管理条例》第11条，《最高人民法院关于审理建设工程施工合同纠纷案件适用法律问题的解释(一)》第14条

第八百条 【勘察人、设计人对勘察、设计的责任】勘察、设计的质量不符合要求或者未按照期限提交勘察、设计文件拖延工期，造成发包人损失的，勘察人、设计人应当继续完善勘察、设计，减收或者免收勘察、设计费并赔偿损失。

关联法规

《建筑法》第52～56条，《建设工程质量管理条例》第39～42条

第八百零一条 【施工人对建设工程质量承担的民事责任】因施工人的原因致使建设工程质量不符合约定的，发包人有权请求施工人在合理期限内无偿修理或者返工、改建。经过修理或者返工、改建后，造成逾期交付的，施工人应当承担违约责任。

关联法规

《建筑法》第58～60条，《建设工程质量管理条例》第25～33条

第八百零二条 【合理使用期限内质量保证责任】因承包人的原因致使建设工程在合理使用期限内造成人身损害和财产损失的，承包人应当承担赔偿责任。

关联法规

《建筑法》第60～63条，《建设工程质量管理条例》第39～42条

第八百零三条 【发包人未按约定的时间和要求提供相关物资的违约责任】发包人未按照约定的时间和要求提供原材料、设备、场地、资金、技术资料的,承包人可以顺延工程日期,并有权请求赔偿停工、窝工等损失。

案例注解

【案例(2021)新4004民初618号】发包方逾期支付工程款被判支付利息

【基本案情】

2020年11月,原告丁某与被告某养殖厂签订《建筑工程承包合同书》,约定被告将厂区内18个棚圈建设以单包的形式承包给丁某,养殖厂负责提供工地上所用的材料,建设面积为19,305平方米,单包工程款为95元/平方米,养殖厂负责支付单包工程款,丁某的工人工资,由丁某向养殖厂提供工人工资表并按手印后交给养殖厂发放工人工资,合同签订后丁某带领工人入场施工。2021年6月,由于养殖厂自身亏损,无力再对上述棚圈购买材料进行建设,导致丁某被迫停工。2021年6月19日,养殖厂的经营者杨某向丁某出具欠条一张,载明:"今欠到丁某在养殖厂承包房屋和建牛棚羊棚工资:①建羊棚5个半棚8000平方米,每平方米70元共计560,000元……④牛场停水停电误工:20,325元;⑤××停电:12,000元;⑥刘某在工地不让干活停工40,892元,共计772,075元,付过的工资153,979元",并明确付款时间,后养殖厂未按照欠条载明时间向丁某支付上述款项,为此,丁某起诉至法院,请求判令解除原告与被告签订的《建筑工程承包合同书》;依法判令被告向原告支付工程款560,000元支付窝工损失73,217元;上述费用合计:633,217元。

【裁判要旨】

《民法典》第803条规定:"发包人未按照约定的时间和要求提供原材料、设备、场地、资金、技术资料的,承包人可以顺延工程日期,并有权请求赔偿停工、窝工等损失。"第804条规定:"因发包人的原因致使工程中途停建、缓建的,发包人应当采取措施弥补或者减少损失,赔偿承包人因此造成的停工、窝工、倒运、机械设备调迁、材料和构件积压等损失和实际费用。"本案中,原告与被告签订的《建筑工程承包合同书》及《补充协议》系双方真实意思表示,不违反法律、行政法规的强制性规定,应为有效,原被告双方应当遵循诚信原则,全面履行合同义务。合同签订后养殖厂因无法提供施工材料也未按时支付工程款导致工程停工,原告要求被告给付窝工损失的诉讼请求合法,应予支持。

【裁判结果】

2021年8月12日,法院判决解除原告丁某与被告某养殖厂签订的《建筑工程承包合同书》;被告于本判决生效之日起5日内向原告支付工程款406,021元,支付窝工损失73,217元,驳回原告其他诉讼请求。(资料来源:中国裁判文书网)

第八百零四条　【因发包人原因造成工程停建、缓建所应承担责任】因发包人的原因致使工程中途停建、缓建的，发包人应当采取措施弥补或者减少损失，赔偿承包人因此造成的停工、窝工、倒运、机械设备调迁、材料和构件积压等损失和实际费用。

第八百零五条　【因发包人原因造成勘察、设计的返工、停工或者修改设计所应承担责任】因发包人变更计划，提供的资料不准确，或者未按照期限提供必需的勘察、设计工作条件而造成勘察、设计的返工、停工或者修改设计，发包人应当按照勘察人、设计人实际消耗的工作量增付费用。

第八百零六条　【合同解除及后果处理的规定】承包人将建设工程转包、违法分包的，发包人可以解除合同。

发包人提供的主要建筑材料、建筑构配件和设备不符合强制性标准或者不履行协助义务，致使承包人无法施工，经催告后在合理期限内仍未履行相应义务的，承包人可以解除合同。

合同解除后，已经完成的建设工程质量合格的，发包人应当按照约定支付相应的工程价款；已经完成的建设工程质量不合格的，参照本法第七百九十三条的规定处理。

第八百零七条　【发包人未支付工程价款的责任】发包人未按照约定支付价款的，承包人可以催告发包人在合理期限内支付价款。发包人逾期不支付的，除根据建设工程的性质不宜折价、拍卖外，承包人可以与发包人协议将该工程折价，也可以请求人民法院将该工程依法拍卖。建设工程的价款就该工程折价或者拍卖的价款优先受偿。

关联法规

《最高人民法院关于审理建设工程施工合同纠纷案件适用法律问题的解释(一)》第35、36条

第八百零八条　【适用承揽合同】本章没有规定的,适用承揽合同的有关规定。

第十九章　运输合同

第一节　一般规定

第八百零九条　【运输合同定义】运输合同是承运人将旅客或者货物从起运地点运输到约定地点,旅客、托运人或者收货人支付票款或者运输费用的合同。

条文注解

运输合同又称运送合同,本条规定是对运输合同所作的定义。根据本条规定,运输合同的定义包含以下几个方面的内容:

(1)运输合同的主体是承运人和旅客、托运人。运输合同的主体是运输合同权利义务的承担者,即运输合同的当事人。根据运输合同是双务合同的特性,当事人一方是享受收取运费或者票款权利承担运送义务的承运人,另一方是享受运送权利并支付运费的旅客和托运人,双方当事人的数目视具体合同关系而定。

(2)运输合同中的托运人有时就是收货人,但在多数情况下,另有收货人,此时收货人不是运输合同的一方当事人。

(3)运输合同的内容是承运人将旅客或者货物运输到约定地点。由此可见,运输合同的客体是承运人的运送行为,不是货物和旅客。

(4)在运输合同中,承运人的义务是将旅客或者货物运输到约定地点,权利是收取票款或者运费;而旅客、托运人的权利和义务则与此对应,即权利是要求承运人将其运输到约定地点,义务是向承运人支付票款或者运费。

关联法规

《民用航空法》第107、108条,《铁路法》第11条,《海商法》第41条,《道路运输条例》第2条

第八百一十条　【承运人强制缔约义务】从事公共运输的承运人不得拒绝旅客、托运人通常、合理的运输要求。

第八百一十一条　【承运人安全运输义务】承运人应当在约定期限或者合理期限内将旅客、货物安全运输到约定地点。

关联法规

《铁路法》第 11 条,《最高人民法院关于审理铁路运输人身损害赔偿纠纷案件适用法律若干问题的解释》第 12 条,《最高人民法院关于审理铁路运输损害赔偿案件若干问题的解释》第 7 条

第八百一十二条　【承运人合理运输义务】承运人应当按照约定的或者通常的运输路线将旅客、货物运输到约定地点。

关联法规

《铁路法》第 12 条

第八百一十三条　【支付票款或者运输费用】旅客、托运人或者收货人应当支付票款或者运输费用。承运人未按照约定路线或者通常路线运输增加票款或者运输费用的,旅客、托运人或者收货人可以拒绝支付增加部分的票款或者运输费用。

案例注解

【案例(2021)湘 0502 民初 859 号】承运人要求支付运输费获法院支持

【基本案情】

被告某机械有限公司因业务需要,长期与原告长沙市某物流有限公司合作,由原告运输被告生产出的机器。2017 年 7 月至 10 月,被告拖欠原告货物运输费用共计 82,500 元。被告于 2019 年 11 月 26 日、2020 年 4 月 14 日通过银行转账向原告共支付运费 20,000 元。2020 年 5 月 29 日,经原告、被告核对,被告确认仍欠付原告运费 62,500 元。后被告又向原告支付了 5000 元的运输费,余款 57,500 元至今未付。为此,原告诉至法院,请求判令被告支付合同欠款 57,500 元,并以 57,500 元为基数,自 2020 年 5 月 29 日起至实际付清之日,按全国银行间同行业拆借中心一年期贷款市场

利率支付利息;判令被告支付原告为维权而支出的律师费5750元。

【裁判要旨】

《民法典》第813条规定,旅客、托运人或者收货人应当支付票款或者运输费用。依法成立的合同受法律保护。本案中,原被告之间存在长期运输合同关系。被告未按合同约定支付运费,其行为已构成违约,原告主张被告支付运费57,500元的诉讼请求,于法有据。

【裁判结果】

2021年6月21日,法院判被告某机械有限公司于本判决生效之日起10日内向原告长沙市某物流有限公司支付运输费57,500元及利息(以57,500元为基数,自2020年5月29日起,按年利率3.85%计算至实际清偿之日止),驳回原告长沙市某物流有限公司的其他诉讼请求。(资料来源:中国裁判文书网)

关联法规

《铁路法》第25、26条

第二节　客运合同

第八百一十四条　【客运合同成立时间】客运合同自承运人向旅客出具客票时成立,但是当事人另有约定或者另有交易习惯的除外。

条文注解

客运合同的成立时间和地点,涉及合同当事人受合同约束的开始时间和案件管辖问题,而国际客运合同的成立往往还涉及法律适用问题。

在普通情况下,客票是客运合同成立的凭据,也就是说,承运人向旅客签发的客票证明了承运人和旅客之间订立了合同。所以客运合同的成立时间一般即旅客客票的取得时间,即承运人向旅客交付客票时成立。

但随着互联网技术的发展,传统的购票方式发生了很大变化,客票的无纸化成为普遍趋势。旅客在客运合同订立过程中,可以通过网上购票的方式与承运人达成出行日期、票价等事项的合意,一旦意思表示一致,承运人出具电子票据,合同即宣告成立。有时甚至旅客都不需要接收电子票据,出示身份证件即可乘坐。因此,本条将合同法规定的"交付客票时成立"修改为"出具客票时成立"。

但是,在运输合同的当事人另有约定的情况下,旅客运输合同的成立时间可以不是在承运人出具客票时成立。例如,在航空运输中,旅客与承运人约定航空运输合同从旅客登上飞机时成立,则该航空运输合同的成立时间即旅客登上飞机的那一刻。本条还规定,在另有交易习惯的情况下,客运合同的成立时间也可以不在出具客票时成立。例如,在出租车运输中,客票的交付时间一般在运输行为完成后,按出租车运输的交易习惯,该运输合同在旅客登上出租车时就成立。

第八百一十五条 【旅客乘运义务的一般规定】旅客应当按照有效客票记载的时间、班次和座位号乘坐。旅客无票乘坐、超程乘坐、越级乘坐或者持不符合减价条件的优惠客票乘坐的,应当补交票款,承运人可以按照规定加收票款;旅客不支付票款的,承运人可以拒绝运输。

实名制客运合同的旅客丢失客票的,可以请求承运人挂失补办,承运人不得再次收取票款和其他不合理费用。

关联法规

《民用航空法》第109、112、128条,《海商法》第112条,《道路运输条例》第17条

第八百一十六条 【旅客办理退票或者变更乘运手续】旅客因自己的原因不能按照客票记载的时间乘坐的,应当在约定的期限内办理退票或者变更手续;逾期办理的,承运人可以不退票款,并不再承担运输义务。

案例注解

【案例(2021)沪0115民初51334号】乘客要求航空公司退款获法院支持

【基本案情】

2020年1月21日,原告盛某通过某航空公司App预订到两套同年3月1日至4日上海往返冲绳机票,其中订单号1:×××××××××××××××花费1362元,订单号2:×××××××××××××××花费842元及28,800积分。后因新冠疫情影响,该航班被取消,且上海往返冲绳的航班至今尚未恢复。其间原告曾于2020年6月7日致电被告咨询涉案客票改期及退票业务,被告客服人员明确告知客票有效期是出票之日起的1年,即2021年1月21日之前都可以使用。原告未能在该期限内使用机票,也没申请退票,直至2021年3月20日致电被告申请退票,因已超过被告规定的退票期限,故被拒。

另查明,中国民用航空总局发布的《中国民用航空旅客、行李国际运输规则》第11条规定:"因下列原因之一,造成旅客未能在客票有效期内旅行的,承运人应当按规定延长旅客的客票有效期:(一)承运人取消旅客已定妥座位的航班……"第68条规定:"因非自愿改变航程造成未按运输合同完成运输而使旅客申请退票,为非自愿退票。非自愿退票,按下列规定办理:(一)客票全部未使用,退还全部已付票款……"被

告自己制定的《东航国际运输条件》:“……3.3.1 由于下列原因之一,旅客未能在客票有效期内旅行,其客票有效期将延长到已购客票舱位等级中有空余座位的最早东航航班为止:3.3.1.1 东航取消旅客已定妥座位的航班……”因多次交涉无果,原告诉至法院,请求判令被告退回原告2204元以及28,800积分(约等值626元)。

【裁判要旨】

原告、被告之间的航空旅客运输合同成立并有效。原告已经履行了支付票款(含积分)的义务,且并无因其自身原因不能按照原定时间乘坐的情形;而被告因新冠疫情原因取消原定航班且至今不能履行合同,该原因属于不可抗力,为合同解除的法定事由。作为实际遭遇不可抗力事由而无法履行合同的一方,被告应主动联系原告并退还票款和积分,以达成合同解除的合意,而不应以原告申请为前提条件。现被告不区分退票原因拒绝原告退款申请,既没有正确适用中国民用航空总局发布的《中国民用航空旅客、行李国际运输规则》,也未正确适用其自己制定的《东航国际运输条件》中的相关条款,延长客票有效期至该航班正常恢复,违反了公平原则。即使按照被告的曲解,相关格式条款也因免除其责任、排除对方主要权利而无效。原告诉求于法有据,应予支持。

【裁判结果】

法院判决被告某航空股份有限公司于本判决生效后10日内退还原告盛某2204元以及28,800积分(或折价520元)。(资料来源:中国裁判文书网)

第八百一十七条　【行李携带及托运要求】旅客随身携带行李应当符合约定的限量和品类要求;超过限量或者违反品类要求携带行李的,应当办理托运手续。

第八百一十八条　【禁止旅客携带危险物品、违禁物品】旅客不得随身携带或者在行李中夹带易燃、易爆、有毒、有腐蚀性、有放射性以及可能危及运输工具上人身和财产安全的危险物品或者违禁物品。

旅客违反前款规定的,承运人可以将危险物品或者违禁物品卸下、销毁或者送交有关部门。旅客坚持携带或者夹带危险物品或者违禁物品的,承运人应当拒绝运输。

关联法规

《海商法》第113条,《民用航空安全保卫条例》第26~33条

第八百一十九条 【承运人的告知义务和旅客的协助义务】承运人应当严格履行安全运输义务，及时告知旅客安全运输应当注意的事项。旅客对承运人为安全运输所作的合理安排应当积极协助和配合。

第八百二十条 【承运人按照约定运输的义务】承运人应当按照有效客票记载的时间、班次和座位号运输旅客。承运人迟延运输或者有其他不能正常运输情形的，应当及时告知和提醒旅客，采取必要的安置措施，并根据旅客的要求安排改乘其他班次或者退票；由此造成旅客损失的，承运人应当承担赔偿责任，但是不可归责于承运人的除外。

关联法规

《道路运输条例》第18、19条

第八百二十一条 【承运人擅自降低或者提高服务标准的后果】承运人擅自降低服务标准的，应当根据旅客的请求退票或者减收票款；提高服务标准的，不得加收票款。

第八百二十二条 【承运人救助义务】承运人在运输过程中，应当尽力救助患有急病、分娩、遇险的旅客。

关联法规

《最高人民法院关于审理铁路运输人身损害赔偿纠纷案件适用法律若干问题的解释》第12条

第八百二十三条 【旅客人身伤亡责任】承运人应当对运输过程中旅客的伤亡承担赔偿责任；但是，伤亡是旅客自身健康原因造成的或者承运人证明伤亡是旅客故意、重大过失造成的除外。

前款规定适用于按照规定免票、持优待票或者经承运人许可搭乘的无票旅客。

案例注解

【案例(2021)浙8601民初20号】乘客突发疾病死亡要求运输公司赔偿被法院驳回

【基本案情】

2019年12月13日10时45分许(车载监控时间,下同),吴某独自一人从公交站上车乘坐被告某公交公司所属由司机诸某驾驶的3××路公交车(车牌号浙A09×××)出行。10时49分许,吴某出现头部靠在座椅,腿部稍伸直的情况,车辆继续前行过程中,车厢乘客跨过其腿部正常上下车。11时15分许,在车上仅剩吴某一人乘车的情况下,司机上前查看,并用脚触碰吴某,但吴某没有回应,司机继续开车。11时20分许和11时22分许,司机又两度上前查看吴某,发现吴某还是没有回应并有流口水的情况,于是停车拨打公司车队长电话汇报情况,并随后拨打110和120电话救助。后经120救护车吴某被送往××人民医院进行抢救无效死亡。病历记载,检查:神志不清,双侧瞳孔直径5mm,对光反射消失,心音呼吸音消失。初步诊断:猝死。居民死亡医学证明书记载死亡原因:猝死。

原告赖某、吴某杰、吴某东、吴某红、吴某裙认为公交车驾驶员未履行积极的救助义务导致吴某良抢救无效死亡,应当承担赔偿责任,为此诉至法院,请求判令被告承担抢救费1760元,承担死亡赔偿金、丧葬费、被抚养人生活费等各项损失430,552元的40%即172,221元。

【裁判要旨】

《民法典》第823条第1款规定,承运人应当对运输过程中旅客的伤亡承担赔偿责任;但是,伤亡是旅客自身健康原因造成的或者承运人证明伤亡是旅客故意、重大过失造成的除外。本案中,车载视频中吴某一人乘车时身体并无明显异样,车上乘客从其身边经过正常上下车。11时15分许,公交车司机在行车间隙第一次上前查看时,吴某并无抽搐、呕吐等外在不适表象,司机以为吴某熟睡,继续开车不违常理。11时20分许和11时22分许,司机两度上前查看吴某状况,发觉吴某叫不醒,便向公司汇报情况及拨打救助电话,且两次时间间隔仅2分钟。根据××人民医院当日急诊记录和居民死亡医学证明书记载,吴某系猝死。对于该种无明显外在表征的突发疾病,要求作为非专业医护人员的公交车司机即刻准确判断吴某的病情,并采取相应的心肺复苏措施,明显超出法律规定的承运人救助义务。吴某死亡系因自身健康原因造成,与公交公司驾驶员的行为并无因果关系,原告诉求缺乏事实和法律依据。

【裁判结果】

2021年2月19日,法院一审判决驳回原告赖某琴等五原告的全部诉讼请求。二审维持原判。(资料来源:中国裁判文书网)

关联法规

《民用航空法》第124、127~136条,《铁路法》第58条,《海商法》第114、115、117、118、120~126条,《道路运输条例》第16、35条

第八百二十四条 【旅客随身携带物品毁损、灭失的责任承担】在运输过程中旅客随身携带物品毁损、灭失，承运人有过错的，应当承担赔偿责任。

旅客托运的行李毁损、灭失的，适用货物运输的有关规定。

关联法规

《民用航空法》第125～136条，《铁路法》第16～18条，《海商法》第114～126条

第三节 货运合同

第八百二十五条 【托运人如实申报义务】托运人办理货物运输，应当向承运人准确表明收货人的姓名、名称或者凭指示的收货人，货物的名称、性质、重量、数量，收货地点等有关货物运输的必要情况。

因托运人申报不实或者遗漏重要情况，造成承运人损失的，托运人应当承担赔偿责任。

案例注解

【案例(2021)鲁0303民初3561号】承运人造成货物损失被判赔偿

【基本案情】

2020年5月26日，经介绍，原告潍坊某物流有限公司为被告山东某化工有限公司运输货物，在进行运输前，被告已告知被告高某运输的是危险品氢氧化钾，但被告高某未告知原告运输货物为危险品。原告安排车牌号为鲁V×××××号车辆进行运输，在货物运输至某开发区，经检查原告运输的货物系固体氢氧化钾，属于危险品，因此，交通运输监察大队对原告处以罚款50,000元的行政处罚，同时将原告所有的车牌号为鲁V×××××号予以扣押，原告申请法院委托评估车辆停运期间每日停运损失为480元并支付评估费3000元。原告认为二被告给其造成巨大损失，且未予赔偿，为维护其合法权益，诉至法院，请求法院依法判令二被告赔偿原告损失共计55,280元，依法判令本案评估费3000元由二被告承担。审理中，原告申请撤回对被告某化工有限公司的起诉，并变更诉讼请求，向被告高某主张损失43,280元。

【裁判要旨】

《民法典》第825条规定："托运人办理货物运输，应当向承运人准确表明收货人的姓名、名称或者凭指示的收货人，货物的名称、性质、重量、数量，收货地点等有关货

物运输的必要情况。因托运人申报不实或者遗漏重要情况，造成承运人损失的，托运人应当承担赔偿责任。”第828条规定：“托运人托运易燃、易爆、有毒、有腐蚀性、有放射性等危险物品的，应当按照国家有关危险物品运输的规定对危险物品妥善包装，做出危险物品标志和标签，并将有关危险物品的名称、性质和防范措施的书面材料提交承运人。托运人违反前款规定的，承运人可以拒绝运输，也可以采取相应措施以避免损失的发生，因此产生的费用由托运人负担。”本案中，被告某化工有限公司属于第一手的托运人，已告知被告高某运输货物为危险品。被告高某属于第一手的承运人和第二手的托运人，在其明知运输货物为危险品而未履行对第二承运人即原告的告知义务，应当对损失的发生承担相应责任。原告未履行相应的验视义务，应承担相应责任。

【裁判结果】

2021年6月10日，法院判决被告高某于本判决生效之日起10日内赔偿原告潍坊某物流有限公司损失及评估费合计17,484元；驳回原告的其他诉讼请求。（资料来源：中国裁判文书网）

关联法规

《民用航空法》第117条，《铁路法》第18、19、23条，《海商法》第66、68条

第八百二十六条　【托运人提交有关文件义务】货物运输需要办理审批、检验等手续的，托运人应当将办理完有关手续的文件提交承运人。

关联法规

《民用航空法》第123条，《道路运输条例》第25条

第八百二十七条　【托运人货物包装义务】托运人应当按照约定的方式包装货物。对包装方式没有约定或者约定不明确的，适用本法第六百一十九条的规定。

托运人违反前款规定的，承运人可以拒绝运输。

关联法规

《铁路法》第20条

第八百二十八条 【运输危险货物】托运人托运易燃、易爆、有毒、有腐蚀性、有放射性等危险物品的，应当按照国家有关危险物品运输的规定对危险物品妥善包装，做出危险物品标志和标签，并将有关危险物品的名称、性质和防范措施的书面材料提交承运人。

托运人违反前款规定的，承运人可以拒绝运输，也可以采取相应措施以避免损失的发生，因此产生的费用由托运人负担。

第八百二十九条 【托运人变更或者解除运输合同权利】在承运人将货物交付收货人之前，托运人可以要求承运人中止运输、返还货物、变更到达地或者将货物交给其他收货人，但是应当赔偿承运人因此受到的损失。

条文注解

本条是关于托运人变更或者解除运输合同权利的规定。

所谓托运人的变更或者解除权，就是货物运输合同成立后，托运人有权变更或者解除合同。这种变更或者解除可以不经过承运人同意，承运人也无权过问相对方变更和解除合同的原因，只要托运人提出变更或者解除合同，均应予以变更或者解除。

根据本条规定，在承运人将货物交付收货人之前，托运人享有如下权利：一是中止运输、返还货物。中止运输，是指托运人要求承运人立即停止运输托运的货物；返还货物，是指托运人要求承运人将已经办理托运手续的货物返还给托运人或者提货凭证持有人。这实际上就是解除货运合同。二是变更到达地。变更到达地，是指托运人在货物交付给收货人之前，改变原来约定的到达地。对此承运人不得拒绝变更。三是将货物交给其他收货人。这实际上就是变更收货人。在承运人将货物交付收货人之前，托运人享有以上权利，承运人不得拒绝变更后的运输义务，应当按照托运人的要求中止运输、返还货物，或者按照托运人变更后的要求将货物安全、及时地运送至新的到达地或者交给新的收货人。当然，如果因为托运人单方变更或者解除合同给承运人造成损失的，托运人应当赔偿其损失，包括承担因变更或者解除合同而产生的各种费用等。

理解本条还需要注意以下几点：(1)如果托运人或者提单持有人指示不能执行，承运人应当立即通知托运人或者提单持有人。(2)托运人或者提单持有人这种单方变更或者解除权只能在货物交付收货人之前行使，如果货物已经交付给收货人，则托运人或者提单持有人这种变更或者解除合同的权利就即告终止。但是收货人拒绝接收货物的，或者承运人无法同收货人联系的，托运人或者提单持有人可以恢复行使这种权利。(3)本条的单方变更或者解除权只能由托运人或者提单持有人享有。承运人在运输合同成立后，不得单方变更或者解除合同，除非对方严重违约或者发生不可抗力。

第八百三十条 【提货】货物运输到达后，承运人知道收货人的，应当及时通知收货人，收货人应当及时提货。收货人逾期提货的，应当向承运人支付保管费等费用。

案例注解

【案例(2021)辽0213民初2659号】托运人拖延卸货被判支付停运费

【基本案情】

2020年6月8日，原告齐某与被告石某通过"货运帮"平台订立货物运输合同。约定原告为被告运输15吨蔬菜，运费1500元，最晚卸货后1天内付运费，装货地辽宁省A地(6月8日12:00前)，卸货地辽宁省B地。货物送到时间及卸货时间无明确约定。合同订立后，原告于2020年6月8日中午12时许到达辽宁省A地等候装货，晚间20时41分完成装货，货物实际重量为16.320吨。晚间24时许原告将货物运至B地。被告周某作为收货人，以送货时间错过约定，影响正常蔬菜批发为由拖延卸货，导致原告滞留卸货地。双方为此事产生纠纷，并向派出所报案，经调解未果。被告至今仍未支付运费。为此，原告诉至法院，请求判令二被告连带给付并赔偿原告运费1500元、停运误工损失费3000元，超载运费1000元，交通费1500元，合计7000元。

另查，被告周某为B地蔬菜商行的经营者，被告石某与被告周某系亲属关系。案涉货物运输合同的实际托运人和收货人均为被告周某。

【裁判要旨】

《民法典》第830条规定，货物运输到达后，承运人知道收货人的，应当及时通知收货人，收货人应当及时提货。收货人逾期提货的，应当向承运人支付保管费等费用。本案中，原告、被告之间订立的公路货物运输合同合法有效，双方当事人应当按照约定全面履行自己的义务。原告作为承运人已按约将货物运至卸货地，被告周某作为托运人和收货人理应按照约定及时支付运费，拖欠不付应承担违约责任。

【裁判结果】

2021年6月25日，法院判决被告周某于本判决生效后10日内支付原告齐某运费1500元及停运损失500元，驳回原告的其他诉讼请求。(资料来源：中国裁判文书网)

第八百三十一条 【收货人检验货物】收货人提货时应当按照约定的期限检验货物。对检验货物的期限没有约定或者约定不明确，依据本法第五百一十条的规定仍不能确定的，应当在合理期限内检验货物。收货人在约定的期限或者合理期限内对货物的数量、毁损等未提出异议的，视为承运人已经按照运输单证的记载交付的初步证据。

第八百三十二条 【运输过程中货物毁损、灭失的责任承担】承运人对运输过程中货物的毁损、灭失承担赔偿责任。但是，承运人证明货物的毁损、灭失是因不可抗力、货物本身的自然性质或者合理损耗以及托运人、收货人的过错造成的，不承担赔偿责任。

案例注解

【案例(2021)浙1122民初1466号】花瓶运输途中损坏承运人被判赔偿

【基本案情】

2021年1月5日，原告李某到被告某物流新建分公司托运两个龙泉青瓷花瓶至云南丽江，经双方协商后，原告办理了托运手续，运单号为×××，约定运费132元、包装费40元、保价费48元(保价声明价值10,000元)。同时，原告支付了上述费用共计220元。快递单正面有加粗字体载明：请仔细阅读保价声明价值及背面服务条款，签名视为您已理解并同意接受。原告在加粗字体下签名。快递单反面为《××快递契约条款》，关于赔偿的约定(第3条)、关于代收货款的约定(第4条)、被告不承担责任的情形(第5条)均为加粗黑体字，其中第3条第2项约定：托运人已保价，实际价值大于或等于声明价值时，货物全部毁损或灭失，按照保价声明价值予以赔偿；若货物部分毁损或内件短少，则按照声明价值和损失的比例赔偿。实际价值小于声明价值时，货物全部毁损、灭失，按照实际价值赔偿；货物部分毁损、灭失时，则按实际价值赔偿。第5条第4项约定：服务过程中发生的一切间接损失(包含但不限于对所托运货物的收益、利润、实际用途、特殊商业价值)。2021年1月9日，两个青瓷花瓶运输至云南丽江，原告方的收货人前去提货时，发现其中一个“苏某”的花瓶已破损，原告方的收货人拒收该破损的花瓶，被告要求运走，后原告方的收货人同意运走，目前该破损花瓶在收货人处。2021年1月15日，原告因向被告主张赔偿需要，到××青瓷有限公司(法定代表人为苏某)补开了金额为9000元的增值税发票一份。原告诉至法院，请求判令两被告赔偿原告损失8000元，判令两被告退还原告运费及保价费160元。

【裁判要旨】

《民法典》第832条规定，承运人对运输过程中货物的毁损、灭失承担赔偿责任。

但是,承运人证明货物的毁损、灭失是因不可抗力、货物本身的自然性质或者合理损耗以及托运人、收货人的过错造成的,不承担赔偿责任。本案中,原告托运的两个花瓶,其中一个花瓶在运输过程中受损的事实清楚,且双方不存在争议,被告某物流公司作为承运人应对原告的损失承担相应的赔偿责任。

【裁判结果】

2021 年 9 月 7 日,法院判决被告浙江某物流有限公司于本判决生效之日即赔偿给原告李某经济损失 5000 元;被告于本判决生效之日即退还原告李某运费及保价费 160 元;驳回原告的其他诉讼请求。(资料来源:中国裁判文书网)

第八百三十三条　【确定货物赔偿额】货物的毁损、灭失的赔偿额,当事人有约定的,按照其约定;没有约定或者约定不明确,依据本法第五百一十条的规定仍不能确定的,按照交付或者应当交付时货物到达地的市场价格计算。法律、行政法规对赔偿额的计算方法和赔偿限额另有规定的,依照其规定。

第八百三十四条　【相继运输】两个以上承运人以同一运输方式联运的,与托运人订立合同的承运人应当对全程运输承担责任;损失发生在某一运输区段的,与托运人订立合同的承运人和该区段的承运人承担连带责任。

第八百三十五条　【货物因不可抗力灭失的运费处理】货物在运输过程中因不可抗力灭失,未收取运费的,承运人不得请求支付运费;已经收取运费的,托运人可以请求返还。法律另有规定的,依照其规定。

第八百三十六条　【承运人留置权】托运人或者收货人不支付运费、保管费或者其他费用的,承运人对相应的运输货物享有留置权,但是当事人另有约定的除外。

第八百三十七条　【承运人提存货物】收货人不明或者收货人无正当理由拒绝受领货物的,承运人依法可以提存货物。

第四节　多式联运合同

第八百三十八条　【多式联运经营人应当负责履行或者组织履行合同】多式联运经营人负责履行或者组织履行多式联运合同，对全程运输享有承运人的权利，承担承运人的义务。

条文注解

本法所称的多式联运合同，是指多式联运经营人以两种以上的不同运输方式，负责将货物从接收地运至目的地交付收货人，并收取全程运费的合同。可见，以两种以上的不同运输方式进行运输是多式联运合同区别于传统运输合同的最大特征。

在多式联运合同中，多式联运经营人处于一个比较特殊的位置。本条所指的多式联运经营人，是指本人或者委托他人以本人名义与托运人订立多式联运合同的人，其是事主，而不是托运人的代理人或者代表人，也不是参加多式联运的各承运人的代理人或者代表人。从本条的规定可知，多式联运经营人要根据多式联运合同履行运输义务或者组织承运人履行运输义务。多式联运经营人可分为两种类型：第一种就是多式联运经营人自己拥有运输工具，并且直接参加了运输合同的履行。第二种就是多式联运经营人自己不拥有运输工具或者不经营运输工具，也不直接从事运输活动，而是在签订多式联运合同后，通过双边合同与各运输方式承运人又单独签订各区段运输合同，组织其他承运人进行运输。但是，无论多式联运经营人属于哪一种情形，根据本条的规定，多式联运经营人都要对与之签订合同的托运人或者收货人承担全程运输的义务；同时，根据本章的规定，多式联运经营人要承担全程运输所发生的责任和风险。当然，其也享有作为全程运输承运人的权利，如有向托运人或者收货人要求运输费用的权利等。

第八百三十九条　【多式联运合同责任制度】多式联运经营人可以与参加多式联运的各区段承运人就多式联运合同的各区段运输约定相互之间的责任；但是，该约定不影响多式联运经营人对全程运输承担的义务。

第八百四十条　【多式联运单据】多式联运经营人收到托运人交付的货物时，应当签发多式联运单据。按照托运人的要求，多式联运单据可以是可转让单据，也可以是不可转让单据。

第八百四十一条　【托运人承担过错责任】因托运人托运货物时的过错造成多式联运经营人损失的，即使托运人已经转让多式联运单据，托运人仍然应当承担赔偿责任。

第八百四十二条　【多式联运经营人赔偿责任的法律适用】货物的毁损、灭失发生于多式联运的某一运输区段的，多式联运经营人的赔偿责任和责任限额，适用调整该区段运输方式的有关法律规定；货物毁损、灭失发生的运输区段不能确定的，依照本章规定承担赔偿责任。

案例注解

【案例(2021)辽0302民初435号】多式联运经营人造成货物损毁被判赔偿

【基本案情】

2020年1月8日，案外人A将其受原告孙某委托购买的物品通过××包裹向原告指定的地址邮寄。在该邮件到达××公司沈阳市苏家屯区分公司分拣后，装入车牌号为辽A×××××的车辆向被告××公司鞍山分公司运输。涉案车辆到达后，被告对车内货物进行卸载，卸载货物时未发现涉案邮件。原告为此诉至法院，请求判令被告向原告赔偿货物损失费743,586日元，折合人民币47,750元。

【裁判要旨】

《民法典》第838条规定，多式联运经营人负责履行或者组织履行多式联运合同，对全程运输享有承运人的权利，承担承运人的义务。第842条规定，货物的毁损、灭失发生于多式联运的某一运输区段的，多式联运经营人的赔偿责任和责任限额，适用调整该区段运输方式的有关法律规定；货物毁损、灭失发生的运输区段不能确定的，依照本章规定承担赔偿责任。本案中，原告未能证明其邮件采用的是何种运输方式，但因涉案邮件系到达被告处分拣时已经发生丢失，故损失没有发生在被告负责的运输区段，被告不应承担赔偿责任。

【裁判结果】

2021年6月16日，法院判决驳回原告孙某的诉讼请求。(资料来源：中国裁判文书网)

关联法规

《铁路法》第29条，《海商法》第104～106条

第二十章　技术合同

第一节　一般规定

第八百四十三条　【技术合同定义】技术合同是当事人就技术开发、转让、许可、咨询或者服务订立的确立相互之间权利和义务的合同。

条文注解

根据本条规定，技术合同是当事人就技术开发、转让、许可、咨询或者服务订立的确立相互之间权利和义务的合同。根据本条规定，技术合同具有以下特征：

(1)技术合同属于《民法典》规定的一种有名合同，具有合同的一般特征。

(2)技术合同的主体是平等主体的自然人、法人、非法人组织。技术合同是上述主体之间设立、变更、终止民事权利义务关系的合同。

(3)技术合同的标的是技术开发、技术转让、技术许可、技术咨询、技术服务。

(4)技术合同的内容是当事人就技术开发、技术转让、技术许可、技术咨询、技术服务所确立的相互之间权利和义务关系。这种权利义务关系，有自己的特殊性。比如，技术合同履行过程中常常出现相关权利(发明权、专利权、非专利权使用权等)的归属问题；又如，技术合同的标的多数是无形的，特别是技术转让合同的一方当事人允许他方使用自己的技术多数是无形的；还有，使用技术合同标的的主体既可以是一个主体，也可以是多个主体。

(5)技术合同是双务、有偿合同。在技术合同中，当事人双方都承担着自己相应的义务和所享有的权利，一方当事人权利的取得，需要以履行自己的义务为代价。

(6)技术合同是技术商品生产和消费之间的一个媒介。技术成果不被运用难以体现其自身的价值，技术成果的持有者只有与需求方联合才可以将技术成果转化为现实的生产力，而这种联合往往是通过技术合同这种形式实现的。

关联法规

《最高人民法院关于审理技术合同纠纷案件适用法律若干问题的解释》第42～46条

第八百四十四条 【技术合同订立的目的】订立技术合同，应当有利于知识产权的保护和科学技术的进步，促进科学技术成果的研发、转化、应用和推广。

关联法规

《最高人民法院关于审理技术合同纠纷案件适用法律若干问题的解释》第1条

第八百四十五条 【技术合同主要条款】技术合同的内容一般包括项目的名称，标的的内容、范围和要求，履行的计划、地点和方式，技术信息和资料的保密，技术成果的归属和收益的分配办法，验收标准和方法，名词和术语的解释等条款。

与履行合同有关的技术背景资料、可行性论证和技术评价报告、项目任务书和计划书、技术标准、技术规范、原始设计和工艺文件，以及其他技术文档，按照当事人的约定可以作为合同的组成部分。

技术合同涉及专利的，应当注明发明创造的名称、专利申请人和专利权人、申请日期、申请号、专利号以及专利权的有效期限。

第八百四十六条 【技术合同价款、报酬及使用费】技术合同价款、报酬或者使用费的支付方式由当事人约定，可以采取一次总算、一次总付或者一次总算、分期支付，也可以采取提成支付或者提成支付附加预付入门费的方式。

约定提成支付的，可以按照产品价格、实施专利和使用技术秘密后新增的产值、利润或者产品销售额的一定比例提成，也可以按照约定的其他方式计算。提成支付的比例可以采取固定比例、逐年递增比例或者逐年递减比例。

约定提成支付的，当事人可以约定查阅有关会计账目的办法。

关联法规

《最高人民法院关于审理技术合同纠纷案件适用法律若干问题的解释》第14条

第八百四十七条 【职务技术成果的财产权权属】职务技术成果的使用权、转让权属于法人或者非法人组织的，法人或者非法人组织可以就该项职务技术成果订立技术合同。法人或者非法人组织订立技术合同转让职务技术成果时，职务技术成果的完成人享有以同等条件优先受让的权利。

职务技术成果是执行法人或者非法人组织的工作任务，或者主要是利用法人或者非法人组织的物质技术条件所完成的技术成果。

关联法规

《专利法》第6、15、16条，《最高人民法院关于审理技术合同纠纷案件适用法律若干问题的解释》第2～6条

第八百四十八条 【非职务技术成果的财产权权属】非职务技术成果的使用权、转让权属于完成技术成果的个人，完成技术成果的个人可以就该项非职务技术成果订立技术合同。

关联法规

《最高人民法院关于审理技术合同纠纷案件适用法律若干问题的解释》第6、16条

第八百四十九条 【技术成果的人身权归属】完成技术成果的个人享有在有关技术成果文件上写明自己是技术成果完成者的权利和取得荣誉证书、奖励的权利。

第八百五十条 【技术合同无效】非法垄断技术或者侵害他人技术成果的技术合同无效。

条文注解

本条根据技术合同的特点明确了技术合同无效的两种情形，即非法垄断技术或者侵害他人技术成果的技术合同无效。

一是非法垄断技术，是指合同的一方当事人通过合同条款限制另一方当事人在

合同标的技术的基础上进行新的研究开发，限制另一方当事人从其他渠道吸收技术，或者阻碍另一方根据市场的需求，按照合理的方式充分实施专利和使用技术秘密。常见的非法垄断技术条款主要有以下几种表现形式：(1)限制另一方在合同标的基础上进行新的研究开发。例如，在合同中约定一方在所取得的技术基础上进行新的研究开发，或者进行新的研究活动要得到其许可等。(2)限制另一方从其他渠道获取技术。例如，在合同中约定一方当事人在取得技术成果或者接受技术服务后，不得采用合同外第三方新的有竞争优势的技术。(3)阻碍另一方根据市场需求，以合理的方式实施技术。合同的双方当事人可以自由约定实施专利和使用非专利技术的期限、地区、方式等，但是除此以外不得限制另一方当事人的生产规模、产品规模、原料来源、销售渠道等。(4)阻碍国家推广、使用技术。根据《专利法》的有关规定，国家对专利实行强制许可制度，对重要的发明创造实行计划许可。如果当事人受让专利权目的不是实施这一技术，而是防止他人使用这一新技术后冲出其控制的市场，那么这个技术合同则是规避《专利法》的规定，是徒具形式而当事人并不想使其发生法律后果的技术合同，应认定为无效的技术合同。

二是侵害他人技术成果，指侵害另一方或者第三方的专利权、专利申请权、专利实施权、技术秘密使用权和转让权或者发明权、发现权以及其他科技成果权的行为。主要是未经拥有者或者持有技术成果的个人或者法人、非法人组织的许可，而与他人订立自己无权处分的技术成果的技术合同，或者订立了侵害技术成果完成人身份权、荣誉权的技术合同。《技术合同认定规则》规定，申请认定登记的技术合同，其合同条款含有下列非法垄断技术、妨碍技术进步等不合理限制条款的，不予登记：(1)一方限制另一方在合同标的技术的基础上进行新的研究开发的；(2)一方强制性要求另一方在合同标的基础上研究开发所取得的科技成果及其知识产权独占回授的；(3)一方限制另一方从其他渠道吸收竞争技术的；(4)一方限制另一方根据市场需求实施专利和使用技术秘密的。

关联法规

《最高人民法院关于审理技术合同纠纷案件适用法律若干问题的解释》第10~12条

第二节　技术开发合同

第八百五十一条　【技术开发合同定义及合同形式】技术开发合同是当事人之间就新技术、新产品、新工艺、新品种或者新材料及其系统的研究开发所订立的合同。

技术开发合同包括委托开发合同和合作开发合同。

技术开发合同应当采用书面形式。

当事人之间就具有实用价值的科技成果实施转化订立的合同，参照适用技术开发合同的有关规定。

条文注解

技术开发合同是当事人之间就新技术、新产品、新工艺、新品种或者新材料及其系统的研究开发所订立的合同。技术开发合同具有以下特点:(1)技术开发合同通常是双务合同、有偿合同。在技术开发合同中双方当事人均有义务,一方当事人在取得权利的同时必须向另一方支付一定的费用,付出相应的义务。(2)技术开发合同是一种要式合同。本条第3款规定当事人订立技术开发合同应当采用书面形式,便于将多且复杂的合同内容固定下来,有利于合同当事人认真遵循,履行好合同。(3)技术开发合同的标的(新技术、新产品、新工艺、新品种或者新材料及其系统)应有相对新的特点。新技术、新产品、新工艺、新品种或者新材料及其系统,一般是指当事人在订立技术合同时尚未掌握的产品、工艺、品种、材料及其系统等技术方案,但是在技术上没有创新的现有产品改型、工艺变更、品种更新、材料配方调整以及技术成果的检验、测试和使用的除外。(4)技术开发合同风险性较大。技术开发是一项探索未知的活动,受各方面条件的限制,可能双方尽了很大的努力,也难以达到订立合同的目的,因此,订立技术开发合同必须依据本法的有关规定,明确合同各方的责任和所承担的风险。

根据本条第2款的规定,技术开发合同包括委托开发合同和合作开发合同。委托开发合同,是指当事人一方委托另一方进行研究开发所订立的合同。合作开发合同,是指当事人各方就共同进行研究开发所订立的合同。即当事人各方共同投资、共同参与研究开发活动、共同承担研究开发风险、共享研究开发成果。

当事人之间就具有实用价值的科技成果实施转化订立的合同,是指当事人之间就具有实用价值但尚未实现工业化应用的科技成果包括阶段性技术成果,以实现该科技成果工业化应用为目标,约定后续试验、开发和应用等内容的合同。实践中,当事人就科技成果实施转化订立的合同逐渐增多,为适应技术创新和科技产业化的需要,本条第4款规定这些合同参照适用技术开发合同的有关规定。

关联法规

《最高人民法院关于审理技术合同纠纷案件适用法律若干问题的解释》第17、18条

第八百五十二条 【委托开发合同的委托人义务】委托开发合同的委托人应当按照约定支付研究开发经费和报酬，提供技术资料，提出研究开发要求，完成协作事项，接受研究开发成果。

案例注解

【案例(2021)京0106民初2280号】委托方未支付开发费用被判支付违约金

【基本案情】

2015年5月29日，被告西安某电子科技公司（委托人，甲方）与原告北京某研究所（研究开发人，乙方）签订项目名称为××项目的《技术开发合同》，约定：甲方委托乙方进行××项目的研制；乙方接受委托并进行本项目技术研究开发，并且按合同要求保质保量完成本项目各阶段软件、硬件产品研制工作；本项目技术开发经费总体为19万元；甲方未能按时履行付款义务的，每延迟一周，须按延期付款部分金额的0.5%向对方支付违约金，但违约金额不超过合同总额的5%；乙方未按双方约定时间节点交付产品的，每延迟一周，须按合同总金额的0.5%向对方支付违约金，但违约金额不超过合同总额的5%。同日，双方签订项目名称为××测试转台的《技术开发合同》，本项目技术开发经费总体为42万元；该合同中关于违约金的约定与上述项目名称为××项目的《技术开发合同》的约定一致。

2019年11月9日，被告向原告出具还款说明，认可其欠原告设备货款共计50万元整，并承诺将在2020年6月月底之前将前期所欠设备货款全额结清。后被告未按约还款，故原告诉至法院，请求判令被告支付拖欠原告的技术开发费50万元并支付利息（以本金为基数，自2015年9月20日起至2019年8月19日，按照中国人民银行同期贷款利率计算；自2019年8月20日起至实际给付之日止，按照全国银行间同业拆借中心公布的贷款市场报价利率计算）；判令被告支付原告违约金30,500元。

【裁判要旨】

委托开发合同的当事人违反约定造成研究开发工作停滞、延误或者失败的，应当承担违约责任。本案中，原告与被告签订的两份《技术开发合同》系双方真实意思表示，内容未违反国家法律、行政法规的禁止性规定，合法有效。双方均应依约履行。原告已按合同约定履行了合同义务，被告未按合同约定履行相应的付款义务，应承担违约责任。

【裁判结果】

2021年6月15日，法院判决被告西安某电子科技有限公司于本判决生效之日起10日内给付原告北京某研究所款项500,000元，被告支付原告违约金30,500元；驳回原告其他诉讼请求。（资料来源：中国裁判文书网）

第八百五十三条　【委托开发合同的研究开发人义务】委托开发合同的研究开发人应当按照约定制定和实施研究开发计划，合理使用研究开发经费，按期完成研究开发工作，交付研究开发成果，提供有关的技术资料和必要的技术指导，帮助委托人掌握研究开发成果。

第八百五十四条　【委托开发合同的违约责任】委托开发合同的当事人违反约定造成研究开发工作停滞、延误或者失败的，应当承担违约责任。

第八百五十五条　【合作开发合同的当事人主要义务】合作开发合同的当事人应当按照约定进行投资，包括以技术进行投资，分工参与研究开发工作，协作配合研究开发工作。

关联法规

《最高人民法院关于审理技术合同纠纷案件适用法律若干问题的解释》第 19 条

第八百五十六条　【合作开发合同的违约责任】合作开发合同的当事人违反约定造成研究开发工作停滞、延误或者失败的，应当承担违约责任。

第八百五十七条　【技术开发合同解除】作为技术开发合同标的的技术已经由他人公开，致使技术开发合同的履行没有意义的，当事人可以解除合同。

第八百五十八条　【技术开发合同风险负担及通知义务】技术开发合同履行过程中，因出现无法克服的技术困难，致使研究开发失败或者部分失败的，该风险由当事人约定；没有约定或者约定不明确，依据本法第五百一十条的规定仍不能确定的，风险由当事人合理分担。

当事人一方发现前款规定的可能致使研究开发失败或者部分失败的情形时,应当及时通知另一方并采取适当措施减少损失;没有及时通知并采取适当措施,致使损失扩大的,应当就扩大的损失承担责任。

案例注解

【案例(2021)豫0191民初10791号】被告无正当理由延迟交付委托作品被判解除合同和支付违约金

【基本案情】

2019年12月24日,原告魏某(甲方)作为委托人与被告河南某网络技术有限公司(乙方)签订《技术开发合同》一份,约定乙方为甲方开发App客户端软件、PC管理端软件、后台管理软件,原告向被告共计支付12万元软件开发费。后经双方协商,2020年5月7日,原告、被告双方签订补充协议,约定:(1)双方均同意终止双方签订的《技术开发合同》,合同终止后,合同中的所有条款作废;(2)原告实际向被告支付的项目款总计金额为12万元;(3)被告同意于2020年5月7日向原告交付已完成的项目软件程序源代码,并同意支付4万元给魏某,付款时间:2020年5月31日之前支付2万元,7月15日之前支付2万元;(4)被告同意继续投入两名技术人员至2020年5月31日,当甲方遇到前期乙方已完成进度部分问题时予以协助解答。

该补充协议签订后,被告未按照协议约定的时间向原告退还项目款项,原告诉至法院,请求判令被告支付原告协议款40,000元及利息(利息以40,000元为基数,自2020年7月15日起,按全国银行间同业拆借中心公布的市场报价利率计算至实际支付之日止)。

【裁判要旨】

《民法典》第858条规定,技术开发合同履行过程中,因出现无法克服的技术困难,致使研究开发失败或者部分失败的,该风险由当事人约定;没有约定或者约定不明确,依据本法第510条的规定仍不能确定的,风险由当事人合理分担。本案中,原告、被告签订的《补充协议》系双方当事人真实意思表示,内容不违反法律、行政法规的强制性规定,为有效合同,被告应当按照协议约定按时向原告退还项目款。被告至今未付款,构成违约,给原告造成了利息损失,故对原告请求被告退还项目款40,000元及利息,应予支持。

【裁判结果】

2021年5月18日,法院判决被告河南某网络技术有限公司于本判决生效后10日内支付原告魏某40,000元及利息(利息以40,000元为基数,按本判决生效之日全国银行间同业拆借中心公布的一年期市场报价利率,自2020年7月15日起计算至款项付清之日止)。(资料来源:中国裁判文书网)

第八百五十九条　【委托开发合同的技术成果归属】委托开发完成的发明创造，除法律另有规定或者当事人另有约定外，申请专利的权利属于研究开发人。研究开发人取得专利权的，委托人可以依法实施该专利。

研究开发人转让专利申请权的，委托人享有以同等条件优先受让的权利。

第八百六十条　【合作开发合同的技术成果归属】合作开发完成的发明创造，申请专利的权利属于合作开发的当事人共有；当事人一方转让其共有的专利申请权的，其他各方享有以同等条件优先受让的权利。但是，当事人另有约定的除外。

合作开发的当事人一方声明放弃其共有的专利申请权的，除当事人另有约定外，可以由另一方单独申请或者由其他各方共同申请。申请人取得专利权的，放弃专利申请权的一方可以免费实施该专利。

合作开发的当事人一方不同意申请专利的，另一方或者其他各方不得申请专利。

第八百六十一条　【技术秘密成果归属与分享】委托开发或者合作开发完成的技术秘密成果的使用权、转让权以及收益的分配办法，由当事人约定；没有约定或者约定不明确，依据本法第五百一十条的规定仍不能确定的，在没有相同技术方案被授予专利权前，当事人均有使用和转让的权利。但是，委托开发的研究开发人不得在向委托人交付研究开发成果之前，将研究开发成果转让给第三人。

关联法规

《促进科技成果转化法》第40条，《专利法》第8条，《最高人民法院关于审理技术合同纠纷案件适用法律若干问题的解释》第20、21条

第三节　技术转让合同和技术许可合同

第八百六十二条　【技术转让合同和技术许可合同定义】技术转让合同是合法拥有技术的权利人，将现有特定的专利、专利申请、技术秘密的相关权利让与他人所订立的合同。

技术转让合同和技术许可合同中关于提供实施技术的专用设备、原材料或者提供有关的技术咨询、技术服务的约定，属于合同的组成部分。

条文注解

本条是关于技术转让合同和技术许可合同定义的规定。本条是这次编纂《民法典》时新增加的条文。技术转让合同和技术许可合同具有以下特点：

第一，标的的特点。一是必须是特定的完整的技术内容。该内容构成一项产品、工艺、材料及其系统的技术方案；该方案须有特定的名称、技术指标、功能和适用范围。如果标的仅为一般的商业秘密和数据，不构成一项完整的技术方案，或者标的为依靠个人技能和经验掌握的技术诀窍，无法认定其内容的，不属于技术合同转让和许可的标的。二是转让和许可的标的应当是当事人已经掌握的、特定的、现有的技术成果，包括专利权、专利申请权、技术秘密使用权和转让权，不包括尚待研究开发的技术成果或者不涉及专利、专利申请或者技术秘密的知识、技术、经验和信息。

第二，当事人应当对转让和许可标的拥有权属。技术的转让和许可是技术权利的转让和许可，转让人和许可人应当保证自己是所提供的技术的合法拥有者，否则该技术不属于技术转让和许可合同可以转让的标的。例如，当事人享有的专利权已经终止，则不能转让了。

第三，技术商品不同于一般的商品，可以多次转让和许可。

案例注解

【案例(2021)苏0585民初2112号】技术存在缺陷法院判决返还部分转让费

【基本案情】

被告长沙某新能源科技有限公司作为合同甲方，原告顾某及其合伙人陆某作为合同乙方，于2020年6月17日签订《合同书》。《合同书》中约定，双方就被告轻燃油的相关技术转让事宜达成协议；乙方签约时一次性向甲方支付33,800元(合同书上还备注“××型设备壹套”)，获得轻燃油的全部技术，签约后此款不退还；本合同暂定为1年，自2020年6月17日至2021年6月16日，合同到期后，经双方书面确认自动延期，后期续约无技术费，需缴纳品牌使用费1200元/年，双方还约定了其他事项。

合同乙方于《合同书》签订当天向合同甲方支付定金3000元，于2020年8月8日向合同甲方支付10,000元，于2020年8月17日向合同甲方支付20,800元。2020年8月17日，合同甲方将YX－20搅拌机、YX－A搅拌机等设备送至合同乙方，将被告轻燃油技术方案[涉及车辆使用的“××轻燃车用油”（当事人称为汽油）和“××轻燃柴油”、炉灶使用的“××轻燃油”]提供给合同乙方，并由技术人员进行了现场指导。为利用××轻燃油的相关技术开展生产经营，原告于2020年7月6日设立太仓××品经营部。该经营部系个体工商户，注册登记的经营者为顾某。

因陆某提出退伙，原告顾某于2020年10月28日将陆某合伙期间投资款105,430元全部退还陆某。原告顾某认为：被告提供的系列技术存在严重缺陷，致使原告方无法利用技术正常生产，为此，原告诉至法院，请求判令被告长沙某新能源科技有限公司返还原告顾某技术转让费33,800元；赔偿原告顾某损失85,130元。

经查，“××轻燃车用油”存在冷启动困难的技术缺陷，该项技术的应用存在较大的局限性；原告方利用“××轻燃油”技术开展了生产经营活动；“××轻燃油”技术并无明显技术缺陷。

【裁判要旨】

《民法典》第862条第1款规定，技术转让合同是合法拥有技术的权利人，将现有特定的专利、专利申请、技术秘密的相关权利让与他人所订立的合同。本案中，双方所订立的技术转让合同依法成立并生效，对合同双方具有法律约束力。合同乙方向合同甲方支付了全部技术转让费，合同甲方向合同乙方提供了技术方案和配套设备。合同甲方应当保证其所交付技术的实用性和可靠性。但是，本案合同甲方向合同乙方交付的部分技术欠缺实用性和可靠性，未能达到当事人订立合同时对案涉技术的合理预期，甲方应当返还部分技术转让费并承担相应损失。

【裁判结果】

2021年6月29日，法院判决被告长沙某新能源科技有限公司返还原告顾某技术转让费16,000元；赔偿原告顾某损失6760元；上述款项均由被告于本判决生效之日起10日内支付至原告的银行账户。（资料来源：中国裁判文书网）

关联法规

《专利法》第10、12条，《最高人民法院关于审理技术合同纠纷案件适用法律若干问题的解释》第22、23条

第八百六十三条 【技术转让合同和技术许可合同类型和形式】 技术转让合同包括专利权转让、专利申请权转让、技术秘密转让等合同。

技术许可合同包括专利实施许可、技术秘密使用许可等合同。

技术转让合同和技术许可合同应当采用书面形式。

关联法规

《最高人民法院关于审理技术合同纠纷案件适用法律若干问题的解释》第24、25、27、29条

第八百六十四条 【技术转让合同和技术许可合同的限制性条款】技术转让合同和技术许可合同可以约定实施专利或者使用技术秘密的范围，但是不得限制技术竞争和技术发展。

关联法规

《最高人民法院关于审理技术合同纠纷案件适用法律若干问题的解释》第28条

第八百六十五条 【专利实施许可合同限制】专利实施许可合同仅在该专利权的存续期限内有效。专利权有效期限届满或者专利权被宣告无效的，专利权人不得就该专利与他人订立专利实施许可合同。

关联法规

《专利法》第42～44条，《最高人民法院关于审理技术合同纠纷案件适用法律若干问题的解释》第26条

第八百六十六条 【专利实施许可合同许可人主要义务】专利实施许可合同的许可人应当按照约定许可被许可人实施专利，交付实施专利有关的技术资料，提供必要的技术指导。

第八百六十七条 【专利实施许可合同被许可人主要义务】专利实施许可合同的被许可人应当按照约定实施专利，不得许可约定以外的第三人实施该专利，并按照约定支付使用费。

第八百六十八条 【技术秘密让与人和许可人主要义务】技术秘密转让合同的让与人和技术秘密使用许可合同的许可人应当按照约定提供技术资料，进行技术指导，保证技术的实用性、可靠性，承担保

密义务。

前款规定的保密义务，不限制许可人申请专利，但是当事人另有约定的除外。

关联法规

《最高人民法院关于审理技术合同纠纷案件适用法律若干问题的解释》第29条

第八百六十九条 【技术秘密受让人和被许可人主要义务】技术秘密转让合同的受让人和技术秘密使用许可合同的被许可人应当按照约定使用技术，支付转让费、使用费，承担保密义务。

第八百七十条 【技术转让合同让与人和技术许可合同许可人保证义务】技术转让合同的让与人和技术许可合同的许可人应当保证自己是所提供的技术的合法拥有者，并保证所提供的技术完整、无误、有效，能够达到约定的目标。

第八百七十一条 【技术转让合同受让人和技术许可合同被许可人保密义务】技术转让合同的受让人和技术许可合同的被许可人应当按照约定的范围和期限，对让与人、许可人提供的技术中尚未公开的秘密部分，承担保密义务。

第八百七十二条 【许可人和让与人违约责任】许可人未按照约定许可技术的，应当返还部分或者全部使用费，并应当承担违约责任；实施专利或者使用技术秘密超越约定的范围的，违反约定擅自许可第三人实施该项专利或者使用该项技术秘密的，应当停止违约行为，承担违约责任；违反约定的保密义务的，应当承担违约责任。

让与人承担违约责任，参照适用前款规定。

第八百七十三条 【被许可人和受让人违约责任】被许可人未按照约定支付使用费的，应当补交使用费并按照约定支付违约金；不补交使用费或者支付违约金的，应当停止实施专利或者使用技术秘密，交还技术资料，承担违约责任；实施专利或者使用技术秘密超越约定的范围的，未经许可人同意擅自许可第三人实施该专利或者使用该技术秘密的，应当停止违约行为，承担违约责任；违反约定的保密义务的，应当承担违约责任。

受让人承担违约责任，参照适用前款规定。

案例注解

【案例(2023)沪0117民初9678号】柴某未支付技术转让费被判违约

【基本案情】

原告上海某教育科技有限公司经营范围包括计算机相关技术转让。被告柴某于2022年6月18日与原告签订计算机相关的技术转让协议，双方约定转让费为17,000元，被告只付了3000元，剩下14,000元未付。根据双方约定，被告须在2022年12月28日前将剩余未付转让费共计14,000元付清，被告同时出具欠条。但截至2023年3月10日，被告未付任何费用，经过多次沟通，被告拒不还款。为此，原告诉至法院，请求判令被告支付原告欠款14,000元；判令被告按照欠条约定支付原告截至2023年3月10日的利息294元，被告须将所产生利息一并付给原告。

【裁判要旨】

《民法典》第873条第1款规定，被许可人未按照约定支付使用费的，应当补交使用费并按照约定支付违约金。本案中，原告、被告签订的技术转让合同以及被告出具的欠条系双方真实意思表示，对双方均具有拘束力，双方均应恪守履行。现被告未能履约，应当支付技术转让费并承担相应损失。

【裁判结果】

2023年8月8日，法院判决被告柴某于本判决生效之日起10日内支付原告上海某教育科技有限公司技术转让费14,000元。(资料来源：中国裁判文书网)

第八百七十四条 【受让人和被许可人侵权责任】受让人或者被许可人按照约定实施专利、使用技术秘密侵害他人合法权益的，由让与人或者许可人承担责任，但是当事人另有约定的除外。

第八百七十五条 【后续技术成果的归属与分享】当事人可以按照互利的原则，在合同中约定实施专利、使用技术秘密后续改进的技术成果的分享办法；没有约定或者约定不明确，依据本法第五百一十条的规定仍不能确定的，一方后续改进的技术成果，其他各方无权分享。

第八百七十六条 【其他知识产权的转让和许可】集成电路布图设计专有权、植物新品种权、计算机软件著作权等其他知识产权的转让和许可，参照适用本节的有关规定。

第八百七十七条 【技术进出口合同或者专利、专利申请合同法律适用】法律、行政法规对技术进出口合同或者专利、专利申请合同另有规定的，依照其规定。

关联法规

《对外贸易法》第14～19条，《技术进出口管理条例》

第四节 技术咨询合同和技术服务合同

第八百七十八条 【技术咨询合同和技术服务合同定义】技术咨询合同是当事人一方以技术知识为对方就特定技术项目提供可行性论证、技术预测、专题技术调查、分析评价报告等所订立的合同。

技术服务合同是当事人一方以技术知识为对方解决特定技术问题所订立的合同，不包括承揽合同和建设工程合同。

关联法规

《技术合同认定规则》第33～42条，《最高人民法院关于审理技术合同纠纷案件适用法律若干问题的解释》第30、33条

第八百七十九条 【技术咨询合同委托人义务】技术咨询合同的委托人应当按照约定阐明咨询的问题，提供技术背景材料及有关技术资料，接受受托人的工作成果，支付报酬。

案例注解

【案例(2021)皖0706民初1226号】技术咨询方拖欠咨询服务费被判违约

【基本案情】

2020年3月5日，被告某发电公司(甲方)与原告某勘查院(乙方)签订《压覆矿产资源调查评估和地质灾害评估技术咨询合同》。该合同约定：(1)被告委托原告对××区分散式风电项目压覆矿产资源评估和××区分散式风电项目地质灾害危险性评估两个项目进行评估，并编制评估报告；(2)两个评估项目报告编制需在4月20日前完成初稿，并及时提交某储量评审中心，报告评审最终修改稿应在15个日内完成；(3)两个评估项目报告编制费(含评审费)共21万元，其中压覆矿产资源评估报告编制费14万元，地质灾害危险性评估报告编制费7万元，此价格为含税包干价；(4)本合同自签订后10日内甲方应预付技术咨询费10.5万元，尾款待报告经评审并取得安徽省自然资源厅备案批复后，7日内支付剩余技术咨询费。合同签订后，被告于2020年3月24日向原告支付技术咨询费10.5万元。原告于2020年4月编制了《××区分散式风电项目压覆矿产资源储量调查评估报告》和《××区分散式风电项目地质灾害危险性评估报告》。

2020年4月22日，被告将两个报告送××评审中心提请评审。该评审中心于2020年7月8日出具评审意见书，评审结论为同意《××区分散式风电项目压覆矿产资源储量调查评估报告》通过评审。2020年8月6日，安徽省自然资源厅出具复函，载明：被告《关于要求评审〈××区分散式风电项目压覆矿产资源储量调查评估报告〉的函》及相关资料收悉，经审查，××区分散式风电项目不压覆重要矿产资源，被告应汇交《评估报告》2套至省地质资料馆。

2020年4月22日，水文勘查院组织有关专家对《××区分散式风电项目地质灾害危险性评估报告》进行了审查。2020年4月25日，专家组出具了审查意见，同意评审通过。原告为此诉至法院，请求判令被告立即向原告支付技术咨询费105,000元及实际支付之日止的逾期利息，以欠付费用105,000元为基数，按照央行2021年4月公布的LPR贷款利率4.65%，自2020年8月14日起暂计算至2021年5月14日利息为3661.8元。

【裁判要旨】

依法成立的合同，对当事人具有法律约束力。原告与被告签订的《压覆矿产资源调查评估和地质灾害评估技术咨询合同》，系双方真实意思表示，未违反法律法规的强制性规定，合法有效，双方均应全面履行合同所确定的义务。原告已完成了被告委托的两个项目评估工作，并编制了《××区分散式风电项目压覆矿产资源储量调查评估报告》和《××区分散式风电项目地质灾害危险性评估报告》，且均审查通过，足以认定原告已履行了案涉合同所约定的义务，被告应当支付剩余部分技术咨询费。

【裁判结果】

2021年7月22日，法院判决被告某发电有限公司于本判决生效之日起10日内一次性支付原告某勘查院技术咨询费105,000元及资金占用损失（以105,000元为基数，自2021年5月28日起按全国银行间同业拆借中心公布的贷款市场报价利率计算至咨询费付清之日止）；驳回原告其他诉讼请求。（资料来源：中国裁判文书网）

第八百八十条　【技术咨询合同受托人义务】技术咨询合同的受托人应当按照约定的期限完成咨询报告或者解答问题，提出的咨询报告应当达到约定的要求。

关联法规

《最高人民法院关于审理技术合同纠纷案件适用法律若干问题的解释》第31、32条

第八百八十一条　【技术咨询合同的违约责任】技术咨询合同的委托人未按照约定提供必要的资料，影响工作进度和质量，不接受或者逾期接受工作成果的，支付的报酬不得追回，未支付的报酬应当支付。

技术咨询合同的受托人未按期提出咨询报告或者提出的咨询报告不符合约定的，应当承担减收或者免收报酬等违约责任。

技术咨询合同的委托人按照受托人符合约定要求的咨询报告和意见作出决策所造成的损失，由委托人承担，但是当事人另有约定的除外。

第八百八十二条　【技术服务合同委托人义务】技术服务合同的委托人应当按照约定提供工作条件，完成配合事项，接受工作成果并支付报酬。

第八百八十三条 【技术服务合同受托人义务】技术服务合同的受托人应当按照约定完成服务项目，解决技术问题，保证工作质量，并传授解决技术问题的知识。

关联法规

《最高人民法院关于审理技术合同纠纷案件适用法律若干问题的解释》第34、35条

第八百八十四条 【技术服务合同的违约责任】技术服务合同的委托人不履行合同义务或者履行合同义务不符合约定，影响工作进度和质量，不接受或者逾期接受工作成果的，支付的报酬不得追回，未支付的报酬应当支付。

技术服务合同的受托人未按照约定完成服务工作的，应当承担免收报酬等违约责任。

案例注解

【案例(2021)苏0381民初2560号】某公司要求支付咨询服务费获法院支持

【基本案情】

2016年12月1日，原告江苏某能源科技有限公司(乙方)与被告江苏某新材料科技有限公司(甲方)签订《技术咨询合同》一份，约定了甲方委托乙方就××××项目申报进行技术咨询，并支付技术咨询报酬事宜。上述合同签订后，原告随即与被告公司员工鲁某等人就项目申报工作进行对接，由原告委托江苏某工程咨询有限公司对被告年产1000万平方米××型硅酸钙板绿色制造技术改造升级项目进行节能评估报告书的编制工作。2016年12月5日，由原告委托，江苏省某工程咨询公司编制了关于《年产1000万平方米××型硅酸钙板绿色制造技术改造升级项目》的评审意见(苏工咨〔2016〕能评审××号)。2017年，被告公司提交了2017年度省级财政专项资金××项目申请材料，项目名称为年产1000万平方米××型硅酸钙板绿色制造技术改造升级项目。

2017年12月5日，被告年产1000万平方米××型硅酸钙板绿色制造技术改造升级项目获得省级财政专项资金扶持，拟安排资金45万元。2018年1月，被告公司收到了该45万元专项资金。原告认为，被告在收到财政扶持资金后，未按约及时支付服务费用，应承担违约责任。为此诉至法院，请求判令被告向原告支付服务费用135,000元，支付违约金(以135,000元为基数，按照日利率0.2%，自2018年9月1日起计算至实际给付之日止)，判令被告承担律师费4050元。

【裁判要旨】

依法成立的合同，对当事人具有法律约束力。双方签订的农业技术服务合同，是双方的真实意思表示，合法有效，双方应全面履行。本案中，双方签订的《技术咨询合同》系双方真实意思表示，合法有效，双方应当按照合同的约定履行义务。双方签订合同的主要目的是针对××项目进行申报，现该项目已申报成功，原告已履行了主要合同义务，被告应当履行支付咨询服务费义务。

【裁判结果】

2021年6月15日，法院判决被告江苏某新材料科技有限公司于本判决生效之日起10日内给付原告江苏某高新科技有限公司咨询费12万元及违约金(违约金以12万元为基数，自2018年9月1日起至2019年8月19日止，按同期中国人民银行公布的贷款基准利率的二倍计付;2019年8月20日之后至实际给付之日止，按同期全国银行间同业拆借中心公布的一年期贷款市场报价利率的二倍计付)，驳回原告的其他诉讼请求。(资料来源:中国裁判文书网)

第八百八十五条　【创新技术成果归属】技术咨询合同、技术服务合同履行过程中，受托人利用委托人提供的技术资料和工作条件完成的新的技术成果，属于受托人。委托人利用受托人的工作成果完成的新的技术成果，属于委托人。当事人另有约定的，按照其约定。

第八百八十六条　【工作费用的负担】技术咨询合同和技术服务合同对受托人正常开展工作所需费用的负担没有约定或者约定不明确的，由受托人负担。

第八百八十七条　【技术中介合同和技术培训合同法律适用】法律、行政法规对技术中介合同、技术培训合同另有规定的，依照其规定。

关联法规

《最高人民法院关于审理技术合同纠纷案件适用法律若干问题的解释》第38、39条

第二十一章　保管合同

第八百八十八条　【保管合同定义】保管合同是保管人保管寄存人交付的保管物,并返还该物的合同。

寄存人到保管人处从事购物、就餐、住宿等活动,将物品存放在指定场所的,视为保管,但是当事人另有约定或者另有交易习惯的除外。

条文注解

保管合同,又称寄托合同或者寄存合同,是指双方当事人约定一方将物交付他方保管,尔后他方返还保管物的合同。保管物品的一方称为保管人,或者称为受寄人,其所保管的物品称为保管物,或者称为寄托物,交付物品保管的一方称为寄存人,或者称为寄托人。

保管合同的主要法律特征:

第一,保管合同为有偿合同或者无偿合同。根据本法第889条的规定,保管合同既可以是有偿合同,也可以是无偿合同,由保管人和寄存人自行约定。当寄存人和保管人没有就是否支付报酬作出约定,或者约定不明确的,双方可以协议补充;不能达成补充协议的,按照合同相关条款或者交易习惯确定。

第二,保管合同为要物合同。本法第890条规定:"保管合同自保管物交付时成立,但是当事人另有约定的除外。"根据该规定,保管合同原则上为要物合同。

第三,保管合同为不要式合同。本法并未对保管合同的订立形式作出规定,并不要求当事人必须以何种形式订立合同。订立保管合同既可以是口头形式,也可以是书面形式,为不要式合同。

第四,保管合同为继续性合同。继续性合同,是指合同的内容,并非一次性给付可以完结,而是继续地实现。在保管合同中,保管人要持续地履行其保管义务,并不是一次履行即告完结,具有继续性的特点。作为继续性合同的保管合同解除的效果不同于非继续性合同,保管合同的解除仅向将来发生效力。

案例注解

【案例(2021)桂1102民初3124号】保管人将保管物品擅自变卖被判赔偿

【基本案情】

原高陈某1与被告陈某2系朋友关系,原告于2021年4月15日委托被告保管自己购买的打田机(价值7500元),2021年6月23日,原告发现自己的打田机被被告卖给了他人,原告要求被告赔偿损失。2021年7月2日,经镇人民调解委员会调解,双方达成调解协议，被告须在2021年7月10日之前赔偿原告经济损失7500元。期限届满后，被告没有支付赔偿款。原告遂提起诉讼，请求判令被告支付原告赔偿款7500元。

【裁判要旨】

《民法典》第888条第1款规定，保管合同是保管人保管寄存人交付的保管物，并返还该物的合同。本案中，原告将打田机交给被告保管，双方成立保管合同关系。被告擅自处分保管物，将打田机卖给他人，损害了原告的权利，经人民调解委员会调解，双方自愿达成协议，由被告赔偿原告7500元，双方达成的协议合法有效，双方应当履行。现协议约定的期限已经届满，原告请求被告支付赔偿款，合法有据，应予支持。

【裁判结果】

2021年9月2日，法院判决被告陈某2于本判决生效之日起10日内向原告陈某1支付赔偿款7500元。（资料来源：中国裁判文书网）

第八百八十九条　【保管费】寄存人应当按照约定向保管人支付保管费。

当事人对保管费没有约定或者约定不明确，依据本法第五百一十条的规定仍不能确定的，视为无偿保管。

第八百九十条　【保管合同成立时间】保管合同自保管物交付时成立，但是当事人另有约定的除外。

第八百九十一条　【保管人出具保管凭证义务】寄存人向保管人交付保管物的，保管人应当出具保管凭证，但是另有交易习惯的除外。

第八百九十二条　【保管人妥善保管义务】保管人应当妥善保管保管物。

当事人可以约定保管场所或者方法。除紧急情况或者为维护寄存人利益外，不得擅自改变保管场所或者方法。

第八百九十三条 【寄存人告知义务】寄存人交付的保管物有瑕疵或者根据保管物的性质需要采取特殊保管措施的，寄存人应当将有关情况告知保管人。寄存人未告知，致使保管物受损失的，保管人不承担赔偿责任；保管人因此受损失的，除保管人知道或者应当知道且未采取补救措施外，寄存人应当承担赔偿责任。

条文注解

寄存人对保管人负有告知的义务，包括以下两种情况：

一是如果保管物有瑕疵的，应当将真实情况如实告知保管人。此处所说的瑕疵，不同于买卖合同中的瑕疵，主要是指保管物自身存在的、可能造成保管物自身或者其他物品毁损、灭失的缺陷。

二是按照保管物的性质需要采取特殊保管措施的，寄存人应当告知保管人。所谓"保管物的性质"，即如保管物属于易燃、易爆、有毒、有腐蚀性、有放射性等危险物品或者易变质物品。

寄存人违反前两项义务，使保管物本身遭受损失的，保管人不承担赔偿责任，即寄存人未履行相应的告知义务的，将使保管人免责。此处所说的免责，仅指因为寄存人未履行告知义务而造成保管财产自身损毁、灭失的，保管人对此免予承担赔偿责任。

寄存人违反前两项义务，使保管人的人身、财产遭受损失的，寄存人应当承担赔偿责任。

第八百九十四条 【保管人亲自保管保管物义务】保管人不得将保管物转交第三人保管，但是当事人另有约定的除外。

保管人违反前款规定，将保管物转交第三人保管，造成保管物损失的，应当承担赔偿责任。

案例注解

【案例(2021)辽0682民初2933号】保管人擅自将保管物转交第三人造成损失被判赔偿

【基本案情】

2018年4月，原告马某将2011年1月6日登记在其名下的辽F×××××丰田牌TV×××小型汽车借给其外甥回某使用，回某将该车托管在被告孙某居住的某油库院内，为便于孙某挪车，回某将车辆钥匙交由孙某保管。2018年7月，孙某将涉案车辆借给案外人李某使用至今。2020年年初马某在路上看见该车被陌生人使用，便让回某与孙某联系,要求孙某归还车辆。未果,原告马某遂诉至法院,请求判令被告向原告返还辽F×××××号小汽车;赔偿原告车辆损失9269元。

【裁判要旨】

《民法典》第888条第1款规定,保管合同是保管人保管寄存人交付的保管物,并返还该物的合同。第895条规定,保管人不得使用或者许可第三人使用保管物,但是当事人另有约定的除外。第900条还规定,保管期限届满或者寄存人提前领取保管物的,保管人应当将原物及其孳息归还寄存人。本案原告马某将涉案车辆交给被告孙某保管,被告应妥善保管托管的车辆,本案被告在保管托管车辆期间,不应将托管的车辆借予他人使用。原告作为托管人领取保管物车辆,被告应当将原物即涉案车辆及时还给寄存人即本案原告。

【裁判结果】

2021年8月19日,法院判决被告孙某于本判决生效后10日内,返还给原告马某托管的一辆辽F×××××丰田牌TV×××小型汽车,驳回原告马某其他诉讼请求。(资料来源:中国裁判文书网)

第八百九十五条　【保管人不得使用或者许可他人使用保管物的义务】保管人不得使用或者许可第三人使用保管物,但是当事人另有约定的除外。

第八百九十六条　【保管人返还保管物及通知寄存人的义务】第三人对保管物主张权利的,除依法对保管物采取保全或者执行措施外,保管人应当履行向寄存人返还保管物的义务。

第三人对保管人提起诉讼或者对保管物申请扣押的,保管人应当及时通知寄存人。

第八百九十七条　【保管人赔偿责任】保管期内,因保管人保管不善造成保管物毁损、灭失的,保管人应当承担赔偿责任。但是,无偿保管人证明自己没有故意或者重大过失的,不承担赔偿责任。

条文注解

保管人应当对保管物尽到妥善保管的义务。保管期间,因保管人保管不善造成保管物毁损、灭失的,原则上保管人都应当承担赔偿责任。在保管有偿与无偿的情况下,保管人责任的大小(轻重)应有所区别。

保管是无偿的,保管人对于故意或者重大过失造成保管物毁损、灭失承担赔偿责任，对于一般轻过失造成保管物毁损、灭失的，则可免除责任。保管是有偿的，保管人除证明自己对保管物的毁损、灭失没有过失以外，一律承担赔偿责任。

案例注解

【案例(2021)湘0182民初2920号】保管物灭失保管人被判承担赔偿责任

【基本案情】

原告武汉某商贸公司，其经营范围为预包装食品、散装食品的批零兼营等，被告1某食品公司，其经营范围为肉制品及其副产品等的加工、肉制品销售、豆制品预包装食品等的零售，被告2谢某系被告1的原法定代表人。原告与被告1于2020年达成初步合作意向，被告1承诺为原告的货物提供免费保管服务。原告如约将案涉纸箱、内盒、外箱等货物运至被告1提供的仓库中。原告存放于被告1仓库的货品：内袋（鸭翅、鸡块）955,000个等存放物品清单共计6张，清单注明的价值共计为443,531.82元。每张清单均载明"以上包装材料暂存长沙某食品有限公司代为保管，包装归武汉某商贸有限公司所有，被告1为代管方，无处理权，暂存时间为一年，2020年4月7日至2021年4月7日签收人：刘某20.4.7"，被告1在上述清单签收人处、清单载明货品内容处及清点总数处均加盖了公章。

2020年12月29日原告于听闻存放在被告1仓库的货品已被他人全部转卖，后来查实仓库中确已无存放货品，在多次与两被告沟通未果的情况下，于2021年4月9日向法院提起诉讼，请求判决被告1向原告赔偿货物损失443,531.82元；判决被告以443,531.82元为基础，以中国人民银行授权全国银行间同业拆借中心公布的一年期贷款市场报价利率（以下简称LPR）的1.5倍为标准向原告支付自2020年12月29日起至实际清偿之日止的资金占用费（一年期LPR为3.85%）；判令被告2对被告1的赔偿责任承担连带责任。

【裁判要旨】

《民法典》第897条规定，保管期内，因保管人保管不善造成保管物毁损、灭失的，保管人应当承担赔偿责任。但是，无偿保管人证明自己没有故意或者重大过失的，不承担赔偿责任。依法成立并生效的合同受法律保护，当事人应当按照约定履行自己的义务。本案中，原告与被告1之间的保管合同关系依法成立，被告1应当将保管的相关货品在保管期限届满后返还给原告，现保管货品灭失，被告应当予以赔偿。

【裁判结果】

2021年5月31日，法院判决被告长沙某食品有限公司于本判决生效后5日内赔偿原告武汉某商贸有限公司货品损失443,531.82元，驳回原告的其他诉讼请求。（资料来源：中国裁判文书网）

第八百九十八条　【寄存人声明义务】寄存人寄存货币、有价证券或者其他贵重物品的，应当向保管人声明，由保管人验收或者封存；寄存人未声明的，该物品毁损、灭失后，保管人可以按照一般物品予以赔偿。

第八百九十九条　【领取保管物】寄存人可以随时领取保管物。

当事人对保管期限没有约定或者约定不明确的，保管人可以随时请求寄存人领取保管物；约定保管期限的，保管人无特别事由，不得请求寄存人提前领取保管物。

第九百条　【返还保管物及其孳息】保管期限届满或者寄存人提前领取保管物的，保管人应当将原物及其孳息归还寄存人。

第九百零一条　【消费保管合同】保管人保管货币的，可以返还相同种类、数量的货币；保管其他可替代物的，可以按照约定返还相同种类、品质、数量的物品。

条文注解

消费保管也称为不规则保管，是指保管物为可替代物时，如约定将保管物的所有权移转于保管人，保管期间届满由保管人以同种类、品质、数量的物返还的保管。消费保管合同与一般保管合同有以下几点不同：

第一，消费保管合同的保管物必须为可替代物，即种类物。种类物是相对于特定物而言的，是指以品种、质量、规格或度量衡确定，不需具体指定的转让物，如标号相同的水泥，相同品牌、规格的电视机等。

第二，并不是所有种类物的寄存都属于消费保管合同。例如，本法第898条规定的寄存货币的情形，就属于需返还原货币的一般保管合同，而不属于消费保管合同。

第三，既然保管物的所有权转移至保管人，因此，从寄存人交付时起，保管人就享有该物的利益，并承担该物的风险。

第四，消费保管的保管人仅须以同种类、品质、数量的物返还即可。而一般保管的保管人须返还原保管物。

第九百零二条 【保管费支付期限】有偿的保管合同，寄存人应当按照约定的期限向保管人支付保管费。

当事人对支付期限没有约定或者约定不明确，依据本法第五百一十条的规定仍不能确定的，应当在领取保管物的同时支付。

案例注解

【案例(2021)冀0902民初22号】要求支付保管费获法院支持

【基本案情】

2019年6月，被告沧州市某防水工程有限公司购买的石子在原告赵某处进行存放，后被告来原告处取货，共产生2个月的存放保管费用10万元。经原告催要，被告分别于2019年8月9日、10月20日给原告开具10万元现金支票各一张，但是均因在支票有效期内被告银行账户余额不足而未能结算成功。因此，原告诉至法院，请求判令被告支付欠款10万元及利息（按中国人民银行授权全国银行间同业拆借中心发布的市场报价利率，自2019年8月9日起计算至实际还清之日止）。

【裁判要旨】

《民法典》第902条第1款规定，有偿的保管合同，寄存人应当按照约定的期限向保管人支付保管费。本案中，原告、被告之间系保管合同关系，该保管合同自保管物交付时成立。原告按照合同约定履行了保管义务，被告应当按照约定向原告支付保管费用。因被告未按期履行支付保管费用构成违约，对此原告有权要求被告赔偿利息损失。

【裁判结果】

2021年2月25日，法院判决被告沧州市某防水工程有限公司在本判决生效之日起10日内支付原告存放保管费10万元及利息损失（按本金10万元和全国银行间同业拆借中心发布的贷款市场报价利率，自2019年8月9日起计算至实际付清之日止）。（资料来源：中国裁判文书网）

第九百零三条 【保管人留置权】寄存人未按照约定支付保管费或者其他费用的，保管人对保管物享有留置权，但是当事人另有约定的除外。

第二十二章 仓储合同

第九百零四条 【仓储合同定义】仓储合同是保管人储存存货人交付的仓储物，存货人支付仓储费的合同。

条文注解

本条是关于仓储合同定义的规定。仓储合同，是指当事人双方约定由保管人（又称仓管人或仓库营业人）为存货人保管储存的货物，存货人支付仓储费的合同。仓储合同与保管合同相比，具有以下联系与区别：

第一，保管人必须是具有仓库营业资质的人，即具有仓储设施、仓储设备、专事仓储保管业务的人。

第二，仓储合同的对象仅为动产，不动产不可能成为仓储合同的对象。

第三，仓储合同为诺成合同。仓储合同自保管人和存货人意思表示一致时成立。

第四，仓储合同为不要式合同，可以是书面形式，也可以是口头形式。保管合同对合同订立的形式也没有特别要求，同样是不要式合同。

第五，仓储合同为双务、有偿合同。保管人提供储存、保管的义务，存货人承担支付仓储费的义务。保管合同可以是双务、有偿合同，也可以是单务、无偿合同。

第六，仓单是仓储合同的重要特征。

仓储合同的定义确定了保管人和存货人的主要义务。保管人的主要义务是储存存货人交付的仓储物，而存货人的主要义务是支付仓储费。

储存存货人交付的仓储物是保管人的主要义务。换言之，就是要妥善保管仓储物。这种义务主要包括以下几个方面的内容：其一，保管人应当具备储存仓储物的相应资质，并能提供符合约定的保管条件。其二，保管人应当亲自保管，不得擅自转交他人保管。其三，保管人应当尽到善良管理人的义务。

第九百零五条 【仓储合同成立时间】仓储合同自保管人和存货人意思表示一致时成立。

第九百零六条 【危险物品和易变质物品的储存】储存易燃、易爆、有毒、有腐蚀性、有放射性等危险物品或者易变质物品的，存货人应当说明该物品的性质，提供有关资料。

存货人违反前款规定的，保管人可以拒收仓储物，也可以采取相应措施以避免损失的发生，因此产生的费用由存货人负担。

保管人储存易燃、易爆、有毒、有腐蚀性、有放射性等危险物品的，应当具备相应的保管条件。

关联法规

《危险化学品安全管理条例》

第九百零七条 【保管人验收义务以及损害赔偿】保管人应当按照约定对入库仓储物进行验收。保管人验收时发现入库仓储物与约定不符合的，应当及时通知存货人。保管人验收后，发生仓储物的品种、数量、质量不符合约定的，保管人应当承担赔偿责任。

案例注解

【案例(2021)陕0527民初70号】冷库未能尽合理保管义务造成仓储苹果损害被判赔偿损失

【基本案情】

被告某果业有限责任公司系一家经营冷库仓储苹果业务的企业。2017年9月经人介绍，原告代某与被告法定代表人武某口头达成仓储协议，约定原告将自己收购的苹果储存在被告冷库里，同时约定被告需先行向原告垫付收购苹果资金50万元，原告代在苹果出库时支付仓储费用39,068元。2017年10月原告代将其收购的9767筐苹果经验收后交给被告冷库进行保鲜储存。2018年3月原告从果库出售苹果时，发现苹果出现虎皮，遂协商处理未果。2018年8月原告代某将其苹果全部处理。2020年11月10日被告以民间借贷纠纷为由将代某诉至法院。原告代某遂以仓储合同纠纷为由，要求被告赔偿原告代某经济损失431,582元。

【裁判要旨】

依法成立的合同受法律保护，本案中，原告与被告之间口头约定苹果仓储合同，该约定合法有效，双方均应按约履行各自义务。本案中，被告对原告收购的苹果在入库时进行验收，符合入库标准。在仓储过程中，被告对于仓储物负有按照冷库储存规范进行保管保鲜义务，被告未提供相关证据证明自己尽到合理保管注意检查义务，具有一定过错，故应承担相应赔偿责任。原告发现自己储存在被告冷库苹果出现虎皮现象后，应积极提取存储的苹果进行出售，避免损失进一步扩大。现该仓储合同的标的物苹果已经处理，对于苹果造成损害及损失无法评估，主要责任在于原告，故双方对造成存储苹果损失均应承担相应的法律责任。

【裁判结果】

2021 年 6 月 3 日,法院判决被告某果业有限责任公司于本判决生效后 10 日内赔偿原告代某经济损失 50,000 元;驳回原告其他诉讼请求。(资料来源:中国裁判文书网)

关联法规

《粮油仓储管理办法》第 9 条

第九百零八条　【保管人出具仓单、入库单义务】存货人交付仓储物的,保管人应当出具仓单、入库单等凭证。

第九百零九条　【仓单】保管人应当在仓单上签名或者盖章。仓单包括下列事项:

(一)存货人的姓名或者名称和住所;

(二)仓储物的品种、数量、质量、包装及其件数和标记;

(三)仓储物的损耗标准;

(四)储存场所;

(五)储存期限;

(六)仓储费;

(七)仓储物已经办理保险的,其保险金额、期间以及保险人的名称;

(八)填发人、填发地和填发日期。

第九百一十条　【仓单性质和转让】仓单是提取仓储物的凭证。存货人或者仓单持有人在仓单上背书并经保管人签名或者盖章的,可以转让提取仓储物的权利。

第九百一十一条　【存货人或者仓单持有人有权检查仓储物或者提取样品】保管人根据存货人或者仓单持有人的要求,应当同意其检查仓储物或者提取样品。

第九百一十二条 【保管人危险通知义务】保管人发现入库仓储物有变质或者其他损坏的，应当及时通知存货人或者仓单持有人。

第九百一十三条 【保管人危险催告义务和紧急处置权】保管人发现入库仓储物有变质或者其他损坏，危及其他仓储物的安全和正常保管的，应当催告存货人或者仓单持有人作出必要的处置。因情况紧急，保管人可以作出必要的处置；但是，事后应当将该情况及时通知存货人或者仓单持有人。

第九百一十四条 【储存期限不明确时仓储物提取】当事人对储存期限没有约定或者约定不明确的，存货人或者仓单持有人可以随时提取仓储物，保管人也可以随时请求存货人或者仓单持有人提取仓储物，但是应当给予必要的准备时间。

第九百一十五条 【储存期限届满仓储物提取】储存期限届满，存货人或者仓单持有人应当凭仓单、入库单等提取仓储物。存货人或者仓单持有人逾期提取的，应当加收仓储费；提前提取的，不减收仓储费。

第九百一十六条 【逾期提取仓储物】储存期限届满，存货人或者仓单持有人不提取仓储物的，保管人可以催告其在合理期限内提取；逾期不提取的，保管人可以提存仓储物。

第九百一十七条 【保管人的损害赔偿责任】储存期内，因保管不善造成仓储物毁损、灭失的，保管人应当承担赔偿责任。因仓储物本身的自然性质、包装不符合约定或者超过有效储存期造成仓储物变质、损坏的，保管人不承担赔偿责任。

案例注解

【案例(2021)新2801民初3314号】保管人根据仓储协议处置仓储物被判无责

【基本案情】

2019年9月4日,原告王某与被告某仓储公司签订《香梨仓储合同》,约定原告将其符合NY/T585-2002标准的香梨存放至被告冷库中,仓储期限为2019年9月1日至2020年3月31日。被告应向原告提供空白的客户果品运输清单,原告须向被告提供填好的客户果品运输清单,凭果品运输清单入库。单筐果品净重为18公斤±1公斤,每筐冷藏费单价12.50元/筐。同时合同第10条约定"仓储期结束,乙方可以要求甲方延长仓储期限,但必须以书面方式通知甲方。在甲方许可的情况下,甲方除继续制冷外,不在保证香梨仓储质量,还应再向乙方收取延期冷藏费。……第(三)项到次年6月30日止,乙方不得再次延长仓储期限,并必须在15日内将剩余香梨出库完。并向乙方每标准周转筐3.00元/筐……如到时乙方未将香梨出库完,甲方有权不另行通知、不计价格处理该仓储香梨,由此造成的经济损失由乙方自行承担。如甲方处理乙方仓储香梨所得收入不能抵取甲方应收费用的,甲方有权继续通过法律或其他方式向乙方追缴欠款"。

2020年6月4日至7月21日,被告多次与原告通话,询问其如何销售香梨,何时支付仓储费等,并告知如原告迟迟不能将香梨出库,被告将自行处理等,原告均表示了解并将继续想办法。2020年8月9日,被告向原告发送短信向其告知,因冷库即将进行清库,如原告不能出库,被告将自行处理。根据合同约定,被告将腐坏的香梨只能按垃圾倾倒处理。原告为此诉至法院,请求判令被告支付原告香梨损失费197.28万元。

【裁判要旨】

《民法典》第917条规定,储存期内,因保管不善造成仓储物毁损、灭失的,保管人应当承担赔偿责任。因仓储物本身的自然性质、包装不符合约定或者超过有效储存期造成仓储物变质、损坏的,保管人不承担赔偿责任。本案中,原告、被告之间成立仓储合同关系。原告、被告签订的《香梨仓储合同》中,对于到期未出库的处理方式进行了明确的约定;同时,被告在处理前已经反复多次向原告告知如逾期未出库,冷库将自行处理。被告并无违约行为,原告要求被告支付其香梨损失的主张无事实依据和法律依据。

【裁判结果】

2021年8月30日,法院一审判决驳回原告王某的诉讼请求。二审维持原判。(资料来源:中国裁判文书网)

第九百一十八条　【适用保管合同】本章没有规定的,适用保管合同的有关规定。

第二十三章　委托合同

第九百一十九条　【委托合同定义】委托合同是委托人和受托人约定，由受托人处理委托人事务的合同。

条文注解

委托合同，又称委任合同，是指当事人双方约定一方委托他人处理事务，他人同意为其处理事务的协议。在委托合同关系中，委托他人为自己处理事务的人称委托人，接受委托的人称受托人。

根据委托合同的定义，受托人要按照约定处理委托事务，这是受托人的主要义务。委托人和受托人应当在合同中明确约定委托事项，委托人还应当就委托事务中应该注意的问题向受托人告知说明。受托人处理委托事务过程中，也有很多需要尽到的义务。受托人应当按照合同约定和委托人的指示处理委托事务，需要变更委托人指示的，应当经委托人同意。受托人应当亲自处理委托事务，须经委托人同意才可以进行转委托，不得擅自将委托事务转委托给第三人。

受托人应当按照委托人的要求报告委托事务的处理情况，在委托合同终止时向委托人报告委托事务的结果。受托人处理委托事务取得的财产，应当转交给委托人。受托人处理委托事务不得超越权限，超越权限造成委托人损失的应当进行赔偿。受托人在处理委托事务过程中，还应当尽到一定的注意义务，例如，在需要变更委托人指示，又因情况紧急难以和委托人取得联系的，应当妥善处理委托事务，事后再将该情况及时向委托人报告。

第九百二十条　【委托权限】委托人可以特别委托受托人处理一项或者数项事务，也可以概括委托受托人处理一切事务。

条文注解

受托人在处理委托事务时，应以委托人指示的委托事务范围为准。以受托人处理委托事务的范围为标准把委托划分为两大类，即特别委托和概括委托，前者是指仅将一项或者数项事务委托给受托人，后者则是指将所有事务一并委托给受托人来处理。

划分特别委托与概括委托的意义在于，使受托人能够明确自己可以从事哪些活动，也使第三人知道受托人的身份和权限，使之有目的、有选择地订立民事合同，以防止因委托权限不明确而引起不必要的纠纷，如果发生了纠纷，也便于根据委托权限确定当事人之间的相互责任。委托人可以根据自己的需要选择特别委托还是概括委托。委托人选择特别委托来委托他人处理一项或者数项事务，更有针对性，也可以防止受托人权限过大而损害自己的利益。委托人也可以选择概括委托他人处理其一切事务。

特别委托，是指双方当事人约定受托人为委托人处理一项或者数项事务的委托。特别委托一般有以下几种情况：(1)不动产出售、出租或者就不动产设定抵押权。(2)赠与。由于赠与属于无偿行为，所以需要有委托人的特别授权。(3)和解。在发生纠纷后，有关人员在处理问题时需要双方当事人彼此作出一定的妥协与让步，以终止争执或者防止争执的扩大，它包括民法上的和解或者诉讼法上的和解，以及《企业破产法》上的和解。(4)诉讼。当事人就有关事宜向法院提起诉讼，请求法院依照法定程序进行审判的行为。(5)仲裁。仲裁，是指当事人发生争执时，不诉请法院判决，而是提请仲裁机构裁判，其效力同法院的判决一样。受托人接受特别委托时，对于委托事务的处理，可以采取一切为维护委托人的合法权益而必要的合法行为。

概括委托，是指双方当事人约定受托人为委托人处理某个方面或者范围内的一切事务的合同。例如，委托人委托受托人处理其买卖业务或租赁业务的所有事宜，即概括委托。

关联法规

《律师法》第25条，《职业教育法》第28条

第九百二十一条 【委托费用的预付和垫付】委托人应当预付处理委托事务的费用。受托人为处理委托事务垫付的必要费用，委托人应当偿还该费用并支付利息。

第九百二十二条 【受托人应当按照委托人的指示处理委托事务】受托人应当按照委托人的指示处理委托事务。需要变更委托人指示的，应当经委托人同意；因情况紧急，难以和委托人取得联系的，受托人应当妥善处理委托事务，但是事后应当将该情况及时报告委托人。

第九百二十三条 【受托人亲自处理委托事务】受托人应当亲自处理委托事务。经委托人同意，受托人可以转委托。转委托经同意或者追认的，委托人可以就委托事务直接指示转委托的第三人，受托

人仅就第三人的选任及其对第三人的指示承担责任。转委托未经同意或者追认的，受托人应当对转委托的第三人的行为承担责任；但是，在紧急情况下受托人为了维护委托人的利益需要转委托第三人的除外。

案例注解

【案例(2021)苏0981民初3400号】受托人擅自转委托被判赔偿损失

【基本案情】

2020年3月月初，被告郭某称其可以购买口罩机，总价款为380,000元。原告胡某有此需求，遂委托郭某进行采购。原告在2020年3月8日向郭某转账支付30,000元采购款。郭某称其在口罩机厂家发货前不会付任何货款给厂家，郭某收取该30,000元后却自行转委托朱某，亦将该30,000元支付给了朱某。至今仅朱某向胡某返还8000元，胡某多次催要未果，诉至法院，请求判令郭某返还胡某22,000元，并以22,000元为基数，按照年息3.85%，从2020年3月10日起至实际返还款项之日止向胡嘉支付利息损失(庭审中改为从起诉之日起至实际返还款项之日止向胡某支付利息损失)。

【裁判要旨】

《民法典》第923条规定，受托人应当亲自处理委托事务。经委托人同意，受托人可以转委托。转委托经同意或者追认的，委托人可以就委托事务直接指示转委托的第三人，受托人仅就第三人的选任及其对第三人的指示承担责任。转委托未经同意或者追认的，受托人应当对转委托的第三人的行为承担责任；但是，在紧急情况下受托人为了维护委托人的利益需要转委托第三人的除外。本案中，胡某委托郭某购买口罩机，双方之间存在委托合同关系。郭某应当亲自处理委托事务，但郭某自行转委托朱某，并向其支付30,000元，经催要朱某仅返还8000元。郭某超越权限造成委托人损失，应当赔偿损失。

【判决结果】

2021年7月9日，法院判决被告郭某于本判决生效后10日内返还原告胡某22,000元及利息(以22,000元为基数，自2021年6月3日起至实际给付之日止按年息3.85%计算)。(资料来源：中国裁判文书网)

第九百二十四条　【受托人的报告义务】受托人应当按照委托人的要求，报告委托事务的处理情况。委托合同终止时，受托人应当报告委托事务的结果。

第九百二十五条 【委托人介入权】受托人以自己的名义，在委托人的授权范围内与第三人订立的合同，第三人在订立合同时知道受托人与委托人之间的代理关系的，该合同直接约束委托人和第三人；但是，有确切证据证明该合同只约束受托人和第三人的除外。

第九百二十六条 【委托人对第三人的权利和第三人选择权】受托人以自己的名义与第三人订立合同时，第三人不知道受托人与委托人之间的代理关系的，受托人因第三人的原因对委托人不履行义务，受托人应当向委托人披露第三人，委托人因此可以行使受托人对第三人的权利。但是，第三人与受托人订立合同时如果知道该委托人就不会订立合同的除外。

受托人因委托人的原因对第三人不履行义务，受托人应当向第三人披露委托人，第三人因此可以选择受托人或者委托人作为相对人主张其权利，但是第三人不得变更选定的相对人。

委托人行使受托人对第三人的权利的，第三人可以向委托人主张其对受托人的抗辩。第三人选定委托人作为其相对人的，委托人可以向第三人主张其对受托人的抗辩以及受托人对第三人的抗辩。

第九百二十七条 【受托人转移利益】受托人处理委托事务取得的财产，应当转交给委托人。

案例注解

【案例(2021)津0119民初5921号】委托人要求受托人及时返还货款获法院支持

【基本案情】

原高毕某与被告吴某均系养车户，2019年12月原告往××料场拉料，后料场为原告出示了收料单，被告以和料场熟悉为名，称可以尽快地把料款结清。后按被告要求，原告将料单交给了被告进行讨要，但自被告要回了砂石料款后，把此款未及时给付原告，自己进行了消费，当原告向被告追要此货款时，被告为原告出示了欠据一张，并承诺此款于2021年1月1日前结清，但时至今日此款经原告多次催要，被告仍未能给付原告。为此，原告诉至法院，请求判令被告返还原告砂石料款3015元。

【裁判要旨】

《民法典》第927条规定，受托人处理委托事务取得的财产，应当转交给委托人。

本案中，原被告之间委托关系成立，合法有效。被告吴某受原告毕某委托要回石料款后应立即返还，被告吴某为毕某出具的欠条合法、有效，原告持据要求吴某返还砂石料款 3015 元，事实清楚，证据充分，应予支持。

【裁判结果】

2021 年 6 月 15 日，法院判决吴某返还毕某砂石料款 3015 元，于本判决发生效力之日起 10 日内付清，直接给付至毕某中国农业银行账户 6230 × × × ×4975。（资料来源：中国裁判文书网）

第九百二十八条　【委托人支付报酬】受托人完成委托事务的，委托人应当按照约定向其支付报酬。

因不可归责于受托人的事由，委托合同解除或者委托事务不能完成的，委托人应当向受托人支付相应的报酬。当事人另有约定的，按照其约定。

第九百二十九条　【受托人的赔偿责任】有偿的委托合同，因受托人的过错造成委托人损失的，委托人可以请求赔偿损失。无偿的委托合同，因受托人的故意或者重大过失造成委托人损失的，委托人可以请求赔偿损失。

受托人超越权限造成委托人损失的，应当赔偿损失。

第九百三十条　【委托人的赔偿责任】受托人处理委托事务时，因不可归责于自己的事由受到损失的，可以向委托人请求赔偿损失。

第九百三十一条　【委托人另行委托他人处理事务】委托人经受托人同意，可以在受托人之外委托第三人处理委托事务。因此造成受托人损失的，受托人可以向委托人请求赔偿损失。

第九百三十二条　【共同委托】两个以上的受托人共同处理委托事务的，对委托人承担连带责任。

条文注解

共同委托，是指委托人委托两个以上的受托人共同行使代理权处理事务。但是，如果委托人为两个以上时，而受托人只有一个时，则不是共同委托。因为有的委托事务，一个受托人可能无法处理或者不能较好地完成，为了提高委托事务的处理效率和完成质量，有时就需要委托给两个以上的受托人。

共同委托的特点如下：

第一，共同委托的代理权必须是由数个受托人共同行使的。

所谓共同行使，是指数个受托人享有共同的权利义务，即平等享有、共同享有的代理权，处理事务时只有经过全体受托人的共同同意，才能行使代理权。并不是一个委托人同时委托了两个以上受托人，都产生共同委托的问题，如委托人在受托人之外另行委托他人处理委托事务的情况。

第二，受托人承担连带责任。

共同委托中的一个受托人与其他受托人协商后或者数个受托人协商后，单独或者共同实施的委托行为，其实施的委托行为应该被认为是全体受托人的共同行为，由此造成损失的，若干个受托人依法应当对委托合同的履行承担连带责任。但是，如果共同受托人中的一个受托人或者数个受托人没有经过协商而擅自单独行使代理权的，对于由此造成的损失，若干个受托人仍然承担连带责任。当然，委托人与各受托人事先约定了按份责任的除外，即合同中无特别规定，他们应对委托人承担连带责任。也就是说，无论委托人的损失是出于哪个受托人的过错，也无论各个受托人内部是否约定了对委托事务的处理权限和责任承担，除委托人与受托人有特别约定外，所有受托人都应当对委托人承担连带责任。各受托人在承担连带责任后，可以按照受托人之间的约定、各受托人的过错来处理内部关系。

第九百三十三条 【委托合同解除】委托人或者受托人可以随时解除委托合同。因解除合同造成对方损失的，除不可归责于该当事人的事由外，无偿委托合同的解除方应当赔偿因解除时间不当造成的直接损失，有偿委托合同的解除方应当赔偿对方的直接损失和合同履行后可以获得的利益。

条文注解

本条规定赋予了委托人和受托人对委托合同的任意解除权，以及因解除合同给对方造成损失的责任承担。

委托合同是以双方信任为存在的条件，如果一方不守信用，失信于另一方，则继续履行合同已无必要。法律赋予了双方当事人的权利，即只要一方想终止合同，就可以随时解除合同，而且无须任何理由。一方面，委托人可以随时撤销委托。如果互相没有信任或者已不再需要办理委托的事项，委托人即可单方解除委托合同，无须征得受托人的同意即可发生效力。但是受托人可以就其损失要求委托人承担相应的赔偿责任。另一方面,受托人可以随时辞去委托。委托合同的成立既需要委托人对受托人的了解和信任,也需要受托人对委托人的信任。如果受托人不愿意办理受委托的事务,受托人无须表明任何理由,即可解除合同。

委托合同的一方当事人在不利于对方当事人的时期解除委托合同而造成对方损失的,应当承担赔偿责任。这是对任意解除权的一种限制。如果当事人可以任意解除委托而无须赔偿对方损失,显然是不公平的。所谓不利于对方当事人的时期,就不利于委托人方面而言,是指当受托人在未完成委托事务的情况下解除合同时,委托人自己不可能亲自处理该项事务,而且又不能及时找到合适的受托人代他处理该委托事务而发生损害的情形;就不利于受托人方面而言,是指委托人在受托人处理委托事务尚未完成前解除了合同,使受托人因不能继续履行义务而少获得报酬。委托人除对受托人已履行的部分给付报酬外,对在不可归责于受托人的情况下,因解除委托合同给委托人造成的报酬减少承担赔偿责任。

但是,受托人未尽注意义务,怠于委托事务的处理,委托人无奈而解除委托合同虽会给受托人造成一定损失,但因解除合同事由不可归责于委托人或者不能完全归责于委托人,委托人对受托人因合同终止而遭受的损失不予赔偿或者只赔偿其部分损失。

案例注解

【案例(2021)吉2401民初4728号】受托人违约被判解除合同

【基本案情】

原告延边某房地产经营有限公司于2017年3月8日在案外人××公司处以8500万的价格购买了延吉××广场BS1号楼85套门市房。2017年10月26日原告与被告延吉某商务服务有限公司签订《××街租赁、销售独家授权代理合同》,约定原告将所购全部房屋的租赁、销售权独家委托给被告,被告有权以自己的名义与客户签订销售或租赁合同。合同签订后,2017年11月27日,被告将原告所购房屋中的BS1号楼1002号、面积55.2平方米的房屋以1,171,711元的价格出售给了第三人沈某和第三人朴某,并到××公司处办理了更名审批手续,××公司也于2017年12月13日与第三人签订了《商品房买卖合同》,因面积出现误差,第三人另行向××公司支付差价款5777元。签订该合同当日及次日,被告以购房款的名义将房款641,910元汇入原告账户。2017年12月15日原告以委托代理费的名义向被告支付了代理费50万元。后被告未再租赁或销售房屋,也未将1002号房的剩余房款529,801元向原告支付。为此,原告诉至法院,请求判令解除2017年10月26日租赁、销售独家授权代理合同;判令被告退还委托代理费50万元,并支付原告损失529,801元。

【裁判要旨】

《民法典》第927条规定,受托人处理委托事务取得的财产,应当转交给委托人。第933条规定,委托人或者受托人可以随时解除委托合同。因解除合同造成对方损失的,除不可归责于该当事人的事由外,无偿委托合同的解除方应当赔偿因解除时间不当造成的直接损失，有偿委托合同的解除方应当赔偿对方的直接损失和合同履行后可以获得的利益。本案中，原被告之间委托合同合法有效，原告要求解除合同及由被告支付出售的1002号房的剩余房款529,801元的诉讼请求，有事实和法律依据，应予以支持。对原告要求被告返还代理费50万元的诉讼请求，因被告已为原告出售一套房屋，原告应支付相应报酬。

【裁判结果】

2021年8月17日，法院判决解除原告某房地产经营有限公司与被告延吉市某商务服务有限公司的《××街租赁、销售独家授权代理合同》，被告于本判决发生法律效力之日立即向原告返还代理费483,458元、支付房款529,801元，驳回原告的其余诉讼请求。（资料来源：中国裁判文书网）

第九百三十四条　【委托合同终止】委托人死亡、终止或者受托人死亡、丧失民事行为能力、终止的，委托合同终止；但是，当事人另有约定或者根据委托事务的性质不宜终止的除外。

第九百三十五条　【受托人继续处理委托事务】因委托人死亡或者被宣告破产、解散，致使委托合同终止将损害委托人利益的，在委托人的继承人、遗产管理人或者清算人承受委托事务之前，受托人应当继续处理委托事务。

第九百三十六条　【受托人的继承人等的义务】因受托人死亡、丧失民事行为能力或者被宣告破产、解散，致使委托合同终止的，受托人的继承人、遗产管理人、法定代理人或者清算人应当及时通知委托人。因委托合同终止将损害委托人利益的，在委托人作出善后处理之前，受托人的继承人、遗产管理人、法定代理人或者清算人应当采取必要措施。

第二十四章　物业服务合同

第九百三十七条　【物业服务合同定义】物业服务合同是物业服务人在物业服务区域内，为业主提供建筑物及其附属设施的维修养护、环境卫生和相关秩序的管理维护等物业服务，业主支付物业费的合同。

物业服务人包括物业服务企业和其他管理人。

条文注解

相较于一般的民事合同，物业服务人提供物业服务的内容较为复杂，其既要管理物业服务区域内的建筑物及其附属设施等物，也要管理进出小区以及建筑物内的人员。物业服务的内容十分庞杂，既包括物的管理，也包括人的管理。物业服务的具体内容视小区具体情况不同而有所差异，但是都势必包括卫生、环保、安全、消防等方方面面，具有综合性和全面性。

物业服务合同的一方当事人为全体业主，具有集合性的特点。如果由物业服务人与业主逐一签订合同，不仅效率极低，而且无法实现。为了提高订约效率、避免发生纠纷，在物业服务合同的订立方面，需要设置一定的程序性要求，也就是物业服务合同的订立需要遵循法定的程序，业主需要通过一定的方式来作出决定。根据本法物权编第278条的规定，选聘和解聘物业服务企业或者其他管理人时，应当由专有部分面积占比2/3以上的业主且人数占比2/3以上的业主参与表决，并且经参与表决专有部分面积过半数的业主且参与表决人数过半数的业主同意；同时，经过业主大会的选聘之后，由业主委员会代表全体业主与物业服务人签订物业服务合同。

第九百三十八条　【物业服务合同内容和形式】物业服务合同的内容一般包括服务事项、服务质量、服务费用的标准和收取办法、维修资金的使用、服务用房的管理和使用、服务期限、服务交接等条款。

物业服务人公开作出的有利于业主的服务承诺，为物业服务合同的组成部分。

物业服务合同应当采用书面形式。

第九百三十九条　【物业服务合同的效力】建设单位依法与物业服务人订立的前期物业服务合同，以及业主委员会与业主大会依法选聘的物业服务人订立的物业服务合同，对业主具有法律约束力。

案例注解

【案例(2021)陕0825民初6705号】业主拖欠物业费被判限期支付

【基本案情】

2017年9月，原告定边某物业管理公司与定边某小区业主管理委员会签订了《××小区物业服务合同书》，合同约定由原告向该小区提供物业管理服务。合同约定，原告提供物业服务的受益人为该物业的全体业主和使用人，受益人按房屋建筑面积向原告支付物业管理费用。被告王某系该小区1号楼2单元701室业主，物业面积147.81平方米，按约定应当向原告缴纳从2018年9月1日至2019年8月31日物业管理费用共计人民币2595元，原告按合同约定为被告所在的小区提供物业管理服务，被告却拒不履行自己的缴费义务，原告多次催缴，被告一直拒绝缴费。为维护合法权益，原告诉至法院，请求依法判令被告支付原告2018年9月1日至2019年8月31日的物业管理费2595元。

【裁判要旨】

《民法典》第939条规定，建设单位依法与物业服务人订立的前期物业服务合同，以及业主委员会与业主大会依法选聘的物业服务人订立的物业服务合同，对业主具有法律约束力。本案中，原告与定边××小区业主委员会签订物业服务合同，系双方真实意思表示，未违反法律、行政法规的强制性规定，应属有效合同。被告王某系该小区1号楼2单元701室业主，该合同对被告具有法律效力，故原告、被告之间形成物业服务合同关系，原告、被告应该按照合同约定享受权利，履行义务。原告向被告提供物业服务，被告应该按照约定向原告支付相应的服务费用。

【裁判结果】

2021年9月29日，法院判决由被告王某于本判决生效之日起5日内向原告定边某物业管理有限公司支付物业管理费2595元。(资料来源：中国裁判文书网)

第九百四十条　【前期物业服务合同法定终止条件】建设单位依法与物业服务人订立的前期物业服务合同约定的服务期限届满前，业主委员会或者业主与新物业服务人订立的物业服务合同生效的，前期物业服务合同终止。

第九百四十一条 【物业服务转委托的条件和限制性条款】物业服务人将物业服务区域内的部分专项服务事项委托给专业性服务组织或者其他第三人的，应当就该部分专项服务事项向业主负责。

物业服务人不得将其应当提供的全部物业服务转委托给第三人，或者将全部物业服务支解后分别转委托给第三人。

第九百四十二条 【物业服务人的一般义务】物业服务人应当按照约定和物业的使用性质，妥善维修、养护、清洁、绿化和经营管理物业服务区域内的业主共有部分，维护物业服务区域内的基本秩序，采取合理措施保护业主的人身、财产安全。

对物业服务区域内违反有关治安、环保、消防等法律法规的行为，物业服务人应当及时采取合理措施制止、向有关行政主管部门报告并协助处理。

条文注解

物业服务人的主要义务，即物业服务人按照合同的约定、法律法规的规定和物业的使用性质，为业主提供物业服务。具体来说物业服务人的主要义务包括以下内容：(1)对业主共有部分的管理和维护。物业服务人的义务首先就是对物业服务区域内的建筑物及其附属设施等共有财产进行管理和维护，这是物业服务人最重要的合同义务之一，也是保障业主正常生活、改善业主生活品质的重要基础。(2)维护物业服务区域内的基本秩序。物业服务区域内的基本秩序，是业主正常生活的重要方面。物业服务人应当负有维护小区内共同生活秩序的义务，该项义务主要涉及对人的管理。(3)保护业主的人身、财产安全。保护业主的人身和财产安全，是物业服务合同对物业服务人的基本要求，也可以说是最为重要的内容。(4)对违法行为的制止、报告义务。本条第2款规定，对物业服务区域内违反有关治安、环保、消防等法律法规的行为，物业服务人应当及时采取合理措施制止、向有关行政主管部门报告并协助处理。

关联法规

《消防法》第18、46条，《物业管理条例》第35、46、47条

第九百四十三条 【物业服务人信息公开义务】物业服务人应当定期将服务的事项、负责人员、质量要求、收费项目、收费标准、履行情况,以及维修资金使用情况、业主共有部分的经营与收益情况等以合理方式向业主公开并向业主大会、业主委员会报告。

第九百四十四条 【业主支付物业费义务】业主应当按照约定向物业服务人支付物业费。物业服务人已经按照约定和有关规定提供服务的,业主不得以未接受或者无需接受相关物业服务为由拒绝支付物业费。

业主违反约定逾期不支付物业费的,物业服务人可以催告其在合理期限内支付;合理期限届满仍不支付的,物业服务人可以提起诉讼或者申请仲裁。

物业服务人不得采取停止供电、供水、供热、供燃气等方式催交物业费。

条文注解

物业费,即物业服务费用,是指物业服务人按照物业服务合同的约定,对物业服务区域内的建筑物及其附属设施、相关场地进行维修、养护、管理,维护相关区域内的环境卫生和秩序,而向业主收取的报酬。物业服务合同是有偿合同,业主与物业服务人应当在物业服务合同中对业主支付物业费作出约定。业主应当按照物业服务合同的约定向物业服务人支付物业费,既是其最基本也是最核心的合同义务。业主违反该义务的,应当承担相应的法律责任。物业费的缴纳和收取需要注意以下几点,这些同时也是实践中比较容易产生物业费纠纷的问题:(1)物业费的缴纳主体。对于前期物业服务合同,物业费的缴纳义务人应当是建设单位或者业主。对于普通物业服务合同,物业费的缴纳义务人是业主。(2)物业费收取的范围、标准和办法。物业费的收费范围、收费标准和收取办法通常应当在物业服务合同中作出约定。(3)物业服务人不得违规收费。物业服务人有权依据合同约定收取物业服务费用,但物业服务人不仅应当按照合同约定收取物业费,还应当符合法律法规、部门规章的规定。物业费的收取范围、标准必须合理,物业服务人不得擅自单方不合理定价。物业服务人违规收费的行为包括:一是擅自扩大收费范围,即物业服务人违反合同约定、法律法规的规定收取额外费用。二是擅自提高收费标准,即物业服务人违反法律、行政法规、部门规章等关于物业费收取的有关规定或者行业标准收取高额物业费。三是重复收费,即物业服务人收取的物业费中原本就已经包含了有关项目的费用,但物业服务人又针对该项目向业主另行收费。

业主拖欠物业费的行为构成违约的要件主要有:(1)业主逾期没有支付物业费。(2)业主欠缺正当理由。业主逾期不支付物业费构成违约必须欠缺正当理由。业主不得以未接受或者无须接受相关物业服务为抗辩的理由拒绝向物业服务人支付物业费。第一,业主不得以“未接受”为理由提出抗辩。第二,业主不得以无须相关物业服务为抗辩理由。(3)物业服务人进行了催告。业主违反约定逾期不支付物业费的,物业服务人可以催告其在合理期限内支付。一般情况下,在业主逾期未支付物业费时,物业服务人都要先进行催告,而不是直接起诉业主。

业主逾期不支付物业费的,物业服务人可以通过诉讼或者仲裁等合法途径主张权利,但是无权采取停止供电、供水等措施。如果物业服务人为催交物业费,采取停止向业主供电、供水、供热、供燃气等措施,造成业主损失的,应当承担相应的赔偿责任。

案例注解

【案例(2021)湘0482民初2428号】物业公司要求业主支付物业费获法院支持

【基本案情】

原告常宁市某某物业有限公司系被告罗某某、徐某购买住房所在的常宁市某某小区的物业服务经营者,被告系B5栋1804房业主。2015年2月15日,原告常宁市某某物业有限公司与被告罗某某、徐某签订了《前期物业管理服务协议》,约定由原告为被告小区提供物业管理服务。并约定按照住宅1.2元/月·平方米的标准向原告支付物业服务费。如被告违反协议逾期支付的,从逾期之日起按拖欠金额每日千分之三的标准加收违约金。原告经核算,被告罗某某、徐某尚欠原告物业费6666元未缴纳。为此,原告诉至法院,请求判令被告一次性给付原告物业管理服务费、二次加压费共计6666元,并承担违约金2159元。

【裁判要旨】

本案中,被告与原告签订的《前期物业管理服务协议》合法有效,对双方均具有约束力。被告罗某某、徐某如认为原告提供的物业服务不到位,本应向所在的街道办事处或物业主管部门投诉,由相关部门进行监督和督促其整改,却采取拒交物业服务费,其行为欠妥,这样会导致原告物业公司运营资金困难,服务质量下降的恶性循环,最终导致全体业主权益受损的后果。原告某某物业有限公司在物业服务中,亦有许多不足的地方,存在过错。由于原告在服务过程中存在服务不及时到位的过错责任,对原告物业公司提起的要求被告支付违约金的诉讼请求应不予支持。

【裁判结果】

2021年9月23日,法院判决被告罗某某、徐某在本判决生效后3日内支付原告常宁市某某物业有限公司物业费6666元,驳回原告的其他诉讼请求。(资料来源:中国裁判文书网)

关联法规

《物业管理条例》第7、40~44条

第九百四十五条　【业主告知、协助义务】业主装饰装修房屋的，应当事先告知物业服务人，遵守物业服务人提示的合理注意事项，并配合其进行必要的现场检查。

业主转让、出租物业专有部分、设立居住权或者依法改变共有部分用途的，应当及时将相关情况告知物业服务人。

关联法规

《物业管理条例》第49～55条

第九百四十六条　【业主合同任意解除权】业主依照法定程序共同决定解聘物业服务人的，可以解除物业服务合同。决定解聘的，应当提前六十日书面通知物业服务人，但是合同对通知期限另有约定的除外。

依据前款规定解除合同造成物业服务人损失的，除不可归责于业主的事由外，业主应当赔偿损失。

条文注解

根据合同法理论，合同的解除方式包括任意解除和非任意解除。任意解除，是指当事人可以在合同约定的期限届满之前，根据法律规定或者合同的约定，无须特别理由，不受条件限制，而根据自己单方的意思表示解除合同。非任意解除，是指当事人根据双方协议，或者当合同约定、法律规定的事由发生而解除合同，适用于所有民事合同。物业服务合同作为一种民事合同，自然适用非任意解除的规则。物业服务合同订立后，可能因为种种原因导致合同无法履行，或者双方均不愿意再继续保持合同关系，此时，双方当事人可以通过协议方式解除合同。业主与物业服务人也可以在物业服务合同中约定，如果发生某种事由，业主或者物业服务人得以解除合同。例如，物业服务合同约定，因可归责于物业服务人的原因，在物业服务区域内发生人身伤害事故的，业主可以解除物业服务合同。当然，业主与物业服务人还享有法定解除权。本法第563条规定了当事人可以解除合同的法定事由，包括因不可抗力致使不能实现合同目的，一方当事人根本违约，等等。

任意解除权并不是所有民事合同当事人都享有的，必须在有法律明确规定或者当事人特别约定的情况下，合同当事人才能享有任意解除权。

案例注解

【案例(2021)吉2404民初1036号】业委会解聘物业获法院支持

【基本案情】

2019年2月1日,原告某业委会与被告某物业公司签订《物业管理服务合同》,选聘该物业公司为小区提供物业服务,并对双方权利义务、物业管理服务内容与服务质量、物业管理服务费及违约责任等内容进行了约定,合同期限自2019年2月1日至2024年1月31日。合同签订后,物业公司开始为小区提供物业服务。2019年4月1日,物业公司与业委会对小区住宅共用部位、共用设施设备进行交接,并形成双方均表示认同的书面交接情况。2020年7月8日,业委会第一次就物业服务问题向物业公司提出书面整改意见。2020年9月16日,业委会第二次就物业服务问题向物业公司提出书面整改意见。2020年9月28日,业委会第三次就物业服务问题向物业公司提出书面整改意见。2020年11月10日,在经大部分业主签字同意后,业委会以物业公司在接到整改意见后仍未能按合同约定履行相应义务为由,向物业公司送达解除合同通知,通知解除双方签订的《物业管理服务合同》,要求物业公司在收到通知书之日起7日内搬离物业用房,并与业委会办理交接手续。协商未果,原告诉至法院,请求确认业委会与物业公司签订的《物业管理服务合同》于2020年11月10日解除。

【裁判要旨】

依法成立的合同受法律保护。本案中,业委会与物业公司签订的《物业管理服务合同》系双方的真实意思表示,合法有效。业委会对于解聘物业公司,采用书面征求意见的形式向全体业主征求意见,经符合法律规定条件的业主同意后,于2020年11月10日向物业公司送达解除合同通知,故双方之间的《物业管理服务合同》依法自通知到达时解除。

【裁判结果】

2021年5月11日,法院判决确认原告××业主委员会与被告××物业管理有限公司签订的《物业管理服务合同》于2020年11月10日解除。(资料来源:中国裁判文书网)

第九百四十七条　【物业服务合同的续订】物业服务期限届满前,业主依法共同决定续聘的,应当与原物业服务人在合同期限届满前续订物业服务合同。

物业服务期限届满前,物业服务人不同意续聘的,应当在合同期限届满前九十日书面通知业主或者业主委员会,但是合同对通知期限另有约定的除外。

第九百四十八条　【不定期物业服务合同】物业服务期限届满后，业主没有依法作出续聘或者另聘物业服务人的决定，物业服务人继续提供物业服务的，原物业服务合同继续有效，但是服务期限为不定期。

当事人可以随时解除不定期物业服务合同，但是应当提前六十日书面通知对方。

第九百四十九条　【物业服务人的移交义务及法律责任】物业服务合同终止的，原物业服务人应当在约定期限或者合理期限内退出物业服务区域，将物业服务用房、相关设施、物业服务所必需的相关资料等交还给业主委员会、决定自行管理的业主或者其指定的人，配合新物业服务人做好交接工作，并如实告知物业的使用和管理状况。

原物业服务人违反前款规定的，不得请求业主支付物业服务合同终止后的物业费；造成业主损失的，应当赔偿损失。

案例注解

【案例(2021)吉0106民初1735号】物业公司拒绝交接要求业主支付物业费被法院驳回

【基本案情】

被告孟某系长春市绿园区××××小区业主。2015年10月28日，原告长春市某物业服务有限公司与长春市绿园区××××小区业主委员会签订《物业服务委托合同》，约定服务期限自2015年11月9日至2016年12月31日；乙方应将物业管理用房、物业管理相关资料等财物完整地移交给业主委员会；业主委员会尚未成立的，移交给甲方代管。后双方再未签订其他物业服务委托合同。被告物业费一直交纳至2018年12月31日。长春市绿园区××××小区业主委员会于2018年1月到法院起诉，要求原告终止物业服务，全面撤离服务场地。法院作出(2018)吉0106民初××号民事判决书，支持长春市绿园区××××小区业主委员会的诉讼请求。物业服务有限公司不服判决提起上诉。长春市中级人民法院作出(2019)吉01民终×××号民事判决书，驳回上诉，维持原判。2020年4月14日法院作出(2020)吉0106执×××号执行结案通知书，原告现已退出××××小区物业管理区域。原告以被告2019年1月1日至2020年4月15日共拖欠物业费、电梯费、违约金共计11,124.37元为由诉至法院，请求依法判令被告欠缴的物业费6871.00元，电梯费1024.00元(每月33.00元)，违约金3229.37元，共计人民币11,124.37元。

【裁判要旨】

《民法典》第 949 条规定，物业服务合同终止的，原物业服务人应当在约定期限或者合理期限内退出物业服务区域，将物业服务用房、相关设施、物业服务所必需的相关资料等交还给业主委员会、决定自行管理的业主或者其指定的人，配合新物业服务人做好交接工作，并如实告知物业的使用和管理状况。原物业服务人违反前款规定的，不得请求业主支付物业服务合同终止后的物业费；造成业主损失的，应当赔偿损失。本案中，原告与小区业主委员会签订的物业服务合同在 2016 年 12 月 31 日到期后，小区业主委员会于 2018 年 1 月 8 日起诉要求原告全面撤离场地，且被告物业费已经交纳至 2018 年 12 月 31 日。业委会请求原告撤出并办理交接、而原告拒绝退出和交接。故原告诉讼请求于法无据，不应支持。

【裁判结果】

2021 年 6 月 11 日，法院判决驳回原告某物业服务有限公司的诉讼请求。（资料来源：中国裁判文书网）

第九百五十条　【物业服务人的后合同义务】物业服务合同终止后，在业主或者业主大会选聘的新物业服务人或者决定自行管理的业主接管之前，原物业服务人应当继续处理物业服务事项，并可以请求业主支付该期间的物业费。

第二十五章　行纪合同

第九百五十一条　【行纪合同定义】行纪合同是行纪人以自己的名义为委托人从事贸易活动，委托人支付报酬的合同。

条文注解

行纪合同，是指行纪人接受委托人的委托，以自己的名义，为委托人从事贸易活动，委托人支付报酬的合同。接受委托的一方为行纪人，另一方为委托人。行纪合同具有以下特征：(1)行纪人从事贸易行为。根据行纪合同的定义，行纪人从事的活动限于贸易行为，这是行纪合同和委托合同的重要区别。(2)行纪人应当具有相应的资质。行纪人一般专门从事贸易活动，其开业和经营往往需要经过国家有关部门的审批或者登记，并不是所有民事主体都可以无条件地成为行纪人从事行纪业务。(3)行纪人的行为是以自己的名义。行纪人必须以自己的名义为委托人从事贸易行为，而非委托人的名义。这也是行纪人和受托人、代理人的重要区别。受托人既可以委托人的名义进行民事活动，也可以自己的名义。代理人则只能以被代理人的名义进行民事法律行为，其在代理权限内从事的代理行为的法律后果直接由被代理人承担。行纪人从事的贸易行为法律效果由行纪人承担，委托人可能不知道行纪人的相对人是谁，相对人也可能不知道委托人是谁，委托人和行纪人的相对人之间并不发生直接的法律关系。在行纪中一般存在两个法律关系，即委托人和行纪人之间的行纪关系，以及行纪人与第三人之间的合同关系。(4)行纪合同为诺成合同、不要式合同、有偿合同、双务合同。

如何理解本条对行纪合同的定义，重要的一点是分清行纪合同与委托合同的界限。行纪合同和委托合同有相同点，如都以提供劳务为合同的标的；都以当事人双方的信任为基础；都以处理一定事务为目的。

行纪合同与委托合同的区别：第一，适用范围不同。行纪合同适用范围较窄，仅限于代销等贸易行为；而委托合同的适用范围宽，可以适用于除法律规定禁止委托或者依性质不得委托以外的各种事务，有的学者甚至认为可以包括事实行为。第二，行纪合同的受托人只能以自己的名义处理委托事务；委托合同的受托人处理事务既可以用委托人名义，也可以用自己的名义。行纪人以自己的名义与第三人订立合同，该合同与行纪合同是相互独立的两个合同，委托人与第三人之间不发生直接的法律关系。而在委托合同中，受托人以委托人的名义处理委托事务的，对委托人直接发生效力，以委托人的名义与第三人订立的合同，合同当事人为委托人与第三人。受托人以自己的名义与第三人订立合同，如果第三人在订立合同时知道受托人和委托人之间的代理关系，则该合同直接对委托人发生效力，即可以直接约束委托人和第三人。第三，行纪人一般是专门为他人从事贸易活动的人，应当取得从事某种行纪行为的特定资质，其开业和经营需要经过国家有关部门的审批或者登记；而委托合同的当事人不必专门从事贸易活动，既可以是一般的自然人，也可以是法人或者非法人组织。第四，行纪合同是双务、有偿合同；而委托合同既可以是双务、有偿合同，也可以是单务、无偿合同，是否有偿由当事人自行约定。第五，处理委托事务的费用负担不同。行纪合同中，如无特别约定，行纪人处理委托事务支出的费用由行纪人负担。而在委托合同中，受托人处理委托事务的费用由委托人负担，委托人还应当预付受托人处理委托事务的费用。

第九百五十二条　【行纪人承担费用的义务】行纪人处理委托事务支出的费用，由行纪人负担，但是当事人另有约定的除外。

第九百五十三条　【行纪人的保管义务】行纪人占有委托物的，应当妥善保管委托物。

第九百五十四条 【行纪人处置委托物的义务】委托物交付给行纪人时有瑕疵或者容易腐烂、变质的，经委托人同意，行纪人可以处分该物；不能与委托人及时取得联系的，行纪人可以合理处分。

第九百五十五条 【行纪人依照委托人指定价格买卖的义务】行纪人低于委托人指定的价格卖出或者高于委托人指定的价格买入的，应当经委托人同意；未经委托人同意，行纪人补偿其差额的，该买卖对委托人发生效力。

行纪人高于委托人指定的价格卖出或者低于委托人指定的价格买入的，可以按照约定增加报酬；没有约定或者约定不明确，依据本法第五百一十条的规定仍不能确定的，该利益属于委托人。

委托人对价格有特别指示的，行纪人不得违背该指示卖出或者买入。

案例注解

【案例(2021)甘0524民初843号】委托人要求受托人交付货款获法院支持

【基本案情】

2019年1月14日，原告周某作为委托代存代销方与作为代存代销方的被告陈某签订了《代存代销协议》：(1)周谋委托陈某销售冬花3.658吨(大写：叁点陆伍捌吨)，每公斤价格68.00元整，低于68.00元/公斤销售时，必须征得周某同意，高于68.00元/公斤销售时，由陈某自由销售，按68.00元/公斤结算。(2)遇市场特别风险情况下，货物销售必须征得周某同意，且货物因长期储存产生发霉、虫蛀等损毁时，陈某须通知周某协商共同管理货物储存和销售。(3)本协议一式两份，经双方签字之日起生效。代存代销方签字：陈某。委托代存代销方签字：周某。二〇一九年一月十四日。当日，原告便将3.658吨冬花交付被告。2019年1月21日，被告发短信及电话告知原告货物以每公斤56元销售。后来，被告将原告交付被告的冬花销售完毕。被告未向原告交付货款。原告诉至法院，请求判决被告立即给付原告药材(冬花)货款204,848元(3658公斤×56元/公斤)及占用原告货款期间的资金利息24,539.08元(204,848元×5.75%/年/12个月×25个月)。

【裁判要旨】

《民法典》第955条第1款规定，行纪人低于委托人指定的价格卖出或者高于委托人指定的价格买入的，应当经委托人同意；未经委托人同意，行纪人补偿其差额的，该买卖对委托人发生效力。本案中，原告、被告签订的《代存代销协议》是双方真实的意思表示，约定的内容不违反法律、行政法规的强制性规定，约定的内容合法有效，应受法律保护。原告为委托人,被告为行纪人,行纪人应该按照委托人对价格的指示进行贸易活动。行纪人完成委托事务后,应向委托人交付货款。

【裁判结果】

2021年7月20日,法院判决被告陈某于本判决生效之日起30日内给付原告周某冬花货款204,848元、资金占用期间的利息24,539.08元。(资料来源:中国裁判文书网)

第九百五十六条　【行纪人的介入权】行纪人卖出或者买入具有市场定价的商品,除委托人有相反的意思表示外,行纪人自己可以作为买受人或者出卖人。

行纪人有前款规定情形的,仍然可以请求委托人支付报酬。

条文注解

行纪人的介入权,即行纪人按照委托人的指示实施行纪行为时,有权以自己作为买受人或者出卖人与委托人进行交易活动。

行纪人行使介入权,实际上就是行纪人自己作为买受人或出卖人,与委托人之间直接订立买卖合同。买卖合同的双方当事人是委托人和行纪人。一般认为介入是实施行纪行为的一种特殊方法,行纪人虽然介入买卖合同,但依然是行纪人。此时存在两个独立的合同关系,委托人同时也是出卖人或者买受人,与之对应,行纪人同时也是买受人或者出卖人。

但是,如果在订立行纪合同或者行纪人在履行义务时告知委托人自己想作为买受人或者出卖人,委托人明确表示不同意的,行纪人便不能实施该行为。

自己是否可以作为交易的相对人,是行纪人和代理人的区别之一。法律禁止自己代理,如果不经被代理人同意或者追认,代理人不能以自己作为合同相对人。而在行纪合同中,除了委托人明确表示反对外,行纪人自己可以作为买受人或者出卖人。

第九百五十七条　【委托人及时受领、取回和处分委托物及行纪人提存委托物】行纪人按照约定买入委托物,委托人应当及时受领。经行纪人催告,委托人无正当理由拒绝受领的,行纪人依法可以提存委托物。

委托物不能卖出或者委托人撤回出卖,经行纪人催告,委托人不取回或者不处分该物的,行纪人依法可以提存委托物。

案例注解

【案例(2021)鲁0781民初2446号】行纪人未能出卖委托物被判返还委托人

【基本案情】

原高季某与被告王某在网络平台上相识,双方因代卖工艺品事宜进行沟通。2020年12月17日,双方添加微信好友,在微信上就被告为原告代卖工艺品事宜进行了协商,在微信中向被告发送了涉案工艺品高古玉四件的照片,后被告向原告发送了其住址位置定位,原告于次日驾车从江苏到达青州,在青州市××小区将高古玉四件(铺首一对、玉璧一块、玉杯一个)交付给被告,被告承诺代卖期限至2020年12月20日,卖后给钱,未卖给货,并为原告出具收到条一份,载明"收到条今收到工艺品高古玉四件:铺首一对17,000元、一块玉璧12,000元、一个玉杯4000元共计33,000元(大写叁万叁仟元),本批仿古货物作为代卖,代卖期限至2020年12月18日到20日,卖后给钱,未卖给货。收到人:王某370781×××××135×××××货主:季某32032××××××187××××××"。代卖期限到期后,经原告催要,被告既未付款,亦未将上述物品返还原告。为此,原告诉至法院,请求判令被告返还原告工艺品高古玉四件(铺首一对、玉璧一块、玉杯一个)或者支付款项33,000元。

【裁判要旨】

《民法典》第957条规定,行纪人按照约定买入委托物,委托人应当及时受领。经行纪人催告,委托人无正当理由拒绝受领的,行纪人依法可以提存委托物。委托物不能卖出或者委托人撤回出卖,经行纪人催告,委托人不取回或者不处分该物的,行纪人依法可以提存委托物。本案中,原告将其工艺品高古玉四件放至被告处,由被告以自己的名义对外出售,双方行纪合同内容并未违反法律、行政法规的强制性规定,应为合法有效,双方应当按照合同约定履行各自义务。代卖期限到期后,被告既未返还物品,亦未向原告支付款项,已构成违约。原告要求被告返还涉案工艺品高古玉四件于法有据,应予支持。

【裁判结果】

2021年6月23日,法院判决被告王某于本判决生效之日起5日内返还原告季某工艺品高古玉四件(铺首一对、玉璧一块、玉杯一个);若被告不能返还或不能按期返还原告工艺品高古玉四件(铺首一对、玉璧一块、玉杯一个)原物,则应赔偿原告损失33,000元,于本判决生效之日起10日内付清。(资料来源:中国裁判文书网)

第九百五十八条　【行纪人的直接履行义务】行纪人与第三人订立合同的,行纪人对该合同直接享有权利、承担义务。

第三人不履行义务致使委托人受到损害的,行纪人应当承担赔偿责任,但是行纪人与委托人另有约定的除外。

第九百五十九条 【行纪人的报酬请求权及留置权】行纪人完成或者部分完成委托事务的，委托人应当向其支付相应的报酬。委托人逾期不支付报酬的，行纪人对委托物享有留置权，但是当事人另有约定的除外。

第九百六十条 【参照适用委托合同】本章没有规定的，参照适用委托合同的有关规定。

第二十六章 中介合同

第九百六十一条 【中介合同定义】中介合同是中介人向委托人报告订立合同的机会或者提供订立合同的媒介服务，委托人支付报酬的合同。

条文注解

中介合同，传统理论一般将其称为居间合同，是指当事人双方约定一方接受他方的委托，并按照他方的指示要求，为他方报告订立合同的机会或者为订约提供媒介服务，委托人给付报酬的合同。

在中介合同中，接受委托报告订立合同机会或者提供交易媒介的一方为中介人，也称为居间人，给付报酬的一方为委托人。在中介合同中，中介人的主要义务就是提供中介服务以促成委托人和第三人订立合同，包括提供订约信息、据实报告的义务等；而委托人的主要义务是在其与第三人的合同因中介人提供的中介服务而成立后向中介人支付约定的报酬。

中介的宗旨是中介人把同一商品的买卖双方联系在一起，以促成交易后取得合理佣金的服务。无论何种中介，中介人都不是委托人的代理人，而只是居于交易双方当事人之间起介绍、协助作用的中间人。中介人是独立的民事主体，是完全民事行为能力人，可以自己作出意思表示，实施民事法律行为，中介人可以与委托人订立中介合同，成为中介合同的当事人。但是在中介人促成的交易中，中介人不是合同的当事人，也不是任何一方的代理人，不代表任何一方向对方作出意思表示或者实施民事法律行为，只是为委托人提供订约的机会，或者在双方之间进行周旋，为他们提供媒介服务，努力促成双方的交易。

中介业务根据中介人所接受委托内容的不同，既可以是只为委托人提供订约机会的报告中介,也可以是为促成委托人与第三人订立合同进行介绍或提供机会的媒介中介,还可以是报告中介与媒介中介兼而有之的中介活动。

第九百六十二条 【中介人报告义务】中介人应当就有关订立合同的事项向委托人如实报告。

中介人故意隐瞒与订立合同有关的重要事实或者提供虚假情况,损害委托人利益的,不得请求支付报酬并应当承担赔偿责任。

关联法规

《房地产经纪管理办法》第21条

第九百六十三条 【中介人报酬请求权】中介人促成合同成立的,委托人应当按照约定支付报酬。对中介人的报酬没有约定或者约定不明确,依据本法第五百一十条的规定仍不能确定的,根据中介人的劳务合理确定。因中介人提供订立合同的媒介服务而促成合同成立的,由该合同的当事人平均负担中介人的报酬。

中介人促成合同成立的,中介活动的费用,由中介人负担。

关联法规

《房地产经纪管理办法》第17~19条

第九百六十四条 【中介人必要费用请求权】中介人未促成合同成立的,不得请求支付报酬;但是,可以按照约定请求委托人支付从事中介活动支出的必要费用。

案例注解

【案例(2021)黔0382民初4763号】中介人未促成合同成立要求支付违约金被法院驳回

【基本案情】

被告付某为了出售房屋,在网上公布售房信息,原告某经纪公司获悉后,将购房人冯某带到被告住所,达成意向后,冯某付给被告定金20,000元,被告出具定金收款协议,载明被告收到冯某购买房屋定金20,000元,房屋位于仁怀市,面积127.4平方米，成交价1,100,000元，买方不买不退定金，卖方不卖双倍退还定金，“如买卖双方任何一方违约，违约方必须赔偿某房产经纪策划公司3%的中介服务费”。之后，被告不愿意出售该房屋，与冯某达成合意，并2021年5月25日双倍退还定金40,000元。原告认为被告不出售房屋违约，诉至法院请求被告支付违约金33,000元。

【裁判要旨】

《民法典》第964条规定，“中介人未促成合同成立的，不得请求支付报酬；但是，可以按照约定请求委托人支付从事中介活动支出的必要费用”。本案中，原被告之间实际构成中介合同关系。原告未能促成被告房屋成交，因此，被告不应向原告支付报酬。虽然原告、被告没有约定未促成合同成立如何支付必要费用，但基于原告确实做出了一定工作，被告理应支付必要费用。

【裁判结果】

2021年8月26日，法院判决被告付某在本判决生效后10日内付给原告贵州某房产经纪策划有限公司服务费5000元，驳回原告的其他诉讼请求。（资料来源：中国裁判文书网）

第九百六十五条　【委托人私下与第三人订立合同后果】委托人在接受中介人的服务后，利用中介人提供的交易机会或者媒介服务，绕开中介人直接订立合同的，应当向中介人支付报酬。

案例注解

【案例（2021）吉0184民初4042号】中介合同格式条款限制向对方权利被判无效

【基本案情】

王某系被告袁某妻子。袁某找到原告吉林A地产经纪有限公司正阳分公司，欲通过原告购买房屋，袁某在原告店长陆某及员工郭某的陪同下，看了案涉房屋，看房后签订了一份《看房确认书》，但并未成交。袁某又到吉林省B房地产经纪有限公司看房，2021年7月14日，袁某妻子王某与案涉房屋房主孙某以及吉林省B房地产经纪有限公司签订《房屋买卖合同》，约定案涉房屋成交价格123,000元，合同签订后，双方均按照合同履行。袁某向吉林B房地产经纪有限公司支付中介费1800元。原告得知情况后，认为被告私底下与房主达成协议，并在其他地产签合同买下此套住房，为此诉至法院，请求判令被告支付中介服务费用2560元。

被告辩称，不同意给付中介费，签《看房确认书》的时候，手写部分是空白的，没有2%的约定，当时原告也没有告知其不能通过别的中介公司买房，只是说签《看房确认书》，证明带其出来看房了，其以为涉及公司的考核绩效什么的，所以才签字。并且《看房确认书》不合理，都是格式条款，都是对出具合同一方有利的内容。

【裁判要旨】

《民法典》第965条规定，委托人在接受中介人的服务后，利用中介人提供的交易机会或者媒介服务，绕开中介人直接订立合同的，应当向中介人支付报酬。本案所涉

《看房确认书》具备中介合同的主要条款,原被告之间成立中介合同关系,该《看房确认书》系原告事先拟定好的,未与对方协商的格式合同,作为提供格式合同的一方,原告应当遵循公平原则确定双方之间的权利义务。由于案涉房屋房主在委托原告的同时也委托了吉林省B房地产经纪有限公司出售案涉房屋,案涉房屋房主并未与原告签订独家委托卖房协议,被告具有选择任何一家中介机构的权利,现被告通过吉林省B房地产经纪有限公司与案涉房屋房主签订《房屋买卖合同》,并支付了中介费1800元,可见,原告并无与房主私下串通的行为以及通过第三方规避原告的恶意,而是行使了其应有的选择权,并不存在恶意跑单行为。且《看房确认书》中关于"看房人本人以及亲属、朋友等关系保证在看房后不和房地产权利人交换联系方式,也不得私下交易,本人确认在通过郭某看以下房屋前未通过其他公司看过同一套房,不会绕过华兴地产去其他中介公司交易,否则视为对居间方权利的分割,按上述佣金标准的双倍支付违约金"的约定,限制了被告作出与其他也有该套房源但服务更好的房地产中介公司进行交易的权利,损害了被告的利益,因此该约定在此情况下当属无效。故原告主张按约定支付中介服务费于法无据,不应予支持。

【裁判结果】

2021年8月30日,法院判决驳回原告吉林A地产经纪有限公司正阳分公司的诉讼请求。(资料来源:中国裁判文书网)

第九百六十六条 【参照适用委托合同】本章没有规定的,参照适用委托合同的有关规定。

第二十七章 合伙合同

第九百六十七条 【合伙合同定义】合伙合同是两个以上合伙人为了共同的事业目的,订立的共享利益、共担风险的协议。

条文注解

合伙合同,是指两个以上合伙人为了共同的事业目的,订立的共享利益、共担风险的协议。合伙合同,是以共同出资为基础,以共同事业为目的,以共享利益、共担风险为本质的协议。作为一种新增的典型合同,合伙合同与其他类型的合同有很多不同之处。合伙合同主要有以下几个特征:

(1)对合伙人有所限制。根据合伙合同的定义,合伙合同的主体为两个以上的合伙人。合伙人的数量要求两个以上,只有一个则无法成立合伙。合伙人并不是完全没有限制,不是所有民事主体都可以成为合伙人。国有独资公司、国有企业、上市公司以及公益性的事业单位、社会团体不得成为合伙企业的普通合伙人，也不应当与他人订立合伙合同成为合伙人。

(2)为了共同目的或者共同利益。合伙人订立合伙合同是为了达到共同的事业目的，实现共同的利益，这是合伙合同最重要的特征，也是合伙合同与其他类型的合同最重要的区别之一。

(3)共享利益、共担风险。如前所述，合伙合同的所有合伙人之间具有共同的事业目的，是合作共赢的关系。因此，所有合伙人就应当共享合伙经营之利益，共担合伙经营之风险。

(4)合伙具有较强的人合性和一定的组织性。合伙合同的成立是基于合伙人之间的互相信任，合伙人之间可以互为代理人，且全体合伙人对合伙债务承担连带责任。合伙人具有共同的事业目的，共享利益，共担风险。基于本章规定的合伙合同形成的合伙，具有一定的组织性，但又不是完全独立的组织体，不具有民事主体资格。这是基于本章规定的合伙合同成立的合伙与合伙企业的重要区别。合伙企业具有民事主体资格，属于《民法典》总则编中规定的非法人组织，具有民事权利能力和民事行为能力，可以依法享有民事权利和承担民事义务。

(5)不要式合同、继续性合同。《民法典》对合伙合同的订立形式没有作出特别要求，可以是口头形式，也可以是书面形式或者其他形式。合伙合同是继续性合同。无论合伙合同的共同事业目的是持续性的还是临时性的，都不影响合伙合同为继续性合同。合伙人履行义务的行为不是一次性的，只要共同目的仍未实现，所有合伙人都应持续履行其义务。作为继续性合同，合伙合同的解除等方面也与非继续性合同有所不同，例如，合同的解除不具有溯及力，仅向将来发生效力。

第九百六十八条 【合伙人履行出资义务】合伙人应当按照约定的出资方式、数额和缴付期限，履行出资义务。

关联法规

《合伙企业法》第16、17条

第九百六十九条 【合伙财产】合伙人的出资、因合伙事务依法取得的收益和其他财产，属于合伙财产。

合伙合同终止前，合伙人不得请求分割合伙财产。

条文注解

合伙财产包括两个部分：一是合伙人对合伙的出资，也就是合伙的原始财产；二是所有因合伙事务依法取得的收益和其他财产，例如，合伙经营的收入、债权、因他人违约或者侵权向合伙作出的赔偿或者补偿等。此处的“财产”仅指积极财产。

从外部关系来看,合伙财产由全体合伙人共有,只有根据合伙合同的约定或者所有合伙人同意才可以对合伙财产进行处分。但是合伙人之间对处分合伙财产的内部约定不能对抗善意第三人。合伙财产中的某个具体财产可能实际为某个合伙人占有,或者仅登记在某个合伙人名下。此时如果该合伙人将该财产转让给并不知晓该财产为合伙财产的善意第三人,第三人可以依据本法第311条的规定取得财产的所有权。当然,如果第三人明知该合伙人处分合伙财产的行为属未授权行为,或者与该合伙人相互串通损害其他合伙人的利益,即不属于善意第三人,则其他合伙人不仅可以此与之相对抗,要求其返回财产或补足差价,而且有权依法追究该第三人的相关责任。

关联法规

《合伙企业法》第20、21条

第九百七十条　【合伙事务的执行】合伙人就合伙事务作出决定的,除合伙合同另有约定外,应当经全体合伙人一致同意。

合伙事务由全体合伙人共同执行。按照合伙合同的约定或者全体合伙人的决定,可以委托一个或者数个合伙人执行合伙事务;其他合伙人不再执行合伙事务,但是有权监督执行情况。

合伙人分别执行合伙事务的,执行事务合伙人可以对其他合伙人执行的事务提出异议;提出异议后,其他合伙人应当暂停该项事务的执行。

条文注解

(1)关于合伙事务的决定。本条第1款规定,合伙人就合伙事务作出决定的,除合伙合同另有约定外,应当经全体合伙人一致同意。

当然,合伙合同可以对此作出特别约定。合伙人之间存在相互信任关系,合伙事务的表决应当更多地体现合伙人意思自治的原则和协商原则。实践中,关于合伙事务的一切事项都由所有合伙人共同决定且一致同意,可能难以实现,就一般事项而言也实在没有必要。而且,随着市场经济的发展,商业机会的时效性强,要求合伙的决策应更加及时、快速。为了提高合伙的决策经营效率,应当允许合伙合同对合伙事务的决定作出更加灵活的规定,如规定某些事项可以采用普通多数决或特别多数决的办法作出决定。

(2)关于合伙事务的执行。合伙不仅由各合伙人共同出资而设立,还通常由合伙人共同进行经营和管理。合伙人通常人数较少,相互十分信任,其从事经营活动具有法律上的相互代理关系，因此无须和公司法人一样设立严密的组织管理机构。

灵活性是合伙的优点之一，可以在很大程度上提高合伙的决策效率和经营效率。合伙人对执行合伙事务享有同等的权利，即每一个合伙人对企业的经营管理和其他事务的执行不但有参与权，而且权利平等。无论出资多少，出资方式是否相同，都不影响这一法定权利，不影响各合伙人在执行合伙事务时的平等资格。

如果所有合伙事务都由全体合伙人共同执行，则程序将变得十分烦琐，容易导致经营效率低下，不利于合伙事务的执行、处理。因此，合伙人可以在合伙合同中约定，或者在订立合伙合同后由全体合伙人共同决定，委托一个或者数个合伙人来执行合伙事务。合伙人分工协作，不仅有利于发挥各个合伙人的专长，也有利于提高合伙的决策和经营效率，促进合伙经营的发展。

(3)关于非执行事务合伙人的监督权。该监督权的内容主要包括：执行事务的合伙人要向不执行事务的合伙人报告业务经营情况；必要时不执行事务合伙人有权查阅企业的有关会计账册，查看合伙财产的实际状况；等等。

需要注意的是，实际上，全体合伙人都享有对合伙事务执行情况的监督权。分别执行合伙事务的合伙人，除了自己执行的事务，对他人执行事务的情况，也应当有监督的权利，应当有权了解、知晓其他合伙人执行事务的情况以及合伙财产的情况等，这种权利也体现在对其他合伙人执行事务有提出异议的权利。

(4)关于合伙人对其他合伙人执行事务的异议权。如果执行事务合伙人的行为有损合伙的利益、不当或有错误，其他执行事务的合伙人可以提出异议。一旦提出异议，就应暂停该项事务的执行。这主要是为了保障执行事务合伙人异议权的实现，防止被提异议人对异议置之不理，如果已经造成损失，还可以防止损失的扩大。在合伙人执行事务的异议中，一种后果往往是可能在一方提出异议后，被异议人具有不同看法，由此导致纠纷。合伙人执行事务产生的纠纷，应当按照合伙合同的约定进行处理。合伙合同没有约定或者约定不明确的，由全体合伙人共同作出决定。

关联法规

《合伙企业法》第26~36条

第九百七十一条　【执行合伙事务报酬】合伙人不得因执行合伙事务而请求支付报酬，但是合伙合同另有约定的除外。

第九百七十二条　【合伙的利润分配与亏损分担】合伙的利润分配和亏损分担，按照合伙合同的约定办理；合伙合同没有约定或者约定不明确的，由合伙人协商决定；协商不成的，由合伙人按照实缴出资比例分配、分担；无法确定出资比例的，由合伙人平均分配、分担。

案例注解

【案例(2021)湘1128民初1281号】合伙人请求支付投资亏损款获法院支持

【基本案情】

2019年被告赵某邀请原告曾某以及案外人李某、谢某合伙投资参与建设一项消防工程,原告曾某共出资110,000元,之后投资款项被骗。后经四位合伙人协商,对于投资的110,000元亏损款,被告赵某承担25,000元,李某和谢某共同承担52,000元,三人均向原告出具了欠条。被告向原告出具的《欠条》,载明:"今欠到曾某人民币贰万伍仟元整(¥25,000.00),欠款人:赵某,还款时间:2019年5月18日。"还款期限届至时被告未如约履行还款义务,经原告多次催讨,被告至今未清偿。为此,原告诉至法院,请求判令被告向原告无息偿还欠款贰万伍仟元整(¥25,000)。

【裁判要旨】

《民法典》第967条规定,合伙合同是两个以上合伙人为了共同的事业目的,订立的共享利益、共担风险的协议。第972条规定,合伙的利润分配和亏损分担,按照合伙合同的约定办理;合伙合同没有约定或者约定不明确的,由合伙人协商决定;协商不成的,由合伙人按照实缴出资比例分配、分担;无法确定出资比例的,由合伙人平均分配、分担。本案中,原告、被告之间虽然未签订书面的合伙协议,但根据原告提供的《欠条》载明被告欠原告合伙结算款的事实,系双方真实意思表示,可以确认双方的合伙合同关系成立。经双方协商对合伙亏损的分担,不违反法律规定,应予支持。

【裁判结果】

2021年9月26日,法院判决由被告赵某在本判决发生法律效力之日起10日内一次性给付原告曾某合伙结算款25,000元。(资料来源:中国裁判文书网)

关联法规

《合伙企业法》第33条

第九百七十三条 【合伙人的连带责任及追偿权】合伙人对合伙债务承担连带责任。清偿合伙债务超过自己应当承担份额的合伙人,有权向其他合伙人追偿。

条文注解

合伙债务,是指合伙事业经营过程中产生的应当由合伙承担的债务。合伙的债务不同于合伙人的债务,合伙财产由全体合伙人所有,合伙债务也应当由合伙人共同承担。

本条第1句规定,合伙人对合伙债务承担连带责任。这是对合伙人的外部关系作出的规定。合伙人对合伙债务承担连带责任,是指全体合伙人以自己的所有财产向债权人承担连带责任,债权人可以请求任何一个或者数个合伙人清偿所有合伙债务。

关于合伙财产和合伙人的个人财产清偿合伙债务的顺序，本条规定的合伙与合伙企业是不同的。合伙企业中的合伙人，对合伙企业的债务承担“无限”连带责任。而本章规定的契约型合伙，虽然具有一定的组织性，却是松散型的合伙，并不具有独立的民事主体资格，其财产还是由全体合伙人共有，合伙财产与合伙人的其他财产难以厘清，因此，并不要求对合伙债务先以合伙财产进行清偿，债权人可以直接请求所有合伙人以包括合伙财产在内的所有财产来履行合伙债务。这是契约型合伙与企业型合伙的重要区别之一。

本条第2句对于经营利润的分配和亏损的分担，本法第972条已明确规定，这是对合伙人内部责任划分的依据。因各合伙人因各自的经济实力不同，承担债务的能力也有区别。在合伙人按一定比例分担合伙债务的情况下，就可能发生有的合伙人因财力所限，一时难以承担债务偿付份额的情况。当合伙人实际偿付的合伙债务超过其应承担的份额时，就该超过部分，应当允许其向其他合伙人进行追偿。

关联法规

《合伙企业法》第38～40条

第九百七十四条　【合伙人转让其财产份额】除合伙合同另有约定外，合伙人向合伙人以外的人转让其全部或者部分财产份额的，须经其他合伙人一致同意。

案例注解

【案例(2021)京0105民初26128号】合伙人私自向合伙人以外的人转让部分财产份额被法院确认无效

【基本案情】

2018年1月29日，原告杨某作为乙方，被告赵某作为甲方签订《合伙人协议书》，约定：双方合伙开设××店；甲方将其持有的5%份额转让给乙方；合伙期限暂定为5年；门店现有合伙人孟谋等人；批次分红周期不能超过2～3个月。次日，原告向被告支付7.5万元。但被告从未分红，且已经关店，原告为此诉至法院，请求确认原被告签订的《合伙人协议书》于2021年2月10日解除；要求被告退还投资款5.5万元。

被告辩称同意解除合同并退还投资款5.5万元。诉讼中，原、被告确认被告已退还2万元。

【裁判要旨】

《民法典》第974条规定，除合伙合同另有约定外，合伙人向合伙人以外的人转让其全部或者部分财产份额的，须经其他合伙人一致同意。合伙人未经其他合伙人一致同意，擅自向合伙人以外的人转让其财产份额的，即任意一合伙人拒绝承认或者确认转让，该转让行为无效。本案中，被告向原告转让合伙份额，但没有证据证明其他合伙人一致同意，故该转让行为无效，原、被告之间的《合伙人协议书》成立但不生效。因合同目的无法实现，原告有权解除合同，被告亦同意解除合同，故原告诉求应予支持。

【裁判结果】

2021年4月20日，法院判决确认原告杨某与被告赵某签订的《合伙人协议书》于2021年3月24日解除；被告赵某于本判决生效之日起7日内向原告杨某退还投资款5.5万元。（资料来源：中国裁判文书网）

关联法规

《合伙企业法》第22、23条

第九百七十五条　【合伙人权利代位】合伙人的债权人不得代位行使合伙人依照本章规定和合伙合同享有的权利，但是合伙人享有的利益分配请求权除外。

条文注解

合伙人在合伙中不仅享有财产性质的利益分配请求权，还包括其在合伙中的表决权等身份权及合伙事务执行权、监督权等其他权利。合伙人的债权人要求合伙人偿还债务，只能通过与合伙人签订合同或通过诉讼的方式，获得对合伙人在合伙中利益分配的请求权或者分割其在合伙财产中的份额以实现债权，而对合伙人的其他具有人身属性的权利，如合伙事务执行权、重大事务表决权、对合伙的监督权等均没有请求权。此外，合伙还具有一定的组织性，合伙人一旦出资就成为合伙财产，合伙人的出资和其他因合伙取得的财产都是合伙财产，属于所有合伙人共同共有。基于共同共有的理论，在合伙合同终止前，合伙人不得请求分割合伙财产，也不得随意处分合伙财产以及合伙人在合伙财产中的份额。如果允许合伙人的债权人代位行使合伙人对合伙的权利，那就相当于变相分割或者处分了合伙财产。基于以上理由，本条规定合伙人的债权人原则上不得代位行使合伙人在合伙中的权利。

但是，当合伙人的自有财产不足以清偿其债务时，还是可以基于合伙产生的其他财产性权利来进行清偿。合伙人将其出资投入合伙即变成合伙财产，是合伙经营的必要条件，如允许合伙人以这部分财产清偿自身债务就意味着要对这种财产进行处分，势必要求对合伙财产进行分割，并按份额予以减出，其结果必然对合伙经营造成负面影响，因此不允许合伙人直接以其在合伙财产中的份额清偿自身债务。合伙人对合伙享有的权利，既包括具有人身属性的权利，也包括财产权利，如利益分配请求权。既要维护合伙的利益，又考虑到合伙人的债权人实现债权的要求，本条规定允许合伙人的债权人代位行使该合伙人基于合伙享有的利益分配请求权。债权人行使合伙人的利益分配请求权，并不影响合伙的人合性和组织性，也不减少合伙财产，对合伙经营来说并无害处，应当允许。

关联法规

《合伙企业法》第41、42条

第九百七十六条 【合伙期限】合伙人对合伙期限没有约定或者约定不明确，依据本法第五百一十条的规定仍不能确定的，视为不定期合伙。

合伙期限届满，合伙人继续执行合伙事务，其他合伙人没有提出异议的，原合伙合同继续有效，但是合伙期限为不定期。

合伙人可以随时解除不定期合伙合同，但是应当在合理期限之前通知其他合伙人。

第九百七十七条 【合伙合同终止】合伙人死亡、丧失民事行为能力或者终止的，合伙合同终止；但是，合伙合同另有约定或者根据合伙事务的性质不宜终止的除外。

关联法规

《合伙企业法》第80条

第九百七十八条 【合伙剩余财产分配顺序】合伙合同终止后，合伙财产在支付因终止而产生的费用以及清偿合伙债务后有剩余的，依据本法第九百七十二条的规定进行分配。

第三分编　准　合　同

第二十八章　无因管理

第九百七十九条　【无因管理定义】管理人没有法定的或者约定的义务，为避免他人利益受损失而管理他人事务的，可以请求受益人偿还因管理事务而支出的必要费用；管理人因管理事务受到损失的，可以请求受益人给予适当补偿。

管理事务不符合受益人真实意思的，管理人不享有前款规定的权利；但是，受益人的真实意思违反法律或者违背公序良俗的除外。

条文注解

无因管理虽是法律所鼓励的合法行为，但毕竟具有干涉他人事务的特征，为了避免被滥用，应当对其构成要件作出明确规定，让其在社会观念许可的限度和范围内发挥其积极作用。根据本条的规定，无因管理应当满足以下要件：

首先，管理人对所管理的事务没有法定或者约定的义务。管理人对管理他人事务是否有法定或者约定义务，是认定是否构成无因管理的前提条件。这里的法定义务是指法律法规直接规定的义务，不限于《民法典》规定的义务，约定的义务，是指因当事人之间约定而产生的义务，管理人管理事务不论是履行法定义务，还是履行约定义务，均不构成无因管理。无因管理制度是一种民事制度，只调整平等民事主体之间的关系，不调整公法上的义务，对于行政机关履行行政法等公法上的义务，例如，公安机关救人就是履行公法上的义务，虽客观上是管理他人事务，但不构成无因管理行为。

其次，管理人管理他人的事务。这里的他人事务是指有关人们生活利益并能成为债务的一切事项，既可以是涉及他人经济利益的事项，也可以是涉及他人非经济利益的事项；既可以是管理财产的事项，也可以是提供服务的事项。对于管理属于自己的事务或者不适宜由他人管理的事务，不得为无因管理的事项。一般情况下，下列事项不宜作为无因管理的事项：一是违法行为，如为他人销赃等；二是必须经本人授权、同意或者必须由本人亲为的行为，如股东的投票权、演员亲自表演节目等；三是违反公序良俗的行为；四是单纯属于管理人自己的事项。本规定中的“管理”是指处理事务的行为，是广义的，既包括对财产的保管、利用、改良或者处分行为，也包括提供劳务服务等行为。至于管理他人事务的目的是否最终达到，不影响无因管理的成立。也就是说，即使本人未因管理人的管理行为而获得利益，或者甚至因此还受到损失，也不影响无因管理的成立。

最后,管理人具有管理他人事务的意思,即管理人有为他人谋取利益的意思或者有使管理行为所生的利益归于他人的意思。无因管理制度中的管理人客观上干涉了他人事务,若其主观上没有为他人利益进行管理的意思,必将损害他人权益,管理人也有可能从中获得利益,这违背了无因管理制度的设立目的,所以管理人有无管理意思是区分无因管理与侵权行为、不当得利的重要标准。管理人的这种意思无须明确表示出来,只要其认识到所管理的事务属于他人事务,并且没有将其作为自己事务进行管理的想法和意思,就可以认定为具有管理他人事务的意思。管理人是否具有管理意思,可以从管理人是否具有"为避免本人利益受损害"的目的、效果等因素综合判断。管理人要具有管理他人事务的意思,并不意味着要明确知道他人具体是谁,即使不知道他人具体是谁,也不影响无因管理的成立。但是,若管理人与本人就是否具有管理意思产生争议时,原则上应当由管理人承担举证责任。

案例注解

【案例(2021)晋0824民初2233号】原告替被告归还贷款要求返还获法院支持

【基本案情】

2007年11月30日,被告黄某从山西省某信用社借款贰万元,约定借款用途为进货,利率为12.96%,借款到期日为2008年11月28日。此借据担保人为王某,信贷员为祁某(本案原告)。2010年3月31日,山西省某信用联社出具贷款收回证明单,还款人为黄某,贷款到期日为2010年3月31日,以现金的方式共计还款贰万零三百九十九元六角整(20,399.6元)。原告祁某认为,原告为被告黄某垫付归还贷款,后虽经原告对此催要,被告一直表示暂无能力归还。为此,原告诉至法院,请求被告立即归还原告为其垫付款20,000元本金及利息3000元。

【裁判要旨】

《民法典》第979条第1款规定:"管理人没有法定的或者约定的义务,为避免他人利益受损失而管理他人的事务的,可以请求受益人偿还因管理事务而支出的必要费用;管理人因管理事务受到损失的,可以请求受益人给予适当补偿。"本案中,被告黄某与山西省某信用社之间形成的借贷关系合法有效。在借款到期后,被告黄某未向信用社还款,已构成违约。原告祁某作为信贷员,替被告黄某归还信用社贷款及利息,其行为已构成无因管理,原告、被告之间形成无因管理之债,原告有权要求被告黄某(受益人)偿还因管理事务而支出的必要费用。

【裁判结果】

2021年9月14日,法院判决告黄某于本判决生效后3日内偿还原告祁某必要费用20,399元。(资料来源:中国裁判文书网)

第九百八十条　【受益人享有管理利益时的法律适用】管理人管理事务不属于前条规定的情形,但是受益人享有管理利益的,受益人应当在其获得的利益范围内向管理人承担前条第一款规定的义务。

第九百八十一条 【管理人适当管理义务】管理人管理他人事务，应当采取有利于受益人的方法。中断管理对受益人不利的，无正当理由不得中断。

条文注解

管理人在管理他人事务时，应当履行一定的义务，其中最主要的是按照善良管理人的注意义务管理他人事务，这主要体现在以下三个方面：

一是管理人依本人明示的或者可推知的意思进行管理。实践中，通常是依平常人或者一般人的经验得以推知本人的意思。

二是管理人应当以利于本人的方法进行管理。是否有利于本人应当以客观上能否避免本人利益受损为标准，一般都认为管理人应当以像管理自己事务一样进行管理。管理人未以善良管理人的身份尽到恰当管理义务造成本人损害的，原则上要承担过错的损害赔偿责任，但是若管理人为本人管理的是公共利益上的事务或者紧急事务的，仅就其故意或者重大过失管理行为承担损害赔偿责任。

三是管理人还应当履行继续管理义务。因此，从原则上讲，管理人在受益人自己能进行管理时，可以停止管理行为，并将管理事务移交给受益人，但是管理人在开始管理后，如其中途停止管理行为较不管理对本人更为不利的，若放任管理人中止管理事务，既与设立无因管理制度的目的不符，也不符合《民法典》总则编规定的诚信原则，所以在这种情况下，管理人不得中断对事务的管理，应当继续管理事务。管理人违反该义务导致受益人的利益受到损害的，管理人应当承担损害赔偿责任。

第九百八十二条 【管理人通知义务】管理人管理他人事务，能够通知受益人的，应当及时通知受益人。管理的事务不需要紧急处理的，应当等待受益人的指示。

第九百八十三条 【管理人报告和交付义务】管理结束后，管理人应当向受益人报告管理事务的情况。管理人管理事务取得的财产，应当及时转交给受益人。

第九百八十四条 【受益人追认的法律效果】管理人管理事务经受益人事后追认的，从管理事务开始时起，适用委托合同的有关规定，但是管理人另有意思表示的除外。

第二十九章 不当得利

第九百八十五条 【不当得利定义】得利人没有法律根据取得不当利益的，受损失的人可以请求得利人返还取得的利益，但是有下列情形之一的除外：

（一）为履行道德义务进行的给付；

（二）债务到期之前的清偿；

（三）明知无给付义务而进行的债务清偿。

条文注解

不当得利，是指没有法律根据，取得不当利益，造成他人损失的情形。关于不当得利的类型存在不同的认识，理论上一般区分为给付型不当得利和非给付型不当得利。

（1）给付型不当得利，是指基于给付而产生的不当得利。构成给付型不当得利，有以下几个要件：一是基于给付而取得利益。所谓给付，是指有意识地基于一定目的而增加他人的财产。二是他方当事人受有损失。在损害赔偿制度中，损失（损害），是指权利或利益受到侵害时所发生的不利益，即行为发生前的财产状态与行为发生后的财产状态两相比较，受害人所受的不利益，即损失（损害）之所在。三是具有因果关系。构成不当得利，需要一方当事人取得的利益与他方当事人受到的损失之间具有因果关系，以决定谁得向谁主张不当得利。四是没有法律根据。即欠缺给付目的，其内容即给付目的的内容，为给付所关联的债的关系及其缘由。

（2）非给付型不当得利。非给付型不当得利是因给付以外的事由而发生的类型，包括：①基于受益人的行为而生的不当得利。有以下几个要件：a. 因侵害他人的权益而取得利益。基于受益人的行为而生的不当得利，以侵害他人的权益而取得利益为基本要件。无权出卖他人之物而取得价款，出租他人之物而收取租金，占用消费他人之物等为其典型表现。b. 使他人受损失。基于受益人的行为而生的不当得利，其构成所要求的"使他人受损失"，只要因侵害应归属于他人的权益而取得利益，就可认为基于同一原因事实"使他人受损失"，不以有财产移转为必要。c. 没有法律根据。②基于受害人的行为而生的不当得利。基于受害人的行为而生的不当得利，有的是给付型不当得利，有的是非给付型不当得利，究竟如何，需要根据个案予以确定。这种类型的不当得利主要有如下两种类型：a. 支出费用的不当得利。b. 因清偿他人的债务而发生的所谓"求偿不当得利请求权"。③基于第三人的行为而生的不当得利。基于第三人的行为而生的不当得利，是指受益人因第三人的行为取得应当归属于他人（受害人）的利益，而成立的不当得利。④基于法律规定而生的不当得利。基于法律的直接规定而生的不当得利,其中的法律规定,应从广义上理解,指法律秩序,包括法院的判决和行政处分。如果法律规定的目的是在使受益人终局地实质地保有利益,以维护财产状态的新秩序为目的,则不成立不当得利;反之,该法律规定的目的仅仅在技术上谋取方便,形式上使该项利益归属于某人,实质上并不使其终局地保有该项利益时,则可成立不当得利。基于法律规定而生的不当得利,主要发生在添附、善意取得、终局确定判决等场合。⑤基于自然事件而生的不当得利。取得利益出于自然事件的结果,可成立不当得利。例如,甲放养的羊群进入乙承包的牧场,乙取得占有利益,甲可基于占有的不当得利请求乙返还该羊群。当然,在甲能够证明哪些羊属于自己所有的情况下,也可以基于物的返还请求权请求乙返还。

该条第 2 款是关于不得请求返还的不当得利的规定。从前述理论构成看,主要针对的是给付型不当得利:

第 1 项排除事由是不当给付是为履行道德上义务而为之。

第 2 项排除事由是债务到期之前的清偿。债务到期之前的清偿,因为债务并非不存在,所以债权人受领给付,不能称为缺乏法律上的原因。并且债务因清偿而消灭,所以债权人也没有什么得利可言。

第 3 项排除事由是明知无给付义务而进行的债务清偿。非债清偿属于典型的不当得利,本来是可以请求返还的,但是法律对于明知无债务而进行的清偿,特别设置了本项这个例外。这一例外设置的理论根据在于禁反言原则。也就是说,明知没有给付义务而进行的给付再请求返还,则构成了前后矛盾,有违诚信原则,所以不允许。

案例注解

【案例(2021)陕 0825 民初 7463 号】侵占理赔款构成不当得利被判归还

【基本案情】

2020 年 12 月 14 日,被告冯某作为承运人将原告袁某一车土豆运往福建省福州区,中途发生事故,2020 年 12 月 23 日保险定损金额为 49,748 元,并于 2021 年 1 月 14 日转至被告账户,被告于 2021 年 1 月 19 日转给原告袁某 35,000 元,剩余 14,748 元经原告多次索要未果,故诉至法院请求依法追要。请求法院依法判令被告返还土豆理赔款 14,748 元。

【裁判要旨】

《民法典》第 985 条规定,得利人没有法律根据取得不当利益的,受损失的人可以请求得利人返还取得的利益,但是有下列情形之一的除外:

(1)为履行道德义务进行的给付;(2)债务到期之前的清偿;(3)明知无给付义务而进行的债务清偿。本案承运货物车辆已在某保险公司对所运货物进行投保,且事故发生后某保险公司已对损失货物进行定损、理赔,案涉款项即保险理赔款权属明确,为保险公司赔付货物损失的保险理赔款。被告作为承运人将此款项持续占有不给付的行为已构成不当得利,依法应当承担返还责任。

【裁判结果】

2021 年 9 月 23 日,法院判决被告冯某于本判决生效后 3 日内返还原告袁某土豆

理赔款14,748元。(资料来源:中国裁判文书网)

第九百八十六条　【善意得利人返还义务免除】得利人不知道且不应当知道取得的利益没有法律根据,取得的利益已经不存在的,不承担返还该利益的义务。

第九百八十七条　【恶意得利人返还义务】得利人知道或者应当知道取得的利益没有法律根据的,受损失的人可以请求得利人返还其取得的利益并依法赔偿损失。

第九百八十八条　【第三人返还义务】得利人已经将取得的利益无偿转让给第三人的,受损失的人可以请求第三人在相应范围内承担返还义务。

第四编 人 格 权

第一章 一 般 规 定

第九百八十九条 【人格权编的调整范围】本编调整因人格权的享有和保护产生的民事关系。

条文注解

人格权是民事主体对其特定的人格利益享有的权利，关系到每个人的人格尊严，是民事主体最基本、最重要的权利。《民法通则》在"民事权利"一章中专节规定了人身权，规定了生命健康权、姓名权、名称权、肖像权、名誉权、荣誉权、婚姻自主权等人格权。本法总则编第109～111条延续了这一方式。据此，本条明确规定，本编调整因人格权的享有和保护产生的民事关系。首先，本编的调整范围与人格权有关。其次，本编所涉及的是人格权的享有和保护。最后，本编调整的是因人格权的享有和保护产生的民事关系。应当明确，本编对人格权的规定并不包含《宪法》所规定的公民的所有基本权利，而主要是公民所享有的关于人格的民事权利，是从民事法律规范的角度规定自然人和其他民事主体人格权的内容、边界和保护方式，不涉及公民政治、社会等方面的基本权利。

关联法规

《宪法》第33条，《刑法》第236～238、245条，《治安管理处罚法》第27、40、43条

第九百九十条 【人格权定义】人格权是民事主体享有的生命权、身体权、健康权、姓名权、名称权、肖像权、名誉权、荣誉权、隐私权等权利。

除前款规定的人格权外，自然人享有基于人身自由、人格尊严产生的其他人格权益。

条文注解

本条第1款仅是对民事主体所享有的人格权利的具体类型进行了列举，而并未

对人格权作出概括式的定义。民事主体所享有的人格权的具体法定类型主要包括：

(1)生命权：指自然人享有的以生命安全和生命尊严为内容的权利。

(2)身体权：指自然人享有的以身体完整和行动自由为内容的权利。

(3)健康权：指自然人享有的以身心健康为内容的权利。

(4)姓名权：指自然人享有的依法决定、使用、变更或者许可他人使用自己姓名的权利。

(5)名称权：指法人和非法人组织享有的依法使用、变更、转让或者许可他人使用自己名称的权利。

(6)肖像权：指自然人享有的依法制作、使用、公开或者许可他人使用自己肖像的权利。

(7)名誉权：指自然人、法人和非法人组织就其品德、声望、才能、信用等所获得的社会评价，所享有的保有和维护的权利。

(8)荣誉权：指自然人、法人和非法人组织对其获得的荣誉及其利益所享有的保持、自主决定的权利。

(9)隐私权：指自然人享有的私人生活安宁与不愿为他人知晓的私密空间、私密活动、私密信息等依法受到保护，不受他人刺探、侵扰、泄露和公开的权利。

本条第2款是人格权益的一般条款。适用的条件：首先，被侵犯的人格权益没有法律的明确规定，并且无法纳入具体列举的人格权的保护范围。该款规定是为了弥补法律规定和人格权的具体列举所出现的不足。因此，当法律对此有明确规定时，应当首先适用法律的明确规定；虽然法律没有明确规定，但可以适用具体列举的人格权予以保护时，则应当适用具体的规定。其次，被侵犯的人格权益是基于人身自由、人格尊严产生的，因此是需要法律保护的。人身自由，包括身体行动的自由和自主决定的自由，是自然人自主参加社会各项活动、参与各种社会关系、行使其他人身权和财产权的基本保障，是自然人行使其他一切权利的前提和基础。人格尊严，包括静态和消极的人格尊严，以及动态和积极的人格尊严，即人格形成和人格发展。人格尊严不受侵犯，是自然人作为人的基本条件之一，也是社会文明进步的一个基本标志。最后，只有自然人的人格权益才能通过本条第2款予以保护，法人和非法人组织不能适用本款。该款适用的价值基础是人身自由和人格尊严，而对于法人和非法人组织而言，其无法基于宪法而享有人身自由、人格尊严。

关联法规

《宪法》第37～40条

第九百九十一条　【民事主体的人格权不受侵害】民事主体的人格权受法律保护，任何组织或者个人不得侵害。

条文注解

人格权受法律保护，就要求任何组织或者个人不得侵犯。不得侵犯就是任何组织或者个人不得非法侵害、限制、剥夺他人的人格权，也不得干涉他人合法行使人格权，否则就要依据本法承担民事责任。民事主体按照自己的意愿依法保护和行使人格权，不受干涉。当然，这并不意味着民事主体的人格权可以毫无限制，是绝对自由的。当然，对人格权的限制，或者是基于法律的明确规定，或者是基于其他价值而在合理范围内予以限制，不得随意为之。

案例注解

【案例(2021)辽0381民初7439号】朱某未告知妹妹长兄去世时间及安葬地点被判侵犯人格权

【基本案情】

原告朱某庆与被告朱某影系兄妹关系，兄妹有：长兄朱某吉、大妹朱某君、二妹朱某臣(已故)，三妹朱某艳，四妹朱某秋，五妹朱某影(被告)，兄长朱某吉生前未婚配无子女，是孤寡老人，多年来，朱某吉一直独自居住，由原告和原告女儿为其买菜送药、房屋修缮、门窗更换、盘炕换锅炉、生病治疗事项并给予经济补贴。2021年春节期间，朱某吉生病不能自理，原告就一直同住进行照料，并送村里诊所输液治疗，3月3日送至市中心医院神经科住院治疗诊断为脑梗。原告让女儿通知了其他妹妹后，由原告负责白天陪护，女儿负责晚上陪护。3月8日原告与被告等发生争执，为避免扩大矛盾原告只能离开医院，护理由被告负责。直至4月9日，原告才得知兄长出院后便被送到养老院，不久就去世了。朱某吉去世时，被告没有通知原告，私自办理丧事，至今原告不知道朱某吉葬于何处。原告认为，被告严重侵犯了原告的知情权、祭奠权，故提起诉讼，请人民法院依法查清事实，支持原告的诉讼请求。

被告朱某影辩称，办理朱某吉后事是我的女儿田某办理的，被告没有义务告知原告。到现在为止依然不想告知原告。不同意赔付精神损失费，不同意道歉，也不同意告知原告朱某吉的死亡时间、埋葬地点。经审理查明，朱某吉现后事由被告朱某影的女儿田某办理。

【裁判要旨】

《民法典》第109条规定："自然人的人身自由，人格尊严受法律保护。"本案涉案的人格权为祭奠权，祭奠权是对于已故亲属的祭祀权，包含对逝者的哀思、怀念、祭奠、吊唁的风俗行为，是作为一般人格权予以保护的。原告系朱某吉的同胞兄弟，被告系朱某吉的同胞兄妹。被告隐瞒朱某吉去世的消息，自主决定墓地安置地点，导致朱某庆无法对朱某吉进行祭奠，有违公序良俗，侵犯原告祭奠权。因原告是朱某吉的亲哥哥，也是主要负责照顾的人，对朱某吉的去世完全不知情也是有一定过错的，被告虽然私自处理了老人的后事，但也是照顾老人去世，主观上也不是故意隐瞒。

【裁判结果】

2021年9月6日，法院判决被告朱某影告知原告朱某庆已故者朱某吉的去世时

间及安葬地点,驳回原告其他诉讼请求。(资料来源:中国裁判文书网)

第九百九十二条　【人格权禁止性规定】人格权不得放弃、转让或者继承。

条文注解

人格权只能为特定的权利人所享有,与权利主体不可分离。人格权,尤其是自然人所享有的人格权,是与生俱来的,因出生而当然发生,仅因死亡而当然消灭,因此是一种固有权利。人格权具有人身专属性,是人格权与财产权的重要区别,财产权通常具有非人身专属性,可以与权利主体发生分离。

第九百九十三条　【人格标识许可使用】民事主体可以将自己的姓名、名称、肖像等许可他人使用,但是依照法律规定或者根据其性质不得许可的除外。

条文注解

人格权本质上是非财产权,但是,随着经济社会的发展、科技进步以及大众传媒、广告行业的发达,一些人格权已经不再只是消极防御性的权利,对民事主体的姓名、名称和肖像等的许可使用已经成为现实和可能,实践中也有大量需求。因此,本条规定的出台:第一,有利于回应社会发展需要;第二,有利于对人格尊严的保护;第三,有利于对许可使用进行规制,更有利于维护人格尊严;第四,体现了比较法上的共识;第五,是对我国司法实践的总结。但在本条的适用中要注意的是,首先,许可他人使用,是许可他人在商品、商标或者服务等方面使用,因此,不包括他人正当使用别人的姓名等情形;其次,许可使用也是民事法律行为的一种,应当适用本法有关民事法律行为的一般性规定;最后,依照法律规定或者根据其性质不得许可使用的限制。

关联法规

《商标法》第32、45条,《反不正当竞争法》第6、17条,《企业的名称登记管理规定》第23条,《人类辅助生殖技术管理办法》第3、22、24条

第九百九十四条　【死者人格利益保护】死者的姓名、肖像、名誉、荣誉、隐私、遗体等受到侵害的,其配偶、子女、父母有权依法请求行为人承担民事责任;死者没有配偶、子女且父母已经死亡的,其他近亲属有权依法请求行为人承担民事责任。

条文注解

自然人从出生时起到死亡时止,具有民事权利能力,依法享有民事权利,承担民事义务。据此,自然人在死亡后就不再具有民事权利能力,自然也就不再享有人格权。但是,在现实生活中,侵犯死者人格利益的现象屡见不鲜,因此对死者人格利益应当予以保护。本条适用的前提:第一,被侵害者已经死亡。第二,死者的姓名、肖像、名誉、荣誉、隐私、遗体等受到侵害。本条适用的法律后果:第一,有权提出请求的主体是近亲属。第二,近亲属提出请求具有顺位限制。第三,近亲属依法请求行为人承担民事责任。

案例注解

【案例(2021)吉0106民初4223号】亲属坟地被损坏要求精神损害赔偿获法院支持

【基本案情】

原告王某贤的丈夫孟某玲于1997年死亡。原告孟某福、孟某财、孟某华、孟某霞、孟某芬系王某贤与孟某玲的子女。孟某玲死亡后,被埋葬位于一处未经政府批准的简易坟地处。孟某福等众原告称,坟地还有孟某福等人高祖父母坟茔一座,曾祖父母坟茔一座,祖父母孟石氏坟茔一座,均系由土堆成的坟头,没有墓碑,有证人为之证明。2001年前后,被告某护理院购地经营,占地面积5万平方米左右,并设置有大门、栅栏,形成全封闭状态。孟某福等人的祖坟在护理院占地范围内,祭祀时需经护理院同意,并从大门进入。2020年9月2日(阴历七月十五日),原告孟某财经至爱护理院同意进入院区祭祀时,发现坟茔被铲平,种上地瓜等庄稼。根据护理院提供的现场照片可见,孟氏坟地附近为平整状态,种有蔬菜,尚有一坟头长满杂草。因坟头被平,王某贤等众原告诉至法院,请求判令因被告过错致使众原告祖坟毁损、无迹循查、祭祀,更无法迁移遗骨重新安葬而侵害人格权的精神损害赔偿金人民币20万元;被告就过错侵权行为在本地市地级报刊上公开向原告声明道歉3日。

【裁判要旨】

《民法典》第994条规定:"死者的姓名、肖像、名誉、荣誉、隐私、遗体等受到侵害的,其配偶、子女、父母有权依法请求行为人承担民事责任;死者没有配偶、子女且父母已经死亡的,其他近亲属有权依法请求行为人承担民事责任。"本案中,因坟墓受到非法损害而无法祭奠,遭受痛苦的原告作为近亲属有权提起民事诉讼,请求精神损害赔偿。被告设置有大门、栅栏,呈封闭状态,不经其允许他人无法正常进入,被告未提任何证据证明孟氏的坟头系他人损坏,故护理院并未对坟头予以完全的保护,应承担一定责任。

【裁判结果】

2021年7月30日,法院一审判决被告长春市某护理院于本判决生效之日起3日内向王某贤等原告支付精神损害抚慰金1万元;驳回原告的其他诉讼请求。二审维持原判。(资料来源:中国裁判文书网)

关联法规

《英雄烈士保护法》第22、25～26条,《刑法》第302条,《治安管理处罚法》第65条

第九百九十五条　【人格权请求权】人格权受到侵害的,受害人有权依照本法和其他法律的规定请求行为人承担民事责任。受害人的停止侵害、排除妨碍、消除危险、消除影响、恢复名誉、赔礼道歉请求权,不适用诉讼时效的规定。

条文注解

人格权受到侵害的,受害人有权依照本法和其他法律的规定请求行为人承担民事责任。但是,具体的责任构成要件和责任后果由本法和其他法律规定。本法所规定的违约责任、侵权责任等都涉及对人格权的保护,当人格权受到侵害时,受害人有权依照本法的这些规定请求行为人承担相应的民事责任。本法对于不同性质的民事责任和不同的民事责任承担方式分别规定了不同的构成要件和责任后果。本法第196条第1项规定了请求停止侵害、排除妨碍、消除危险不适用诉讼时效的规定。侵害人格权、物权等权益所产生的这三类请求权,其构成都要求现实存在对权益的妨害和危险,行为或状态处于现实持续之中,对这种现实存在的妨害和危险无须考虑之前的事实状况,且在侵害人格权的情形中,这三类请求权对于维持人格完整性至关重要,故本条据此进一步明确规定,因人格权受侵害而提出的停止侵害、排除妨碍、消除危险请求权,不适用诉讼时效的规定。对很长时间之前发生的侵害人格权行为,如受害人认为对自身仍然有影响,有消除影响和恢复名誉的必要,可以不受诉讼时效期间的限制提出消除影响、恢复名誉、赔礼道歉的请求,以加强对人格权的保护。

关联法规

《国家赔偿法》第3、17、32、35条,《食品安全法》第141条,《消费者权益保护法》第50条,《治安管理处罚法》第117条

第九百九十六条　【精神损害赔偿请求权聚合】因当事人一方的违约行为,损害对方人格权并造成严重精神损害,受损害方选择请求其承担违约责任的,不影响受损害方请求精神损害赔偿。

条文注解

精神损害赔偿是受害人因人格利益或身份利益受到损害或者遭受精神痛苦而获

得的金钱赔偿。侵害人格权的情形中,经常会产生违约责任和侵权责任的竞合,受害人因此遭受到严重的精神损害。在违约责任与侵权责任存在竞合的情形中,允许受损害方请求行为人承担违约责任时,可以在违约责任请求中请求精神损害赔偿,有利于为受害人提供不同救济渠道的选择,拓展在此类情形下精神损害的救济方法,符合加强人格权保护的比较法发展趋势,是一个重要的进步。本条适用的前提:首先,损害人格权的违约责任和侵权责任的竞合。其次,因当事人一方的违约行为损害对方自然人的人格权并造成严重精神损害。最后,受损害方选择请求违约方承担违约责任。本条适用的法律后果是,不影响受损害方请求精神损害赔偿。这意味着受损害方请求行为人承担违约责任时,可以请求违约方承担精神损害赔偿责任。

案例注解

【案例(2021)湘1382民初2370号】某银行侵犯名誉权被判赔偿精神损失

【基本案情】

1998年3月29日和1999年1月1日,被告某农商银行××支行分别向"刘某江"发放信用贷款500元和5830元。该笔贷款系代办站人员易某发放。实际贷款人是刘某求,系冒用原告刘某江的名字所贷。因该笔贷款一直未予偿还,使原告在被告处产生不良贷款记录。2015年,被告向原告刘某江送达了《贷款催收(函证)通知书》,通知原告前往被告处办理清偿本息的手续。2021年4月6日,被告将原告在被告处的不良贷款记录予以消除。2021年6月3日,原告认为由于被告的过错,侵害了原告的名誉权,致使原告遭受了因维权而发生的交通费、误工费等经济损失,为此诉至法院,请求法院判令被告赔偿原告"名誉权损害"2万元,直接损失1万元。

【裁判要旨】

《民法典》第995条规定,人格权受到侵害的,受害人有权依照本法和其他法律的规定请求行为人承担民事责任。受害人的停止侵害、排除妨碍、消除危险、消除影响、恢复名誉、赔礼道歉请求权,不适用诉讼时效的规定。本案中,被告某农商银行未尽到合理的审查义务,在原告刘某江未在其下属的信用社贷款的情况下,以原告的名义订立借款契约,使原告刘某江在银行系统产生了不良记录,且被告向原告发出了催款通知,在一定社会范围内给原告造成了不良影响,给原告带来了较为严重的精神损害,侵害了原告的名誉权。

【裁判结果】

2021年8月16日,法院判决限被告湖南某农村商业银行股份有限公司于本判决生效之日起10日内赔偿原告刘某江精神损害抚慰金6000元,驳回原告的其他诉讼请求。(资料来源:中国裁判文书网)

关联法规

《最高人民法院关于审理旅游纠纷案件适用法律若干问题的规定》第7条

第九百九十七条 【人格权行为禁令】民事主体有证据证明行为人正在实施或者即将实施侵害其人格权的违法行为，不及时制止将使其合法权益受到难以弥补的损害的，有权依法向人民法院申请采取责令行为人停止有关行为的措施。

条文注解

侵害人格权的一些行为，如果无法及时被制止，为权利人提供及时的救济，尤其是在当前的网络时代，其损害后果不可逆转，甚至会造成难以弥补的损害。本条适用的前提：首先，行为人正在实施或者即将实施侵害其人格权的违法行为。其次，不及时制止将使权利人的合法权益受到难以弥补的损害的。最后，民事主体有证据证明。民事主体必须提出相关的证据，证明已经具备了申请责令停止有关行为的前提条件，即行为人正在实施或者即将实施侵害权利人的人格权的行为，不及时制止将使其合法权益受到难以弥补的损害。本条适用的法律效果是，权利人有权依法向人民法院申请采取责令行为人停止有关行为的措施。首先，权利人必须是向人民法院提出申请，申请的内容也必须具体明确，包括明确的对方当事人、申请采取的具体措施等。其次，申请的程序要依照法律的规定。应当注意的是，人民法院采取的措施应当符合比例原则，根据所欲追求的合法目的，其所采取的措施是合理的。

案例注解

【案例(2021)京0114民保令16号】陶某1申请人格权临时禁令被法院驳回

【基本案情】

申请人陶某1提交手机通讯记录以及短信记录，证明被申请人陶某2于2021年7月23日18时30分前后向申请人陶某1拨打骚扰电话6次。2021年5月10日、12日等，陶某2先后多次向陶某1发送短信，短信包含："×××""你我之间成了死局""大致半个月左右，我就开始往回搬东西，×××"等内容。为此，申请人向法院提出申请，请求责令被申请人不得再向原告发布威胁、恐吓、辱骂等类似的语言和信息；责令被申请人不得靠近申请人位于北京市昌平区×镇×街×号申请人全家的住所区域。

另查，陶某1于2021年7月28日向法院起诉陶某2人格权纠纷一案，诉讼请求：(1)请求判令被告今后不得再向原告发布威胁、恐吓、辱骂等类似的语言和信息；(2)请求判令被告向原告赔礼道歉；(3)请求判决被告向原告赔偿精神损害抚慰金10,000元。

【裁判要旨】

《民法典》第997条规定："民事主体有证据证明行为人正在实施或者即将实施侵害其人格权的违法行为，不及时制止将使其合法权益受到难以弥补的损害的，有权依法向人民法院申请采取责令行为人停止有关行为的措施。"本案中，陶某1已经向法院提起诉讼，其诉讼请求包含本案禁令申请的内容，陶某2的行为依法可以在诉讼中进行评价。且现有证据尚不足以证明不及时制止将使陶某1的合法权益受到难以弥补的损害，故陶某1的申请不符合发出停止侵害人格权禁令的条件。

【裁判结果】

2021年8月11日，法院裁定驳回申请人陶某1的申请。（资料来源：中国裁判文书网）

关联法规

《反家庭暴力法》第30条，《民事诉讼法》第103、104、108、155、173、187、263条，《商标法》第65条

第九百九十八条　【认定人格侵权责任应考虑的主要因素】认定行为人承担侵害除生命权、身体权和健康权外的人格权的民事责任，应当考虑行为人和受害人的职业、影响范围、过错程度，以及行为的目的、方式、后果等因素。

条文注解

保护人格权是尊重和保护人格尊严的要求。但是，如果对人格权的保护过于绝对和宽泛，则难免会产生与其他权利（如新闻报道权）的冲突。人格权保护的价值并非在所有情形中总是一般性地、抽象地高于其他价值，而必须在个案和具体情形中对所有这些价值进行综合权衡。但是，即使承认个案中权衡的必要性，也会出现如何对个案权衡进行合理限制，以实现同等情况同等对待的裁判统一性的要求。为妥当平衡好人格权保护和其他权利之间的关系，本条规定了认定行为人承担侵害人格权责任时的考量因素，包括人格权的类型、主体方面的因素、主观的过错程度、行为方面的因素等。因此，在认定行为人承担侵害人格权的民事责任时，无论是关于责任构成，还是责任后果，都需要对上述因素进行综合考量，各个具体因素之间也会强度互补。

关联法规

《宪法》第40条，《刑事诉讼法》第143条，《国家安全法》第65条

第九百九十九条　【人格权的合理使用】为公共利益实施新闻报道、舆论监督等行为的，可以合理使用民事主体的姓名、名称、肖像、个人信息等；使用不合理侵害民事主体人格权的，应当依法承担民事责任。

条文注解

新闻报道是新闻单位对新近发生的事实的报道，包括有关政治、经济、军事、外交等社会公共事务的报道以及有关社会突发事件的报道。新闻单位包括依法设立的报刊社、广播电台、电视台、通讯社和新闻电影制片厂。舆论监督是社会公众运用各种传播媒介对社会运行过程中出现的现象表达信念、意见和态度，从而进行监督的活动。舆论监督与新闻报道有密切的关系，但两者之间存在不同。新闻不一定是舆论，新闻报道只是传播意见进而形成舆论的工具；新闻单位通过报道进行的监督仅是舆论监督的一种，舆论只是借助传播工具实现其监督的目的。在新闻报道和舆论监督中，为了保障人民的知情权、维护国家利益和社会公共利益，可以合理使用民事主体的姓名、名称、肖像、个人信息等，无须民事主体的同意。

关联法规

《宪法》第35条

第一千条　【消除影响、恢复名誉、赔礼道歉等民事责任的承担】行为人因侵害人格权承担消除影响、恢复名誉、赔礼道歉等民事责任的，应当与行为的具体方式和造成的影响范围相当。

行为人拒不承担前款规定的民事责任的，人民法院可以采取在报刊、网络等媒体上发布公告或者公布生效裁判文书等方式执行，产生的费用由行为人负担。

条文注解

侵害人格权也可能会通过消除影响、恢复名誉、赔礼道歉等责任方式予以救济。消除影响、恢复名誉，是指人民法院根据受害人的请求，责令行为人在一定范围内采取适当方式消除对受害人名誉的不利影响，以使其名誉得到恢复的一种责任方式。具体适用消除影响、恢复名誉，要根据侵害行为所造成的影响和受害人名誉受损的后果决定。处理的原则是，行为人应当根据造成不良影响的大小，采取不同程度的措施给受害人消除不良影响。

本条第1款是侵害人格权的民事责任。第1款明确，行为人因侵害人格权承担消除影响、恢复名誉、赔礼道歉等民事责任的，应当与行为的具体方式和造成的影响范围相当。这意味着，首先，在是否适用这些民事责任时，应当考虑到侵害人格权行为的具体方式和造成的影响范围。同时，在考虑行为的具体方式和造成的影响范围时，还应当将被侵权人的心理感受及所受煎熬、痛苦的程度纳入考虑范围。其次，这些民事责任的具体方式也应当考量行为的具体方式和造成的影响范围。在通常情况下，如果是在特定单位内传播侵害人格权的信息的，应当在特定单位内予以消除影响、恢复名誉、赔礼道歉。如果是在特定网络媒体上传播侵权信息的,应当在该网络媒体上予以澄清事实;而在特定网络媒体上传播的侵权信息又被其他网络媒体转载的,也可以考虑在其他网络媒体上予以澄清事实。

本条第2款是替代性公布执行方式。首先,行为人拒不承担消除影响、恢复名誉、赔礼道歉的民事责任。如果行为人主动履行了这些民事责任,就不存在执行的问题。其次,执行的方式是在报刊、网络等媒体上发布公告或者公布生效裁判文书等。最后,人民法院是"可以"而非"应当"采取。鉴于侵害人格权的情形较为复杂,有时发布公告或者公布裁判文书可能会导致后续的损害,因此赋予人民法院根据情况加以酌定处理的必要。

关联法规

《民事诉讼法》第114、263、267条,《最高人民法院关于适用〈中华人民共和国民事诉讼法〉的解释》第501、503条

第一千零一条 【身份权的法律适用】对自然人因婚姻家庭关系等产生的身份权利的保护,适用本法第一编、第五编和其他法律的相关规定;没有规定的,可以根据其性质参照适用本编人格权保护的有关规定。

条文注解

对自然人因婚姻家庭关系等产生的身份权利的保护,首先,应当适用本法总则编、婚姻家庭编和其他法律的相关规定。本法总则编关于监护的条文以及婚姻家庭编对此种身份权利的保护进行了一些明确的规定,其他法律也存在对身份权利保护的规定,这些规定应当具有优先适用性,对身份权利进行保护时,应当首先适用这些明确的特殊规定。其次,没有特别规定的,本编人格权保护的有关规定可以被参照适用于身份权利的保护。在对身份权利的保护没有明确的特殊规定时,可以根据其性质参照适用人格权保护的规定以弥补保护的漏洞,这有助于通过人格权保护的规定补充完善身份权利的保护。再次,能够被参照适用于身份权利保护的只能是本编人格权保护的有关规定。最后,人格权保护的规定是被参照适用于而非直接适用于身份权利的保护。人格权的保护不是以保护身份权利为出发点,而是以保护个人的人身自由和人格尊严为基本价值追求,与身份权利以保护婚姻和家庭共同体的价值追求不同。身份权利的保护在参照适用人格权保护的规定时,应当考虑到关于身份权利的整体价值取向。

第二章　生命权、身体权和健康权

第一千零二条　【生命权】自然人享有生命权。自然人的生命安全和生命尊严受法律保护。任何组织或者个人不得侵害他人的生命权。

条文注解

生命权，是指自然人享有的以维护生命安全和生命尊严为内容的权利。《民法通则》第98条规定，公民享有生命健康权。但是，因为生命权和健康权在权利内容上存在区别，并且生命的丧失不可逆转，因此《侵权责任法》第2条第2款已经将生命权和健康权区分为两种不同的民事权利予以规定。本法延续了《侵权责任法》的规定，区分规定生命权和健康权。首先，本条明确规定自然人享有生命权。自然人只有享有生命权，才能作为一个主体在社会中生存并与他人交往，追求自己存在的价值。生命权是自然人最为重要的人格权，是其他人格权和其他权利的前提，是从事民事活动和其他一切活动的前提和基本要求。其次，生命权的内容是生命安全和生命尊严受法律保护。在自然人的生命权遭受侵害或者面临危险时，权利人可以依法采取相应的保护措施，以维护自己的生命安全。最后，本条从反面进一步规定，任何组织或者个人不得侵害他人的生命权。不能把自然人的生命作为实现其他目的的手段，任何人都不得非法剥夺他人的生命。

案例注解

【案例(2021)冀0821民初1503号】帮工不幸被树砸死雇主被判赔偿

【基本案情】

原告肖某系死者侯某1的妻子；原告侯某2、侯某3和侯某4系死者侯某1的子女。2021年1月21日，被告崔某雇佣被告陈某带着油锯为其放树。当时参加放树人员有分工，主要由死者侯某1帮忙现场指挥，负责过往车辆及人员的安全，被告陈某负责用油锯锯树，原告侯某3无证驾驶装载机在树的南面帮忙推树，辅助锯倒的树倒向预定的位置。当天开始放的几棵树都很顺利，放至一棵直径大约40公分的树木时，树没按预定的方向倒，而是倒向了侯某1站着的位置，将侯某1砸倒致伤，在送往医院的途中不幸去世。侯某1去世后，双方就赔偿事宜协商未果，原告诉至法院，请求法院判令被告连带赔偿死亡赔偿金263,472.00元、丧葬费37,887.50元、被扶养人肖某生活费49,488.00元、精神损害抚慰金50,000.00元、处理事故交通费2000.00元、处理事故误工费5000.00元，合计407,847.50元

另查明，死者侯某出生于1957年11月14日，原告肖某出生于1957年2月

10 日。

【裁判要旨】

《民法典》第 1002 条规定,自然人享有生命权。自然人的生命安全和生命尊严受法律保护。任何组织或者个人不得侵害他人的生命权。第 1192 条第 1 款规定,个人之间形成劳务关系,提供劳务一方因劳务造成他人损害的,由接受劳务一方承担侵权责任。接受劳务一方承担侵权责任后,可以向有故意或者重大过失的提供劳务一方追偿。提供劳务一方因劳务受到损害的,根据双方各自的过错承担相应的责任。本案中被告崔某是雇主,被告陈某是雇员,侯某为帮工人,树倒造成侯某被砸身亡的结果,崔某应承担赔偿责任。放树本身存在危险性,死者侯某为完全民事行为能力人,其在现场指挥,注意安全不够,本人有一定的过错,应当承担相应的责任。被告崔某是雇主、是受益人,应当对放树安全负总责,被告崔某承担 70% 的责任比例,侯某自身承担 30% 的责任比例较为适宜。

【裁判结果】

2021 年 6 月 30 日,法院判决被告崔某于本判决生效之日起 10 日内赔偿肖某等四原告主张的死亡赔偿金 263,472.00 元、丧葬费 37,887.50 元、精神损害抚慰金 50,000.00 元、处理事故的误工费 4000.00 元、交通费 1000.00 元,合计 356,359.50 元的 70%,即 249,451.65 元,被告崔某于本判决生效之日起 10 日内赔偿原告肖某被扶养人生活费 49,488.00 元的 70%,即 34,641.60 元;被告陈某不承担赔偿责任,驳回四原告的其他诉讼请求。(资料来源:中国裁判文书网)

关联法规

《国家赔偿法》第 34 条,《治安管理处罚法》第 45 条

第一千零三条 【身体权】自然人享有身体权。自然人的身体完整和行动自由受法律保护。任何组织或者个人不得侵害他人的身体权。

条文注解

身体权,是指自然人享有的以身体完整和行动自由受法律保护为内容的权利。身体权与生命权、健康权密切相关,侵害自然人的身体往往导致对自然人健康的损害,甚至剥夺自然人的生命。但生命权、健康权和身体权所保护的自然人的具体人格利益有区别,生命权以保护自然人生命的延续为内容之一,健康权以保护身体各组织及整体功能正常为内容之一,而身体权以保护身体组织的完整为内容之一。身体权的内容是身体完整和行动自由受法律保护。任何组织或者个人不得侵害他人的身体权。侵害身体权的行为是多样的。身体包括头颈、躯干、四肢、器官及毛发、指甲等各种人体细胞、人体组织、人体器官,如剪掉头发或者眉毛,构成了对身体权的侵害。对固定于身体成为身体组成部分,与其他组成部分结合一起发挥功能,而不能自由卸取

的人工附加部分，如假肢、义齿、义眼、心脏起搏器等，对这些部分的侵害，也可以被认为是构成侵害身体权，造成严重精神损害的，可以依法请求精神损害赔偿。应当注意的是，虽然自然人死亡之后就不再享有身体权，但是，自然人死亡后的遗体、遗骨和骨灰也应当受到尊重。

关联法规

《国家赔偿法》第33条，《妇女权益保障法》第19条，《精神卫生法》第28条，《治安管理处罚法》第43条

第一千零四条　【健康权】自然人享有健康权。自然人的身心健康受法律保护。任何组织或者个人不得侵害他人的健康权。

条文注解

健康权是自然人享有的以身心健康受法律保护为内容的权利。健康是维持人体正常生命活动的基础，健康权是自然人重要的人格权。本条规定的健康权是一种民事权利。国家对于公民健康，在公法意义上的保护义务是通过其他法律予以实现的。本条明确健康权的内容是身心健康受法律保护。身心健康包括身体健康和心理健康。健康，是指一个人在身体和心理等方面都处于良好的状态，相应地包括身体健康和心理健康，但不包括一个人在社会适应方面的良好状态以及道德健康等。

案例注解

【案例(2021)皖0221民初1808号】秦某骑车撞伤陈某1被判赔偿

【基本案情】

2020年6月6日12时5分许，被告秦某驾驶三轮电动车，某路交叉口附近，与原告陈某1驾驶的二轮电动车发生碰撞的交通事故，造成原告受伤及车辆损坏。县交通管理大队作出事故认定书，被告负事故的主要责任，原告负次要责任。事故发生后，原告被送往医院救治，诊断为右手第四掌骨骨折，用去医疗费用28,009.21元，原告伤情经司法鉴定所鉴定，二次手术费用为8000元，护理期30+15日，营养期30+15日。原告治疗期间被告给付医疗费6000元。原告就读初三年级，因治疗所需，休学1年。原被告就人损费用赔偿事宜经过协商无果，原告诉至法院，请求判令被告赔偿医疗费28,009.21元，医院伙食补助费10天×30元/天=300元，营养费45天×30元/天=1350元，护理费45×134元/天=6030元，误学费22,683元，二次手术费8000元，交通费500元，鉴定费1320元，计71,342.21元，按70%责任比例承担即49,939.54元。

【裁判要旨】

《民法典》第1004条规定，自然人享有健康权。自然人的身心健康受法律保护。任何组织或者个人不得侵害他人的健康权。本案中，原、被告违反交通规则驾驶电动

车发生碰撞，被告负交通事故主要责任，造成原告相应损失应予赔偿。

【裁判结果】

2021年6月28日，法院判决被告秦某于判决生效后15日内赔偿原告陈某1各项损失计42,238.54元，驳回原告陈某1其余诉请。（资料来源：中国裁判文书网）

关联法规

《基本医疗卫生与健康促进法》第4、5、28条，《妇女权益保障法》第21、65条，《精神卫生法》第27、83条

第一千零五条　【法定救助义务】自然人的生命权、身体权、健康权受到侵害或者处于其他危难情形的，负有法定救助义务的组织或者个人应当及时施救。

条文注解

为了保护自然人的生命权、身体权和健康权，弘扬社会主义核心价值观，在自然人的生命权、身体权、健康权受到侵害或者处于其他危难情形时，法律应当鼓励和支持对自然人的适当救助。这种鼓励和支持体现在两个层面：第一，对不负有法定救助义务的救助人的保护。一方面，在救助人造成受助人损害的情形下，救助人责任应予以限制或者免除；另一方面，救助人因救助而使自己受到损害时享有请求权。第二，规定特定主体在特定情况下积极的救助义务。本条即规定了在自然人的生命权、身体权、健康权受到侵害或者处于其他危难情形时特定主体的救助义务。本条适用的前提，首先是自然人的生命权、身体权、健康权受到侵害或者处于其他危难情形。其次是特定的组织或者个人负有法定的救助义务。法律对救助义务的规定，包括两种：第一种是条文中明确规定了救助义务；第二种是法律虽然没有明确规定救助义务，但规定中包含了救助义务。本条适用的法律效果是，负有法定救助义务的组织或者个人应当及时施救。首先，应当是及时施救，不得以未付费等为由拒绝或者拖延救助。其次，施救的措施包括亲自救助或者通过联系国家机关、急救机构等方式。

关联法规

《基本医疗卫生与健康促进法》第27条，《医师法》第27条，《海商法》第174条，《道路交通安全法》第70条，《人民警察法》第21条，《人民武装警察法》第18条，《消费者权益保护法》第18条，《消防法》第5、44条，《医疗机构管理条例》第30条

第一千零六条　【人体捐献】完全民事行为能力人有权依法自主决定无偿捐献其人体细胞、人体组织、人体器官、遗体。任何组织或者个人不得强迫、欺骗、利诱其捐献。

完全民事行为能力人依据前款规定同意捐献的，应当采用书面形式，也可以订立遗嘱。

自然人生前未表示不同意捐献的，该自然人死亡后，其配偶、成年子女、父母可以共同决定捐献，决定捐献应当采用书面形式。

条文注解

人体捐献包括人体细胞的捐献、人体组织的捐献、人体器官的捐献、遗体的捐献等。本条规定的主要内容包括：第一，自然人享有捐献或者不捐献人体细胞、人体组织、人体器官和遗体的自主决定权。人体捐献与自然人的人格尊严密切相关，获得人体捐赠者的同意是人体捐赠最为重要的前提。第二，人体捐献的意愿必须真实合法，任何组织或者个人不得强迫、欺骗、利诱捐献。人体捐献的意愿必须是捐献人的真实意愿，捐献意愿不是因为强迫、欺骗、利诱而作出的。第三，完全民事行为能力人才有权依法自主决定。人体捐赠者必须对捐赠行为具有充分的判断和辨认能力，这要求捐赠者必须具备完全的民事行为能力。未成年人以及不能辨认或者完全辨认自己行为的成年人等限制民事行为能力人和无民事行为能力人，不能作出人体捐献的有效同意。第四，完全民事行为能力人依据前款规定同意捐献的，应当采用书面形式，也可以订立遗嘱。捐献可能对人体造成损害，涉及生命权、身体权、健康权等最基本的人格权利，同时要确定捐献的意愿是真实的，因此应当对同意捐献的形式作严格限制。第五，自然人生前未表示不同意捐献的，该自然人死亡后，其配偶、成年子女、父母可以共同决定捐献，决定捐献应当采用书面形式。

关联法规

《刑法》第232、234条，《献血法》第2、9条，《人体器官捐献和移植条例》第2、8～11、18、28、29条，《人体器官移植技术临床应用管理规定》第10、11条

第一千零七条　【禁止人体买卖】禁止以任何形式买卖人体细胞、人体组织、人体器官、遗体。

违反前款规定的买卖行为无效。

条文注解

基于人格尊严的理念，每一个自然人的身体都应当受到尊重，避免仅仅将人体组成部分作为客体；同时，在实践中，人体的买卖很可能会不公平地利用最贫穷和最脆弱的群体，导致牟取暴利和贩卖人口。本条首先明确，人体捐赠只能是无偿的，禁止以任何形式买卖人体细胞、人体组织、人体器官、遗体。买卖人体的形式在实践中多种多样，任何形式只要构成实质上的买卖，都应当被禁止。在付款对象上，自然人自

己直接付款买卖,这当然构成买卖。如果是死者的近亲属或者其他中间人予以付款,也同样构成买卖。因此,对上述各方的金钱回报都应当予以禁止。在形式上,不仅是直接的买卖形式应当被禁止,其他实质上类似于买卖的有偿利用形式也应当被禁止。本条进一步明确,违反前款规定的买卖行为无效。但是,应当注意的是,应将人体买卖和依据法律规定对捐赠人或者其近亲属的补偿或者救助、各种成本的补偿区别开。

关联法规

《刑法》第 234 条,《献血法》第 11、14 条

第一千零八条 【人体临床试验】为研制新药、医疗器械或者发展新的预防和治疗方法,需要进行临床试验的,应当依法经相关主管部门批准并经伦理委员会审查同意,向受试者或者受试者的监护人告知试验目的、用途和可能产生的风险等详细情况,并经其书面同意。

进行临床试验的,不得向受试者收取试验费用。

条文注解

人体临床试验,又称人体试验,是指在病人或健康志愿者等受试者的人体上进行系统性研究,以了解新药、医疗器械或者发展新的预防和治疗方法的疗效与安全性。人体试验关系到受试者的生命健康,涉及其人格尊严,要符合伦理要求,有必要对此设定较为严格的条件。人体试验的伦理原则是公正、尊重人格、力求使受试者最大限度受益和尽可能避免伤害,具体包括知情同意、控制风险、免费和补偿、保护隐私、依法赔偿、特殊保护等,而其中的基础和首要前提是受试者的知情同意,体现了受试者对人体试验的自主决定权。

本条规定的主要内容如下:第一,人体临床试验应当依法经相关主管部门批准并经伦理委员会审查同意。同时,人体临床试验需经伦理委员会审查同意是保障受试者权益的主要措施之一。第二,受试者享有是否参加试验的自主决定权。基于受试者的人格尊严,应当尊重和保护受试者的合法权益,尊重和保障受试者是否参加研究的自主决定权。同时,应当允许受试者在任何阶段无条件退出研究。第三,受试者同意参加临床试验的意愿必须真实合法。这首先意味着任何组织或者个人不得使用欺骗、利诱、胁迫等手段使受试者同意参加研究。第四,知情同意权由受试者或者其监护人依法行使。如果受试者是完全民事行为能力人,则能够单独有效地行使知情同意权。但是,在受试者不具备完全的民事行为能力时,情况比较复杂,本法仅作出了原则性规定,具体由特别法进一步规定。应当注意的是,本条仅对知情同意作出了规定,未涉及其他层面,须由其他特别规范予以进一步规定。第五,知情同意必须是书面形式。参加人体试验可能对受试者人体造成损害,涉及生命权、身体权、健康权等

最基本的人格权利，同时要确定同意参加的意愿是真实的，因此应当对知情同意的形式严格限制为书面形式。这也是我国现行有关规范的共识。第六，进行临床试验的，不得向受试者收取试验费用。这是总结了我国现行的相关规范而作出的规定。

关联法规

《基本医疗卫生与健康促进法》第32条，《疫苗管理法》第16～18条，《药品管理法》第19～23条，《医师法》第26、55条，《医疗机构管理条例》第32条，《涉及人的生物医学研究伦理审查办法》第4、5、7、11～13条，《药物临床试验质量管理规范》第18、23、39条，《医疗器械临床试验质量管理规范》第15、16、23、25、65条，《干细胞临床研究管理办法(试行)》第6条

第一千零九条 【从事人体基因、人体胚胎等有关的医学和科研活动时的义务】从事与人体基因、人体胚胎等有关的医学和科研活动，应当遵守法律、行政法规和国家有关规定，不得危害人体健康，不得违背伦理道德，不得损害公共利益。

条文注解

与人体基因有关的医学和科研活动，包括基因鉴定、基因制药、基因诊断、基因治疗、基因编辑、基因克隆等。与人体胚胎有关的医学和科研活动，包括与人体胚胎干细胞等有关的治疗性研究和生殖性研究。与人体基因和胚胎等有关的医学和科研活动是生命科学研究的重要组成部分，将极大地改变人类生命和生活的面貌，为改善个人和全人类的健康状况开辟了广阔的前景。但是，这些活动可能带来人体生命健康安全和伦理道德方面的风险，甚至对人类产生重大的潜在危险。本条规定主要包括以下内容：一是尊重人格尊严。从事与人体基因、人体胚胎等有关的医学和科研活动，必须建立在尊重人格尊严的基础上，这同时意味着，应当禁止违背人格尊严、生命保护的一切行为。二是尊重知情同意权。从事与人体基因、人体胚胎等有关的医学和科研活动，应当尊重人们在负责并尊重他人自主权的前提下自己作出决定的自主权，事先征得有关人员自愿、知情和明确表示的同意，向其提供清楚、公正、充分和适当的信息。当事人可以在任何时候、以任何理由撤销其同意。三是尊重当事人的隐私，保护相关的个人信息。从事相关活动时，应尊重当事人的隐私，对与个人有关的遗传信息应加以保密。四是正当程序等保障。包括研究活动的专业谨慎、诚实正直与决策的透明理性，伦理委员会的评估，利益共享，团结互助与国际合作。本条规定了从事与人体基因、人体胚胎等有关的医学和科研活动的法律底线。

案例注解

【案例(2021)粤0402民初1457号】姚某某、于某某要求医院返还冷冻胚胎获法院支持

【基本案情】

原告姚某某和原告于某某于2002年4月12日登记结婚。2011年12月,姚某某因不孕症到被告珠海市某医院治疗,双方就姚某某在珠海市某医院实施体外授精—胚胎移植事宜达成了《姚某某治疗计划(1)》和《姚某某治疗计划(1代)》。两项治疗计划均就全面身体检查、促排卵、取卵取精、取卵后胚胎移植术及剩余优质胚胎冷冻等进行了约定,其中第12条约定"剩余优质胚胎冷冻(800元,每月80元/月)"。自2011年12月18日至2012年1月13日,姚某某和于某某均按照珠海市某医院的要求进行了身体检查。姚某某和于某某称2012年1月因促排卵药物引发副作用导致姚某某血压升高,医生在姚某某服用降压药后的当天共提取14枚卵子,该14枚卵子均做了第一代试管婴儿,因姚某某、于某某的卵子和精子无法结合被珠海市某医院告知需要做第二代,第二代配出的胚胎等级为4D,医生称移植成功率几乎为零;姚某某又采纳医生建议采取微刺激排卵,于2012年9月再次提取2枚卵子,并成功配型1枚胚胎,胚胎等级为7A。原告、被告庭审中均确认姚某某和于某某成功配型的一枚胚胎自2012年9月28日至今一直在珠海市某医院冷冻保存,姚某某和于某某自2012年9月28日起一直有持续缴纳该枚冷冻胚胎的保管费,最后一次缴纳保管费是2020年8月9日,缴纳了7个月的保管费共计700元。原告为此提起诉讼,请求法院判令解除原告与被告之间的保管合同,判令被告返还原告存储于被告处冷冻胚胎1枚。

被告珠海市某医院辩称,根据《人类遗传资源管理条例》规定,两原告不具备保管胚胎的权利,应当驳回两原告要求返还冷冻胚胎的诉讼请求

【裁判要旨】

《民法典》第1009条规定:"从事与人体基因、人体胚胎等有关的医学和科研活动,应当遵守法律、行政法规和国家有关规定,不得危害人体健康,不得违背伦理道德,不得损害公共利益"。原告、被告双方就该枚冷冻胚胎的保管成立了事实上的保管合同关系。根据《民法典》第890条规定:"保管合同自保管物交付时成立,但是当事人另有约定的除外",第899条第1款规定:"寄存人可以随时领取保管物。"原告、被告之间的保管合同于姚某某和于某某将案涉冷冻胚胎交由珠海市某医院保存之日即2012年9月28日成立。姚某某和于某某作为案涉冷冻胚胎的当然权利人和寄存人,据此要求解除与保管人珠海市某医院之间的保管合同,符合上述法律规定。在我国现有法律、行政法规对返还冷冻胚胎并无明确禁止性规定的情况下,姚某某和于某某在取得案涉冷冻胚胎后是否会用于违法行为不能成为珠海市某医院不予返还案涉冷冻胚胎的理由。案涉冷冻胚胎返还后,姚某某和于某某应遵守相关法律、行政法规和国家有关规定。否则,应自行承担违法的法律后果。

【裁判结果】

2021年4月8日,法院判决原告姚某某、于某某与被告珠海市某医院于2012年9月28日成立的冷冻胚胎保管合同于2021年1月18日解除;被告珠海市某医院于本

判决发生法律效力之日起10日内向原告姚某某、于某某返还两原告存放于被告珠海市某医院的冷冻胚胎1枚。(资料来源:中国裁判文书网)

关联法规

《科学技术进步法》第107条,《人口与计划生育法》第39条,《人类遗传资源管理条例》第2、7～10、12条,《人胚胎干细胞研究伦理指导原则》第4、6～8条,《基因工程安全管理办法》第2、3、30条

第一千零一十条　【性骚扰】违背他人意愿,以言语、文字、图像、肢体行为等方式对他人实施性骚扰的,受害人有权依法请求行为人承担民事责任。

机关、企业、学校等单位应当采取合理的预防、受理投诉、调查处置等措施,防止和制止利用职权、从属关系等实施性骚扰。

条文注解

性骚扰行为会影响受骚扰者的学习、工作和生活,侵害人格尊严、自由,损害其形象和自尊,严重的性骚扰甚至会造成被骚扰者的恐惧、自闭和盲目依赖,还可能涉及社会中的性别歧视。本条第1款规定了性骚扰的一般性构成。性骚扰一般包括以下条件:(1)性骚扰中受害人是所有的自然人。(2)行为与性有关。行为人具有性意图,以获取性方面的生理或者心理满足为目的。(3)性骚扰构成的核心是违背他人意愿。性骚扰与两相情愿的调情、约会等相区分,是因为此类行为违背了他人意愿。(4)行为一般具有明确的针对性。(5)行为人主观上一般是故意的。第2款特别规定了机关、企业、学校等单位的义务。一方面,这些单位负有为防止和制止利用职权、从属关系等实施性骚扰而采取措施的义务。这是因为这些单位对其工作人员具有一定的管理和控制能力,使单位负有相应的义务,能够在一定程度上防止和制止性骚扰的发生和继续发生,也有助于建立多元化的性骚扰纠纷解决机制。另一方面,这些单位应当采取合理的预防、受理投诉、调查处置等措施。这些措施涵盖了事前的预防、事中的受理投诉和事后的调查处置。

案例注解

【案例(2021)京0115民初39号】杜某性骚扰女同事被判赔偿精神抚慰金

【基本案情】

原告吕某与被告杜某系同事关系。2020年9月17日上午9时左右,吕某去杜某办公室拿厨师帽,吕某拿完厨师帽后随即离开。吕某于2020年9月18日向派出所报警要求处理,派出所对双方作了询问笔录后,杜某在派出所出具保证书一份,载明:"就员工吕某报警称我对其性骚扰一次(事),我认真反省,以后一定安心工作,事事

处处为员工着想，绝不做影响公司形象和员工身心健康的事情，绝不通过语言肢体骚扰她人。除工作之外决不和吕某有任何接触。保证人：杜某，2020.9.18。”原告吕某认为，被告杜某的行为已严重侵害了其身体健康权，为此诉至法院，请求判令杜某立即赔偿原告医疗费、营养费、误工费、交通费、精神损害抚慰金等共计人民币30,000元。

被告辩称，其对吕某并无语言挑逗，所以根本不存在性骚扰事实的存在；其在派出所所做“保证书”并非自认性骚扰的事实，而是反省自身，提醒自己以后要注意自己的言行；被告对吕某是否构成性骚扰的事实缺乏证据来证明。

【裁判要旨】

《民法典》第1010条第1款规定，违背他人意愿，以言语、文字、图像、肢体行为等方式对他人实施性骚扰的，受害人有权依法请求行为人承担民事责任。本案中，保证书系被告杜某本人签名，虽不能认定吕某主张的杜某用手摸吕某胸部和屁股的这一事实，但可以说明杜某在事发当时的行为具有侵犯女性权利的情形，据此可推定杜某的行为侵犯了吕某的人格尊严，应当承担相应的民事责任。

【裁判结果】

2021年1月20日，法院一审判决被告杜某于本判决生效之日起10日内赔偿原告吕某精神损害抚慰金5000元（户名：吕某；开户行：××银行股份有限公司北京经济技术开发区支行；账号：×××）；驳回原告吕某的其他诉讼请求。二审维持原判。（资料来源：中国裁判文书网）

关联法规

《宪法》第48条，《妇女权益保障法》第20、23、27、28、80条，《治安管理处罚法》第42、44、66、67、69条，《女职工劳动保护特别规定》第11条

第一千零一十一条　【侵害行动自由和非法搜查身体】以非法拘禁等方式剥夺、限制他人的行动自由，或者非法搜查他人身体的，受害人有权依法请求行为人承担民事责任。

条文注解

本条规定了非法剥夺、限制他人行动自由和非法搜查他人身体的，受害人有权依法请求行为人承担民事责任。首先是非法剥夺、限制他人行动自由。本条所谓的行动自由，是指身体行动的自由，不包括意志的自由或者精神活动的自由。非法剥夺、限制他人行动自由在实践中的方式多种多样，如非法拘禁、非法逮捕、拘留、非法绑架，非法强制住院治疗等。同时，剥夺、限制他人行动自由必须是非法的。其次是非法搜查他人身体。在实践中，有些超市、商场等发生了非法搜查他人身体的行为，这些行为往往以限制行动自由为前提，同时涉及自然人对自己身体的权利，侵害了自然人的人格尊严。非法搜查他人身体，必须是对他人身体的搜查。如果是非法搜查他

人住宅等,不适用本条,可以适用本法关于隐私权的规定。本条进一步规定,以非法拘禁等方式剥夺、限制他人的行动自由,或者非法搜查他人身体的,受害人有权依法请求行为人承担民事责任。受害人有权依法请求行为人承担民事责任,这意味着,如果本法和其他法律的规定对行为人承担民事责任,要求具备其他的责任构成要件,或者进一步对责任后果予以细致规定的,应当依照其规定。

关联法规

《宪法》第 37 条,《立法法》第 11 条,《刑法》第 238、244 条,《消费者权益保护法》第 27 条,《治安管理处罚法》第 40、41 条,《国家赔偿法》第 3 条,《刑事诉讼法》第 84、302 条,《行政强制法》第 20 条,《传染病防治法》第 39 条,《妇女权益保障法》第 19、22 条,《精神卫生法》第 5、30、31 条,《禁毒法》第 38 条,《劳动法》第 96 条

第三章　姓名权和名称权

第一千零一十二条　【姓名权】自然人享有姓名权,有权依法决定、使用、变更或者许可他人使用自己的姓名,但是不得违背公序良俗。

条文注解

姓名是一个自然人在社会中区别于其他人的标志和符号。姓名对于社会中的自然人来说意义极为重大。一是社会生活的需要。二是具有一定身份定位的功能。姓名由姓氏和名字组成。三是具有重要的法律意义。从民法的角度来讲,一个自然人拥有姓名后以姓名为标记,使自己与社会中的其他成员相区别,享受权利,承担义务,如可以使自己签订合同、行使所有权等权利更为简单容易;可以使自己的尊严得到更好彰显,个性可以得到更好发展,个人的名誉可以得到更好地维护;等等。本条规定包含以下几层含义:一是姓名权的主体只能是自然人。我国的民事主体包括自然人、法人和非法人组织三类。法人或者非法人组织享有的是名称权,不享有姓名权,姓名权专属于自然人。二是任何一个自然人都享有姓名权。每个自然人自出生之时就享有这种权利,有权依法决定、使用、变更或者许可他人使用自己的姓名,任何组织和个人都无权剥夺自然人的权利,也不得以干涉、盗用、假冒等方式侵害自然人的姓名权。三是任何一个自然人都平等地享有姓名权。自然人对姓名权的享有不因民族、性别、年龄等因素的不同而有所差别,也不因民族、性别、年龄等因素的不同而受到不同的保护。根据本条的规定,姓名权的内容主要包括四项权能:一是决定姓名的权能。二是使用姓名的权能。三是变更姓名的权能。四是许可他人使用自己的姓名的权能。

关联法规

《反不正当竞争法》第6条,《刑事诉讼法》第64条,《最高人民法院关于适用〈中华人民共和国反不正当竞争法〉若干问题的解释》第9、10条

第一千零一十三条　【名称权】法人、非法人组织享有名称权,有权依法决定、使用、变更、转让或者许可他人使用自己的名称。

条文注解

名称是法人或者非法人组织在社会活动中用以代表自己并区别于其他法人或者非法人组织的文字符号和标记。其功能和意义与自然人的姓名类似,是法人或者非法人组织区别于其他民事主体的重要标识,是法人或者非法人组织从事民事活动的前提和基础。任何合法设立的法人或者非法人组织都享有名称权。本条规定,法人、非法人组织享有名称权,有权依法决定、使用、变更、转让或者许可他人使用自己的名称。根据该规定,名称权的内容包括以下五个方面:一是决定名称的权能。二是使用名称的权能。三是变更名称的权能。四是转让名称的权能。五是许可使用的权能。

关联法规

《农民专业合作社法》第12、56条,《反不正当竞争法》第6条,《企业名称登记管理规定》第2、6~8、11、12条,《市场主体登记管理条例》第10、24条,《促进个体工商户发展条例》第26条,《社会团体登记管理条例》第8、10、23条,《民办非企业单位登记管理暂行条例》第2、8条,《外国企业常驻代表机构登记管理条例》第10条,《最高人民法院关于适用〈中华人民共和国反不正当竞争法〉若干问题的解释》第9条,《最高人民法院关于审理注册商标、企业名称与在先权利冲突的民事纠纷案件若干问题的规定》第2~4条

第一千零一十四条　【姓名权或名称权不得被非法侵害】任何组织或者个人不得以干涉、盗用、假冒等方式侵害他人的姓名权或者名称权。

条文注解

自然人对自己的姓名享有姓名权,法人、非法人组织对自己的名称享有名称权。自然人享有的姓名权不仅体现在对姓名有权依法决定、使用、变更或者许可他人使用方面,学理上称为姓名权的积极权能;还体现在任何组织或者个人不得以干涉、盗用、假冒等方式侵害他人的姓名权,学理上称为姓名权的消极权能。同理,法人、非法人组织享有的名称权也体现在这两个方面。本章在前两条分别对姓名权和名称权的积

极权能作了规定，为了更好地保护姓名权人和名称权人的权益，本条对姓名权和名称权的消极权能也作了规定，延续了我国现行法律和司法解释的规定。本条列举了三种实践中较为典型的侵害姓名权或者名称权的行为，但侵害姓名权或者名称权的行为不限于这三种，例如，将他人的姓名作为商品名称或者作为某一动物的名称等不正当使用姓名的行为。基于此，本条在非法干涉、盗用、假冒外加了个“等”字。

案例注解

【案例(2021)辽0283民初146号】某公司侵犯柏某姓名权被判停止侵权

【基本案情】

2020年7月，原告柏某突然收到法院的传票和申请追加原告柏某为被申请人的申请书。申请书中表述，原告系被告大连某建设集团有限公司股东及监事，公司设立时存在虚假出资，原告作为公司股东及监事对该情况应当知晓，因此要求原告对原股东即本案第三人邢某未缴纳出资范围内承担连带责任。2003年3月原告年仅24岁，还没取得安全员的执照，也不是被告公司的员工。对于以上事实，原告毫不知情，原告从未参与任何与被告公司相关的生产经营活动或以任何形式获得任何利润。被告公司在没有征得原告的同意下擅自使用原告的身份证复印件，将原告任命为监事，该行为已侵犯了原告的姓名权，并给原告的工作和生活造成了很大的影响。尤为重要的是，由于被告擅自将原告登记为监事，致使原告遭到他人起诉，并面临巨额赔偿。2021年1月25日下发(2020)辽0283民初6021号民事判决书，判决书确认大连某建设集团有限公司及邢某等人将原告柏某登记成股东、监事都是邢某个人所为，均未告知柏某。据此，2021年3月22日，××市市场监督管理局根据该判决书将大连某建设有限公司股东恢复到股东为邢某、某建设集团第四建筑工程公司，原告柏某登记成股东是错误的。大连某建设集团有限公司的名称随即变更为大连某建设有限公司。为此，原告诉至法院，请求判令被告立即停止对原告姓名权的侵害，在全国发行的报纸上刊登向原告赔礼道歉信息，消除影响，判令被告撤销2003年3月28日对被告监事的任命。

被告大连某建设有限公司辩称，2021年3月已经把营业执照给变回来了，但原告的监事身份没有取消，被告准备取消。第三人邢某、某建设集团第四建筑工程公司未作陈述。

【裁判要旨】

公民的姓名权受法律保护，任何组织或者个人不得以干涉、盗用、假冒等方式侵害他人的姓名权或者名称权，受到侵害有权要求侵害方赔偿损失。本案中被告未经原告允许，将原告姓名登记为某店负责人，给原告造成损失，应当承担相应的赔偿责任。原告代为履行了有关执行款项及执行费，有权要求被告支付。

【裁判结果】

2021年6月1日，法院判决被告大连某建设有限公司停止对原告柏某姓名权的侵害，于本判决生效后15日内向××市市场监督管理局变更注销公司监事柏某的登记，驳回原告柏某的其他诉讼请求。(资料来源：中国裁判文书网)

关联法规

《反不正当竞争法》第6条,《英雄烈士保护法》第22、23条,《网络安全法》第41~45、76条,《最高人民法院关于审理商标授权确权行政案件若干问题的规定》第20条,《最高人民法院关于确定民事侵权精神损害赔偿责任若干问题的解释》第1条,《最高人民法院关于审理注册商标、企业名称与在先权利冲突的民事纠纷案件若干问题的规定》第1~4条

第一千零一十五条 【自然人选取姓氏】自然人应当随父姓或者母姓,但是有下列情形之一的,可以在父姓和母姓之外选取姓氏:

(一)选取其他直系长辈血亲的姓氏;

(二)因由法定扶养人以外的人扶养而选取扶养人姓氏;

(三)有不违背公序良俗的其他正当理由。

少数民族自然人的姓氏可以遵从本民族的文化传统和风俗习惯。

第一千零一十六条 【姓名、名称的登记及其变更不影响之前民事法律行为效力】自然人决定、变更姓名,或者法人、非法人组织决定、变更、转让名称的,应当依法向有关机关办理登记手续,但是法律另有规定的除外。

民事主体变更姓名、名称的,变更前实施的民事法律行为对其具有法律约束力。

条文注解

本条是关于民事主体决定、变更姓名、名称或者转让自己名称应当遵守的法定程序以及产生的法律效力。自然人的姓名的决定关系到该自然人参与社会经济生活,特别是涉及从事民事法律行为的问题,因此,自然人决定姓名除需要以有民事行为能力为前提外,还需要遵循法定的程序,办理法定的手续。考虑到法人、非法人组织对社会的影响较大,任何一个国家都会对法人、非法人组织进行管理。为了维护正常的社会秩序和健康的市场经济秩序,我国法律法规以及规章对法人、非法人组织的设定、变更、转让也作了不少规定,设定了一定的程序,特别是登记程序。原则上法人或者非法人组织变更自己的名称或者转让自己的名称都需要进行变更或者转让登记。

自然人的姓名,法人、非法人组织的名称,是民事主体的外在标识,姓名权人或者名称权人以其参与各种民事活动,为自己设定权利义务,对自己、对他人都有重大影

响。自然人变更自己的姓名,法人、非法人组织变更自己的名称,都是其外在标识改变,其实质并没有发生改变,其权利义务的归属也不应发生改变,否则会对他人甚至社会公共利益产生重大影响。对此,本条第2款特别规定,民事主体变更姓名、名称的,变更前实施的民事法律行为对其具有法律约束力。

关联法规

《户口登记条例》第18条

第一千零一十七条 【笔名、艺名等的保护】具有一定社会知名度,被他人使用足以造成公众混淆的笔名、艺名、网名、译名、字号、姓名和名称的简称等,参照适用姓名权和名称权保护的有关规定。

条文注解

姓名是自然人区别于他人的特定符号和标识,名称是法人、非法人组织区别于其他民事主体的特定符号和标识。姓名和名称都有狭义和广义之分,狭义的姓名是某一自然人的正式姓名(在国家户口登记机关登记的法定姓名),狭义的名称是某一法人、非法人组织的正式名称(在国家相关机关登记的名称),广义上的姓名和名称除包括正式姓名和正式名称外,还包括笔名、艺名、网名、译名、字号、姓名和名称的简称等。在很多情况下,这些笔名、艺名、网名、译名、字号、姓名和名称的简称等也能够起到确定和代表某一自然人或者法人、非法人组织的作用,能够体现民事主体的人格特征。这些笔名、艺名、网名、译名、字号、姓名和名称的简称等若被他人滥用或者导致他人混淆,也会有损自然人的人格尊严,对该民事主体造成重大损害。因此,保护笔名、艺名、网名、译名、字号、姓名和名称的简称等,有利于更好地保护民事主体的人格利益。但是笔名、艺名、网名、译名、字号、姓名和名称的简称等毕竟不是登记的正式姓名或者名称,并非任何笔名、艺名、网名、译名、字号、姓名和名称的简称等都应当受到保护,只有满足一定条件的笔名、艺名、网名、译名、字号、姓名和名称的简称等才受法律保护:一是具有一定社会知名度或者为相关公众所知悉;二是被他人使用足以造成公众混淆的。基于此,本条规定,具有一定社会知名度,被他人使用足以造成公众混淆的笔名、艺名、网名、译名、字号、姓名和名称的简称等,参照适用姓名和名称保护的相关规定。

与对正式姓名或者名称的保护相比,对笔名、艺名、网名、译名、字号、姓名和名称的简称等的保护既有相同点,也有不同点。相同点:一是对正式姓名或者名称的使用不得违反法律、行政法规的强制性规定,不得违背公序良俗;对笔名、艺名、网名、译名、字号、姓名和名称的简称等的使用也不得违反法律、行政法规的强制性规定,不得违背公序良俗。二是任何组织或者个人都不得以干涉、盗用或者假冒等方式侵害。不同点:一是对正式姓名或者名称的保护,不需要具有一定社会知名度,被他人使用足以造成公众混淆等条件的限制。也就是说,自然人或者法人、非法人组织经过登记的正式姓名或者名称都受法律保护,任何组织或者个人都不得干涉、盗用或者假冒。对笔名、艺名、网名、译名、字号、姓名和名称的简称等的保护,则需要受具有一定社会知名度、被他人使用足以造成公众混淆等条件的限制。二是自然人决定、变更正式姓名,法人、非法人组织变更、转让名称、简称、字号等,都需要登记;而自然人决定、变更自己的笔名、艺名、网名等,原则上不需要经过登记。还有一个涉及自然人艺名的归属问题,即艺名是归艺人所有还是归艺人所在的公司所有。考虑到艺名是针对特定自然人的,其他民事主体盗用、假冒艺名直接损害的是特定自然人的利益,因此,艺名应当属于使用该艺名的自然人。

关联法规

《反不正当竞争法》第6条,《最高人民法院关于审理商标授权确权行政案件若干问题的规定》第20条,《最高人民法院关于适用〈中华人民共和国反不正当竞争法〉若干问题的解释》第9条

第四章 肖 像 权

第一千零一十八条 【肖像权】自然人享有肖像权,有权依法制作、使用、公开或者许可他人使用自己的肖像。

肖像是通过影像、雕塑、绘画等方式在一定载体上所反映的特定自然人可以被识别的外部形象。

条文注解

肖像与姓名、名称一样,都是民事主体的外在表征,彰显民事主体的社会存在。从理论上划分,肖像权与姓名权、名称权一样,都属于标表型人格权,是民事主体不可缺少的一种具体人格权。随着社会的发展和科学技术的进步,特别是手机摄影技术、传播技术和名人现象的发展,肖像越来越容易被获取,其具有的商业价值也越来越巨大(公众人物的肖像更是如此),肖像被他人以非法利用等手段进行侵害的情形越来越多,因此而产生的纠纷也越来越多。根据本条第1款的规定,任何自然人都享有肖像权,肖像权的内容包括四个方面:一是依法制作自己肖像的权能。二是依法使用肖像的权能。三是依法公开肖像的权能。四是许可他人使用肖像的权能。

根据本条第2款的规定,肖像只有再现在一定载体上才具有法律意义。但是否制作自己的肖像是肖像权人的权利,肖像权人有权根据自己的需要或者他人的需要,自己或者许可他人通过影像、雕塑、绘画等方式制作自己的肖像,任何组织或者个人都不得干涉或者侵犯。

案例注解

【案例】楼某熙诉杜某峰、某网络技术有限公司肖像权纠纷案

【基本案情】

2021年7月7日，杜某峰通过其名为"西格隆咚锵的隆"的新浪微博账号发布一条微博(某网络技术有限公司系该平台经营者)，内容为"日本地铁上的小乘客，一个人上学，那眼神里充满自信和勇气，太可爱了"，并附有楼某熙乘坐杭州地铁时的照片，引起网友热议。次日，楼某熙的母亲在新浪微博发布辟谣帖："我是地铁小女孩的妈妈，网传我家孩子是日本小孩！在此特此申明：我家孩子是我大中华儿女，并深深热爱着我们的祖国！……"广大网友也纷纷指出其错误。杜某峰对此仍不删除案涉微博，还在该微博下留言，继续发表贬低祖国和祖国文化的言论。后该微博账号"西格隆咚锵的隆"由于存在其他不当言论被新浪微博官方关闭，所有发布的内容从新浪微博平台清除。楼某熙以杜某峰、某网络科技有限公司侵害其肖像权为由，提起诉讼。

【裁判要旨】

自然人享有肖像权，有权依法制作、使用、公开或者许可他人使用自己的肖像；任何组织或者个人不得以丑化、污损，或者利用信息技术手段伪造等方式侵害他人的肖像权；未经肖像权人同意，不得制作、使用、公开肖像权人的肖像，但是法律另有规定的除外。本案中，杜某峰发布的案涉微博中使用的图片含有小女孩的清晰面部、体貌状态等外部身体形象，通过比对楼某熙本人的肖像，以社会一般人的认知标准，能够清楚确认案涉微博中的肖像为楼某熙的形象，故楼某熙对该图片再现的肖像享有肖像权。杜某峰在"七七事变"纪念日这一特殊时刻，罔顾客观事实，在众多网友留言指出其错误、楼某熙母亲发文辟谣的情况下，仍拒不删除案涉微博，还不断留言，此种行为严重损害了包括楼某熙在内的社会公众的国家认同感和民族自豪感，应认定为以造谣传播等方式歪曲使用楼某熙的肖像，严重侵害了楼某熙的肖像权。楼某熙诉请杜某峰赔礼道歉，有利于恢复其人格状态的圆满，有利于其未来的健康成长，依法应获得支持。

【裁判结果】

法院遂判决杜某峰向楼某熙赔礼道歉，并赔偿楼某熙精神损害抚慰金、合理维权费用等损失。(资料来源：最高人民法院网)

关联法规

《妇女权益保障法》第28条，《广告法》第33条，《涉外民事关系法律适用法》第46条，《最高人民法院关于审理利用信息网络侵害人身权益民事纠纷案件适用法律若干问题的规定》第1条

第一千零一十九条 【肖像权消极权能】任何组织或者个人不得以丑化、污损，或者利用信息技术手段伪造等方式侵害他人的肖像权。未经肖像权人同意，不得制作、使用、公开肖像权人的肖像，但是法律另有规定的除外。

未经肖像权人同意，肖像作品权利人不得以发表、复制、发行、出租、展览等方式使用或者公开肖像权人的肖像。

条文注解

肖像权作为自然人享有的一种重要人格权，具有人格权共有的绝对性、专属性、排他性等特征，肖像权人对其肖像既享有依法制作、使用、公开或者许可他人使用的权利，也享有排除他人侵害的权利。任何组织或者个人都不得以任何形式侵害肖像权人的肖像权。本条从三个方面对禁止任何组织或者个人侵犯他人肖像权的情形作出了规定：一是任何组织或者个人不得以丑化、污损，或者利用信息技术手段伪造等方式侵害他人的肖像权。二是未经肖像权人同意，不得制作、使用、公开肖像权人的肖像，但是法律另有规定的除外。三是未经肖像权人同意，肖像作品权利人不得以发表、复制、发行、出租、展览等方式使用或者公开肖像权人的肖像。

案例注解

【案例（2021）陕0481民初1247号】罗某某侵犯肖像权案被判赔礼道歉

【基本案情】

原告张某系某村村干部，2021年5月15日原告和妻子李某在村上免费拍摄婚纱照，拍摄完成后，原告让村上会计荔某帮忙用手机拍摄照片并发送至原告的微信中，荔某错将照片发至村6人工作群中，群中被告罗某某看到后随即在照片上编辑绿色字体："潘金莲西门庆"六字，发送给本村村民罗某，罗某将该照片转发至本村村民群中。

另查明，原告向法院起诉后，于2021年5月27日向镇派出所报案，某某机关调查笔录与本案事实基本一致。

【裁判要旨】

《民法典》第1019条规定，任何组织或者个人不得以丑化、污损，或者利用信息技术手段伪造等方式侵害他人的肖像权。未经肖像权人同意，不得制作、使用、公开肖像权人的肖像，但是法律另有规定的除外。本案中，被告罗某某未经原告张某某同意，擅自在原告与其妻子的婚纱照上编辑"潘金莲西门庆"六字，对原告及其妻子进行丑化，并发送至同村村民罗某微信中，随后罗某将该照片发送至村民微信群中，致该照片在村民中传播，对原告及其妻子人格尊严和形象的社会评价造成影响，其行为构成了对被告肖像权的侵害。

【裁判结果】

2021年6月11日，法院判决被告罗某某于本判决生效之日起10日内在某村民

微信群中以文字形式向原告张某某赔礼道歉。(资料来源:中国裁判文书网)

关联法规

《妇女权益保障法》第28条,《精神卫生法》第4条,《英雄烈士保护法》第22条,《艾滋病防治条例》第39条

第一千零二十条　【肖像权的合理使用】合理实施下列行为的,可以不经肖像权人同意:

(一)为个人学习、艺术欣赏、课堂教学或者科学研究,在必要范围内使用肖像权人已经公开的肖像;

(二)为实施新闻报道,不可避免地制作、使用、公开肖像权人的肖像;

(三)为依法履行职责,国家机关在必要范围内制作、使用、公开肖像权人的肖像;

(四)为展示特定公共环境,不可避免地制作、使用、公开肖像权人的肖像;

(五)为维护公共利益或者肖像权人合法权益,制作、使用、公开肖像权人的肖像的其他行为。

条文注解

肖像权是自然人享有的一项重要人格权。但同其他民事权利一样,这项人格权并非绝对的权利。肖像不仅对本人意义重大,对他人甚至对全社会都具有重大价值,一些正常的社会活动都离不开对他人肖像的合理使用,如果任何制作、使用、公开肖像的行为都需要经过权利人同意,会给正常的社会活动带来影响,甚至影响公共利益。因此,法律应当在保护个人肖像权和保护社会公共利益之间进行平衡和协调。《民法典》在强调加强对肖像权保护的同时,也设置了肖像权保护的例外情形。在这些例外情形下,制作、使用、公开肖像权人的肖像并不会构成侵权。这些例外情形除《民法典》总则编"民事责任"一章和侵权责任编规定的正当防卫、紧急避险、自助行为、不可抗力、当事人同意等一般的免责事由外,还有本条规定的几类特殊免责事由,也可以说是合理使用情形。规定这几类合理使用情形,既是基于肖像权人本身利益的需要,也是保护社会公共利益的需要。需要强调的是,即使构成本条规定的五种情形之一,也必须合理实施制作、使用、公开他人肖像的行为。因此,本条开宗明义就规定,合理实施下列行为的,才可以不经肖像权人同意。

第一千零二十一条 【肖像许可使用合同解释规则】当事人对肖像许可使用合同中关于肖像使用条款的理解有争议的，应当作出有利于肖像权人的解释。

第一千零二十二条 【肖像许可使用合同解除权】当事人对肖像许可使用期限没有约定或者约定不明确的，任何一方当事人可以随时解除肖像许可使用合同，但是应当在合理期限之前通知对方。

当事人对肖像许可使用期限有明确约定，肖像权人有正当理由的，可以解除肖像许可使用合同，但是应当在合理期限之前通知对方。因解除合同造成对方损失的，除不可归责于肖像权人的事由外，应当赔偿损失。

条文注解

这两条规定的都是肖像许可使用合同，但实际上都涉及对肖像的经济利用问题。对肖像权、姓名权、名称权等标表型人格权进行经济利用是现实发展的需要，也是新型人格权发展的需要，规定这些内容恰恰是为了更好地规范这个问题。

第1021条规定，当事人对肖像许可使用合同中关于肖像使用条款的理解有争议的，应当作出有利于肖像权人的解释。这与一般合同的解释规则是不同的。之所以作出这样的规定，是为了加强对肖像权的保护。本条中规定的“关于肖像使用条款的理解有争议”，是指因合同条款的内容模糊不清等原因导致双方理解不一，发生争议的情况，并非当然指对肖像许可的范围、方式等约定不明确。

第1022条针对肖像许可使用合同的使用期限问题作了特别规定。根据该条第1款的规定，当事人对肖像许可使用期限没有约定或者约定不明确的，任何一方当事人可以随时解除肖像许可使用合同，但是应当在合理期限之前通知对方。这实际上赋予了双方当事人在肖像许可使用合同对肖像许可使用期限没有约定或者约定不明确的情况下任意解除合同的权利，但任何一方当事人行使这种任意解除权，应当在合理期限之前通知对方当事人，至于“合理期限”有多长，应当根据个案处理。第2款规定，当事人对肖像许可使用期限有明确约定，肖像权人有正当理由的，可以解除肖像许可使用合同。这实际上赋予了肖像权人在许可使用期限即使约定明确的情况下，也可以单方解除肖像许可使用合同的权利。赋予肖像权人单方解除权也是为了更好地保护肖像权人的人格利益。但肖像权人行使这种单方解除权是有条件限制的：一是要有正当理由，这种正当理由既可以是《民法典》合同编第563条规定的情形，也可以是第563条规定情形之外的其他正当理由，例如，被许可使用人的违约行为即使不构成第563条所规定的重大违约，只是一般违约，肖像权人也可以单方解除合同。二是肖像权人行使单方解除权应当在合理期限之前通知对方，以便让对方当事人有一定的准备和缓冲时间。三是肖像权人因解除合同造成对方损失的，除不可归责于肖像权人的事由外，应当赔偿损失。

第一千零二十三条 【姓名许可和声音保护的参照适用】对姓名等的许可使用，参照适用肖像许可使用的有关规定。

对自然人声音的保护，参照适用肖像权保护的有关规定。

条文注解

本条是关于姓名的许可使用和对声音保护的规定。姓名、名称与肖像一样都是民事主体的外在标识和特征，从理论上来讲，都属于标表型人格权。这些标表型人格权的客体都具有一定的经济价值，可以被许可使用。本条第1款规定，对姓名等的许可使用，参照适用肖像许可使用的有关规定。之所以在“姓名”后加个“等”字，主要是考虑还有名称等也可以被许可使用。之所以规定“参照”适用肖像许可使用的有关规定，而非直接适用肖像许可使用的有关规定，主要是考虑姓名、名称与肖像虽然都可以被许可使用，但毕竟是不同的人格权，还存在不同之处。声音虽然还不足以构成一种具体的人格权，但若对声音一概不予保护，任由他人随意复制、模仿、伪造特定自然人的声音，确有可能对该自然人的人格尊严造成较大的损害，特别是随着人工智能技术和大数据技术的发展，利用信息技术手段“深度伪造”他人声音的情形不但会严重损害该自然人的人格尊严，而且具有极大的社会危害性。

本条第2款规定，对自然人声音的保护，参照适用肖像权保护的有关规定。根据该规定，对自然人的声音应当加以保护，但受到保护的声音应当足以识别到特定自然人，且考虑到声音毕竟还不能构成一种具体人格权，所以只能参照适用肖像权保护的规定，不能完全适用肖像权保护的规定。单纯模仿他人的声音并不构成侵权。

第五章　名誉权和荣誉权

第一千零二十四条 【名誉权】民事主体享有名誉权。任何组织或者个人不得以侮辱、诽谤等方式侵害他人的名誉权。

名誉是对民事主体的品德、声望、才能、信用等的社会评价。

条文注解

本条第1款规定，任何组织或者个人不得以侮辱、诽谤等方式侵害他人的名誉权。在判断某一行为是否构成侵害名誉权时，需要注意以下几点：一是受害人的社会评价是否降低,没有受害人社会评价的降低,就不存在名誉权受损害的问题。受害人社会评价是否降低,应当以社会一般人的评价为标准进行判断,不能仅以受害人自己的主观感受为标准。二是如果行为人发布的信息或者所做的陈述真实、客观,且没有包含侮辱性的内容,即使受害人认为自己的名誉受到了损害,也不构成名誉权侵权。三是行为人侵害他人名誉权的行为需要受害人以外的人知悉。四是行为人的行为具有过错,名誉权侵权属于一般侵权行为,因此,行为人的过错也是这种侵权的构成要件,这种过错既表现为故意,也表现为过失。

本条第 2 款规定,名誉是对民事主体的品德、声望、才能、信用等的社会评价,也就是社会公众对民事主体的评价。如果行为人的侵害行为没有被受害人以外的人所知悉,其社会评价就不存在降低或者受损的问题,自然也就不存在名誉权受损害的问题。需要注意的是,传播了虚假的事实、造成受害人的社会评价降低是构成名誉权侵权必须具备的两个要件。否则,虽然传播了虚假事实,并未因此导致他人社会评价降低的,但不构成侵害名誉权的侵权行为。

案例注解

【案例(2021)湘 0281 民初 2260 号】李某侵犯陈某名誉权被判赔礼道歉

【基本案情】

原告陈某与被告李某系朋友关系。2019 年,原告向被告借款,之后原告要求被告到原告公司当员工。2020 年因公司效益不好,原告辞退了被告。2021 年 6 月 7 日,被告带人去到原告公司拉附有文字为"云观心理咨询师陈某,无良无德,欠钱不还,还欺骗合作方和来访者"的横幅。原告向某某机关报警,某某机关对原告做了笔录。2021 年 6 月 22 日,原告认为被告等人的一系列侵权行为给原告的名誉及人身安全造成极大的困扰,请求法院依法判令被告立即停止原告名誉权和人身安全的行为,向原告赔礼道歉并赔偿由此造成的损失共计 310 元。

【裁判要旨】

《民法典》第 1024 条规定,民事主体享有名誉权。任何组织或者个人不得以侮辱、诽谤等方式侵害他人的名誉权。名誉是对民事主体的品德、声望、才能、信用等的社会评价。公民依法享有名誉权,公民的人格尊严受法律保护。被告向原告催要借款应采取正确的方式,被告在原告工作处通过拉横幅的方式向原告催要借款,该行为对原告具有一定的侮辱性,导致原告在一定范围内社会评价降低,原告要求被告向其赔礼道歉的诉讼请求,于法有据,应予支持。

【裁判结果】

2021 年 9 月 9 日,法院被告李某立即停止侵害原告陈某名誉权的行为;被告李某在本判决生效后 5 日内向原告陈某赔礼道歉;驳回原告陈某的其他诉讼请求。(资料来源:中国裁判文书网)

关联法规

《妇女权益保障法》第 28 条,《治安管理处罚法》第 42 条,《英雄烈士保护法》第

22 条,《检察官法》第 66 条,《法官法》第 65 条,《公务员法》第 110 条,《红十字会法》第 27 条,《网络安全法》第 12 条,《国家赔偿法》第 35 条,《未成年人保护法》第 110 条

第一千零二十五条 【名誉权的限制】行为人为公共利益实施新闻报道、舆论监督等行为,影响他人名誉的,不承担民事责任,但是有下列情形之一的除外:

(一)捏造、歪曲事实;

(二)对他人提供的严重失实内容未尽到合理核实义务;

(三)使用侮辱性言辞等贬损他人名誉。

条文注解

新闻报道,是指报纸、刊物、广播、电视等大众传媒及时将新闻事实予以公开和传播的行为,其是新闻单位对新近发生的事实的报道,这些事实包括政治、经济、军事、外交等社会公共事务以及社会突发事件。舆论监督,是指社会公众运用各种传播媒介对社会运行过程中出现的现象表达信念、意见和态度,对各种违法违纪行为所进行的揭露、报道、评论或者抨击的行为。本条规定,行为人为公共利益实施新闻报道、舆论监督等行为,影响他人名誉的,不承担民事责任。主要考虑:新闻报道涉及社会利益与公众利益,关系到党和国家新闻事业、新闻媒体社会责任以及新闻工作者的权利,关系到言论自由等宪法权利,还关系到人民的知情权。并且,新闻报道具有激浊扬清、针砭时弊等非常重要的社会功能。国家对新闻报道的要求、法律对新闻报道的要求,就是内容的真实性和客观性。需要特别强调的是,本条虽对实施新闻报道、舆论监督等行为规定了特别保护条款,但是实施新闻报道、舆论监督等行为并非在任何情况下都不承担民事责任。若具有本条列举的三种情形之一的,实施新闻报道、舆论监督等行为的行为人仍应当承担民事责任。

关联法规

《宪法》第 35 条,《最高人民法院关于审理利用信息网络侵害人身权益民事纠纷案件适用法律若干问题的规定》第 11 条

第一千零二十六条 【合理核实义务的认定因素】认定行为人是否尽到前条第二项规定的合理核实义务,应当考虑下列因素:

(一)内容来源的可信度;

(二)对明显可能引发争议的内容是否进行了必要的调查;

(三)内容的时限性;

（四）内容与公序良俗的关联性；

（五）受害人名誉受贬损的可能性；

（六）核实能力和核实成本。

条文注解

行为人为公共利益实施新闻报道、舆论监督等行为时，对他人提供的基本内容应当履行合理核实义务；若对他人提供的严重失实内容未尽到合理核实义务，则可能会承担民事责任。可见，对他人提供的信息尽合理核实义务是从事新闻报道等行为的行为人的职业道德和法定义务。对如何判断行为人是否履行了合理核实义务，本条列举了前述六项应当考虑的因素，但在实践中进行判断时并非要考虑所有因素，至于到底要考虑几项因素以及哪几项因素，应当根据具体情况决定。此外，本条规定的因素仍然是较为抽象的，需要在个案中结合具体情况进行判断；同时，本条规定的六项因素也为实践中的案例类型化和司法实践提炼更具体的规则提供了依据和基础。

第一千零二十七条　【作品侵害名誉权】行为人发表的文学、艺术作品以真人真事或者特定人为描述对象，含有侮辱、诽谤内容，侵害他人名誉权的，受害人有权依法请求该行为人承担民事责任。

行为人发表的文学、艺术作品不以特定人为描述对象，仅其中的情节与该特定人的情况相似的，不承担民事责任。

条文注解

国家对从事教育、科学、技术、文学、艺术和其他文化事业的公民的有益于人民的创造性工作，给予鼓励和帮助。文学艺术作品来自生活，依托于现实，但往往又高于生活，具有一定的虚构性。本条区分两种情况并作了规定：第 1 款是行为人发表的文学、艺术作品以真人真事或者特定人为描述对象的情形。这主要是针对依赖于原型人物和现有事实创作出来的纪实类作品。由于这类作品是以真人真事或者特定人为描述对象，所以只要作品的描述以事实为基础，原则上不会构成名誉权侵权；但是，若行为人发表的文学、艺术作品虽以真人真事或者特定人为描述对象，使用的也是被描述对象的真实姓名、真实地址，却以谣言和捏造的事实为基础，对被描述对象进行侮辱、诽谤，从而造成其社会评价降低的，作者也应当依法承担民事责任，需要强调的是，第 1 款规定的前提条件是该作品已被公开。第 2 款是行为人发表的文学、艺术作品不以特定人为描述对象的情形。这主要是针对作者创作的以想象虚构为主的小说等文学艺术类作品。由于这类作品是以想象虚构的内容为基础创作的，没有使用真人真事，并不是以特定人为描述对象，所以就很难对某人的名誉权造成侵害，即使是该作品中的情节与某特定人的情况相似,也不构成侵害名誉权。

关联法规

《宪法》第47条

第一千零二十八条 【媒体报道内容失实侵害名誉权的补救】民事主体有证据证明报刊、网络等媒体报道的内容失实,侵害其名誉权的,有权请求该媒体及时采取更正或者删除等必要措施。

条文注解

报刊、网络等媒体的报道具有传播速度快、传播范围广、传播影响大等特点,再加上报刊、网络等媒体进行新闻报道时往往又要追求时效性、爆炸性等效果,因此,其报道的内容一旦失实,造成的后果将是十分严重的,对涉及的民事主体的名誉影响也是巨大的。因此,发现报刊、网络等媒体的报道失实后,采取措施及时切断这些失实报道内容的传播就极为必要。实践中,报刊、网络等媒体自己发现报道内容失实,自己及时采取措施进行更正是理所当然的;若自己发现报道失实后,还不采取措施更正的,就是明知报道失实还仍然报道,构成了恶意,对他人名誉造成损害的,应当承担侵权责任。根据本条的规定,名誉权人有权请求媒体对不实报道内容进行更正或者删除,但前提是其有证据证明该媒体报道的内容是失实的。若名誉权人没有证据证明媒体的报道失实,其无权要求媒体进行更正。同时,本条规定与《民法典》人格权编第1025条规定相衔接。

关联法规

《出版管理条例》第27条

第一千零二十九条 【信用评价】民事主体可以依法查询自己的信用评价;发现信用评价不当的,有权提出异议并请求采取更正、删除等必要措施。信用评价人应当及时核查,经核查属实的,应当及时采取必要措施。

条文注解

信用,是指对一个民事主体履行义务能力,特别是经济能力的一种社会评价。所谓信用评价,是银行等信用评估机构对借款人等民事主体的信用情况进行评估的一种活动。信用评价会对一个民事主体的名誉造成重大影响,所以信用评估机构只有依照法律、行政法规的规定或者经信用评估结果涉及的民事主体同意,才能向其他机构和部门出示信用评价结果。民事主体也有权依法查询自己的信用评价结果，信用评估机构不得拒绝该民事主体查询自己的信用评价结果的要求。民事主体通过自己查询等方法发现信用评价不当的，有权向信用评估机构提出异议并要求采取更正、删除等必要措施。当然，民事主体请求信用评估机构采取更正、删除等必要措施时，应当提供相应的证据证明该信用评价结果不当。信用评估机构接到民事主体的异议和更正、删除等请求后，信用评价人应当及时对民事主体提供的证据进行核查，经核查属实的，应当及时采取更正、删除等必要措施。若信用评估机构接到民事主体的请求后，不进行核查，或者经核查属实后并未采取更正、删除等必要措施的，就构成过错，应当对民事主体承担侵害名誉权的民事责任。对于信用评估机构采取更正、删除等必要措施前对民事主体造成的名誉权损害，其是否承担民事责任，关键是看信用评估机构对形成不当的信用评价是否有过错，从原则上来讲，信用评估机构有过错的，其就应当对损害后果承担民事责任。

关联法规

《征信业管理条例》第17、25条

第一千零三十条 【民事主体与信用信息处理者之间关系的法律适用】民事主体与征信机构等信用信息处理者之间的关系，适用本编有关个人信息保护的规定和其他法律、行政法规的有关规定。

条文注解

名誉权人的信用是社会公众对其经济能力的评价和信赖，其对于名誉权人的影响重大。正因如此，信用评估应当具有客观性和公正性，不应带有任何偏见。要确保信用评估的客观性和公正性，信用评估就必须建立在真实信用信息的基础上。因此，信用评估人在对某民事主体进行信用评估前应当尽量全面准确地掌握该民事主体的资产状况、还债记录等信用信息，这是进行信用评估的前提和基础。

信用信息属于民事主体的个人信息。考虑到个人信息在现代社会对于个人的重要性和易受侵害性，我国加强了对个人信息的保护，本编第六章和《网络安全法》《消费者权益保护法》《电子商务法》《征信业管理条例》等多部法律法规对个人信息的保护问题作了规定。征信机构等信用信息处理者在处理信用信息时，也应当遵守这些规则。

第一千零三十一条 【荣誉权】民事主体享有荣誉权。任何组织或者个人不得非法剥夺他人的荣誉称号，不得诋毁、贬损他人的荣誉。

获得的荣誉称号应当记载而没有记载的，民事主体可以请求记载；获得的荣誉称号记载错误的，民事主体可以请求更正。

条文注解

本条第1款规定了荣誉是国家和社会对在社会生产生活中作出突出贡献或者有突出表现的民事主体所给予的积极的正式评价。荣誉的外在表现形式可以是物质奖励，如奖金、奖杯、奖牌；也可以是精神奖励，如光荣称号等。授予荣誉的主体可以是政府，也可以是单位，还可以是社会组织。荣誉权就是民事主体对自己所获得的荣誉及其利益所享有的保持、支配的权利。荣誉是政府、单位或者社会组织依据一定程序授予民事主体的一种正式评价，若没有正当理由且没有通过严格的程序，这种正式评价不能被剥夺。任何组织或者个人若对某民事主体所获得的荣誉有异议，都应当通过一定程序向荣誉授予机关提出，由授予机关通过严格程序作出是否撤销或者剥夺该民事主体所获荣誉的决定。除此之外，任何组织或者个人都不得非法剥夺他人的荣誉称号。任何组织或者个人诋毁、贬损他人荣誉的，应当依法承担民事责任。此外，荣誉权不仅包括精神利益，还附随着一定的物质利益，如奖金、奖品等。民事主体有权获得因其荣誉所产生的物质利益，禁止任何组织或者个人非法剥夺民事主体因其荣誉产生的物质利益。

本条第2款规定了两种损害民事主体荣誉权的特殊情形：一是民事主体获得的荣誉称号应当记载而没有记载的情形。荣誉称号是民事主体享有荣誉权的主要表现形式和载体。荣誉称号应当被相关单位载入民事主体的档案等正式材料中，这是对民事主体荣誉的承认，对其荣誉权的尊重。但是，实践中，民事主体的荣誉称号也存在没有被记载的情形，这实际上变相剥夺了民事主体的荣誉称号，实质上损害了民事主体的荣誉权。二是民事主体获得的荣誉称号被记载错误的情形。荣誉称号是荣誉权的重要体现，若被错误记载，将对荣誉权人的荣誉造成贬损，损害民事主体的荣誉权。因此，相关单位有义务准确记载民事主体的荣誉称号。荣誉权人发现自己的荣誉称号被错误记载的，有权请求义务人予以更正。

关联法规

《妇女权益保障法》第28条，《英雄烈士保护法》第22条，《预备役人员法》第4、11、48、50条，《教师法》第33条

第六章　隐私权和个人信息保护

第一千零三十二条　【隐私权】自然人享有隐私权。任何组织或者个人不得以刺探、侵扰、泄露、公开等方式侵害他人的隐私权。

隐私是自然人的私人生活安宁和不愿为他人知晓的私密空间、私密活动、私密信息。

条文注解

本条从两个层面对隐私权作了规定。第1款明确确认了任何一个自然人均享有隐私权。根据该规定,享有隐私权的只能是自然人,法人、非法人组织不能享有隐私权。隐私是与一个人精神利益和人格尊严联系在一起的,其涉及一个人的私生活安宁和独处的利益,法人、非法人组织作为一个组织体,其不可能产生这种需求,不需要通过隐私权制度来保护其秘密。对于法人、非法人组织的商业秘密,可以通过《反不正当竞争法》等法律制度来加以保护。基于此,本条没有规定法人、非法人组织享有隐私权。自然人对隐私的权利,主要体现在以下几个方面:一是隐私享有权,即自然人有权对自己的私密信息、私密活动和私密空间进行隐匿,有权享有生活安宁状态,有权保护自己的隐私不受他人的非法披露和公开,禁止任何个人和组织非法披露、公开。二是隐私维护权,即自然人维护自己的隐私不受侵犯的权利。在自己的隐私权受到侵害后,有权直接请求行为人停止侵害、排除妨碍,也有权请求司法机关予以保护。三是隐私公开权,即自然人在法律和公序良俗所允许的范围内有权公开自己的隐私。公开的方式可以是自己亲自公开,也可以是允许他人公开,但需要强调的是,他人公开自然人的隐私,必须经权利人明确同意。

第2款对隐私的定义进行了界定。界定隐私是规定隐私权的前提和基础。隐私包括四部分内容:一是私人生活安宁。二是私密空间。三是私密活动。四是私密信息。实践中,判断自然人的某一具体事物或者事务是否为隐私,是较为困难的事情,一般来说,可以从三个方面进行判断:一是私人性,不属于自然人私人的事物或者状态不属于隐私。二是主客观相结合性。三是发展性。从隐私发展史来看,隐私的范围和内容并非一成不变,它是随着社会的变迁而不断发展变化的。

案例注解

【案例】孙某燕与某通信公司某市分公司等隐私权、个人信息保护纠纷案

【基本案情】

2011年7月,原告孙某燕在被告某通信公司某市分公司处入网,办理了电话卡。2020年6月至12月,孙某燕持续收到营销人员以某通信公司某市分公司工作人员名义拨打的推销电话，以“搞活动”“回馈老客户”“赠送”“升级”等为由数次向孙某燕推销套餐升级业务。其间原告孙某燕两次拨打该通信公司客服电话进行投诉，该通信公司客服在投诉回访中表示会将原告的手机号加入“营销免打扰”，以后尽量避免再向原告推销。后原告孙某燕又接到了被告的推销电话，经拨打该通信公司客服电话反映沟通未得到回复，遂通过工业和信息化部政务平台“电信用户申诉受理平台”进行申诉。该平台回复“在处理过程中，双方未能达成一致意见，依据《电信用户申诉处理办法》第十七、十九、二十条等规定，因调解不成，故视为办结，建议依照国家有关法律规定就申诉事项向仲裁机构申请仲裁或者向人民法院提起诉讼”。原告孙某燕遂向人民法院提起诉讼，请求被告承担侵权责任。

【裁判要旨】

根据《民法典》第 1032 条第 1 款规定，任何组织或者个人不得以刺探、侵扰、泄露、公开等方式侵害他人的隐私权。本案中，孙某燕与某通信公司某市分公司之间的电信服务合同依法成立生效。某通信公司某市分公司应当在服务期内为孙某燕提供合同约定的电信服务。孙某燕提交的证据能够证明某通信公司某市分公司擅自多次向孙某燕进行电话推销，侵扰了孙某燕的私人生活安宁，构成了对孙某燕隐私权的侵犯。

【裁判结果】

法院判决被告某通信公司某市分公司未经原告孙某燕的同意不得向其移动通信号码拨打营销电话，并赔偿原告孙某燕交通费用 782 元、精神损害抚慰金 3000 元。(案例来源：最高人民法院)

第一千零三十三条　【隐私权侵害行为】除法律另有规定或者权利人明确同意外，任何组织或者个人不得实施下列行为：

(一)以电话、短信、即时通讯工具、电子邮件、传单等方式侵扰他人的私人生活安宁；

(二)进入、拍摄、窥视他人的住宅、宾馆房间等私密空间；

(三)拍摄、窥视、窃听、公开他人的私密活动；

(四)拍摄、窥视他人身体的私密部位；

(五)处理他人的私密信息；

(六)以其他方式侵害他人的隐私权。

条文注解

隐私权是一种重要的人格权，根据本法第 1032 条第 1 款的规定，自然人享有隐私权。任何组织或者个人不得以刺探、侵扰、泄露、公开等方式侵害他人的隐私权。本条在前条规定的基础上，进一步明确规定，除法律另有规定或者权利人明确同意外，任何组织或者个人不得实施下列行为：一是以电话、短信、即时通讯工具、电子邮件、传单等方式侵扰他人的私人生活安宁。这是对前条所规定的隐私中私人生活安宁的保护。二是进入、拍摄、窥视他人的住宅、宾馆房间等私密空间。住宅、宾馆房间等私密空间是自然人隐私的核心部分。实践中，进入、拍摄、窥视他人的住宅、宾馆房间等私密空间是三种最为典型的侵犯隐私的行为。这里的“进入”是指未经权利人明确同意或者没有法律授权擅自闯入他人住宅或者他人居住的宾馆房间。这里的“拍摄”是指非法通过手机、相机或者通过在住宅或者宾馆房间安装摄像头等设备将他人住宅或者他人所居住的宾馆内的人、物、布局、摆设等记录下来。这里的“窥视”是指非法暗中观察、偷看他人的住宅或者宾馆房间。非法进入、拍摄、窥视他人住宅、宾馆房间等私密空间，会对自然人的隐私权造成较为严重的侵害，也会对社会秩序造成较大破坏。三是拍摄、窥视、窃听、公开他人的私密活动。在现实生活中，每个人每天都会从事各种各样的社会活动，其中不少社会活动都是其不愿为他人所知晓的私密活动，特别是有的私密活动一旦被他人窥视、窃听，其将处于恐惧当中，个人人格尊严也将受到严重的侵害。所以在现代社会，每一个人都有权依法进行各种各样的社会活动，国家有责任保证每个公民的私密活动不受非法侵扰，这既是个人自由权的体现，也是现代文明的标志。四是拍摄、窥视他人身体的私密部位。自然人身体的私密部位属于其私密空间的范围，身体的私密部位对于自然人来讲都极为敏感，一旦被暴露于外，将是对自然人的极大羞辱。五是处理他人的私密信息。每个自然人都拥有不少私密信息，这些私密信息可能涉及该自然人的财产状况，既可能涉及其社交状况，也可能涉及其生理状况，还可能涉及其身世经历，等等。这些私密信息都是自然人不愿公开或者不愿为他人所知晓的信息。违背当事人意愿处理其私密信息构成对隐私权的侵犯。

案例注解

【案例（2021）湘 0903 民初 1506 号】赵某侵犯隐私权案被判道歉

【基本案情】

原告蔡某于 2004 年 1 月 15 日生育男孩何某后，于 2012 年 7 月 1 日再次生育男孩蔡某，原告及其两子户籍均登记在益阳市××区，被告原系益阳市××区村委工作人员。2020 年 12 月 11 日，被告赵某以寻找原告之子蔡某生父为由，在益阳市××区的出入门上张贴了寻人启事，并将原告及其两子的户籍信息、原告之子蔡子明的出生证明等信息同时张贴。2020 年 12 月 14 日，原告在村部大楼的出入门上看见了原告及其子女的户籍信息、原告之子蔡某的出生证明等信息。原告认为，被告依据该隐私信息捏造寻人启事内容张贴在个人户籍信息一起，被告的上述行为侵害了原告的合法权益，为此诉至法院，请求判令被告向原告书面赔礼道歉，并消除个人信息泄露对原告的危害，判令被告赔偿原告及其两子何某、蔡某因被告侵害隐私权的精神抚慰金各 1 元。

【裁判要旨】

《民法典》第 1032 条规定，自然人享有隐私权。任何组织或者个人不得以刺探、侵扰、泄露、公开等方式侵害他人的隐私权。隐私是自然人的私人生活安宁和不愿为他人知晓的私密空间、私密活动、私密信息。第1033条规定,除法律另有规定或者权利人明确同意外,任何组织或者个人不得实施下列行为:(1)以电话、短信、即时通讯工具、电子邮件、传单等方式侵扰他人的私人生活安宁;(2)进入、拍摄、窥视他人的住宅、宾馆房间等私密空间;(3)拍摄、窥视、窃听、公开他人的私密活动;(4)拍摄、窥视他人身体的私密部位;(5)处理他人的私密信息;(6)以其他方式侵害他人的隐私权。隐私权作为一种基本人格权利,自然人享有隐私权。任何组织或者个人不得以刺探、侵扰、泄露、公开等方式侵害他人的隐私权。本案中,被告未经原告同意,将原告及其两子的户籍信息张贴在益阳市××区的出入门上,造成原告及其两子的个人信息的泄露,侵害了原告及其两子的隐私权,应承担侵权责任。

【裁判结果】

2021年7月30日,法院一审判决被告赵某于本判决生效之日起10日内在益阳市××区公告宣传栏内张贴书面道歉信向原告蔡某道歉,道歉信内容须经本院审核,驳回原告蔡某的其他诉讼请求。二审维持原判。(资料来源:中国裁判文书网)

关联法规

《宪法》第39条,《刑事诉讼法》第138条,《刑法》第245条,《监察法》第24条,《反间谍法》第63条,《治安管理处罚法》第42、48条,《人民警察法》第12、22条,《人民武装警察法》第29条,《外交特权与豁免条例》第4条,《保安服务管理条例》第25条

第一千零三十四条 【个人信息的定义】自然人的个人信息受法律保护。

个人信息是以电子或者其他方式记录的能够单独或者与其他信息结合识别特定自然人的各种信息,包括自然人的姓名、出生日期、身份证件号码、生物识别信息、住址、电话号码、电子邮箱、健康信息、行踪信息等。

个人信息中的私密信息,适用有关隐私权的规定;没有规定的,适用有关个人信息保护的规定。

条文注解

本条第1款采用了"个人信息受法律保护"的表述,主要考虑:个人信息受保护的权利与其他人格权在考量因素上有所不同,个人信息的保护要适当平衡信息主体的利益与数据共享利用之间的关系。

根据本条第2款的规定,构成个人信息要满足三个要件:一是具有识别性,这是

核心要件。所谓识别,就是通过该信息可以直接或者间接地将某一自然人“认出来”。识别包括直接识别和间接识别,所谓直接识别,是指通过该信息可以直接确认某一自然人的身份,不需要其他信息的辅助,如某人的身份证号、基因信息等;所谓间接识别,是指通过该信息虽不能直接确定某人的身份,但可以借助其他信息确定某人的身份。任何可以直接或者间接识别特定自然人的信息都是个人信息。二是要有一定的载体,这是个人信息的形式要件。个人信息必须以电子或者其他方式记录下来,没有以一定载体记录的信息不是个人信息。三是个人信息的主体只能是自然人,法人或者非法人组织不是个人信息的主体。个人信息类型众多,包括但不限于自然人的身份信息、生理信息、社会信息、财产信息等,本款列举的具体个人信息只是最为典型也最为常见的类型,现实生活中的具体个人信息远不止列举的类型。与现行《网络安全法》列举的个人信息的情形相比,本条增加了电子邮箱、行踪信息、健康信息等类型,这是为了让个人信息的定义能够更加适应互联网时代和大数据时代的发展需要。

本条第3款的规定是个人信息权与隐私权的关系。个人信息与隐私确实是两个不同的概念,二者的判断标准、范围、保护方式等都不完全相同。就范围而言,个人信息与隐私存在一定的交叉,个人信息包括私密信息和非私密信息,私密信息既属于个人信息也属于隐私,但是隐私除私密信息外,还包括私密空间、私密活动和私人生活安宁。按照我国现行规范和国际惯例,个人信息中的私密信息属于隐私的一部分,其受保护的程度也比一般的个人信息更强。正是基于二者的不同,人格权编中“隐私权和个人信息保护”一章对隐私权与个人信息保护分别作了规定。

关联法规

《刑法》第253、285条,《网络安全法》第76条,《个人信息保护法》第4条

第一千零三十五条 【个人信息处理的原则和条件】处理个人信息的,应当遵循合法、正当、必要原则,不得过度处理,并符合下列条件:

(一)征得该自然人或者其监护人同意,但是法律、行政法规另有规定的除外;

(二)公开处理信息的规则;

(三)明示处理信息的目的、方式和范围;

(四)不违反法律、行政法规的规定和双方的约定。

个人信息的处理包括个人信息的收集、存储、使用、加工、传输、提供、公开等。

条文注解

对于个人信息的处理直接关系到信息主体的人格尊严，根据本条的规定，处理个人信息应当遵循以下原则：一是合法原则，即信息处理者处理个人信息必须有合法的依据，且处理的方法应当符合法律的规定。二是正当原则，是指处理个人信息除要遵循合法原则外，信息处理的目的和手段还要正当，应当尊重公序良俗和遵守诚实信用原则，并且要尽量满足透明的要求，以便当事人能够充分了解情况，自主行使自己的权利。三是必要原则，是指处理个人信息的目的应当特定，处理应当受限制。处理个人信息应当有特定目的，并且应当依据该特定的、明确的目的进行，通常不得超出目的范围处理个人信息，不得处理与实现所涉目的无关的个人信息。四是公开透明原则，是指信息处理者在处理个人信息时应当公开处理信息的规则，并明示处理信息的目的、方式和范围，确保信息主体享有知情权。

案例注解

【案例(2021)晋0121民初396号】某平台泄露个人车辆信息被判删除并公开赔礼道歉

【基本案情】

被告芜湖某信息技术有限公司开发运营的App是一款车辆4S保养记录、保险记录等信息查询平台，用户充值可进行信息查询。原告刘某于2018年购置有一辆路虎揽胜汽车，车牌号×××，车辆识别代号SALGA×××××。2020年7月，刘某欲出售其所有的×××路虎揽胜汽车时，经他人告知，发现在第三方数据查询平台即芜湖一某信息技术有限公司旗下的App中，发布有×××路虎揽胜车辆存在发动机解体大修情况等不实信息。因该信息记录不实，影响了该车辆的二手车交易。后刘某因联系处理未果而诉至法院，要求芜湖某信息技术有限公司停止侵害、赔礼道歉，并赔偿因信息不实致车辆贬值经济损失100,000元、承担精神损害赔偿10,000元。

【裁判要旨】

《民法典》第1034条第1款规定，自然人的个人信息受法律保护。第1035条规定，处理个人信息的，应当遵循合法、正当、必要原则，不得过度处理，并符合下列条件：(1)征得该自然人或者其监护人同意，但是法律、行政法规另有规定的除外；(2)公开处理信息的规则；(3)明示处理信息的目的、方式和范围；(4)不违反法律、行政法规的规定和双方的约定。个人信息的处理包括个人信息的收集、存储、使用、加工、传输、提供、公开等。本案中，×××号车辆信息属刘某的个人财产信息，被告芜湖某信息技术有限公司收集该车辆信息并通过其运营的App向他人进行有偿提供，其既未证明收集提供的该车辆信息来源合法且真实准确，也未证明系经相关权利主体同意而使用该信息，其提供不实信息的行为侵害了刘某的合法权益，应承担相应的民事责任。

【裁判结果】

2021年5月21日，法院判决被告芜湖某信息技术有限公司于本判决生效后3日内删除其运营的App网站中有关×××号车辆的信息，并在该网站进行公开赔礼道

歉，驳回刘某的其他诉讼请求。（资料来源：中国裁判文书网）

关联法规

《网络安全法》第41条，《数据安全法》第27、32～33条，《个人信息保护法》第5～9、13～43条

第一千零三十六条 【处理个人信息免责事由】处理个人信息，有下列情形之一的，行为人不承担民事责任：

（一）在该自然人或者其监护人同意的范围内合理实施的行为；

（二）合理处理该自然人自行公开的或者其他已经合法公开的信息，但是该自然人明确拒绝或者处理该信息侵害其重大利益的除外；

（三）为维护公共利益或者该自然人合法权益，合理实施的其他行为。

条文注解

任何权利的行使都是有其界限的，自然人对个人信息所享有的权益也不例外。本条明确规定了行为人处理个人信息无须承担民事责任的三种情形：一是在该自然人或者其监护人同意的范围内合理实施的行为。自然人或者其监护人同意是处理个人信息行为获得合法性的重要依据，也是自然人处分自己个人信息权益的重要方式。二是合理处理该自然人自行公开的或者其他已经合法公开的信息，但是该自然人明确拒绝或者处理该信息侵害其重大利益的除外。"自然人自行公开"自己的个人信息就是指自然人主动将自己的某些个人信息向社会公开，如患者主动向社会公开自己的生病经历，又如某自然人主动向社会公开自己的性取向或者宗教信仰。自然人自行公开自己的个人信息意味着其在一定程度上同意他人对这些个人信息的处理。"其他已合法公开"的个人信息是指除自然人自行公开的以外，以其他合法形式公开的个人信息，如媒体在新闻报道中依法公开的个人信息，国家机关依法公开的个人信息。合理处理这些已公开的个人信息，即使对某自然人造成了影响，行为人原则上也不承担民事责任。三是为维护公共利益或者该自然人合法权益，合理实施的其他行为。这是一个兜底性的规定。公共利益涉及国家利益和不特定多数人的利益，许多国家和地区一般都规定，基于公共利益，可以对权利的行使进行限制。自然人对个人信息享有的权益也不例外。

关联法规

《宪法》第51条

第一千零三十七条　【个人信息主体的权利】自然人可以依法向信息处理者查阅或者复制其个人信息；发现信息有错误的，有权提出异议并请求及时采取更正等必要措施。

自然人发现信息处理者违反法律、行政法规的规定或者双方的约定处理其个人信息的，有权请求信息处理者及时删除。

条文注解

自然人对个人信息的查阅复制权，是指信息主体有权查阅其个人信息被处理的情况，并有权对处理的个人信息进行复制。查阅复制权在个人信息保护体系中的地位很重要。自然人要行使自己对个人信息的其他权利，首先必须了解自己的哪些个人信息被处理，以及被处理的情况如何，特别是要了解在此过程中其个人信息是否被保持得完整准确。个人信息更正权（以下简称更正权），是指信息主体有权请求信息处理主体对不正确、不全面的个人信息进行改正与补充的权利。更正权具体包括：个人信息错误更正权，即对于错误的个人信息，本人有更正的权利；个人信息补充权，即对于遗漏或新发生的个人信息，本人有补充的权利；个人信息更新权是本人要求对于过时的个人信息及时更新的权利。个人信息删除权（以下简称删除权），是指信息主体在法定或约定的事由出现时，有权请求信息处理者删除其个人信息的权利。

关联法规

《网络安全法》第43条，《个人信息保护法》第44～50条

第一千零三十八条　【信息处理者的信息安全保障义务】信息处理者不得泄露或者篡改其收集、存储的个人信息；未经自然人同意，不得向他人非法提供其个人信息，但是经过加工无法识别特定个人且不能复原的除外。

信息处理者应当采取技术措施和其他必要措施，确保其收集、存储的个人信息安全，防止信息泄露、篡改、丢失；发生或者可能发生个人信息泄露、篡改、丢失的，应当及时采取补救措施，按照规定告知自然人并向有关主管部门报告。

条文注解

本条在现行法律法规的基础上，从三个方面对信息处理者应当履行的安全保护义务作了规定：一是信息处理者不得泄露或者篡改其收集、存储的个人信息；未经自

然人同意，不得向他人非法提供个人信息，但是经过加工无法识别特定个人且不能复原的除外。这是对信息处理者自身不得泄露、篡改、非法提供个人信息的要求。信息处理者自己主动泄露、篡改、非法提供个人信息的行为是严重违反安全保护义务的行为，也是一种故意侵犯个人信息权益的行为，不但要承担民事责任，造成严重后果的，还有可能承担刑事责任。二是信息处理者应当采取技术措施和其他必要措施，确保其收集、存储的个人信息安全，防止信息泄露、篡改、丢失。信息处理者除自己不得主动泄露、篡改、非法提供其收集、存储的个人信息外，还要积极采取措施确保其收集、存储的个人信息安全。这要求信息处理者要为个人信息的存储提供必要的安全环境。三是发生或者可能发生个人信息泄露、篡改、丢失的情况的，应当及时采取补救措施，依照规定告知信息主体并向有关主管部门报告。如果信息处理者没有采取措施或者采取措施不力，导致发生或者可能发生个人信息泄露、篡改、丢失的情况的，其既有及时采取补救措施的义务，同时还有依照规定告知信息主体并向有关主管部门报告的义务，以防止个人信息进一步被泄露、篡改、丢失，避免损害的进一步扩大。

关联法规

《网络安全法》第43条，《消费者权益保护法》第29条，《地图管理条例》第35条，《个人信息保护法》第51～59条

第一千零三十九条　【国家机关、承担行政职能的法定机构及其工作人员的保密义务】国家机关、承担行政职能的法定机构及其工作人员对于履行职责过程中知悉的自然人的隐私和个人信息，应当予以保密，不得泄露或者向他人非法提供。

条文注解

国家机关、承担行政职能的法定机构及其工作人员在依法履行职责的过程中常常会接触到自然人的隐私和个人信息，这体现在以下两个方面：一是根据法律、行政法规的授权，国家机关、承担行政职能的法定机构及其工作人员主动处理他人的个人信息，或者进入、搜查、监视他人的私密场所，跟踪他人的私密活动等。二是国家机关、承担行政职能的法定机构及其工作人员在履行职责过程中被动地、不可避免地知悉或者了解到自然人的隐私和个人信息，若国家机关、承担行政职能的法定机构及其工作人员没有强烈的保密意识，导致这些自然人的隐私和个人信息被泄露或者公开，有可能对相关自然人的权益造成极大的损害，社会后果也是极为严重的。

关联法规

《个人信息保护法》第33～37条

第五编　婚姻家庭

第一章　一般规定

第一千零四十条　【婚姻家庭编的调整范围】本编调整因婚姻家庭产生的民事关系。

条文注解

婚姻家庭法，或称亲属法，是调整婚姻、亲属间权利义务关系的法律。它主要规定婚姻、亲属间身份关系的产生、变更和消灭，以及基于这种关系而产生的民事权利和义务。婚姻家庭法涉及家家户户，关系每一位公民的切身利益。

第一千零四十一条　【基本原则】婚姻家庭受国家保护。

实行婚姻自由、一夫一妻、男女平等的婚姻制度。

保护妇女、未成年人、老年人、残疾人的合法权益。

关联法规

《宪法》第49条，《残疾人保障法》第3条

第一千零四十二条　【婚姻家庭的禁止性规定】禁止包办、买卖婚姻和其他干涉婚姻自由的行为。禁止借婚姻索取财物。

禁止重婚。禁止有配偶者与他人同居。

禁止家庭暴力。禁止家庭成员间的虐待和遗弃。

条文注解

本条第1款规定，坚持婚姻自由原则，就要反对包办婚姻和买卖婚姻等，禁止借婚姻索取财物。包办婚姻，是指第三人违反婚姻自主的原则，包办强迫他人婚姻的违法行为。买卖婚姻，是指第三人以索取财物为目的，强迫他人婚姻的违法行为。买卖婚姻往往表现为第三人向男方索要嫁女的身价以及贩卖妇女与人为妻。借婚姻索取

财物,是指除买卖婚姻以外的其他以索取对方财物为结婚条件的违法行为。包办婚姻和买卖婚姻都是违反婚姻自由的原则、强迫他人婚姻的行为。它们的区别在于是否以索取钱财为目的。

本条第2款规定,实行一夫一妻制就必须反对重婚。所谓重婚,是指有配偶的人又与他人结婚的违法行为,或者明知他人有配偶而与他人登记结婚的违法行为。有配偶的人,未办理离婚手续又与他人登记结婚,即重婚;虽未登记结婚,但事实上与他人以夫妻名义公开同居生活的,亦构成重婚。

本条第3款规定,建立和维护平等、和睦、文明的婚姻家庭关系,就必须禁止家庭成员间的虐待和遗弃,禁止一切形式的家庭暴力。家庭成员间的虐待,是指用打骂、冻饿、有病不给治疗等方法摧残、折磨家庭成员,使他们在肉体上、精神上遭受痛苦的行为。

案例注解

【案例(2021)皖1222民初6746号】付某要求退还结婚彩礼获法院支持

【基本案情】

被告李某2、李某3系李某1的父母。原告付某和李某1经人介绍相识并确立恋爱关系,2021年1月23日按照农村风俗举行结婚仪式,没办理结婚登记。举行婚礼前,应李某1家要求,付某按照农村风俗送彩礼款现金如下:见面礼6000元、定亲礼88,000元、大礼300,000元、上轿礼6000元、下轿礼2000元、背人礼2000元;首饰如下:项链、镯子、戒指、耳钉,合计23,145元;上述彩礼现金和首饰合计427,145元。李某1家陪送嫁妆如下:海尔圆柱变频空调、海尔一级变频空调、海尔55寸解码电视、海尔10公斤滚筒洗衣机、海尔四门对开冰箱各一台;沙发一套;茶几一张;餐桌一张;六把椅子;枕芯二个;毛毯一条;四件套二套;被子二床;电视柜、梳妆台、台灯、茶瓶、茶具、鞋架、衣架各一个。举行婚礼后,二人因为彩礼款等事情产生纠纷,李某1回自己父母家居住,李某1 2021年6月2日检查怀孕月18周。付某多次接李某1要求返还彩礼款无果。李某1在举行婚礼后多次外出,2021年4月6日再次离家出走。原告认为,二人已无法共同生活,巨额彩礼款导致家庭负债累累,为此诉至法院,请求依法判决三被告共同返还原告彩礼款437,490元,判决被告李某1返还原告购买服饰款28,416元,判决被告李某1返还三金或折价赔偿23,145元。

【裁判要旨】

《民法典》第1042条第1款规定,禁止借婚姻索取财物。付某和李某1二人认识后确定恋爱关系,举行结婚仪式并同居生活,没有办理结婚登记手续,按照相关法律规定,彩礼款应该予以返还,考虑到二人举行婚礼后同居时间不长、李某1怀孕及分手原因等因素,酌情返还彩礼款总额427,145元的60%,为256,287元。李某1的上述嫁妆为婚前个人财产,归李某1所有。

【裁判结果】

2021年7月27日,法院判决被告李某1、被告李某2、被告李某3于本判决生效之日起10日内共同返还原告付某彩礼款256,287元,被告李某1的嫁妆:海尔圆柱变频空调、海尔一级变频空调、海尔55寸解码电视、海尔10公斤滚筒洗衣机、海尔四门对开冰箱各一台;沙发一套;茶几一张;餐桌一张;六把椅子;枕芯二个;毛毯一条;四件套二套;被子二床;电视柜、梳妆台、台灯、茶瓶、茶具、鞋架、衣架各一个归被告李某1所有,于本判决生效之日起10日内履行完毕,驳回原告付某的其他诉讼请求。(资料来源:中国裁判文书网)

关联法规

《刑法》第258、260、261条,《最高人民法院关于适用〈中华人民共和国民法典〉婚姻家庭编的解释(一)》第1、2条

第一千零四十三条　【婚姻家庭的倡导性规定】家庭应当树立优良家风,弘扬家庭美德,重视家庭文明建设。

夫妻应当互相忠实,互相尊重,互相关爱;家庭成员应当敬老爱幼,互相帮助,维护平等、和睦、文明的婚姻家庭关系。

关联法规

《最高人民法院关于适用〈中华人民共和国民法典〉婚姻家庭编的解释(一)》第4条

第一千零四十四条　【收养的基本原则】收养应当遵循最有利于被收养人的原则,保障被收养人和收养人的合法权益。

禁止借收养名义买卖未成年人。

条文注解

本条来自《收养法》第2条和第20条。婚姻家庭法的收养规定在突出保护被收养的未成年人的同时,也兼顾保护收养人的利益。所以本条规定"保障被收养人和收养人的合法权益"。收养关系的当事人主要包括收养人、被收养人。除保护被收养人外,收养人的权利也要维护。国家设立收养制度,可以使某些无父无母的孤儿,以及出于某种原因不能随父母生活的儿童,得到家的温暖,在养父母的抚育下健康成长。同时,也满足某些无子女的人希望得到子女的合理愿望,他们通过收养子女,得到生活上的安慰,并在年老时有所依靠。被收养人和收养人的权利义务是统一的,收养人抚育被收养人,使之幼有所育;收养人年迈时,被收养人就应当尽赡养义务,使之老有所养。《收养法》维护被收养人和收养人双方的利益,但重在保护被收养人的权利。最有利于被收养人的原则与有利于收养人的原则在收养关系中并不是并行的,前者为主,后者为辅。

被收养的儿童不是商品，不容买卖。借收养名义买卖儿童实质是买卖而不是收养，必须旗帜鲜明地反对并予以禁止。所以本条第2款规定：“禁止借收养名义买卖未成年人。”

第一千零四十五条　【亲属、近亲属及家庭成员】亲属包括配偶、血亲和姻亲。

配偶、父母、子女、兄弟姐妹、祖父母、外祖父母、孙子女、外孙子女为近亲属。

配偶、父母、子女和其他共同生活的近亲属为家庭成员。

条文注解

亲属为有血缘关系或者婚姻关系的人。血缘关系包括法律拟制的血缘关系，如收养形成的父母子女关系。配偶，即夫妻，是男女因结婚而形成的亲属关系。血亲，是指因自然的血缘关系而产生的亲属关系，也包括因法律拟制而产生的血亲关系。有自然血缘联系的亲属，称为自然血亲；因法律拟制的抚养关系而形成的亲属，称为拟制血亲。姻亲是以婚姻为中介形成的亲属，但不包括己身的配偶。一类是配偶的血亲，如岳父母、公婆。另一类是血亲的配偶，如儿媳、女婿、嫂、弟媳、姐夫、妹夫。

案例注解

【案例】曾某泉、曾某军、曾某、李某军与孙某学婚姻家庭纠纷案

【基本案情】

曾某彬（男）与曾某泉、曾某军、曾某三人系父子关系，孙某学（女）与李某军系母子关系。2006年，李某军34岁时，曾某彬与孙某学登记结婚。2019年11月4日，曾某彬去世，其单位向孙某学发放一次性死亡抚恤金163,536元。曾某彬生前10余年一直与孙某学、李某军共同在李某军所有的房屋中居住生活。曾某彬患有矽肺，孙某学患有（直肠）腺癌，李某军对曾某彬履行了赡养义务。曾某泉三兄弟主张李某军在曾某彬与孙某学结婚时已经成年，双方未形成扶养关系，故李某军不具有上述死亡抚恤金的分配资格。

【裁判要旨】

一次性死亡抚恤金是针对死者近亲属的一种抚恤，应参照继承相关法律规范进行处理，本案中，应由曾某彬的配偶、子女参与分配，子女包括有扶养关系的继子女。成年继子女对继父母履行了赡养义务的，应认定为有扶养关系的继子女。曾某彬与孙某学再婚时，李某军虽已成年，但三人共同居住生活在李某军所有的房屋长达10余年，形成了《民法典》第1045条第3款规定的更为紧密的家庭成员关系，且曾某彬患有矽肺，孙某学患有癌症，二人均需家人照顾，根据案件事实可以认定李某军对曾某彬履行了赡养义务。

【裁判结果】

法院考虑到孙某学年老患病且缺乏劳动能力，遂判决孙某学享有曾某彬一次性死亡抚恤金40%的份额，李某军与曾某泉三兄弟各享有15%的份额。（资料来源：最高人民法院网）

第二章 结　婚

第一千零四十六条 【结婚自愿】结婚应当男女双方完全自愿，禁止任何一方对另一方加以强迫，禁止任何组织或者个人加以干涉。

条文注解

结婚应当男女双方完全自愿，这是婚姻自由原则在结婚上的具体体现。该规定的核心是，男女双方是否结婚、与谁结婚，应当由当事者本人决定。它包括两层含义：第一，应当是双方自愿，而不是一厢情愿。婚姻应以互爱为前提，任何一方都不得强迫对方成婚。第二，应当是当事人自愿，而不是父母等第三人采用包办、买卖等方式强迫男女双方结为夫妻。当然，法律要求本人自愿，并不排斥男女双方就个人的婚事征求父母、亲友的意见，也不排斥父母、亲友等第三人出于对当事人的关心和爱护对他们的婚姻提出看法和建议。

关联法规

《宪法》第49条，《妇女权益保障法》第61条，《老年人权益保障法》第21条，《刑法》第257条

第一千零四十七条 【法定结婚年龄】结婚年龄，男不得早于二十二周岁，女不得早于二十周岁。

案例注解

【案例(2021)湘1126民初201号】未到法定婚龄要求退还彩礼获法院支持

【基本案情】

2020年农历2月，原告雷某与被告王某通过双方的父亲相识后确定恋爱关系。同年农历2月21日，原告给付被告彩礼40,000元后双方开始同居生活。2020年国庆期间，原告、被告因性格不合正式分手，后原告多次向被告催讨彩礼未果，遂诉至法院，要求退还彩礼。

【裁判要旨】

《民法典》第1047条规定，结婚年龄，男不得早于22周岁，女不得早于20周岁。本案原告、被告均系未成年人，未达成法定婚龄，不符合结婚的法定条件，被告收取的40,000元彩礼应退还原告。

【裁判结果】

2021年3月5日，法院判决由被告王某于本判决发生法律效力后10日内返还原告雷某彩礼40,000元，驳回原告雷某的其他诉讼请求。（资料来源：中国裁判文书网）

第一千零四十八条　【禁止结婚的情形】直系血亲或者三代以内的旁系血亲禁止结婚。

条文注解

血亲主要是指出于同一祖先，有血缘关系的亲属，即自然血亲；也包括法律拟制的血亲，即虽无血缘联系，但法律确认其与自然血亲有同等的权利义务的亲属。禁止血亲结婚是优生的要求。根据本条规定，禁止结婚的血亲有两类：第一，直系血亲。包括父母子女间，祖父母、外祖父母与孙子女、外孙子女间。即父亲不能娶女儿为妻，母亲不能嫁儿子为夫。爷爷（姥爷）不能与孙女（外孙女）婚配，奶奶（姥姥）不能与孙子（外孙子）结合。第二，三代以内旁系血亲，包括：(1)同源于父母的兄弟姊妹（含同父异母、同母异父的兄弟姊妹）。即同一父母的子女之间不能结婚。(2)不同辈的叔、伯、姑、舅、姨与侄、甥。即叔叔（伯伯）不能和兄（弟）的女儿结婚；姑姑不能和兄弟的儿子结婚；舅舅不能和姊妹的女儿结婚；姨妈不能和姊妹的儿子结婚。(3)同辈的堂兄弟姐妹和表兄弟姐妹。

关联法规

《婚姻登记条例》第9条

第一千零四十九条　【结婚登记】要求结婚的男女双方应当亲自到婚姻登记机关申请结婚登记。符合本法规定的，予以登记，发给结婚证。完成结婚登记，即确立婚姻关系。未办理结婚登记的，应当补办登记。

条文注解

事实婚姻，是指没有配偶的男女，未进行结婚登记，便以夫妻关系同居生活，群众也认为是夫妻关系的两性结合。对没有进行结婚登记的，应区别情况分别处理。对违反结婚实质条件的，本法已规定为无效婚姻；对符合结婚实质要件，只是没有办理登记手续的,一律宣布为无效婚姻,对保护妇女的权益不利,应当通过加强法制宣传和完善登记制度等工作,采取补办登记等办法解决。因此,本条规定,“符合本法规定的”,“未办理结婚登记的,应当补办登记”。这一规定从积极角度重申了办理结婚登记的必要性,那些符合本法规定的结婚条件,举行了结婚仪式或已经以夫妻名义共同生活,但未办理结婚登记的男女,应尽早补办登记,以使自己的婚姻行为合法化。

关联法规

《婚姻登记条例》第7~10、25条,《最高人民法院关于适用〈中华人民共和国民法典〉婚姻家庭编的解释(一)》第6~8条

第一千零五十条 【婚后双方互为家庭成员】登记结婚后,按照男女双方约定,女方可以成为男方家庭的成员,男方可以成为女方家庭的成员。

条文注解

通常,结婚登记后,举办了婚礼,男女双方就开始了共同生活。根据双方的约定,男女可以到自己的住所,建立小家庭;或者一方到另一方家庭中去,成为其家庭成员。即女方可以到男方家去落户,男方也可以到女方家去落户。

第一千零五十一条 【婚姻无效的情形】有下列情形之一的,婚姻无效:

(一)重婚;

(二)有禁止结婚的亲属关系;

(三)未到法定婚龄。

案例注解

【案例(2021)湘0524民初3334号】方某与刘某表兄妹婚姻被判无效

【基本案情】

原告方某与被告刘某隐瞒双方父母于××××年××月××日在××县民政局办理结婚登记手续,结婚证号为J××××××××。原告方某与被告刘某是亲表兄妹关系,是禁止结婚的亲属关系。原告诉至法院,请求宣告原告方某与被告刘某的婚姻无效。

被告刘某辩称:原告、被告是亲表兄妹关系,被告同意离婚。

【裁判要旨】

《民法典》第1051条规定,有下列情形之一的,婚姻无效:

(1)重婚;(2)有禁止结婚的亲属关系;(3)未到法定婚龄。本案中,原被告属于表兄妹关系,为法律所禁止结婚情形,其婚姻无效。

【裁判结果】

2022年8月3日,法院判决宣告原告方某与被告刘某的婚姻无效。(资料来源:中国裁判文书网)

关联法规

《刑法》第258条,《最高人民法院关于适用〈中华人民共和国民法典〉婚姻家庭编的解释(一)》第9、10、14、15、17条,《最高人民法院关于适用〈中华人民共和国民法典〉婚姻家庭编的解释(二)》第1、2条

第一千零五十二条 【胁迫婚姻】因胁迫结婚的,受胁迫的一方可以向人民法院请求撤销婚姻。

请求撤销婚姻的,应当自胁迫行为终止之日起一年内提出。

被非法限制人身自由的当事人请求撤销婚姻的,应当自恢复人身自由之日起一年内提出。

条文注解

可撤销婚姻,是指当事人因意思表示不真实而成立的婚姻,或者当事人成立的婚姻在结婚的要件上有欠缺,通过有撤销权的当事人行使撤销权,使已经发生法律效力的婚姻关系失去法律效力。本条对提出请求撤销婚姻效力的申请规定如下:(1)提出撤销婚姻效力的请求权人。有权提出撤销婚姻效力的申请人只能是因胁迫结婚的被胁迫人。这是由于因胁迫而缔结的婚姻,受胁迫方在缔结婚姻关系时,不能真实地表达自己的意愿,婚姻关系违背受胁迫方的意志。(2)提出撤销婚姻效力申请的时间。因胁迫而结婚的,受胁迫方虽然具有撤销该婚姻效力的请求权,但是这一请求权的行使不是没有任何限制的。本条规定,受胁迫的一方撤销婚姻的请求,应当自胁迫行为终止之日起1年内提出。被非法限制人身自由的当事人请求撤销婚姻的,应当自恢复人身自由之日起1年内提出。(3)有权撤销婚姻效力的机关。根据本条的规定,有权撤销婚姻关系的机关为人民法院,这与《婚姻法》的规定不同。

案例注解

【案例(2021)鄂0192民初911号】戴某与柴某胁迫婚姻被依法撤销

【基本案情】

原告柴某与被告戴某系恋人关系,2020年11月24日,原告通过微信向被告发送不实的医院检验报告单及彩超检查报告单,导致被告误认为原告已怀孕。原告以此为理由要求原告与其登记结婚。并告知原告如果不与其领取结婚证就打掉孩子并自

杀。2020 年 11 月 26 日原被告在武汉市××区民政局进行了婚姻登记。双方登记结婚后，原告发现被告尚未怀孕，遂起诉至法院请求判令依法撤销原被告之间的婚姻关系，判决原被告双方婚前及婚姻关系存续期间的财产归各自所有，婚内债务由各自承担。庭审中被告对胁迫事实予以认可。

【裁判要旨】

《民法典》第 1052 条规定，因胁迫结婚的，受胁迫的一方可以向人民法院请求撤销婚姻。请求撤销婚姻的，应当自胁迫行为终止之日起 1 年内提出。被非法限制人身自由的当事人请求撤销婚姻的，应当自恢复人身自由之日起 1 年内提出。本案中，原告因受胁迫登记结婚，被告对胁迫事实予以认可，故原告请求撤销原被告之间的婚姻关系应予支持。

【裁判结果】

2021 年 4 月 14 日，法院判决撤销柴某与戴某之间的婚姻。（资料来源：中国裁判文书网）

关联法规

《最高人民法院关于适用〈中华人民共和国民法典〉婚姻家庭编的解释（一）》第 18、19 条

第一千零五十三条 【隐瞒疾病的可撤销婚姻】一方患有重大疾病的，应当在结婚登记前如实告知另一方；不如实告知的，另一方可以向人民法院请求撤销婚姻。

请求撤销婚姻的，应当自知道或者应当知道撤销事由之日起一年内提出。

条文注解

婚前医学检查包括"严重遗传性疾病""指定传染病""有关精神病"三类疾病的检查。所谓"严重遗传性疾病"，是指由于遗传因素先天形成，患者全部或者部分丧失自主生活能力，后代再现风险高，医学上认为不宜生育的遗传性疾病。所谓"指定传染病"，是指《传染病防治法》规定的艾滋病、淋病、梅毒以及医学上认为影响结婚和生育的其他传染病。所谓"有关精神病"，是指精神分裂症、躁狂抑郁型精神病以及其他重型精神病。《母婴保健法》规定了婚检项目，但并未确定禁婚疾病。

本条规定，请求撤销婚姻的，应当自知道或者应当知道撤销事由之日起 1 年内向人民法院提出。所谓"知道"，是指有直接和充分的证据证明当事人知道对方患病。"应当知道"，是指虽然没有直接和充分的证据证明当事人知道，但是根据生活经验、相关事实和证据，按照一般人的普遍认知能力，运用逻辑推理可以推断当事人知道对方患病。如果不能在知道或者应当知道撤销事由之日起 1 年内提出，就只能通过协

议离婚或者诉讼离婚的程序解除婚姻关系。构成欺诈需在主观和客观方面均为重大或重要。在主观方面,隐瞒的疾病事项对婚姻有着决定性影响,即被隐瞒的一方知道对方患有重大疾病,就一定不会结婚。在客观方面,也必须相当重大或重要。

案例注解

【案例(2021)渝0231民初2896号】一方隐瞒重大疾病另一方请求撤销婚姻获法院支持

【基本案情】

原告陈某、被告卢某于2021年1月20日经人介绍相识恋爱,2021年1月24日按照农村风俗举行订婚仪式。原告陈某于2021年1月26日支付给三被告彩礼礼金40,000元,陈某与卢某于当天到××县民政局登记结婚,2021年2月7日举行婚礼。婚后,被告卢某于2021年3月5日经诊断为精神分裂型障碍,2021年3月17日确认为精神分裂症。原告遂以被告方隐瞒了被告某在婚前患有精神分裂症不能登记结婚为由起诉法院,请求撤销原告陈某与被告卢某婚姻关系,并要求被告退回彩礼礼金40,000元。

经查明,被告卢某于2021年1月22日经××县精神卫生中心诊断为精神分裂症。本案在审理过程中,经法院主持调解,原告、被告对实体处理达成调解协议:由被告毕某、卢某志、卢某退还原告陈某彩礼礼金20,000元,被告卢某的个人财产归被告卢某所有。

【裁判要旨】

《民法典》第1053条规定,一方患有重大疾病的,应当在结婚登记前如实告知另一方;不如实告知的,另一方可以向人民法院请求撤销婚姻。请求撤销婚姻的,应当自知道或者应当知道撤销事由之日起1年内提出。本案中,被告卢某在婚前患有精神分裂症,属于重大疾病。被告卢某在婚前即诊断为精神分裂症,并且治疗过,但在结婚前没有据实详尽地尽到告知义务,侵害了原告的知情权。现原告以被告婚前隐瞒了重大疾病为由主张撤销婚姻,于法有据,应予支持。

【裁判结果】

2021年7月13日,法院判决撤销原告陈某与被告卢某的婚姻关系;由被告毕某、卢某志、卢某于本判决生效后5日内返还原告陈某彩礼礼金20,000元;被告卢某的个人财产:三平床1间、六门柜1个、梳妆台1张、五人座沙发1套、茶几1张、TCL牌55英寸彩电1台、小天鹅波轮洗衣机1台、箱子1口、棉被8床,归被告卢某所有,驳回原告陈某的其他诉讼请求。(资料来源:中国裁判文书网)

【案例】林某诉张某撤销婚姻纠纷案

【基本案情】

林某和张某经人介绍相识,于2020年6月28日登记结婚。在登记之后,张某向林某坦白其患有艾滋病多年,并且长期吃药。2020年7月,林某被迫人工终止妊娠。2020年10月,林某提起诉讼要求宣告婚姻无效。诉讼中,林某明确若婚姻无效不能成立,则请求撤销婚姻,对此,张某亦无异议。

【裁判要旨】

根据《民法典》第1053条第1款规定，一方患有重大疾病的，应当在结婚登记前如实告知另一方；不如实告知的，另一方可以向人民法院请求撤销婚姻。本案中，张某虽患有艾滋病，但不属于婚姻无效的情形。张某所患疾病对婚姻生活有重大影响，属于婚前应告知林某的重大疾病，但张某未在结婚登记前告知林某，显属不当。林某同时又提出撤销婚姻的请求，张某对此亦无异议，为减少当事人讼累，人民法院应予一并处理。

【裁判结果】

法院依照《民法典》第1053条的规定，判决撤销林某与张某的婚姻关系。判决后，双方均未上诉。（资料来源：最高人民法院网）

第一千零五十四条　【婚姻无效和被撤销的法律后果】无效的或者被撤销的婚姻自始没有法律约束力，当事人不具有夫妻的权利和义务。同居期间所得的财产，由当事人协议处理；协议不成的，由人民法院根据照顾无过错方的原则判决。对重婚导致的无效婚姻的财产处理，不得侵害合法婚姻当事人的财产权益。当事人所生的子女，适用本法关于父母子女的规定。

婚姻无效或者被撤销的，无过错方有权请求损害赔偿。

条文注解

本条对无效或者被撤销的婚姻的法律后果作了规定，即无效或者被撤销的婚姻，自始没有法律约束力。子女和财产处理规则相同。无效婚姻和可撤销婚姻虽然在法律后果上是一致的，但无效婚姻和可撤销婚姻还存在不同之处，主要表现：(1)无效婚姻是违反禁止结婚条件的，当事人或是已有配偶，或是有不能结婚的亲属关系，或是不到法定年龄。可撤销婚姻是因为胁迫，本不自愿，或者因为被隐瞒重大疾病产生认识错误，如果知道就不会结婚。(2)对于无效婚姻，当事人、利害关系人和相关组织都可以申请无效，人民法院可依法宣告无效。受胁迫和受隐瞒重大疾病的两类可撤销婚姻，只有当事人可以申请撤销，人民法院必须依当事人的申请撤销。(3)无效婚姻的宣告没有时间上的限制，人民法院根据实际情况而裁判是否宣告无效。可撤销婚姻当事人必须在规定的时间内提出，超出规定的时间则不能再提出撤销申请，如要解除婚姻关系只能走离婚程序。

关联法规

《最高人民法院关于适用〈中华人民共和国民法典〉婚姻家庭编的解释（一）》第20条

第三章 家庭关系

第一节 夫妻关系

第一千零五十五条 【夫妻地位平等】夫妻在婚姻家庭中地位平等。

条文注解

对本条规定,可以从以下三个方面理解:第一,夫妻在婚姻家庭中地位平等的规定,是处理夫妻关系的指导原则,是确定夫妻之间各项权利义务的基础。夫妻地位平等意味着夫妻在共同生活中平等地行使法律规定的权利,平等地履行法律规定的义务,共同承担对婚姻、家庭和社会的责任。第二,规定夫妻在婚姻家庭中地位平等,主要意义在于强调夫妻在人格上的平等以及权利义务的平等。夫妻双方应当互相尊重对方的人格独立,不得剥夺对方享有的权利,夫妻任何一方不能只享有权利不尽义务,或者只尽义务而不享有权利。第三,规定夫妻在婚姻家庭中地位平等,不是指夫妻的权利义务一一对等,更不是指夫妻要平均承担家庭劳务等。平等不是平均,权利义务可以合理分配和承担,家庭劳务也可以合理分担。对于婚姻家庭事务,夫妻双方均有权发表意见,应当协商作出决定,一方不应独断专行。

关联法规

《宪法》第 48 条

第一千零五十六条 【夫妻姓名权】夫妻双方都有各自使用自己姓名的权利。

条文注解

姓名权,是指自然人依法享有的决定、使用、变更或者许可他人使用自己的姓名并排除他人干涉或者非法使用的权利。姓名权是自然人的一项重要人格权,是自然人独立人格的重要标志。夫或者妻有无独立的姓名权是夫或者妻在婚姻家庭中有无独立人格的重要标志。姓名权的内容包括:(1)姓名决定权。姓名决定权,是指自然人决定其姓名的权利。(2)姓名变更权。姓名变更权,是指自然人变更其姓名的权利。(3)姓名使用权。姓名使用权,是指自然人依法使用自己姓名的权利,包括自己使用、不使用和禁止他人使用的权利。(4)姓名许可他人使用权。姓名许可他人使用权，是指自然人依法许可他人使用自己姓名的权利。(5)姓名维护权。姓名维护权，是指自然人在自己的姓名权受到侵害时，有权提出停止侵害、排除妨害、赔偿损失等请求，以保护自己的姓名权的权利。

第一千零五十七条 【夫妻参加各种活动的自由】夫妻双方都有参加生产、工作、学习和社会活动的自由，一方不得对另一方加以限制或者干涉。

条文注解

人身自由权是每个自然人最基本的权利，夫妻的人身自由权是自然人人身自由权的具体体现，是夫妻在婚姻家庭关系中地位平等的重要标志。根据本条的规定，夫妻人身自由权主要包括以下三个方面的内容：(1)夫妻双方都有参加生产、工作的权利。所谓生产、工作是指一切从事的社会职业和社会劳动。妇女享有参加生产、工作的自由权而不受干涉，是妇女享有与丈夫平等地位的前提。(2)夫妻双方都有参加学习的权利。这里的学习，不仅包括正规的在校学习，也包括扫盲学习、职业培训以及其他各种形式的专业知识与专业技能的学习。保证妇女学习的自由权，对于提高妇女的文化素质、提高妇女的就业率，进而保障妇女在家庭中与丈夫的平等地位都是必不可少的。(3)夫妻双方都有参加社会活动的权利。所谓社会活动，包括参政、议政活动，科学、技术、文学、艺术和其他文化活动，各种群众组织、社会团体的活动，以及各种形式的公益活动等。参加社会活动的自由权来自公民依法享有的民主权利，是社会主义条件下对夫妻关系的要求。

但需要注意的是，本条规定了夫妻的人身自由权，并不意味着夫妻可以不顾家庭、为所欲为。夫妻行使人身自由的权利，必须符合法律与社会主义道德的要求，不得滥用权利损害家庭和他人的合法权益。自然人婚前与婚后截然不同，对配偶、子女、家庭有不可推卸的义务和责任。夫妻任何一方在行使自己的人身自由权的同时，还必须履行自己对家庭应承担的义务和责任，两者应当协调统一。

第一千零五十八条 【夫妻抚养、教育和保护子女的权利义务平等】夫妻双方平等享有对未成年子女抚养、教育和保护的权利，共同承担对未成年子女抚养、教育和保护的义务。

条文注解

抚养，是指父母抚育子女的成长，并为他们的生活、学习提供一定的物质条件。教育，是指父母要按照法律和道德要求，采取正确的方法，对其未成年子女进行教导，并对其行为进行必要的约束,其目的是保障未成年子女的身心健康。保护,是指父母应当保护其未成年子女的人身安全和合法权益,预防和排除来自外界的危害,使其未成年子女的身心处于安全状态。抚养、教育和保护子女既是父母应尽的义务,也是父母应有的权利。需要强调的是,父母对子女的抚养、教育和保护的权利和义务,由父母双方平等享有、共同承担,而非一方的单方权利和义务。共同亲权原则实际上是男女平等原则的体现。根据本条的规定,对未成年子女抚养、教育和保护的权利由该子女的父母即夫妻双方平等享有,如何行使这一权利夫妻双方应当共同决定,不允许任何一方剥夺对方的这一权利;同样地,对未成年子女抚养、教育和保护的义务由夫妻双方共同承担,不允许任何一方不履行这一义务。

第一千零五十九条 【夫妻相互扶养义务】夫妻有相互扶养的义务。

需要扶养的一方,在另一方不履行扶养义务时,有要求其给付扶养费的权利。

条文注解

本条第1款规定,夫妻相互扶养义务是指夫妻之间相互供养和扶助的法定义务,对保障夫妻正常生活,维护婚姻家庭关系的稳定,具有重要意义。夫妻相互扶养义务与夫妻人身关系密不可分,夫妻之间接受对方扶养的权利和履行扶养对方的义务是基于夫妻间的配偶身份关系的产生而产生的,也会随着夫妻间的配偶身份关系的消灭而消灭。即这一义务始于婚姻关系确立之日,终于婚姻关系解除之日。夫妻之间的相互扶养既是权利又是义务,而且这种权利义务是相互对应和平等的,夫妻互为权利主体和义务主体。

本条第2款规定,夫妻互相扶养义务是法定义务,具有强制性,夫妻之间不得以约定形式改变这一法定义务。有扶养能力的一方,对于因失业、残疾、患病、年老等原因没有固定收入,缺乏生活来源的另一方,必须主动履行扶养义务。当夫或妻一方不履行扶养义务时,需要扶养的一方可以要求对方给付扶养费。应当给付扶养费的一方拒绝给付或者双方就扶养费数额、支付方式等具体内容产生争议的,需要扶养的一方可以直接向人民法院提起诉讼,或者向人民调解组织提出调解申请,要求获得扶养费。如果夫或妻一方患病或者没有独立生活能力,有扶养义务的配偶拒绝扶养,情节恶劣,构成遗弃罪的,还应当承担刑事责任。

案例注解

【案例(2021)皖1021民初2492号】丈夫患病要求妻子支付抚养费获法院支持

【基本案情】

2009年1月20日,原告胡某与被告许某在民政局登记结婚。被告系二婚,婚后未生育子女。2021 年 7 月 11 日，原告因病到县人民医院住院治疗，经诊断为肺部感染、咯血、乙型××大三阳、乙型××肝硬化、原发性血小板减少症、急性喉炎。2021 年 7 月 30 日出院，出院医嘱：1 周后复查血小板、上腹部增强 CT，感染科及内分泌科就诊，上级医院血液科进一步就诊明确血小板减少原因，未结算医疗费 10,782.37 元。2021 年 8 月 1 日，原告要求被告出钱支付原告的医疗费，因被告拒绝，辖区派出所和村镇调解委员会到原告家中进行了调解，但调解没有成功。为此原告诉至法院，请求判令被告许某履行扶养义务，从 2021 年 8 月起每月支付原告生活费 800 元至原告病愈止；判令被告许某支付原告胡某住院期间的医疗费 10,282.37 元（以医院结算为准），以及今后原告治病的医疗费、护理费等费用。

经查，被告无固定工作和稳定收入，自述有退休工资约 1100 元。

【裁判要旨】

《民法典》第 1059 条规定，夫妻有相互扶养的义务。需要扶养的一方，在另一方不履行扶养义务时，有要求其给付扶养费的权利。本案中，原告、被告于 2009 年 1 月 20 日登记结婚，系合法的夫妻关系，且共同生活多年，被告于 2021 年 7 月原告因患病且无工作及收入致生活困难，被告有固定的退休金，应在经济上给予原告一定的帮助，以尽夫妻间的扶助义务。

【裁判结果】

2021 年 9 月 9 日，法院判决被告许某从 2021 年 8 月起每月支付原告胡某生活费 600 元至原告胡某因病休息期届满止；驳回原告其他诉讼请求。（资料来源：中国裁判文书网）

关联法规

《刑法》第 261 条，《老年人权益保障法》第 23 条

第一千零六十条　【日常家事代理权】夫妻一方因家庭日常生活需要而实施的民事法律行为，对夫妻双方发生效力，但是夫妻一方与相对人另有约定的除外。

夫妻之间对一方可以实施的民事法律行为范围的限制，不得对抗善意相对人。

条文注解

夫妻日常家事代理权，是指夫妻一方因家庭日常生活需要而与第三方为一定民事法律行为时互为代理的权利。夫妻一方在日常家庭事务范围内，与第三方所实施的一定民事法律行为，视为依夫妻双方的意思表示所为的民事法律行为，另一方也应承担因此而产生的法律后果。

理解本条规定，需要注意以下几个方面的问题：

第一,夫妻日常家事代理权的权利主体。法律设立夫妻日常家事代理权这一权利的目的在于扩张夫妻双方的意思自治,使夫妻双方在日常家庭事务的处理中无须事必躬亲,从而突破夫妻各自在时间、精力上的局限性,满足夫妻共同生活的需要。因此,夫妻日常家事代理权为夫妻双方同等享有,夫妻双方在处理日常家庭事务中互相为代理人,各自都可以行使夫妻日常家事代理权。

第二,夫妻日常家事代理权的存续期间。夫妻日常家事代理权由法律直接规定,以夫妻身份的存在为前提。因此,夫妻日常家事代理权只存在于具有合法婚姻关系的配偶之间,始于婚姻关系的确立,终于婚姻关系的解除。在婚姻关系存续期间,夫妻日常家事代理权始终存在。

第三,夫妻日常家事代理权的行使方式。夫妻日常家事代理权的行使方式与一般代理不同。本法总则编规定的代理包括委托代理和法定代理,代理人必须以被代理人的名义实施民事法律行为。而对于夫妻日常家事代理权,夫妻任何一方在日常家事范围内与第三人为民事法律行为时,不必明确其代理权,可直接以自己名义、另一方名义或者双方名义为之。

第四,夫妻日常家事代理权的行使范围。夫妻日常家事代理权的行使范围仅限于"因家庭日常生活需要而实施的民事法律行为",通说概括为"日常家庭事务"或者"日常家事"。日常家事,是指为满足正常夫妻共同生活和家庭生活所必需的,非属人身性的一切事务,如购买食物、衣服等生活用品,正常的娱乐、保健、医疗费用,通常的子女教育费用,等等。

第五,夫妻日常家事代理权的行使限制。通常情况下,夫妻任何一方都可以在日常家事的范围内行使日常家事代理权。但在实际生活中,基于种种考虑,如因一方时间、精力、知识、能力上的原因,一方滥用代理权的原因等,有时夫妻双方对一方可以实施的民事法律行为会有所限制。这种限制在夫妻双方之间是有效的,法律无须加以规制,但为了保护正常交易安全,保护第三人的合法权益,法律明确规定这种限制不能对抗善意相对人。

第六,夫妻日常家事代理权的法律效力。夫妻任何一方行使夫妻日常家事代理权所实施的民事法律行为,对夫妻双方都发生效力,即该民事法律行为所产生的法律效果归属于夫妻双方。夫妻任何一方基于夫妻日常家事代理权所实施的民事法律行为所设立、变更、终止民事法律关系的一切结果都归属于夫妻双方,取得的权利由夫妻双方共同享有,产生的义务也由夫妻双方共同承担。

案例注解

【案例(2021)青2523民初836号】丈夫协商调解协议被判对夫妻均有法律效力

【基本案情】

原告苍某居住于贵德县××镇××小区×号楼×单元501室,被告孙某系楼上601室住户,2021年4月20日孙某家中水管漏水,导致楼下原告家中墙面、木地板、家具被部分浸泡。事发后,被告孙某委托被告王某(孙某与王某系夫妻)与原告苍某协商解决此事,经小区物业调解,苍某与王某达成口头协议赔偿财产损失5000元,但二被告未向原告支付赔偿款。为此原告诉至法院，请求法院判令二被告赔偿原告因漏水造成的财产损失20,450元。

被告孙某辩称，漏水属实，物业联系其后其委托丈夫王某处理此事，具体处理情况其不知情。原告房屋已经居住10年，要求原价赔偿不合理。王某在答辩期内未提交书面答辩状，也未到庭参加诉讼。

【裁判要旨】

《民法典》第1060条第1款规定，夫妻一方因家庭日常生活需要而实施的民事法律行为，对夫妻双方发生效力，但是夫妻一方与相对人另有约定的除外。本案中，王某与孙某系夫妻关系，王某与苍某达成的赔偿协议系处理家事范畴，孙某对于该协议是否知情均不影响该协议对夫妻二人均发生法律效力的事实。王某与苍某就赔偿事宜已经达成赔偿协议，该协议合法有效，对双方均有约束力，双方均应诚实履行。故损失赔偿数额，应当以当事人协议约定的5000元为准。

【判决结果】

2021年8月16日，法院判决被告孙某、王某于本判决生效后3日内向原告苍某支付财产损害赔偿款5000元，驳回原告苍某其他诉讼请求。（资料来源：中国裁判文书网）

第一千零六十一条 【夫妻相互继承权】夫妻有相互继承遗产的权利。

条文注解

夫妻相互享有遗产继承权，是夫妻双方在婚姻家庭关系中地位平等的一个重要标志。根据本法的规定，理解夫妻相互遗产继承权，应注意把握以下问题：第一，夫妻相互遗产继承权以合法的夫妻关系为前提。夫妻间的继承权是基于婚姻的法律效力产生的，只有具备合法婚姻关系的夫妻双方，才能以配偶身份继承对方的遗产。如双方属于婚外姘居的，双方就不享有相互法定的相互遗产继承权。只有在婚姻关系确立之日起至婚姻关系解除之日止，配偶一方死亡，另一方才享有继承权。第二，夫妻互为第一顺序的法定继承人。第三，要正确确定继承遗产的范围，不得侵害生存配偶的合法财产权。夫或妻一方死亡时，继承开始，首先要确定哪些财产属于被继承人的遗产。被继承人的财产一般包括在夫妻共同财产中的份额以及其个人财产。第四，注意保障生存配偶对分得遗产的所有权。夫妻一方死亡后，生存的另一方依法继承死者遗产后，就取得了该财产的所有权，有权根据自己的意愿和利益在法律允许的范围内占有、使用和处理该财产，如果再婚，有权带走或处分其继承的财产。

关联法规

《妇女权益保障法》第58、59条

第一千零六十二条　【夫妻共同财产】夫妻在婚姻关系存续期间所得的下列财产，为夫妻的共同财产，归夫妻共同所有：

（一）工资、奖金、劳务报酬；

（二）生产、经营、投资的收益；

（三）知识产权的收益；

（四）继承或者受赠的财产，但是本法第一千零六十三条第三项规定的除外；

（五）其他应当归共同所有的财产。

夫妻对共同财产，有平等的处理权。

条文注解

夫妻财产制，是规定夫妻财产关系的法律制度，包括夫妻婚前财产和婚后所得财产的归属、管理、使用、收益和处分，以及家庭生活费用的负担，夫妻债务的清偿，婚姻终止时夫妻财产的清算和分割等内容，其核心是夫妻婚前财产和婚后所得财产的所有权归属问题。法律设立夫妻财产制，调整夫妻财产关系，对保护夫妻的合法权利和财产利益，维护平等、和睦的家庭关系，保障夫妻与第三人交易安全，具有重要意义。

本条第1款规定，夫妻在婚姻关系存续期间所得的财产，如工资和奖金，从事生产、经营的收益等，为夫妻的共同财产，归夫妻共同所有。这一规定表明，我国的夫妻共同财产制采用的是婚后所得共同制，即在婚姻关系存续期间，除个人特有财产和夫妻另有约定外，夫妻双方或者一方所得的财产，均归夫妻共同所有，夫妻双方享有平等的占有、使用、收益和处分权利的财产制度。这里的共同所有指的是共同共有，不是按份共有。关于夫妻共同财产的范围，本条第1款作了列举式的规定：(1)工资、奖金、劳务报酬。即劳动者的劳动收入，既包括工资、奖金，也包括各种津贴、补贴等劳务报酬。(2)生产、经营、投资的收益。这包括夫妻一方或者双方从事生产、经营所得的各种收入和投资所得的收入，如农村中的农业生产和城市里的工业生产以及第三产业等各行各业的生产经营投资收益，有劳动收入，也有资本收益，如股票债券收入，股份、股权等资本利得，亦是夫妻共同财产的一种形式。(3)知识产权的收益。知识产权是一种智力成果权，它既是一种财产权，也是一种人身权，具有很强的人身性，与人身不可分离，婚后一方取得的知识产权权利本身归一方专有，权利也仅归权利人行使，比如作者的配偶无权在其著作中署名，也不能决定作品是否发表。但是，由知识产权取得的经济利益，则属于夫妻共同财产，如因发表作品取得的稿费，因转让专利获得的转让费等，归夫妻共同所有。(4)继承或者受赠的财产，但遗嘱或者赠与合同中确定只归一方的财产除外。夫妻任何一方继承或者受赠的财产属于夫妻共同财产，但如果遗嘱或者赠与合同中指明财产归夫妻一方所有的，是立遗嘱人或者赠与人根据自己意愿处分财产的表现，基于意思自治，应当尊重其对财产的处分权，该财产归一方所有。(5)其他应当归共同所有的财产。这项规定属于概括性规定。随着社会经济的发展和人们生活水平的提高,夫妻共同财产的范围在不断地扩大,共同财产的种类在不断地增加,目前,夫妻共同财产已由原来简单的生活用品发展到汽车、房产、股票、债券乃至整个公司、企业等,今后还将出现一些新的财产类型。

本条第2款规定,夫妻共同财产的性质是共同共有,不是按份共有,因此夫妻对全部共同财产,应当不分份额地享有同等的权利,承担同等的义务。不能根据夫妻双方经济收入的多少来确定其享有共同财产所有权的多少。夫妻双方对共同财产享有平等占有、使用、收益和处分的权利。夫妻一方对共同财产的使用、处分,除另有约定外,应当在取得对方的同意之后进行。尤其是重大财产问题,未经对方同意,任何一方不得擅自处分。夫妻一方在处分共同财产时,另一方明知其行为而不作否认表示的,视为同意,事后不得以自己未参加处分为由否认处分的法律效力。夫妻一方未经对方同意擅自处分共同财产的,对方有权请求宣告该处分行为无效,但不得对抗善意第三人,即如果第三人不知道也无从知道夫妻一方的行为属于擅自处分行为的,该处分行为有效,以保护第三人的利益,维护交易安全。

案例注解

【案例(2021)湘0408民初1351号】妻子要求丈夫婚外情人返还不当得利获法院支持

【基本案情】

原告龙某与第三人费某系夫妻关系,双方于2010年1月22日登记结婚。2017年,第三人与被告全某相识并发生婚外情。2017年12月至2021年2月,第三人多次通过银行转账和微信支付的方式共给付给被告660,914.99元,其中20,000元是用于帮第三人在洗脚城充卡消费。原告诉至法院,请求判令被告返还原告不当得利680,914.99元。

经查,被告通过微信支付的方式共退还第三人165,852元。

【裁判要旨】

《民法典》第1062条规定,夫妻在婚姻关系存续期间所得的下列财产,为夫妻的共同财产:(1)工资、奖金、劳务报酬;(2)生产、经营、投资的收益;(3)知识产权的收益;(4)继承或者受赠的财产,但是本法第1063条第3项规定的除外;(5)其他应当归共同所有的财产。夫妻对共同财产,有平等的处理权。本案中,第三人与原告系夫妻关系,在双方婚姻关系存续期间,第三人多次通过银行转账和微信支付的方式给付给被告660,914.99元,抵扣被告退还给第三人的165,852元,第三人实际给付给被告495,062.99元。除原告自认其中20,000元用于帮第三人在洗脚城充卡消费外,其余475,062.99元没有其他证据证明是用于第三人与原告的家庭日常生活需要。第三人在与原告婚姻关系存续期间,基于其与被告之间的婚外情关系,擅自将上述款项给付给被告,既违反了夫妻之间对共同财产有平等处理权的法律规定,也违反了公序良俗的法律原则,应依法认定为无效法律行为。被告取得上述475,062.99元款项没有合法依据,应属不当得利,应予返还。

【判决结果】

2021年7月7日,法院判决被告全某于本判决生效之日起10日内返还原告龙某475,062.99元,驳回原告龙某的其他诉讼请求。(资料来源:中国裁判文书网)

关联法规

《最高人民法院关于适用〈中华人民共和国民法典〉婚姻家庭编的解释(一)》第24、25、29条,《最高人民法院关于适用〈中华人民共和国民法典〉婚姻家庭编的解释(二)》第8~11条

第一千零六十三条 【夫妻个人财产】下列财产为夫妻一方的个人财产:

(一)一方的婚前财产;

(二)一方因受到人身损害获得的赔偿或者补偿;

(三)遗嘱或者赠与合同中确定只归一方的财产;

(四)一方专用的生活用品;

(五)其他应当归一方的财产。

条文注解

夫妻个人财产,又称夫妻特有财产、夫妻保留财产,是指夫妻在实行共同财产制的同时,依照法律规定或者夫妻约定,夫妻各自保留的一定范围的个人所有财产。根据产生的原因不同,个人财产可分为法定的个人财产和约定的个人财产。法定的个人财产,是指依照法律规定所确认的夫妻双方各自保留的个人财产,本条即属于法定个人财产的规定。

个人财产是夫妻在婚姻关系存续期间分别保留的独立于夫妻共同财产之外的财产,夫妻双方对各自的个人财产,享有独立的管理、使用、收益和处分权利,他人不得干涉。夫妻可以约定将各自的个人财产交由一方管理;夫妻一方也可以将自己的个人财产委托对方代为管理。对家庭生活费用的负担,在夫妻共同财产不足以负担家庭生活费用时,夫妻应当以各自的个人财产分担。

关于我国夫妻个人财产的范围,本条作了列举式的规定:(1)一方的婚前财产。婚前财产,是指夫妻在结婚之前各自所有的财产,包括婚前个人劳动所得财产、继承或者受赠的财产以及其他合法财产。婚前财产归各自所有,不属于夫妻共同财产。(2)一方因受到人身损害获得的赔偿或者补偿。这些财产是指与生命健康直接相关的财产,具有人身专属性,对于保护个人权利具有重要意义,因此应当专属于个人所有,而不能成为共同财产。这样有利于维护受害人的合法权益,保证受害人的身体康复和生活需要。(3)遗嘱或者赠与合同中确定只归一方的财产。根据本法第1062条第4项的规定,因继承或者受赠的财产,属于夫妻共同财产。但为了尊重遗嘱人或者

赠与人的个人意愿，保护个人对其财产的自由处分权，如果遗嘱人或者赠与人在遗嘱或者赠与合同中明确指出，该财产只遗赠或者赠与夫妻一方，另一方无权享有，那么，该财产就属于夫妻个人财产，归一方个人所有。(4)一方专用的生活用品。另一方专用的生活用品具有专属于个人使用的特点，如个人的衣服、鞋帽等，应当属于夫妻个人财产。(5)其他应当归一方的财产。这项规定属于概括性规定。夫妻个人财产除前四项的规定外，还包括其他一些财产和财产权利。随着社会经济的发展、新的财产类型的出现以及个人独立意识的增强，夫妻个人财产的范围也将有所增加。

关联法规

《最高人民法院关于适用〈中华人民共和国民法典〉婚姻家庭编的解释(一)》第31条

第一千零六十四条　【夫妻共同债务】夫妻双方共同签名或者夫妻一方事后追认等共同意思表示所负的债务，以及夫妻一方在婚姻关系存续期间以个人名义为家庭日常生活需要所负的债务，属于夫妻共同债务。

夫妻一方在婚姻关系存续期间以个人名义超出家庭日常生活需要所负的债务，不属于夫妻共同债务；但是，债权人能够证明该债务用于夫妻共同生活、共同生产经营或者基于夫妻双方共同意思表示的除外。

条文注解

夫妻共同债务问题，事关夫妻双方特别是未举债一方和债权人合法权益的保护，事关婚姻家庭稳定和市场交易安全的维护。本条分两款，规定了三类比较重要的夫妻共同债务，即基于共同意思表示所负的夫妻共同债务、为家庭日常生活需要所负的夫妻共同债务、债权人能够证明的夫妻共同债务。

(1)基于共同意思表示所负的夫妻共同债务。本条第1款明确规定，"夫妻双方共同签名或者夫妻一方事后追认等共同意思表示所负的债务"，属于夫妻共同债务。这就是俗称的"共债共签""共签共债"。多个民事主体基于共同签字等共同意思表示所形成的债务属于共同债务，这不存在任何争议，本条规定对这一内容加以强调意在引导债权人在形成债务尤其是大额债务时，为避免事后引发不必要的纷争，加强事前风险防范，尽可能要求夫妻共同签名。

(2)为家庭日常生活需要所负的夫妻共同债务。本条第1款规定，"夫妻一方在婚姻关系存续期间以个人名义为家庭日常生活需要所负的债务"，属于夫妻共同债务。也就是基于夫妻日常家事代理权所产生的债务属于夫妻共同债务。

夫妻日常家事代理权，是指夫妻一方因家庭日常生活需要而与第三方为一定民事法律行为时互为代理的权利。夫妻一方在日常家庭事务范围内，与第三方所实施的一定民事法律行为，视为依夫妻双方的意思表示所为的民事法律行为，另一方也应承担因此而产生的法律后果。夫妻双方共同签名或者夫妻一方事后追认等共同意思表示所负的债务，以及夫妻一方在婚姻关系存续期间以个人名义为家庭日常生活需要所负的债务，属于夫妻共同债务。

(3)债权人能够证明的夫妻共同债务。本条第1款规定，夫妻双方共同签名或者夫妻一方事后追认等共同意思表示所负的债务，以及夫妻一方在婚姻关系存续期间以个人名义为家庭日常生活需要所负的债务，属于夫妻共同债务。同时，夫妻共同生产经营的情形非常复杂，主要是指由夫妻双方共同决定生产经营事项，或者虽由一方决定但另一方进行了授权的情形。判断生产经营活动是否属于夫妻共同生产经营，要根据经营活动的性质以及夫妻双方在其中的地位作用等综合认定。夫妻共同生产经营所负的债务一般包括双方共同从事工商业、共同投资以及购买生产资料等所负的债务。

案例注解

【案例(2021)湘1302民初5271号】无证据证明系家庭日常生活需要丈夫婚姻期间所负债务被认定不属于夫妻共同债务

【基本案情】

2020年1月7日，被告邵某以做生意需资金周转为由向原告刘某借款50,000元，原告刘某通过微信转账及现金支付的方式支付被告邵某借款合计50,000元。2020年4月2日，被告邵某向原告刘某出具借条一份，载明："今借到刘某现金人民币五万元整(50,000.00)邵某4325031989××××××××。"之后，被告邵某未偿还借款，原告刘某向被告邵某催讨未果，遂诉法院，请求判令被告邵某、肖某返还刘某欠款50,000元人民币。

被告肖某辩称，借款是由被告邵某个人借的，被告不知情；被告肖某与被告邵某于2020年12月办理了离婚手续，离婚协议明确约定：男方婚姻期间欠下的债务未用于夫妻共同生活，由男方个人承担，若离婚后男方出现其他债务，均视为其未用于夫妻共同生活的个人债务，由男方承担。被告邵某未到庭，亦未向法庭提交答辩状。

【裁判要旨】

《民法典》第1064条规定，夫妻双方共同签名或者夫妻一方事后追认等共同意思表示所负的债务，以及夫妻一方在婚姻关系存续期间以个人名义为家庭日常生活需要所负的债务，属于夫妻共同债务。夫妻一方在婚姻关系存续期间以个人名义超出家庭日常生活需要所负的债务，不属于夫妻共同债务；但是，债权人能够证明该债务用于夫妻共同生活、共同生产经营或者基于夫妻双方共同意思表示的除外。本案中，被告邵某向原告刘某借款，并出具了借条，原告刘某已向被告邵某履行了支付款项的义务，原告、被告之间形成了民间借贷关系，其系双方当事人的真实意思表示，不违反法律及行政法规的强制性规定，合法有效。被告邵某未能履行还款义务已构成违约，应承担相应的法律责任，故对原告刘某要求被告邵某归还借款50,000元的诉讼请求，应予以支持。原告刘某主张要求被告肖某对被告邵某的该笔债务共同承担偿还责任，但原告没有提供证据予以证明该笔债务用于两被告夫妻共同生活、共同生产经营，故对原告主张要求被告肖某与被告邵某共同偿还债务的诉求，证据不足，不予支持。

【裁判结果】

2021年9月6日，法院判决限被告邵某于本判决生效之日起10日内偿还原告刘某借款50,000元；驳回原告刘某的其他诉讼请求。（资料来源：中国裁判文书网）

第一千零六十五条　【夫妻约定财产制】男女双方可以约定婚姻关系存续期间所得的财产以及婚前财产归各自所有、共同所有或者部分各自所有、部分共同所有。约定应当采用书面形式。没有约定或者约定不明确的，适用本法第一千零六十二条、第一千零六十三条的规定。

夫妻对婚姻关系存续期间所得的财产以及婚前财产的约定，对双方具有法律约束力。

夫妻对婚姻关系存续期间所得的财产约定归各自所有，夫或者妻一方对外所负的债务，相对人知道该约定的，以夫或者妻一方的个人财产清偿。

条文注解

约定财产制，是指法律允许夫妻用协议的方式，对夫妻在婚前和婚姻关系存续期间所得财产的所有权的归属、管理、使用、收益、处分，以及对第三人债务的清偿、婚姻解除时财产的分割等事项作出约定，从而排除或者部分排除夫妻法定财产制适用的制度。约定财产制是相对于法定财产制而言的，它是夫妻以契约的方式依法选择适用的财产制，而法定财产制是依照法律直接规定而适用的财产制。约定财产制是法律对婚姻关系双方当事人就双方之间的财产关系进行约定的意思自治的尊重，约定财产制具有优先于法定财产制适用的效力，只有在当事人未就夫妻财产作出约定，或者所作约定不明确，或者所作约定无效时，才适用夫妻法定财产制。

根据本条的规定，我国夫妻约定财产制的内容主要包括以下几个方面：

(1)约定的条件。夫妻对财产关系进行约定是一种双方民事法律行为，它不仅要符合民事法律行为的一般要件，还要符合《婚姻法》的有关规定，因为该约定是基于配偶这一特殊身份发生的。夫妻对财产关系的约定需要符合下列要件：①缔约双方必须具有合法的夫妻身份，未婚同居、婚外同居者对他们之间财产关系的约定，不属于夫妻财产约定。②缔约双方必须具有完全民事行为能力。③约定必须双方自愿。夫妻对财产的约定必须出于真实的意思表示，以欺诈、胁迫等手段使对方在违背真实意思的情况下作出的约定,对方有权请求撤销。④约定的内容必须合法,不得违反法律、行政法规的强制性规定,不得违背公序良俗,不得利用约定恶意串通、损害他人合法权益,约定的内容不得超出夫妻财产的范围,如不得将其他家庭成员的财产列入约定财产的范围,不得利用约定逃避对第三人的债务以及其他法定义务。

(2)约定的方式。关于约定的方式,本条第1款明确规定"约定应当采用书面形式"。这样规定的目的在于更好地维护夫妻双方的合法权益以及第三人的利益,维护交易安全,避免发生纠纷。当然,如果夫妻以口头形式作出约定,事后对约定没有争议的,该约定也有效。夫妻以书面形式对其财产作出约定后,可以进行公证。

(3)约定的时间。关于约定的时间,本条对约定的时间未作规定。根据我国的实际情况,对约定的时间不必作更多的限制。约定可以在婚前进行也可以在婚后进行。约定生效后,因夫妻一方或者双方的情况发生变化,只要双方合意,也可以随时变更或者撤销原约定。

(4)约定的内容。关于约定的内容,本条第1款规定,"男女双方可以约定婚姻关系存续期间所得的财产以及婚前财产归各自所有、共同所有或者部分各自所有、部分共同所有"。这一规定的范围是比较宽的,根据这一规定,夫妻既可以对婚姻关系存续期间所得的财产进行约定,也可以对婚前财产进行约定;既可以对全部夫妻财产进行约定,也可以对部分夫妻财产进行约定;既可以概括地约定采用某种夫妻财产制,也可以具体地对某一项夫妻财产进行约定;既可以约定财产所有权的归属或者使用权、管理权、收益权、处分权的行使,也可以约定家庭生活费用的负担、债务清偿责任、婚姻关系终止时财产的分割等事项。

(5)约定的效力。关于约定的效力,分为优先效力、对内效力和对外效力。①优先效力。约定财产制的优先效力是指约定财产制的效力优先于法定财产制。本条第1款规定,"没有约定或者约定不明确的,适用本法第一千零六十二条、第一千零六十三条的规定"。根据这一规定,约定财产制具有优先于法定财产制适用的效力,只有在当事人未就夫妻财产作出约定,或者所作约定不明确,或者所作约定无效时,才适用夫妻法定财产制。②对内效力。约定财产制的对内效力是指夫妻财产约定对婚姻关系当事人的效力。本条第2款规定:"夫妻对婚姻关系存续期间所得的财产以及婚前财产的约定,对双方具有法律约束力。"夫妻对财产关系的约定,对双方具有法律约束力,双方按照约定享有财产所有权以及管理权等其他权利,并承担相应的义务。③对外效力。约定财产制的对外效力是指夫妻财产约定对婚姻关系当事人以外的第三人即相对人的效力。

案例注解

【案例(2021)湘0523民初731号】妻子要求丈夫履行婚姻财产协议支付生活开支获法院支持

【基本案情】

原告蒋某与被告黎某1系夫妻关系,双方生育一子黎某2,现由原告照顾生活起居。2019年1月,双方因对家庭经济安排存在分歧,原告向××电视台卫星频道人民调解委员会申请调解。2019 年 1 月 9 日，在该人民调解委员会的主持下，双方就家庭经济问题达成调解协议，被告承诺向原告公开家庭的经济收支，并按月固定向原告支付 3000 元作为家庭日常生活开支。调解作出后，原告因被告未按协议支付 2019 年 4 月至 9 月的生活费，于 2019 年 9 月 16 日向法院提起诉讼，法院于 2019 年 10 月 11 日作出（2019）湘 0523 民初×××号民事判决，判决被告向原告支付生活费 18,000 元。判决生效后，被告履行了支付义务，且依约向原告支付了 2019 年 10 月至 2020 年 4 月的生活费。2020 年 5 月至 2020 年 8 月，被告每月仅支付 1500 元生活费给原告，自 2020 年 9 月至今，被告未再向原告支付生活费。原告遂向本院提起诉讼，请求依法判决被告履行 2019 年 1 月 9 日签订的协议，由被告支付原告家庭日常生活开支 24,000 元（2020 年 5 月至 8 月每月支付 1500 元，2020 年 9 月至 2021 年 2 月每月支付 3000 元，共 24,000 元），自 2021 年 3 月至此后婚姻关系存续期间，由被告按每月 3000 元的标准继续支付原告家庭日常生活开支。

【裁判要旨】

《民法典》第 1065 条第 1 款规定，男女双方可以约定婚姻关系存续期间所得的财产以及婚前财产归各自所有、共同所有或者部分各自所有、部分共同所有。约定应当采用书面形式。夫妻对婚姻关系存续期间所得的财产以及婚前财产的约定，对双方具有法律约束力。本案原告、被告于 2019 年 1 月 9 日在××电视台卫星频道人民调解委员会的主持下达成的协议，系双方当事人真实意思的表示，内容合法，在该协议未经解除或变更的情况下，双方均应本着诚实信用的原则来履行。

【判决结果】

2021 年 4 月 15 日，法院判决被告黎某 1 于本判决生效后 10 日内支付原告蒋某 2020 年 5 月至 2021 年 2 月的家庭日常生活开支 24,000 元，自 2021 年 3 月至此后婚姻关系存续期间，被告每月支付原告家庭日常生活开支 3000 元（2021 年 3 月至 2021 年 5 月的家庭日常生活开支于 2021 年 5 月 20 日前一次性付清，自 2021 年 6 月开始，每月的生活开支于当月的 20 日前付清）。（资料来源：中国裁判文书网）

关联法规

《最高人民法院关于适用〈中华人民共和国民法典〉婚姻家庭编的解释（一）》第 37 条

第一千零六十六条　【婚姻关系存续期间夫妻共同财产的分割】婚姻关系存续期间，有下列情形之一的，夫妻一方可以向人民法院请求分割共同财产：

（一）一方有隐藏、转移、变卖、毁损、挥霍夫妻共同财产或者伪造夫妻共同债务等严重损害夫妻共同财产利益的行为；

（二）一方负有法定扶养义务的人患重大疾病需要医治，另一方不同意支付相关医疗费用。

条文注解

根据本条的规定，婚姻关系存续期间，夫妻双方一般不得请求分割共同财产，只有在法定情形下，夫妻一方才可以向人民法院请求分割共同财产，法定情形有以下两种：

一种情形是一方有隐藏、转移、变卖、毁损、挥霍夫妻共同财产或者伪造夫妻共同债务等严重损害夫妻共同财产利益的行为。夫妻共同财产主要是指夫妻双方在婚姻关系存续期间所得的财产，夫妻在处分共同财产时，应当平等协商，取得一致意见，任何一方不得违背他方的意志，擅自处理。特别是对共有财产作较大的变动时，如出卖、赠与等，更应征得他方的同意，否则就侵犯了另一方对共有财产的所有权。实践中，比较典型的就是夫妻一方隐藏、转移、变卖、毁损、挥霍夫妻共同财产或者伪造夫妻共同债务等行为，这些都属于严重损害夫妻共同财产利益的行为。隐藏，是指将财产藏匿起来，不让他人发现，使另一方无法获知财产的所在从而无法控制。转移，是指私自将财产移往他处，或者将资金取出移往其他账户，脱离另一方的掌握。变卖，是指将财产折价卖给他人。毁损，是指采用打碎、拆卸、涂抹等破坏性手段使物品失去原貌，失去或者部分失去原来具有的使用价值和价值。挥霍，是指超出合理范围任意处置、浪费夫妻共同财产。伪造夫妻共同债务，是指制造内容虚假的债务凭证，包括合同、欠条等，意图侵占另一方财产。上述违法行为，在主观上只能是故意，不包括过失行为，如因不慎将某些共同财产毁坏，只要没有故意，就不属于本条规定之列。

另一种情形是一方负有法定扶养义务的人患重大疾病需要医治，另一方不同意支付相关医疗费用。这里所指的扶养是广义上的扶养，即一定范围的亲属之间互相供养和扶助的法律关系。广义的扶养包括抚养、赡养和狭义的扶养。抚养是就长辈对晚辈而言，主要指父母对未成年子女，祖父母对孙子女，外祖父母对外孙子女的供养；赡养是就晚辈对长辈而言，主要指子女对父母，孙子女对祖父母、外孙子女对外祖父母的供养；狭义的扶养是就平辈而言，主要指夫妻之间和兄弟姐妹之间的供养。扶养还可以分为法定扶养、协议扶养和遗嘱扶养。法定扶养，是指基于法律强制性规定的扶养；协议扶养，是指基于合同而产生的扶养；遗嘱扶养，是指基于遗嘱产生的扶养。本条规定明确仅指法定扶养。本法对法定扶养义务作了明确规定。关于“重大疾病”，本条没有作出明确界定，疾病是否认定为重大，在司法实践中应当参照医学上的认定，借鉴保险行业中对重大疾病的划定范围，一般认为，某些需要长期治疗、花费较高的疾病，如糖尿病、肿瘤、脊髓灰质炎等，或者直接涉及生命安全的疾病属于重大疾病。“相关医疗费用”主要指为治疗疾病需要的必要、合理费用，不应包括营养、陪护等费用。

关联法规

《最高人民法院关于适用〈中华人民共和国民法典〉婚姻家庭编的解释（一）》第38条，《最高人民法院关于适用〈中华人民共和国民法典〉婚姻家庭编的解释（二）》第6、7条

第二节　父母子女关系和其他近亲属关系

第一千零六十七条　【父母的抚养义务和子女的赡养义务】父母不履行抚养义务的,未成年子女或者不能独立生活的成年子女,有要求父母给付抚养费的权利。

成年子女不履行赡养义务的,缺乏劳动能力或者生活困难的父母,有要求成年子女给付赡养费的权利。

条文注解

本条第1款是父母对子女的抚养义务。抚养子女既是父母应尽的义务,也是子女应享有的权利。抚养,是指父母抚育子女的成长,并为他们的生活、学习提供一定的物质条件。因父母不履行抚养义务而引起的纠纷,可由有关部门调解或者向人民法院提出追索抚养费的诉讼。人民法院应根据子女的需要和父母的抚养能力,通过调解或者判决,确定抚养费的数额、给付的期限和方法。对拒不履行抚养义务,恶意遗弃未成年子女已构成犯罪的,还应当根据我国《刑法》的有关规定追究刑事责任。

本条第2款是子女对父母的赡养义务。赡养,是指子女在物质上和经济上为父母提供必要的生活条件。赡养人的义务具体表现为以下几个方面:一是赡养人应当使患病的老年人及时得到治疗和护理;对经济困难的老年人,应当提供医疗费用。对生活不能自理的老年人,赡养人应当承担照料责任;不能亲自照料的,可以按照老年人的意愿委托他人或者养老机构等照料。二是赡养人应当妥善安排老年人的住房,不得强迫老年人居住或者迁居条件低劣的房屋。老年人自有的或者承租的住房,子女或者其他亲属不得侵占,不得擅自改变产权关系或者租赁关系。三是应当关心老年人的精神需求,不得忽视、冷落老年人。与老年人分开居住的,应当经常看望或者问候老年人。四是赡养人不得以放弃继承权或者其他理由,拒绝履行赡养义务。赡养人不履行赡养义务,老年人有要求赡养人付给赡养费等权利。赡养人不得要求老年人承担力不能及的劳动。如果子女不履行赡养义务,需要赡养的父母可以通过有关部门进行调解或者向人民法院提起诉讼。人民法院在处理赡养纠纷时,应当坚持保护老年人的合法权益的原则,通过调解或者判决使子女依法履行赡养义务。

关联法规

《宪法》第45、49条,《老年人权益保障法》第13条,《未成年人保护法》第15~21条,《最高人民法院关于适用〈中华人民共和国民法典〉婚姻家庭编的解释(一)》第41、42条

第一千零六十八条 【父母教育、保护未成年子女的权利义务】父母有教育、保护未成年子女的权利和义务。未成年子女造成他人损害的,父母应当依法承担民事责任。

条文注解

"教育",是指父母要按照法律和道德要求,采取正确的方法,对其未成年子女进行教导,并对其行为进行必要的约束,其目的是保障未成年子女的身心健康。父母对子女有教育义务。教育子女是家庭的一项重要职能,家庭教育对子女的成长有很大的影响。父母子女间的亲密关系,为教育子女提供了有利的条件。因此,教育好子女是父母双方在法律上应尽的义务,也是社会道德的必然要求。所谓"保护",是指父母应当保护其未成年子女的人身安全和合法权益,预防和排除来自外界的危害,使其未成年子女的身心处于安全状态。需要注意的是,父母作为未成年子女的法定代理人和监护人,其对未成年子女的教育和保护既是权利又是义务。

关联法规

《未成年人保护法》第16条,《义务教育法》第11条

第一千零六十九条 【子女应尊重父母的婚姻权利】子女应当尊重父母的婚姻权利,不得干涉父母离婚、再婚以及婚后的生活。子女对父母的赡养义务,不因父母的婚姻关系变化而终止。

条文注解

本条规定主要强调了两个方面的内容:第一,老年人的婚姻自由受法律保护,子女应当尊重父母的婚姻权利,包括离婚和再婚的自主权利。父母是否再婚,与谁结婚应由其自主决定。父母再婚后,子女不得干涉父母婚后的生活,比如子女不得干涉父母选择居所或者依法处分个人财产。第二,子女对父母的赡养义务,不因父母的婚姻关系变化而终止。子女不能因父母再婚而对父母不闻不问,相互推诿,不尽赡养义务。在有赡养能力的子女不履行赡养义务时,没有劳动能力或生活困难的父母,有要求子女给付赡养费的权利。父母可以直接向子女索要赡养费,也可以请求有关组织,如子女所在单位、居民委员会、村民委员会调解,还可以直接向人民法院起诉要求给付赡养费。

关联法规

《刑法》第261、275条,《老年人权益保障法》第18、21、75、76条

第一千零七十条 【父母子女相互继承权】父母和子女有相互继承遗产的权利。

条文注解

根据本条的规定,子女可以继承其父母的遗产,父母可以继承其子女的遗产。也可以理解为,父母与子女之间相互有继承权。这种权利是以双方之间的身份为依据的。父母、子女都是被继承人的最近的直系血亲,他们之间有极为密切的人身关系和财产关系。这里享有继承权的父母,包括生父母、养父母和有抚养关系的继父母。被继承人的父和母,继承其死亡子女的财产的权利是平等的。享有继承权的子女,包括亲生子女、养子女和有抚养关系的继子女。亲生子女包括婚生子女和非婚生子女。无论是婚生子女,还是非婚生子女,都有同等的继承权。成年子女有赡养能力和赡养条件,但未尽赡养义务的,在分配父母遗产时,应当不分或者少分。

第一千零七十一条 【非婚生子女的权利】非婚生子女享有与婚生子女同等的权利,任何组织或者个人不得加以危害和歧视。

不直接抚养非婚生子女的生父或者生母,应当负担未成年子女或者不能独立生活的成年子女的抚养费。

条文注解

非婚生子女,是指没有婚姻关系的男女所生的子女,包括未婚男女双方所生的子女或者已婚男女与婚外第三人发生两性关系所生的子女。根据本法的规定,对非婚生子女的保护主要有以下三个方面:(1)对非婚生子女不得歧视和危害。对于非婚生子女的歧视和危害主要有两个方面:一方面是来自家庭内部的歧视和迫害。当非婚生子女的生母或者生父与第三方结婚,非婚生子女一般也会随父亲或者母亲来到新的家庭。由于非婚生子女的加入涉及家庭财产的分割等若干利益冲突,非婚生子女往往受到新家庭成员的歧视和虐待。另一方面是来自社会各方面的歧视和迫害。虽然近年来人们对非婚生子女的认识有了很大的改变,但仍然有一些人还是将对非婚生子女生父母行为的异议和鄙视,发泄在非婚生子女身上,致使一些非婚生子女的身心受到了极大的伤害。(2)非婚生子女的生父、生母都应当负担子女的抚养费。本条明确规定不直接抚养非婚生子女的生父或者生母,应当负担未成年子女或者不能独立生活的成年子女的抚养费。如果不与非婚生子女生活在一起的一方拒绝履行该抚养义务,那么非婚生子女有权向人民法院起诉要求其承担相应的义务。(3)非婚生子女与生父母间有相互继承遗产的权利。非婚生子女与婚生子女在继承时享有完全相同的权利和义务,同样,在非婚生子女的父母继承非婚生子女的财产时,他们之间的权利和义务也完全等同于父母和婚生子女之间的权利和义务。

案例注解

【案例(2021)辽0381民初7662号】同居期间生子生父要求生母支付抚养费获法院支持

【基本案情】

原告张某1与被告王某自2017年开始同居生活,于××××年××月××日生育一子张某,后双方感情不和,于2021年5月解除同居关系。自被告离开后孩子张某2一直由原告抚养。因孩子抚养费问题协商不成,原告诉至法院,请求判令儿子张某2归原告抚养,被告每月支付1000元抚养费。

【裁判要旨】

《民法典》第1071条第2款规定,"不直接抚养非婚生子女的生父或者生母,应当负担未成年子女或者不能独立生活的成年子女的抚养费"。第1085条第1款规定,"离婚后,子女由一方直接抚养的,另一方应当负担部分或者全部抚养费。负担费用的多少和期限的长短,由双方协议;协议不成的,由人民法院判决"。现原告、被告双方的孩子为未成年,且一直与原告生活在一起,被告作为不直接抚养孩子的生母,应承担张某2的抚养费。

【裁判结果】

2021年9月16日,法院判决张某2由原告张某1抚养;被告王某自本判决生效之日起每月给付抚养费1000元,至张某2独立生活时止。(资料来源:中国裁判文书网)

第一千零七十二条　【继父母与继子女间的权利义务关系】继父母与继子女间,不得虐待或者歧视。

继父或者继母和受其抚养教育的继子女间的权利义务关系,适用本法关于父母子女关系的规定。

条文注解

继父母,是指子女母亲或者父亲再婚的配偶;继子女,是指夫或者妻一方与前配偶所生的子女。继父母和继子女的关系是因子女的生父或者生母再婚而形成的,即生父母一方死亡,另一方再婚,或者生父母离婚,生父或者生母再婚。本条第1款明确规定:"继父母与继子女间,不得虐待或者歧视。"一方面加大对继子女的保护力度,使他们不能因为父母婚姻状况的改变而受到不公正的待遇;另一方面也应当重视对继父母权利的保护,保障他们能老有所依。继父母和继子女之间不能相互虐待和歧视的条款,不仅适用于因生父母与继父母结婚而形成的单纯的姻亲关系,而且也包括已形成扶养关系的继父母与继子女。

根据本条第2款的规定,继父母与接受其抚养教育的继子女之间,属于法律上的拟制血亲关系,产生父母子女间的权利义务关系,而未形成抚养关系的继父母和继子女之间则不发生父母子女的权利义务关系。但这种拟制血亲关系又和继父母收养继子女有所不同,它不以解除继子女与其生父母间的权利和义务关系为前提。继父或者继母和受其抚养教育的继子女间的权利义务关系,适用本法关于父母子女关系的有关规定,主要包括以下几层含义:一是继父母对继子女有抚养和教育的义务。继父母不仅要保证继子女的生活所需,而且要保证继子女能接受正常的教育。对于不履行抚养义务的继父母,未成年的继子女或者不能独立生活的继子女,有要求给付抚养费的权利。二是继子女对继父母有赡养和扶助的义务。在通常情况下,受继父母抚养成人并独立生活的继子女,应当承担赡养继父母的义务。继子女不履行赡养义务时,缺乏劳动能力或者生活困难的继父母,有要求继子女支付赡养费的权利。三是继父母和继子女之间有相互继承财产的权利。四是继父母有教育、保护未成年继子女的权利和义务。未成年继子女造成他人损害的,继父母应当依法承担民事责任。

关联法规

《最高人民法院关于适用〈中华人民共和国民法典〉婚姻家庭编的解释(二)》第18、19条

第一千零七十三条 【亲子关系异议之诉】对亲子关系有异议且有正当理由的,父或者母可以向人民法院提起诉讼,请求确认或者否认亲子关系。

对亲子关系有异议且有正当理由的,成年子女可以向人民法院提起诉讼,请求确认亲子关系。

案例注解

【案例(2021)宁0104民初9621号】殷某请求否认与殷某1亲子关系获法院支持

【基本案情】

原告殷某与郝某原是夫妻关系,2010年8月25日,原告殷某与郝某在民政局登记结婚。2014年2月10日,郝某生育一子殷某1即被告。2021年2月24日,原告殷某与郝某协议离婚并办理登记,约定殷某1由郝某抚养,原告不支付抚养费。随后,被告一直跟随郝某生活。2021年2月9日,原告委托宁夏某生物鉴定中心司法鉴定所进行亲子鉴定,同日,该生物鉴定中心司法鉴定所作出鉴定意见:根据检测结果,可以确认殷某不是殷某1的亲生父亲。2021年7月6日,原告诉至本院,要求确认其与被告殷某1不存在亲子关系。

被告辩称,被告认可原告的诉讼请求,原告不是被告的亲生父亲,原告、被告之间确实不存在亲子关系。

【裁判要旨】

《民法典》第1073条第1款规定,对亲子关系有异议且有正当理由的,父或者母

可以向人民法院提起诉讼,请求确认或者否认亲子关系。本案中被告系其法定代理人郝某所生,其母子关系无异。目前现有的技术手段即通过基因对比检测生物学的亲子关系。原告以非生物学父子的鉴定意见为由提起诉讼,其已经完成了举证责任,且被告的法定代理人郝某作为监护人对此予以认可,故原告要求否认亲子关系,于法有据,应予以确认。

【裁判结果】

2021年7月9日,法院判决原告殷某与被告殷某1不存在亲子关系。(资料来源:中国裁判文书网)

第一千零七十四条　【祖孙之间的抚养、赡养义务】有负担能力的祖父母、外祖父母,对于父母已经死亡或者父母无力抚养的未成年孙子女、外孙子女,有抚养的义务。

有负担能力的孙子女、外孙子女,对于子女已经死亡或者子女无力赡养的祖父母、外祖父母,有赡养的义务。

条文注解

祖父母、外祖父母与孙子女和外孙子女是隔代的直系血亲关系,他们之间在具备法律条件的情况下,可以形成抚养和赡养关系。根据本条的规定,祖孙之间抚养或者赡养关系的形成应当具备以下条件:(1)被抚养、赡养人的父母、子女死亡或者无抚养、赡养能力。主要包括两种情况:第一,子女在未成年时父母双亡,或者父母丧失抚养能力;第二,子女在成年后死亡或者丧失扶养能力,无法赡养其父母。(2)被抚养、赡养人确实有困难需要被抚养、赡养。祖孙之间扶养关系的形成必须建立在一方确实有困难的基础上,如果被扶养人有一定的经济收入或者经济来源,完全能负担自身的生活所需,那么就不能要求祖父母、外祖父母或者孙子女、外孙子女来承担其抚养或者赡养义务。(3)承担抚养、赡养义务的人有一定的抚养、赡养能力。如果法律意义上的抚养、赡养义务人没有一定的抚养、赡养能力,那么就不能再要求其承担相应的法律责任。

第一千零七十五条　【兄弟姐妹间的扶养义务】有负担能力的兄、姐,对于父母已经死亡或者父母无力抚养的未成年弟、妹,有扶养的义务。

由兄、姐扶养长大的有负担能力的弟、妹,对于缺乏劳动能力又缺乏生活来源的兄、姐,有扶养的义务。

条文注解

(1)负有扶养义务的兄弟姐妹的范围。兄弟姐妹包括同胞兄弟姐妹、同父异母或同母异父兄弟姐妹、养兄弟姐妹和继兄弟姐妹。在一般情况下,兄弟姐妹应由他们的父母抚养,因而他们相互之间不发生扶养与被扶养的权利义务关系。但是在特定条件和特定情况下,兄、姐与弟、妹之间会产生有条件的扶养义务。(2)兄弟姐妹形成扶养义务的条件。兄、姐扶养弟、妹,或者弟、妹扶养兄、姐不是必然发生的法定义务,而是有条件的。简言之,就是应尽抚养或赡养或扶养义务的父母、子女或者配偶不能尽其抚养或赡养或扶养义务时,由有能力的兄弟姐妹来承担扶养义务。兄弟姐妹间的扶养义务是第二顺序的,具有递补性质。但兄弟姐妹之间一旦形成扶养义务,那么该义务又是不可推卸的法定义务,义务人应当自觉履行。

第四章　离　　婚

第一千零七十六条　【协议离婚】夫妻双方自愿离婚的,应当签订书面离婚协议,并亲自到婚姻登记机关申请离婚登记。

离婚协议应当载明双方自愿离婚的意思表示和对子女抚养、财产以及债务处理等事项协商一致的意见。

关联法规

《婚姻登记条例》第2、13～15条,《最高人民法院关于适用〈中华人民共和国民法典〉婚姻家庭编的解释(一)》第69条

第一千零七十七条　【离婚冷静期】自婚姻登记机关收到离婚登记申请之日起三十日内,任何一方不愿意离婚的,可以向婚姻登记机关撤回离婚登记申请。

前款规定期限届满后三十日内,双方应当亲自到婚姻登记机关申请发给离婚证;未申请的,视为撤回离婚登记申请。

条文注解

离婚冷静期,是指夫妻协议离婚时,政府给要求离婚的双方当事人一段时间,强制当事人暂时搁置离婚纠纷,在法定期限内冷静思考离婚问题,考虑清楚后再行决定是否离婚。法律规定当事人冷静思考离婚问题的期限为离婚冷静期。依据本条的规定,申请协议离婚的当事人自向婚姻登记机关申请离婚之日起30日内,应当冷静、理

智地对自己的婚姻状况和今后的生活进行充分的考虑,重新考虑是否以离婚方式解决夫妻矛盾,考虑离婚对自身、子女、双方家庭及社会的利与弊,避免冲动行为。自婚姻登记机关收到离婚登记申请并向当事人发放《离婚登记申请受理回执单》之日起30日内,任何一方不愿意离婚的,可以持本人有效身份证件和《离婚登记申请受理回执单》(遗失的可不提供,但需书面说明情况),向受理离婚登记申请的婚姻登记机关撤回离婚登记申请,并亲自填写《撤回离婚登记申请书》。经婚姻登记机关核实无误后,发给《撤回离婚登记申请确认单》,并将《离婚登记申请书》、《撤回离婚登记申请书》与《撤回离婚登记申请确认单(存根联)》一并存档。

自离婚冷静期届满后30日内,双方未共同到婚姻登记机关申请发给离婚证的,视为撤回离婚登记申请。

自离婚冷静期届满后30日内(期间届满的最后一日是节假日的,以节假日后的第一日为期限届满的日期),双方当事人应当持《婚姻登记工作规范》第55条第4～7项规定的证件和材料,共同到婚姻登记机关申请发给离婚证。

婚姻登记机关按照《婚姻登记工作规范》第56、57条规定的程序和条件执行和审查。婚姻登记机关对不符合离婚登记条件的,不予办理。当事人要求出具《不予办理离婚登记告知书》的,应当出具。婚姻登记机关查明双方确实是自愿离婚,并已对子女抚养、财产及债务处理等事项协商一致的,予以登记,发给离婚证。

第一千零七十八条　【离婚登记】婚姻登记机关查明双方确实是自愿离婚,并已经对子女抚养、财产以及债务处理等事项协商一致的,予以登记,发给离婚证。

条文注解

婚姻登记机关对协议离婚的查明。一是查明当事人双方是不是自愿离婚,是不是真实而非虚假的离婚,查明离婚是否存在被胁迫的情形,查明是否因重大误解而导致的离婚。二是查明要求离婚的双方当事人是不是对子女抚养问题已协商一致。三是审查对财产及债务处理的事项是否协商一致。经婚姻登记机关查明双方确实是自愿离婚,并已对子女抚养、财产及债务处理等事项协商一致的,应按照《婚姻登记工作规范》第58～60条的规定,予以登记,发给离婚证。

离婚协议书一式三份,男女双方各一份并自行保存,婚姻登记处存档一份。婚姻登记员在当事人持有的两份离婚协议书上加盖“此件与存档件一致,涂改无效。××××婚姻登记处××××年××月××日”的长方形红色印章并填写日期。多页离婚协议书的同时在骑缝处加盖此印章,骑缝处不填写日期。当事人亲自签订的离婚协议书原件存档。婚姻登记处在存档的离婚协议书上加盖“×××登记处存档件××××年××月××日”的长方形红色印章并填写日期。

关联法规

《婚姻登记条例》第16、21条,《民政部关于贯彻落实〈中华人民共和国民法典〉中有关婚姻登记规定的通知》第2、3条

第一千零七十九条 【诉讼离婚】夫妻一方要求离婚的,可以由有关组织进行调解或者直接向人民法院提起离婚诉讼。

人民法院审理离婚案件,应当进行调解;如果感情确已破裂,调解无效的,应当准予离婚。

有下列情形之一,调解无效的,应当准予离婚:

(一)重婚或者与他人同居;

(二)实施家庭暴力或者虐待、遗弃家庭成员;

(三)有赌博、吸毒等恶习屡教不改;

(四)因感情不和分居满二年;

(五)其他导致夫妻感情破裂的情形。

一方被宣告失踪,另一方提起离婚诉讼的,应当准予离婚。

经人民法院判决不准离婚后,双方又分居满一年,一方再次提起离婚诉讼的,应当准予离婚。

条文注解

诉讼离婚,是婚姻当事人向人民法院提出离婚请求,由人民法院调解或判决而解除其婚姻关系的一项离婚制度。诉讼离婚制度,适用于当事人双方对离婚有分歧的情况,包括一方要求离婚而另一方不同意离婚而发生的离婚纠纷;或者双方虽然同意离婚,但在子女抚养、财产及债务处理等事项不能达成一致意见、作出适当处理的情况。诉讼离婚的法定条件是以"如果感情确已破裂,调解无效的,应准予离婚"作为审判离婚案件的标准。

本条第3~5款分别列举了日常生活中遇见的诉讼离婚的特殊情形。

案例注解

【案例(2021)浙0683民初5344号】余某起诉离婚被法院驳回

【基本案情】

原告余某诉称,原告与被告张某系自由恋爱,2014年5月14日生育长女,取名张某1,2019年1月12日生育幼女,取名张某2。2019年2月19日,原告、被告补办结婚登记手续。由于婚前缺乏了解,婚后,双方经常因生活琐事发生争吵,自2017年至2020年,原告、被告一直一起在嵊州打工,但自2021年3月双方吵架后,被告不再和原告一起在嵊州打工,现双方分居生活已有6个多月,夫妻关系亦名存实亡。目前两

个女儿随原告生活在嵊州，被告对两个女儿的生活不管不问，且不尽抚养义务。原告白天上班期间，孩子的奶奶帮忙照看两个女儿，但家里的全部日常开支均由原告支付。原告、被告在婚姻存续期间无夫妻共同财产，各自名下的债权债务由各自承担。原告认为，原告、被告夫妻感情已完全破裂，且无和好可能。为此，原告诉至法院，请求判令原告、被告离婚；判令婚生女张某1、张某2由原告抚养，随原告生活，被告需承担两个女儿相应的教育费、抚养费至两个女儿学业完成为止。被告张某未作答辩。

【裁判要旨】

《民法典》第1079条规定，夫妻一方要求离婚的，可以由有关组织进行调解或者直接向人民法院提起离婚诉讼。人民法院审理离婚案件，应当进行调解；如果感情确已破裂，调解无效的，应当准予离婚。有下列情形之一，调解无效的，应当准予离婚：(1)重婚或者与他人同居；(2)实施家庭暴力或者虐待、遗弃家庭成员；(3)有赌博、吸毒等恶习屡教不改；(4)因感情不和分居满2年；(5)其他导致夫妻感情破裂的情形。一方被宣告失踪，另一方提起离婚诉讼的，应当准予离婚。本案原告、被告系自主结婚，婚后已生育两个女儿，且两个女儿尚年幼，双方均有义务为孩子的健康成长创造良好的家庭环境。现双方感情出现裂痕，但相信只要两人能够慎重考虑，理性对待，互谅互让，共同协作，努力维系家庭，夫妻感情尚有和好的可能；且根据《民法典》关于“离婚冷静期”规定的立法精神，应给予原告、被告一定时间修复感情，更有利于社会稳定和家庭和谐。

【裁判结果】

2021年9月7日，法院判决驳回余某的诉讼请求。（资料来源：中国裁判文书网）

关联法规

《最高人民法院关于适用〈中华人民共和国民法典〉婚姻家庭编的解释（一）》第1、2、23、63、64条，《最高人民法院关于适用〈中华人民共和国民法典〉时间效力的若干规定》第22条

第一千零八十条　【婚姻关系解除时间】完成离婚登记，或者离婚判决书、调解书生效，即解除婚姻关系。

第一千零八十一条　【军婚的保护】现役军人的配偶要求离婚，应当征得军人同意，但是军人一方有重大过错的除外。

条文注解

现役军人，指有军籍的人，包括在中国人民解放军服现役、具有军籍和军衔的军官、士兵。

中国人民武装警察部队虽然不属于中国人民解放军的编制序列，但是在婚姻问题上仍按现役军人婚姻问题处理。

现役军人不包括：一是在军事单位中未取得军籍的职工；二是退役军人，包括复员军人、转业军人、退休军人、离休军人以及退役的革命伤残军人；三是在地方担任某种军事职务的人员，如不属于军队编制的在武装部工作的干部、编入民兵组织或者经过登记的预备役士兵。

不适用本条规定的两类军人离婚案件：(1)双方都是现役军人；(2)现役军人向非军人主动提出离婚的。

“但是军人一方有重大过错的除外”，是针对“应当征得军人同意”而言的。“应当征得军人同意”不是绝对的，如果夫妻感情破裂是由于军人一方的重大过错造成的，非军人配偶一方也可以提出离婚，但过错限定在“重大过错”而非一般的过错。

关联法规

《刑法》第259条，《最高人民法院关于适用〈中华人民共和国民法典〉婚姻家庭编的解释(一)》第64条

第一千零八十二条 【男方离婚诉权的限制】女方在怀孕期间、分娩后一年内或者终止妊娠后六个月内，男方不得提出离婚；但是，女方提出离婚或者人民法院认为确有必要受理男方离婚请求的除外。

条文注解

本条规定是对保护妇女、儿童身心健康的特别规定，它在一定条件下限制了男方提出离婚的请求权。本条规定限制的主体是男方，而不是女方；限制的是男方在一定期限内的起诉权，而不是否定和剥夺男方的起诉权，只是推迟了男方提出离婚的时间，并不涉及准予离婚与不准予离婚的实体性问题。也就是说，只是对男方离婚请求权暂时性的限制，超过法律规定的期限，即不再适用此规定。但是，男方在此期间并不是绝对地没有离婚请求权，法律还有例外规定，即人民法院认为“确有必要”的，也可以根据具体情况受理男方的离婚请求。所谓“确有必要”，一般是指比本条特别保护利益更为重要的利益需要关注的情形。“确有必要”受理男方离婚请求的案例是非常少的，哪些情形“确有必要”受理，由人民法院认定。

在本条规定中，法律还规定了另一种例外情形，即在此期间，女方提出离婚的，不受此规定的限制。女方自愿放弃法律对其的特殊保护，说明其本人对离婚已有思想准备，对此，法院应当根据当事人婚姻的实际情况判定是否准予离婚。

案例注解

【案例(2021)鲁1426民初1915号】妻子终止妊娠未满6个月丈夫起诉离婚被法院驳回

【基本案情】

原告诉称，原告刘某与被告石某2019年年底订婚，原告给付被告彩礼132,000元

及三金和钻戒价值30,000元,改口费14,000元。××××年××月××日办理结婚登记,2020年10月10日举行结婚仪式。婚后,由于婚前缺乏了解,婚后二人经常为琐事争吵,被告最终于2021年2月20日回娘家居住生活,后经多次劝说拒绝和好,并拉走嫁妆,现双方夫妻感情已经破裂,原告诉至法院,请求判令原告、被告离婚,判决被告返还原告彩礼176,000元。

经查,被告石某提交的某妇幼保健院住院病案,能够充分证实石某于2021年4月12日行晚期流产术,其终止妊娠距今尚不足6个月。

【裁判要旨】

《民法典》第1082条规定,女方在怀孕期间、分娩后1年内或者终止妊娠后6个月内,男方不得提出离婚;但是,女方提出离婚或者人民法院认为确有必要受理男方离婚请求的除外。本案中被告终止妊娠未满6个月,应驳回原告离婚请求。

【裁判结果】

2021年7月15日,法院判决驳回原告刘某的起诉。(资料来源:中国裁判文书网)

关联法规

《妇女权益保障法》第64条

第一千零八十三条 【复婚登记】离婚后,男女双方自愿恢复婚姻关系的,应当到婚姻登记机关重新进行结婚登记。

条文注解

复婚,是指离了婚的男女重新和好,再次登记结婚,恢复婚姻关系。男女双方离婚后又自愿复婚,可以通过办理恢复结婚登记,重新恢复夫妻关系。复婚登记手续与结婚登记手续一致,男女双方应当亲自到一方户籍所在地的婚姻登记机关申请复婚登记。在办理复婚登记时,应提交原离婚证,以备婚姻登记机关审查。婚姻登记机关按照结婚登记程序办理复婚登记。在办理复婚登记时,应当在收回双方当事人的离婚证后,重新发给结婚证。收回离婚证的目的是防止当事人重婚。对于复婚的当事人一般不再要求进行婚前健康检查。

关联法规

《婚姻登记条例》第18条,《最高人民法院关于适用〈中华人民共和国民法典〉婚姻家庭编的解释(二)》第1条

第一千零八十四条 【离婚后的父母子女关系】父母与子女间的关系，不因父母离婚而消除。离婚后，子女无论由父或者母直接抚养，仍是父母双方的子女。

离婚后，父母对于子女仍有抚养、教育、保护的权利和义务。

离婚后，不满两周岁的子女，以由母亲直接抚养为原则。已满两周岁的子女，父母双方对抚养问题协议不成的，由人民法院根据双方的具体情况，按照最有利于未成年子女的原则判决。子女已满八周岁的，应当尊重其真实意愿。

条文注解

本条第1款规定，婚姻关系的解除，只是夫妻双方基于婚姻而存在的人身关系和财产关系归于消灭，但父母与子女之间存有的血亲关系不因父母离婚而消除。夫妻关系和父母子女关系是两种不同性质的关系。夫妻关系是男女两性基于自愿而结成的婚姻关系，可依法律程序而成立，亦可依法律行为而消除；而父母子女关系是基于出生事实而形成的自然血亲关系，不能人为解除。离婚后，子女无论随父母哪一方生活，仍是父母的子女，本法关于父母子女权利义务的规定仍然适用，不因父母离婚而受到影响。

本条第2款规定，离婚后父母对未成年子女有抚养、教育和保护的权利与义务，主要包括进行生活上的照料，保障未成年人接受义务教育，以适当的方式、方法管理和教育未成年人，保护未成年人的人身、财产不受到侵害，促进未成年人的身心健康发展等。在实际生活中，父母还可以按照本法婚姻家庭编的有关规定、《未成年人保护法》等法律的有关规定行使对子女的抚养、教育、保护的权利，履行对子女的抚养、教育、保护的义务。

本条第3款规定是从有利于保护未成年人权益、保障子女合法权益的原则出发，有利于子女身心健康，结合父母双方的抚养能力和抚养条件，结合审判实践等具体情况，对离婚后的子女直接抚养问题作出的具体规定。具体包括：(1)确定子女直接抚养主体的基本考量，有利于子女身心健康、保障子女的合法权益、儿童利益最大化的原则，是贯穿本法的基本原则，也是处理离婚后子女直接抚养归属问题的出发点，在此前提下，再结合父母双方的抚养能力和抚养条件等具体情况妥善解决。(2)确定子女抚养的具体办法：第一，对不满2周岁子女的抚养，2周岁以下的子女，一般裁决随母亲生活，由母亲直接抚养。因为，2周岁以下的子女年纪太小，事情较多，带起来较为复杂、麻烦，宜由有细心、耐心的人直接抚养比较好；2周岁以下的子女表达能力很差，而孩子是从母亲体内生出，母亲与孩子有一种天然的联系与感觉。此时期孩子由母亲直接抚养为宜。第二，2周岁以上未成年子女的抚养。夫妻离婚后，对2周岁以上的未成年子女，由父亲还是由母亲直接抚养，首先应由父母双方协议决定。当父母双方对由谁直接抚养未成年子女发生争议时，法院应当进行调解，尽可能争取当事人以协议方式解决。第三，已满8周岁子女的抚养。已满8周岁的子女属于限制民事行为能力人，已有一定的自主意识和认知能力，因此本条明确规定子女已满8周岁的，应当尊重其真实意愿。在离婚时，无论是父母协商确定由谁抚养，还是人民法院判决决定，都要事先听取8周岁以上子女的意见，在子女提出自己的意见后，再根据其年龄、社会经验、认知能力和判断能力等，探求、尊重其真实的意愿。第四，子女直接抚养归属的变更。父母离婚后，在一定条件下，可以根据父母双方或子女的实际情况的变化，依法对直接抚养子女的归属予以变更。

应当注意的是，离婚后，一方要求变更子女直接抚养关系，双方对此不能达成协议时，应另行起诉。

关联法规

《妇女权益保障法》第71条，《最高人民法院关于适用〈中华人民共和国民法典〉婚姻家庭编的解释（一）》第44条，《最高人民法院关于适用〈中华人民共和国民法典〉婚姻家庭编的解释（二）》第12~14条、第16条第2款

第一千零八十五条　【离婚后子女抚养费的负担】离婚后，子女由一方直接抚养的，另一方应当负担部分或者全部抚养费。负担费用的多少和期限的长短，由双方协议；协议不成的，由人民法院判决。

前款规定的协议或者判决，不妨碍子女在必要时向父母任何一方提出超过协议或者判决原定数额的合理要求。

条文注解

夫妻离婚后，父母与子女间的关系，不因父母离婚而消除，父母对于子女仍有抚养和教育的权利和义务。因此，离婚后的夫妻双方都有平等地负担子女抚养费的责任。抚养费应当包括生活费、教育费和医疗费等。子女无论由母亲抚养还是由父亲抚养，另一方都应负担必要的抚养费。抚养费如何给付首先应当由父母双方协议，或者经人民法院调解，当事人达成协议的，按照协议确定。但人民法院对于父母双方协议约定子女随一方生活并由抚养方负担子女全部抚养费的，应当进行审查。如经查实，抚养方的抚养能力明显不能保障子女所需费用，可能影响子女健康成长的应不予准许此项协议。

案例注解

【案例（2021）湘1102民初2630号】离婚后女儿要求父亲增加抚养费获法院支持

【基本案情】

原告范某1的法定监护人范某2于2012年12月与被告熊某离婚。婚生女范1

由监护人范2直接抚养。从2012年12月开始，被告熊某每月给付原告范某1抚养费800元至2021年7月。2020年7月16日，原告的监护人范某2与被告熊某就原告的抚养费达成了补充协议，约定被告每年支付原告抚养费20,000元，后被告未按该协议履行，原告以原有的抚养费标准难以维持现在的生活教育需求，诉至法院，请求判令被告每月支付抚养费2600元，直至小孩18周岁。

另查明，原告现跟随母亲范某2在广州××区生活学习，在公立学校就读小学六年级。原告之母范某2在广州某私立学校工作，月收入5000元左右，被告尚无稳定的工作，再婚后，生育了一个小孩，现需要抚养。

【裁判要旨】

《民法典》第1085条规定，离婚后，子女由一方直接抚养的，另一方应当负担部分或者全部抚养费。负担费用的多少和期限的长短，由双方协议；协议不成的，由人民法院判决。前款规定的协议或者判决，不妨碍子女在必要时向父母任何一方提出超过协议或者判决原定数额的合理要求。本案中，原告为被告之女，原告系在校学生，尚未成年。被告对原告有抚养的义务。原告年龄渐长，且跟随母亲在广州生活，学习、生活费用必然要增加，故原告申请追加抚养费的诉讼请求，应予以支持，但诉请数额过高。虽然原告之母与被告就原告抚养费曾签订一份增加抚养费协议，但仍应考虑到被告的现实经济状况，因被告尚无固定工作和另组建家庭的情况，亦有一小孩需要抚养，现原告就读小学六年级，根据其实际需求及当地实际生活水平，被告熊某自2021年9月起每月给付原告抚养费1200元为宜。

【裁判结果】

2021年9月8日，法院判决被告熊某于从2021年9月起每月给付原告范某1抚养费1200元，至其年满18周岁；驳回原告范某的其他诉讼请求。（资料来源：中国裁判文书网）

关联法规

《妇女权益保障法》第70条，《最高人民法院关于适用〈中华人民共和国民法典〉婚姻家庭编的解释（一）》第45～55条，《最高人民法院关于适用〈中华人民共和国民法典〉婚姻家庭编的解释（二）》第16条第1款

第一千零八十六条　【父母的探望权】离婚后，不直接抚养子女的父或者母，有探望子女的权利，另一方有协助的义务。

行使探望权利的方式、时间由当事人协议；协议不成的，由人民法院判决。

父或者母探望子女，不利于子女身心健康的，由人民法院依法中止探望；中止的事由消失后，应当恢复探望。

条文注解

本条第1款对父或者母赋予了对子女探望的权利，即离婚后，不直接抚养子女的父或者母，有探望子女的权利。通常情况下，探望权在夫妻协议离婚或者诉讼离婚时一并解决确定。如果夫妻在离婚时对探望权未作明确约定，或者人民法院没有明确作出判决，那么当事人可以就探望权问题单独提起诉讼。

本条第2款规定，行使探望权利的方式、时间、地点等通常宜由当事人协议确定。双方不应囿于夫妻离异后的冲突纷争，应从有利于子女健康成长的角度出发，对探望的时间、方式、地点及探望期间双方对子女的安排等作出协商。当双方无法就诸上事宜达成一致时，尤其在直接抚养子女的一方无故拒绝不直接抚养子女的一方探望子女时，享有探望权的一方可依《民事诉讼法》的有关规定提起诉讼，请求人民法院作出判决。

本条第3款规定了对探望权的限制。父或者母探望子女，不利于子女身心健康的，由人民法院依法中止探望。不直接抚养子女的父母一方的探望权，只有在特殊的情况下才能被加以限制。这种特殊情况主要是指探望有可能不利于子女的身心健康。如父母一方患精神疾病、传染性疾病，有吸毒等行为或对子女有暴力行为、骚扰子女的行为等。

关联法规

《预防未成年人犯罪法》第28、29条

第一千零八十七条　【离婚时夫妻共同财产的处理】离婚时，夫妻的共同财产由双方协议处理；协议不成的，由人民法院根据财产的具体情况，按照照顾子女、女方和无过错方权益的原则判决。

对夫或者妻在家庭土地承包经营中享有的权益等，应当依法予以保护。

条文注解

本条第1款规定，在分清个人财产、夫妻共同财产的前提下，人民法院应根据财产的具体情况，按照照顾子女、女方和无过错方权益的原则，公平公正地分割夫妻共同财产。在大多数情况下，夫妻离婚，家庭成员中未成年子女是不幸婚姻的最大受害者。因此，本条在规定分割夫妻共同财产时，特别强调了对子女权益的保障，将其作为分割夫妻共同财产时优先考虑的因素，将按照照顾子女权益的原则进行判决放在了首位。

本条第2款规定，在农村，夫妻共同财产的分割主要涉及房屋、承包的土地、果园等。妇女在农村土地承包经营、集体经济组织收益分配、土地征收或者征用补偿费使用以及宅基地使用等方面，享有与男子平等的权利。妇女结婚、离婚后，在农村土地承包经营及宅基地使用等方面，应当受到保障。农村地区，土地、果园大部分实行家庭联产承包责任制，每个家庭承包的面积是根据家庭人口按本村人均面积分配的，因此，女方在土地承包上同样享有承包经营权。但是，中国的婚姻习俗多数是女方落户到男方，承包土地多数以男方为户主名义承包，双方一旦离婚，女方的承包经营权难以保障。故本条第2款对此进行了规定。

关联法规

《妇女权益保障法》第55、66、69条，《最高人民法院关于适用〈中华人民共和国民法典〉婚姻家庭编的解释(一)》第69、78条，《最高人民法院关于适用〈中华人民共和国民法典〉婚姻家庭编的解释(二)》第3～5、20条

第一千零八十八条　【离婚经济补偿】夫妻一方因抚育子女、照料老年人、协助另一方工作等负担较多义务的，离婚时有权向另一方请求补偿，另一方应当给予补偿。具体办法由双方协议；协议不成的，由人民法院判决。

条文注解

本条规定是遵循权利和义务对等的原则作出的。只有在一方为婚姻共同体尽了较多义务，如抚养子女、照料老人、协助另一方工作的情况下才可以向对方请求补偿。夫妻离婚时，一方对承担较多家务劳动的另一方给予经济补偿，首先应当由要求离婚的夫妻自行协商确定，这种协商既可以在协议离婚时确定，也可以在诉讼离婚中确定。如果在协议离婚时双方达成了一致的协议，则可以向婚姻登记部门提交。婚姻登记部门查明确属自愿，且不违反法律规定的，给予离婚登记，双方应自觉履行协议。在诉讼离婚中，双方对离婚补偿达成一致意见，交由法院以调解书或者判决书的形式予以确认。如果双方达不成协议，人民法院则依据本条的规定进行判决确定。

案例注解

【案例(2021)津0114民初633号】离婚后要求支付离婚协议补偿款获法院支持

【基本案情】

原告阎某与被告李某原系夫妻关系，双方于××××年××月××日登记结婚，后因感情不和于2018年4月3日协议离婚并办理了离婚登记手续。原告、被告双方于2018年4月3日签订的涉案《离婚协议书》载明“男方：李某，女方：阎某……五、其他事项：男方于2023年1月1日前支付给女方人民币伍拾万元整(支付方式为：男方于每年支付给女方人民币壹拾万元整)”。该涉案《离婚协议书》同时还载明了其他内容。涉案《离婚协议书》签订后至今，被告未按约定给付原告补偿款，原告经催要未果，为此诉至法院，请求判令被告按离婚协议书第五项约定给付原告补偿款

200,000 元。

【裁判要旨】

《民法典》第 1088 条规定,夫妻一方因抚育子女、照料老年人、协助另一方工作等负担较多义务的,离婚时有权向另一方请求补偿,另一方应当给予补偿。具体办法由双方协议;协议不成的,由人民法院判决。本案中原告、被告签订的涉案《离婚协议书》系双方当事人真实意思表示,且内容不违反法律及行政法规的强制性规定,故应认定合法有效。涉案《离婚协议书》签订后至今,被告未按约定给付原告补偿款,故原告主张被告给付经济补偿款 200,000 元的诉讼请求符合双方约定及法律规定,应予支持。

【裁判结果】

2021 年 3 月 11 日,法院判决李某于本判决生效之日起 15 日内一次性给付原告阎某经济补偿款 200,000 元。(资料来源:中国裁判文书网)

关联法规

《妇女权益保障法》第 66 条,《最高人民法院关于适用〈中华人民共和国民法典〉婚姻家庭编的解释(二)》第 21 条

第一千零八十九条 【离婚时夫妻共同债务清偿】离婚时,夫妻共同债务应当共同偿还。共同财产不足清偿或者财产归各自所有的,由双方协议清偿;协议不成的,由人民法院判决。

条文注解

根据本条规定,首先婚姻关系终结时,夫妻共同债务清偿应当遵循的原则是共同债务共同清偿。依法属于夫妻共同债务的,夫妻应当以共同财产共同偿还,这是一个基本原则。但是,夫妻共同财产不足以清偿的,或者双方约定财产归各自所有而没有共同财产清偿的,夫妻双方对共同债务如何偿还以及清偿比例等,可以由双方当事人协商确定,双方协商不能达成一致意见的,由人民法院考虑双方当事人的具体情况依法判决确定。需要注意的是,无论是双方当事人协商确定,还是人民法院判决确定的清偿方式、清偿比例等内容,仅在离婚的双方当事人之间有效,对债权人是没有法律效力的,债权人可以依照本法第 178 条"二人以上依法承担连带责任的,权利人有权请求部分或者全部连带责任人承担责任"的规定要求双方履行其债务。

关联法规

《最高人民法院关于适用〈中华人民共和国民法典〉婚姻家庭编的解释(一)》第 69 条

第一千零九十条 【离婚经济帮助】离婚时,如果一方生活困难,有负担能力的另一方应当给予适当帮助。具体办法由双方协议;协议不成的,由人民法院判决。

条文注解

本条只是原则性规定,法院在判决时,应考虑以下三个问题:(1)生活困难的界定。一般认为若一方离婚后分得的财产不足以维持其合理的生活需要,或者不能通过从事适当的工作维持其生活需要等,均可认为是生活困难的体现。(2)给予帮助的方式。人民法院应考虑双方的收入和财产、就业能力、子女抚养情况、婚姻期间的生活水平等因素,合理确定扶助的数额和方式。(3)需要说明一点,婚姻关系中的过错不应在考虑之列,意味着有过错的一方若存在生活困难的情形,也可要求无过错方给予适当的经济帮助。

关联法规

《妇女权益保障法》第69条,《最高人民法院关于适用〈中华人民共和国民法典〉婚姻家庭编的解释(二)》第22条

第一千零九十一条 【离婚损害赔偿】有下列情形之一,导致离婚的,无过错方有权请求损害赔偿:

(一)重婚;

(二)与他人同居;

(三)实施家庭暴力;

(四)虐待、遗弃家庭成员;

(五)有其他重大过错。

条文注解

根据本条的规定,因夫妻一方的过错致使婚姻关系破裂的,无过错方可以提起离婚损害赔偿的五种情形:一是重婚;二是有配偶者与他人同居;三是实施家庭暴力;四是虐待、遗弃家庭成员;五是有其他重大过错。本条虽然规定了离婚损害赔偿制度,但并不是说人民法院在审理离婚案件时必须判决过错方对无过错方予以赔偿。在离婚案件中无过错方对确实有过错的另一方是否行使赔偿请求权,由受损害的无过错方自行决定,人民法院不能主动判决离婚损害赔偿。离婚损害赔偿既应当包括过错方给无过错方造成的财产损害的赔偿,也应当包括过错方给无过错方造成的人身损害、精神损害的赔偿。人民法院应当根据过错方对无过错方造成的损害程度以及婚姻当事人的经济状况等判定赔偿数额。

案例注解

【案例(2021)豫0823民初144号】妻子存在家暴离婚被判支付损害赔偿

【基本案情】

原告李某与被告廉某于2014年10月经人介绍相识,于××××年××月在××县民政局办理了结婚登记,原被告均是二婚,没有共同生育子女。2019年,原、被告因故发生矛盾分歧,经常吵架,感情出现裂痕,同年10月23日原告、被告双方签订《夫妻婚内财产协议》。其中约定婚后各自出资的财产归各自所有。原、被告在协议中对债权债务方面另行进行了约定。原被告还另行签署了《承诺书》,(1)原告承诺:从2019年10月15日至2034年10月15日终止,每年支付给被告1万元,按每月23日以微信方式为准,若原告因病或其他原因丧失劳动能力,自动取消1万元承诺;(2)男女双方承诺互相忠诚对方,不得欺骗对方,尤其在男女关系方面;(3)原告承诺除男女关系外,不得找任何理由、任何借口同女方离婚。如男方除男女关系外提出离婚,无条件给女方6万元。原、被告另承诺在一方生病的情况下,不离不弃,并约定了夫妻间的忠诚义务。如以上协议的内容做不到,两份协议同时作废。被告所举微信聊天截图以及其中图片显示,原被告曾经在2018年9月至2019年10月多次发生争执,引起吵架、打架,造成被告身上多处受伤。原、被告在吵架中都表示同意到有关部门办理离婚手续。2020年,原告起诉要求与被告离婚,经调解未果,法院于2020年4月14日受理原告的离婚起诉,经审理于2020年5月18日作出判决,驳回原告的诉讼请求。现原告又重新诉至法院,请求判决原告、被告离婚,原、被告各自持有的财产归各自所有。

【裁判要旨】

《民法典》第1091条规定,有下列情形之一,导致离婚的,无过错方有权请求损害赔偿:(1)重婚;(2)与他人同居;(3)实施家庭暴力;(4)虐待、遗弃家庭成员;(5)有其他重大过错。本案中,本案原、被告均为第二次结婚,共同生活中本应珍惜来之不易的婚姻关系,但双方未能互相信任、互相理解、互相包容,造成婚姻出现危机并分居生活,原告曾起诉要求与被告离婚,经法院判决不予准许后,双方仍未和好,互不尽夫妻义务,现原告又以夫妻感情破裂为由要求与被告离婚,被告亦表示同意离婚,说明原被告夫妻感情已经破裂,经调解无效,应予准许原被告离婚。被告举证证明原告、被告曾经在2018年至2019年10月多次发生争执,引起吵架、打架,存在家庭暴力情形,造成被告身上多处受伤,被告要求原告给予离婚损害赔偿符合法律规定,应当酌情予以支持。

【裁判结果】

2021年3月3日,法院判决准予原告李某与被告廉某离婚;原告李某于判决生效后10日内给予被告廉某损害赔偿4000元,驳回原告、被告的其他诉讼请求。(资料来源:中国裁判文书网)

关联法规

《最高人民法院关于适用〈中华人民共和国民法典〉婚姻家庭编的解释(一)》第1、2、86~90条

第一千零九十二条 【一方侵害夫妻共同财产的法律后果】夫妻一方隐藏、转移、变卖、毁损、挥霍夫妻共同财产,或者伪造夫妻共同债务企图侵占另一方财产的,在离婚分割夫妻共同财产时,对该方可以少分或者不分。离婚后,另一方发现有上述行为的,可以向人民法院提起诉讼,请求再次分割夫妻共同财产。

条文注解

实践中,夫妻一方有的实施了侵害夫妻共同财产或者侵占另一方财产的违法行为,对于这些违法行为,法律严格加以禁止。为保护另一方的合法权益,本条对侵害方的法律后果作了明确规定。根据本条规定,夫妻一方实施的违法行为主要有两类:(1)侵害夫妻共同财产。夫妻共同财产,主要是指夫妻双方在婚姻关系存续期间归双方共同所有的财产。(2)侵占另一方财产。另一方财产,主要是指在婚姻关系存续期间,归夫妻一方个人所有的财产。对通过实施隐藏、转移、变卖、毁损、挥霍手段侵害夫妻共同财产的违法行为,或者对伪造夫妻共同债务企图侵占另一方财产的违法行为,本条规定,在离婚分割夫妻共同财产时,对侵害方可以少分或者不分。本条所讲的在离婚分割夫妻共同财产时,是指在离婚诉讼期间。

夫妻共同财产属于夫妻共同共有,依照民法共同共有的理论,原则上,在共同体解体时,对共同共有的财产应当均等分割。但是,由于夫妻中的一方存在以隐藏、转移、变卖、毁损、挥霍手段侵害夫妻共同财产的违法行为,存在伪造夫妻共同债务企图侵占另一方财产的违法行为,所以本条规定对实施上述违法行为的一方,在分割夫妻共同财产时,可以少分或者不分。对他们少分或者不分夫妻共同财产,是违法行为实施者理应承担的法律责任。

案例注解

【案例(2021)津0105民初3546号】离婚后发现还有公积金、养老保险金和存款未分割请求进行再分割获法院支持

【基本案情】

原告范某1与被告罗某原系夫妻关系,双方于××××年××月××日登记结婚,婚生一女范某2,2020年6月19日双方在天津市××区民政局协议离婚。离婚协议中关于共同财产部分约定“婚内存款约肆万元人民币,离婚后归女方所有,无其他共同财产,双方无异议”。原告、被告双方已就该存款履行完毕。原告发现遗漏被告名下养老保险个人账户余额、公积金余额未分割,并诉称被告隐瞒自身名下存款,为此诉至法院,请求法院依法分割被告名下养老保险个人账户余额、公积金余额、存款。

经查,原告、被告婚姻存续期间被告尚有公积金账户余额138,945.63元、养老保险个人账户余额31,017.84元未约定分割,双方离婚时被告有存款明细为:中国银行尾号4499账户中存款56,251.97元(被告陈述该账户为自己工资账户,且是离婚协议中约定的4万元),中国银行尾号3962账户存款3779.99元,建设银行尾号8597账户存款13,139.31元,工商银行尾号9560账户存款1727.73元,邮政储蓄银行尾号7500账户存款10,900.9元,天津银行尾号6160账户存款1500.22元,上述存款合计87,300.12元。

【裁判要旨】

《民法典》第1092条规定,夫妻一方隐藏、转移、变卖、毁损、挥霍夫妻共同财产,或者伪造夫妻共同债务企图侵占另一方财产的,在离婚分割夫妻共同财产时,对该方可以少分或者不分。离婚后,另一方发现有上述行为的,可以向人民法院提起诉讼,请求再次分割夫妻共同财产。本案中原告发现双方离婚协议中未分割被告名下养老保险个人账户余额、公积金余额、存款,有权要求进行分割。原告主张双方离婚协议中未分割的公积金账户余额138,945.63元、养老保险个人账户余额31,017.84元和被告名下存款87,300.12元的诉讼请求,应扣除离婚协议中约定的4万元,属于离婚时未分割的财产,上述夫妻共同财产合计217,263.59元,原告应当分割得108,631.8元。

【裁判结果】

2021年9月7日,法院判决生效后3日内,被告罗某给付原告范某1夫妻共同财产分割款108,631.8元;驳回原告范某1其他诉讼请求。(资料来源:中国裁判文书网)

关联法规

《最高人民法院关于适用〈中华人民共和国民法典〉婚姻家庭编的解释(一)》第84条,《最高人民法院关于适用〈中华人民共和国民法典〉婚姻家庭编的解释(二)》第6、7条

第五章　收　　养

第一节　收养关系的成立

第一千零九十三条　【被收养人的范围】下列未成年人,可以被收养:

(一)丧失父母的孤儿;

(二)查找不到生父母的未成年人;

(三)生父母有特殊困难无力抚养的子女。

条文注解

收养是自然人领养他人子女为自己子女的一种民事法律行为,能够起到依法变更亲子关系、转移亲子间权利义务关系的法律效力。在被收养人条件方面,与《收养

法》相比，最大的变化是对其年龄的限制，即由原来的被收养人应当不满14周岁，修改为未满18周岁的未成年人，符合相应条件均可被收养。

第一，丧失父母的孤儿。此处的“丧失”应指被收养人的父母已经死亡或者被宣告死亡。“父母”不仅包括生父母，还包括养父母以及有扶养关系的继父母，从而尽可能扩大本项的适用范围。这里需要指出的是，该项不包括父母被宣告失踪的情形。如果父母因查找不到而被宣告失踪，可以考虑适用本条第2项，从而作为“查找不到生父母的未成年人”适用收养。

第二，查找不到生父母的未成年人。关于本项需要注意：(1)本项与《收养法》的规定相比，将《收养法》规定的“弃婴和儿童”修改为“未成年人”。(2)本项规定的“查找不到”是指通过各种方式均无法找到。虽然本条未对“查找不到”附加时间上的限制，但从维护收养关系稳定的角度，在操作方面应当有一个合理期间的限制，个人或者有关机关经过一定期间仍查找不到父母的未成年人，可以作为被收养人。此外，需要强调的是，对于暂时脱离生父母，但嗣后又被找回的未成年人，不属于此处的“查找不到”，不应当成为被收养的对象。

第三，生父母有特殊困难无力抚养的子女。与前两项相比，该项当中可作为被收养人的主体并非丧失父母或者父母查找不到，而是由于生父母自身不具备抚养子女的能力，从而产生被收养的需要。本项的“有特殊困难”属于一个包容性较强的表述，既包括生父母因经济困难无力抚养，也包括生父母因身体或者精神原因自身不具备抚养能力等。从实践的情况来看，因生父母无力抚养而需要被收养的情况复杂多样，采用“特殊困难”的表述可以不必列举具体情形，而由有关部门在确定是否可被收养时根据情况进行判断。

第一千零九十四条　【送养人的范围】下列个人、组织可以作送养人：

(一)孤儿的监护人；

(二)儿童福利机构；

(三)有特殊困难无力抚养子女的生父母。

条文注解

在收养法律关系中，何种主体可以作为送养人，是一个非常重要的问题。一般认为，送养人适格是收养法律关系成立的实质要件，即只有送养人符合相关条件，收养才能有效成立。

关于“孤儿的监护人”。所谓孤儿，是指其父母死亡或人民法院宣告其父母死亡的不满18周岁的未成年人。关于未成年人的监护人，本法第27条规定，“父母是未成年子女的监护人。未成年人的父母已经死亡或者没有监护能力的，由下列有监护能力的人按顺序担任监护人：(一)祖父母、外祖父母；(二)兄、姐；(三)其他愿意担任监护人的个人或者组织，但是须经未成年人住所地的居民委员会、村民委员会或者民政部门同意”。监护制度是对被监护人行为能力的一种补足，是民法上对于无行为能力人和限制行为能力人的人身、财产及其他合法权益进行监督、保护的一种制度。

关于“儿童福利机构”。所谓儿童福利机构，是指国家设立的对于孤儿、弃儿等进行监管看护的机构。从实践情况来看，我国的社会福利机构主要是指各地民政部门主管的收容、养育孤儿和查找不到生父母的未成年人的社会福利院。

关于“有特殊困难无力抚养子女的生父母”。本项是将特定情形下的生父母作为送养人的规定。生父母作为子女的法定监护人，在一般情况下都要履行作为父母的监护人职责，不得随意将应由自己承担的责任转由他人承担。但在特殊情况下，生父母因存在特殊困难无力承担这一责任时，从有利于未成年人健康成长的角度，可以由生父母将未成年人送养，从而为其创造更有利于成长的家庭环境，这也符合本次收养领域确立的最有利于被收养人的原则要求。

关联法规

《未成年人保护法》第96条

第一千零九十五条 【监护人送养未成年人的特殊规定】未成年人的父母均不具备完全民事行为能力且可能严重危害该未成年人的，该未成年人的监护人可以将其送养。

条文注解

未成年人在其父母均不具备完全民事行为能力时，即父母双方均为限制行为能力人或者无行为能力人时，原则上其监护人也不得将未成年人送养，除非是父母对该未成年人存在严重危害可能。父母双方均不具备完全民事行为能力且可能严重危害该未成年人的，该未成年人的监护人可以将其送养。理解本条需要把握以下几点：第一，本条的规范重点是可以送养，即重点强调未成年人的监护人在何种情况下可以送养该未成年人。婚姻家庭编在一般规定中新增了“收养应当遵循最有利于被收养人”的原则，这实际上是收养法律关系中最为重要、最能体现收养制度价值与功能的原则。第二，在父母尚存的情况下，对于监护人送养未成年人的条件要求是非常严格的。首先，要求未成年人的父母双方均不具备完全民事行为能力。如果未成年人的父母任何一方属于完全民事行为能力人，一般情况下意味着其具有抚养、教育未成年人的能力，在这种情况下，监护人不得将未成年人送养；只有未成年人的父母双方均不具备完全民事行为能力，即其双方均为限制行为能力或者无行为能力人时，监护人才有可能被允许送养。其次，未成年人的父母必须存在可能严重危害该未成年人的情形时，监护人才可将未成年人送养。所谓可能严重危害该未成年人，主要是指其父母存在危害该未成年人的现实危险且达到严重程度的情形。在这种情况下，即使危害行为尚未实际发生，从保护未成年人利益的角度出发，也允许监护人将其送养。第三，此种情况下的送养主体，只能是该未成年人的监护人。在未成年人的父母均不具备完全民事行为能力且可能严重危害该未成年人时，第 1094 条规定的三类主体均无法成为适格的送养主体。此时，根据本条规定，能够成为送养主体的，是该未成年人的监护人。监护人作为实际承担监护职责的人，对该未成年人的情况最为熟悉，由其担任送养人与收养人成立收养法律关系，较为合适。

第一千零九十六条 【监护人送养孤儿的特殊规定】监护人送养孤儿的，应当征得有抚养义务的人同意。有抚养义务的人不同意送养、监护人不愿意继续履行监护职责的，应当依照本法第一编的规定另行确定监护人。

条文注解

根据本条规定，监护人送养孤儿的，应当征得有抚养义务的人同意。这里的“有抚养义务的人”，是指孤儿的有负担能力的祖父母、外祖父母、兄、姐。理解本条需要注意以下几点：一是孤儿的父母死亡后，有资格担任孤儿监护人的主体并不单一，有监护能力的祖父母、外祖父母、兄、姐都可以作为监护主体。但一般情况下，监护人不可能由多人担任，因此，在监护人确定后，为尊重其他有抚养义务的人意愿，实质上也是为了最大限度地遵循保护未成年人利益的原则，法律要求送养应当征得有抚养义务的人的同意。二是如果有抚养义务的人不同意送养，监护人又不愿意继续履行监护职责，则要通过变更监护人的方式确保未成年人的利益不受损害。有抚养义务的人不同意送养，原因可能是多方面的，有可能是因为想通过变更监护人的方式获得被监护人的监护权，也有可能仅仅是因为情感上无法接受被监护人被他人收养。无论何种原因，有抚养义务的人的不同意送养的意思表示应当明确作出。在这种情况下，如果监护人又表示不愿意继续履行监护职责，为了使未成年人不至于处于无人监护的状态，就需要按照有关规定变更监护人。三是变更监护人应当依照本法总则编的有关规定进行。

关联法规

《中国公民收养子女登记办法》第 4 条，《收养登记工作规范》第 17 条

第一千零九十七条 【生父母送养】生父母送养子女，应当双方共同送养。生父母一方不明或者查找不到的，可以单方送养。

条文注解

生父母送养子女，原则上要求双方共同送养，只有在生父母一方不明或者查找不

到的情形下,才可以由生父或者生母单方送养。理解本条需要明确以下两点:第一,生父母送养子女应当双方共同送养,这是原则要求。基于父母双方对于抚养子女的平等地位,送养应当双方共同进行。在实践操作层面,可以双方共同表示送养的意思,也可以由一方表达出送养意愿,另一方表示同意。在后一种情况下,这种同意的表示应是明确的、具体的。第二,生父母送养子女可以单方送养,这是例外规定,应当严格限于法律规定的两种情形,即生父母一方不明或者查找不到。所谓生父母一方不明,是指不能确认被收养人的生父或者生母为谁的情况。例如,生母曾因自身的特殊经历,不知其所生子女的生父是谁。在这种情况下,如果生母无力抚养所生子女,应当允许其送养该子女,给子女提供一个更好的成长环境。所谓查找不到,是指经过一定期间,无法查找到生父或者生母的情况。例如,未成年子女的生母无故离家出走,经过有关机关在一定期间查找仍查找不到,此时,为尽快使未成年子女获得稳定、良好的成长环境,应当允许无力独自抚养子女的生父送养。

第一千零九十八条 【收养人的条件】收养人应当同时具备下列条件:

(一)无子女或者只有一名子女;

(二)有抚养、教育和保护被收养人的能力;

(三)未患有在医学上认为不应当收养子女的疾病;

(四)无不利于被收养人健康成长的违法犯罪记录;

(五)年满三十周岁。

条文注解

关于收养人无子女或者只有1名子女。此处的"无子女"包括多种情况,主要是指夫妻双方或者一方因不愿生育或不能生育而无子女,或者因所生子女死亡而失去子女,或者指收养人因无配偶而没有子女的情况,即主要是指收养人没有亲生子女,同时也没有养子女及形成抚养教育关系的继子女。需要强调的是,这里的"无子女"不能简单地理解为没有生育能力,如果此前生育过子女,但子女因故死亡,也属于"无子女"。

关于有抚养、教育和保护被收养人的能力。收养人具备抚养、教育和保护被收养人的能力,这是收养人必须有的基本条件。此处的"抚养、教育和保护被收养人的能力",主要是指收养人应当具有完全民事行为能力,在身体、智力、经济、道德品行以及教育子女等各个方面均有能力实现对未成年子女的抚养、教育和保护,能够履行父母对子女应尽的义务。如果收养人自身经济困难或者患有重病等,就无力承担这一义务,从而损害未成年子女的利益,不利于其健康成长。

关于未患有在医学上认为不应当收养子女的疾病。收养人不应患有相关疾病,这是对收养人在身体方面的特别要求。如果收养人患有这些疾病,将对被收养人的健康成长产生重大影响，在适用“未患有在医学上认为不应当收养子女的疾病”这一规定处理具体问题时，要特别注意须有充分、科学的依据，必要时通过专门的医学鉴定加以确定，切不可随意适用该项条件拒绝特定主体的收养要求。

关于无不利于被收养人健康成长的违法犯罪记录。并非有过任何违法犯罪记录的人都不能担任收养人，本项还是强调“无不利于被收养人健康成长的违法犯罪记录”，即收养人从事过与未成年人健康成长有关的违法犯罪的，才会因该违法犯罪记录而被限制收养。比如，收养人曾有过对未成年人的强奸、猥亵犯罪的。假如收养人的违法犯罪与未成年人无关，则不受该项条件的限制。

关于收养人年龄的规定。要求收养人须年满30周岁，收养人只有达到一定年龄，才可能在经济能力、心智完善程度方面满足一定标准，从而具备承担抚养被收养人的义务，更好地保障被收养人的利益。

第一千零九十九条　【收养三代以内旁系同辈血亲子女的特殊规定】收养三代以内旁系同辈血亲的子女，可以不受本法第一千零九十三条第三项、第一千零九十四条第三项和第一千一百零二条规定的限制。

华侨收养三代以内旁系同辈血亲的子女，还可以不受本法第一千零九十八条第一项规定的限制。

第一千一百条　【收养子女的人数】无子女的收养人可以收养两名子女；有子女的收养人只能收养一名子女。

收养孤儿、残疾未成年人或者儿童福利机构抚养的查找不到生父母的未成年人，可以不受前款和本法第一千零九十八条第一项规定的限制。

第一千一百零一条　【共同收养】有配偶者收养子女，应当夫妻共同收养。

第一千一百零二条　【无配偶者收养异性子女】无配偶者收养异性子女的，收养人与被收养人的年龄应当相差四十周岁以上。

第一千一百零三条　【继父母收养继子女的特殊规定】继父或者继母经继子女的生父母同意，可以收养继子女，并可以不受本法第一千零九十三条第三项、第一千零九十四条第三项、第一千零九十八条和第一千一百条第一款规定的限制。

第一千一百零四条　【收养、送养自愿】收养人收养与送养人送养，应当双方自愿。收养八周岁以上未成年人的，应当征得被收养人的同意。

条文注解

收养人收养意愿的作出必须是真实、自愿的，如果这种收养意思表示是受胁迫、欺诈等作出的，就不会产生有效的收养关系，也必将有损被收养人的合法权益。如果被收养人属于8周岁以上的未成年人，还必须征得被收养人的同意才可收养。即使送养人与收养人达成了收养合意，如果被收养人不同意被收养，则不得进行收养。之所以对限制行为能力的未成年人收养附加“同意”要件，主要是考虑到这一年龄段的未成年人相较于无行为能力的未成年人而言，已经有了比较成熟的自我意识，尤其是在涉及人身关系的变动方面，能够表达自己的真实意愿，作出符合自己内心真实意思的判断，这也是收养应当最有利于被收养人利益原则的体现。

第一千一百零五条　【收养登记、收养公告、收养协议、收养公证、收养评估】收养应当向县级以上人民政府民政部门登记。收养关系自登记之日起成立。

收养查找不到生父母的未成年人的，办理登记的民政部门应当在登记前予以公告。

收养关系当事人愿意签订收养协议的，可以签订收养协议。

收养关系当事人各方或者一方要求办理收养公证的，应当办理收养公证。

县级以上人民政府民政部门应当依法进行收养评估。

条文注解

本法对于收养协议的签订并非强制性规定，而是可以由当事人根据具体情况自愿选择是否签订。鉴于收养是变更身份的民事法律行为，如果当事人选择签订，必须由收养人与送养人双方亲自进行，不得由他人代理。收养协议中，无论是收养人、送养人还是被收养人，必须符合法律规定的条件要求，其内容也必须符合相关的规定。如果被收养人已年满8周岁，收养协议中还必须包含被收养人同意收养的意思表示。从形式上来讲，收养协议应当采用书面形式，双方当事人各执一份，协议自双方当事人在协议上签字盖章之日起生效。

本条第4款是关于收养公证的规定，收养公证并非收养的必经程序，只有收养关系的各方当事人或者一方当事人提出办理收养公证的要求时，才依法予以办理。从办理顺序上来看，公证一般应当在签订收养协议并且办理收养登记后进行；如果尚未办理收养登记，仅就收养协议进行公证，只能证明协议是真实合法的，并不能证明收养关系已经成立。

案例注解

【案例(2021)渝0153民初3151号】李某2收养李某1未经民政部门登记收养关系被判无效

【基本案情】

原告诉称，原告李某1出生于1994年，1岁多点时被亲生父母丢弃在火车站，被被告李某2侄女李某3拾得。李某3因想到被告未婚无子女，于是将原告交给被告抚养。被告携原告于1995年11月30日到县公证处做了收养公证。但被告一个人生活，收入少且不会照料孩子，原告实际大部分时间随李某3、王某某夫妻生活，由李某3、王某某夫妻抚养。后被告出外打工多年，原告与被告更是很少见面，未建立亲情。现在原告已成家，有自己独立的家庭，更难与被告相处，想解除与被告的收养关系。为此诉至法院，请求法院确认原告、被告双方收养关系无效。

被告李某2答辩称，同意原告的诉讼请求。原告陈述的事实理由均属实。被告从未抚养原告。庭审中，原告、被告双方均称未就收养事宜向民政部门登记。法院依职权向××区档案馆调取××区民政局移交的2020年以前的收养档案登记记录，未能查询到原告、被告的收养登记记录。

【裁判要旨】

《民法典》第1105条第1款规定，收养应当向县级以上人民政府民政部门登记。收养关系自登记之日起成立。本案中，原告向本院出具的公证书显示原告为被告的养女，但被告并未按照法律规定向县级以上民政部门就收养事宜进行登记，违反了收养应当登记的强制性规定，故原告、被告之间的收养关系应属无效。

【裁判结果】

2021年8月13日，法院判决原告李某1与被告李某2的收养关系无效。（资料来源：中国裁判文书网）

关联法规

《中国公民收养子女登记办法》第8条

第一千一百零六条 【被收养人户口登记】收养关系成立后，公安机关应当按照国家有关规定为被收养人办理户口登记。

条文注解

收养关系成立后，收养人与被收养人之间就成立了拟制的父母子女关系，适用一切同父母子女关系有关的规定。从户籍管理的角度来看，既然在法律上被收养人已经成为收养人的子女，理应将被收养人纳入收养人的户籍之中。理解本条，需要明确以下三点：第一，为被收养人办理户口登记的前提是必须成立收养关系。第二，办理登记的职能部门是公安机关。第三，根据被收养人的不同情况，需要办理的户口登记类型既包括原始的户口登记，也包括户口迁移。第四，为被收养人办理户口登记，需要依照国家有关规定进行。

关联法规

《中国公民收养子女登记办法》第9条

第一千一百零七条 【抚养】孤儿或者生父母无力抚养的子女，可以由生父母的亲属、朋友抚养；抚养人与被抚养人的关系不适用本章规定。

条文注解

根据本条规定，通过抚养的方式，可以实现对于孤儿以及生父母无力抚养的子女的照顾养育，只是抚养人与被抚养人之间的关系不适用本章关于收养的规定。所谓抚养，是指无民事行为能力或者限制民事行为能力的未成年人的亲属或者其他主体对未成年人所承担的供养、保护和教育的责任。一般来说，引起抚养权变更的原因大致包括以下三点：一是与未成年子女共同生活并负有抚养义务的一方患有严重疾病或因伤残等丧失继续抚养未成年子女的条件。二是与未成年子女共同生活的一方未尽到抚养义务或者在共同生活期间有虐待行为的发生，对于未成年子女的身心健康产生了不利的影响。三是共同生活的未成年子女在满8周岁以后，要求并愿意与另一方生活。

第一千一百零八条 【抚养优先权】配偶一方死亡，另一方送养未成年子女的，死亡一方的父母有优先抚养的权利。

条文注解

关于本条需要明确以下几个问题：第一，根据本条规定，优先抚养权产生于生存一方配偶送养未成年子女之时，即当生存一方配偶作出送养其未成年子女的意思表示时，死亡一方配偶的父母的优先抚养权即产生。这既有助于保护优先权人的合法权利，同时也便于为未成年人创造良好的成长环境。同时，优先抚养权作为死亡一方配偶的父母享有的一项民事权利，其可以根据权利自由处分的原则对优先抚养权表示放弃。在放弃的具体方式上，可以分为“明示放弃”与“默示放弃”。前者是指优先抚养权人在送养人送养未成年子女时，明确地表示自己不抚养该子女；后者则是指优先抚养权人明知送养人要送养未成年子女，但其既不作出优先抚养的直接、明确的意思表示，也没有阻止他人收养该子女，据此可以推定优先抚养权人放弃了优先抚养权。第二，优先抚养权并不绝对，在有的情况下，从有利于未成年人利益最大化的角度出发，可以考虑限制甚至剥夺优先抚养权人的优先抚养权。比如，优先抚养权人存在严重危害未成年人身心健康的现实危险、优先抚养权人不具备实际的抚养能力等。此外，如果未成年人属于8周岁以上的限制行为能力人，在确定抚养权人时还要充分听取未成年人的意愿。第三，在有的情况下，如死亡一方配偶的父母离婚，但两人同时主张优先抚养权，首先需要审查他们是否同时具备优先抚养权。如果同时具备优先抚养权，就要综合考虑各种因素，并可以听取送养人的意见，确定由其中一人抚养未成年人。第四，优先抚养权的产生具有先决条件，即必须是在配偶一方死亡并且另一方送养子女时，死亡一方配偶的父母才可主张。换言之，如果配偶一方死亡，另一方并无送养子女的意思表示，该方作为子女的生父或者生母，仍然是未成年子女的监护人和法定代理人，由其继续承担对于子女的抚养、教育及保护义务，死亡一方配偶的父母无权主张优先抚养。

第一千一百零九条　【涉外收养】外国人依法可以在中华人民共和国收养子女。

外国人在中华人民共和国收养子女，应当经其所在国主管机关依照该国法律审查同意。收养人应当提供由其所在国有权机构出具的有关其年龄、婚姻、职业、财产、健康、有无受过刑事处罚等状况的证明材料，并与送养人签订书面协议，亲自向省、自治区、直辖市人民政府民政部门登记。

前款规定的证明材料应当经收养人所在国外交机关或者外交机关授权的机构认证，并经中华人民共和国驻该国使领馆认证，但是国家另有规定的除外。

条文注解

本条第1款规定，外国人依法可以在中华人民共和国收养子女。这里的“依法”是指依照我国有关收养的法律法规进行收养行为。从这一表述来看，外国人在我国的收养行为，在法律适用方面采取的是属地主义，即必须依照我国有关收养的法律法规进行。

根据该条第2款的规定，外国人在中华人民共和国收养子女，应当经其所在国主管机关依照该国法律审查同意。这表明，除遵守我国的法律之外，外国人在中国收养子女的，还需要遵守所在国的法律规定。按照本章有关被收养人、送养人以及收养人条件的规定，外国人在我国收养子女的，必须符合这些实质性条件的要求：(1)被收养人方面，丧失父母的孤儿、查找不到生父母的未成年人以及生父母有特殊困难无力抚养的子女这三类主体，均可以作为涉外收养的被收养人由外国人收养。当然，由于我国的收养仅限于未成年人收养，因此，成年人收养并不在涉外收养的范围之列。(2)送养人方面，根据本法第1094条的规定，孤儿的监护人、儿童福利机构以及有特殊困难无力抚养子女的生父母，均可以作为送养人送养未成年人。(3)收养人条件方面，本法第1098条规定了收养人应当同时具备的条件，包括无子女或者只有1名子女，有抚养、教育和保护被收养人的能力，未患有在医学上认为不应当收养子女的疾病，无不利于被收养人健康成长的违法犯罪记录，年满30周岁等。外国人原则上最多只能收养2名子女，但是如果收养的是孤儿、残疾未成年人或者儿童福利机构抚养的查找不到生父母的未成年人，可以不受收养人数及收养人子女数量的限制。

根据本条第3款的规定，上述证明材料应当经收养人所在国外交机关或者外交机关授权的机构认证，并经中华人民共和国驻该国使领馆认证，国家另有规定的除外。与《收养法》的规定相比，本条增加了“国家另有规定的除外”的规定。这主要是考虑到，目前我国正在认真考虑、积极推动加入《取消外国公文书认证要求的公约》，增加除外规定能够为将来加入该公约、履行条约义务留下空间。该公约的主要目的是“愿意取消外国公文书需经外交或领事的认证”。

关联法规

《外国人在中华人民共和国收养子女登记办法》第4条

第一千一百一十条　【收养保密义务】收养人、送养人要求保守收养秘密的，其他人应当尊重其意愿，不得泄露。

第二节　收养的效力

第一千一百一十一条　【收养效力】自收养关系成立之日起，养父母与养子女间的权利义务关系，适用本法关于父母子女关系的规定；养子女与养父母的近亲属间的权利义务关系，适用本法关于子女与父母的近亲属关系的规定。

养子女与生父母以及其他近亲属间的权利义务关系，因收养关系的成立而消除。

条文注解

首先，关于养父母与养子女间的权利义务关系。根据本条规定，自收养关系成立之日起，养父母与养子女间的权利义务关系，适用本法关于父母子女关系的规定。其次，关于养子女与养父母的近亲属间的权利义务关系。由于收养关系成立后，养父母子女之间同自然形成的父母子女关系并无二致，因此，在养子女与养父母近亲属关系方面，也同样适用本法关于子女与父母的近亲属之间关系的规定。最后，本条第2款规定了收养关系成立后，养子女与生父母以及其他近亲属间的权利义务关系相应得以消除。收养关系成立后，养父母与养子女间形成了拟制的父母子女关系。此时，如果养子女与生父母的关系继续维持，则会出现双重的父母子女关系，这将使亲子关系变得较为复杂，也与人们的普遍认知不符。因此，本条作了上述规定。只要收养关系成立，养子女与生父母及其他近亲属间的权利义务关系就得以消除。

第一千一百一十二条　【养子女的姓氏】养子女可以随养父或者养母的姓氏，经当事人协商一致，也可以保留原姓氏。

条文注解

本条规定养子女可以随养父或者养母的姓氏，这与本法人格权编有关子女姓氏选取的规定也是一致的。一方面，收养关系成立后，养父母与养子女间成立了法律拟制的父母子女关系，允许养子女选取养父或者养母的姓氏，既有助于增强养子女与养父或者养母之间相互的情感认同，便于其更好、更快地融入收养家庭，也有利于对他人保守收养秘密，维护当事人的隐私权。另一方面，送养人与收养人在收养关系成立时也可能早已约定好未成年子女的姓氏问题，如果双方协商一致，法律也并不禁止未成年被收养人保留原姓氏。

第一千一百一十三条 【无效收养行为】有本法第一编关于民事法律行为无效规定情形或者违反本编规定的收养行为无效。

无效的收养行为自始没有法律约束力。

条文注解

根据本条第1款的规定，在两种情形之下，收养行为将被认定为无效。第一，有本法总则编关于民事法律行为无效规定的情形。本法第六章民事法律行为专设第三节规定了民事法律行为的效力。第143条首先从正面规定了民事法律行为有效应当具备的条件，包括行为人具有相应的民事行为能力；意思表示真实；不违反法律、行政法规的强制性规定，不违背公序良俗。在此基础上，如果不具备或者不完全具备这些条件的民事法律行为，其效力将受到影响，具体可导致无效、可撤销、效力待定等多种效力形态。其中，属于无效民事法律行为的情形包括：(1)无民事行为能力人实施的民事法律行为无效。(2)行为人与相对人以虚假的意思表示实施的民事法律行为无效。(3)违反法律、行政法规的强制性规定的民事法律行为无效，但是该强制性规定不会导致该民事法律行为无效的除外。(4)违背公序良俗的民事法律行为无效。(5)行为人与相对人恶意串通，损害他人合法权益的民事法律行为无效。从总则编的规定来看，这些无效情形涵盖了行为人行为能力欠缺、意思表示不真实，以及行为的违法性等各个方面，是总则编对于民事法律行为效力否定性评价的主要依据。收养作为具有人身性质的民事法律行为，自然应当受到总则编有关民事法律行为效力评价规定的约束。如果送养人与收养人之间的收养行为具有上述情形的，则行为应属无效。第二，违反本编规定的收养行为无效。除具有总则编无效情形的收养行为应属无效收养外，如果收养行为违反了婚姻家庭编的规定，也应属于无效的收养行为。

本条第2款规定，无效的收养行为自始没有法律约束力。根据本法第155条的规定，无效的民事法律行为自始没有法律约束力。收养作为具有人身性质的民事法律行为，也应遵循法律行为制度的基本原理，一旦被认定无效，也应当是从行为一开始便没有法律约束力。

第三节 收养关系的解除

第一千一百一十四条 【当事人协议解除及因违法行为而解除】收养人在被收养人成年以前，不得解除收养关系，但是收养人、送养人双方协议解除的除外。养子女八周岁以上的，应当征得本人同意。

收养人不履行抚养义务，有虐待、遗弃等侵害未成年养子女合法权益行为的，送养人有权要求解除养父母与养子女间的收养关系。送养人、收养人不能达成解除收养关系协议的，可以向人民法院提起诉讼。

条文注解

本条第1款规定，协议解除收养关系存在以下特点，需要准确把握：一是原则上，在被收养人成年以前，收养人不得单方解除收养关系。这一规定主要是出于对未成年人利益的保护，防止因收养人推卸责任而致使未成年人无人抚养的状况出现。二是收养人与送养人经协商一致，可以解除收养关系。在收养人不得随意解除收养关系的原则要求之下，如果收养人与送养人能够协商一致，意味着对未成年人的抚养不会出现问题，从尊重双方当事人意思自治的角度出发，可以允许解除收养关系。三是养子女8周岁以上的，应当征得其同意。在送养人、收养人就解除收养关系达成一致的前提下，如果养子女属于8周岁以上的限制行为能力人，则还需要征得养子女的同意才可解除收养关系。这是因为，收养关系的解除不能只考虑送养人、收养人的意愿。养子女8周岁以上的，能够基于被抚养经历及情感联系选择最有利于自己的成长环境，此时就需要征得其同意方可解除收养关系。四是收养人、送养人协商解除收养关系只能通过协议解除的方式，不能通过诉讼方式解除。

本条第2款是通过诉讼解除收养关系的规定。理解本款需要注意以下几点：一是适用本款规定的前提是被收养人尚未成年。二是本款适用的对象仅为送养人，不适用于收养人或者被收养人。其立法初衷在于保护被收养人的合法权益，赋予送养人在一定条件下提起解除收养关系之诉的权利。三是本款的适用情形有严格限制，即收养人不履行抚养义务，有虐待、遗弃等侵害未成年养子女合法权益的行为。如果收养人不存在这些行为，则送养人无权提起解除收养关系的诉讼。

第一千一百一十五条　【关系恶化而协议解除】养父母与成年养子女关系恶化、无法共同生活的，可以协议解除收养关系。不能达成协议的，可以向人民法院提起诉讼。

条文注解

正确理解和适用本条，需要注意以下几点：第一，本条解决的是养父母与成年养子女关系恶化、无法共同生活时收养关系的解除，不包括养子女为未成年人时的情形。第二，本条所规范的养父母与成年养子女之间收养关系的解除，既包括协议解除，也包括诉讼解除。当养父母与成年养子女双方关系恶化、无法共同生活时，可以由一方提出解除收养关系的意思表示，另一方如果同意，则双方就可以协议解除。如果一方提出解除,另一方不同意解除或者对解除收养关系的具体内容不认可,则可以通过向人民法院提起诉讼的方式解除收养关系。无论是养父母还是成年养子女,均享有诉权。第三,养父母与成年养子女解除收养关系的原因是双方关系恶化、无法共同生活,至于引起关系恶化的具体原因在所不问。实践中,成年养子女既可能因为生活方式、价值理念的不同而与养父母关系恶化,也可能存在成年后为逃避赡养义务而故意与养父母交恶,无论出于何种原因,此时勉强维持收养关系都于双方无益,都应允许解除收养关系。

案例注解

【案例(2021)辽1382民初2559号】母某1与养子女母某2无法共同生活要求解除收养关系获法院支持

【基本案情】

1989年12月25日,原告母某1经批准收养母某2,当时母某2仅4个月大,后由母某1的母亲将母某2抚养成人。2010年5月4日,母某2离开母某1家庭,很少与家庭成员联系。原告认为,被告成年后一直未履行作为子女的责任和义务,故诉至法院,请求解除原告与被告收养关系。

被告母某2辩称,同意解除收养关系。

【裁判要旨】

《民法典》第1115条规定,养父母与成年养子女关系恶化、无法共同生活的,可以协议解除收养关系。不能达成协议的,可以向人民法院提起诉讼。本案中,收养人母某1与被收养人母某2从形成收养关系伊始并未真正在一起生活,并未形成父亲与女儿之间应有的关爱之情,至母某2成年,双方关系并无增进,本质上也无法共同生活;且双方均主张解除收养关系。故对原告主张解除与被告之间收养关系的诉讼请求应予以支持。

【裁判结果】

2021年7月27日,法院判决解除原告母某1与被告母某2之间收养关系。(资料来源:中国裁判文书网)

第一千一百一十六条　【解除收养关系登记】当事人协议解除收养关系的,应当到民政部门办理解除收养关系登记。

条文注解

理解本条,需要注意以下几点:一是本条的规范对象是协议解除收养关系。在本法第1114、1115条规定的三种情形下,如果双方达成了解除收养关系的协议,应当到民政部门办理解除收养关系登记。二是按照有关程序要求,双方应携带必要的材料,共同到民政部门办理解除收养关系登记。同收养关系成立一样,收养关系的协议解除体现的也是双方的共同合意,只有双方同时到民政部门办理解除收养关系登记,才便于民政部门准确查明双方合意,正确办理登记。三是民政部门查明双方的协议解除符合有关规定,依法办理登记,收养关系自登记之日起解除。民政部门在办理解除收养关系登记时,应当按照收养的有关规定进行审核,只有符合规定的,才可以办理解除登记。同时,与收养关系自登记之日起成立一样,收养关系的解除效力也应自解除收养关系登记之日起算。

第一千一百一十七条 【解除收养关系后的身份效力】收养关系解除后,养子女与养父母以及其他近亲属间的权利义务关系即行消除,与生父母以及其他近亲属间的权利义务关系自行恢复。但是,成年养子女与生父母以及其他近亲属间的权利义务关系是否恢复,可以协商确定。

条文注解

本条规定了在收养关系解除后,养子女与养父母以及其他近亲属的权利义务关系即行消除,而与生父母以及其他近亲属的权利义务关系自行恢复,无须办理任何手续。同时,也不区分协议解除还是诉讼解除,均产生此种法律后果。这样一来,对于未成年被收养人的抚养、教育就不会出现"真空"状态,能够自动得以接续,未成年人可以继续在良好的环境下健康成长。另外,如果收养关系解除后,养子女已经成年,意味着该子女已经具备完全行为能力,具有独立的思考和认知能力,可以自主决定未来的生活安排,能够依据自己的所思所想规划未来,包括与谁确立亲子关系等。

第一千一百一十八条 【解除收养关系后的财产效力】收养关系解除后,经养父母抚养的成年养子女,对缺乏劳动能力又缺乏生活来源的养父母,应当给付生活费。因养子女成年后虐待、遗弃养父母而解除收养关系的,养父母可以要求养子女补偿收养期间支出的抚养费。

生父母要求解除收养关系的,养父母可以要求生父母适当补偿收养期间支出的抚养费;但是,因养父母虐待、遗弃养子女而解除收养关系的除外。

条文注解

收养关系存续期间,收养人除付出时间和精力尽心照顾未成年养子女之外,还要为养子女的健康成长支出生活费、教育费、医疗费等各项费用。在收养关系一直维持的情况下,收养人在精神和物质方面的付出可以通过将来养子女成年后履行赡养、扶助义务得到回报和补偿。但是,在收养关系解除后,收养人在收养关系存续期间所付出的各项费用便无法通过被收养人将来履行赡养义务的方式进行补偿。此时,从权利义务相对等的角度出发,立法需要对双方进行利益上的平衡。

正确理解和适用本条,需要注意以下几点:第一,收养关系解除后,成年养子女应对抚养过自己的、缺乏劳动能力又缺乏生活来源的养父母给付生活费。这里不区分协议解除还是诉讼解除。只要养父母对于养子女尽了抚养义务,养子女成年后,对于缺乏劳动能力又缺乏生活来源的养父母,都应当给付生活费。这里需要满足以下几项条件:(1)收养关系已经解除。既包括协议解除,也包括诉讼解除。(2)养父母须实际抚养过养子女。如果收养关系成立后,养父母并未对养子女尽抚养义务,则其无权在养子女成年后要求支付生活费。这里体现的仍然是权利义务相对等的原则。(3)养父母具有缺乏劳动能力又缺乏生活来源的情形。由于收养关系解除后,养父母与养子女间已经不再具有父母子女关系。此时,要求成年养子女向养父母给付生活费,更多的是基于养父母之前的抚养事实。因此,对这一情形应该加以限制,即只有在养父母既缺乏劳动能力又缺乏生活来源时,成年养子女才有给付生活费的义务。第二,养父母与成年养子女关系恶化、无法共同生活的,可以协议解除收养关系,不能达成协议的,可以通过诉讼方式解除收养关系。在此种情况下,收养关系的解除,既可能确因双方生活观念不符所致,也可能因成年养子女虐待、遗弃养父母而解除。在后一种情况下,尽管收养关系最终解除,但养父母可以要求养子女补偿收养期间支出的抚养费。这种补偿,一方面是考虑权利义务的对等,另一方面是对养子女虐待、遗弃养父母行为的一种惩戒,是合理的。第三,生父母提出解除收养关系要求的,养父母可以要求生父母适当补偿收养期间支出的抚养费。在生父母提出解除收养关系要求的情形下,考虑到养父母对于养子女的成长付出了经济、时间等各方面的巨大成本,赋予养父母对于生父母抚养费的补偿请求权是合适的,但这种请求权有以下两个方面限制:(1)养父母可以要求适当补偿抚养费支出。在长期的收养关系存续期间,养父母的具体支出是难以准确计算的。因此,养父母可以结合自己抚养教育养子女的具体情况,提出一个适当、大致的补偿标准。(2)解除收养关系的请求虽由生父母提出,但原因在于养父母虐待、遗弃养子女的,由于养父母自身存在过错,其无权提出补偿抚养费的请求。

案例注解

【案例(2021)苏0681民初1356号】收养关系解除后,养父母年迈要求养子支付赡养费获法院支持

【基本案情】

原告张某1、袁某两系夫妻关系,婚后未生育子女。1994年两原告收养年幼的被告张某2。之后双方因生活琐事产生矛盾,2017年1月6日,两原告诉至法院要求解除与被告张某2的收养关系。同年2月21日,法院经审理作出(2017)苏0681民初×××号民事调解书,原告、被告双方一致同意解除收养关系。现两原告年迈体弱,与被告就其赡养问题历经数次协商未能达成一致意见,为此诉至法院,请求判令被告自2021年2月起每月给付两原告生活费1600元。

经查明,目前原告张某1、袁某经济收入来源包括政府发放的最低生活保障154元/月(每人),袁某每月打零工收入约2000元。

【裁判要旨】

《民法典》第1118条第1款规定,收养关系解除后,经养父母抚养的成年养子女,对缺乏劳动能力又缺乏生活来源的养父母,应当给付生活费。本案中,两原告目前虽拥有一定的收入,但随着物价的上涨,其收入已逐渐不能满足其实际生活、看病护理所需。被告应当根据当地生活消费水平和赡养能力给予原告适当赡养费。

【裁判结果】

2021年3月29日,法院判决被告张某2自2021年2月1日起每月给付原告张某1、袁某生活费600元,给付办法:其中2021年2~6月的生活费3000元于2021年4月10日前付清,以后于每年1月10日、7月10日前付清当年度上、下半年的生活费3600元。(资料来源:中国裁判文书网)

第六编　继　　承

第一章　一般规定

第一千一百一十九条　【继承编的调整范围】本编调整因继承产生的民事关系。

条文注解

继承是自然人死亡后，按照法律规定或者遗嘱处理分配其所遗留的个人财产的制度。继承是一种古老的法律制度，可以说自有财产私有制起，就涉及自然人死亡后其生前所积累财产的分割与处分问题。继承法律关系包括以下三个方面的内容：一是继承法律关系的主体，即依法享有继承权利、承担相应义务的人，主要包括被继承人和继承人、受遗赠人。被继承人就是死亡时遗留财产的自然人。被继承人只能是自然人。因为法人、非法人组织解散或者破产后，需要按照法律规定清算以处理其财产。继承人就是继承遗产或者有权继承遗产的人。受遗赠人就是根据被继承人的遗嘱接受其赠与的人。二是继承法律关系的客体，就是遗产，即被继承人死亡时所遗留的个人合法财产。继承法律关系所指向的对象，就是被继承人的遗产。继承法律关系围绕遗产的分割与处分展开。三是继承法律关系的内容，就是继承法律关系当事人之间的权利义务关系。在继承法律关系中，继承人享有继承权，同时也承担着相应的法律义务。

关联法规

《宪法》第13条，《妇女权益保障法》第58条，《公司法》第90条，《农村土地承包法》第32条

第一千一百二十条　【继承权受国家保护】国家保护自然人的继承权。

关联法规

《宪法》第13条，《妇女权益保障法》第58条，《未成年人保护法》第107条

第一千一百二十一条 【继承开始的时间及死亡先后的推定】继承从被继承人死亡时开始。

相互有继承关系的数人在同一事件中死亡，难以确定死亡时间的，推定没有其他继承人的人先死亡。都有其他继承人，辈份不同的，推定长辈先死亡；辈份相同的，推定同时死亡，相互不发生继承。

条文注解

本条第1款规定，继承从被继承人死亡时开始。继承的开始意味着继承法律关系的形成。继承开始的时间非常重要，继承开始的时间决定以下五个重要问题：一是继承人、受遗赠人的范围。继承人有哪些、受遗赠人是否能够获得遗赠，都需要根据继承开始时有关当事人的法律状态来判断。如果被继承人死亡时，遗嘱所确定的受遗赠人在此前已经死亡的，则该受遗赠人不能享有受遗赠权。因此，一个民事主体是否享有继承权或者受遗赠权，需要根据被继承人死亡之时该民事主体的法律状态具体判断。二是遗产的范围。被继承人死亡的时间是确定被继承人所遗留遗产的时间。被继承人生前可以根据自己的意志自由处分其所有的财产，因此，财产状况是变化的、难以确定的。而一旦被继承人死亡，此时，被继承人遗留财产的种类、数量、范围、债权债务等才能最终确定。三是遗产所有权的转移。被继承人死亡后，被继承人不再具有民事权利能力，也就不能成为民事权利的主体，其所遗留的财产的所有权即应转移给继承人。因继承取得物权的，自继承开始时发生效力。因此，继承人死亡的时间就是遗产所有权移转的时间。四是遗嘱的效力。遗嘱订立后并不发生效力，只有在被继承人死亡时，遗嘱才生效。因此，继承开始的时间也就是遗嘱生效的时间。如果被继承人留有数份遗嘱，各遗嘱之间的内容有抵触的，根据继承编的有关规定，应当以被继承人生前所立最后的那份遗嘱为准。因此，一份遗嘱是否发生效力、是否有效，需要根据被继承人死亡时的具体情况判断。五是继承权的放弃。继承人有权放弃继承，但是根据继承编的规定，放弃继承必须在继承开始后遗产分割之前，继承人不能在继承开始之前表明放弃继承。因此，继承开始的时间决定一个人所作的放弃继承的意思表示是否有效。

本条第2款的规定是从有利于保护继承人的利益角度考虑的。相互有继承关系的数人在同一事件中死亡的，根据本款规定，确定死亡时间需要根据具体情况判断。首先，在同一事件中死亡的相互有继承关系的数人，他们的死亡时间如果可以确定的，应当根据客观证据来确定。其次，如果没有证据能证明他们的死亡时间的先后的，则需要根据各自的具体情况进一步作出推定。第一种情况，如果有人没有其他继承人，其与仅有的继承人都在同一事件中死亡的，推定此人先死亡。这样规定就可以使其遗产能够依法被继承，而不会造成无人继承的状况。第二种情况，如果他们都有其他继承人，就需要再进一步根据他们之间的辈份来推定，具体而言：其一，辈份不同的，推定长辈先死亡；其二，辈份相同的，推定同时死亡，相互之间不发生继承。

关联法规

《民事诉讼法》第 34 条,《最高人民法院关于适用〈中华人民共和国民法典〉继承编的解释(一)》第 1 条

第一千一百二十二条 【遗产的定义】遗产是自然人死亡时遗留的个人合法财产。

依照法律规定或者根据其性质不得继承的遗产,不得继承。

条文注解

本条第 1 款规定,遗产是自然人死亡时遗留的个人合法财产。遗产既是继承法律关系的客体,也是继承权的标的。遗产作为特殊的财产,与一般财产存在诸多不同。首先,遗产仅存于特定时间段。遗产是自然人死亡后所遗留的财产。一个人活着的时候对自己所有的财产享有所有权,即便其立了遗嘱确定了死后财产的分割,只要他还活着,其所有的财产仍是个人财产,并非遗产。只有当他死亡后,其个人所有的财产才成为遗产。同样地,遗产一旦分割,也就转移成为继承人个人所有的财产,此时也就不再是遗产了。因此,遗产是在自然人死亡之后到被分割之前特定时间阶段的财产状态。其次,遗产在性质上属于财产。遗产为被继承人遗留的财产,即财产性权利和义务。被继承人的人身性权利和义务不属于遗产的范围。

本条第 2 款规定不得继承的遗产。理解遗产的范围需要从以下三个方面把握:第一,遗产首先是财产或财产性权益,非财产性权利(人格权、人身权或相关权益)不得作为遗产继承;第二,遗产必须是合法的财产,非法的财产也非遗产的范围;第三,遗产必须是被继承人的个人财产,非个人财产不属于遗产的范围。根据本款规定,不得继承的遗产主要有两类:第一类是根据其性质不得继承的遗产,这主要是与被继承人人身有关的专属性权利,如被继承人所签订的劳动合同上的权利义务,被继承人所签订的演出合同上的权利义务。第二类是根据法律规定不得继承的遗产。根据本法第 8 条的规定,民事主体从事民事活动不得违反法律。如果法律有明确规定某些财产是不得继承的,继承人自然不得继承。

关联法规

《农村土地承包法》第 32、54 条,《公司法》第 90 条,《海域使用管理法》第 27 条,《著作权法》第 21 条,《保险法》第 42 条,《合伙企业法》第 50 条,《个人独资企业法》第 17 条,《社会保险法》第 14 条,《住房公积金管理条例》第 24 条,《最高人民法院关于适用〈中华人民共和国民法典〉继承编的解释(一)》第 2 条

第一千一百二十三条　【法定继承、遗嘱继承、遗赠和遗赠扶养协议的效力】继承开始后，按照法定继承办理；有遗嘱的，按照遗嘱继承或者遗赠办理；有遗赠扶养协议的，按照协议办理。

条文注解

根据继承方式与被继承人的意思是否有关，继承可以分为遗嘱继承和法定继承。遗嘱继承就是根据被继承人生前所立合法有效。

在通常情况下，如果被继承人生前没有留有有效的遗嘱，继承开始后，就需要启动法定继承制度，根据继承编所规定的继承人的范围、顺序、遗产分配方法等，确定各继承人之间所得遗产的数额。这是最为常见的继承方式。但有遗嘱的，按照遗嘱继承或者遗赠办理。如果被继承人生前留下了合法有效的遗嘱，被继承人的财产就需要优先根据遗嘱的内容来分配。此外，有遗赠扶养协议的，按照协议办理。遗赠扶养协议是自然人生前与继承人以外的个人或者组织签订的协议。当事人之间签订的协议，双方当事人都必须遵守。在遗赠扶养协议中，扶养人有负责被扶养人生养死葬的义务，同时享有获得遗赠的权利；被扶养人生前有权要求扶养人照顾自己，同时也有义务在死亡后将自己的遗产赠与扶养人。

案例注解

【案例（2021）辽1281民初1711号】被继承人未留有遗嘱法院判按法定继承

【基本案情】

被继承人刁某某于2017年3月20日去世，刁某某与韩某某（于1995年去世）为夫妻关系，二人育有三子，分别为刁某7、刁某2、刁某3。刁某7与霍某系夫妻关系，二人育有四个子女，分别为刁某4、刁某国、刁某1，刁某6。刁某7于2020年去世。刁某国于2016年去世，刁某国育有一子为刁某5。刁某某与韩某某生前留有位于××镇××村房屋，房屋所有权证号：××房权证××字第××号。被继承人刁某某未留有遗嘱。原告刁某1诉至法院，请求判决登记在被继承人刁某某名下位于××镇××村房屋由刁某1继承所有。被告刁某4、霍某、刁某5、刁某6均表示放弃对案涉房屋的继承权，其继承的份额部分归原告刁某1所有，被告刁某2、刁某3出具放弃继承声明书并经黑龙江省讷河市公证处公证，表示放弃对案涉房屋的继承权。被告刁某2、刁某3出具放弃继承声明书并经黑龙江省××市公证处公证，表示放弃对案涉房屋的继承权。

【裁判要旨】

《民法典》第1123条规定，继承开始后，按照法定继承办理；有遗嘱的，按照遗嘱继承或者遗赠办理；有遗赠扶养协议的，按照协议办理。根据法律规定，继承人遗弃被继承人，或者虐待被继承人情节严重的，丧失继承权。本案中，被继承人刁某某未留有遗嘱，故对刁某某留有的案涉遗产应按法定继承处理。被继承人刁某某长子刁某7于2020年去世，于刁某某遗产分割前死亡，故刁某7应当继承的刁某某的遗产份额，由其继承人霍某、刁某4、刁某国、刁某1、刁某6继承；刁某7次子刁某国于2016年去世，先于被继承人刁某7死亡，刁某国应当继承的刁某7遗产的份额，由其直系晚辈血亲刁某5继承。由于被告刁某4、霍某、刁某5、刁某6均表示放弃对案涉房屋的继承权，其继承的份额部分归原告刁某1所有，被告刁某2、刁某3出具放弃继承声明书并经黑龙江省讷河市公证处公证，表示放弃对案涉房屋的继承权，故案涉房屋应归原告刁某1所有。

【裁判结果】

2021年9月2日，法院判决登记在刁某某名下位于××镇××村房屋（房屋所有权证号：××房权证××字第××号）归原告刁某1所有；被告刁某2、刁某3、刁某4、霍某、刁某5、刁某6于本判决生效之日起15日内协助原告刁某1办理案涉房产过户登记。（资料来源：中国裁判文书网）

关联法规

《最高人民法院关于适用〈中华人民共和国民法典〉继承编的解释（一）》第3条

第一千一百二十四条 【继承的接受和放弃】继承开始后，继承人放弃继承的，应当在遗产处理前，以书面形式作出放弃继承的表示；没有表示的，视为接受继承。

受遗赠人应当在知道受遗赠后六十日内，作出接受或者放弃受遗赠的表示；到期没有表示的，视为放弃受遗赠。

条文注解

根据本条第1款的规定，放弃继承必须在特定时间作出，即继承开始后，遗产处理前。继承人放弃继承必须在此时间段作出，既不能在继承尚未开始前放弃，也不能在遗产分割之后放弃。放弃继承就是继承人作出不接受继承、不参与遗产分割的意思表示。放弃继承的继承人既可以是遗嘱继承人，也可以是法定继承人。放弃继承的意思表示可以是继承人本人作出，也可以通过其代理人作出。继承权是继承人依法享有的一种权利，继承人可以放弃，也可以不放弃，应当尊重继承人的内心意思，任何人不得胁迫、欺诈他人放弃继承。继承人放弃继承，必须以书面方式作出。

本条第2款规定，作出接受或者放弃受遗赠的期限为60日，即从受遗赠人知道受遗赠后的60日内作出。接受遗赠必须以明示的方式作出意思表示，受遗赠人在法定期限内不作出意思表示的视为放弃。就法律的本质而言，遗赠行为在某种程度上应当视为一种双方法律行为，遗赠人作出赠与的意思表示，受遗赠人需要接受方可，这就需要双方意思达成一致方能成立，遗赠人不得将自己的意思强加给另一方。因此，如果受遗赠人在法定期限内不作任何意思表示，赠与的合意难以形成，法律不宜强迫当事人达成合意,故不宜规定受遗赠人不作出接受表示即视为接受。同时,考虑到接受遗赠属于行使权利的行为,不宜对当事人要求过高,在形式上法律不宜作硬性规定,只要受遗赠人作出意思表示即可,不必非得以书面方式作出。

第一千一百二十五条 【继承权的丧失和恢复】继承人有下列行为之一的,丧失继承权:

(一)故意杀害被继承人;

(二)为争夺遗产而杀害其他继承人;

(三)遗弃被继承人,或者虐待被继承人情节严重;

(四)伪造、篡改、隐匿或者销毁遗嘱,情节严重;

(五)以欺诈、胁迫手段迫使或者妨碍被继承人设立、变更或者撤回遗嘱,情节严重。

继承人有前款第三项至第五项行为,确有悔改表现,被继承人表示宽恕或者事后在遗嘱中将其列为继承人的,该继承人不丧失继承权。

受遗赠人有本条第一款规定行为的,丧失受遗赠权。

条文注解

继承权丧失,是指继承人因对被继承人或者其他继承人实施了法律所禁止的行为,而依法被取消继承被继承人遗产的资格。继承权丧失意味着继承人不再享有获得被继承人遗产的权利,继承人在继承开始后可以自主决定放弃继承权,但继承权丧失是法律规定取消继承权的情形。

本条第1款规定,继承人有下列行为之一的,丧失继承权:一是故意杀害被继承人。所谓故意杀害,就是故意剥夺他人生命。根据我国《刑法》的规定,这种行为构成故意杀人犯罪。二是为争夺遗产而杀害其他继承人。首先,在主观上,必须有杀害的故意,且动机为争夺遗产。其次,在客体上,所侵害的必须是其他继承人的生命。最后,在客观上,也是实施了杀害的行为,当然,无论这种犯罪行为是否既遂,都构成丧失继承权的法定事由。三是遗弃被继承人,或者虐待被继承人情节严重。本项包括两种情况:第一种是遗弃被继承人。需要注意的是,只要行为人实施了遗弃被继承人的行为,而无论这种行为是否严重,即依法将失去继承权。遗弃被继承人的行为也可能构成犯罪。第二种是虐待被继承人,如果继承人虐待被继承人情节严重,则构成丧失继承权的法定事由。继承人虐待被继承人情节是否严重,可以从实施虐待行为的时间、手段、后果和社会影响等方面判断。四是伪造、篡改、隐匿或者销毁遗嘱,情节严重。遗嘱是遗嘱人处分自己遗产的意思表示。自然人有处分自己财产的权利,有遗嘱自由,如果遗嘱被他人篡改、隐匿或者销毁,这就歪曲了遗嘱人的真实意思,伪造遗嘱更是如此。五是以欺诈、胁迫手段迫使或者妨碍被继承人设立、变更或者撤回遗嘱,情节严重。所谓欺诈,是指继承人故意欺骗被继承人,使被继承人陷入错误判断,并基于此错误判断而立遗嘱、变更遗嘱内容或者撤回所立遗嘱。所谓胁迫,是指继承人通过威胁、恐吓等不法手段对被继承人的思想施加强制,由此使被继承人产生恐惧心理并基于恐惧心理而立下遗嘱、修改遗嘱内容或者撤回所立遗嘱。

本条第2款规定,继承权恢复的前提条件:第一,继承人是因为实施了第1款第3~5项的行为而丧失继承权,即继承人丧失继承权是因为遗弃被继承人,虐待被继承人情节严重,伪造、篡改、隐匿或者销毁遗嘱情节严重,或者以欺诈、胁迫手段迫使或者妨碍被继承人设立、变更或者撤回遗嘱情节严重。只有因为此三类事由丧失继承权的,方可以恢复。如果继承人因为实施了故意杀害被继承人或者为争夺遗产而杀害其他继承人而丧失继承权的,则不论如何是不能再恢复继承权的。第二,继承人确有悔改。所谓确有悔改,就是继承人在实施上述行为后,从内心认识到自己的错误,并积极主动改正自己的错误。第三,被继承人作出了恢复继承权的意思表示。被继承人可以通过两种方式恢复继承人丧失的继承权。第一种是被继承人表示宽恕,即被继承人原谅继承人所犯的错误,并予以饶恕。被继承人宽恕的意思表示既可以是以书面方式作出,也可以是口头的,只要其有此意思表示即可。宽恕的意思表示既可以是向丧失继承权的继承人作出,也可以是向其他人作出。第二种是被继承人事后在遗嘱中仍将丧失继承权的继承人列为继承人。遗嘱的形式不限,只要是合法有效的遗嘱即可。在遗嘱中列为继承人,不一定是指定其为遗嘱继承人,也可以是在遗嘱中确定继承人仍可以参与法定继承的遗产分割。宽恕制度的目的是尊重被继承人的真实意思。如果继承人实施了第1款第3项规定的行为,即便其确有悔改,如果被继承人未作出恢复继承权的意思表示,其继承权仍无法恢复。

本条第3款规定,受遗赠人有本条第1款规定行为的,丧失受遗赠权。赠与虽然是单方法律行为,受赠人无须有积极的作为义务,但是根据合同法原理,如果受赠人实施了某些不利于赠与人或赠与人近亲属的行为,赠与人是可以撤销赠与的。遗赠同样如此,根据本款规定,如果受遗赠人实施了第1款的行为,受遗赠人将丧失受遗赠权。需要注意的是,丧失受遗赠权属于绝对丧失,受遗赠人一旦实施了第1款规定的行为,即永久丧失受遗赠权,不得再恢复。

关联法规

《刑法》第232、260、262条,《最高人民法院关于适用〈中华人民共和国民法典〉继承编的解释(一)》第5~9条,《最高人民法院关于适用〈中华人民共和国民法典〉时间效力的若干规定》第13条

第二章　法定继承

第一千一百二十六条　【男女平等享有继承权】继承权男女平等。

关联法规

《宪法》第49条,《妇女权益保障法》第2、58、59条

第一千一百二十七条　【法定继承人的范围及继承顺序】遗产按照下列顺序继承:

(一)第一顺序:配偶、子女、父母;

(二)第二顺序:兄弟姐妹、祖父母、外祖父母。

继承开始后,由第一顺序继承人继承,第二顺序继承人不继承;没有第一顺序继承人继承的,由第二顺序继承人继承。

本编所称子女,包括婚生子女、非婚生子女、养子女和有扶养关系的继子女。

本编所称父母,包括生父母、养父母和有扶养关系的继父母。

本编所称兄弟姐妹,包括同父母的兄弟姐妹、同父异母或者同母异父的兄弟姐妹、养兄弟姐妹、有扶养关系的继兄弟姐妹。

条文注解

法定继承,又称"无遗嘱继承",是指继承人范围、继承顺序、继承份额等均由法律直接规定的继承方式。法定继承与遗嘱继承是继承制度中的两种继承方式,法定继承是遗嘱继承的补充,在既没有遗赠扶养协议又没有遗嘱的情况下,被继承人的遗产按照法定继承处理。法定继承具有以下特征:一是具有身份性,法定继承人的范围是基于一定的身份关系而确定,一般以血缘关系和婚姻关系为基础;二是具有法定性,法定继承中有关继承人的范围、继承顺序等的规定具有强行性,不得由当事人变更。法定继承的顺序,是指法律规定的法定继承人继承遗产的先后次序。由于法定继承人通常为多个人,法律需要明确法定继承人之间应当优先取得继承的人选。一般而言,被继承人与继承人之间血缘关系的远近及共同生活关系的密切程度是各国法律确定法定继承顺序的主要依据。法定继承顺序具有优先性和排他性,只有在没有前

一顺序的继承人继承时,后一顺序的继承人才能继承遗产。同一顺序的继承人有多人时,原则上平均分配遗产,仅有一人时,则由其单独继承。

案例注解

【案例(2021)浙1024民初3363号】张某1父亲去世未留遗嘱法院判决按法定继承分割遗产

【基本案情】

原告张某1和被告张某2、张某3系张某4与前妻郑某所孕育的孩子,张某4与郑某离婚后,与被告吴某自1991年开始即以夫妻名义共同生活,双方未共同生育子女。2021年5月24日,张某4因病去世,其生病住院期间生活主要由被告吴某照料、死亡后的丧事由被告吴某料理,共花费丧葬费用80,000元左右。截至2021年5月24日,张某4在中国工商银行股份有限公司××支行、浙江××农村商业银行股份有限公司、中国邮政储蓄银行股份有限公司××县支行尚有存款分别为3932.99元、38,969.12元、122,643.26元(120,352.56元+2290.7元),合计165,545.37元;被告吴某在中国工商银行股份有限公司××支行、浙江××农村商业银行股份有限公司、中国邮政储蓄银行股份有限公司××县支行、中国银行股份有限公司××支行尚有存款分别为8091.2元(2004.55元+6086.65元)、53618.43元、3548.42元、2742.10元,合计68,000.15元。上述款项均由被告吴某保管。因原告、被告就张某4的遗产分配无法达成一致协议,原告诉至法院,请求判令依法分割张某4死亡后所遗留的财产。

经查明,张某4父母早在张某4去世之前就已死亡。

【裁判要旨】

《民法典》第1153条第1款之规定,夫妻共同所有的财产,除有约定的外,遗产分割时,应先将共同所有的财产的一半分出为配偶所有,其余的为被继承人的遗产。根据《民法典》第1123条之规定,继承开始后,按照法定继承办理;有遗嘱的,按照遗嘱继承或者遗赠办理;有遗赠扶养协议的,按照协议办理。本案张某4死亡前并未立有遗嘱或遗赠扶养协议,故应按法定继承办理。根据《民法典》第1127条之规定,被继承人的配偶、子女、父母系第一顺序继承人。因此,原告张某1和被告吴某、张某2、张某3均系法定第一顺序继承人。根据《民法典》第1133条之规定,同一顺序继承人继承遗产的份额,一般应当均等,对被继承人尽了主要扶养义务或者与被继承人共同生活的继承人,分配遗产时,可以多分。张某4与被告吴某系夫妻关系,张某4生病期间主要由被告吴某照料,死亡后具体事务亦由被告吴某料理,因此,分配遗产时,酌情可以多分。

【裁判结果】

2021年9月24日,法院判决被告吴某在判决生效之日起10日内分别支付给原告张某1、被告张某2、张某3遗产款项8000元,驳回原告张某1其他的诉讼请求。(资料来源:中国裁判文书网)

关联法规

《老年人权益保障法》第22条,《最高人民法院关于适用〈中华人民共和国民法典〉继承编的解释(一)》第10、11条

第一千一百二十八条 【代位继承】被继承人的子女先于被继承人死亡的,由被继承人的子女的直系晚辈血亲代位继承。

被继承人的兄弟姐妹先于被继承人死亡的,由被继承人的兄弟姐妹的子女代位继承。

代位继承人一般只能继承被代位继承人有权继承的遗产份额。

条文注解

代位继承制度是法定继承中的一项重要制度,对于保障遗产在各支系中合理分配、实现财产的传承、发挥遗产育幼功能等方面具有重大作用。代位继承也被称为"间接继承",是相对于本位继承而言,指具有法定继承权的人因主客观原因不能继承时,由其直系晚辈血亲按照该继承人的继承地位和顺序,继承被继承人遗产的制度。在代位继承中,具有法定继承权的人称为被代位继承人;按照被代位继承人的地位和顺序继承遗产的人称为代位继承人。代位继承制度有以下主要特征:(1)代位继承的发生原因为被代位继承人先于被继承人死亡。本法规定的代位继承的发生原因为被代位继承人先于被继承人死亡,主要有两种情况:一种是被继承人的子女先于被继承人死亡;另一种是被继承人的兄弟姐妹先于被继承人死亡。(2)被代位继承人为被继承人的子女或者兄弟姐妹。本法规定的被代位继承人的范围为被继承人的子女或者兄弟姐妹,子女包括婚生子女、非婚生子女、养子女和有扶养关系的继子女,兄弟姐妹包括同父母的兄弟姐妹、同父异母或者同母异父的兄弟姐妹、养兄弟姐妹、有扶养关系的继兄弟姐妹。(3)代位继承人为被继承人的子女的直系晚辈血亲或者被继承人的兄弟姐妹的子女。本法规定的代位继承人的范围为被继承人的子女的直系晚辈血亲或者被继承人的兄弟姐妹的子女。这里需要注意两点:一是被继承人的子女的代位继承人与被继承人的兄弟姐妹的代位继承人的亲等限制有所不同。二是代位继承人要根据被代位继承人的地位和顺序继承遗产。(4)代位继承的份额一般为被代位继承人有权继承的遗产份额。代位继承的份额是指代位继承人通过代位继承的方式能够取得的遗产份额。本法规定代位继承人一般只能继承被代位继承人有权继承的遗产份额,即被代位继承人如果健在时能继承多少份额,代位继承人也一般只能继承多少份额。

案例注解

【案例】苏某甲诉李某田等法定继承纠纷案

【基本案情】

被继承人苏某泉于2018年3月死亡，其父母和妻子均先于其死亡，生前未生育和收养子女。苏某泉的姐姐苏某乙先于苏某泉死亡，苏某泉无其他兄弟姐妹。苏某甲系苏某乙的养女。李某田是苏某泉堂姐的儿子，李某禾是李某田的儿子。苏某泉生前未立遗嘱，也未立遗赠扶养协议。上海市徐汇区华泾路某弄某号某室房屋的登记权利人为苏某泉、李某禾，共同共有。苏某泉的梅花牌手表1块及钻戒1枚由李某田保管中。苏某甲起诉请求，依法继承系争房屋中属于被继承人苏某泉的产权份额和梅花牌手表1块及钻戒1枚。

【裁判要旨】

本案中，当事人一致确认苏某泉生前未立遗嘱，也未立遗赠扶养协议，故苏某泉的遗产应由其继承人按照法定继承办理。苏某甲系苏某泉姐姐苏某乙的养子女，在苏某乙先于苏某泉死亡且苏某泉的遗产无人继承又无人受遗赠的情况下，根据《最高人民法院关于适用〈中华人民共和国民法典〉时间效力的若干规定》第14条，适用《民法典》第1128条第2款和第3款的规定，苏某甲有权作为苏某泉的法定继承人继承苏某泉的遗产。另外，李某田与苏某泉长期共同居住，苏某泉生病在护理院期间的事宜由李某田负责处理，费用由李某田代为支付，苏某泉的丧葬事宜也由李某田操办，相较苏某甲，李某田对苏某泉尽了更多的扶养义务，故李某田作为继承人以外对被继承人扶养较多的人，可以分得适当遗产且可多于苏某甲。

【裁判结果】

法院考虑到有利于生产生活、便于执行的原则，对于苏某泉名下系争房屋的产权份额和梅花牌手表1块及钻戒1枚，判归李某田所有并由李某田向苏某甲给付房屋折价款人民币60万元。（资料来源：最高人民法院网）

关联法规

《最高人民法院关于适用〈中华人民共和国民法典〉继承编的解释（一）》第14～17条，《最高人民法院关于适用〈中华人民共和国民法典〉时间效力的若干规定》第14条

第一千一百二十九条　【丧偶儿媳、丧偶女婿的继承权】丧偶儿媳对公婆，丧偶女婿对岳父母，尽了主要赡养义务的，作为第一顺序继承人。

条文注解

法定继承人一般与被继承人存在血亲、婚姻关系,《继承法》除高度重视这两种关系以外,还高度重视扶养关系在继承中所起的作用。尽了主要赡养义务的丧偶儿媳和丧偶女婿可以作为第一顺序继承人参与继承。

关联法规

《妇女权益保障法》第59条,《最高人民法院关于适用〈中华人民共和国民法典〉继承编的解释(一)》第18、19条

第一千一百三十条 【遗产分配的原则】同一顺序继承人继承遗产的份额,一般应当均等。

对生活有特殊困难又缺乏劳动能力的继承人,分配遗产时,应当予以照顾。

对被继承人尽了主要扶养义务或者与被继承人共同生活的继承人,分配遗产时,可以多分。

有扶养能力和有扶养条件的继承人,不尽扶养义务的,分配遗产时,应当不分或者少分。

继承人协商同意的,也可以不均等。

条文注解

对于法定继承中遗产份额的分配应当遵循以下原则:(1)一般情况下同一顺序继承人继承遗产的份额应当均等。(2)特殊情况下同一顺序继承人继承遗产的份额可以不均等。一是对生活有特殊困难的缺乏劳动能力的继承人,分配遗产时,应当予以照顾。二是对被继承人尽了主要扶养义务或者与被继承人共同生活的继承人,分配遗产时,可以多分。三是有扶养能力和有扶养条件的继承人,不尽扶养义务的,分配遗产时,应当不分或者少分。四是继承人协商同意的,也可以不均等。法定继承人之间互谅互让、和睦团结的精神,可以协商分配被继承人的遗产。我国《继承法》充分尊重当事人之间的意思自治。各法定继承人经协商一致,同意不均分遗产的,继承份额也可以不均等。

案例注解

【案例(2021)辽0214民初5691号】王某与牟某1等遗产分割案

【基本案情】

原告王某与牟某于××××年××月××日登记结婚,双方系再婚,婚后无子女。牟某生育四名子女,分别为被告牟某1、牟某2、牟某3、牟某4。牟某于2020年3

月26日在中国农业银行股份有限公司××支行存款10000元,账号为34×××93,此存款系原告与牟某的夫妻共同财产。牟某于2020年7月27日去世,其父母均早于其去世,牟某的继承人有五人,分别为原告王某,被告牟某1、牟某2、牟某3、牟某4。原告王某诉至法院,请求分割牟某遗产,继承配偶牟某遗产1000元,确认案涉存款10,000元中的6000元属原告所有。

【裁判要旨】

《民法典》第1130条规定,同一顺序继承人继承遗产的份额,一般应当均等。对生活有特殊困难又缺乏劳动能力的继承人,分配遗产时,应当予以照顾。对被继承人尽了主要扶养义务或者与被继承人共同生活的继承人,分配遗产时,可以多分。有扶养能力和有扶养条件的继承人,不尽扶养义务的,分配遗产时,应当不分或者少分。继承人协商同意的,也可以不均等。本案中,被继承人牟某生前未立有遗嘱,故应按法定继承办理。案涉存款10,000元作为原告与被继承人牟某的夫妻共同财产,原告王某与被继承人牟某应各自享有5000元,原告现要求其中5000元作为遗产进行分割符合法律规定,故被继承人牟某的遗产5000元应由五位继承人各分得1/5即1000元。

【裁判结果】

2021年8月19日,法院判决被继承人牟某在中国农业银行股份有限公司××支行的存单存款本金10,000元,其中5000元归原告王某所有,剩余5000元由原告王某和被告牟某1、牟某2、牟某3、牟某4各继承1000元。(资料来源:中国裁判文书网)

关联法规

《老年人权益保障法》第13~24条,《最高人民法院关于适用〈中华人民共和国民法典〉继承编的解释(一)》第4、12、13条

第一千一百三十一条 【酌情分得遗产权】对继承人以外的依靠被继承人扶养的人,或者继承人以外的对被继承人扶养较多的人,可以分给适当的遗产。

条文注解

对于本条规定,需要从以下四个方面进行理解:(1)可以分给适当遗产的人为继承人以外的人。本条的宗旨在于创造一种新的遗产取得方式,使继承人以外的其他人基于正义、扶助的理念获得一定数量的遗产,因此可以分给适当遗产的人为继承人以外的人。(2)可以分给适当遗产的条件为继承人以外的人与被继承人之间具有扶养关系。不是继承人的人,只要其与被继承人之间具有扶养关系,可以依据本条规定分得适当的遗产。与被继承人之间具有扶养关系,既包括依靠被继承人扶养的情形,也包括对被继承人扶养较多的情形。(3)可以分给适当遗产的份额不具有确定性。本条规定,对于与被继承人之间具有扶养关系的继承人以外的人,可以分给适当的遗

产,没有对可以分得遗产份额的数额作出明确规定。(4)可以分给适当遗产的适用情形为遗产按照法定继承办理时。如果被继承人生前以有效的遗嘱或者遗赠扶养协议等处分了其全部遗产,而没有为与其有扶养关系的继承人以外的人保留遗产份额,则应充分尊重被继承人的意思表示,不能以本条法律推定的被继承人的意思表示来取代被继承人已明示的有效的意思表示。

关联法规

《最高人民法院关于适用〈中华人民共和国民法典〉继承编的解释(一)》第10、20~23、41条

第一千一百三十二条 【继承处理方式】继承人应当本着互谅互让、和睦团结的精神,协商处理继承问题。遗产分割的时间、办法和份额,由继承人协商确定;协商不成的,可以由人民调解委员会调解或者向人民法院提起诉讼。

条文注解

在法定继承中,如果继承人为2人以上,就需要在继承过程中平衡相互之间的利益关系。一般而言,法定继承人之间具有亲属关系,为了避免继承人之间因争夺遗产而伤了和气甚至反目成仇,影响家庭和睦与社会安定,本法规定继承人应当以互谅互让、和睦团结为指导原则协商处理继承相关的问题,这既是践行社会主义核心价值观的要求,也是法律的倡导性规范,当事人应当予以遵守。

遗产分割的时间,一般来说由继承人之间协商确定,既可以在继承开始后请求分割,也可以约定在一定的期间后或者特定的条件成就时再分割遗产。

遗产分割的办法主要有四种:实物分割、变价分割、补偿分割、保留共有。实物分割,一般适用于可分物的遗产,即对作为遗产的原物直接进行分割并分配给各个继承人。变价分割,既可以用于不宜进行原物分割的遗产,也可以用于继承人均不愿意取得该种遗产的情况,此时可以将该遗产变卖后换取变价款,各个继承人按照应当继承遗产的份额比例对变价款进行分割。补偿分割,适用于继承人中有人愿意取得某项不宜进行原物分割的遗产的情况,由该继承人取得该项遗产的所有权,然后由取得遗产所有权的继承人按照其他继承人应当继承遗产的份额比例,分别向其他继承人补偿相应的价款。保留共有,适用于遗产不宜进行原物分割,继承人又均愿意取得遗产,或者各个继承人基于某种目的,愿意保持共有状态的情形,此时各个继承人可以根据其应当继承遗产的份额比例对遗产享有所有权。

遗产分割的份额,应当以法律规定的或者当事人协商的各个继承人应当继承的遗产份额为依据。

在进行遗产分割时,主要有两种方式:一种为继承人协商确定的方式;另一种为

人民调解委员会调解或者人民法院裁判的方式。在分割遗产时，由于主要涉及继承人之间的利益关系，法律在调整时鼓励当事人之间通过协商的方式确定遗产分割的时间、办法和份额，这充分体现了民法尊重当事人之间意思自治的原则。如果继承人之间协商不成的，任一继承人都可以向人民调解委员会申请调解或者向人民法院提起诉讼，通过调解的方式或者裁判的方式，确定遗产分割的时间、办法和份额。需要注意的是，人民调解委员会是依法设立的调解民间纠纷的群众性组织，经人民调解委员会调解达成的调解协议，具有法律约束力，当事人应当按照约定履行。对于经人民调解委员会调解达成的调解协议，当事人可以向人民法院申请司法确认，人民法院依法确认调解协议有效的，该协议具有强制执行的效力。

关联法规

《民事诉讼法》第34条，《最高人民法院关于适用〈中华人民共和国民事诉讼法〉的解释》第70条

第三章　遗嘱继承和遗赠

第一千一百三十三条　【遗嘱处分个人财产】自然人可以依照本法规定立遗嘱处分个人财产，并可以指定遗嘱执行人。

自然人可以立遗嘱将个人财产指定由法定继承人中的一人或者数人继承。

自然人可以立遗嘱将个人财产赠与国家、集体或者法定继承人以外的组织、个人。

自然人可以依法设立遗嘱信托。

条文注解

关于遗嘱继承和遗赠，《继承法》根据取得遗产的人的身份来区分二者：如果按照遗嘱的内容，取得遗产的人为法定继承人以内的人，则属于遗嘱继承；如果按照遗嘱的内容，取得遗产的人为法定继承人以外的人，则属于遗赠。大多数意见认为这种立法例在逻辑上不失严谨，较符合我国的实际情况，且已被民众所熟悉，因此，《民法典》继承编沿用了该标准，继续以取得遗产的人的身份来区分遗嘱继承和遗赠。对于遗嘱继承，本条第2款规定，自然人可以立遗嘱将个人财产指定由法定继承人中的一人或者数人继承。对于遗赠，本条第3款规定，自然人可以立遗嘱将个人财产赠与国家、集体或者法定继承人以外的组织、个人，这既包括自然人，也包括法人、非法人组织等。需要注意的是，遗嘱人对于其个人财产既可以通过遗嘱继承的方式处分，也可

以通过遗赠的方式处分,而且遗嘱可以对遗产的取得人以及分配的份额、方式、条件等内容作出规定,这充分体现了遗嘱自由的原则。

《信托法》对遗嘱信托已经作了规定,遗嘱信托应主要适用《信托法》进行规范,《民法典》作为民事领域基本法,可以对此作衔接性规定。为此,自然人立遗嘱处分个人财产,既可以指定某个法定继承人继承,也可以遗赠给继承人以外的组织、个人,还可以依法设立遗嘱信托。

关联法规

《信托法》第13条,《最高人民法院关于适用〈中华人民共和国民法典〉继承编的解释(一)》第26条

第一千一百三十四条 【自书遗嘱】自书遗嘱由遗嘱人亲笔书写,签名,注明年、月、日。

条文注解

自书遗嘱,是指遗嘱人本人将处分遗产的意思表示亲自用文字手写出来的遗嘱。自书遗嘱由于是遗嘱人本人亲笔书写,意思表示真实、自由并且容易鉴别真伪,因此形式要求较为简单,可以随时设立,不需要有见证人在场见证,设立过程私密,是最简便易行的遗嘱形式。自书遗嘱如果要有效成立,在形式上需要符合以下三个方面的要求:(1)遗嘱人必须亲笔书写;亲笔书写意味着不能由他人代写遗嘱,也不能用打印等其他方式,只能由遗嘱人本人亲自用笔将自己处分财产的意思表示记录下来。遗嘱的全部内容都必须由遗嘱人亲笔书写,如果遗嘱中有部分内容是由他人书写,则不构成自书遗嘱。(2)遗嘱人必须签名;遗嘱人亲笔签名既可以将遗嘱与遗嘱人联系起来,表明立遗嘱人的身份,又可以表示遗嘱人对遗嘱内容的确认,表明该遗嘱是出于遗嘱人的真实意思表示。因此,任何形式的书面遗嘱都要求遗嘱人签名。(3)遗嘱人必须注明年、月、日。注明年、月、日可以确定遗嘱设立的时间,如果在遗嘱设立以后遗嘱人撤回、变更了该遗嘱,或者遗嘱人实施了与该遗嘱内容相反的民事法律行为,那么该遗嘱的部分或者全部内容将不发生法律效力。在遗嘱人立有数份遗嘱时,如果遗嘱之间内容相抵触的,以最后的遗嘱为准,此时可以遗嘱中注明的年、月、日来判断遗嘱设立的先后。遗嘱中注明的年、月、日,还可以用来确定遗嘱人在立遗嘱时是否具有遗嘱能力,从而判断遗嘱人所立的遗嘱是否有效。

案例注解

【案例(2021)辽0283民初3000号】蒋某1按蒋某自书遗嘱继承蒋某财产

【基本案情】

蒋某与被告吕某原系夫妻关系,共生育两名子女,即原告蒋某1与被告蒋某2。蒋某与被告吕某于××××年××月××日经政府登记结婚,于2019年4月1日

经××市民政局婚姻登记处协议离婚，在协议离婚时对夫妻共同财产未作处理。2019年4月10日，蒋某立有遗嘱一份，内容：本人蒋某，1949年4月5日出生，现住在××市，居民身份号码为2102251949××××××××。我共有两个孩子，长女蒋某1，长子蒋某2；我与前妻吕某已经办理离婚手续。因我年事已高，趁现在头脑清醒，故立此遗嘱：在我去世后，我的位于××市的房屋以及银行存款和我所有的财产，都由女儿蒋某1继承，前妻吕某和儿子蒋某2不得继承。这个遗嘱是我的真实意思表示，我清楚地知道立完这个遗嘱的所有后果。2021年5月2日，蒋某去世，蒋某的父母均先于其去世。原告蒋某1诉至法院，请求判令坐落于××市房屋（建筑面积：122.5平方米）由原告享受1/2份额。

另查，登记在蒋某名下的坐落于××市房屋（房权证号：××房权证××字第××号，建筑面积：122.50平方米，间数：5间）系蒋某与被告吕某的夫妻共同财产。

【裁判要旨】

遗产是自然人死亡时遗留的个人合法财产。继承从被继承人死亡时开始。继承开始后，按照法定继承办理；有遗嘱的，按照遗嘱继承或者遗赠办理；有遗赠扶养协议的，按照协议办理。《民法典》第1133条第1款规定，自然人可以依照本法规定立遗嘱处分个人财产，并可以指定遗嘱执行人。《民法典》第1153条第1款规定："夫妻共同所有的财产，除有约定的外，遗产分割时，应当先将共同所有的财产的一半分出为配偶所有，其余的为被继承人的遗产。"本案中，案涉房屋的一半应归吕某所有，另一半应为蒋某的遗产。蒋某生前立有遗嘱，该遗嘱涉及处理自己财产部分的内容有效，故蒋某死亡后其遗留房屋的份额应由原告继承，原告蒋某1应享有案涉房屋的1/2份额。

【裁判结果】

2021年9月8日，法院判决房屋所有权人蒋某坐落于××市（房权证号：××房权证××字第××号，建筑面积：122.50平方米，间数：5间）的房屋原告蒋某1享有1/2份额。（资料来源：中国裁判文书网）

关联法规

《最高人民法院关于适用〈中华人民共和国民法典〉继承编的解释（一）》第27条

第一千一百三十五条　【代书遗嘱】代书遗嘱应当有两个以上见证人在场见证，由其中一人代书，并由遗嘱人、代书人和其他见证人签名，注明年、月、日。

条文注解

代书遗嘱，是指根据遗嘱人表达的遗嘱内容，由他人代位书写的遗嘱。代书遗嘱通常适用于遗嘱人由于一些特殊的原因，如不会写字或者身体状况不好无法写字等，不能亲笔书写遗嘱，故委托他人代位书写遗嘱的情形。根据本条规定，代书遗嘱如果要有效成立，在形式上需要符合以下四个方面的要求：（1）有两个以上见证人在场见证；见证人，是指证明遗嘱真实性的第三人。与自书遗嘱相比，代书遗嘱除了书写人不同外，在形式要件方面有关见证人的要求也与自书遗嘱具有显著区别。(2)由见证人中的一人代书。代书人为见证人中的一人，需要符合见证人的资格条件。代书人在代书遗嘱时，只能用亲笔手写的方式，不能运用打印等其他方式。代书人在书写遗嘱时要严格忠实于遗嘱人的意思表示，将遗嘱人表达的遗嘱内容准确无误地记录在代书遗嘱中。(3)遗嘱人、代书人和其他见证人签名。代书人在书写完遗嘱后，应当交给遗嘱人和其他见证人核对，遗嘱人和其他见证人确认无误后，遗嘱人、代书人和其他见证人均须在遗嘱上亲笔书写姓名。遗嘱人、代书人和其他见证人签名，既表明了自己的身份，也表明了对遗嘱内容以及立遗嘱过程的确认。(4)注明年、月、日。在代书遗嘱中必须注明立遗嘱的具体日期，即注明年、月、日。遗嘱上注明的日期对于认定遗嘱的真实性和有效性具有重要作用，代书遗嘱中未注明日期或者所注明的日期不具体的，遗嘱不能生效。

案例注解

【案例(2021)渝0117民初5325号】代书遗嘱合法有效姚某诉请获法院支持

【基本案情】

吴某与姚某4系夫妻关系，婚后共生育三个子女，即姚某5、姚某3及姚某，被告姚某1、姚某2系姚某5的子女。吴某于2017年1月15日去世，姚某4于2017年5月20日去世，吴某父母已先于吴某去世前去世，姚某4父母也已先于姚某4去世前去世，姚某5先于吴某和姚某4去世前去世。2016年4月9日，吴某与姚某4由重庆市××法律服务所粟某代书遗嘱一份，具体内容为，立遗嘱人：姚某4，男，汉族，1928年××月×日出生，住重庆市××区。立遗嘱人：吴某，女，汉族，1935年×月××日出生，住重庆市××区。二立遗嘱人系夫妻，目前，二立遗嘱人年事已高，身体有病，但神志清楚。二立遗嘱人因长期随小女儿姚某生活并由小女儿姚某全部提供生活及日常费用。二立遗嘱人决定：将属二立遗嘱人吴某、姚某4夫妻共同所有的位于重庆市合川区×××号住房一套，面积约63.47m^2(因房地产权证目前尚未颁发，具体面积以颁发的房地产权证为准，具体地址以颁发的房地产权证为准)在接该房时由小女儿姚某垫支超面积补款、安装水电气费用等共9000元。在二立遗嘱人去世后该房地产权归小女儿姚某所有，该房内属于二立遗嘱人所有的全部财产归小女儿姚某所有，其他任何人不得与之争执。二立遗嘱人去世后，二立遗嘱人的丧葬事宜由小女儿姚某负责，应当领取的全部补偿费用由小女儿姚某领取并安排使用，安葬后剩余的款项全部归小女儿姚某所有，其他任何人不得与之争执。二立遗嘱人之前领取的青苗费、人头费由二立遗嘱人已经全部使用，二立遗嘱人目前没有存款。吴某与姚某4在立遗嘱人处签名并捺印，张某1、张某2在证明人处签名并捺印。2018年7月23日，上述遗嘱中的房产由重庆市××区国土资源和房屋管理局进行了产权登记，权利人为吴某、姚某4，房屋坐落为重庆市合川区×××号，面积63.47m^2，产权证号为渝(2018)××区不动产权第×××号。现原告因继承上述房屋诉至法院，请求判决位于重庆市××区××镇××道×××号的房屋归原告所有。

【裁判要旨】

遗产是公民死亡时遗留的个人合法财产，继承开始后，有遗嘱的，按照遗嘱继承办理。遗嘱必须符合法定要件，形式上不能有瑕疵。《民法典》第1135条规定，代书遗嘱应当有两个以上见证人在场见证，由其中一人代书，并由遗嘱人、代书人和其他见证人签名，注明年、月、日。本案中，因诉争房屋属于吴某与姚某4的共同财产，吴某与姚某4去世后，该诉争房屋属于吴某与姚某4的遗产，因吴某与姚某4生前于2016年4月9日立有代书遗嘱一份，该遗嘱的形式和内容均符合法律规定，合法有效。根据遗嘱内容，诉争房屋依法由原告继承所有，故原告要求诉争房屋由其继承所有于法有据，应予以支持。

【裁判结果】

2021年9月5日，法院判决登记在被继承人吴某、姚某4名下位于重庆市××区×××号房屋[产权证号：渝(2018)××区不动产权第×××号]由原告姚某继承所有。(资料来源：中国裁判文书网)

第一千一百三十六条 【打印遗嘱】打印遗嘱应当有两个以上见证人在场见证。遗嘱人和见证人应当在遗嘱每一页签名，注明年、月、日。

条文注解

打印遗嘱，是指遗嘱的内容由打印机等机器设备打印而成的遗嘱。根据本条规定，打印遗嘱有效成立须符合下列要件：一是打印遗嘱应当有两个以上见证人在场见证，见证人须符合本法规定的资格、数量、在场见证等方面的要求。二是遗嘱人和见证人应当在遗嘱每一页签名，当遗嘱有多页时，如果仅在一页签名，其他页的内容容易被篡改或者替换，为了保证遗嘱的真实性，遗嘱人和见证人应当对遗嘱的每一页仔细核对并签名，对遗嘱的内容作出确认。如果遗嘱人、见证人只在遗嘱最后一页签名，没有在每一页签名，则不能认定打印遗嘱有效。三是注明年、月、日，由于遗嘱的设立时间为判断遗嘱有效性的重要因素，因此未注明年、月、日的打印遗嘱没有法律效力。

案例注解

【案例(2021)吉0802民初899号】打印遗嘱因不符合法定形式要件被法院认定无效

【基本案情】

2001年1月20日，李某3立遗嘱一份，共二页，遗嘱第一页载明："立遗嘱人李某3，男，1937年12月23日出生，汉族，无职业，现住××区。继承人李某2，男，1954年10月10日出生，汉族，系××市××公司退休职工，现住××区。本人李某3现有私有房屋三座，其中一栋两间土平房坐落于××区××办事处(面积为40平方米，产权号为××,此房是我在刘某处购得,尚未办理产权过户手续);其中一栋一间半土平房坐落于××区××办事处×委×组(面积为53.4平方米,产权号为××),其中一栋两间土平房坐落于××区××办事处×委××组(面积为37.8平方米,产权号为××)。现因本人年事已高,体弱多病,为防止在我去世后因遗产发生纠纷,特将属于本人的上述房产在我去世后全部由我的胞弟李某2继承,其他人不得以任何方式予以争夺。以上所立遗嘱是我真实的意思表示,望我的亲人遵照。"遗嘱第二页载明:"执行,如有违背者由其承担相应的法律责任。此遗嘱一式三份。"遗嘱上述内容及日期均为打印字体。李某3在遗嘱第一页、第二页均签名捺印,梁某在遗嘱第二页代书人项下签名,汤某在遗嘱第二页见证人项下签名并加盖印章,杜某在遗嘱第二页见证人项下加盖印章。原告李某1诉至法院,请求确认李某3于2001年1月20日所立遗嘱无效。

本案审理过程中,经原告李某1申请,法院委托××公正司法鉴定中心对遗嘱前后两页中李某3的签名是否为同一人书写及是否为李某3本人书写进行鉴定。公正司法鉴定中心作出×公正司鉴中心[2021]文鉴字第90号文书鉴定司法鉴定意见书,鉴定意见:二〇〇一年一月二十日《遗嘱》第1页右下部及第2页立遗嘱人处签名字迹"李某3"为同一人书写,且均为李某3书写。鉴定费4600元。

【裁判要旨】

《民法典》第1136条规定,打印遗嘱应当有两个以上见证人在场见证。遗嘱人和见证人应当在遗嘱每一页签名,注明年、月、日。本案中,因案涉遗嘱共有两页,立遗嘱人李某3在遗嘱第一页仅签名,未注明年、月、日,遗嘱见证人未在遗嘱第一页签名及注明年、月、日。故遗嘱第一页不符合打印遗嘱的法定形式,应为无效。遗嘱第二页并无处分财产的内容,并且,从遗嘱的内容上看,亦处分了属于梁某的财产,故案涉遗嘱应认定全部无效为宜。

【裁判结果】

2021年7月19日,法院判决李某3于2001年1月20日所立遗嘱无效。(资料来源:中国裁判文书网)

【案例】刘某起与刘某海、刘某霞、刘某华遗嘱继承纠纷案

【基本案情】

刘某海、刘某起系刘某与张某的子女。张某和刘某分别于2010年与2018年死亡。刘某起持有《遗嘱》一份,为打印件,加盖有立遗嘱人张某人名章和手印,另见证人处有律师祁某、陈某的署名文字。刘某起称该《遗嘱》系见证人根据张某意思在外打印。刘某起还提供视频录像对上述遗嘱订立过程予以佐证,但录像内容显示张某仅在一名见证人宣读遗嘱内容后,在该见证人协助下加盖人名章、捺手印。依刘某起申请,一审法院分别向两位见证人邮寄相关出庭材料,一份被退回,一份虽被签收但见证人未出庭作证。刘某海亦持有打印《遗嘱》一份,主张为刘某的见证遗嘱,落款处签署有"刘某"姓名及日期"2013年12月11日"并捺印,另有见证律师李某、高某署名及日期。刘某订立遗嘱的过程有视频录像作为佐证。视频录像主要显示刘某在两名律师见证下签署了遗嘱。此外,作为见证人之一的律师高某出庭接受了质询,证明其与律师李某共同见证刘某订立遗嘱的过程。

【裁判要旨】

《民法典》第1136条规定,打印遗嘱应当有两个以上见证人在场见证。遗嘱人和见证人应当在遗嘱每一页签名,注明年、月、日。本案中,刘某起提交的《遗嘱》为打印形成,应认定为打印遗嘱而非代书遗嘱。在其他继承人对该遗嘱真实性有异议的情况下,刘某起提交的遗嘱上虽有两名见证人署名,但相应录像视频并未反映见证过程全貌,且录像视频仅显示一名见证人,经法院多次释明及向《遗嘱》记载的两位见证人邮寄出庭通知书,见证人均未出庭证实《遗嘱》真实性,据此对该份《遗嘱》的效力不予认定。刘某海提交的《遗嘱》符合打印遗嘱的形式要件,亦有证据证明见证人全程在场见证,应认定为有效。

【裁判结果】

法院审理认定刘某海提交的《遗嘱》符合打印遗嘱的形式要件,合法有效。(资料来源:最高人民法院网)

关联法规

《最高人民法院关于适用〈中华人民共和国民法典〉时间效力的若干规定》第15条

第一千一百三十七条 【录音录像遗嘱】以录音录像形式立的遗嘱,应当有两个以上见证人在场见证。遗嘱人和见证人应当在录音录像中记录其姓名或者肖像,以及年、月、日。

条文注解

录音录像遗嘱分为录音遗嘱与录像遗嘱。录音遗嘱是遗嘱人口述遗嘱内容并用录音的方式记录而成的遗嘱。录像遗嘱是遗嘱人表达遗嘱内容并用录像的方式记录而成的遗嘱,遗嘱人在表达遗嘱内容时可以通过口述的方式从而同时记录其声音,在特殊情况下无法用口述方式的,例如,遗嘱人为聋哑人的,可以通过打手语的方式表达遗嘱内容。无论采用哪种形式,遗嘱人在录音录像遗嘱中都应该亲自表达遗嘱内容,不能由他人转述。

本条对于录音录像遗嘱的有效成立规定了一些形式要件:(1)录音录像遗嘱应当有两个以上的见证人在场见证,见证人须具备相应的见证能力,并且与遗嘱继承人、受遗赠人无利害关系。符合要求的见证人要到场见证,参加录音录像遗嘱制作的全过程。(2)遗嘱人和见证人应当在录音录像中记录其姓名或者肖像。由于录音录像遗嘱不是书面遗嘱,遗嘱人和见证人无法签名,因此,要运用符合录音录像遗嘱形式特点的方式表明遗嘱人和见证人的身份、确认遗嘱内容以及表明在场见证。在录音遗嘱中,遗嘱人和见证人应当在录音中用口述的方式分别记录其姓名,表明遗嘱人与见证人的身份,并体现见证人在场见证。在录像遗嘱中,遗嘱人和见证人应当在录像中展示其肖像，在记录肖像的同时遗嘱人和见证人也可以用口述或者其他方式表明其姓名，这样可以通过视频画面得知遗嘱人与见证人的身份、遗嘱人立遗嘱与见证人在场见证的过程。(3)遗嘱人和见证人应当在录音录像中记录年、月、日。由于遗嘱的设立时间是判断遗嘱的真实性与有效性的重要因素，因此录音录像遗嘱也应当体现遗嘱的设立时间。在以录音录像的形式立遗嘱时，遗嘱人和见证人应当在录音录像的过程中用口述或者其他方式表明遗嘱设立的时间，否则录音录像遗嘱不能发生法律效力。

案例注解

【案例(2021)冀1022民初1603号】刘某1录音录像遗嘱不符合法定形式被法院认定无效

【基本案情】

刘某2为本案被继承人。原告王某为刘某2母亲，其父亲刘某3已于2012年3月11日去世。原告刘某为刘某1兄弟。被告姜某与刘某1为夫妻关系，于××××年××月××日登记结婚，婚后未生育子女。2018年11月3日刘某1与××县××房地产开发有限公司签订《商品房买卖合同》，刘某1购买了位于固安县房屋一套。2020年11月22日刘某1因病去世。2021年4月8日，原告王某、刘某起诉到××县人民法院，原告诉称，2020年11月19日刘某1在去世前通过录音视频的方式留下遗嘱，将自己全部财产给自己的兄弟即本案原告刘某。刘某1留遗嘱的过程有某4(刘某1的妹妹)和龙某(刘某1的妹夫)在场，为此，原告请求法院判刘某1的遗产位于河北省××县房屋一套按遗嘱继承归原告刘某所有。

被告姜某辩称，原告提供的录音录像遗嘱不具有真实性、合法性。原告提供的该录音录像遗嘱不能显示两名在场见证人的肖像，也未能对两个在场见证人的姓名予以记录。故此，该录音录像遗嘱不符合法律规定的形式要件，不属于合法有效的遗嘱。

【裁判要旨】

《民法典》第1137条规定，以录音录像形式立的遗嘱，应当有两名以上见证人在场见证。遗嘱人和见证人应当在录音录像中记录其姓名或者肖像，以及年、月、日。本案中，原告刘某提交证据的视频遗嘱，应具备的形式要件包括两名以上的见证人在场见证(排除继承人及与其有利害关系的人)，并在录像中记录其姓名或者肖像等，但原告刘某提交的录像遗嘱未记录上述内容，不符合遗嘱的形式要件要求，该遗嘱应认定为无效。

【裁判结果】

2021年5月19日，法院判决驳回原告王某、刘某的全部诉讼请求。(资料来源：中国裁判文书网)

第一千一百三十八条　【口头遗嘱】遗嘱人在危急情况下,可以立口头遗嘱。口头遗嘱应当有两个以上见证人在场见证。危急情况消除后,遗嘱人能够以书面或者录音录像形式立遗嘱的,所立的口头遗嘱无效。

条文注解

口头遗嘱,是指遗嘱人用口述的方式表达其处分遗产的意思表示的遗嘱形式。与其他形式的遗嘱相比,口头遗嘱简便易行,在一些危急情况下,遗嘱人来不及或者没有条件立其他形式的遗嘱时,口头遗嘱成为满足遗嘱人立遗嘱愿望的可行的遗嘱形式。许多国家和地区的法律都确认了口头遗嘱为特殊遗嘱形式,称为紧急遗嘱或者口授遗嘱,并对其适用条件和形式要件作了规定。根据本条规定,口头遗嘱的有效设立需要符合以下要件:第一,遗嘱人处在危急情况下。危急情况,主要是指遗嘱人生命垂危或者遇到了重大灾害或者意外等紧急情况,随时有生命危险而来不及或者没有条件立其他形式的遗嘱。遗嘱人处在危急情况下是立口头遗嘱的前提条件,只有在危急情况下设立的口头遗嘱才能有效,在非危急情况下设立的口头遗嘱无效。第二,口头遗嘱应当有两个以上见证人在场见证。遗嘱人在危急的情况下用口述的方式表达其处分遗产的意思表示,由于没有记录的载体,因此需要有两个以上见证人在场见证。见证人须符合本法规定的资格、数量、在场见证等方面的要求,否则遗嘱人所立的口头遗嘱无效。相较于其他形式的遗嘱,本法不要求口头遗嘱须作成书面形式或者录音录像形式,也不要求遗嘱人和见证人签名、注明年、月、日等。本条规定,危急情况消除后,遗嘱人能够以书面或者录音录像形式立遗嘱的,所立的口头遗嘱无效。也就是说,遗嘱人在危急情况下所立的口头遗嘱,在危急情况消除后,遗嘱人在世并且能够以其他形式立遗嘱的,该口头遗嘱失效。如果遗嘱人没有另立其他形式的遗嘱而死亡的,视为被继承人未立遗嘱,其遗产按法定继承的方式分配。

第一千一百三十九条　【公证遗嘱】公证遗嘱由遗嘱人经公证机构办理。

条文注解

公证遗嘱是遗嘱人经公证机构办理的遗嘱,公证遗嘱必须由遗嘱人本人亲自办理,不得委托他人办理公证。遗嘱人办理遗嘱公证时,应当亲自到住所地或者遗嘱行为发生地的公证处提出申请。遗嘱人亲自到公证处有困难的,可以书面或者口头形式请求有管辖权的公证处指派公证人员到其住所或者临时处所办理。公证遗嘱应当由两名公证人员共同办理,由其中一名公证员在公证书上署名。因特殊情况由一名公证员办理时,应当有一名见证人在场,见证人应当在遗嘱和笔录上签名。遗嘱人在办理公证遗嘱时，应当向公证机关提供书面遗嘱或者向公证机关表述遗嘱内容。遗嘱人提供的遗嘱，无修改、补充的，遗嘱人应当在公证人员面前确认遗嘱内容、签名及签署日期属实。遗嘱人提供的遗嘱或者遗嘱草稿，有修改、补充的，经整理、誊清后，应当交遗嘱人核对，并由其签名。遗嘱人未提供遗嘱或者遗嘱草稿的，公证人员可以根据遗嘱人的意思表示代位起草遗嘱。公证人员代拟的遗嘱，应当交遗嘱人核对，并由其签名。公证人员在办理遗嘱公证时，要依法对遗嘱人立遗嘱行为的真实性、合法性予以审查，审查的内容包括：遗嘱人是否具有完全民事行为能力，遗嘱人的意思表示是否真实，遗嘱的内容是否完备、文字表述是否准确，遗嘱内容是否违反法律规定和社会公共利益，遗嘱的签名、制作日期是否齐全以及办理公证的程序是否符合规定等。经审查认为遗嘱人立遗嘱行为符合法律规定的条件的，公证处应当出具公证书。公证遗嘱采用打印形式。遗嘱人根据遗嘱原稿核对后，应当在打印的公证遗嘱上签名、盖章或者捺手印。

关联法规

《公证法》第11、25、26条

第一千一百四十条　【遗嘱见证人资格的限制性规定】下列人员不能作为遗嘱见证人：

（一）无民事行为能力人、限制民事行为能力人以及其他不具有见证能力的人；

（二）继承人、受遗赠人；

（三）与继承人、受遗赠人有利害关系的人。

条文注解

遗嘱见证人，是指在现场亲历遗嘱人立遗嘱的过程，能够证明遗嘱真实性的人。根据本条规定，以下人员不能作为遗嘱见证人：(1)无民事行为能力人、限制民事行为能力人以及其他不具有见证能力的人。遗嘱见证人要在场见证遗嘱人立遗嘱的行为，并在事后对遗嘱的内容、订立情形等作出证明，遗嘱见证人的证明对遗嘱的效力具有重要影响，因此见证人必须具有完全民事行为能力。(2)继承人、受遗赠人。为了确保见证人能够公正、客观地对遗嘱的真实性作出证明，法律一般要求见证人与遗嘱内容没有利害关系。受遗赠人是遗赠人在遗嘱中指定的接受其遗赠的个人财产的法定继承人以外的人，是遗嘱的直接受益人，不能作为遗嘱见证人。(3)与继承人、受遗赠人有利害关系的人。与继承人、受遗赠人有利害关系的人虽然不是遗嘱继承法律关系或者遗赠法律关系中的当事人，但是由于其与继承人、受遗赠人有利害关系，可能会因遗嘱人对遗产的分配而间接地获得利益。

关联法规

《最高人民法院关于适用〈中华人民共和国民法典〉继承编的解释(一)》第24条

第一千一百四十一条 【必留份】遗嘱应当为缺乏劳动能力又没有生活来源的继承人保留必要的遗产份额。

条文注解

遗嘱人立遗嘱,可以自主决定在其死后如何对其个人财产进行分配与处置,在分配的对象、方式、份额、条件等方面都具有较大程度的自由度。必留份制度侧重于保障有特殊困难的继承人的基本生活需要,使遗产发挥对弱势群体扶养的功能。必留份权利人的确定依据为身份关系以及受扶养的客观需要,如规定的必留份权利人为同时具备缺乏劳动能力和没有生活来源两个条件的法定继承人,该继承人既可以是第一顺序继承人,也可以是第二顺序继承人。我国没有对必留份规定具体的份额,在实践中要根据个案的具体情况而确定,以满足必留份权利人的生活需要。必留份则是法定继承人基本生活的保障,为此我国《民法典》规定如有缺乏劳动能力又没有生活来源的继承人,在遗产不足以清偿债务时,也应当为其保留必要的遗产。

关联法规

《最高人民法院关于适用〈中华人民共和国民法典〉继承编的解释(一)》第25条

第一千一百四十二条 【遗嘱的撤回、变更以及遗嘱效力顺位】遗嘱人可以撤回、变更自己所立的遗嘱。

立遗嘱后,遗嘱人实施与遗嘱内容相反的民事法律行为的,视为对遗嘱相关内容的撤回。

立有数份遗嘱,内容相抵触的,以最后的遗嘱为准。

条文注解

遗嘱的撤回,是指遗嘱人在立遗嘱后又对该遗嘱加以取消。遗嘱的变更,是指遗嘱人在立遗嘱后又对该遗嘱作出修改。遗嘱的撤回和变更产生的法律后果为遗嘱中被撤回、被变更的内容不发生效力。公证遗嘱与其他形式的遗嘱相比,具有证明力更强的特点,然而《继承法》赋予公证遗嘱在适用效力位阶上的优先性,不允许遗嘱人以其他形式的遗嘱撤回或者变更,存在使遗嘱人的最终意愿不能实现、不当限制遗嘱自由等弊端,有悖遗嘱制度的宗旨。为切实保障遗嘱人的真实意愿,《民法典》继承编删除了《继承法》关于自书、代书等形式的遗嘱不得撤销、变更公证遗嘱的规定,保留了

《继承法》“立有数份遗嘱，内容相抵触的，以最后的遗嘱为准”的规定，即对于遗嘱人所立的内容相抵触的数份遗嘱，以立遗嘱的时间作为认定遗嘱有效的判断标准，无论遗嘱形式如何，遗嘱人最后所立的遗嘱具有优先适用的效力。

案例注解

【案例(2021)沪0101民初6014号】被继承人留有两份合法遗嘱内容相抵触，法院判决以最后所立公证遗嘱为准

【基本案情】

被继承人郑某某与丈夫孙某7生前共生育六个子女，即三原告、被告孙某4、孙某5与孙某8。被继承人郑某某于2020年8月26日死亡，孙某7于2001年1月27日报死亡，被继承人郑某某的父母均早于其本人死亡。孙某8于2001年3月12日报死亡。孙某8与妻子陈某某育有一子，即被告孙某6。被告孙某5与第三人俞某某系夫妻关系。

2004年3月，涉案房屋产权登记为被继承人郑某某、被告孙某5与第三人俞某某共同共有。庭审中，三原告与被告孙某4、孙某5、第三人俞某某一致确认目前涉案房屋市场价值为360万元。2008年10月16日，被继承人郑某某在上海市××公证处立有公证遗嘱一份，内容：“我，郑某某，因年纪已大，为避免子女间今后因房产继承发生纠纷，所以趁我现在头脑清楚的时候立此遗嘱，内容如下：根据沪房地×字(2004)第×××号《上海市房地产权证》，我拥有坐落于上海市××区××路×××弄×××号×××室一套房屋(建筑面积：43.33平方米)中的部分产权，待我死亡后，上述房屋中属于我的产权份额由我的儿子孙某5一人继承，他人不得干涉。”同年10月22日，上海市××公证处对上述遗嘱进行了公证。

2011年8月11日，被继承人郑某某在上海市新黄浦公证处立有公证遗嘱一份，内容：“本人郑某某，现趁头脑清楚，特立遗嘱如下：现自愿将登记于孙某5、俞某某和本人名下的位于上海市××路×××弄×××号×××室房地产中属于我所有的产权份额，待我去世后，留给我的女儿孙某1、孙某2、孙某4、孙某3四人均分(属于她们的个人财产，不属于夫妻共同财产)。他人不得干涉。”同年8月11日，上海市×××公证处对上述遗嘱进行了公证。

原告孙某1、孙某2、孙某3向法院提出诉讼请求：判令三原告与被告孙某4均等继承被继承人郑某某在上海市××路×××弄×××号×××室房屋(以下简称涉案房屋)中的1/3产权份额。

【裁判要旨】

《民法典》第1142条规定，遗嘱人可以撤回、变更自己所立的遗嘱。立遗嘱后，遗嘱人实施与遗嘱内容相反的民事法律行为的，视为对遗嘱相关内容的撤回。立有数份遗嘱，内容相抵触的，以最后的遗嘱为准。本案中，涉案房屋产权登记为被继承人郑某某、被告孙某5与第三人俞某某共同共有，在各方未约定产权份额的情形下，应认定三人均等享有涉案房屋产权，即其中1/3产权份额属于被继承人郑某某的遗产。被继承人郑某某生前立有两份公证遗嘱，内容相抵触，应以最后于2011年所立公证遗嘱为准,该份遗嘱的内容及形式均符合法律规定,应属合法有效,根据该公证遗嘱,被继承人郑某某在涉案房屋中的1/3产权份额应由孙某1、孙某2、孙某4、孙某3四人均等继承。

【裁判结果】

2021年7月29日,法院判决上海市××路×××弄×××号×××室房屋归被告孙某5与第三人俞某某按份共有,其中被告孙某5占2/3产权份额,第三人俞某某占1/3产权份额;被告孙某5于本判决生效之日起30日内支付原告孙某1、孙某2、孙某3与被告孙某4上述房屋折价款各30万元。(资料来源:中国裁判文书网)

关联法规

《最高人民法院关于适用〈中华人民共和国民法典〉时间效力的若干规定》第23条

第一千一百四十三条　【遗嘱的实质要件】无民事行为能力人或者限制民事行为能力人所立的遗嘱无效。

遗嘱必须表示遗嘱人的真实意思,受欺诈、胁迫所立的遗嘱无效。

伪造的遗嘱无效。

遗嘱被篡改的,篡改的内容无效。

条文注解

遗嘱是要式民事法律行为,若使其有效除了需要符合法律规定的形式要求外,还需要具备民事法律行为有效的条件,这既包括总则编规定的一般条件,也包括继承编规定的特别条件。本法总则编第143条规定,具备下列条件的民事法律行为有效:(1)行为人具有相应的民事行为能力;(2)意思表示真实;(3)不违反法律、行政法规的强制性规定,不违背公序良俗。

关联法规

《最高人民法院关于适用〈中华人民共和国民法典〉继承编的解释(一)》第28条

第一千一百四十四条　【附义务遗嘱】遗嘱继承或者遗赠附有义务的,继承人或者受遗赠人应当履行义务。没有正当理由不履行义务的,经利害关系人或者有关组织请求,人民法院可以取消其接受附义务部分遗产的权利。

条文注解

附有义务的遗嘱继承或者遗赠，是指遗嘱继承人或者受遗赠人在继承遗嘱人的财产时需要履行遗嘱人对其附加的特定义务，否则其接受附义务部分遗产的权利可能被人民法院取消遗嘱继承或者遗赠。遗嘱人用遗嘱处分个人财产，将财产指定给他人继承时，可以要求继承其财产的人履行特定的义务，这种义务既可以是作为的义务，也可以是不作为的义务。只要遗嘱人附加的义务不违反法律的强制性规定以及不违背公序良俗，遗嘱人的这种安排是法律所允许的，这不仅能充分发挥遗嘱人财产的价值，还能让遗嘱人的遗愿得以实现，充分尊重遗嘱人的意思表示。

在理解本条规定时，需要注意以下三个方面：一是遗嘱继承人或者受遗赠人履行遗嘱所附义务的前提为接受继承或者遗赠。二是遗嘱继承人或者受遗赠人不履行遗嘱所附义务的法律后果为由人民法院取消其接受附义务部分遗产的权利。三是可以向人民法院申请取消义务人接受遗产的权利的主体为利害关系人或者有关组织。由于遗嘱生效时遗嘱人已经死亡，为了保障遗嘱中所附义务的履行和遗嘱人意愿的实现，就需要由相关主体监督义务人履行相应的义务。

案例注解

【案例(2021)津0110民初2345号】张某2未能履行遗赠扶养协议被法院解除

【基本案情】

原告张某1、秦某系夫妻关系，被告张某2系二原告的孙女，被告的父母在被告7个月的时候离婚。被告一直由二原告抚养成年，结婚前一直与二原告共同生活，二原告为了更好地得到赡养，经过协商，原告、被告于2019年12月12日在天津××律师事务所律师郭某、肖某见证下签订了《遗赠扶养协议》，内容：(1)待立约人张某1、秦某百年后，张某1、秦某自愿决定将坐落于天津市××××2号楼101室，建筑面积98.07平方米房屋归张某2所有；(2)将来如发放我们享有的占地补偿款，生前由我们使用，如有剩余归张某2所有；(3)我们个人生活用品财物归张某2所有；(4)遗赠扶养协议签订生效后，有关张某1、秦某衣食住行、生活起居和医病、护理、生养死葬均由张某2负责。张某2如不能尽扶养义务，立约人张某1、秦某有权撤销遗赠扶养协议；(5)立约人张某2同意并按遗赠扶养协议履行。现二原告以被告未对二原告履行扶养义务为由，要求解除遗赠扶养协议。

被告辩称已经对二原告履行了扶养义务，但未能提供证据予以证明。在2021年4月19日开庭审理中，被告对二原告要求解除遗赠扶养协议没有意见，但认为当初分房时被告也是家庭成员，所分房屋有被告的30平方米，被告要求将该30平方米按每平方米7000元给被告进行补偿。

【裁判要旨】

《民法典》第1144条规定，遗嘱继承或者遗赠附有义务的，继承人或者受遗赠人应当履行义务。没有正当理由不履行义务的，经利害关系人或者有关组织请求，人民法院可以取消其接受附义务部分遗产的权利。本案中，原告、被告于2019年12月12日在天津××律师事务所律师郭某、肖某见证下签订了《遗赠扶养协议》，该《遗赠扶养协议》系原、被告双方真实意思的表示。现二原告以被告未尽扶养义务为由要求解除该遗赠扶养协议,被告当庭对原告的请求没有意见,应予支持。

【裁判结果】

2021 年 4 月 29 日,法院判决解除原告张某 1、秦某与被告张某 2 于 2019 年 12 月 12 日在天津××律师事务所郭某、肖某律师见证下签订的《遗赠扶养协议》。(资料来源:中国裁判文书网)

关联法规

《最高人民法院关于适用〈中华人民共和国民法典〉继承编的解释(一)》第 29 条

第四章 遗产的处理

第一千一百四十五条 【遗产管理人的选任】继承开始后,遗嘱执行人为遗产管理人;没有遗嘱执行人的,继承人应当及时推选遗产管理人;继承人未推选的,由继承人共同担任遗产管理人;没有继承人或者继承人均放弃继承的,由被继承人生前住所地的民政部门或者村民委员会担任遗产管理人。

条文注解

遗产管理人是在继承开始后遗产分割前,负责处理涉及遗产有关事务的人。根据本条规定,可以由以下主体担任遗产管理人:(1)由遗嘱执行人担任遗产管理人。遗嘱执行人是遗嘱人在遗嘱中指定的执行遗嘱事务的人。一般而言,遗嘱执行人都是被继承人信任之人,否则被继承人是不会在遗嘱中指定其为遗嘱执行人。被继承人在遗嘱中有指定遗嘱执行人的情况下,由遗嘱执行人担任遗产管理人更为合理:一方面,遗嘱执行人是被继承人信任的人,由其管理遗产更符合被继承人意愿;另一方面,遗嘱执行人执行遗嘱本来就需要处理遗产,由其担任遗产管理人也更为便利。(2)由继承人推选出遗产管理人。并非所有自然人生前都会立遗嘱,即便立了遗嘱也未必指定遗嘱执行人。没有遗嘱执行人还可能是因为遗嘱执行人死亡造成。被继承人对于由谁管理遗产并未作出任何意思表示的,被继承人死亡后,一般而言,为了处理被继承人的后事,继承人之间都会推选出主事之人,负责处理被继承人的丧葬奠仪、遗产分割等善后事务。(3)由继承人共同担任遗产管理人。如果继承人未推选遗产管理人,则由全体继承人共同担任遗产管理人。没有推选可能是由于以下两种情况之一:第一,继承人人数少,没必要推选遗产管理人,或者继承人达成一致由全体继承人共同管理遗产;第二,继承人之间无法推选出一致认可的遗产管理人。在全体继承人担任遗产管理人时,就涉及全体继承人如何作出决策的问题,此时也需要由全体继承人协商达成一致。(4)由民政部门或者村民委员会担任遗产管理人。被继承人死亡后,如果没有继承人或者继承人均放弃继承的,遗产就属于无人继承的遗产,根据《民法典》继承编的规定,此种遗产的归属需要根据被继承人的身份作不同的处理:如果被继承人是集体所有制组织成员的,遗产归其生前所在的集体所有制组织所有;如果被继承人并非集体所有制组织成员的,则其遗产归国家所有并用于公益事业。

关联法规

《信托法》第39条,《最高人民法院关于适用〈中华人民共和国民法典〉继承编的解释(一)》第30条

第一千一百四十六条 【遗产管理人的指定】对遗产管理人的确定有争议的,利害关系人可以向人民法院申请指定遗产管理人。

条文注解

这里的利害关系人一般包括遗嘱执行人、继承人、被继承人生前住所地的民政部门或者村民委员会,以及受遗赠人等与遗产有利害关系的人。遗产管理人的范围包括遗嘱执行人、继承人、民政部门或者村民委员会。因此,人民法院也在这些主体中指定遗产管理人。如果是多个遗嘱执行人因为担任遗产管理人有争议,则可以在其中指定一名或者数名遗嘱执行人为遗产管理人;如果是遗嘱执行人与继承人之间因遗产管理有纠纷,则可以在遗嘱执行人与继承人之间选择一人或者数人担任遗产管理人;如果是继承人之间因遗产管理人的确定发生纠纷,则应当在继承人之间指定合适的遗产管理人;如果是被继承人生前住所地的民政部门或者村民委员会之间因遗产管理人的确定发生纠纷,则需要在两者之间确定合适的机构担任遗产管理人。

案例注解

【案例】欧某士申请指定遗产管理人案

【基本案情】

厦门市思明区某处房屋原业主为魏姜氏(19世纪生人)。魏姜氏育有三女一子,该四支继承人各自向下已经延嗣到第五代,但其中儿子一支无任何可查信息,幼女一支散落海外情况不明,仅长女和次女两支部分继承人居住在境内。因继承人无法穷尽查明,长女和次女两支继承人曾历经两代、长达10年的继承诉讼,仍未能顺利实现继承析产。《民法典》实施后,长女一支继承人以欧某士为代表提出,可由生活在境内的可查明信息的两支继承人共同管理祖宅;次女一支继承人则提出,遗产房屋不具有共同管理的条件,应由现实际居住在境内且别无住处的次女一支继承人中的陈某萍和陈某芬担任遗产管理人。

【裁判要旨】

根据《民法典》第1146条规定,本案中魏姜氏遗产的多名继承人目前下落不明、

信息不明,遗产房屋将在较长时间内不能明确所有权人,其管养维护责任可能长期无法得到有效落实,确有必要在析产分割条件成就前尽快依法确定管理责任人。而魏姜氏生前未留有遗嘱,未指定其遗嘱执行人或遗产管理人,在案各继承人之间就遗产管理问题又分歧巨大、未能协商达成一致意见,故当秉承最有利于遗产保护、管理、债权债务清理的原则,在综合考虑被继承人内心意愿、各继承人与被继承人亲疏远近关系、各继承人管理保护遗产的能力水平等方面因素,确定案涉遗产房屋的合适管理人。次女魏某燕一支在魏姜氏生前尽到主要赡养义务,与产权人关系较为亲近,且历代长期居住在遗产房屋内并曾主持危房改造,与遗产房屋有更深的历史情感联系,对周边人居环境更为熟悉,更有实际能力履行管养维护职责,更有能力清理遗产上可能存在的债权债务;长女魏某静一支可查后人现均居住漳州市,客观上无法对房屋尽到充分、周到的管养维护责任。故由魏某静一支继承人跨市管理案涉遗产房屋暂不具备客观条件;魏某燕一支继承人能够协商支持由陈某萍、陈某芬共同管理案涉遗产房屋,符合遗产效用最大化原则。

【裁判结果】

法院判决指定陈某萍、陈某芬为魏姜氏房屋的遗产管理人。(资料来源:最高人民法院网)

关联法规

《民事诉讼法》第34、194~197条,《信托法》第39条

第一千一百四十七条　【遗产管理人的职责】遗产管理人应当履行下列职责:

(一)清理遗产并制作遗产清单;

(二)向继承人报告遗产情况;

(三)采取必要措施防止遗产毁损、灭失;

(四)处理被继承人的债权债务;

(五)按照遗嘱或者依照法律规定分割遗产;

(六)实施与管理遗产有关的其他必要行为。

条文注解

遗产管理人不仅需要清点遗产,还需要承担起积极妥善保管遗产的职责。在发现遗产存在毁损、灭失的风险时,应采取必要的措施防止遗产毁损、灭失。遗产管理人在接受遗产后,应当妥善保管遗产,这是遗产管理人最基本的职责。遗产的毁损、灭失包括两种情况:第一种是物理上的毁损、灭失。遗产管理人此时就应当将此类遗产予以出售变现,保留其现金价值。第二种是法律上的毁损、灭失。需要注意的是,

遗产管理人仅有防止遗产毁损、灭失的职责,而没有确保遗产增值的义务。

关联法规

《信托法》第39条

第一千一百四十八条 【遗产管理人未尽职责的民事责任】遗产管理人应当依法履行职责,因故意或者重大过失造成继承人、受遗赠人、债权人损害的,应当承担民事责任。

条文注解

遗产管理人承担民事责任的构成要件包括三个:(1)遗产管理人在客观上实施了不当的遗产管理行为。遗产管理人必须是在实施遗产管理过程中给利害关系人造成了损害。(2)遗产管理人在主观上有故意或者重大过失。所谓故意就是明知会侵害他人权益而为之。所谓重大过失就是违反一般正常管理者应尽的谨慎注意义务。(3)遗产管理人的行为给继承人、受遗赠人、债权人造成了损害,也就是遗产管理人的不当管理行为造成遗产的损失,进而损害了继承人、受遗赠人、债权人的利益。遗产管理人的前述行为造成继承人、受遗赠人、债权人损害的,需要承担民事责任,即需要承担赔偿损失等责任。

关联法规

《信托法》第39条

第一千一百四十九条 【遗产管理人的报酬】遗产管理人可以依照法律规定或者按照约定获得报酬。

条文注解

遗产管理人既可以获得报酬,也可以不收取报酬。如果法律规定遗产管理人有权获得报酬的,遗产管理人可以要求获得报酬;如果当事人之间约定遗产管理人可以获得报酬的,根据此约定,遗产管理人也可以获得报酬。遗产管理人报酬的多少可以由当事人约定,如果是人民法院指定遗产管理人的,人民法院可以酌情确定遗产管理人的报酬。

关联法规

《信托法》第39条

第一千一百五十条　【继承开始后的通知】继承开始后，知道被继承人死亡的继承人应当及时通知其他继承人和遗嘱执行人。继承人中无人知道被继承人死亡或者知道被继承人死亡而不能通知的，由被继承人生前所在单位或者住所地的居民委员会、村民委员会负责通知。

条文注解

继承开始意味着继承人范围的确定、继承人和受遗赠人能够作出接受与放弃的意思表示等。继承开始通知直接影响利害关系人权利的行使与放弃。首先，继承开始通知对于继承人而言，意味着继承人是否享有继承权，能否作出接受与放弃的意思表示。其次，继承开始通知对于遗嘱执行人而言也很重要，继承开始，意味着遗嘱生效，遗嘱执行人就需要开始执行遗嘱。如果遗嘱执行人没有收到继承开始通知，就无法判断遗嘱是否开始生效，是否需要执行遗嘱。最后，继承开始通知对于受遗赠人而言同样重要，因为受遗赠人在知道受遗赠后，即接到继承开始通知并知悉受遗赠的事实，就必须在法定期限内作出是否接受遗赠的意思表示，没有作出意思表示的视为拒绝接受。

关于继承通知。就时间上而言，在继承人等通知义务人知悉被继承人死亡的事实后，应当及时通知其他继承人、遗嘱执行人。所谓及时通知就是立刻而不迟延地发出继承开始的通知。发出继承开始通知的方式，既可以是口头通知，也可以是书面通知。随着现代信息技术的发展，通知方式可以灵活多样，可以是电话通知、短信通知或者借助其他互联网即时通迅工具发出通知。

第一千一百五十一条　【遗产的保管】存有遗产的人，应当妥善保管遗产，任何组织或者个人不得侵吞或者争抢。

关联法规

《信托法》第39条

第一千一百五十二条　【转继承】继承开始后，继承人于遗产分割前死亡，并没有放弃继承的，该继承人应当继承的遗产转给其继承人，但是遗嘱另有安排的除外。

条文注解

继承根据继承人本人是否实际继承,可以分为本继承、代位继承和转继承。本继承就是继承人自己在继承顺序之中直接继承被继承人财产。代位继承就是在继承顺位之中的继承人于被继承人死亡前死亡,而由其直系卑亲属或者其兄弟姐妹的子女代位继承。被代位继承的人称为被代位继承人,实际继承的人称为代位继承人。转继承就是继承人本人在遗产分割前死亡时,其应得的遗产份额转由其继承人继承。被转位继承的人称为被转继承人,实际继承的人称为转继承人。

根据本条规定,发生转继承的条件包括:一是被转继承人在被继承人死亡后,遗产分割前死亡。被转继承人只有在此特定的时段死亡才发生转继承的问题。如果在被继承人死亡前死亡,则可能发生代位继承的问题;如果在遗产分割之后死亡,则是一个新的继承问题,不存在转继承。二是被转继承人未放弃继承。如果被继承人死亡后,继承人放弃继承的,继承人的继承权已经不复存在,所谓的转继承也就无从谈起。三是遗嘱没有其他安排。所谓遗嘱没有其他安排,就是被继承人在其遗嘱中,没有特别说明所留遗产仅限于给继承人本人,不得转继承给其他人。转继承的法律后果是,继承人应当继承的遗产转给其继承人。所谓继承人应当继承的遗产,就是无论根据法定继承还是遗嘱继承,只要应由继承人继承的财产,都适用转继承。转给其继承人,就是被转继承人应得到的一切遗产都转由其继承人继承。

第一千一百五十三条 【遗产的认定】夫妻共同所有的财产,除有约定的外,遗产分割时,应当先将共同所有的财产的一半分出为配偶所有,其余的为被继承人的遗产。

遗产在家庭共有财产之中的,遗产分割时,应当先分出他人的财产。

条文注解

遗产是被继承人死亡时遗留的个人合法财产。确定个人遗产时,对于所有权明确属于被继承人个人所有的财产,自然属于遗产范畴。本条第1款规定,夫妻共同所有的财产,除有约定的外,遗产分割时,应当先将共同所有的财产的一半分出为配偶所有,其余的为被继承人的遗产。因此,对于共同生活的夫妻而言,首先需要区分个人财产与夫妻共同财产。这需要根据夫妻财产制来判断:如果夫妻实行分别财产制,由于夫妻双方约定财产归各自所有,任何一方的财产都比较好确定;如果实行的是夫妻共同财产制,那就需要根据财产的状况来判断属于共同财产还是个人财产。本条第2款规定,遗产在家庭共有财产之中的,遗产分割时,应当先分出他人的财产。被继承人与家庭成员共同生活,势必与其他家庭成员有家庭共同财产,在分割遗产时,也必须将其个人的共有份额划分出来,确定为遗产。例如,在土地承包经营的农户中有一家庭成员死亡,由于土地承包经营是以家庭为单位的,在分割遗产时,就需要根据《农村土地承包法》的规定予以分割。

关联法规

《农村土地承包法》第32条

第一千一百五十四条 【法定继承的适用范围】有下列情形之一的，遗产中的有关部分按照法定继承办理：

（一）遗嘱继承人放弃继承或者受遗赠人放弃受遗赠；

（二）遗嘱继承人丧失继承权或者受遗赠人丧失受遗赠权；

（三）遗嘱继承人、受遗赠人先于遗嘱人死亡或者终止；

（四）遗嘱无效部分所涉及的遗产；

（五）遗嘱未处分的遗产。

条文注解

根据本条规定，在以下五种情况下，应当按照法定继承处理被继承人的遗产：一是遗嘱继承人放弃继承或者受遗赠人放弃受遗赠。继承开始后，继承人可以放弃继承，受遗赠人可以放弃受遗赠。如果遗嘱继承人放弃遗嘱继承，那么遗嘱所涉及的那部分遗产，就转为根据法定继承办理；同样如此，如果受遗赠人在知道受遗赠后明确表示放弃受遗赠的，或者在60日内未作出接受遗赠的意思表示的，被继承人遗赠的那部分遗产就应按照法定继承办理。二是遗嘱继承人丧失继承权或者受遗赠人丧失受遗赠权。遗嘱继承人如果实施了法律规定的会导致丧失继承权的行为，丧失继承权后也未得到被继承人的宽恕，继承权未能恢复的，本来根据遗嘱应由其继承的遗产，因其丧失继承权而转为按照法定继承办理。三是遗嘱继承人、受遗赠人先于遗嘱人死亡或者终止。遗嘱继承人先于遗嘱人死亡的，遗嘱人可能并不知道这一事实或者已知道这一事实但未来得及修改遗嘱，此时，遗嘱所指定的继承人已经死亡，丧失民事主体资格，也就无法获得遗嘱继承权。四是遗嘱无效部分所涉及的遗产。遗嘱继承优先于法定继承，但遗嘱继承优先的前提是遗嘱合法有效，如果遗嘱无效，那么遗嘱就不具有执行的法律效力，遗嘱继承也就无从谈起。五是遗嘱未处分的遗产。被继承人死亡时如果立了遗嘱，遗嘱处分了全部遗产，那么此时就应按照遗嘱执行；如果存有遗嘱未处分的遗产，那么对这部分遗产就应按照法定继承办理。

第一千一百五十五条 【胎儿预留份】遗产分割时，应当保留胎儿的继承份额。胎儿娩出时是死体的，保留的份额按照法定继承办理。

条文注解

首先，遗产分割时，应当保留胎儿的继承份额。胎儿享有继承权，但是毕竟胎儿尚未出生，无法确认胎儿是否能够正常出生。因此，本条规定在遗产分割时，需要保留胎儿的继承份额。所谓保留胎儿的继承份额，就是在计算参与遗产分割的人数时，应该将胎儿列入计算范围，作为参与分割的一分子，将其应得的遗产划分出来。需要注意的是，这里的继承份额，既包括法定继承时的继承份额，也包括遗嘱继承时的份额。在法定继承时，如果胎儿在继承人范围和继承顺序之内，应当按照法定或者协商确定的分割原则、比例计算胎儿的应继承遗产份额。在遗嘱继承时，如果遗嘱中明确哪些遗产属于受孕之胎儿的，那么在分割遗产时，就应将此部分遗产予以保留，而不得以胎儿尚未出生为由予以瓜分。保留的是胎儿应得的遗产份额，就是将胎儿按照一个普通继承人计算所应获得的遗产。如果遗产是不动产，对不动产实行价值分割时，就要保留胎儿应得的那部分价值；如果是对动产进行实物分割，就应保留胎儿应得的那部分实物。

其次，本条同时规定，胎儿娩出时是死体的，保留的份额按照法定继承办理。在胎儿分娩时可能有两种情况：第一种情况是顺利分娩，即顺利出生，胎儿即成为活的婴儿，也就成为独立的民事主体。这时，为胎儿所保留的遗产即成为出生之婴儿取得的遗产，当然继承。第二种情况是分娩失败，娩出的胎儿为死体。胎儿娩出时为死体的，其民事权利能力自始不存在。在这种情况下，胎儿的民事权利能力自始不存在，包括继承的权利能力在内的所有权利能力都溯及地消灭，所保留的遗产自然无法为没有权利能力者取得。根据本条的规定，胎儿娩出时是死体的，为胎儿所保留的遗产份额，就需要按照法定继承办理，即由被继承人的法定继承人继承。

关联法规

《最高人民法院关于适用〈中华人民共和国民法典〉继承编的解释(一)》第31条

第一千一百五十六条　【遗产分割的原则和方法】遗产分割应当有利于生产和生活需要，不损害遗产的效用。

不宜分割的遗产，可以采取折价、适当补偿或者共有等方法处理。

条文注解

继承人在大多数情况下都不是只有一人，所以遗产往往需要数人参与继承。首先，遗产分割要有利于生产。有利于生产可以从两个方面考虑：一方面，不能损害遗产本身的生产性用途，确保遗产分割后还能用于正常的生产经营。另一方面，要考虑继承人的能力、职业等因素，确保遗产分割后能得到继承人的合理充分利用。其次，遗产分割要有利于生活。对于生活性用途的遗产，应该考虑如何分割更便利于继承人的生活。最后，遗产分割要物尽其用。所谓物尽其用，就是要根据物本身的属性、特征来分割，确保实现遗产的使用价值、经济价值最大化，充分实现遗产的效用。

本条还规定，不宜分割的遗产，可以采取折价、适当补偿或者共有等方法处理。有些遗产可以直接分割，就需要按照遗产分割的原则进行分割。但是毕竟有些遗产不适宜分割，或者分割后会损害其效用，导致价值贬损，就需要采取其他方式予以分割。遗产分割的方式包括四种：一是实物分割。实物分割就是对遗产进行物理上的分离，继承人按照各自份额分别占有不同部分。二是变价分割。有的遗产不适合进行实物分割，进行实物分割可能导致该遗产失去价值，或者所有继承人都不想取得该遗产的实物，就可以变卖该遗产取得价款，由继承人按照各自的继承份额对价款进行分割。三是补偿分割。对于不宜进行实物分割的遗产，如果其中有继承人愿意取得该遗产，就可以由该继承人取得遗产的所有权。再由取得遗产所有权的继承人根据其他继承人对该遗产的价值所应取得的比例，支付相应的价金，对其他继承人予以补偿。四是保留共有。有的遗产不宜进行实物分割，所有继承人都愿意取得该遗产，或者继承人基于某种生产或生活的目的，愿意继续维持遗产的共有状况，就可以由继承人对该遗产继续保留共有权。这时的共有属于按份共有，即根据各继承人应继承的份额共同享有所有权。

第一千一百五十七条　【再婚时对所继承遗产的处分权】夫妻一方死亡后另一方再婚的，有权处分所继承的财产，任何组织或者个人不得干涉。

条文注解

本条规定，夫妻一方死亡后另一方再婚的，有权处分所继承的财产，任何组织或者个人不得干涉。首先，需要说明的是，夫妻任何一方死亡，另一方均有再婚的权利。原因在于，自然人死亡的，其民事主体资格消灭，其他人与其的身份关系也告终止。因此，夫妻关系随着一方的死亡也就消灭了，在世一方有权再婚，与其他人缔结新的婚姻关系。这种婚姻自主权是受到法律保护的。其次，在世的配偶一方无论是否再婚，都有权处分自己继承取得的财产。继承的遗产无论是动产还是不动产，就法律上而言都是其个人所有的财产。根据法律的规定，所有人有权处分自己的财产。这里的处分，既可以是转移占有、抛弃，也可以是赠与、出售，甚至销毁。总之，当事人可以按照自己的意志自由处分。最后，其他组织或者个人都不得干涉。无论是再婚者的子女、公婆或者岳父母、兄弟姐妹还是妯娌或者其他姻亲、血亲，以及其他家族人员等，都不得干涉。所谓干涉就是施加影响力，包括阻止、破坏、干扰。

第一千一百五十八条　【遗赠扶养协议】自然人可以与继承人以外的组织或者个人签订遗赠扶养协议。按照协议，该组织或者个人承担该自然人生养死葬的义务，享有受遗赠的权利。

条文注解

遗赠扶养协议就是自然人(遗赠人、受扶养人)与继承人以外的组织或者个人(扶养人)签订的,由扶养人负责受扶养人的生养死葬,并享有受遗赠权利的协议。首先,遗赠扶养协议是一种协议。协议是一种双方法律行为,因此,需要双方当事人意思表示达成一致方能成立。其次,遗赠扶养协议是双务有偿法律行为。不仅扶养人有扶养另一方的义务,受扶养人也需要按照约定将自己的遗产赠与对方。遗赠扶养协议是有偿的,双方都需要向对方支付对价。最后,遗赠扶养协议为要式法律行为。遗赠扶养协议需要以书面方式作出。因为双方达成遗赠扶养协议后,协议的履行期限往往较长,且扶养人在受扶养人死亡后才能取得遗产,如果没有书面协议,受扶养人死亡后,将死无对证,无法确认双方是否存在真实的遗赠扶养关系。

案例注解

【案例(2021)黑8101民初1269号】方某履行了遗赠扶养协议要求受赠遗产获法院支持

【基本案情】

2015年方某入住原告姜某经营的×××夕阳红老年公寓。2019年8月31日,方某与姜某签订遗赠扶养协议,内容:方某无儿无女,方某去世后愿意将其所有坐落于××区地号××××的房屋赠与给姜某,姜某负责方某一日三餐、居住、医疗、送终的费用,方某每月工资不足部分由姜某负责,方某过世后丧葬事务由姜某负责,双方协商一致可以解除本协议,一方无正当理由拒绝履行协议内容,另一方可以解除本协议,贺某、徐某作为见证人在该协议下方签字。协议签订后,姜某一直负责方某的居住、一日三餐、医疗费用。2021年7月22日18时15分,方某因肺炎死亡,姜某为方某办理了后事,并支付火化等丧葬费用。原告诉至法院,请求要求判令原告继承方某位于×××区地号××××房屋。庭审中,原告将其诉讼请求变更为继承方某坐落于××××队房产证号为1××4的房屋。

另查明,王某是因其母亲黄某再婚与方某之间形成继子与继父关系,方某因其妻子黄某死亡到敬老院生活。方某赠与给姜某的房屋为方某名下坐落于黑龙江省房产证号为1××4的房屋。

【裁判要旨】

《民法典》第1158条规定,自然人可以与继承人以外的组织或者个人签订遗赠扶养协议。按照协议,该组织或者个人承担该自然人生养死葬的义务,享有受遗赠的权利。本案原告不是死者方某的继承人,方某在其生前与原告所签订遗赠扶养协议系双方的真实意思表示,该协议自双方签订之日起即成立生效。原告已按协议对方某履行了生养死葬的义务,依法享有受遗赠的权利。原告要求继承受遗赠的方某名下坐落于黑龙江省房产证号为1××4的房屋的诉讼请求,符合法律规定,应予支持。

【裁判结果】

2021年9月20日,法院判决方某名下坐落于黑龙江省房产证号为1××4的房屋归原告姜某继承所有。(资料来源:中国裁判文书网)

关联法规

《最高人民法院关于适用〈中华人民共和国民法典〉继承编的解释(一)》第40条

第一千一百五十九条　【遗产分割时的义务】分割遗产，应当清偿被继承人依法应当缴纳的税款和债务；但是，应当为缺乏劳动能力又没有生活来源的继承人保留必要的遗产。

条文注解

(1)税款。只要是被继承人个人生前未缴纳的税款，并不会因为其死亡而消失，仍需要以其遗留的个人财产来支付。(2)债务。债务就是被继承人生前对其他民事主体所负的私法上的各种债务。债务包括合同之债，也包括侵权之债，还包括不当得利或者无因管理之债；可能是主债务，也可能是因为提供保证、抵押、质押而形成的从债务；可能纯属个人债务，也可能是与他人形成的共同债务、连带债务。无论是哪种类型的债务，只要是被继承人生前所负，都需要以遗产清偿。(3)保留必要的遗产。根据此规定，无论是以遗产缴纳所欠税款还是偿还所负债务，需要注意的是，必须为缺乏劳动能力又没有生活来源的继承人保留必要的遗产。保留必要遗产需要从以下两个方面理解：首先，需要保留的前提是，遗产可能不足以清偿债务和缴纳税款。其次，需要保留的对象是，缺乏劳动能力又没有生活来源的继承人。作出保留必须同时满足以下四个条件：第一，获得保留遗产的人必须是继承人，继承人以外的人不能享有此权利。第二，继承人缺乏劳动能力。缺乏劳动能力就是因种种原因无法参与生产劳动而获得经济收入维持生计。缺乏劳动能力可能是因为年龄尚小而无劳动能力，也可能是因年龄太大或者因病残而丧失劳动能力。没有劳动能力必须是客观上造成的无法劳动，而不是继承人主观上不愿意就业。第三，继承人没有生活来源。没有生活来源就是继承人无法通过自身劳动获取收入养活自己，或者没有其他经济收入用以维持生计。第四，保留的是必要的遗产。就数量而言，为缺乏劳动能力又没有生活来源的继承人保留的是必要的遗产。

关联法规

《宪法》第56条，《民事诉讼法》第254条，《税收征收管理法》第4、40、42条

第一千一百六十条　【无人继承遗产的归属】无人继承又无人受遗赠的遗产，归国家所有，用于公益事业；死者生前是集体所有制组织成员的，归所在集体所有制组织所有。

条文注解

无人继承遗产就是没有继承人或者受遗赠人接收遗产。被继承人的遗产无人接收,原因可能是多种多样的。第一,无人继承的遗产,可能客观上既没有继承人,也没有受遗赠人。没有法定继承人就是法律规定的第一顺序、第二顺序继承人都没有,被继承人也未留有遗嘱指定受遗赠人。第二,虽然被继承人有继承人或者通过遗嘱确定了受遗赠人,但是继承人全部放弃继承,受遗赠人也都放弃受遗赠。第三,被继承人死亡后,虽然有继承人,但继承人全部丧失继承权且未得以恢复。第四,被继承人死亡后,没有法定继承人或者法定继承人丧失继承权,仅在遗赠中处理了部分遗产,其余遗产也构成无人继承遗产。无人继承遗产的归属:(1)归集体所有制组织所有。如果死者生前是集体所有制组织成员的,因其生前一般都会从集体所有制组织获得土地承包经营权、分红等经济利益,故将其遗产确定归集体所有制组织所有合情合理。且土地承包收益、宅基地上的房产等是具有特殊性质的财产,规定由集体所有制组织所有,也便于集体所有制组织根据本集体的具体情况作出妥善处理。(2)归国家所有,用于公益事业。一般情况下,如果死者为城镇居民而非农村居民,其遗留的无人继承遗产归国家所有。归国家所有就是收归国库,由政府有关部门负责处理。但政府主管部门处理无人继承遗产时需要坚持一个原则,即将这些财产用于公益事业,这项要求是《继承法》中所没有的。

第一千一百六十一条　【被继承人税款、债务清偿的原则】继承人以所得遗产实际价值为限清偿被继承人依法应当缴纳的税款和债务。超过遗产实际价值部分,继承人自愿偿还的不在此限。

继承人放弃继承的,对被继承人依法应当缴纳的税款和债务可以不负清偿责任。

条文注解

本条第1款规定,继承人对被继承人的遗产债务不负无限清偿责任,而仅以所继承遗产的实际价值为限负清偿责任。也就是说,继承人继承多少遗产,其偿还遗产债务的限额也就是多少。继承人并不会因为继承遗产而需要无限清偿被继承人的遗产债务。限定继承是基本原则,但本条作了例外规定,即对超过遗产实际价值部分的债务,继承人自愿偿还的不在此限。也就是说,继承人继承的遗产不足以清偿被继承人的遗产债务时,如果继承人自愿替被继承人偿还其他债务,法律尊重当事人的这种自主选择。但这种选择必须是继承人自愿、自主作出的,债权人不可以强制要求继承人偿还超出所获得遗产部分的被继承人生前所欠债务。

本条第2款规定,继承人放弃继承的,对被继承人依法应当缴纳的税款和债务可以不负清偿责任。这里的放弃继承,是指既放弃了遗嘱继承,也放弃了法定继承。因此,如果继承人放弃了继承,就无须对被继承人的债务承担偿还责任。原因在于,继承了遗产的继承人仅需对遗产债务承担有限清偿责任，如果继承人放弃了继承，并没有从被继承人的遗产中获得任何利益，此时要求其对债务人的债务承担清偿责任，相当于将他人的民事责任强加于继承人，这有违民法的意思自治原则，显然不合适。如果一部分继承人参与遗产分割获得了遗产，另一部分继承人放弃了继承，在清偿被继承人的遗产债务时，则参与遗产分割的部分继承人负有清偿责任，需要以所得遗产的实际价值为限予以偿还，放弃了继承的继承人无须承担任何清偿责任。

第一千一百六十二条 【清偿被继承人税款、债务优先于执行遗赠的原则】执行遗赠不得妨碍清偿遗赠人依法应当缴纳的税款和债务。

条文注解

本条规定要求执行遗赠不得妨碍清偿遗赠人依法应当缴纳的税款和债务。遗赠人的遗赠行为也不能损害债权人的利益。所谓执行遗赠不得妨碍清偿遗赠人依法应当缴纳的税款和债务，就是遗嘱执行人或者遗产管理人在执行遗赠时，不应使遗赠人的遗产债务无法得到偿还。在执行遗赠之前，应当先用遗产偿还遗赠人所欠税款和债务，清偿之后，如果遗产尚有剩余则再执行遗赠；同样地，如果执行遗赠之后，债权人才知道遗赠人死亡、遗产被分割的事实，债权人有权要求受遗赠人将所得遗产用于偿还债务。

第一千一百六十三条 【既有法定继承又有遗嘱继承、遗赠时税款和债务的清偿】既有法定继承又有遗嘱继承、遗赠的，由法定继承人清偿被继承人依法应当缴纳的税款和债务；超过法定继承遗产实际价值部分，由遗嘱继承人和受遗赠人按比例以所得遗产清偿。

条文注解

首先，本条规定，由法定继承人清偿被继承人依法应当缴纳的税款和债务。因此，如果遗产已经分割，清偿遗产债务需要先以法定继承人获得的遗产清偿。其次，本条规定超过法定继承遗产实际价值部分，由遗嘱继承人和受遗赠人按比例以所得遗产清偿。所谓超过法定继承遗产实际价值部分，就是法定继承人所获得遗产的实际价值不足以偿还被继承人的遗产债务。遗嘱继承人和受遗赠人按比例清偿，是指由遗嘱继承人和受遗赠人按照所获得遗产的实际价值的比例来清偿。如果只有多个遗嘱继承人时，则由各遗嘱继承人按比例清偿；如果只有多个受遗赠人时，则由各受遗赠人按比例清偿。

第七编　侵权责任

第一章　一般规定

第一千一百六十四条　【侵权责任编的调整范围】本编调整因侵害民事权益产生的民事关系。

关联法规

《最高人民法院关于适用〈中华人民共和国民法典〉时间效力的若干规定》第24条

第一千一百六十五条　【过错责任原则】行为人因过错侵害他人民事权益造成损害的,应当承担侵权责任。

依照法律规定推定行为人有过错,其不能证明自己没有过错的,应当承担侵权责任。

条文注解

过错责任,是指造成损害并不必然承担侵权责任,还要看行为人是否有过错。根据本条第1款的规定,只要同时满足以下条件,行为人就应承担侵权责任:一是行为人实施了某一行为。二是行为人行为时有过错。在过错责任原则中,过错既是确定行为人是否承担侵权责任的核心要件,也是人民法院审理侵权案件的主要考虑因素。行为人的行为造成损害并不必然承担侵权责任,必须看其是否有过错,无过错即无责任。三是受害人的民事权益受到损害,即要求有损害后果,这一点是《民法典》侵权责任编与以往立法相比的重大变化。损害,是指行为人的行为对受害人的民事权益造成的不利后果,通常表现为财产减少、生命丧失、身体残疾、名誉受损、精神痛苦等。需要强调的是,这里的"损害"是一个比较广的概念,不但包括现实的已经存在的"现实损害",还包括构成现实威胁的"不利后果"。四是行为人的行为与受害人的损害之间有因果关系。因果关系是侵权责任的重要构成要件,在行为与损害事实之间确定存在因果关系的,就有可能构成侵权责任,没有因果关系就必然地不构成侵权责任。

本条第2款明确规定了过错推定。过错推定包含在过错责任原则中,但与一般过错责任有较大的不同。对于行为人而言,过错推定是一种较重的责任,不宜被滥用，需要由法律对适用范围作严格限定，否则就有可能限制人们的行动自由。根据法律规定推定行为人有过错，其不能证明自己没有过错的，才应当承担侵权责任。法律没有规定过错推定的，仍应由受害一方承担过错的证明责任。

案例注解

【案例(2021)浙1081民初5722号】张某等对房屋起火造成吴某死亡存在过错被判承担赔偿责任

【基本案情】

××市×路21号的房屋登记所有权为被告张某，被告林某与张某均陈述该房屋系其居住的家。被告王某及其儿子仇某租住在该房屋，被告王某居住在房屋四层南面间，仇某五层北面间，另租用了二层厨房供被告王某一家使用，月租金为1200元。吴某曾租住于该房屋五层南面间，中途因家人生病退租，于2021年1月10日左右重新向被告林某要求租赁，经被告林某同意后居住在该房屋五层南面间。2021年1月18日下午，本案所涉房屋发生火灾，经××市消防救援大队温水火认字(2021)第×××号火灾事故认定书认定，起火时间为2021年1月18日16时55分左右，起火部位为位于该房屋四层南面间卧室床及附近，起火原因可以排除外来飞火、生活用火、自燃、遗留火种等引发火灾的可能性，不能排除电气故障引发火灾的可能性。救火完毕后19时45分许，被告张某等人想起五层租户，至五层南面房屋间查看，发现房门关闭，吴某横躺于地面，已无生命体征，经××市公安司法鉴定中心鉴定死者吴某血液中碳氧血红蛋白56%，结合其尸斑颜色，符合一氧化碳中毒死亡的特征。吴某父母均已亡故，与其妻子已离婚，原告吴某1、吴某2系其子女。另查明，四层南面房间内电器共为手机、收音机(充电式)及电视机，起火当时被告王某及其家人在二层南面厨房内吃饭，其手机放在床上充电，充电器插在床头靠近窗户这边的插座上，收音机放在手机边上未进行充电，电视机关闭状态。原告多次要求赔偿，为此诉至法院，请求判令被告共同赔偿原告各项损失合计1,170,440元(其中死亡赔偿金1,047,940元、精神损害抚慰金50,000元、丧葬费50,000元、误工损失9000元、交通费3000元及住宿费10,500元)并承担本案诉讼费。

【裁判要旨】

行为人因过错侵害他人民事权益造成损害的，应当承担侵权责任，本案系火灾引起的侵权责任纠纷，事故认定书认定起火原因可以排除外来飞火、生活用火、自燃、遗留火种的可能性，不能排除电气故障引发火灾的可能性。而电气故障包含了电气线路、用电设备以及供配电设备出现等多种可能，事故认定书已明确起火部位为本案所涉房屋四层南面卧室床及附近，而当时房屋内唯一使用的电器为放置在床上充电的手机及充电器，故手机充电过程中引发火灾的可能性较大，但已无法明确系手机充电器设备或是电气线路抑或是插座设备引发火灾，则双方对火灾的发生均应承担相应的责任。被告王某作为起火房间的使用人，在使用电器时应尽安全注意义务，其将手机放置在床铺易燃物上充电，且充电时本人不在房间内，使得发生险情时未能第一时间进行处理以致火势迅速扩大。本案所涉房屋登记所有权人为被告张某，被告林某系张某的母亲，也居住在该房屋内，吴某的租住情况系被告某沟通确定，两人作为房屋的所有人、实际管理人或者说出租人，对吴某具有安全保障的义务，且在火灾发生时应第一时间核查通知房屋内人员居住情况，以最大限度地增加被困人员获救的可能性，但本案中被告张某及林某系在灭火结束后至19时45分才到五楼查看吴某情况，使其失去了被消防人员救援的最佳时机，故被告王某、张某及林某对于火灾的发生及吴某的死亡均具有相应的过错。

【裁判结果】

2021年9月26日，法院判决被告张某、林某于本判决生效之日起10日内支付给原告吴某1、吴某2赔偿款576,131.5元。被告王某于本判决生效之日起10日内支付给原告吴某1、吴某2赔偿款576,131.5，驳回原告吴某1、吴某2的其他诉讼请求。（资料来源：中国裁判文书网）

第一千一百六十六条 【无过错责任原则】行为人造成他人民事权益损害，不论行为人有无过错，法律规定应当承担侵权责任的，依照其规定。

条文注解

无过错责任，是指不以行为人的过错为要件，只要其活动或者所管理的人、物损害了他人的民事权益，除非有法定的免责事由，否则行为人就要承担侵权责任。在法律规定适用无过错责任原则的案件中，法官判断被告应否承担侵权责任时，不考虑被告有无过错，不要求原告证明被告有过错，也不允许被告主张自己无过错而请求免责。只要审理查明，被告的行为与原告损害之间存在因果关系，即可判决被告承担侵权责任。由于这种责任的承担，并不考虑行为人的主观意识状态，而只考虑损害结果和免责事由，故又被称为客观责任；与过错责任原则相比，这种责任在承担条件和责任后果上更为严格，故也称为严格责任。适用无过错责任原则的意义在于加重行为人责任，及时救济受害人，使其损害赔偿请求权更容易实现。

第一千一百六十七条 【危及他人人身、财产安全的责任承担方式】侵权行为危及他人人身、财产安全的，被侵权人有权请求侵权人承担停止侵害、排除妨碍、消除危险等侵权责任。

条文注解

理解本条规定的“危及”应注意以下三点：第一，侵权行为正在实施和持续而非已经结束。第二，侵权行为已经危及被侵权人的人身、财产安全而非不可能危及。第三，侵权行为系侵权人所为，而非自然原因造成。对正在危及他人的人身、财产安全的侵权行为发生的情况下,赋予被侵权人请求停止侵害、排除妨碍、消除危险等权利。关于停止侵害。当侵权人正在实施侵权行为时,被侵权人可依法请求其停止侵害,是指停止侵害适用于各种正在进行的侵权行为,对于已经终止和尚未实施的侵权行为不适用停止侵害的民事责任承担方式。关于排除妨碍,是指侵权行为人实施某种行为妨害他人正常行使权利或者妨害他人合法利益的,被侵权人请求人民法院排除侵权人的侵权行为。关于消除危险,是指在负有责任的人支配下的物对他人人身和财产安全构成威胁,或者存在侵害他人人身或者财产现实可能性的情况下,受到威胁的人有权请求法院责令对构成危险的责任人采取有效措施消除侵害他人人身或者财产的威胁和现实可能性的承担民事责任的方式。请求消除危险,又称请求防止侵害,是指侵害虽未发生,但其人身、财产面临遭受侵害的可能,对于这种可能发生的侵害,可能被侵权的人有权请求相对人为一定行为或者不为一定行为,防止侵害,消除既存的危险,以避免侵害的发生。

案例注解

【案例(2021)皖1222民初1120号】田某、姜某违建影响邻居通行被判排除妨碍

【基本案情】

原告韩某与被告田某、姜某系邻里关系,两被告并排住在原告前方,原告某经过两被告中间八尺宽公路出行。2018年被告田某建房时强制占用原告韩某出行路面1.17米,影响原告韩某的正常出行。经村、镇两级处理要求田某拆除违建房屋、姜某拆除出行道路上违建围墙供原告韩某出行,两被告拒不履行。为此,原告诉讼来院,要求被告排除妨碍,并承担本案的诉讼费用。

【裁判要旨】

《民法典》第1167条规定,侵权行为危及他人人身、财产安全的,被侵权人有权请求侵权人承担停止侵害、排除妨碍、消除危险等侵权责任。本案中被告田某建房时强制占用原告韩某出行路面1.17米,被告姜某将菜园建在韩某出行路面上,均妨碍韩某实际出行,已构成侵权。二被告应立即停止侵害,排除妨碍,确保原告韩某出入通畅。

【裁判结果】

2021年7月14日,法院判决被告田某赔偿原告韩某款项3000元,于本判决生效之日起10日内付清,被告姜某限期拆除出行路面所建围墙,确保原告韩某出入通畅,于本判决生效之日起10日内拆除路面所建围墙,驳回原告的其他诉讼请求。(资料来源:中国裁判文书网)

第一千一百六十八条 【共同侵权】二人以上共同实施侵权行为,造成他人损害的,应当承担连带责任。

条文注解

共同侵权,是指数人共同不法侵害他人权益造成损害的行为。根据本条规定,构成共同侵权行为需要满足以下几个要件:(1)主体复数。共同侵权行为的主体必须是两人或者两人以上,行为人既可以是自然人,也可以是法人。(2)共同实施侵权行为。这一要件中的“共同”主要包括三层含义:①共同故意。上文介绍了多种学说,无论哪一种学说,都一致认为,数个行为人基于共同故意侵害他人合法权益的,应当成立共同侵权行为。②共同过失。“共同过失”主要是数个行为人共同从事某种行为,基于共同的疏忽大意,造成他人损害。③故意行为与过失行为相结合。需要特别强调的是,上述三种形态均可以构成本条所说的“共同实施”,不能狭义理解为,本条所指的共同实施只有共同故意实施。(3)侵权行为与损害后果之间具有因果关系。在共同侵权行为中,有时各个侵权行为对造成损害后果的比例有所不同,但必须存在法律上的因果关系,如果某个行为人的行为与损害后果之间没有因果关系,则不应与其他行为人构成共同侵权。(4)受害人具有损害。这是受害人请求加害人承担侵权责任的一个基本要件。无损害,则无救济,如果没有损害,根本不可能成立侵权责任。

根据本条规定,一旦满足上述构成要件,成立共同侵权行为,数个行为人就必须对外承担连带责任,被侵权人有权请求部分或者全部行为人承担全部责任。

案例注解

【案例】稳健股份公司诉苏州稳健公司、某包装公司、滑某侵害商标权及不正当竞争纠纷案

【基本案情】

稳健股份公司成立于2000年,业务覆盖医用敷料、手术耗材、医用卫生材料及家庭卫生护理用品等领域,在口罩等多个商品上注册诸多商标。稳健股份公司在业内具有较高的知名度和影响力,为我国疫情防控工作作出了重要贡献。苏州稳健公司成立于2020年,在生产销售的口罩产品图片、参数、详情、包装箱、合格证、价签、包装袋以及经营环境、公众号、网站等处使用相关商标以及“品牌:苏稳、品牌:稳健、品牌:WINNER/稳健、生产企业:苏州稳健医疗用品有限公司”“稳健医疗、SW苏稳、WJ稳健医疗、苏州稳健医疗”“苏州稳健公司”“苏州稳健医疗用品有限公司”等字样,对其产品、公司及经营进行宣传介绍。滑某分别持有苏州稳健公司、某包装公司99%、91.6667%股份。苏州稳健公司办公地址位于某包装工业园内,销售的口罩包装袋上标注某包装公司官网地址,出具的销售收据加盖某包装公司公章。某包装公司官网大篇幅介绍苏州稳健公司产品及企业信息,网店销售苏州稳健公司口罩,并自称“自有工厂”“源头厂家”。滑某将某包装公司网店销售口罩的收入纳入个人账户。稳健股份公司认为上述行为侵害其商标权,并构成不正当竞争,某包装公司、滑某实施共同侵权,故要求苏州稳健公司停止侵权并赔偿损失,某包装公司、滑某承担连带责任。

【裁判要旨】

本案中,涉案注册商标及企业字号知名度较高。苏州稳健公司在口罩产品和公司网站、网店、公众号上使用与涉案注册商标相同或近似的标识,擅自注册、使用“稳健”字号及企业名称，开展相同经营活动，具有明显攀附稳健股份公司商誉的目的，造成混淆误认，构成商标侵权及不正当竞争。苏州稳健公司、某包装公司高度关联，滑某为两公司绝对控股股东，个人与公司财产混同。在滑某策划与控制下，两公司分工合作，共同实施侵权行为，三者应当承担连带责任。

【裁判结果】

法院审理认为，苏州稳健公司、某包装公司、滑某明知涉案商标及字号在业内知名度极高，使用侵权字号注册公司，有组织、有分工地实施上述行为，且在稳健股份公司两次举报后仍继续实施侵权行为，并向市场监管部门进行不实陈述，严重违背诚信原则和商业道德。同时，本案侵权商品为疫情防控物资，价格低廉，未经正规检验程序即向公众销售，质量堪忧，极大损害稳健股份公司商誉，严重危及公众健康，对疫情防控工作造成不利影响。本案侵权渠道多样，包括线上官网、网店、线下销售，线上覆盖了微信、抖音、淘宝、1688 等，而且侵权规模较大、时间跨度长，当事人拒绝根据法院要求提交财务账册等证据。因此，法院认为苏州稳健公司、某包装公司、滑某侵权情节严重，主观故意明显，对于可以查明的侵权获利部分，依法适用四倍惩罚性赔偿；对于无法查明具体销量的部分，综合考虑严重侵权情节，适用法定赔偿确定赔偿额。据此判决苏州稳健公司、某包装公司、滑某立即停止侵害商标专用权行为及不正当竞争行为，苏州稳健公司立即停止使用现有企业名称，三者共同赔偿稳健股份公司损失及维权合理费用 1,021,655 元。（资料来源：最高人民法院网）

第一千一百六十九条　【教唆侵权、帮助侵权】教唆、帮助他人实施侵权行为的，应当与行为人承担连带责任。

教唆、帮助无民事行为能力人、限制民事行为能力人实施侵权行为的，应当承担侵权责任；该无民事行为能力人、限制民事行为能力人的监护人未尽到监护职责的，应当承担相应的责任。

条文注解

本条第 1 款中的“他人”指的是完全民事行为能力人。教唆、帮助完全民事行为能力人实施侵权行为需要满足以下构成要件：一是教唆人、帮助人实施了教唆、帮助行为。教唆行为，是指对他人进行开导、说服，或通过刺激、利诱、怂恿等方法使该他人从事侵权行为。教唆行为只能以积极的作为方式作出，消极的不作为不能成立教唆行为；教唆行为可以通过口头、书面或者其他形式加以表达，既可以公开进行也可以秘密进行；既可以当面教唆也可以通过别人传信的方式间接教唆。帮助行为，是指给予他人以帮助，如提供工具或者指导方法，以便该他人易于实施侵权行为。帮助行为通常是以积极的作为方式作出，但具有作为义务的人故意不作为时也可能构成帮助行为。帮助的内容既可以是物质上的，也可以是精神上的；既可以在行为人实施侵权行为前，也可以在实施过程中。二是教唆人、帮助人具有教唆、帮助的主观意图。

一般来说，教唆行为与帮助行为都是教唆人、帮助人故意作出的，教唆人、帮助人能够意识到其作出的教唆、帮助行为可能造成的损害后果。在帮助侵权中，如果被帮助人不知道存在帮助行为，也并不影响帮助行为的成立。三是被教唆人、被帮助人实施了相应的侵权行为。这一要件要求教唆行为、帮助行为与被教唆人、被帮助人实施的侵权行为之间具有内在的联系。

本条第2款是针对被教唆、被帮助对象是无民事行为能力人或者限制民事行为能力人所作出的特别规定。一是教唆人、帮助人明知被教唆人、被帮助人为无民事行为能力人或者限制民事行为能力人时，仍然实施教唆、帮助行为的，应当承担侵权责任。即便教唆人、帮助人主观上不知道被教唆人、被帮助人是无民事行为能力人或者限制民事行为能力人的，为了体现法律对教唆、帮助行为的否定性评价，也应当适用本款规定，由教唆人、帮助人承担侵权责任。二是如果被教唆、被帮助的无民事行为能力人或者限制民事行为能力人的监护人未尽到监护责任的，应当承担相应的责任。监护，是为保护无民事行为能力人和限制民事行为能力人的人身和财产权利而由特定公民或组织对其予以监督、管理和保护的制度。如果监护人未尽到教育和照顾被监护人的职责，疏于履行监护责任，应当对被监护人给他人造成的损害承担侵权责任。

关联法规

《最高人民法院关于适用〈中华人民共和国民法典〉侵权责任编的解释（一）》第11～13条

第一千一百七十条 【共同危险行为】二人以上实施危及他人人身、财产安全的行为，其中一人或者数人的行为造成他人损害，能够确定具体侵权人的，由侵权人承担责任；不能确定具体侵权人的，行为人承担连带责任。

条文注解

根据本条规定，构成共同危险行为应当满足下列几个要件：一是二人以上实施危及他人人身、财产安全的行为。二是其中一人或者数人的行为造成他人损害。虽然实施危及他人人身、财产行为的是数人，但真正导致受害人损害后果发生的只是其中一个人或者几个人的行为。三是不能确定具体加害人。一般而言，受害人只能请求加害人就其侵权行为所造成的损失予以赔偿，加害人也仅对其侵权行为所造成的损失进行赔偿。但在共同危险行为制度中，数个行为人实施的危及行为存在偶合性，事实上只有部分行为人的行为造成了损害后果。

根据本条规定，适用共同危险行为制度的法律后果是，数个行为人对受害人承担连带责任。共同危险行为不仅在一般过错责任中适用，在过错推定责任、无过错责任中也有适用余地。

案例注解

【案例(2021)甘0982民初1205号】刘某1、刘某2共同殴打他人被判承担连带赔偿责任

【基本案情】

刘某1、刘某2二人系父子关系。2020年8月29日18时许,×××镇××区,彭某与刘某1因生活琐事发生口角并互相撕扯,后刘某1给其子刘某2打电话说自己被彭某打了,刘某2赶到后与刘某1对彭某进行殴打,刘某1用手击打彭某的脸部,用脚踏彭某的颈部,刘某2用手击打彭某的腹部,致彭某受伤。2020年9月24日,经××市公安司法鉴定中心鉴定彭某的人体损伤属轻微伤。2020年12月8日,××市××局作出×公(转)行罚决字〔2020〕×××号行政处罚决定书,对刘某2以殴打他人行政拘留10日,并处罚款500元;作出×公(转)行罚决字〔2020〕×××号行政处罚决定书,对刘某1以殴打他人行政拘留10日,并处罚款600元。彭某受伤后于2020年8月29日至9月7日在××市医院实际住院治疗8天,经诊断为面部损伤(面部血肿、面部挫擦伤)、颈部软组织损伤、2型糖尿病。出院后注意:休息1周、注意监测调控血糖、不适随诊。彭某因伤实际住院8天,花费医疗费3132.21元(含门诊费801元),双方未达成赔偿协议,遂向法院提起诉讼。

【裁判要旨】

《民法典》第1168条规定,二人以上共同实施侵权行为,造成他人损害的,应当承担连带责任。本案中,刘某1、刘某2共同将彭某致伤,应当承担连带赔偿责任。彭某对自身损害结果的发生亦存在过错,综合双方的过错程度,法院酌情认定刘某1、刘某2对损害结果承担80%的责任、彭某自负20%的责任。

【裁判结果】

2021年7月30日,法院判决刘某1、刘某2共同赔偿彭某医疗费、误工费、护理费、住院期间伙食补助费、交通费等费用共计7779.61元的80%,即6223.69元,限于本判决生效后15日内履行,驳回彭某的其他诉讼请求。(资料来源:中国裁判文书网)

第一千一百七十一条　【分别侵权承担连带责任】二人以上分别实施侵权行为造成同一损害,每个人的侵权行为都足以造成全部损害的,行为人承担连带责任。

条文注解

本条是关于无意思联络分别实施侵权行为,但是都能造成全部损害时,承担连带责任的规定。适用本条规定需要符合以下构成要件:一是二人以上分别实施侵权行为。二是造成同一损害后果。"同一损害"是指数个侵权行为所造成的损害的性质是相同的,都是身体伤害或者财产损失,并且损害内容具有关联性。三是每个人的侵权

行为都足以造成全部损害。判断每个侵权行为是否足以造成全部损害是适用本条的关键。本条中的"足以"并不是指每个侵权行为都实际上造成了全部损害,而是指在没有其他侵权行为的共同作用的情况下,独立的单个侵权行为也有可能造成全部损害。根据本条规定,一旦满足本条规定的上述三个构成要件,数个行为人必须对造成的损害承担连带责任。

第一千一百七十二条 【分别侵权承担按份责任】二人以上分别实施侵权行为造成同一损害,能够确定责任大小的,各自承担相应的责任;难以确定责任大小的,平均承担责任。

条文注解

适用本条规定应当符合下列构成要件:一是二人以上分别实施侵权行为。二是造成同一损害后果。在法律后果上,本条确定各个行为人应当承担的责任,分两个层次规定:一是能够确定责任大小的。虽然数个侵权行为结合造成了同一损害,但是在大部分案件中,可以根据各个侵权行为对造成损害后果的可能性(盖然性)来确定责任份额。判断这种可能性,可以综合各个行为人的过错程度、各个侵权行为与损害后果因果关系的紧密程度、公平原则以及政策考量等因素。有的学者将这种可能性称为"原因力",是指在构成损害结果的共同原因中,每一个原因对于损害结果发生或扩大所发挥的作用力。法律不可能脱离具体案件,事先抽象出各种确定责任份额的标准,只能由法官在具体案件中综合考虑各种因素来确定。二是难以确定责任大小的。责任分配的尺度很难有一个可以量化的标准,在某些情形下,由于案情复杂,很难分清每个侵权行为对损害后果的作用力究竟有多大。我们可以借鉴其他国家和地区在确定各个连带责任人内部份额时的做法,在有疑问的情况下,推定所有人的责任相同。本条也作出了类似规定,难以确定责任大小的,各个行为人平均承担责任。

第一千一百七十三条 【过失相抵】被侵权人对同一损害的发生或者扩大有过错的,可以减轻侵权人的责任。

条文注解

关于本条的理解,一是侵权责任编对损害作了限定,必须是"同一"损害才能适用本条。对"同一"的理解,在一部法律中是一脉相承的,指对一个性质相同的损害结果的发生,侵权人与被侵权人均有责任。二是增加了损害的"扩大"。《侵权责任法》第26条"被侵权人对损害的发生"的表述中,发生是包含扩大的含义的,扩大是后续的损害,是新发生的损害,也是损害的一种形态。

案例注解

【案例】柳某诉张某莲、某物业公司健康权纠纷案

【基本案情】

被告张某莲系江苏省江阴市某小区业主,因所在小区游乐设施较少,在征得小区物业公司同意后,自费购置一套儿童滑梯(含配套脚垫)放置在小区公共区域,供儿童免费玩耍。该区域的卫生清洁管理等工作由小区物业公司负责。2020 年 11 月,原告柳某途经此处时,踩到湿滑的脚垫而滑倒摔伤,造成十级伤残。后柳某将张某莲和小区物业公司诉至法院,要求共同赔偿医疗费、护理费、残疾赔偿金、精神损害抚慰金等各项损失近 20 万元。

【裁判要旨】

行为人因过错侵害他人民事权益造成损害的,应当承担侵权责任。本案中,张某莲自费为小区添置儿童游乐设施,在法律上并无过错,也与本案事故的发生无因果关系,依法无需承担赔偿责任。相反,张某莲的行为丰富了小区业主生活,增进了邻里友谊,符合与人为善、与邻为善的传统美德,应予以肯定性的评价。某物业公司作为小区物业服务人,应在同意张某莲放置游乐设施后承担日常维护、管理和安全防范等义务。某物业公司未及时有效清理、未设置警示标志,存在过错,致使滑梯脚垫湿滑,是导致事故发生的主要原因。根据《民法典》第 1173 条规定,柳某作为成年公民,未能及时查明路况,对损害的发生亦存在一定过错,依法可适当减轻某物业公司的赔偿责任。

【裁判结果】

一审法院判决某物业公司赔偿柳某因本案事故所受损失的 80%,共计 12 万余元。(资料来源:最高人民法院网)

关联法规

《水污染防治法》第 96 条,《电力法》第 60 条,《道路交通安全法》第 76 条

第一千一百七十四条 【受害人故意】损害是因受害人故意造成的,行为人不承担责任。

条文注解

受害人故意造成损害,是指受害人明知自己的行为会发生损害自己的后果,而希望或者放任此种结果的发生。受害人故意分为直接故意和间接故意。直接故意是指受害人从主观上追求损害自己的结果发生,如受害人摸高压线自杀;间接故意是指受害人已经预见到自己的行为可能发生损害自己的结果,但也不停止该行为,而是放任损害结果的发生,如受害人盗割高压线,导致自己伤亡。本条规定对行为人免责,是指损害完全是因为受害人的故意造成的,即受害人故意的行为是其损害发生的唯一原因。

关联法规

《水污染防治法》第96条,《电力法》第60条,《道路交通安全法》第76条,《铁路法》第58条

第一千一百七十五条 【第三人过错】损害是因第三人造成的,第三人应当承担侵权责任。

条文注解

本条在适用上应把握以下两点:(1)第三人过错是造成损害的唯一原因。在过错责任和过错推定责任范围内,被告能够证明损害完全是由于第三人的过错行为造成的,应免除被告的责任,由第三人对原告承担侵权责任。(2)第三人过错是造成损害的部分原因。

案例注解

【案例(2021)辽0502民初864号】吴某死亡是由第三人造成原告王某起诉被告被法院驳回

【基本案情】

吴某,女,于1962年6月8日出生,生前系××露天矿退休职工,原告王某系吴某女儿。2020年7月1日,吴某(乙方)与被告××区住房和城乡建设局(甲方)签订《临时用工协议》,其主要内容:"临时用工协议期限:自2020年7月1日起至2020年12月31日止,期限半年,甲方根据工作岗位的实际需要,安排乙方从事环卫工作,月工资1610元。不能参加养老保险的临时工,为解决工作中出现的伤亡情况,由市统一办理意外伤害保险。"协议签订后,被告为解决环卫人员意外伤亡问题,为包括吴某在内的环卫职工在中国人民人寿保险股份有限公司投保了团体意外伤害保险,吴某保险的受益人记载为法定受益人。

2020年7月27日,吴某在从事环卫工作过程中发生交通事故,经××市公安交通警察支队事故处理大队于2020年8月27日出具的第2105××××号事故认定书,认定驾驶员刘某负该起交通事故全部责任,吴某无责任。后吴某因重度颅脑外伤而死亡。原告王某吴某唯一的法定继承人。2020年10月21日,中国人民人寿保险股份有限公司就吴某死亡一事向王某给付保险赔偿款60万元。原告认为被告作为雇佣主体,且死者吴某在正当履行职务过程当中,被告应当承担赔偿义务,特诉讼至法院,请求判令被告支付原告丧葬补助金3.7632万元;判令被告支付原告死亡补偿金7万元。

【裁判要旨】

《民法典》第1175条规定,损害是因第三人造成的,第三人应当承担侵权责任。本案中,吴某与被告之间系劳务关系,吴某在从事劳务过程中受到第三人侵权,致使

其死亡的法律后果,应由侵权的第三人负责赔偿。被告作为用工方,对其损害后果的发生并没有过错,且被告已为吴某投保了团体意外伤害保险,原告已经获得了60万元的保险理赔款,现原告要求被告进行赔偿或补偿,并无事实及法律依据,不予支持。

【裁判结果】

2021年8月13日,法院判决驳回原告王某的诉讼请求。(资料来源:中国裁判文书网)

关联法规

《电力法》第60条

第一千一百七十六条 【自甘风险】自愿参加具有一定风险的文体活动,因其他参加者的行为受到损害的,受害人不得请求其他参加者承担侵权责任;但是,其他参加者对损害的发生有故意或者重大过失的除外。

活动组织者的责任适用本法第一千一百九十八条至第一千二百零一条的规定。

条文注解

自甘风险,又称自愿承受危险,是指受害人自愿承担可能性的损害而将自己置于危险环境或场合,造成损害的行为人不承担责任。其构成要件是:第一,受害人作出了自愿承受危险的意思表示,通常是将自己置于可能性的危险状况之下;第二,这种潜在的危险不是法律、法规所禁止的,也不是社会公序良俗所反对的,且此种危险通常被社会所认可存在或者难以避免的。例如,参加拳击比赛而自愿承受可能受到的人身伤害的危险。

本条适用中应把握以下几点问题:一是受害人必须意识到所参加的文体活动的风险。这种风险必然存在,但是否会产生损害结果不确定。二是在正常情况下,由其他参加者的行为受到损害的,其他参加者不承担侵权责任。三是活动组织者的责任承担,法律规定适用安全保障义务的规定。四是适用本条规定需要结合具体的案件,从案件的具体情况出发,审慎确定文体活动是否具有一定的风险性,是否属于自甘风险的情况,当事人双方、活动组织者是否有过错以及过错程度,要从各个方面从严认定和把握。

案例注解

【案例(2021)冀0111民初1626号】孙某与马某一起打球受伤起诉马某赔偿被法院驳回

【基本案情】

原告马某与被告孙某均为河北××学院的在校学生,2021年5月20日下午6时许,原告、被告在该学校球场打篮球时,被告的左肘部碰到了原告的眼镜上,造成原告眼镜破碎,镜片将原告脸颊处划伤,后原告被送往石家庄市人民医院进行救治,被诊断为面部裂伤,进行了缝合处理,共花费医疗费3232.3元。因双方就赔偿问题未达成一致,故原告诉至法院,请求判决被告孙某赔付原告医疗费3860元整、护理费1200元、精神损失费5000元、交通费224元,以上合计10,284元。

【裁判要旨】

《民法典》第1176条第1款规定,自愿参加具有一定风险的文体活动,因其他参加者的行为受到损害的,受害人不得请求其他参加者承担侵权责任;但是,其他参加者对损害的发生有故意或者重大过失的除外。本案中,双方的打球活动符合该条款中所述的自愿参加的文体活动,并且,被告也未交证据证明被告对原告的损害存在故意或者重大过失,故对原告起诉被告赔偿各项损失,应不予支持。

【裁判结果】

2021年9月2日,法院判决驳回原告马某的诉讼请求。(资料来源:中国裁判文书网)

【案例】宋某祯诉周某身体权纠纷案

【基本案情】

宋某祯、周某均为羽毛球业余爱好者,自2015年起自发参加羽毛球比赛。2020年4月28日上午,宋某祯、周某与案外四人在北京市朝阳区红领巾公园内露天场地进行羽毛球3对3比赛。运动中,宋某祯站在发球线位置接对方网前球后,将球回挑到周某方中场,周某迅速杀球进攻,宋某祯直立举拍防守未果,被羽毛球击中右眼。事发后,宋某祯至北京大学人民医院就诊治疗,术后5周余验光提示右眼最佳矫正视力为0.05。宋某祯遂诉至法院,要求周某赔偿医疗费、护理费、住院伙食补助费、营养费等各项费用。

【裁判要旨】

根据《民法典》第1176条规定,竞技体育运动不同于一般的生活领域,主要目的即争胜,此类运动具有对抗性、人身危险性的特点,参与者均处于潜在危险中,既是危险的潜在制造者,也是危险的潜在承担者。羽毛球运动系典型的对抗性体育竞赛,除扭伤、拉伤等常规风险外,更为突出的风险即在于羽毛球自身体积小、密度大、移动速度快,运动员如未及时作出判断即会被击中,甚至击伤。宋某祯作为多年参与羽毛球运动的爱好者,对于自身和其他参赛者的能力以及此项运动的危险和可能造成的损害,应当有所认知和预见,而宋某祯仍自愿参加比赛,将自身置于潜在危险之中,属于自甘冒险的行为。在此情形下,只有周某对宋某祯受伤的损害后果存在故意或重大过失时,才需承担侵权损害赔偿责任。本案中,周某杀球进攻的行为系该类运动的正常技术动作，周某并不存在明显违反比赛规则的情形，不应认定其存在重大过失，且现行法律未就本案所涉情形适用公平责任予以规定，故宋某祯无权主张周某承担赔偿责任或分担损失。

【裁判结果】

2021年1月4日，一审法院判决驳回宋某祯的全部诉讼请求。二审法院判决驳回上诉，维持原判。（资料来源：最高人民法院网）

关联法规

《最高人民法院关于适用〈中华人民共和国民法典〉时间效力的若干规定》第16条

第一千一百七十七条 【自助行为】合法权益受到侵害，情况紧迫且不能及时获得国家机关保护，不立即采取措施将使其合法权益受到难以弥补的损害的，受害人可以在保护自己合法权益的必要范围内采取扣留侵权人的财物等合理措施；但是，应当立即请求有关国家机关处理。

受害人采取的措施不当造成他人损害的，应当承担侵权责任。

条文注解

对本条的理解和适用：一是情况紧迫且不能及时获得国家机关保护，这是前提条件。二是不立即采取措施将使其合法权益受到难以弥补的损害的，这是必要条件。三是在保护自己合法权益的必要范围内采取扣留侵权人的财物等合理措施，这是范围条件。“保护自己合法权益”把自助行为的目的揭示出来，实施自助行为不能超越保护自己合法权益这个范围；“必要范围”“合理措施”，主要是自助行为扣留的财物应当与保护的利益在价值上大体相当。四是应当立即请求有关国家机关处理，这是合法条件。自助行为结束后，行为人必须及时寻求公权力机关救济。若行为人怠于寻求公权力机关救济，或被公权力机关驳回，或被公权力机关认定行为超出必要限度，则不排除其行为不法性，仍需依侵权行为承担相应后果。“立即请求”指自助行为完成后，“情况紧迫”的阻却事由消失，受害人应当立刻、无迟延地向有关国家机关报告自己实施了自力救济的事实，由公权力及时介入处理。只有这样，自力救济才具有正当性，成为民法上的免责事由。

本条第2款明确规定，受害人采取的措施不当造成他人损害的，就突破了自力救济的必要性，应当承担侵权责任。

案例注解

【案例(2021)云0322民初212号】两被告实施自助行为阻止原告侵权法院判决不应担责

【基本案情】

被告张某2、被告朱某系夫妻关系，两被告家与原告张某1家系邻居。原告张某1与两被告家房屋均系从他人手中购入、购入后均进行过拆旧翻新。2011年3月11日，两被告家进行房屋石脚建盖，双方达成过协议，并形成协议书，协议主要内容："1.在现有的石脚上，只包括邻墙的那一垛，不管哪一方都不得擅自拆除或拆除又重建，只能各自加高。并且现在没有石脚的，以后也不得重建，如果影响到邻居的应付经济损失或法律责任；2.前面双方小房子的石脚为双方共建；3.不管张某2的买房合同和张某1的买地合同也必须纠正以此协议为双方的重要条款，双方不得各持己见。"两被告在建盖石脚时，"前面双方小房子的石脚"旁边原告张某1家为原旧大门，距离被告房屋墙体有一定距离。2020年11月18日早9时左右，原告张某1在拆除大门后进行新建大门及围墙，在刚砌大门和围墙时，两被告出来阻挡，认为原告家所砌大门和围墙占了自己的地，应在原基础上砌建，而不应紧靠自己墙体，并将原告家所砌围墙、大门立柱的砖撤去几块，阻挠不让原告施工。原告为此诉至法院，要求两被告履行协议，停止损害，排除妨碍，赔偿损失1万元。

【裁判要旨】

《民法典》第288条规定："不动产的相邻权利人应当按照有利生产、方便生活、团结互助、公平合理的原则，正确处理相邻关系。"第293条规定："建造建筑物，不得违反国家有关工程建设标准，不得妨碍相邻建筑物的通风、采光和日照。"第1177条第1款规定："合法权益受到侵害，情况紧迫且不能及时获得国家机关保护，不立即采取措施将使其合法权益受到难以弥补的损害的，受害人可以在保护自己合法权益的必要范围内采取扣留侵权人的财物等合理措施；但是，应当立即请求有关国家机关处理。"本案原告有紧贴两被告家墙体砌大门及围墙的民事行为，两被告有阻止原告砌大门及围墙的民事行为。原告在自己所有的院落内砌大门及围墙，行使自己的物权，本无可厚非。原告所砌大门及围墙却是紧贴两被告家房屋主墙体而建，又涉及双方的相邻权。因此，原告在建造大门和围墙的过程中，要改变原来的构造，就要考虑到相邻墙体的危害。两被告在原告刚砌大门立柱和围墙时进行阻止，并未对原告产生实际损害，属于民事自助行为，不属侵权行为，原告诉求应予驳回。

【裁判结果】

2021年4月7日，法院判决驳回原告张某的诉讼请求。（资料来源：中国裁判文书网）

关联法规

《最高人民法院关于适用〈中华人民共和国民法典〉时间效力的若干规定》第17条

第一千一百七十八条 【优先适用特别规定】本法和其他法律对不承担责任或者减轻责任的情形另有规定的,依照其规定。

条文注解

我国规范侵权责任的法律有两个层次:第一个层次是《民法典》侵权责任编,从基本法的角度对侵权责任作出三类规定:一是普遍适用的共同规则;二是典型的侵权种类的基本规则;三是其他单行法不可能涉及的一些特殊规则。第二个层次是相关法律,许多单行法都从自身调整范围的角度对侵权责任作出了规定。有关侵权责任的法律在宪法统率下相辅相成,共同规范侵权责任。

关联法规

《道路交通安全法》第76条

第二章 损害赔偿

第一千一百七十九条 【人身损害赔偿范围】侵害他人造成人身损害的,应当赔偿医疗费、护理费、交通费、营养费、住院伙食补助费等为治疗和康复支出的合理费用,以及因误工减少的收入。造成残疾的,还应当赔偿辅助器具费和残疾赔偿金;造成死亡的,还应当赔偿丧葬费和死亡赔偿金。

条文注解

人身损害赔偿,是指行为人侵犯他人的生命健康权益造成致伤、致残、致死等后果,承担金钱赔偿责任的一种民事法律救济制度。

行为人的行为造成他人人身伤害但并未出现残疾或者死亡后果的,原则上行为人仅需赔偿本条规定的一般赔偿范围内的赔偿项目。医疗费包括挂号费、检查费、药费、治疗费、康复费等费用。在审判实践中,一般根据医疗机构出具的药费、治疗费等收费凭证,结合病历和诊断证明等相关证据确定医疗费的具体数额。护理费,是指受害人因受到损害导致生活不能自理,需要有人进行护理而产生的费用支出。赔偿护理费的前提是,受害人受到损害,生活不能自理或者不能完全自理,需要有人进行护理。这种情况应当有医疗单位或法医的证明:证明需要陪护的,予以赔偿;没有必要的,则不予赔偿。交通费,是指受害人及其必要的陪护人员因就医或者转院所实际发生的用于交通的费用。赔偿交通费应当根据实际支出确定,以正式交通费的票证收据为准,票证收据记载的时间、地点、人数要与实际救治的时间、地点、人数相一致。对不合理的支出,不应当赔偿,但确定的标准不宜过于严格。营养费,是指受害人通过平常饮食的摄入尚不能满足受损害身体的需求,以平常饮食以外的营养品作为对身体补充而支出的费用,是辅助治疗支出的费用。适当的营养支持能改善受害人的营养状况,有效地配合临床,缩短住院时间,促进尽快康复。住院伙食补助费,是指受害人遭受人身损害,在医院治疗期间支出的伙食费用。因误工减少的收入,是指受害人由于受到伤害,无法从事正常工作或者劳动而失去或者减少的工作、劳动收入。受害人受到伤害但并未残疾或者死亡的,因误工减少的收入就是受害人从受到损害到恢复正常能参加工作、劳动时止这段时间内的损失。因误工减少的收入的基本计算方法是:单位时间的实际收入乘以误工时间。

造成残疾的,还应当赔偿残疾生活辅助具费和残疾赔偿金。辅助器具费,是指受害人因残疾而造成身体功能全部或者部分丧失后需要配制补偿功能的残疾辅助器具的费用。残疾生活辅助器具主要包括假肢及其零部件、假眼、助听器、盲人阅读器、助视器、矫形器等。残疾赔偿金是受害人残疾后特有的一个赔偿项目。

造成死亡的,除应当赔偿一般人身损害赔偿项目外,还应当赔偿丧葬费和死亡赔偿金。死亡赔偿金是对死者近亲属的赔偿。赔偿范围应包括物质损失和非物质损失。

关联法规

《产品质量法》第 44 条,《消费者权益保护法》第 49 条,《最高人民法院关于审理人身损害赔偿案件适用法律若干问题的解释》

第一千一百八十条 【以相同数额确定死亡赔偿金】因同一侵权行为造成多人死亡的,可以以相同数额确定死亡赔偿金。

条文注解

对本条的理解,需要注意以下几点:一是以相同数额确定死亡赔偿金并非确定死亡赔偿金的一般方式,若分别计算死亡赔偿金较为容易,可以不采用这种方式。二是根据本法的规定,以相同数额确定死亡赔偿金原则上仅适用于因同一侵权行为造成多人死亡的案件。三是本条特别强调,对因同一侵权行为造成多人死亡的,只是“可以”以相同数额确定死亡赔偿金,而不是任何因同一侵权行为造成多人死亡的案件都“必须”或者“应当”以相同数额确定死亡赔偿金。至于什么情况下可以,什么情况下不可以,法院可以根据具体案情,综合考虑各种因素后决定。在实践中,原告的态度也是一个重要的考虑因素,多数原告主动请求以相同数额确定死亡赔偿金的,当然可以;原告没有主动请求,但多数原告对法院所提以相同数额确定的死亡赔偿金方案没有异议的,也可以适用这种方式。四是以相同数额确定死亡赔偿金的,原则上不考虑受害人的年龄、收入状况等个人因素。

这里还需要强调一点,本条只是规定,因同一侵权行为造成多人死亡的,可以对

"死亡赔偿金"以相同数额确定,对死者在死亡前产生的医疗费、护理费等合理费用支出,以及丧葬费支出,宜根据实际支出情况单独计算,损失多少,赔偿多少。

关联法规

《最高人民法院关于审理人身损害赔偿案件适用法律若干问题的解释》第17条

第一千一百八十一条 【被侵权人死亡时请求权主体的确定】被侵权人死亡的,其近亲属有权请求侵权人承担侵权责任。被侵权人为组织,该组织分立、合并的,承继权利的组织有权请求侵权人承担侵权责任。

被侵权人死亡的,支付被侵权人医疗费、丧葬费等合理费用的人有权请求侵权人赔偿费用,但是侵权人已经支付该费用的除外。

条文注解

根据本条第1款的规定,被侵权人死亡的,其近亲属有权请求侵权人承担侵权责任。近亲属的范围在本法第1045条作了明确规定,包括配偶、父母、子女、兄弟姐妹、祖父母、外祖父母、孙子女、外孙子女。

根据本条第2款的规定,被侵权人死亡的,支付被侵权人医疗费、丧葬费等合理费用的人有权请求侵权人赔偿费用,但是,侵权人已经支付该费用的除外。在司法实践中,支付被侵权人死亡前的医疗费等合理费用的,不一定是被侵权人本人,而有可能是其亲属、朋友或者其他人;对于丧葬费,由于受害人已经死亡,只能是其亲属、朋友或者其他人支付。若支付这些费用的是被侵权人的近亲属,这些近亲属当然可以依据本条第1款的规定请求侵权人赔偿这些费用,若支付这些费用的并非其近亲属,而是其朋友、其他人或者某一组织的,实际支付费用的主体也可以作为独立的请求权人请求侵权人赔偿这些费用,但若侵权人已将这些费用赔偿给被侵权人近亲属的,实际支付这些费用的主体就不能再向侵权人请求赔偿,而只能要求获得赔偿的近亲属返还这些费用。赋予实际支付医疗费、丧葬费等费用的主体独立请求权,有利于弘扬帮扶帮衬的社会美德,保护善良的社会风俗,也可以防止侵权人获得不当利益。

第一千一百八十二条 【侵害人身权益造成财产损失的赔偿数额的确定】侵害他人人身权益造成财产损失的,按照被侵权人因此受到的损失或者侵权人因此获得的利益赔偿;被侵权人因此受到的损失以及侵权人因此获得的利益难以确定,被侵权人和侵权人就赔偿数额协商不一致,向人民法院提起诉讼的,由人民法院根据实际情况确定赔偿数额。

条文注解

根据侵害行为及侵害人身权益内容的不同,侵害他人的人身权益造成财产损失的赔偿范围也不尽相同,主要包括:(1)侵害他人生命、健康、身体等权益造成的财产损失的赔偿范围,一般包括积极的财产损失和可得利益的损失。(2)侵害他人名誉权、荣誉权、姓名权、肖像权和隐私权等人身权益造成的财产损失。一些侵害人身权益的行为,被侵权人的财产损失难以确定,尤其是在被侵权人的名誉受损、知识产权被侵害等情况下,很难确定财产损失。在侵害他人人身权益的情况下,可将侵权人的获利情况作为司法实践中确定赔偿数额的重要因素考虑。由人民法院根据实际情况确定赔偿数额。该规定主要针对损人不利己等获利难以计算的情况。这项规定表达了三层含义:一是在侵权人损人没有获利或者获利难以计算的情况下,当事人可以就赔偿数额进行协商;二是赋予被侵权人获得赔偿的请求权,侵权人不能因为没有获利或者获利难以计算就不负赔偿责任;三是如何确定赔偿数额由法院根据侵权人的过错程度、具体侵权行为和方式、造成的后果和影响等确定。

关联法规

《最高人民法院关于适用〈中华人民共和国民法典〉侵权责任编的解释(一)》第1条

第一千一百八十三条　【精神损害赔偿】侵害自然人人身权益造成严重精神损害的,被侵权人有权请求精神损害赔偿。

因故意或者重大过失侵害自然人具有人身意义的特定物造成严重精神损害的,被侵权人有权请求精神损害赔偿。

条文注解

根据本条第1款的规定,侵害自然人人身权益造成严重精神损害的,被侵权人有权请求精神损害赔偿。第一,精神损害赔偿的范围是人身权益,侵害财产权益不在精神损害赔偿的范围之内。第二,需要造成严重精神损害。并非只要侵害他人人身权益,被侵权人就可以获得精神损害赔偿,偶尔的痛苦和不高兴不能认为是严重精神损害。之所以强调"严重"的精神损害,是为了防止精神损害赔偿被滥用。对"严重"的解释,应当采取容忍限度理论,即超出了社会一般人的容忍限度,就认为是"严重"。第三,被侵权人有权请求精神损害赔偿。一般来说,请求精神损害赔偿的主体应当是直接遭受人身权侵害的本人。

本条第2款规定了侵害行为的主观要件,即故意或者重大过失。"具有人身意义的特定物"的范围,在实践中主要涉及的物品类型:(1)与近亲属死者相关的特定纪念物品,如遗像、墓碑、骨灰盒、遗物等;(2)与结婚礼仪相关的特定纪念物品,如录像、照片等;(3)与家族祖先相关的特定纪念物品,如祖坟、族谱、祠堂等。这些物品对被侵权人具有人身意义。

精神损害本身无法用金钱数额进行衡量，但是精神损害赔偿的数额应该与精神损害的严重程度相一致。侵权人的过错程度、侵害手段、场合、行为方式、侵权行为所造成的后果，是衡量被侵权人精神损害程度的重要因素。越是故意甚至恶意的主观状态、在更为公开的场合、以更为恶劣的加害手段侵害被侵权人，对被侵权人造成越发严重的后果，则被侵权人所受精神损害的程度就越深，侵权人应承担的赔偿数额也就越高。同时应当承认，侵权人的获利情况、侵权人承担责任的经济能力与司法政策、法官结合具体案件自由裁量密不可分，因此精神损害赔偿的数额，宜在具体案件中，结合个案情况灵活处理。随着社会经济的发展变化，精神损害赔偿的数额也会随之发生变化。

案例注解

【案例(2021)湘1121民初2658号】务工受伤要求赔偿(包括精神损害赔偿)获法院支持

【基本案情】

2020年3月，被告邹某因房屋需要改建，遂与被告聂某(在当地农村从事房屋承建业务)联系，双方达成口头协议，被告聂某以包工不包料的方式承建被告邹某所有的厨房卫生间改建(两层小平房)和原建房屋的粉刷、贴砖等装修工程(含挡水、外墙瓷砖、内墙面及倒板批烫粉刷等)。达成协议后，被告聂某遂组织人员进行施工改建。原告系从事粉刷房屋的大工，被告聂某与原告系工友，平时不管谁联系到业务就互相告知，便一起去做事，且平分款项。原告得知被告聂某为被告邹某粉内墙等工程时，便申请参与一同做工，故被告聂某一共邀请了5人共同为被告邹某粉刷房屋。2021年1月19日，原告刘受被告聂的安排到被告邹某家的一楼客厅进行水泥粉刷倒板，脚手架等其他材料均由被告邹某方提供。上午9时许，原告刘某在施工过程中，从铁架子上摔下受伤，随后被送往医院住院治疗，被告邹某方预交了医疗费3995元。2021年2月5原告刘某出院，共计花费医疗费用27,726.82元。2021年8月3日原告的伤势经××市××司法鉴定所鉴定：(1)被鉴定人左髋关节功能丧失达26%构成十级伤残。(2)伤后已用医疗费及鉴定费至2021年8月3日止，请按实际费用正规发票予以认可。(3)医疗、护理、营养时限：伤后休息治疗9个月，1人陪护6个月(含二次手术陪护)，营养期6个月。(4)后期医疗、康复费的评估：根据伤情，左侧股骨粗隆间粉碎性骨折，需定期复查、促骨愈合，另增加康复费2000元，取内固定费用12,000元。事故发生后，被告邹某仅为原告预付3995元医疗费后便不再支付医疗费，故原告向本院提起诉讼，请求判令两被告共同赔偿原告受伤后的各项损失共计人民币169,465.07元。

本次事故经法院核定原告方的损失：(1)医疗费27,726.82元、CT检查费313元；(2)误工费41,118.75元(54,825元/年÷12个月×9个月)；(3)护理费21,040.5元(42,081元/年÷12个月×6个月)；(4)营养费5400元(30元/天×30天×6个月)；(5)司法鉴定费1805元；(6)住院伙食补助费1020元(60元/天×17天)；(7)康复费2000元；(8)后期治疗费12,000元；(9)伤残赔偿金28,194.5元(16,585元/年×

17 年×10%)；(10)精神抚慰金 5000 元；(11)交通费 800 元，合计 146,418.57 元。

【裁判要旨】

本案原告主动要求共同参与被告聂某为被告邹某承建装修工程，且又实际进行了参与，被告聂某也进行了认可，被告邹某方亦无异议，原告应系雇员，故被告邹某与原告双方形成事实上的雇佣合同关系。原告刘某在为被告邹某粉刷房屋提供劳务的过程中身体受到伤害，被告邹某对房屋粉刷人员的人身安全具有保障义务。作为房主未在现场督导房屋粉刷工作，未尽安全保障义务，对本案事故的发生有重大过错，应对原告的损失应承担一定的民事赔偿责任。原告刘某在事故的当天，因工作地点、工作时间、工作进度均受被告聂某的安排和指派，被告聂某应为本案中的包工头，工钱虽系平分，但仍有责任保障施工人员的人身安全。其没有充分注意到施工中的安全防护措施，对原告受伤负有部分责任。原告作为完全民事行为能力人，在脚手架上从事高空作业时，应当知道危险性，在作业中应当尽到充分的安全注意义务，但未尽到充分的安全注意义务，对造成此事故也应承担相应的责任。

【裁判结果】

2021 年 9 月 22 日，法院判决限被告邹某于本判决生效后 10 日内赔偿原告刘某各项损失 146,418.57 元×50% 即 73,209.29 元(含被告邹某垫付的 3995 元)；限被告聂某于本判决生效后 10 日内赔偿原告刘选民各项损失 146,418.57 元×20% 即 29,283.71 元，其他损失由原告刘某自行承担。(资料来源：中国裁判文书网)

关联法规

《最高人民法院关于确定民事侵权精神损害赔偿责任若干问题的解释》第 1、2 条，《最高人民法院关于适用〈中华人民共和国民法典〉侵权责任编的解释(一)》第 2 条

第一千一百八十四条 【财产损失计算方式】侵害他人财产的，财产损失按照损失发生时的市场价格或者其他合理方式计算。

条文注解

财产权益是民事权益中的重要组成部分，包括物权、知识产权、股权和其他投资性权利、网络虚拟财产等具有财产性质的权益。因侵权行为导致财产损失的，一般按照财产损失发生时的市场价格计算。也就是以财产损失发生的时间，该财产在市场上的价格为计算标准，完全毁损、灭失的，要按照该物在市场上所对应的标准全价计算；如果该物已经使用多年的，其全价应当是市场相应的折旧价格。

第一千一百八十五条 【侵害知识产权的惩罚性赔偿】故意侵害他人知识产权，情节严重的，被侵权人有权请求相应的惩罚性赔偿。

条文注解

惩罚性赔偿也称惩戒性赔偿,是侵权人给付给被侵权人超过其实际受损害数额的一种金钱赔偿。作为一种集补偿、制裁、遏制等功能于一身的制度,在一些国家和地区得到了广泛运用。目前,我国知识产权法律主要是《著作权法》《专利法》《商标法》。此外,国务院颁布的《中华人民共和国商标法实施条例》《集成电路布图设计保护条例》《中华人民共和国植物新品种保护条例》分别对地理标志、集成电路布图和植物新品种作出了规定和保护。

案例注解

【案例】某种业科技有限公司诉某农业产业发展有限公司侵害植物新品种权纠纷案

【基本案情】

某种业科技有限公司为水稻新品种"金粳818"的独占实施被许可人。某农业产业发展有限公司在不具有种子生产经营许可证的情况下,未经许可在微信群内发布"农业产业链信息匹配"寻找潜在交易者,并收取会员费后提供种子交易信息,与买家商定交易价格、数量、交货时间后安排送交无标识、标签的白皮袋,或者包装标注为其他商品粮的"金粳818"种子。某种业科技有限公司诉请判令某农业产业发展有限公司停止侵权,并赔偿经济损失300万元。

【裁判要旨】

根据《民法典》第288条规定,本案中某农业产业发展有限公司系被诉侵权种子的交易组织者、决策者,其行为构成销售侵权。该公司明知未经许可销售授权品种繁殖材料的侵权性质,所销售的被诉侵权种子部分包装未标注任何信息、部分包装标注为其他商品粮,试图掩盖侵权行为和逃避责任追究的意图明显,具有侵权恶意。其未取得种子生产经营许可证生产经营种子,可以认定为侵权行为情节严重。因此,应适用惩罚性赔偿。

【裁判结果】

由于该公司拒不提供相关账簿,故审理法院参考其宣传资料,综合考虑侵权情节推定侵权获利达到100万元以上,并以此为基数,按照基数的二倍确定惩罚性赔偿数额,全额支持权利人诉请。(资料来源:最高人民法院网)

关联法规

《消费者权益保护法》第55条,《食品安全法》第148条,《商标法》第63条

第一千一百八十六条　【公平责任原则】受害人和行为人对损害的发生都没有过错的,依照法律的规定由双方分担损失。

条文注解

公平分担损失的规定是侵权责任编根据实际情况作出的特别规定,与过错责任原则和无过错责任原则均有不同。与过错责任的区别主要有:(1)过错责任原则以行为人的过错作为承担责任的前提,而公平分担行为人并没有过错。(2)承担过错责任以填补受害人全部损失为原则,公平分担只是根据实际情况适当给受害人以补偿。与无过错责任的区别主要有:(1)无过错责任无论行为人是否有过错,其适用以法律的特殊规定为根据。也就是说,承担无过错责任,行为人可能有过错,也可能无过错。而公平分担,行为人没有过错,也不属于法律规定的适用无过错责任的情形。(2)无过错责任适用于法律明确规定的几种情形。而公平分担只是原则规定适用条件,没有具体界定所适用的案件类型。(3)承担无过错责任,有的是填补受害人的全部损失,有的法律规定了最高责任限额。公平分担只是分担损失的一部分,没有最高额限制。

公平分担适用于行为人和受害人对损害的发生均无过错的情况。如果损害由受害人的过错造成,应当由其自己负责;如果由行为人或者第三人的过错造成,应当由行为人或者第三人负责;如果行为人和受害人对损害的发生都有过错,应当根据他们的过错程度和原因分配责任。也就是说,只要有过错责任人,都不适用本条规定。

案例注解

【案例(2021)豫1528民初4236号】张某1在课间玩耍时不慎碰伤宋某1法院判双方均无过错,由双方分担损失

【基本案情】

原告宋某就读于息县××乡××小学,2019年9月2日下午下课期间,被告张某女儿张某1从背后将原告宋某推到楼梯上撞到右侧嘴唇受伤。原告受伤后先后在息县人民医院、郑州大学第一附属医院治疗,共支出治疗费用13,464.31元。原告伤情经息县人民医院诊断为右侧上唇裂伤,郑州大学第一附属医诊断为右侧上唇外伤后瘢痕增生。经××司法鉴定中心赣求司〔2020〕医鉴字第××××号鉴定意见书鉴定:(1)被鉴定人宋某后续治疗费评定为人民币贰仟圆整(2000元)。(2)被鉴定人宋某误工期(休息期)评定为30日,护理期评定为15日,营养期评定为15日。原告支出鉴定费2060元。因协商无果,原告诉至法院,请求判令被告张某、被告××小学、被告某保险公司赔偿原告医疗费、护理费等各项损失20,900元。

另查明,××乡××小学为原告宋某购买了国寿附加学生儿童意外伤害费用补偿医疗保险(A款),保险金额8000元。案涉事故发生在保险期内。参照2021年河南省人身损害赔偿各项标准,原告各项损失计算如下(取整):(1)医疗费:15,464元;(2)伙食补助费:4天×20元/天=80元;(3)护理费:49,073元/年(居民服务业)÷365天×15天=1926元;(4)营养费:20元/天×15天=200元;(5)鉴定费:2060元;(6)交通费酌定为800元。以上各项费用共计20,530元。

【裁判要旨】

《民法典》第1186条规定,受害人和行为人对损害的发生都没有过错的,依照法律的规定由双方分担损失。本案中,原告宋某及被告张某女儿张某1均系几岁的儿童,爱玩耍是儿童的本能和天性，二人在课间玩耍时不慎碰伤原告嘴唇，纯属意外事故，对损害的发生二人均没有过错；同理，不能认定校方未尽到安全教育义务，且校方还为学生购买了保险，故被告于息县××乡××小学也不存在过错。原告系意外受伤，被告××保险股份有限公司××县支公司依法应当在保险金8000元限额内首先承担赔偿责任，原告监护人与被告张某、被告于息县××乡××小学应当依法分担原告的剩余损失。

【裁判结果】

2021年8月11日，法院一审判决被告××保险股份有限公司息县支公司于本判决生效之日起10日内赔偿原告宋某8000元；被告于息县××乡××小学于本判决生效之日起10日内赔偿原告宋某5000元，被告张某于本判决生效之日起10日内赔偿原告宋某2530元。二审维持原判。（资料来源：中国裁判文书网）

第一千一百八十七条　【赔偿费用支付方式】损害发生后，当事人可以协商赔偿费用的支付方式。协商不一致的，赔偿费用应当一次性支付；一次性支付确有困难的，可以分期支付，但是被侵权人有权请求提供相应的担保。

条文注解

侵权责任制度的一项重要功能就是填补受害人的损失。损失既包括实际损失，如侵害他人造成人身损害产生的医疗费、护理费、交通费、营养费等为治疗和康复支出的合理费用，也包括预期利益的损失。本条对赔偿费用的支付方式作了三个层面的规定：(1)由当事人协商确定赔偿费用的支付方式。当事人对赔偿费用支付方式的协商可以包括：是一次性支付还是分期支付；如果是分期支付，分几期，每次付多少，要不要考虑物价变化因素；要不要支付利息，利息如何计算等。当事人可以根据赔偿数额的多少，受害人对赔偿费用的需求程度，侵权人的支付能力等实际情况对赔偿费用的支付进行协商。(2)协商不一致的一次性支付。侵权行为发生后，受害人的损失应当得到全面和及时的弥补，因此，如果当事人就赔偿费用的支付方式协商后，受害人不同意分期支付，侵权人就应当一次性支付全部赔偿费用。一次性支付，可以彻底了结纠纷，避免了受害人对侵权人未来能否按照约定支付的担心。(3)一次性支付确有困难的，可以分期支付，但是被侵权人有权请求提供相应的担保。分期支付应当具备以下两个条件：一是一次性支付确有困难。确有困难应当由侵权人举证证明，由人民法院作出判断。二是被侵权人有权请求提供相应的担保。该担保是应被侵权人请求提供的，既可以是保证人提供的保证，也可以是侵权人以自己的财产抵押、质押。

关联法规

《医疗事故处理条例》第52条，《最高人民法院关于审理人身损害赔偿案件适用法律若干问题的解释》第20、21条

第三章 责任主体的特殊规定

第一千一百八十八条 【监护人责任】无民事行为能力人、限制民事行为能力人造成他人损害的，由监护人承担侵权责任。监护人尽到监护职责的，可以减轻其侵权责任。

有财产的无民事行为能力人、限制民事行为能力人造成他人损害的，从本人财产中支付赔偿费用；不足部分，由监护人赔偿。

条文注解

本条第1款规定，无民事行为能力人和限制民事行为能力人造成他人损害的，由监护人承担民事责任，是由监护人的职责所决定的。由于大多数监护人与被监护人有血缘等密切关系，监护人有责任通过教育、管理等方式来减少或者避免被监护人侵权行为的发生。无民事行为能力或者限制民事行为能力人造成他人损害的，应当由监护人承担侵权责任。

依照本条第2款的规定，在具体承担赔偿责任时，如果被监护人有财产的，比如未成年人接受了亲友赠与的财产或者拥有其他价值较大的财产等，那么首先应当从被监护人的财产中支付赔偿费用，不足的部分再由监护人承担赔偿责任。

案例注解

【案例(2021)津0112民初6293号】限制民事行为能力人王某1损坏车辆监护人王某2被判赔偿

【基本案情】

2021年4月14日17时40分许，王某1将在马路边停放的津A×××××小轿车砸坏。原告张某系该车车主，车辆型号为长城iQ。根据张某提交的××汽车销售服务有限公司出具的预检单显示：该车辆右前门、右后门处存在破损；预估维修项目及费用分别为右前门喷漆1000元、右后门喷漆1000元、右前门拆装100元、右后门拆装100元，预估费用共计2200元，预估维修时间4～5日。因协商赔偿无果，原告诉至法院，请求判令被告王某1(法定代理人王某2)、王某2向原告赔付车辆维修费2200元、因车辆不能使用的交通费1600元，车辆折损10,000元，误工费600元。

【裁判要旨】

《民法典》第1188条规定，无民事行为能力人、限制民事行为能力人造成他人损害的，由监护人承担侵权责任。监护人尽到监护职责的，可以减轻其侵权责任。本案中，原告张某车辆被王某1损坏，王某2作为王某1的监护人应当承担侵权赔偿责任。

【裁判结果】

2021年8月4日,法院判决王某2于本判决生效后3日内支付张某车辆维修费1500元、交通工具替代费320元,共计1820元;驳回张某的其他诉讼请求。(资料来源:中国裁判文书网)

关联法规

《最高人民法院关于适用〈中华人民共和国民法典〉侵权责任编的解释(一)》第5~9条

第一千一百八十九条　【委托监护责任】无民事行为能力人、限制民事行为能力人造成他人损害,监护人将监护职责委托给他人的,监护人应当承担侵权责任;受托人有过错的,承担相应的责任。

条文注解

委托监护,是指监护人委托他人代行监护的职责,是一种双方的民事法律行为,是被监护人的监护人与受托人之间关于受托人为委托人履行监护职责、处理监护事务的协议,须有监护人委托与受委托人接受委托的意思表示一致才能成立。委托监护不同于意定监护。意定监护是在监护领域对自愿原则的贯彻落实,是具有完全民事行为能力的成年人对自己将来的监护事务,按照自己的意愿事先所作的安排。两者主要有以下不同点:第一,委托监护是监护人与非监护人之间确定非监护人代行监护职责的协议,而意定监护是在法定监护人之间确定监护人的协议。第二,委托监护中,尽管委托人可以将监护职责全部委托给受托人,但即使在此情况下,受托人也不是监护人。也就是说,监护人不能依照委托监护的协议将监护人的资格转让给他人,他人也不能通过委托监护的协议来取得监护资格。因此,在委托监护中即使监护职责全部由受托人行使,监护人的监护资格也不丧失。在意定监护中,依当事人之间的协议所确定的监护人对被监护人负监护人责任,其就是被监护人的监护人。第三,委托监护适用于无民事行为能力人、限制民事行为能力人的未成年人或者成年人。意定监护只适用于具有完全民事行为能力的成年人。

根据本条规定,无民事行为能力人、限制民事行为能力人造成他人损害,监护人将监护职责委托给他人的,监护人应当承担侵权责任。这意味着,实行监护人责任首负原则。除了监护人外,如果受托人有过错的,也要承担相应的责任。具体承担责任的范围,由司法机关结合具体案件情况依法裁量。

关联法规

《最高人民法院关于适用〈中华人民共和国民法典〉侵权责任编的解释(一)》第4、10条

第一千一百九十条 【丧失意识侵权责任】完全民事行为能力人对自己的行为暂时没有意识或者失去控制造成他人损害有过错的，应当承担侵权责任；没有过错的，根据行为人的经济状况对受害人适当补偿。

完全民事行为能力人因醉酒、滥用麻醉药品或者精神药品对自己的行为暂时没有意识或者失去控制造成他人损害的，应当承担侵权责任。

条文注解

考虑到导致完全民事行为能力人丧失意识的情况比较复杂，本条第1款根据不同的情形，规定了完全民事行为能力人的责任。(1)完全民事行为能力人对于自己丧失意识存在过错。如果是因为自己的过错，丧失了意识后造成了他人的损害，那么行为人应当根据其过错承担赔偿责任。(2)完全民事行为能力人对于自己的行为暂时没有意识或者失去控制没有过错。如果行为人暂时没有意识或者失去控制不是由于自己的过错造成，而是其他原因导致的，在这种情况下，行为人可以不承担侵权责任，不过需要根据公平分担的规定，适当分担被侵权人的损失。需要说明的是，这里对受害人是“补偿”而不是“赔偿”。

本条第2款规定“醉酒、滥用麻醉药品或者精神药品对自己的行为暂时没有意识或者失去控制造成他人损害”，其实也属于第1款“有过错”的一种情形。为了强调醉酒、滥用麻醉药品或者精神药品的行为与一般的过错相比，具有违法性，且危害性较大，本条第2款对醉酒、滥用麻醉药品或者精神药品导致自己暂时没有意识或者失去控制造成他人损害的责任专门作出了规定。完全民事行为能力人因醉酒、滥用麻醉药品或者精神药品导致自己暂时没有意识或者失去控制造成他人损害的。根据我国《刑法》的规定，醉酒的人应当承担刑事责任。《治安管理处罚法》规定，醉酒的人违反治安管理的，应当给予处罚。醉酒的人在醉酒状态中，对本人有危险或者对他人的人身、财产或者公共安全有威胁的，应当对其采取保护性措施约束至酒醒。

案例注解

【案例(2021)川1903民初20号】陈某酒后与人冲突被判赔偿

【基本案情】

2020年6月28日晚上，原告陈某、被告李某及案外多人一起在一鱼庄聚餐，其间原告、被告均饮酒，餐后在某茶楼喝茶。原告、被告发生口角，随后抓扯、相互推搡，推搡中，原告、被告摔倒在地。原告陈某在抓扯、推搡中额头处流血、左脚踝关节处肿胀。经在场人劝解，纠纷平息。原告陈某被送至医院。2020年6月29日凌晨1时25分左右入院，住院治疗24天，2020年7月22日出院。出院诊断：左内、外踝粉碎性骨折，右侧额、面部皮肤裂伤，双侧上颌、筛窦炎。用去医疗费33,121.85元，被告李某垫付10,000元。原告为此诉至法院，请求判令被告李某赔偿原告陈某因受伤所产生的医疗费33,121.85元(已付10,000元)、营养费2700元、误工费18,000元、护理费6000元、住院伙食补助费1200元、后续医疗费15,000元、残疾赔偿金72,308元、精神损害抚慰金5000元、交通费500元、鉴定费2600元,共计146,429.85元。

被告李某辩称:原告陈某的受伤是因为在劝架人的劝解后自行摔伤,与被告无关。请求依法驳回原告陈某的诉讼请求。

【裁判要旨】

《民法典》第1165条第1款规定:"行为人因过错侵害他人民事权益造成损害的,应当承担侵权责任。"第1190条第2款规定:"完全民事行为能力人因醉酒、滥用麻醉药品或者精神药品对自己的行为暂时没有意识或者失去控制造成他人损害的,应当承担侵权责任。"原告陈某与被告李某在相互抓扯、推搡中受伤,被告李某应当承担责任。第1173条规定:"被侵权人对同一损害的发生或者扩大有过错的,可以减轻侵权人的责任。"本案中,原告陈某与被告李某相互抓扯、推搡中,自身遇事不冷静,导致事态的扩大,也有一定过错,应当承担相应的责任。

【裁判结果】

2021年1月27日,法院判决原告陈某因受伤所产生的医疗费33,121.85元、营养费2700元、误工费14,200元、护理费6000元、住院伙食补助费960元、后续医疗费15,000元、残疾赔偿金29,340元、交通费200元,共计101,521.85元,被告李某赔偿原告陈某50,761元,原告陈某自行承担50,760.85元。鉴定费2600元,由被告李某赔偿原告陈某1300元,原告陈某自行承担1300元,精神损害抚慰金3000元,由被告李某赔偿原告陈某。上述费用,被告李某应当赔偿原告陈某55,061元,扣减已垫付10,000元后,应当给付45,061元,限于本判决生效之日起10日内付清。(资料来源:中国裁判文书网)

第一千一百九十一条 【用人单位责任和劳务派遣单位、劳务用工单位责任】用人单位的工作人员因执行工作任务造成他人损害的,由用人单位承担侵权责任。用人单位承担侵权责任后,可以向有故意或者重大过失的工作人员追偿。

劳务派遣期间,被派遣的工作人员因执行工作任务造成他人损害的,由接受劳务派遣的用工单位承担侵权责任;劳务派遣单位有过错的,承担相应的责任。

条文注解

对本条第1款的理解,我国对用人单位采取的是无过错责任,只要工作人员实施侵权行为造成他人的损害,用人单位就要首先承担赔偿责任。用人单位不能通过证明自己在选任或者监督方面尽到了相应的义务来免除自己的责任。当然,用人单位承担侵权责任后,可以向有故意或者重大过失的工作人员追偿。本条中的"用人单位",既包括企业、事业单位、国家机关、社会团体等,也包括个体经济组织等。"工作人员”既包括用人单位的正式员工，也应当包括临时在单位工作的员工。用人单位承担侵权责任的前提是工作人员的行为与“执行工作任务”有关。工作人员应当按照用人单位的授权或者指示进行工作。与工作无关的行为，即使发生在工作时间内，用人单位也不承担侵权责任，该责任由工作人员自己承担。需要指出的是，国家机关及其工作人员因工作造成他人损害的，一类属于履行公职权的行为；另一类不属于履行公职权的行为，是国家机关为了维持其正常运转所进行的民事行为。对于第一类属于履行公职权的行为，依据《国家赔偿法》的规定，有的需要国家机关承担国家赔偿责任。对于第二类国家机关在民事活动中侵害他人合法权益的，国家机关需要承担民事侵权责任。

对本条第2款的理解，劳务派遣是指劳务派遣机构与员工签订劳务派遣合同后，将工作人员派遣到用工单位工作。劳务派遣的主要特点就是员工的雇用和使用分离。劳务派遣机构不是职业介绍机构，是与劳动者签订劳动合同的一方当事人。派遣的员工到用工单位工作，但不与用工单位签订劳动合同，产生劳动关系。劳务派遣的用人形式不同于一般的用人单位，劳务派遣单位虽然与被派遣的员工签订了劳动合同，但不对被派遣员工进行使用和具体的管理。在劳务派遣期间，被派遣的工作人员是为接受劳务派遣的用工单位工作，接受用工单位的指示和管理，同时由用工单位为被派遣的工作人员提供相应的劳动条件和劳动保护，所以，被派遣的工作人员因工作造成他人损害的，其责任应当由用工单位承担。劳务派遣单位在派遣工作人员方面存在过错的，应当承担相应的责任。

关联法规

《劳动合同法》第58、59条，《最高人民法院关于适用〈中华人民共和国民法典〉侵权责任编的解释(一)》第15~17条

第一千一百九十二条 【个人劳务关系中的侵权责任】个人之间形成劳务关系，提供劳务一方因劳务造成他人损害的，由接受劳务一方承担侵权责任。接受劳务一方承担侵权责任后，可以向有故意或者重大过失的提供劳务一方追偿。提供劳务一方因劳务受到损害的，根据双方各自的过错承担相应的责任。

提供劳务期间，因第三人的行为造成提供劳务一方损害的，提供劳务一方有权请求第三人承担侵权责任，也有权请求接受劳务一方给予补偿。接受劳务一方补偿后，可以向第三人追偿。

条文注解

劳务关系，是指提供劳务一方为接受劳务一方提供劳务服务，由接受劳务一方按照约定支付报酬而建立的一种民事权利义务关系。

对本条第 1 款的理解，由于本条中“个人之间形成劳务关系”，不属于依法应当参加工伤保险统筹的情形，提供劳务一方受到损害后，不能适用《工伤保险条例》。个人之间的劳务关系的损害，跟雇主情形下损害不一样，个人之间的劳务，提供劳动一方有较大的自主权，不像雇主对雇员的控制力那么强。造成损害的，接受劳务一方承担无过错责任太重。所以提供劳务一方因劳务受到损害的，不宜采取无过错责任的原则，要求接受劳务一方无条件地承担赔偿责任。实践中因劳务受到损害的情况比较复杂，应当区分情况，根据双方的过错来处理比较合理。

对本条第 2 款的理解，损害是因第三人造成的，第三人应当承担侵权责任。在个人之间形成的劳务关系中，因第三人的行为造成提供劳务一方损害的，第三人应当承担侵权责任。提供劳务一方是在为接受劳务一方工作过程中受伤的，个人之间形成劳务关系一般不购买相应的工伤保险，这与本法第 1191 条规定的用人单位责任有较大不同。因此，要求接受劳务一方承担不真正连带责任，责任分配过重。故第 2 款规定接受劳务一方补偿后，可以向第三人追偿。

案例注解

【案例（2021）黔 0502 民初 4564 号】雇工跌倒受伤雇主被判承担赔偿

【基本案情】

原告顾某系从事打墙工作。2019 年 8 月 7 日，被告主某给自己住宅进行房屋改造，聘请被告孙某为其进行房屋改造。在进行房屋改造过程中，因需要切割一个窗户墙洞及其他窗户四周的墙壁以便安装窗户。被告孙某打电话给原告顾某，介绍原告为被告主某家打墙。原告顾某到达被告家中后，被告主某就去借了一条简易的木凳供原告施工使用，当原告站在凳子上施工的时候，因木凳过于简易不稳发生歪斜，导致原告来不及反应就从上面摔了下来，同时被未关闭的切割机将原告右膝盖割伤。事故发生后，原告被送到医院住院治疗，原告的伤情被诊断为：(1)右膝部切割伤：①股四头肌肌腱断裂；②右股骨骨折并内髁部分缺失；(2)失血性休克。原告在医院共住院 12 天，花费医疗费 11,990.00 元，其中被告主某垫付 4000 元，原告自行支付 7900 元。2021 年 3 月 19 日，经原告申请，本院委托某司法鉴定所对原告的伤情进行司法鉴定，经鉴定：原告伤情为十级伤残；误工期 90～180 日，护理期 60～120 日，营养期 30～90 日；原告支付鉴定费 1900 元。为此，原告诉至法院，请求判令被告孙某、被告主某连带赔偿原告医疗费、住院伙食补助费、营养费、护理费、误工费、交通费、残疾赔偿金、被抚养人生活补助费、精神抚慰金等（暂计 10,000.00 元，待伤残等级评定后再行计算）147,174.27 元。

另查明，在本次事故发生时，原告长子顾某 1 于 2004 年 11 月 6 日出生，尚需抚养 4 年；原告次子顾某 2 于 2009 年 5 月 13 日出生，尚需抚养 8 年，共计两个抚养人。

【裁判要旨】

《民法典》第 1192 条第 1 款规定：“个人之间形成劳务关系，提供劳务一方因劳务造成他人损害的，由接受劳务一方承担侵权责任。接受劳务一方承担侵权责任后，可以向有故意或者重大过失的提供劳务一方追偿。提供劳务一方因劳务受到损害的，根据双方各自的过错承担相应的责任。”本案中，被告主某进行房屋改造，原告系被告孙某介绍为被告的房屋进行打墙，原告系为被告主某提供劳务，其所用工具系由被告主某提供，故应由被告主某承担赔偿责任。被告孙某在本案中仅起到介绍的作用，故被告孙某对原告的损失不承担赔偿责任。原告顾某系专业打墙人员，在从事打墙过程中未尽到安全注意义务，对事故的发生存在一定的过错，本院酌情由原告顾某承担20%责任，被告主某承担80%责任。

【裁判结果】

2021年8月27日，法院判决被告主某于本判决生效之日起10日内赔偿原告顾某营养费、护理费、误工费、住院伙食补助费、残疾赔偿金、精神损害赔偿金等各项损失共计人民币105,620元，驳回原告顾某的其他诉讼请求。（资料来源：中国裁判文书网）

关联法规

《最高人民法院关于审理人身损害赔偿案件适用法律若干问题的解释》第4、5条

第一千一百九十三条　【承揽关系中的侵权责任】承揽人在完成工作过程中造成第三人损害或者自己损害的，定作人不承担侵权责任。但是，定作人对定作、指示或者选任有过错的，应当承担相应的责任。

条文注解

本法规定的承揽合同是承揽人按照定作人的要求完成工作，交付工作成果，定作人给付报酬的合同。承揽包括加工、定作、修理、复制、测试、检验等工作。在履行承揽合同的过程中，承揽人对第三人造成损害或者自身遭受损害的侵权责任如何承担，我国法律没有规定。考虑到在大多数情况下，承揽人主要依靠自己的技术和专业技能独立完成承揽工作，不受定作人的支配，承揽人对第三人造成损害或者造成自身损害时，不应要求定作人承担侵权责任。但是，定作人对定作、指示或者选任存在过错的，需要承担相应的过错责任，这是定作人的指示过失责任。需要指出的是，本法第1192条个人之间形成劳务关系，个人之间因提供劳务造成他人损害和自己损害的责任的规定，不适用本条因承揽关系产生的纠纷。

关联法规

《最高人民法院关于适用〈中华人民共和国民法典〉侵权责任编的解释（一）》第18条

第一千一百九十四条　【网络侵权责任】网络用户、网络服务提供者利用网络侵害他人民事权益的，应当承担侵权责任。法律另有规定的，依照其规定。

条文注解

网络用户利用网络侵害他人民事权益,大体可以分为以下几种类型:一是侵害人格权。主要表现:(1)盗用或者假冒他人姓名,侵害姓名权;(2)未经许可使用他人肖像,侵害肖像权;(3)发表攻击、诽谤他人的文章,侵害名誉权;(4)非法侵入他人电脑、非法截取他人传输的信息、擅自披露他人个人信息、大量发送垃圾邮件,侵害隐私权和个人信息受保护的权利。二是侵害财产利益。基于网络活动的便捷性,通过网络侵害财产利益的情形较为常见,如窃取他人网络银行账户中的资金,最典型的是侵害网络虚拟财产,如窃取他人网络游戏装备、虚拟货币等。三是侵害知识产权。主要表现为侵犯他人著作权、商标权和专利权等知识产权:(1)侵犯著作权,如擅自将他人作品进行数字化传输,规避技术措施,侵犯数据库等。(2)侵犯商标权,如恶意抢注与他人商标相同或相类似的域名,在电商平台上销售假冒他人商标或者使用足以使消费者混淆的商标的商品等。(3)侵犯专利权,如未经专利人授权,在网站上销售专利产品。

网络服务提供者利用网络侵害他人民事权益,网络服务提供者是一个概括性表述,既包括提供接入、缓存、信息存储空间、搜索以及链接等服务类型的技术服务提供者,也包括主动向网络用户提供内容的内容服务提供者,还包括在电子商务中为交易双方或者多方提供网络经营场所、交易撮合、信息发布等服务,供交易双方或者多方独立开展交易活动的电子商务平台经营者。不同类型的网络服务提供者通过网络实施侵权行为的表现也不一样。根据"技术中立"原则,技术服务提供者一般无须对他人通过网络侵犯他人民事权益的行为承担责任,如中国移动、中国电信、中国联通等电信服务运营商无须对经由其网络传输的信息承担责任,百度等搜索引擎提供者无须对搜索结果负责,但若其行为高度介入传输行为、编排搜索结果等,则需对其行为承担责任,电子商务平台经营者一般无须对其平台出现的侵权行为承担责任。此外,破坏他人技术保护措施、利用技术手段攻击他人网络、窃取他人个人信息的,也要承担侵权责任。内容服务提供者应当对所上传内容的真实性与合法性负责,如果提供了侵权信息,如捏造虚假事实诽谤他人、发布侵犯著作权的影视作品等,应当承担侵权责任。

关联法规

《信息网络传播权保护条例》第13~17、20~24条,《最高人民法院关于审理侵害信息网络传播权民事纠纷案件适用法律若干问题的规定》第1~10条

第一千一百九十五条　【网络服务提供者侵权补救措施与责任承担】网络用户利用网络服务实施侵权行为的,权利人有权通知网络服务提供者采取删除、屏蔽、断开链接等必要措施。通知应当包括构成侵权的初步证据及权利人的真实身份信息。

网络服务提供者接到通知后，应当及时将该通知转送相关网络用户，并根据构成侵权的初步证据和服务类型采取必要措施；未及时采取必要措施的，对损害的扩大部分与该网络用户承担连带责任。

权利人因错误通知造成网络用户或者网络服务提供者损害的，应当承担侵权责任。法律另有规定的，依照其规定。

条文注解

根据本条第1款规定，通知应当包括构成侵权的初步证据及权利人的真实身份信息。一般而言，一份合格的权利通知应当包括两个方面内容：首先是权利人的真实身份信息，包括但不限于权利人的姓名、名称、住址、联系方式、电话、电子邮箱等，没有真实身份信息和有效联系方式，网络服务提供者无法与其取得联系，也无法发送网络用户声明不存在侵权行为的通知。其次是构成侵权的初步证据，通知是权利人主张权利的重要依据，应当附有证明其权利的证据或者相关信息涉嫌侵权的初步证据。另外，通知中一般还应当附有涉嫌侵权信息的网址链接或其他可以定位侵权商品或信息的有效方法等。

根据本条第2款规定，权利人一旦发出合格通知，就触发了网络服务提供者的义务。网络服务提供者接到通知后，应当及时将该通知转送相关网络用户，并根据构成侵权的初步证据和服务类型采取必要措施。具体包括：及时将该通知转送相关网络用户；根据构成侵权的初步证据和服务类型采取必要措施。理解这一规定，需要注意以下两个方面：一是网络服务提供者承担本条项下责任的归责原则。网络服务提供者审查权利通知后依法采取了必要措施，既豁免了对网络用户的违约责任，也豁免了对权利人可能承担的帮助侵权责任；网络服务提供者依然承担过错责任，或者因应当采取必要措施而没有采取，或者因采取的必要措施不当，按照共同侵权制度，其因网络用户的侵权行为而对权利人承担帮助侵权责任。二是如何认定“及时”。根据《最高人民法院关于审理利用信息网络侵害人身权益民事纠纷案件适用法律若干问题的规定》第4条的规定，根据网络服务的类型和性质、有效通知的形式和准确程度，网络信息侵害权益的类型和程度等因素综合判断。

根据本条第3款，在《侵权责任法》第36条的基础上，特别增加这一规定，警示权利人不得滥用程序，促使权利人维权更为理性，因错误通知造成网络用户、网络服务提供者损失的，权利人应当承担侵权责任。增加“法律另有规定的，依照其规定”这一衔接性表述，主要是考虑到本条为一般规定，根据被侵害的权利类型的不同，其他法律可能作出细化或者特别规定。

关联法规

《电子商务法》第42、43条，《信息网络传播权保护条例》第14条，《最高人民法院关于审理侵害信息网络传播权民事纠纷案件适用法律若干问题的规定》第4、5条

第一千一百九十六条　【不侵权声明】网络用户接到转送的通知后，可以向网络服务提供者提交不存在侵权行为的声明。声明应当包括不存在侵权行为的初步证据及网络用户的真实身份信息。

网络服务提供者接到声明后，应当将该声明转送发出通知的权利人，并告知其可以向有关部门投诉或者向人民法院提起诉讼。网络服务提供者在转送声明到达权利人后的合理期限内，未收到权利人已经投诉或者提起诉讼通知的，应当及时终止所采取的措施。

条文注解

根据本条第1款规定，网络用户提交的声明应当包括不存在侵权行为的初步证据及网络用户的真实身份信息。(1)不存在侵权行为的初步证据，比如著作权、专利权、商标权等，涉嫌侵权的网络用户可以提供文章底稿、著作权登记证书、专利证书、商标权证书、原产地证明、授权法律文书等，证明其具有相应的权利。(2)网络用户的真实身份信息。不少网络用户对外表现为昵称、笔名，而非其真实身份，实践中，这使得很多权利人在起诉时，无法准确确定被告，维权十分困难。网络不是法外之地，每个人都需要对自己的行为负责，在网络上也是一样。在权利人表明自己真实身份，指称其涉嫌侵权时，网络用户也有义务表明其真实身份，这也是当然之意。

本条第2款规定网络服务提供者的义务：(1)转送义务。纠纷主要发生在权利人与网络用户之间，网络服务提供者接到反通知后，立即产生转送义务，应当及时将反通知转送发出通知的权利人，让权利人及时知道网络用户提出了抗辩；同时履行告知义务，让权利人知晓应当及时向有关部门投诉或者向法院起诉，以解决纠纷。(2)及时终止所采取的措施。网络用户的声明到达权利人后，权利人应当作出适当反应，既可以表示认可，也可以表示反对；既可以明示，也可以默示。如果在合理期限内，权利人通知网络服务提供者，其已经向有关部门投诉或者向法院起诉，表明权利人以明示方式对反通知的内容表示反对，网络服务提供者应当继续维持此前采取的必要措施，直至有关部门或者法院有进一步指令；如果权利人在合理期限内没有投诉或者起诉，表明权利人默示认可反通知，网络服务提供者应当及时终止所采取的措施，恢复相关信息。这样规定，既是为了促使权利人尽快行使权利，避免相关权利纠纷长期处于不确定状态，也是为了尽量减少因错误通知给网络用户和网络服务提供者增加的负担。

第一千一百九十七条　【网络服务提供者的连带责任】网络服务提供者知道或者应当知道网络用户利用其网络服务侵害他人民事权益，未采取必要措施的，与该网络用户承担连带责任。

条文注解

根据本条规定，网络服务提供者与网络用户承担连带责任的主观构成要件为“知道或者应当知道”，采用的是过错责任。“知道”即“明知”。明知是一种主观状态，表明行为人的内心对侵权行为这一事实的发生具有明确而充分的认识，甚至放任或者积极追求损害后果的发生。一般有两种途径：一是行为人自认。行为人明确表示其主观状态为“明知”，当然可以认定，只是这种情形实践中较少出现。二是通过程序网络服务提供者侵权补救措施与责任承担制度来证明。

关联法规

《最高人民法院关于审理侵害信息网络传播权民事纠纷案件适用法律若干问题的规定》第6条

第一千一百九十八条　【安全保障义务人责任】宾馆、商场、银行、车站、机场、体育场馆、娱乐场所等经营场所、公共场所的经营者、管理者或者群众性活动的组织者，未尽到安全保障义务，造成他人损害的，应当承担侵权责任。

因第三人的行为造成他人损害的，由第三人承担侵权责任；经营者、管理者或者组织者未尽到安全保障义务的，承担相应的补充责任。经营者、管理者或者组织者承担补充责任后，可以向第三人追偿。

条文注解

对本条第1款的理解，本法明确安全保障义务人为下列两类人：(1)宾馆、商场、银行、车站、机场、体育场馆、娱乐场所等经营场所、公共场所的经营者、管理者。公共场所包括以公众为对象进行商业性经营的场所，也包括对公众提供服务的场所。(2)群众性活动的组织者。群众性活动，是指法人或者其他组织面向社会公众举办的参加人数较多的活动，如体育比赛活动，演唱会、音乐会等文艺演出活动，展览、展销等活动，游园、灯会、庙会、花会、焰火晚会等活动，人才招聘会、现场开奖的彩票销售等活动。本法对安全保障义务的保护对象规定为“他人”，没有明确具体的范围，实践中哪些人属于保护对象应根据具体情况判断。安全保障义务的目的在于保护他人的人身和财产安全，其主要内容是作为，即要求义务人必须采取一定的行为来维护他人的人身或者财产免受侵害。根据安全保障义务的内容不同，可以将安全保障义务分为以下两类：(1)防止他人遭受义务人侵害的安全保障义务。(2)防止他人遭受第三人侵害的安全保障义务。

本条第2款规定，第三人的行为是造成损害的直接原因，应当首先由第三人承担侵权责任。理解这一规定，应当注意以下两点：(1)第三人的侵权责任和安全保障义务人的补充责任有先后顺序。先由第三人承担侵权责任,在无法找到第三人或者第三人没有能力全部承担赔偿责任时,才由安全保障义务人承担补充责任。如果第三人已经全部承担侵权责任,则安全保障义务人不再承担责任。(2)《侵权责任法》未规定经营者、管理者或者组织者承担补充责任后,第三人因为距离损害更近,属于终局责任人,安全保障义务人可以向其追偿。

案例注解

【案例(2021)浙0122民初2105号】某酒店未尽到安全保障义务人责任,被判承担20%赔偿责任

【基本案情】

2020年8月14日,原告费某与家人跟团到××县旅游,当晚原告与其丈夫、女儿入住被告某商务酒店处。被告前台服务员告知后院(案涉事故发生地)可以晾晒衣服,该场地为被告日常晾晒场,原告女儿洗好衣服后即推开常闭式消防门(未设置警示标志)进入后院晾晒衣服。2020年8月15日早晨6点左右,原告与其女儿通过常闭式消防门进入后院,原告将其女儿昨晚晾晒的衣服分晒到其他晾晒绳上过程中,未注意到脚下的大石板(现已被移走),被绊倒摔伤。事故发生后,原告曾向当地派出所报警,因调解不成,出警警官建议其走诉讼途径。原告摔伤后被送至某医院就诊,花费救护车费用190元、急诊费10元、医疗费320.9元。原告于该日晚上转入上海某医院进行住院治疗,支付救护车护送费2000元,于8月28日出院,住院13天。出院后至2021年4月继续治疗,共花费医疗费等42,199.85元。原告上述医疗费等费用(自付)总计44,720.75元,并支付901元购买护理床(无医院建议)。2020年8月15日,原告与上海某家政服务公司、家政服务员某签订家政服务合同,由杨某提供护理服务,服务期限2020年8月15日至2021年8月14日,服务报酬每月5000元,按月现金支付,原告至今支付护理费45,400元。经协商无果,原告诉至法院,请求判令被告赔偿原告伤残赔偿、营养费、护理费、医疗费、律师费等合计144,056.75元。

案件审理期间,经原告申请,法院委托某司法鉴定中心对其伤残等级、误工期、护理期、营养期、护理依赖程度进行鉴定,2021年4月20日该鉴定中心出具司法鉴定意见书,鉴定意见:原告损害已构成人体损伤十级伤残等级,建议所需误工期、护理期自受伤之日起至伤残评定前一日止(是否给予误工期由法院酌情处理),营养期以120日左右为宜(均包括住院时间),原告受伤未构成护理依赖。原告支付鉴定费2600元、放射费59元,并支付车辆租赁费1800元。另查明,原告为本案诉讼支付律师代理费3000元。

【裁判要旨】

《民法典》第1198条第1款规定,宾馆、商场、银行、车站、机场、体育场馆、娱乐场所等经营场所、公共场所的经营者、管理者或者群众性活动的组织者,未尽到安全保障义务,造成他人损害的,应当承担侵权责任。本案中,原告系晾晒衣服时摔倒致伤,原告作为完全民事行为能力人,应对自身安全尽到谨慎的注意义务,应对案涉事故发生地的设施尽到一般的观察、注意义务。原告已年逾七旬,且在其女儿陪同下晾晒衣服,未注意到脚下的大石板绊倒受伤,原告对其受伤应承担主要过错。被告作为酒店经营者，在从事经营活动时，应当在合理限度范围内对进入其经营场地的消费者尽到安全保障义务。被告未在常闭式消防门及在晾晒场所存在高出地面的大石板上设置警示标志，未尽到安全警示义务，对本案损害结果的发生亦存在过错。

【裁判结果】

2021年9月22日，法院结合本案事实，考虑损害结果发生的原因及过错大小，酌情确定由原告自行承担80%的责任，被告承担20%的责任，判决被告某商务酒店赔偿原告费某因受伤造成的各项损失共计25,013.65元，于本判决生效之日起10日内付清，驳回原告费某的其他诉讼请求。（资料来源：中国裁判文书网）

第一千一百九十九条 【教育机构的过错推定责任】无民事行为能力人在幼儿园、学校或者其他教育机构学习、生活期间受到人身损害的，幼儿园、学校或者其他教育机构应当承担侵权责任；但是，能够证明尽到教育、管理职责的，不承担侵权责任。

条文注解

本条采用过错推定原则，主要考虑：无民事行为能力人智力发育还很不成熟，对事物的认知和判断存在较大不足，不能辨认或者不能充分理解自己行为的后果，必须加以特别保护，这就要求学校更多地履行保护孩子身心健康的义务。无民事行为能力人在幼儿园、学校或者其他教育机构学习、生活期间，超越了监护人的控制范围，如果受到人身损害，基本无法对事故发生的情形准确地加以描述，此时要让无民事行为能力人或者其监护人来证明学校的过错，几乎是不可能的。采用过错推定原则，学校也能举证反驳，可以通过证明已经尽到了相当的注意并且实施了合理的行为，以达到免责的目的。同时，学校等教育机构更有可能通过保险等方式来向社会转移风险。由幼儿园、学校和其他教育机构承担侵权责任的侵权行为的范围，应当限于发生在幼儿园、学校和其他教育机构的教育、教学活动中或者其负有管理责任的校舍、场地、其他教育教学设施、生活设施中的侵权行为。

第一千二百条 【教育机构的过错责任】限制民事行为能力人在学校或者其他教育机构学习、生活期间受到人身损害，学校或者其他教育机构未尽到教育、管理职责的，应当承担侵权责任。

条文注解

本条采用了过错责任原则，主要是考虑：与无民事行为能力人相比，限制民事行为能力人的心智已渐趋成熟，对事物已有一定的认知和判断能力，能够在一定程度上理解自己行为的后果，对一些容易遭受人身损害的行为也有了充分认识，应当在构建和谐的成长环境的同时,鼓励其广泛地参加各类学校活动和社会关系,以利于其更好、更有效地学习、成长。同时,在判断学校尽到教育、管理职责时也可以通过采用客观化的判断标准,如学校的各种教学设施是否符合安全要求,对存在的各种安全隐患是否及时排除、是否已采取必要的防范措施,学校是否制定了合理、明确的安全规章制度等来缓和举证责任,减轻被侵权人的举证负担,以利于对学生的救济。

案例注解

【案例(2021)陕0581民初2094号】学生在学校从宿舍床上跌伤学校被判承担赔偿责任

【基本案情】

原告郭某某系被告某中学小学部寄宿学生,2021年5月11日晚10时许原告在宿舍从上铺下床时,不慎跌落受伤,后原告被送往市人民医院治疗,经诊断为腹部损伤,创伤性脾破裂,下颚挫伤。共计住院16天,花去医疗费9456.23元,其间被告付给原告医疗费5000元。后因双方协商赔偿事宜未果,原告遂提起诉讼,请求法院依法判令被告立即赔偿原告医疗费9456.23元,住院伙食补助费1280元,护理费28,600元,营养费7800元,交通费2051元,后续治疗费12,000元,精神损害抚慰金8000元,辅导费32,400元,共计人民币101,587.23元。

【裁判要旨】

《民法典》第1200条规定,限制民事行为能力人在学校或者其他教育机构学习、生活期间受到人身损害,学校或者其他教育机构未尽到教育、管理职责的,应当承担侵权责任。原告作为寄宿学生在宿舍从上铺下床时,不慎跌落受伤,被告未尽安全保障义务,应当承担相应侵权赔偿责任。

【裁判结果】

2021年9月6日,法院被告某中学于本判决生效之日起10日内赔偿原告郭某某医疗费9456.23元,住院伙食补助费1280元,护理费21,600元,营养费5400元,交通费2051元,后续治疗费12,000元,精神抚慰金8000元,辅导费14,000元,共计人民币73,787.23元(其中应扣除已支付的5000元)。(资料来源:中国裁判文书网)

关联法规

《学生伤害事故处理办法》第9条

第一千二百零一条　【在教育机构内第三人侵权时的责任分担】无民事行为能力人或者限制民事行为能力人在幼儿园、学校或者其他教育机构学习、生活期间,受到幼儿园、学校或者其他教育机构以外的第三人人身损害的,由第三人承担侵权责任;幼儿园、学校或者其他教育机构未尽到管理职责的,承担相应的补充责任。幼儿园、学校或者其他教育机构承担补充责任后,可以向第三人追偿。

条文注解

本条规定分为三部分:(1)幼儿园、学校或者其他教育机构以外的人员承担的侵权责任。幼儿园、学校或者其他教育机构以外的人员是指幼儿园、学校或者其他教育机构的教师、学生和其他工作人员以外的人员。如果未成年人在幼儿园、学校或者其他教育机构学习、生活期间遭受人身损害,是由于幼儿园、学校或者其他教育机构本身的人员的行为造成的,幼儿园、学校或者其他教育机构未尽到教育、管理职责时,就要承担责任。(2)幼儿园、学校或者其他教育机构承担的相应补充责任。无民事行为能力人或者限制民事行为能力人在幼儿园、学校或者其他教育机构学习、生活期间,受到幼儿园、学校或者其他教育机构以外的人员人身损害的,该人员作为侵权人应当承担侵权责任。但由于此时受到人身损害的无民事行为能力人或者限制民事行为能力人仍在幼儿园、学校或者其他教育机构监管之下,幼儿园、学校或者其他教育机构仍负有管理职责,如果幼儿园、学校或者其他教育机构未尽到管理职责的,对损害的发生也具有过错,其未尽到管理职责的行为是造成损害发生的间接原因,应当承担补充责任。(3)《侵权责任法》没有规定幼儿园、学校或者其他教育机构承担补充责任后,可以向第三人追偿。主要是考虑本条中负有安全保障义务的主体承担相应的补充责任,第三人因为距离损害更近,属于终局责任人,安全保障义务人可以向其追偿。

关联法规

《最高人民法院关于适用〈中华人民共和国民法典〉侵权责任编的解释(一)》第14条

第四章 产品责任

第一千二百零二条 【产品生产者责任】因产品存在缺陷造成他人损害的,生产者应当承担侵权责任。

条文注解

构成产品责任须具备三个要件:第一,产品具有缺陷。产品缺陷是构成产品责任的首要条件。《产品质量法》第46条对缺陷有相关定义,但是侵权责任法没有对产品缺陷作出定义性的规定。一般来说,产品存在缺陷,即产品存在"不合理危险"。第二,须有缺陷产品造成受害人损害的事实。缺陷产品造成受害人损害的事实,是指缺陷产品的使用人或者第三人因缺陷产品造成损害的客观存在。损害事实包括人身损害、财产损害。第三,缺陷产品与损害事实之间存在因果关系。产品责任中的因果关系,是指产品的缺陷与受害人损害事实之间存在引起与被引起的关系。在一般侵权案件中，原则上是“谁主张，谁举证”。产品责任是一种特殊的侵权，考虑到用户、消费者与生产者之间存在信息上的不对称，特别是对于高科技产品致害原因不易证明等特点，通常要求生产者就缺陷不存在，或缺陷与损害之间不存在因果关系举证。如果生产者不能举证证明，则认定产品存在缺陷及缺陷与损害之间存在因果关系。

关联法规

《产品质量法》第41、42、46条，《最高人民法院关于适用〈中华人民共和国民法典〉侵权责任编的解释(一)》第19条

第一千二百零三条 【被侵权人请求损害赔偿的途径和先行赔偿人追偿权】因产品存在缺陷造成他人损害的，被侵权人可以向产品的生产者请求赔偿，也可以向产品的销售者请求赔偿。

产品缺陷由生产者造成的，销售者赔偿后，有权向生产者追偿。因销售者的过错使产品存在缺陷的，生产者赔偿后，有权向销售者追偿。

条文注解

本条所称被侵权人，是指因产品存在缺陷造成人身、财产损害之后，有权要求获得赔偿的人。包括直接购买并使用缺陷产品的人，也包括非直接购买使用缺陷产品但受到缺陷产品损害的其他人。

本条从方便被侵权人维护自己合法权益的角度出发，规定了被侵权人请求赔偿的两条途径：一条是可以向产品的生产者请求赔偿；另一条是可以向产品的销售者请求赔偿。也就是说，只要是缺陷产品引起的损害，被侵权人可以向生产者和销售者中的任何一方提出赔偿请求。

根据本条规定，生产者、销售者中先行赔偿的一方有权向应当承担责任的一方追偿自己已经向被侵权人垫付的赔偿费用。预先垫付了赔偿费用的一方有权要求有责任的一方支付自己已经垫付的费用。需要明确的是，生产者和销售者承担产品责任的原则是不同的，生产者承担无过错责任，销售者承担过错责任，对此本条第2款明确规定“产品缺陷由生产者造成的，销售者赔偿后，有权向生产者追偿。因销售者的过错使产品存在缺陷的，生产者赔偿后，有权向销售者追偿”。先行垫付赔偿费用的一方只有在另一方符合承担产品侵权责任条件的情形下，才可以向对方行使追偿权。

案例注解

【案例(2021)豫0726民初1829号】油烟机因电器出现故障而引发火灾销售商被判承担赔偿责任

【基本案情】

2021年3月19日,原告郑某家中的厨房起火,引发室内火灾。在消防员去救火途中,原告家厨房的火已自行熄灭。原告家的抽油烟机和橱柜是通过邻居介绍,由被告潘某提供、安装。事故发生后,原告联系潘某到事故现场进行了查看,并联系被告油烟机经销穆某到现场查看是不是其销售的油烟机。2021年3月26日,某装饰有限公司对该事故给原告造成的财产损失出具了赔偿清单,显示财产损失为6950.2元。2021年4月8日,该县消防救援大队出具×消火认简字〔2021〕第×××号火灾事故简易调查认定书,该认定书显示:"起火单位为郑某住宅(厨房抽油烟机),起火部位是该住宅一楼东北角厨房,起火点为厨房抽油烟机左侧上部电机处,起火原因系抽油烟机电器故障引起着火,引燃抽油烟机外部油渍等可燃物成灾。火灾烧毁抽油烟机1个,纱窗1扇,LED吸顶灯一盏,燃气表1个,约3平方米走道顶部和墙壁被熏黑。"原告诉至法院,请求二被告连带赔偿原告经济损失7000.2元。

经法庭调查及到现场核实,原告家厨房及餐厅房顶、墙壁均有不同程度的熏黑,厨房窗户不同程度的损毁,客厅熏黑不明显。另查明,原告家厨房的油烟机是从被告潘某处购买并由其安装。

【裁判要旨】

《民法典》第1203条规定:"因产品存在缺陷造成他人损害的,被侵权人可以向产品的生产者请求赔偿,也可以向产品的销售者请求赔偿。产品缺陷因生产者造成的,销售者赔偿后,有权向生产者追偿。因销售者的过错使产品存在缺陷的,生产者赔偿后,有权向销售者追偿。"本案中,原告郑某是从被告潘某处购买了涉案油烟机,该油烟机因电器出现故障而引发火灾,说明该产品存在缺陷,对原告受到财产损失被告潘某作为销售者应予赔偿。

【裁判结果】

2021年7月12日,法院判决被告潘某于本判决生效后3日内赔偿原告郑某经济损失4500元,驳回原告郑某的其他诉讼请求。(资料来源:中国裁判文书网)

关联法规

《产品质量法》第43条,《消费者权益保护法》第40条,《农产品质量安全法》第54条,《乳品质量安全监督管理条例》第43条,《最高人民法院关于适用〈中华人民共和国民法典〉侵权责任编的解释(一)》第19条

第一千二百零四条　【生产者和销售者对有过错第三人的追偿权】因运输者、仓储者等第三人的过错使产品存在缺陷,造成他人损害的,产品的生产者、销售者赔偿后,有权向第三人追偿。

条文注解

产品在运输流通过程中,运输者、仓储者等应当按照有关规定和产品包装上标明的储藏、运输等标准进行储存、运输。如果运输者、仓储者等不按上述规定运输或者仓储,有可能造成产品缺陷。对此有过错的,行为人应当对因自己的过错产生的损害负赔偿责任,因此,因运输者、仓储者等第三人导致产品缺陷造成他人损害的,应当按照过错责任原则承担赔偿责任。为了充分保护被侵权人的利益,方便被侵权人请求赔偿,根据本条的规定,即使是因运输者、仓储者等第三人的过错使产品存在缺陷造成损害,被侵权人仍然可以先找产品的生产者或者销售者请求赔偿。生产者、销售者承担赔偿责任后,可以依据本条的规定,向造成产品缺陷的有过错的运输者、仓储者等第三人行使追偿权,要求其支付赔偿费用。

第一千二百零五条　【危及他人人身、财产安全的责任承担方式】因产品缺陷危及他人人身、财产安全的,被侵权人有权请求生产者、销售者承担停止侵害、排除妨碍、消除危险等侵权责任。

条文注解

产品存在缺陷对他人可能产生两种影响:一是造成他人损害,这种损害是已经发生的,是现实存在的,被侵权人有权请求生产者、销售者承担停止侵害、排除妨碍等侵权责任。二是对他人人身、财产安全产生一种危险,存在不安全因素。从某种角度来说,这是一种尚未发生,非现实存在的损害,如果不采取相应措施,这种潜在的损害随时都有可能发生,造成受害人的实际损害。排除妨碍、消除危险是承担产品侵权责任的两种方式。妨碍是指侵权人实施的妨碍他人合法权益的行为或者造成的妨碍他人合法权益正常行使的某种有害状况。排除妨碍是指依据被侵权人的请求,侵权人以一定的积极行为除去妨碍,以使被侵权人正常行使合法权益的民事责任方式。被侵权人在请求排除妨碍时,应当注意以下几个问题:第一,妨碍必须是不法的。第二,妨碍既可以是已经发生的,也可以是可能出现的。第三,妨碍是权利人行使权利的障碍,只要不法行为妨碍他人行使物权、人身权等,被侵权人均可请求排除妨碍。消除危险,是指人身或者财产受到现实威胁的当事人请求造成危险或对危险负有责任的人消除危险状况,保障请求权人人身、财产安全的民事责任方式。适用这种责任方式,能有效地防止损害的发生,充分保护民事主体的民事权利。

关联法规

《食品安全法》第103条,《消费者权益保护法》第49条

第一千二百零六条　【流通后发现有缺陷的补救措施和侵权责任】产品投入流通后发现存在缺陷的，生产者、销售者应当及时采取停止销售、警示、召回等补救措施；未及时采取补救措施或者补救措施不力造成损害扩大的，对扩大的损害也应当承担侵权责任。

依据前款规定采取召回措施的，生产者、销售者应当负担被侵权人因此支出的必要费用。

条文注解

停止销售是对正在销售的产品采取下架、封存等不再出售的措施。停止销售可以避免侵权行为的扩大化，最大限度地减少损失。

警示是对产品有关的危险或产品的正确使用给予说明、提醒，提请使用者在使用该产品时注意已经存在的危险或者潜在可能发生的危险，防止或者减少对使用者的损害。警示的作用有两个：一是告知使用者产品有危险，明示产品的缺陷；二是让使用者知道在使用该产品时如何避免危险的发生，以保证人身、财产的安全。

召回是产品的生产者、销售者依法定程序，对其生产或者销售的缺陷产品以换货、退货、更换零配件等方式，及时消除或减少缺陷产品危害的行为。召回的意义在于防患于未然，就此而言，有些类似于消除危险的侵权责任方式，是生产者、销售者将缺陷产品从流通环节中撤回，阻断可能发生的危害，一般而言是停止销售的下一步措施。召回费用由生产者、销售者负担，对维护产品生产经营秩序、救济被侵权人具有积极意义，因此，在本条中增加了召回费用承担的规定。

关联法规

《食品安全法》第 63 条，《消费者权益保护法》第 19 条，《药品召回管理办法》第 15 条，《乳品质量安全监督管理条例》第 36、42 条

第一千二百零七条　【产品责任惩罚性赔偿】明知产品存在缺陷仍然生产、销售，或者没有依据前条规定采取有效补救措施，造成他人死亡或者健康严重损害的，被侵权人有权请求相应的惩罚性赔偿。

条文注解

根据本条的规定，产品责任中适用惩罚性赔偿的条件：第一，侵权人具有主观故意。明知是缺陷产品仍然生产或者销售。第二，要有损害事实。这种损害事实不是一般的损害事实，而应当是造成严重损害的事实，即造成他人死亡或者健康受到严重损害。第三，要有因果关系，即被侵权人的死亡或者健康严重受损害是因为侵权人生

产或者销售的缺陷产品造成的，或者生产者、销售者没有依照前条规定采取有效补救措施。本条还规定了惩罚性赔偿的适用范围，即在被侵权人死亡或者健康受到严重损害的范围内适用。

案例注解

【案例(2021)湘0102民初9420号】某烟酒店销售假冒“飞天茅台”被判退还货款和10倍惩罚性赔偿

【基本案情】

王某于2020年12月3日在某某烟酒商行购入“飞天茅台酒”一件，单价2900元，合计17,400元。王某认为涉案产品属假酒，向××市××区行政执法局举报。2021年3月26日，××市××区行政执法局出具《行政处罚决定书》，该决定书中载明该局委托贵州茅台酒股份有限公司对举报人购买的茅台酒进行鉴定，经鉴定为假冒注册商标产品，××市××区行政执法局认为某某烟酒商行有销售假冒“贵州茅台酒”的行为，侵犯了注册商标的商标专用权，且某某烟酒商行不能证明其销售的产品是自己合法取得，该行为属于《商标法》第57条第1款第3项规定的违法行为，根据《商标法》第60条的规定，对其处以罚款50,000元等行政处罚。原告为此诉至法院，请求判令被告退还原告货款17,400元，判令被告承担10倍惩罚性赔偿174,000元。

【裁判要旨】

《民法典》第1207条规定，明知产品存在缺陷仍然生产、销售，或者没有依据前条规定采取有效补救措施，造成他人死亡或者健康严重损害的，被侵权人有权请求相应的惩罚性赔偿。《食品安全法》规定：经营者提供的商品或者服务不符合质量要求的，消费者可以依照国家规定、当事人约定退货。消费者因购买、使用商品或者接受服务受到人身、财产损害的，享有依法获得赔偿的权利。生产不符合食品安全标准的食品或者经营明知是不符合食品安全标准的食品，消费者除要求赔偿损失外，还可以向生产者或者经营者要求支付价款10倍或者损失3倍的赔偿金。本案中，王某向某某烟酒商行支付价款，某某烟酒商行向王某交付酒水，双方形成买卖合同关系，某某烟酒商行应遵守经营者的法律义务，提供符合质量要求的货物，其销售的飞天茅台酒，经有关部门鉴定为假冒产品，其标签、标志、说明书所载内容不能反映其实际内容物的品质，其生产经营过程及质量均存在安全隐患，明显不符合食品安全标准，且未能提供对其供货者的经营许可证明及产品相关的合格证明文件，未尽到相应的查验义务，应就其销售假酒的行为承担相应赔偿责任。

【裁判结果】

2021年9月22日，法院判决被告长沙市某烟酒商行于本判决生效之日起10日内退还原告王某货款17,400元，被告长沙市某烟酒商行于本判决生效之日起10日内支付原告王某赔偿款174,000元。（资料来源：中国裁判文书网）

关联法规

《食品安全法》第 148 条,《消费者权益保护法》第 55 条

第五章　机动车交通事故责任

第一千二百零八条　【机动车交通事故责任的法律适用】机动车发生交通事故造成损害的,依照道路交通安全法律和本法的有关规定承担赔偿责任。

条文注解

本条主要有以下几层含义:(1)首先由保险公司在机动车第三者责任强制保险责任限额范围内予以赔偿。机动车第三者责任强制保险是解决道路交通事故赔偿问题的重要制度。机动车发生交通事故,包括机动车与机动车之间,机动车与非机动车驾驶人、行人之间,都是先由保险公司在机动车第三者责任强制保险责任限额内予以赔偿,不足的部分才由机动车一方承担赔偿责任。(2)在强制保险责任限额范围内赔偿后不足部分的责任承担。①机动车之间发生交通事故的赔偿责任,由有过错的一方承担赔偿责任;双方都有过错的,按照各自过错的比例分担责任。②机动车与非机动车驾驶人、行人之间发生交通事故的赔偿责任。在归责原则上,机动车与非机动车驾驶人、行人之间发生交通事故,主要适用过错推定原则,同时,机动车一方还要承担一部分无过错责任。(3)机动车一方不承担责任的情形。机动车与非机动车驾驶人、行人之间发生交通事故,如果交通事故的损失是因非机动车驾驶人、行人自杀、自伤、有意冲撞(碰瓷)等行为故意造成的,机动车一方不承担赔偿责任。

关联法规

《道路交通安全法》第 17、21、23、76 条,《机动车交通事故责任强制保险条例》第 2、3、21、23 条

第一千二百零九条　【机动车所有人、管理人与使用人不一致时的侵权责任】因租赁、借用等情形机动车所有人、管理人与使用人不是同一人时,发生交通事故造成损害,属于该机动车一方责任的,由机动车使用人承担赔偿责任;机动车所有人、管理人对损害的发生有过错的,承担相应的赔偿责任。

条文注解

机动车租赁,是指机动车所有人将机动车在一定时间内交付承租人使用、收益,机动车所有人收取租赁费用,不提供驾驶劳务的行为。机动车管理,是指将机动车存放在某一场所,或者将机动车交付维修,机动车暂时脱离所有人占有时,保管、占有机动车的行为。机动车借用,是指机动车所有人将机动车在约定时间内交由借用人使用的行为。本条中的“使用人”不仅包括承租人、管理人、借用人,还包括机动车出质期间的质权人、维修期间的维修人、由他人保管期间的保管人等。在机动车出质、维修和由他人保管期间,机动车由质权人、维修人和保管人占有,他们对机动车享有运行支配力,而所有人、管理人则丧失了运行支配力。质权人、维修人、保管人擅自驾驶机动车发生交通事故的,应由质权人、维修人、保管人承担赔偿责任。机动车所有人在将机动车出租、出借时应当对承租人、借用人进行必要的审查,比如承租人、借用人是否有驾驶资格。同时,还应当保障机动车性能符合安全的要求,比如车辆制动是否灵敏等。机动车管理人在保管、占有机动车过程中,负有妥善保管、管理的义务,不得擅自使用或者许可他人使用机动车。机动车所有人、管理人没有尽到上述应有的注意义务,便有过错,该过错可能成为该机动车造成他人损害的一个因素,机动车所有人、管理人应当对因自己的过错造成的损害承担相应的赔偿责任。

案例注解

【案例(2021)皖1523民初5550号】车辆使用人胡某撞伤韩某被判承担赔偿责任

【基本案情】

2020年12月1日10时25分左右,被告胡某驾驶皖N×××××号小型轿车,行驶至周公渡中学门口处,超同方向胡某1骑行的电动车时,两车发生碰撞,造成胡某1及其电动车上乘坐人原告韩某受伤、两车受损的道路交通事故。经舒××公安局交通管理大队轻微事故快速处理窗口2020年12月13日作出的《道路交通事故认定书》认定,被告胡某负事故全部责任,当事人胡某1及原告韩某无责任。原告受伤后被立即送往县人民医院住院治疗,经诊断为颅内损伤、头皮裂伤、胸部损伤、左侧6~11肋骨骨折,住院治疗15天于2020年12月15日出院;原告支付医疗费6446元,其中被告胡存胜垫付医疗费5000元。原告的伤情经委托安徽某司法鉴定所2021年8月9日鉴定,被鉴定人韩某因道路交通事故致颅脑损伤、胸部损伤、左侧6~11肋骨骨折6根以上,构成人体损伤十级伤残;“三期”评定为误工期100日、护理期60日、营养期60日;支付鉴定费1430元。原告诉至法院,请求判令被告赔偿医疗费、误工费等118,656.6元(详见赔偿清单);判令第二被告某保险公司在保险合同规定的范围内承担赔偿责任(精神损害抚慰金在交强险范围内优先支付)。

经法院查明,被告胡某驾驶的皖N×××××号小型轿车登记所有人是朱某,被告胡某有C1驾驶证;该肇事车辆在被告人某保险公司投保了交强险和100万元不计免赔商业第三者责任险,事故发生在保险有效期间内。再查明,原告韩某,女,1954年3月20日出生,农民,事故发生后确定伤残等级时(2021年8月9日)已经年满67周岁。事故发生前随同其丈夫胡某1经营粮油、日杂等小商品,并持有营业执照,经营者胡某1。

【裁判要旨】

《民法典》第1209条规定,因租赁、借用等情形机动车所有人、管理人与使用人不是同一人时,发生交通事故造成损害,属于该机动车一方责任的,由机动车使用人承担赔偿责任;机动车所有人、管理人对损害的发生有过错的,承担相应的赔偿责任。本案原告在事故中身体受到伤害,有权获得赔偿,被告胡某作为肇事车辆的侵权人和使用人应该在事故责任范围内依法承担赔偿责任,因该肇事车辆在被告人某保险公司投保了交强险和100万元不计免赔商业第三者责任险,因此,保险公司应在保险责任范围内依法承担赔偿责任,保险不足部分或不在保险赔偿范围内的部分,由侵权人被告胡某依法予以赔偿。

【裁判结果】

2021年9月16日,法院判决被告某保险公司本判决生效后5日内在交强险责任险范围内赔偿原告韩某因交通事故造成的医疗费、伤残赔偿金、精神损害抚慰金、误工费等各项合计89,389元,被告胡某于本判决生效后5日内赔偿原告韩某因交通事故造成的鉴定费损失1430元,原告韩某获得赔偿后应该返还被告胡某垫付的医疗费5000元。(资料来源:中国裁判文书网)

关联法规

《最高人民法院关于审理道路交通事故损害赔偿案件适用法律若干问题的解释》第1、2条

第一千二百一十条 【转让并交付但未办理登记的机动车侵权责任】当事人之间已经以买卖或者其他方式转让并交付机动车但是未办理登记,发生交通事故造成损害,属于该机动车一方责任的,由受让人承担赔偿责任。

条文注解

对于本条的理解:第一,机动车发生交通事故造成损害,属于该机动车一方责任的,仍然先由承保机动车强制保险的保险人在强制保险责任限额范围内予以赔偿;不足部分,如果机动车一方购买了商业保险的,由承保机动车商业保险的保险人按照保险合同的约定予以赔偿;仍然不足或者没有投保机动车商业保险的,由侵权人赔偿。第二,机动车所有权的转移在交付时发生效力,未经登记,只是缺少公示而不产生社会公信力,在交易过程中不能对抗善意第三人。本条立法目的规范的情形,不是物权是否发生变动,事实上机动车所有权已经发生转移。即使在附所有权保留特别约定的分期付款买卖机动车的情形下,如果机动车已交付购买人,虽然出卖人仍保留机动车所有权,但并不影响购买人取得机动车的实际支配力和使用收益;该所有权仅在购

买人不依约定支付价金时才发生效力，即要求购买人返还出卖人享有所有权的机动车。因此，在发生道路交通事故后，应当由购买人承担赔偿责任，保留机动车所有权的出卖人不承担赔偿责任。本条的情形应当只是行政管理上的登记没有变更，这种管理性登记不影响侵权责任的承担。第三，本条中的“交付”与物权编中的“交付”不应完全等同。物权理论中的拟制交付有简易交付、指示交付和占有改定等的区分。简易交付可以适用本条的规则；指示交付中，第三人不将机动车交给受让人，受让人无法实际控制机动车；占有改定中，出让人仍然继续占有该机动车，受让人无法实际控制机动车。但是，我国法律中并未出现实际交付、简易交付、指示交付和占有改定这些学理术语。因此，本条的“交付”主要是指“实际交付”。

关联法规

《道路交通安全法》第12条

第一千二百一十一条 【挂靠机动车侵权责任】以挂靠形式从事道路运输经营活动的机动车，发生交通事故造成损害，属于该机动车一方责任的，由挂靠人和被挂靠人承担连带责任。

条文注解

机动车挂靠从事运输经营活动，是指为了交通营运过程中的方便，将车辆登记为某个具有运输经营权资质的经营主体名下，以该主体的名义进行运营，并由挂靠者向被挂靠主体支付一定的费用的形式。挂靠形式从事道路运输经营活动一般有三个特点：一是四证统一，即车辆行驶证、道路运输证、驾驶证、营业性道路运输驾驶员从业资格证上的车主、业户、单位、服务单位都统一为被挂靠主体的名称。二是挂靠机动车向被挂靠主体交纳费用。三是具有隐蔽性，虽然挂靠双方签订有关运输经营的合同或内部协议，但发生交通事故造成损害时，被侵权人无法从外观上区别挂靠机动车是否属于被挂靠主体。

以挂靠形式从事道路运输经营活动的机动车，发生交通事故造成损害，属于该机动车一方责任的，由挂靠人和被挂靠人承担连带责任。主要原因包括：一是被挂靠主体接受车辆挂靠，应当对该车辆有没有从事运输活动的能力进行核查和负责，从而控制风险；并且与挂靠机动车明确约定机动车发生交通事故造成损害时责任如何承担。二是在车辆挂靠时，有可能使乘客或者托运人因信赖被挂靠主体的管理能力及责任能力，而对挂靠机动车产生信赖，对这种信赖应当保护，被挂靠主体因为被信赖而有责任。三是区分经营性挂靠与行政强制性挂靠作出不同规定，可能导致受害人举证不能，而被挂靠人事先采取各种措施以便在诉讼中提出各项证据证明自己未收取任何费用进而达到免责的目的。

第一千二百一十二条　【未经允许驾驶他人机动车侵权责任】未经允许驾驶他人机动车，发生交通事故造成损害，属于该机动车一方责任的，由机动车使用人承担赔偿责任；机动车所有人、管理人对损害的发生有过错的，承担相应的赔偿责任，但是本章另有规定的除外。

条文注解

理解本条需要把握以下三点：一是未经允许驾驶他人机动车，发生交通事故造成损害，属于该机动车一方责任的，由机动车使用人承担赔偿责任。未经允许驾驶他人车辆，车主对此不知情，因此一般不应承担侵权责任，由机动车使用人承担。二是机动车所有人、管理人对损害的发生有过错的，承担相应的赔偿责任。此处的“对损害的发生有过错”可理解为机动车所有人、管理人没有履行一般人应有的谨慎注意义务。例如，机动车所有人将车停在路边，为图方便没有熄火即下车买东西，车上同行人在等待时闲极无聊，坐在驾驶位上操作，导致发生交通事故。这种情形下，机动车所有人是有过错的，应当在过错范围内承担相应的责任。三是本条规定了但书，而且是仅限于“本章”另有规定的除外。该但书仅指一种情形，即本法第1215条第1款规定的，“盗窃人、抢劫人或者抢夺人与机动车使用人不是同一人，发生交通事故造成损害，属于该机动车一方责任的，由盗窃人、抢劫人或者抢夺人与机动车使用人承担连带责任”。

第一千二百一十三条　【交通事故责任承担主体赔偿顺序】机动车发生交通事故造成损害，属于该机动车一方责任的，先由承保机动车强制保险的保险人在强制保险责任限额范围内予以赔偿；不足部分，由承保机动车商业保险的保险人按照保险合同的约定予以赔偿；仍然不足或者没有投保机动车商业保险的，由侵权人赔偿。

条文注解

本条区分三个层次作了规定：一是先由承保机动车强制保险的保险人在强制保险责任限额范围内予以赔偿。机动车强制保险是由保险人对被保险机动车发生道路交通事故造成受害人（不包括本车人员和被保险人）的人身伤亡、财产损失，在责任限额内予以赔偿的强制性责任保险，是我国首个由国家法律规定实行的强制保险制度。机动车强制保险具有一定的公共政策性质，赔偿的范围比较广、赔付较为及时，其主要目的是及时、有效地救助机动车交通事故中的受害人。二是机动车强制保险赔偿不足部分，由承保机动车商业保险的保险人根据保险合同的约定予以赔偿。目前，机动车交通事故责任强制保险责任限额分为两大类。一类是机动车在道路交通事故中有责任时，死亡伤残赔偿限额11万元人民币，医疗费用赔偿限额1万元人民币，财产损失赔偿限额2000元人民币。另一类是机动车在道路交通事故中无责任时，死亡伤残赔偿限额11万元人民币，医疗费用赔偿限额1000元人民币，财产损失赔偿限额100元人民币。商业保险的成立基础在于契约自由，其主要目的在于分散机动车驾驶人的事故责任风险，由投保人自愿购买。因此，在赔偿的时候，由强制保险先行赔付，不足的部分再由商业保险赔付，是符合法理的。三是机动车商业保险赔偿仍然不足的，由侵权人赔偿。这种保险前置、侵权人托底的规定，充分体现了保险的作用和及时救济受害人、分散机动车使用人风险的目的，符合强制保险的赔偿替代性和商业保险的补充性的性质，也最大限度地平衡了强制保险、商业保险和侵权人的责任与义务。

案例注解

【案例（2021）湘0722民初2194号】杨某驾驶车辆造成聂某受伤保险公司被判承担赔偿责任

【基本案情】

原告诉称，2020年4月12日18时40分许，被告杨某驾驶湘J×××××小型越野车行驶至省道205线××路段逆行时，与原告聂某驾驶的二轮电动车相撞，造成聂某受伤、两车受损的交通事故。交警部门认定：杨某负此次事故的全部责任。经鉴定，聂某的损伤构成十级伤残。经查，杨某驾驶的湘J×××××小型越野车在人寿某公司投保了机动车交通事故责任强制保险（以下简称交强险）和机动车商业第三者责任保险（以下简称三责险）。聂某认为其在此次交通事故中受伤致残，杨某、人寿某公司应当承担相应的赔偿责任，故诉至法院，请求判令杨某、人寿某公司赔偿聂某各项损失共计385,461.96元[其中：医疗费57,325.45元、住院伙食补助费1680元、后期治疗费11,000元、营养费2700元、残疾赔偿金（含被扶养人生活费）174,502.4元（83,396元+91,106.4元）、误工费111,611.6元、护理费17,293.56元、精神损害抚慰金5000元、交通费1000元、辅助器具费920元、财产损失2430元]。

被告杨某辩称，（1）对本次交通事故的发生经过及责任划分没有异议；（2）杨某旺驾驶的湘J×××××小型越野车在人寿某公司投保了交强险及责任限额为100万元的不计免赔三责险，聂某的各项损失应由人寿某公司依法承担赔偿责任；（3）杨某为聂某垫付了医疗费用57,325.45元，并支付了50,000元现金，要求在本案中一并处理，多垫付部分由人寿某公司直接返还给杨某，杨某还为聂某支付了鉴定费，不要求聂某返还。

被告人寿某公司辩称，（1）人寿某公司愿意根据保险合同约定承担相应的保险责任；（2）对于聂某的各项损失，应依法予以核定，如医疗费应剔除超医保外用药部分费用，误工费应依法予以认定，如要支持误工费，应按城镇私营单位交通运输业计算270天误工时间予以认定等；（3）人寿某公司不承担诉讼费和鉴定费。

【裁判要旨】

《民法典》第1213条规定，机动车发生交通事故造成损害，属于该机动车一方责任的,先由承保机动车强制保险的保险人在强制保险责任限额范围内予以赔偿;不足部分,由承保机动车商业保险的保险人按照保险合同的约定予以赔偿;仍然不足或者没有投保机动车商业保险的,由侵权人赔偿。本案中,被告杨某在交通事故中被认定负担全部责任,被告杨某在人寿某公司投保了交强险及责任限额为100万元的不计免赔三责险,因此,保险公司应在保险责任范围内依法承担赔偿责任,保险不足部分或不在保险赔偿范围内的部分,由侵权人被告杨某依法予以赔偿。

【裁判结果】

2021年9月29日,法院判决中国人寿财产保险股份有限公司某市中心支公司在本判决生效后10日内赔偿聂某各项损失共计215,170.28元,赔偿款支付至聂某的银行账户(账号:62×××92,户名:聂某,开户行:××农村商业银行);中国人寿财产保险股份有限公司某市中心支公司在本判决生效后10日内支付杨某107,325.45元,赔偿款支付至杨某的银行账户(账号:43×××17,户名:杨某,开户行:中国建设银行××支行);驳回聂某的其他诉讼请求。(资料来源:中国裁判文书网)

关联法规

《最高人民法院关于审理道路交通事故损害赔偿案件适用法律若干问题的解释》第13条,《机动车交通事故责任强制保险条例》第21、23条,《最高人民法院关于适用〈中华人民共和国民法典〉侵权责任编的解释(一)》第21、22条

第一千二百一十四条 【拼装车或报废车侵权责任】以买卖或者其他方式转让拼装或者已经达到报废标准的机动车,发生交通事故造成损害的,由转让人和受让人承担连带责任。

条文注解

拼装和已经达到报废标准的机动车,由于其不能达到机动车上路行驶的安全标准,上路行驶后极易造成其他机动车、非机动车驾驶人和行人的损害。转让拼装的或者已经达到报废标准的机动车,本身即具有违法性,上路行驶又具有更大的危险性,因此,对以买卖、赠与等方式转让拼装的或者已经达到报废标准的机动车,由买卖、赠与等转让人和受让人、赠与人和受赠人承担连带责任。这样规定有利于预防并制裁转让、驾驶拼装的或者已经达到报废标准的机动车的行为,更好地保护人民群众的生命财产安全;在受害人有损害时,也可以根据本条获得较为充分的损害赔偿。

关联法规

《道路交通安全法》第14、16、100、103条,《最高人民法院关于审理道路交通事故损害赔偿案件适用法律若干问题的解释》第4条,《报废机动车回收管理办法》第2、15条,《最高人民法院关于适用〈中华人民共和国民法典〉侵权责任编的解释(一)》第20条

第一千二百一十五条 【盗窃、抢劫或抢夺机动车侵权责任】盗窃、抢劫或者抢夺的机动车发生交通事故造成损害的，由盗窃人、抢劫人或者抢夺人承担赔偿责任。盗窃人、抢劫人或者抢夺人与机动车使用人不是同一人，发生交通事故造成损害，属于该机动车一方责任的，由盗窃人、抢劫人或者抢夺人与机动车使用人承担连带责任。

保险人在机动车强制保险责任限额范围内垫付抢救费用的，有权向交通事故责任人追偿。

条文注解

机动车被盗窃、抢劫或者抢夺，也是所有人与机动车相分离的形态之一。(1)盗窃、抢劫或者抢夺的机动车发生交通事故造成损害的，由盗抢人承担赔偿责任。这样规定主要考虑：一是机动车被盗窃、抢劫或抢夺后，机动车所有人丧失了对机动车的运行支配力，而这种支配力的丧失是盗抢者的违法行为造成的，是所有人不情愿的，有时还是所有人不知悉、未预想到的。二是在机动车被盗的情形下，即使所有人对机动车保管上的疏忽，导致机动车丢失，这也与机动车发生交通事故没有直接的因果关系。因此，应当由盗抢者承担发生交通事故后的损害赔偿责任，机动车所有人不承担赔偿责任。(2)盗窃人、抢劫人或者抢夺人与机动车使用人不是同一人，发生交通事故造成损害，属于该机动车一方责任的，由盗窃人、抢劫人或者抢夺人与机动车使用人承担连带责任。这里规定的“机动车使用人”，是指盗窃人、抢劫人或者抢夺人将机动车出售、出租、借用、赠送，从而实际使用该机动车的人。一般而言，驾驶机动车发生交通事故属于该机动车一方责任的，应当由机动车使用人承担赔偿责任。但是，为了惩罚盗窃人、抢劫人或者抢夺人的行为，使他们不能逃脱法律的制裁，本条规定他们需要承担连带赔偿责任。(3)机动车被盗抢后发生交通事故造成损害，保险人在机动车强制保险责任限额范围内垫付抢救费用的，有权向交通事故责任人追偿。在驾驶人无驾驶资格、醉酒、被盗期间肇事、故意制造交通事故等情形下，应当允许强制保险的保险人在承担赔偿责任后向驾驶人追偿。在借鉴相关行政法规的基础上，本条明确规定了有上述情形的，保险人可行使追偿权。

关联法规

《机动车交通事故责任强制保险条例》第22条

第一千二百一十六条 【肇事后逃逸责任及受害人救济】机动车驾驶人发生交通事故后逃逸，该机动车参加强制保险的，由保险人在机动车强制保险责任限额范围内予以赔偿；机动车不明、该机动车未参加强制保险或者抢救费用超过机动车强制保险责任限额，需要支付被侵权人人身伤亡的抢救、丧葬等费用的，由道路交通事故社会救助基金垫付。道路交通事故社会救助基金垫付后，其管理机构有权向交通事故责任人追偿。

条文注解

机动车肇事逃逸，是指发生道路交通事故后，道路交通事故当事人为逃避法律追究，驾驶车辆或者遗弃车辆逃离道路交通事故现场的行为。本条针对机动车驾驶人发生交通事故后逃逸的，在驾驶人应当承担赔偿责任的前提下，如何通过机动车强制保险和道路交通事故社会救助基金救济受害人等问题作了以下规定：(1)机动车驾驶人发生交通事故后逃逸，该机动车参加强制保险的，由保险人在机动车强制保险责任限额范围内予以赔偿。这一规定表明，发生交通事故的机动车参加了机动车强制保险，并且发生交通事故后能够确定机动车的，由保险公司在机动车强制保险责任限额范围内予以赔偿。(2)机动车不明、该机动车未参加强制保险或者抢救费用超过机动车强制保险责任限额，需要支付被侵权人人身伤亡的抢救、丧葬等费用的，由道路交通事故社会救助基金垫付。

本条规定的前提是“机动车驾驶人发生交通事故后逃逸”，即驾驶人不明了，此时如果交通事故现场有机动车，可以通过机动车号牌、发动机编号的信息反查机动车驾驶人、所有人或者管理人，从而确定肇事者。但是，当机动车也不明的情况下，很难确定肇事者，这才需要道路交通事故社会救助基金垫付费用。道路交通事故社会救助基金垫付后，其管理机构有权向交通事故责任人追偿。

关联法规

《道路交通安全法》第17、70、75条，《机动车交通事故责任强制保险条例》第24、25条

第一千二百一十七条 【好意同乘的责任承担】非营运机动车发生交通事故造成无偿搭乘人损害，属于该机动车一方责任的，应当减轻其赔偿责任，但是机动车使用人有故意或者重大过失的除外。

条文注解

好意同乘主要是指非营运机动车的驾驶人基于亲情或者友情在上下班、出游途中无偿搭载自己的亲朋好友、邻居同事的情形。好意同乘者无偿搭乘的行为并不意味着其自甘冒险,机动车使用人对好意同乘者的注意义务不因为无偿而完全不存在,只是不同于无偿客运合同或者无偿委托合同中注意义务。好意同乘中,机动车使用人的责任适用过错责任原则。同时,也应明确区分,好意同乘不同于网络顺风车,网络顺风车的合乘者分摊部分合乘出行成本,这属于共享出行方式,是有偿的、营运性的。因此,好意同乘中发生交通事故造成无偿搭乘人损害,属于该机动车一方责任的,应当减轻其赔偿责任,却不可以完全免除,在鼓励人际友善、利他行为与承担法律责任方面寻求平衡。好意同乘中,如果机动车使用人有故意或者重大过失的,不减轻其对无偿搭乘人的赔偿责任。

案例注解

【案例(2021)湘0121民初7357号】胡某好意载乘苏某发生交通事故被判减免30%赔偿责任

【基本案情】

2020年8月9日,被告王某1驾驶无牌(车架号为×××)的电动自行车,搭乘王某2、李某,与被告胡某驾驶的粤E9××××小型客车(搭乘苏某)相撞,造成王某1、王某2、李某、苏某、胡某受伤的事故,经交警队认定王某1在事故中承担主要责任,胡某在事故中承担次要责任,苏某、王某、李某不承担责任。原告苏某伤后到骨伤科医院进行检查,在××镇中心卫生院住院治疗14天,共计花费医药费11,946.99元;原告之伤经鉴定,误工期评为120天,护理期评为60天,营养期评为90天,后续治疗费10,000元~12,000元或以实际发生的为准;原告支付鉴定费1400元。原告诉至法院,请求判令被告中国人寿财产保险股份有限公司某支公司按商业险条款赔付原告10,000元;被告王某1、胡某连带赔偿原告各项损失共计61,140.49元。

粤E9××××小型客车的登记车主为胡某某,驾驶人为胡某,该车在人寿财险某支公司投保了100万元的商业三者险、车上人员责任保险(乘客)、并购买了不计免赔特约险,车上人员责任保险的限额为10,000元;事故发生在保险期限内。案涉车辆系非营运车辆,苏某搭乘该车辆时未向胡某支付费用。

原告各项损失,法院依法认定如下:(1)医疗费11,946.99元;(2)住院伙食补助费840元(14天×60元/天);(3)后续治疗费,依鉴定意见,本院酌情认定后续治疗费为10,000元,如原告实际产生的费用超过10,000元,可另行主张权利;(4)营养费,经鉴定,营养期90天,故营养费为2700元(90天×30元/天);(5)误工费,经鉴定,误工期120天,结合本案具体情况,按湖南省2020年城镇私营单位农、林、牧、渔业从业人员年平均工资37,604元/年计算为宜,故误工费为12,363元(37,604元/年÷365天×120天);(6)护理费,经鉴定,护理期60天,可按湖南省2020年城镇私营单位居民服务、修理和其他服务业从业人员年平均工资42,081元/年计算,故护理费为6917元(42,081元/年÷365天×60天);(7)交通费,结合本案具体情况,法院酌情认定

500 元;(8)鉴定费用 1400 元。以上共计 46,666.99 元。

【裁判要旨】

《民法典》第 1217 条规定,非营运机动车发生交通事故造成无偿搭乘人损害,属于该机动车一方责任的,应当减轻其赔偿责任,但是机动车使用人有故意或者重大过失的除外。本案中,苏某搭乘胡某的车辆一起出游,属于典型的善意搭乘行为,为平衡善意人与同乘人之间的利益冲突,既保护同乘人权益,又对善意人应承担的民事责任给予必要限制,酌定胡某在其应承担的责任比例范围内减免 30% 的责任。

【裁判结果】

2021 年 7 月 16 日,法院判决限被告中国人寿财产保险股份有限公司某支公司于本判决生效后 10 日内赔偿原告苏某因交通事故所受损失 10,000 元;限被告王某于本判决生效后 10 日内赔偿原告苏某因交通事故所受损失 28,000 元;限被告胡某于本判决生效后 10 日内赔偿原告苏某因交通事故所受损失 3067 元,驳回原告苏某的其他诉讼请求。(资料来源:中国裁判文书网)

关联法规

《最高人民法院关于适用〈中华人民共和国民法典〉时间效力的若干规定》第 18 条

第六章　医疗损害责任

第一千二百一十八条　【医疗损害责任归责原则和责任承担主体】患者在诊疗活动中受到损害,医疗机构或者其医务人员有过错的,由医疗机构承担赔偿责任。

条文注解

"诊疗活动"包括诊断、治疗、护理等环节。诊疗活动,是指通过各种检查,使用药物、器械及手术等方法,对疾病作出判断和消除疾病、缓解病情、减轻痛苦、改善功能、延长生命、帮助患者恢复健康的活动。医务人员是医疗机构的工作人员,医疗机构有过错的,由医疗机构承担赔偿责任自不待言;医务人员有过错的,也应当由医疗机构承担赔偿责任。因此,本条规定"医疗机构或者其医务人员有过错的,由医疗机构承担赔偿责任"。患者在诊疗活动中受到损害,除了医疗机构及其医务人员有过错的条件外,医疗机构或者其医务人员的过错还要与患者的损害具有因果关系,医疗机构才承担赔偿责任。

关联法规

《医疗事故处理条例》第2、49条,《医疗机构管理条例实施细则》第88条,《最高人民法院关于审理医疗损害责任纠纷案件适用法律若干问题的解释》第4条

第一千二百一十九条 【医务人员说明义务和患者知情同意权】医务人员在诊疗活动中应当向患者说明病情和医疗措施。需要实施手术、特殊检查、特殊治疗的,医务人员应当及时向患者具体说明医疗风险、替代医疗方案等情况,并取得其明确同意;不能或者不宜向患者说明的,应当向患者的近亲属说明,并取得其明确同意。

医务人员未尽到前款义务,造成患者损害的,医疗机构应当承担赔偿责任。

条文注解

本条第1款规定,医务人员在诊疗活动中应当向患者具体说明病情和医疗措施。这是医务人员在诊疗活动中一般应尽的义务。除此之外,如果需要实施手术、特殊检查、特殊治疗的,还应当及时向患者说明医疗风险、替代医疗方案等情况,并取得其明确同意;如果向患者说明将造成患者悲观、恐惧、心理负担沉重,不利于治疗的,就不能或者不宜向患者说明,这种情况下医务人员应当向患者的近亲属说明,并取得其明确同意。

本条第2款规定,医务人员未尽到前款义务,造成患者损害的,医疗机构应当承担赔偿责任。这里需要说明一点,不是说医务人员尽到了本条第1款规定的义务,在后续的诊疗活动中造成患者损害的,医疗机构就可以不承担赔偿责任了。本法第1221条规定,医务人员在诊疗活动中未尽到与当时的医疗水平相应的诊疗义务,造成患者损害的,医疗机构应当承担赔偿责任。

关联法规

《医师法》第25条,《医疗事故处理条例》第11条,《医疗机构管理条例》第32条,《医疗机构管理条例实施细则》第62、68条,《最高人民法院关于审理医疗损害责任纠纷案件适用法律若干问题的解释》第5条

第一千二百二十条 【紧急情况下知情同意的特殊规定】因抢救生命垂危的患者等紧急情况,不能取得患者或者其近亲属意见的,经医疗机构负责人或者授权的负责人批准,可以立即实施相应的医疗措施。

条文注解

在抢救生命垂危的患者等紧急情况下,“不能取得患者或者其近亲属意见的”情况是多种多样、比较复杂的。有的情况是,近亲属的决策对患者不利;有的情况是,患者病重,家庭负担较重,患者或者其近亲属不愿意继续治疗;还有的情况是,在患者意识清醒时曾经立下遗嘱或者对近亲属明确表示,生命临终要有尊严,不想遭受各种治疗上的痛苦;此外,还有一些其他情形,如果一概规定医疗机构可以实施强行治疗,不但违反了意思自治原则,同时对患者及其家庭也不一定有益。因此,本条规定的“不能取得患者或者其近亲属意见”,主要是指患者不能表达意志,也无近亲属陪伴,又联系不到近亲属的情况。

关联法规

《医疗机构管理条例》第 32 条

第一千二百二十一条 【诊疗活动中医务人员过错的界定】医务人员在诊疗活动中未尽到与当时的医疗水平相应的诊疗义务,造成患者损害的,医疗机构应当承担赔偿责任。

条文注解

依照本条规定,医务人员的注意义务就是应当尽到与当时的医疗水平相应的诊疗义务。尽到诊疗义务的一个重要方面,是诊疗行为符合法律、行政法规、规章以及诊疗规范的有关要求。需要说明的是,医务人员的注意义务并非与诊疗行为合法合规完全等同,这是两个概念。医务人员应当具有的诊疗水平,并非完全能够被法律、行政法规、规章以及诊疗规范的有关要求所涵盖。医务人员完全遵守了具体的操作规程,仍然有可能作出事后证明是错误的判断。医疗行为具有未知性、特异性和专业性等特点,不能仅凭事后证明错误这一点来认定医务人员存在诊疗过错,不能唯结果论;关键要看是不是其他的医务人员一般都不会犯这种错误。因此,本条规定的诊疗义务可以理解为一般情况下医务人员可以尽到的,通过谨慎的作为或者不作为避免患者受到损害的义务。

案例注解

【案例(2021)辽 0102 民初 10375 号】患者住院治疗期间死亡医院存在过错被判承担 30%赔偿责任

【基本案情】

原告张某 1、张某 2 系患者张某父亲、母亲,均系农业家庭户口。患者张某于 2019 年 9 月 29 日以布氏杆菌病(波状热)前往被告沈阳市某人民医院住院治疗,出院诊断为脓毒性休克。患者张某于 2019 年 10 月 12 日 4 时 16 分宣布死亡。患者张某在被告医院住院期间共自行支付医疗费3290.11元。根据原告提供的住院病案显示，患者张某共住院13天，本次住院期间的护理情况为特级护理2天、二级护理11天。原告因司法鉴定支付鉴定费20,000元。

经原告申请，北京某司法鉴定所于2021年2月12日出具××〔2020〕医疗鉴字第××号司法鉴定意见书认为，结合医方的过错、医疗本身存在的风险及被鉴定人有关因素等，医方过错与被鉴定人张某的损害后果之间存在因果关系，原因力大小建议为次要原因。为此，原告诉至法院，请求法院判决被告赔偿原告医疗费987.03元（3290.11元×30%）、护理费579.08元（11天×1人×46,970元÷365天+2天×2人×46,970元÷365天）、住院伙食补助费390元（100元×13天×30%）、误工费184.18元（17,237元÷365天×13天×30%）、死亡赔偿金190,920元（31,820元×20年×30%）、丧葬费11,289.60元（37,632元×30%）、被扶养人（患者父母，为农村户口，没有养老保险，也没有收入来源）生活费133,218元（22,203元×2人×20年÷2×30%）、司法鉴定费6000元（20,000元×30%）、精神损害抚慰金30,000元。

【裁判要旨】

《民法典》第1221条规定，医务人员在诊疗活动中未尽到与当时的医疗水平相应的诊疗义务，造成患者损害的，医疗机构应当承担赔偿责任。本案中，经原告申请，北京某司法鉴定所作出鉴定意见，被告沈阳市某人民医院的诊疗过程中存在过错，与患者张某的损害后果之间存在因果关系，建议其原因力大小为次要原因，因此判定被告医院按照30%比例承担原告的损失。

【裁判结果】

2021年6月18日，法院判决被告沈阳市某人民医院于本判决生效之日起15日内赔偿原告张某1、张某2医疗费987.03元、住院伙食补助费390元、护理费579.08元、误工费184.18元、死亡赔偿金190,920元、丧葬费11,289.6元、精神损害抚慰金20,000元，驳回原告的其他诉讼请求。（资料来源：中国裁判文书网）

关联法规

《医师法》第23条，《医疗事故处理条例》第5条

第一千二百二十二条　【推定医疗机构有过错的情形】患者在诊疗活动中受到损害，有下列情形之一的，推定医疗机构有过错：

（一）违反法律、行政法规、规章以及其他有关诊疗规范的规定；

（二）隐匿或者拒绝提供与纠纷有关的病历资料；

（三）遗失、伪造、篡改或者违法销毁病历资料。

条文注解

本条第 1 项规定的违反法律、行政法规、规章以及其他有关诊疗规范的规定，是医疗机构存在过错的表面证据，并且是一种很强的表面证据，因此，本条规定这种情形下推定存在过错。但医务人员有过错与违反法律、行政法规、规章以及诊疗规范的规定毕竟不是等同的概念。本条第 2 项和第 3 项规定的情形，一方面反映了医疗机构的恶意，另一方面使患者难以取得与医疗纠纷有关的证据资料，这时再让患者举证已不合理。因此，推定医疗机构有过错。

案例注解

【案例(2021)辽 0114 民初 615 号】某美容诊所在非医疗场所开展美容项目且未填写病历被判推定过错承担赔偿责任

【基本案情】

原告姜某与被告杨某系朋友关系。2019 年 9 月，被告杨某介绍被告某美容诊所经营者索某为原告姜某提供医疗美容服务。2019 年 9 月 20 日，被告某美容诊所经营者索某至被告杨某住所处为原告姜某实施了韩式提眉、割双眼皮、前眼角和后眼角放大四项医疗美容手术。原告通过被告杨某支付美容费用 6000 元。此后，被告杨某为原告进行了术后拆线。上述美容手术实施后，原告出现眼角增生、发炎，双眼皮疤痕等情况。

2020 年 9 月 10 日，原告与被告杨某达成《一次性调解协议》，约定由被告杨某退还原告姜某 6000 元美容费用，原告姜某不再向被告杨某主张任何责任。庭审中，经法庭询问，二被告陈述原告交纳的 6000 元美容费用，由被告杨某收取 3000 元介绍费，由被告某美容诊所收取 3000 元。该协议达成后，返还给原告的 6000 元，也分别由被告杨某返还 3000 元，由被告某美容诊所返还 3000 元。

另查明，被告某美容诊所性质为个体工商户，持有《医疗机构执业许可证》，核准登记的诊疗科目包括医疗美容科、美容外科、美容皮肤科。某美容诊所经营者索某并无执业医师资格。经法庭询问，被告某美容诊所陈述为原告实施美容术系美容诊所的行为，而非索某个人行为。

【裁判要旨】

《民法典》第 1222 条规定，患者在诊疗活动中受到损害，有下列情形之一的，推定医疗机构有过错：(1)违反法律、行政法规、规章以及其他有关诊疗规范的规定；(2)隐匿或者拒绝提供与纠纷有关的病历资料；(3)遗失、伪造、篡改或者违法销毁病历资料。本案中，被告某美容诊所经营者索某在未取得执业医师资格的情况下，在非医疗机构场所为原告进行美容项目，且未书写病历，应推定被告某美容诊所在诊疗活动中具有过错，应承担相应侵权赔偿责任。同时，原告姜某作为完全民事行为能力人，对索某是否具有相应资质未作核对，对其在被告杨某家中实施美容手术也未提出异议，其自身亦存在相应过错，应对其自身受到的损失承担部分责任。鉴于本案中原告已与被告杨某达成《一次性调解协议》，并当庭表示不再向被告杨某主张赔偿责任，故被告杨某应承担的赔偿部分，应由原告自行承担。

【裁判结果】

2021 年 5 月 17 日，法院判决被告某医疗美容诊所（经营者索某）于本判决生效之日起 10 日内赔偿原告姜某精神损害抚慰金 20,000 元，驳回原告其他诉讼请求。（资料来源：中国裁判文书网）

关联法规

《医师法》第 23、24、55、56 条，《医疗事故处理条例》第 5、9 条，《医疗机构管理条例》第 24 条，《最高人民法院关于审理医疗损害责任纠纷案件适用法律若干问题的解释》第 6 条

第一千二百二十三条 【药品、消毒产品、医疗器械的缺陷，或者输入不合格血液的侵权责任】因药品、消毒产品、医疗器械的缺陷，或者输入不合格的血液造成患者损害的，患者可以向药品上市许可持有人、生产者、血液提供机构请求赔偿，也可以向医疗机构请求赔偿。患者向医疗机构请求赔偿的，医疗机构赔偿后，有权向负有责任的药品上市许可持有人、生产者、血液提供机构追偿。

关联法规

《药品管理法》第 6、144 条，《产品质量法》第 41、43、46 条，《医师法》第 28 条，《献血法》第 2、11、14 条，《消毒管理办法》第 45 条，《医疗器械监督管理条例》第 76 条，《最高人民法院关于审理医疗损害责任纠纷案件适用法律若干问题的解释》第 7 条

第一千二百二十四条 【医疗机构免责情形】患者在诊疗活动中受到损害，有下列情形之一的，医疗机构不承担赔偿责任：

（一）患者或者其近亲属不配合医疗机构进行符合诊疗规范的诊疗；

（二）医务人员在抢救生命垂危的患者等紧急情况下已经尽到合理诊疗义务；

（三）限于当时的医疗水平难以诊疗。

前款第一项情形中，医疗机构或者其医务人员也有过错的，应当承担相应的赔偿责任。

条文注解

本条规定了三种医疗机构不承担责任的情形。(1)患者或者其近亲属不配合医疗机构进行符合诊疗规范的诊疗。在实践中,患者一方不配合诊疗的行为可以分为两类:第一类是患者囿于其医疗知识水平的局限而对医疗机构采取的诊疗措施难以建立正确的理解,从而导致其不遵医嘱、错误用药等与诊疗措施不相配合的现象。第二类是患者一方主观上具有过错,该过错又可分为故意和过失。故意的情形一般比较少见,患者就医是为了治疗疾病、康复身体,而非追求身体损害的结果。但现实情况是复杂的,也不能完全排除患者主观追求损害结果的可能。(2)医务人员在抢救生命垂危的患者等紧急情况下已经尽到合理诊疗义务。本项内容规定了两个要件,在两个要件均符合的情况下,医疗机构对患者的损害不承担赔偿责任。这两个要件分别为:一是抢救生命垂危的患者等紧急情况。对患者的紧急救治是医疗机构及其医务人员的职责之一。"紧急情况"的界定是,患者因疾病发作、突然外伤受害及异物侵入体内,身体处于危险状态或非常痛苦的状态,在临床上表现为急性外伤、脑挫伤、意识消失、大出血、心绞痛、急性严重中毒、呼吸困难、各种原因所致的休克等。二是已经尽到合理诊疗义务。包括以下四个方面:一是对患者伤病的准确诊断。二是治疗措施的合理、适当,包括治疗措施和治疗用药的适当、合理。三是谨慎履行说明告知义务。四是将紧急救治措施对患者造成的损害控制在合理限度之内。(3)限于当时的医疗水平难以诊疗。医疗行为具有高技术性、高风险性、复杂性以及不可控因素,还有很多未知领域需要探索;有时,医疗结果具有不确定性和不可预见性。现代医学技术水平的发展具有局限性,目前还不能达到100%的治愈率。

关联法规

《医师法》第27条,《医疗事故处理条例》第33条

第一千二百二十五条 【医疗机构对病历资料的义务、患者对病历资料的权利】医疗机构及其医务人员应当按照规定填写并妥善保管住院志、医嘱单、检验报告、手术及麻醉记录、病理资料、护理记录等病历资料。

患者要求查阅、复制前款规定的病历资料的,医疗机构应当及时提供。

条文注解

医疗机构可以为申请人复制门(急)诊病历和住院病历中的体温单、医嘱单、住院志(入院记录)、手术同意书、麻醉同意书、麻醉记录、手术记录、病重(病危)患者护理记录、出院记录、输血治疗知情同意书、特殊检查(特殊治疗)同意书、病理报告、检验

报告等辅助检查报告单、医学影像检查资料等病历资料。患者本人或者其委托代理人、死亡患者法定继承人或者其代理人可以查阅、复制病历资料。患者在诊疗活动中受到损害,医疗机构隐匿或者拒绝提供与纠纷有关的病历资料的,推定医疗机构有过错。在推定过错的情况下,如果医疗机构没有相反证明,则“推定”的过错将被“认定”为过错,医疗机构将承担不利的法律后果。

关联法规

《医师法》第24条,《医疗事故处理条例》第8、10、16条

第一千二百二十六条 【患者隐私和个人信息保护】医疗机构及其医务人员应当对患者的隐私和个人信息保密。泄露患者的隐私和个人信息,或者未经患者同意公开其病历资料的,应当承担侵权责任。

条文注解

基于医患关系的特殊性以及医患纠纷中的现实矛盾,本条对医疗领域的隐私和个人信息保护作了专门规定。正确理解本条的规定,需要从以下两个方面把握:(1)医疗机构及其医务人员侵害患者隐私和个人信息的表现形式。一是泄露患者的隐私和个人信息。泄露患者隐私,包括医疗机构及其医务人员将其在诊疗活动中掌握的患者的隐私和个人信息对外公布、披露的行为。二是未经患者同意公开其医学文书及有关资料。患者在就诊过程中,一般均会配合医务人员的问询,披露自己的病情、病史、症状等一系列个人信息,以配合医务人员的诊疗。在很多情况下,为了医学发展,还需要将患者信息汇集、整理,提供给医药研究机构或者企业。这部分记载有患者隐私内容的医学文书及相关资料一旦被披露,不但引起患者的精神痛苦,往往还会导致患者社会评价的降低。(2)关于承担侵权责任的条件。无论是泄露患者隐私和个人信息,还是未经患者同意公开医学文书及有关资料,只有在造成患者损害的情况下,医疗机构才承担侵权责任。

关联法规

《医师法》第23条,《最高人民法院关于确定民事侵权精神损害赔偿责任若干问题的解释》第1条

第一千二百二十七条 【禁止违规过度检查】医疗机构及其医务人员不得违反诊疗规范实施不必要的检查。

条文注解

正确理解本条的规定,需要从以下两个方面进行把握:(1)不必要的检查的特点和表现形式。不必要的检查一般是指由医疗机构提供的超出患者个体和社会保健实践需求的医疗检查服务,医学伦理学界把它称为“过度检查”。不必要的检查具有以下特征:①为诊疗疾病所采取的检查手段超出疾病诊疗的基本需求,不符合疾病的规律与特点。②采用非“金标准”的诊疗手段。所谓“金标准”,是指当前临床医学界公认的诊断疾病的最可靠方法。较为常用的“金标准”有活检、手术发现、微生物培养、特殊检查和影像诊断,以及长期随访的结果等。③与疾病基本诊疗需求无关的过度消费。(2)不必要的检查形成的原因。它的成因主要有以下两个方面:①现行医疗体制不健全。一方面是患者的医疗负担越来越重,看病贵的现象普遍存在;另一方面是医院的生存和发展依赖市场,强化了医院的求利倾向,催生了“以药养医”“以检养医”的现象,使医患关系进一步恶化。②受司法实践中医疗举证责任倒置的影响。为应对司法实践中举证责任倒置而导致的举证压力,医疗机构采取了“防御性医疗”的对策,而不必要的检查就是“防御性医疗”的一种表现形式。

第一千二百二十八条 【维护医疗机构及其医务人员合法权益】医疗机构及其医务人员的合法权益受法律保护。

干扰医疗秩序,妨碍医务人员工作、生活,侵害医务人员合法权益的,应当依法承担法律责任。

条文注解

本条第1款规定,当前医患双方的极度不信任导致医患关系的紧张,这种紧张状态又促使医疗纠纷不断升级。法律介入医疗活动的目的是实现医患双方权利的平衡和利益的协调,并非去解释或者解决本属于医学理论和医疗科学方面的问题。因此,在法律制度设计上,既要考虑患者作为医疗活动中弱势一方的利益保护,也应兼顾到医学行业本身的特点,如医学科学的局限性、医疗行业的高风险性。法律不仅为遭受医疗过错损害的患者提供保护,同样对于医疗机构及其医务人员的合法权益,法律也要保护,医疗行业的健康、有序发展是整个社会公益的需要。因此,本法对医疗机构及其医务人员的合法权益的保护作了规范。

本条第2款规定,将“干扰医疗秩序,妨碍医务人员工作、生活,侵害医务人员合法权益的,应当依法承担法律责任”单作一款进行规定,以突出民法对医务人员人身财产安全的保护和重视。需要说明的是,干扰医疗秩序,妨碍医务人员工作、生活,侵害医务人员合法权益的,除承担民事赔偿责任外,还涉及行政责任和刑事责任。

关联法规

《刑法》第289～290条,《治安管理处罚法》第23条,《医师法》第22条,《医疗事故处理条例》第59条

第七章　环境污染和生态破坏责任

第一千二百二十九条　【污染环境、破坏生态致损的侵权责任】因污染环境、破坏生态造成他人损害的,侵权人应当承担侵权责任。

条文注解

根据本条规定,因污染环境、破坏生态造成他人损害的,侵权人应当承担侵权责任。"污染环境"指对生活环境的污染,"破坏生态"指对生态环境的破坏。既包括对大气、水体、海洋、土地等生活环境的污染,也包括对生物多样性、水土流失等生态环境的破坏;既包括水污染、大气污染、噪声污染等传统的污染,也包括光污染、辐射污染等新型污染。总而言之,侵权人因污染环境、破坏生态造成他人损害的,应当承担侵权责任。根据本条规定,环境侵权责任继续作为一种特殊类型侵权责任,适用无过错责任归责原则。根据无过错责任原则,在侵权人的行为与受害人的损害有因果关系的情形下,无论侵权人是否存在过错,都应当对其污染行为造成的损害承担侵权责任。

案例注解

【案例(2021)吉04民初110号】潘某非法开采山皮砂破坏生态环境被判恢复生态

【基本案情】

被告潘某于2018年5月至8月,在未取得采矿权许可的情况下,在辽源市××镇××村×组非法开采山皮砂20,855立方米,因犯非法采矿罪,于2021年3月29日被判处有期徒刑1年,缓刑2年,违法所得2.5万元上缴国库。2020年12月14日,经××市××区人民检察院委托吉林××司法鉴定中心对潘某非法采矿处生态环境修复费用和修复期间功能损害价值进行评估鉴定,并垫付鉴定费2万元。该中心于2021年1月13日出具《司法鉴定意见书》,鉴定意见:生态环境修复费用314,179.82元,其间生态功能损害价值2,430.06元,共计316,609.88元。另查明,2019年3月潘某对案涉生态环境破坏区域进行土方回填,面积约5000平方米,同年4月种植了约2300棵树木,品种有杨树、云杉等,上述自行修复的生态价值,经吉林中实司法鉴定中心出具的《咨询意见》认定为275,408.06元,采用补植杨树的方式折抵41,201.82元赔偿金,需补植杨树2265株,种植面积为1.36公顷。原告某市自然资源局诉至法院,请求

判令潘某在市级以上新闻媒体向社会公众赔礼道歉;判令潘某支付生态环境修复费用及修复期间生态功能损害价值共计41,201.82元;判令潘某支付本案鉴定费2万元。

再查明:2021年6月1日,××市××区人民检察院与××市自然资源局签订《关于潘某非法采矿生态环境损害赔偿诉讼案鉴定费主张的协议》,约定由××市自然资源局代×市××区人民检察院主张其垫付的鉴定费2万元。

【裁判要旨】

《民法典》第1229条规定:"因污染环境、破坏生态造成他人损害的,侵权人应当承担侵权责任。"本案中,潘某在辽源市龙山区寿山镇山湾村四组非法开采山皮砂20,855立方米,使地表原植被完全灭失,耕作层土壤完全挖损,破坏当地地质环境,引起一系列人为的生态环境的不利改变,损害了生态系统服务功能,潘某非法采矿行为与生态环境损害之间具有因果关系,虽然潘某已经受到刑事处罚,但刑事处罚重在对违法行为的惩罚性,而民事责任重在对造成损失的弥补性,因此潘某应承担生态环境修复的民事责任。

【裁判结果】

2021年8月24日,法院判决被告潘某于2022年10月1日前在××市××区××镇山×村×组非法采矿区域,种植杨树2265株,补种树木当年存活率达到85%,由××市自然资源局负责验收。如潘某未在2022年10月1日前履行上述判项,则应承担41,201.82元的赔偿责任,并由××市自然资源局继续修复;被告潘某于本判决生效之日起30日内在《××日报》上向社会公众公开赔礼道歉;被告潘某于本判决生效之日起10日内支付鉴定费2万元。(资料来源:中国裁判文书网)

关联法规

《环境保护法》第2、64条,《海洋环境保护法》第114、115条,《水污染防治法》第96条,《大气污染防治法》第125条,《固体废物污染环境防治法》第121条,《噪声污染防治法》第61条,《放射性污染防治法》第59条,《水污染防治法》第96条,《防治陆源污染物污染损害海洋环境管理条例》第32条,《防止拆船污染环境管理条例》第23条

第一千二百三十条 【环境污染、生态破坏侵权举证责任】因污染环境、破坏生态发生纠纷,行为人应当就法律规定的不承担责任或者减轻责任的情形及其行为与损害之间不存在因果关系承担举证责任。

条文注解

举证责任,是指法律要求纠纷当事人对自己所主张的事实,提出证据加以证明的

责任。根据我国《民事诉讼法》的规定，一般实行“谁主张，谁举证”的原则。根据本条规定，行为人应当就两种情形承担举证责任：一是法律规定的不承担责任或者减轻责任的情形；环境保护单行法有规定的，首先适用单行法的规定，单行法没有规定的，适用《民法典》总则编和侵权责任编有关免责事由的规定。二是其行为与损害之间不存在因果关系。根据本条规定，行为人应当就其行为与损害之间不存在因果关系承担举证责任。这表明我国对环境侵权实行因果关系的举证责任倒置。所谓举证责任倒置，是指在法律规定的一些特殊情形下，将通常应由提出事实主张的当事人所负担的举证责任分配给对方，由对方对否定该事实承担举证责任，如果该方当事人不能就此举证证明，则推定事实主张成立的一种举证责任分配制度。它是举证责任分配的一种特殊表现形式，是相对于一般举证责任分配规则的正常分配结果而言的。其实质便是免除本应由原告承担的举证责任，而就待证事实的反面事实，由被告承担举证责任。将污染行为与损害之间的因果关系的举证义务加于污染者，有利于保护受害人的合法权益。

关联法规

《民事诉讼法》第67条，《环境保护法》第64条，《水污染防治法》第98条

第一千二百三十一条 【两个以上侵权人的责任大小确定】两个以上侵权人污染环境、破坏生态的，承担责任的大小，根据污染物的种类、浓度、排放量，破坏生态的方式、范围、程度，以及行为对损害后果所起的作用等因素确定。

条文注解

适用本条环境共同侵权需要满足以下要件：一是多个侵权主体，有两个或者两个以上的行为人实施了污染环境、破坏生态行为。二是行为人实施了污染环境、破坏生态的行为，因环境侵权采用无过错责任，不需要考虑行为人的主观过错，行为人之间是否存在意思联络，都不影响适用本条。环境共同侵权不仅要解决多个侵权人的外部责任问题，也要解决多个侵权人内部如何划分责任的问题。从理论上讲，每个侵权人承担责任大小的依据是侵权人的污染行为在导致损害的结果中所占的原因力的比例多少。但是，环境污染中原因力的确定比较复杂，要综合考虑污染物的种类、浓度、排放量，破坏生态的方式、范围、程度，以及行为对损害后果所起的作用等因素。

关联法规

《最高人民法院关于审理生态环境侵权责任纠纷案件适用法律若干问题的解释》第5~9条

第一千二百三十二条　【环境污染、生态破坏侵权的惩罚性赔偿】侵权人违反法律规定故意污染环境、破坏生态造成严重后果的，被侵权人有权请求相应的惩罚性赔偿。

条文注解

环境侵权惩罚性赔偿的构成要件：(1)侵权人实施了不法行为。根据本条规定，侵权人的环境污染和破坏生态行为应当违反了法律规定。惩罚性赔偿不同于普通环境侵权，其赔偿数额更高，具有普通环境侵权不具备的惩罚功能，故其构成要件应当更为严格。(2)侵权人主观具有故意。"故意"作为一种主观状态，难以直接证明，在实践中一般通过侵权人的行为来认定，如侵权人多次非法排污并受到行政机关处罚、侵权人将未经处理的废水、废气、废渣直接排放或者倾倒、侵权人关闭环境在线监测系统或者故意干扰监测系统、侵权人在正常排污设施外留有偷排孔等，这些都能证明侵权人对其排污行为所可能造成的后果，绝对不是疏忽大意，而是故意为之、放任严重后果的发生。(3)造成严重后果。根据本条，侵权人的行为造成严重后果的，才可能构成惩罚性赔偿。惩罚性赔偿具有惩罚功能，在适用上应当遵循谦抑原则，不能对侵权人动辄就处以惩罚性赔偿。惩罚性赔偿制度应当聚焦损害后果严重的侵权行为，即不仅对受害人的人身、财产造成严重损害，还可能对生态环境造成严重损害甚至不可逆转损害的侵权行为。

案例注解

【案例】浮梁县人民检察院诉某化工集团有限公司环境污染民事公益诉讼案

【基本案情】

2018年3月3日至7月31日，被告某化工集团有限公司（以下简称被告公司）生产部经理吴某民将公司生产的硫酸钠废液交由无危险废物处置资质的吴某良处理，吴某良又雇请李某贤将30车共计1124.1吨硫酸钠废液运输到浮梁县寿安镇八角井、浮梁县湘湖镇洞口村的山上倾倒，造成了浮梁县寿安镇八角井周边约8.08亩范围内的环境和浮梁县湘湖镇洞口村洞口组、江村组地表水、地下水受到污染，影响了浮梁县湘湖镇洞口村约6.6平方公里流域的环境，妨碍了当地1000余名居民的饮用水安全。经鉴定，两处受污染地块的生态环境修复总费用为人民币2,168,000元，环境功能性损失费用共计人民币57,135.45元，并产生检测鉴定费95,670元。受污染地浮梁县湘湖镇洞口村采取合理预防、处置措施产生的应急处置费用共计人民币528,160.11元。其中，吴某良、吴某民、李某贤等因犯污染环境罪已被另案判处6年6个月至3年2个月不等的有期徒刑。公益诉讼起诉人起诉请求被告公司赔偿相关生态环境损害。

【裁判要旨】

根据《民法典》第1232条规定，被告公司将生产废液交由无危险废物处置资质的个人处理，放任污染环境危害结果的发生，主观上存在故意，客观上违反了法律规定，损害了社会公共利益，造成严重后果。且至本案审理期间，涉案倾倒废液行为所致的环境污染并未得到修复，损害后果仍在持续，符合《民法典》第1232条规定的环境侵权惩罚性赔偿适用条件。

【裁判结果】

法院综合该公司的过错程度、赔偿态度、损害后果、承担责任的经济能力、受到行政处罚等因素，判令其赔偿环境修复费用2,168,000元、环境功能性损失费用57,135.45元、应急处置费用532,860.11元、检测鉴定费95,670元，并承担环境污染惩罚性赔偿171,406.35元，以上共计3,025,071.91元；对违法倾倒硫酸钠废液污染环境的行为在国家级新闻媒体上向社会公众赔礼道歉。（资料来源：最高人民法院网）

第一千二百三十三条 【因第三人的过错污染环境、破坏生态的侵权责任】因第三人的过错污染环境、破坏生态的，被侵权人可以向侵权人请求赔偿，也可以向第三人请求赔偿。侵权人赔偿后，有权向第三人追偿。

条文注解

第三人，是指除污染者与被侵权人之外的第三人，对被侵权人损害的发生具有过错，包括故意和过失。本条规定的是如果污染环境造成损害是由第三人的过错引起的，责任如何承担的问题。这种情况须具备以下两个条件：首先，第三人是指被侵权人和污染者之外的第三人，即第三人不属于被侵权人和污染者任何一方，第三人与受害者和污染者之间不存在法律上的隶属关系，如雇佣关系等。其次，第三人和污染者之间不存在意思联络。如果第三人与污染者有意思联络，则第三人与污染者构成共同侵权，不属于本条规范的适用范围。

本条规范属于不真正连带责任。不真正连带责任，是指多数行为人违反法定义务，对一个受害人实施加害行为，或者不同行为人基于不同的行为而致使受害人的权利受到损害，各个行为人对产生的同一内容的侵权责任，各负全部赔偿责任，并因行为人之一的履行而使全体责任人的责任归于消灭的侵权共同责任形态。

关联法规

《环境保护法》第96条，《海洋环境保护法》第114条，《国际油污损害民事责任公约》第3条，《最高人民法院关于审理生态环境侵权责任纠纷案件适用法律若干问题的解释》第18、19条

第一千二百三十四条 【生态环境修复责任】违反国家规定造成生态环境损害,生态环境能够修复的,国家规定的机关或者法律规定的组织有权请求侵权人在合理期限内承担修复责任。侵权人在期限内未修复的,国家规定的机关或者法律规定的组织可以自行或者委托他人进行修复,所需费用由侵权人负担。

条文注解

本条构成要件:(1)违反国家规定。根据本条规定,违反国家规定是承担生态环境损害赔偿责任的要件之一。生态环境损害赔偿与一般环境侵权不能等量齐观,两种制度的价值取向有所不同。一般环境侵权注重于私人权益的保护,国家规定的排污标准有可能滞后于社会经济发展,不能放任私人权益遭受侵害。(2)生态环境损害。有损害才有赔偿,生态环境侵权依然要遵守民法这一基本原则。但生态环境损害与一般环境侵权中的损害多有不同,生态环境具有明显的公共属性,是人们赖以生存的基础。(3)因果关系。在环境侵权中,将因果关系举证责任分配给侵权人,主要是考虑到受害人在经济上和专业知识上的不足,侵权人更有举证能力。据此推论,在生态环境损害赔偿诉讼中,国家机关和有关组织作为原告,其实力与环境侵权人相比,显然更为强大,其不仅有公共财政作为支撑,人员、技术能力也更为专业,完全有能力对因果关系进行举证。

根据本条规定,生态环境修复责任承担主要有两种方式:(1)请求侵权人在合理期限内承担修复责任。环境修复并不是简单修补了事,而是具有很强的专业性、技术性和复杂性。修复的目的是使受损的生态环境复原至基线水平,是一种技术目标,一般企业或者个人难以完成,多数侵权人不具备修复生态环境的能力。侵权人作为始作俑者,是修复责任的当然承担者,权利人有权请求侵权人在合理期限内承担修复责任。(2)自行或者委托他人进行修复。

考虑到生态环境保护有及时性、有效性等特点,不能无限期等待侵权人履行修复责任。据此,本条规定,侵权人在期限内未修复的,权利人可以自行或者委托他人履行修复义务。这实际上借鉴了执行程序中代履行制度,所需费用由侵权人承担。从形式上看,完成生态环境修复工程的是权利人或者其委托的第三人,但修复责任仍然由侵权人承担。

案例注解

【案例】上海市奉贤区生态环境局与张某新、童某勇、王某平生态环境损害赔偿诉讼案

【基本案情】

2018年4月伊始,张某新、童某勇合伙进行电镀作业,含镍废液直接排入厂房内渗坑。后王某平向张某新承租案涉场地部分厂房,亦进行电镀作业,含镍废液也直接排入渗坑。2018 年 12 月左右,两家电镀作坊雇人在厂房内挖了一口渗井后,含镍废液均通过渗井排放。2019 年 4 月,上海市奉贤区环境监测站检测发现渗井内镍浓度超标,严重污染环境。奉城镇人民政府遂委托他人对镍污染河水和案涉场地电镀废液进行应急处置,并开展环境损害的鉴定评估、生态环境修复、环境监理、修复后效果评估等工作。相关刑事判决以污染环境罪分别判处张某新、童某勇及案外人宋某军有期徒刑,王某平在逃。经奉贤区人民政府指定,奉贤区生态环境局启动本案的生态环境损害索赔工作。因与被告磋商无果,奉贤区生态环境局提起生态环境损害赔偿诉讼,请求判令三被告共同承担应急处置费、环境损害鉴定评估费、招标代理费、修复工程费、环境监理费、修复效果评估费等费用共计 6,712,571 元。上海市人民检察院第三分院支持起诉。

【裁判要旨】

根据《民法典》第 1234 条规定,国家规定的机关可以自行或者委托他人进行修复,所需费用由侵权人负担。本案中,涉案侵权行为发生在《民法典》实施之前,根据《最高人民法院关于适用〈中华人民共和国民法典〉时间效力的若干规定》第 3 条规定的空白溯及原则,本案可以适用《民法典》第 1234 条,被告应承担生态环境损害赔偿责任。

【裁判结果】

法院判决三被告共赔偿原告奉贤区生态环境局应急处置费、环境损害鉴定评估费、招标代理费、修复工程费、环境监理费、修复效果评估费等费用共计 6,712,571 元,其中张某新、童某勇连带赔偿上述金额的 50%,王某平赔偿上述金额的 50%。(资料来源:最高人民法院网)

第一千二百三十五条　【公益诉讼的赔偿范围】违反国家规定造成生态环境损害的,国家规定的机关或者法律规定的组织有权请求侵权人赔偿下列损失和费用:

(一)生态环境受到损害至修复完成期间服务功能丧失导致的损失;

(二)生态环境功能永久性损害造成的损失;

(三)生态环境损害调查、鉴定评估等费用;

(四)清除污染、修复生态环境费用;

(五)防止损害的发生和扩大所支出的合理费用。

条文注解

生态系统服务功能,是指生态系统通过自身的作用循环提供给人类的效益或者对生态环境的效益,生态系统服务功能包括生态物质提供功能、生态控制功能、生命维持功能与文化欣赏功能等。生态环境修复需要经历较长一段时间,在此期间生态环境服务功能是不完整的。永久性损害指受损生态环境及其服务难以恢复,其向公众或其他生态系统提供服务能力的完全丧失。生态环境损害无法修复的,其赔偿资金作为政府非税收入,全额上缴同级国库,纳入预算管理。赔偿权利人及其指定的部门或机构根据磋商或判决要求,结合本区域生态环境损害情况开展替代修复。生态系统功能的永久性损害只能通过价值估算予以赔偿。生态环境损害调查,是指生态环境损害发生后,权利人为了评估生态环境损害情况进行信息收集的过程。生态环境损害鉴定评估,是指鉴定评估机构通过技术方法对生态环境损害情况、赔偿费用、修复行为、修复效果等进行分析评价的行为。调查、鉴定评估等费用也是由生态环境侵权行为而衍生的费用,应由侵权人赔偿。清除污染费用包括清污方案制定费用、清除污染操作费用;修复生态环境费用则复杂得多,包括修复方案制定费用、修复实施费用。生态环境损害发生后,必须及时采取合理预防、防止损害扩大的措施,将损害控制在最小范围内,也有利于后续治理与修复工作的开展。

案例注解

【案例(2021)黔02民初47号】甘某等5被告某非法电鱼破坏渔业资源及水域生态环境被检察机关提起公益诉讼

【基本案情】

某市人民检察院在履行公益监督职责中发现,被告甘某、车某1、车某2、沙某1、沙某2非法电鱼行为损害社会公共利益线索,于2020年11月2日将该线索报请移送法院。法院于2020年11月5日立案审查。经依法审查查明:根据《农业部关于实行珠江禁渔期的通告》(农业部通告〔2010〕1号)、《贵州省农业农村厅关于做好2019年全省禁渔期管理工作的通知》(黔农发〔2019〕5号)规定,珠江流域贵州段的江河、湖泊、大中型水库为禁渔区,禁渔期自2019年3月1日0时至6月30日24时止,禁渔期间禁止所有捕捞作业。2019年5月18日,被告甘某、车某1、车某2、沙某1、沙某2在禁渔期相约到××市××镇×河内电鱼,在电鱼的过程中被派出所民警现场抓获,现场查获电鱼设备一套。五被告非法电鱼的行为破坏×河渔业资源及水域生态环境,损害社会公共利益。电捕鱼是国家明令禁止的一种捕捞方式,对捕捞对象没有选择性,会直接导致电捕区域水生生物死亡,侥幸逃脱的鱼类其生理功能会遭受不同程度损伤,运动能力、捕食能力、抗病能力和识别能力都会显著降低,并极易导致不育,造成鱼类遗传特性发生变异,鱼类资源逐渐衰竭甚至灭绝,从而威胁人类生存环境平衡;电捕鱼释放的电流还会对鱼类的饵料生物造成伤害,对浮游动植物和底栖生物有极高的致死作用,未打捞上岸的死鱼沉至水底,腐烂后影响水质,造成水环境的次生污染。五被告在禁渔期电鱼的行为违反了《贵州省渔业条例》第16条"江河、湖泊、大中型水库实行禁渔期制度。禁渔期按照国家规定执行,并由省人民政府渔业行政主管部门发布通告"、第18条"禁止使用炸鱼、毒鱼、电鱼等破坏渔业资源的方法进行捕捞"之规定,破坏了×河渔业资源及水域生态环境,损害社会公共利益。依据相关法律规定,法院于2020年11月6日履行公告程序,在正义网发布公告。公告期满后,没有法律规定的机关和有权提起诉讼的有关组织向人民法院提起诉讼，五被告也没有对×河受损渔业资源和水域生态环境进行修复，社会公共利益处于持续受侵害状态。为此，某市人民检察院向法院提起诉讼，请求法院判令被告甘某、车某1、车某2、沙某1、沙某2承担恢复原状民事连带责任，依照××市农业农村局出具的增殖放流评估意见进行修复×河受损渔业资源及水域生态环境。

五被告均没有异议。

【裁判要旨】

《民法典》第1229条规定："因污染环境、破坏生态造成他人损害的，侵权人应当承担侵权责任。"第1235条规定："违反国家规定造成生态环境损害的，国家规定的机关或者法律规定的组织有权请求侵权人赔偿下列损失和费用：(一)生态环境受到损害至修复完成期间服务功能丧失导致的损失；(二)生态环境功能永久性损害造成的损失；(三)生态环境损害调查、鉴定评估等费用；(四)清除污染、修复生态环境费用；(五)防止损害的发生和扩大所支出的合理费用。"本案中，五被告在禁渔期以禁用的方式非法捕捞水产品，对天然水域渔业资源造成毁灭性伤害，不仅会导致水域内的鱼类不能恢复，造成鱼类资源的衰竭甚至灭绝，也会造成其他生物死亡破坏生态平衡，同时对水环境也会造成极大污染。据此，五被告电鱼的行为破坏了渔业资源和生态环境，对社会公共利益造成损害，应当承担相应的民事侵权责任。

【裁判结果】

2021年4月23日，法院判决被告甘某、车某1、车某2、沙某1、沙某2在本判决生效后10日内向××市××镇×河内共计投放规格为10cm以上的鲢鱼、鳙鱼35,000条，价值为15,000元；若五被告逾期未履行前述义务，则五被告应于逾期之日起10日内赔偿生态环境修复费用15,000元，用于修复被损害的生态环境。(资料来源：中国裁判文书网)

关联法规

《最高人民法院关于审理环境民事公益诉讼案件适用法律若干问题的解释》第19、20、23条

第八章 高度危险责任

第一千二百三十六条 【高度危险责任的一般规定】从事高度危险作业造成他人损害的，应当承担侵权责任。

条文注解

"高度危险作业"，既包括使用民用核设施、高速轨道运输工具和高压、高空、地下

挖掘等高度危险活动，也包括占有、使用易燃、易爆、剧毒、高放射性、强腐蚀性、高致病性等高度危险物的行为。高度危险作业造成他人损害的，应当承担无过错责任。本条规定的“侵权责任”不仅仅是损害赔偿责任。由于高度危险作业一旦造成损害，可能对周围环境造成很大的危害，因此，作业人不仅在事后应向受害人进行损害赔偿，而且在事发时就应当积极采取停止侵害、消除危险等措施并积极救助受害人，因此，我们在这里强调的是“侵权责任”而不是仅要求高度危险作业人承担赔偿责任。

案例注解

【案例(2021)桂0702民初302号】施工状态中的塔吊坠落碎石造成地面新车损坏塔吊所有人、管理人或使用人被判承担侵权赔偿责任

【基本案情】

2020年9月24日10时，“某某幸福里”小区工程项目处于施工状态中的塔吊，其吊臂在作业时从钦州某某汽车销售服务有限公司4S店新车停放地点的正上方高空经过，坠落了大量碎石、水泥固体，砸到了钦州某某汽车销售服务有限公司的三辆新车，造成三辆新车不同程度损坏。钦州某某汽车销售服务有限公司受损的三辆新车：全新一代K3(车辆型号YQ×××6，车架号LJD×××76)；全新一代K3(车辆型号YQ×××E6，车架号LJD×××83)；新E福瑞迪(车辆型号YQ×××DE6，车架号LJD×××75)。钦州某某汽车销售服务有限公司于2021年1月13日向法院提起诉讼。2021年2月9日，钦州市公证处应原告申请，对位涉案三辆车辆的现状进行了证据保全。钦州某某汽车销售服务有限公司受损的三辆新车目前尚未维修。原告钦州某某汽车销售服务有限公司申请对车辆维修费、车辆贬值损失进行鉴定，经法院委托的广西某资产评估有限公司于2021年5月27日出具资产评估报告，评估结论：列入本次评估范围的维修费用合计为13,472元，列入本次评估范围的贬值损失合计为57,600元。钦州某某汽车销售服务有限公司支付了4650元评估费。原告钦州某某汽车销售服务有限公司诉至法院，请求判令被告向原告赔偿车辆维修费21,747元，支付车辆贬值损失60,000元；以上共计81,747元。

经查，钦州某某汽车销售服务有限公司经营的起亚牌小型汽车4S店与“某某幸福里”小区隔墙相邻，“某某幸福里”小区工程项目的开发商系钦州某某置业有限公司、“某某幸福里”小区工程项目的承建方系某某建设发展有限公司。某某建设发展有限公司将“某某幸福里”小区工程项目的建筑起重机械一体化专业分包给了广西南宁市某某机械设备有限公司。“某某幸福里”小区工程项目塔吊的所有人系广西南宁市某某机械设备有限公司，塔吊的管理人或者使用人系广西南宁市某某机械设备有限公司和某某建设发展有限公司。

【裁判要旨】

《民法典》第1236条规定，从事高度危险作业造成他人损害的，应当承担侵权责任。本案中，钦州某某汽车销售服务有限公司经营的起亚牌小型汽车4S店与“某某幸福里”小区隔墙相邻，“某某幸福里”小区工程项目处于施工状态中的塔吊，其吊臂在作业时从钦州某某汽车销售服务有限公司4S店新车停放地点的正上方高空经过，坠落了大量碎石、水泥固体，砸到了钦州某某汽车销售服务有限公司的三辆新车，造三辆新车不同程度损坏。所以从事高空活动即塔吊作业的塔吊所有人、管理人或者使用人应对原告的损害承担赔偿责任。被告钦州某某置业有限公司虽是案涉在建项目的开发商，因本案事故发生时，其对案涉塔吊并未实际管理、控制和支配，所以钦州某某置业有限公司对原告的损害不应承担责任。广西南宁市某某机械设备有限公司和某某建设发展有限公司作为塔吊的所有人、管理人或者使用人应对原告的损害承担赔偿责任。

【裁判结果】

2021年6月7日，法院判决被告某某建设发展有限公司、广西南宁市某某机械设备有限公司赔偿原告钦州某某汽车销售服务有限公司车辆维修费13,472元；被告某某建设发展有限公司、广西南宁市某某机械设备有限公司赔偿原告钦州某某汽车销售服务有限公司车辆贬值损失57,600元；驳回原告钦州某某汽车销售服务有限公司的其他诉讼请求。（资料来源：中国裁判文书网）

关联法规

《铁路法》第58条，《电力法》第60条，《民用航空法》第124条

第一千二百三十七条　【民用核设施或者核材料致害责任】民用核设施或者运入运出核设施的核材料发生核事故造成他人损害的，民用核设施的营运单位应当承担侵权责任；但是，能够证明损害是因战争、武装冲突、暴乱等情形或者受害人故意造成的，不承担责任。

条文注解

本条调整的主体是民用核设施或者运入运出核设施的核材料。核设施是指：（1）核电厂、核热电厂、核供汽供热厂等核动力厂及装置；（2）核动力厂以外的研究堆、实验堆、临界装置等其他反应堆；（3）核燃料生产、加工、贮存和后处理设施等核燃料循环设施；（4）放射性废物的处理、贮存、处置设施。核材料是指：（1）铀－235材料及其制品；（2）铀－233材料及其制品；（3）钚－239材料及其制品；（4）法律、行政法规规定的其他需要管制的核材料。核事故，是指核设施内的核燃料、放射性产物、放射性废物或者运入运出核设施的核材料所发生的放射性、毒害性、爆炸性或者其他危害性事故，或者一系列事故。核设施营运单位，是指在中华人民共和国境内，申请或者持有核设施安全许可证，可以经营和运行核设施的单位。民用核设施或者运入运出核设施的核材料发生核事故的致害责任，实行无过错原则。只有能够证明损害是因战争、武装冲突、暴乱等情形或者受害人故意造成的，民用核设施的营运单位才可以不承担责任。

关联法规

《核安全法》第93条,《放射性污染防治法》第59、62条

第一千二百三十八条　【民用航空器致害责任】民用航空器造成他人损害的,民用航空器的经营者应当承担侵权责任;但是,能够证明损害是因受害人故意造成的,不承担责任。

条文注解

民用航空器,是指除用于执行军事、海关、警察等飞行任务外的航空器。"经营者"主要包括从事运输旅客、货物运输的承运人和从事通用航空的民用航空器使用人。从事旅客、货物运输的承运人主要是公共航空运输企业。公共运输企业运送旅客的,应当出具客票,客票是航空旅客运输合同订立和运输合同条件的初步证据。公共运输企业运送货物的,应当与托运人订立合同,接受托运人出具的航空货运单,航空货运单是航空货物运输合同订立和承运人接收货物的初步证据。公共运输企业应当按照约定将旅客、货物及时送到目的地。从事通用航空的民用航空器的使用人,在组织实施作业飞行时,应当采取有效措施,保证飞行安全,保护环境和生态平衡,防止对环境、居民、作物或者牲畜等造成损害。民用航空器造成他人损害的,包括两种情形:一种情形是民用航空器在从事旅客、货物运输过程中,对所载运的旅客、货物造成的损害。另一种情形是民用航空器对地面第三人的人身、财产造成的损害。民用航空器作为一种高速运输工具,《民法通则》和《民用航空法》都规定了民用航空器的经营者应当承担无过错责任。

因货物本身的自然属性、质量或者缺陷造成的货物毁损,承运人不承担责任。在旅客、行李运输中,承运人能够证明损失是由旅客过错造成的,可以相应免除或者减轻承运人的赔偿责任。因武装冲突直接造成飞行中民用航空器对地面第三人损害的,民用航空器经营者不承担责任。

关联法规

《民用航空法》第124~172条

第一千二百三十九条　【占有或使用高度危险物致害责任】占有或者使用易燃、易爆、剧毒、高放射性、强腐蚀性、高致病性等高度危险物造成他人损害的,占有人或者使用人应当承担侵权责任;但是,能够证明损害是因受害人故意或者不可抗力造成的,不承担责任。被侵权人对损害的发生有重大过失的,可以减轻占有人或者使用人的责任。

条文注解

本条调整的高度危险物，不仅仅涉及易燃、易爆、剧毒、高放射性、强腐蚀性、高致病性等这几类，其他因其自然属性极易危及人身、财产的物品也适用本条的规定。在高度危险责任中，由于其归责的基础在于危险的存在，因此，责任的承担者原则上是控制或者应当控制该危险的人。高度危险物本身具有危及他人人身、财产的自然属性，但往往是在占有和使用当中造成他人损害。这里的"占有""使用"包括生产、储存、运输高度危险品以及将高度危险品作为原料或者工具进行生产等行为。

本条规定，能够证明损害是因受害人故意或者不可抗力造成的，占有人或者使用人不承担责任。本条规定这一免责事由主要考虑以下两点：第一，高度危险物虽然本身具有危险属性，但危险程度不及民用核设施和民用航空器，因此，在不承担责任和减轻责任的情形上，应有所区别。第二，本条规定不可抗力作为不承担责任情形，符合实践中的实际情况。需要指出的是，不承担责任情形的举证责任在于占有人或者使用人，由其来证明损害是因为受害人故意或者不可抗力引起的，才能依法不承担责任。本条还明确规定了减轻责任的情形：被侵权人对损害的发生有重大过失的，可以减轻占有人或者使用人的责任。本条将减轻责任的情形，严格限定在受害人的"重大过失"，受害人有一般过失的，不能减轻占有人或者使用人的赔偿责任。"重大过失"可以在实践中根据占有人或者使用人是否已经尽到注意义务、受害人行为方式、因果关系等因素作具体判断。

关联法规

《放射性污染防治法》第31、59、62条，《安全生产法》第116、117条

第一千二百四十条　【从事高空、高压、地下挖掘活动或者使用高速轨道运输工具致害责任】从事高空、高压、地下挖掘活动或者使用高速轨道运输工具造成他人损害的，经营者应当承担侵权责任；但是，能够证明损害是因受害人故意或者不可抗力造成的，不承担责任。被侵权人对损害的发生有重大过失的，可以减轻经营者的责任。

案例注解

【案例(2021)豫1625民初4403号】钓鱼甩竿触碰高压线身亡某电力公司被判担责30%

【基本案情】

原告李某系任某配偶，原告任某1系任某之父，原告周某系任某之母，原告任某2、任某3是任某子女。2021年6月22日上午，任某(死者)到位于××县边的树下钓鱼。任某在甩杆时，不慎将鱼竿挂在被告国网河南省电力公司××县供电公司架设的10千伏高压电线上，任某被高压电线当场电击后死亡。报警并出警后经××县中

心医院于2021年6月22日出具《居民死亡医学证明(推断)书》,认定任某因触电导致心脏、呼吸骤停约30分钟致死。原告认为,被告作为事发现场供电线路的所有人和管理人,应当加强对供电线路的管理,但其未在本案事发地点附近设置明显警示标志,对任某的触电死亡存在过错,应当承担赔偿责任。因赔偿问题协商未果,五原告诉至本院,请求判令被告赔偿五原告方死亡赔偿金、丧葬费、精神损害抚慰金、被扶养人生活费等共计565,339.2元。

另查明,任某和原告等家人自2018年至2020年4月在山东省××市经营熟肉店生意;自2020年5月1日在××县城居住开始经营熟肉店生意。2020年度河南省城镇居民人均可支配收入34,750.34元/年。2020年度河南省城镇居民人均消费性支出为20,644.91元/年。2020年度河南省在岗职工年平均工资为71,351元/年。经实地查看,涉案出事地点水闸东、西河的南、北两岸,有不少钓鱼、捕鱼、观看、玩水的人;对应架空线路下面南北河岸没有禁止钓鱼的警示标志,水利部门在此设有禁止涉水的警示标志。该线路陈旧低垂,系无包皮铝线,目测距地面也仅有5米许,大田地上的垂线更低,有隐患。

【裁判要旨】

《民法典》第1240条规定,从事高空、高压、地下挖掘活动或者使用高速轨道运输工具造成他人损害的,经营者应当承担侵权责任;但是,能够证明损害是因受害人故意或者不可抗力造成的,不承担责任。被侵权人对损害的发生有重大过失的,可以减轻经营者的责任。本案中被告作为案涉高压线路的经营者和管理者,其对所从事的高度危险活动进行运行控制和享有运行利益,应当承担本案中高度危险作业产生的侵权责任;高度危险责任是无过错责任,评判被告的责任时适用无过错归责原则。审理中,原告、被告也均认可本案适用无过错归责原则。受害人任某的钓鱼行为应属于一般的民事行为,而非违法行为,被告未能提供证据证明损害是因受害人故意或者不可抗力造成的,不存在免责事由,应当对任某的死亡承担赔偿责任。且该线路西距水闸很近,仅有六七米,水闸下面及附近平时钓鱼、捕鱼、观看、玩水的人较多,线路又低,应设禁止钓鱼的标志而未设,有过错。任某作为完全民事行为能力人,在钓鱼的过程中应当预见在架空高压线路危险区域内作业会造成人身损害事故,由于自身原因未尽到安全注意义务或者轻信能够避免,以致鱼竿触碰到上空的高压线遭电击身亡,其自身存在重大过失,应当承担主要责任或减轻被告的责任。因此,被告国网河南省电力公司××县供电公司应向原告承担赔偿责任,以30%为宜。

【裁判结果】

2021年9月6日,法院判决被告国网河南省电力公司××县供电公司于本判决生效之日起10日内赔偿五原告死亡赔偿金、丧葬费、被扶养人生活费、精神损害抚慰金等共计336,203.53元(1,120,678.41元×30%),驳回五原告的其他诉讼请求。(资料来源:中国裁判文书网)

关联法规

《安全生产法》第116、117条,《电力法》第60条

第一千二百四十一条　【遗失、抛弃高度危险物致害责任】遗失、抛弃高度危险物造成他人损害的，由所有人承担侵权责任。所有人将高度危险物交由他人管理的，由管理人承担侵权责任；所有人有过错的，与管理人承担连带责任。

关联法规

《安全生产法》第116、117条

第一千二百四十二条　【非法占有高度危险物致害责任】非法占有高度危险物造成他人损害的，由非法占有人承担侵权责任。所有人、管理人不能证明对防止非法占有尽到高度注意义务的，与非法占有人承担连带责任。

条文注解

非法占有高度危险物造成他人损害的，由非法占有人承担侵权责任。所谓非法占有，是指明知自己无权占有，而通过非法手段将他人的物品占为已有。现实中，盗窃、抢劫、抢夺都是非法占有的主要形式。按照高度危险物致害责任原理，一般由实际控制人承担侵权责任。在高度危险物被非法占有的情况下，高度危险物已经脱离所有人或者管理人的实际占有，由非法占有人实际控制。因此，应当由非法占有人承担侵权责任。为了加重非法占有人的责任，非法占有高度危险物造成他人损害的，非法占有人承担无过错责任，而所有人、管理人不能证明对防止非法占有尽到高度注意义务的，与非法占有人承担连带责任。

需要指出的是，是否尽到高度注意义务的举证责任在所有人、管理人，如果他们不能证明已尽到高度注意义务，就推定其有过错，应当与非法占有人承担连带责任，受害人可以要求所有人、管理人、非法占有人中的任何人，承担部分或者全部侵权责任。

第一千二百四十三条　【高度危险场所安全保障责任】未经许可进入高度危险活动区域或者高度危险物存放区域受到损害，管理人能够证明已经采取足够安全措施并尽到充分警示义务的，可以减轻或者不承担责任。

条文注解

本条是在《侵权责任法》第76条的基础上修改完善而来,需要看到高度危险责任的类型非常复杂,一般来说,对于高度危险作业活动,即高度危险作业人积极、主动地对周围环境实施的具有高度危险的活动,作业人应当承担无过错责任。无过错责任非常重要的一个特点,就是它的免责或者减责事由仅限于法律规定,即只有在法律明文规定不承担责任或者减轻责任的情况下,作业人才可以提出抗辩。否则,即使存在本法规定的对于其他侵权责任一般适用的不承担责任或者减轻责任的情形,高度危险作业人仍然无法减轻或者免除责任。但是,高度危险责任中除了这一类对周围环境实施积极、主动危险活动的高度危险作业外,还包括另一类,它并非积极、主动实施对周围环境造成高度危险的活动,而是因其管理控制的场所、区域具有高度危险性,如果未经许可擅自进入该区域,则易导致损害的发生,即高度危险活动区域或者高度危险物存放区域责任。如果将对高度危险场所、区域的控制和管理也视为高度危险活动,那么这一类高度危险活动是静态的,不像高度危险作业活动一样对周围环境实施了积极、主动的危险。虽然二者都属于高度危险责任,但在免责和减责事由上,二者应有所区别。因此,本条规定,未经许可进入高度危险活动区域或者高度危险物存放区域受到损害,管理人能够证明已经采取足够安全措施并尽到充分警示义务的,可以减轻或者不承担责任。

第一千二百四十四条 【高度危险责任赔偿限额】承担高度危险责任,法律规定赔偿限额的,依照其规定,但是行为人有故意或者重大过失的除外。

条文注解

高度危险责任属于无过错责任,其重要特点之一就是无论行为人对损害的发生是否具有过错,高度危险责任人都必须对损害承担责任,除非法律另有规定。具体有:(1)民用航空器致人损害的赔偿限额;(2)民用核设施发生核事故致人损害的赔偿限额;(3)高度危险责任赔偿限额。

关联法规

《海商法》第210~213条,《民用航空法》第128~130、132条,《国务院关于核事故损害赔偿责任问题的批复》第7项

第九章　饲养动物损害责任

第一千二百四十五条　【饲养动物致害责任的一般规定】饲养的动物造成他人损害的，动物饲养人或者管理人应当承担侵权责任；但是，能够证明损害是因被侵权人故意或者重大过失造成的，可以不承担或者减轻责任。

条文注解

在各类侵权行为中，饲养动物致人损害是一种特殊的形式，是一种间接侵权引发的直接责任，加害行为是人的行为与动物的行为的复合。人的行为是指人对动物的所有、占有、饲养或者管理行为。动物的行为是直接的加害行为。这两种行为相结合，才能构成侵权行为。

(1)饲养的动物致人损害的归责原则是无过错责任。一旦这种危险性造成损害，动物的饲养人或者管理人就应承担民事责任，除具有法定的抗辩事由外，不能免责。(2)饲养的动物必须是能够为人所占有或者控制的动物。对于自然保护区或者野生动物保护区的野兽，虽然人们可能在一定程度上对其进行饲养或者管理，如定期投放食物，甚至为其生存和繁殖提供了适宜的条件和环境，但人们对它的控制力较低。因此，野生动物不属于本法中的"饲养的动物"。(3)动物的饲养人或者管理人都是责任主体。动物的饲养人是指动物的所有人，即对动物享有占有、使用、收益、处分权的人；动物的管理人是指实际控制和管束动物的人，管理人对动物不享有所有权，而只是根据某种法律关系直接占有和控制动物。(4)饲养的动物造成他人损害的，动物饲养人或者管理人应当承担侵权责任；但能够证明损害是因被侵权人故意或者重大过失造成的，动物饲养人或者管理人可以不承担或者减轻责任，表明了本条适用举证责任倒置。动物饲养人或者管理人如果想要减轻或者不承担责任，就必须证明被侵权人的损害是因为其自己的故意或者重大过失造成的。如果举证不足或者举证不能，动物饲养人或者管理人就应承担动物致害的赔偿责任。

案例注解

【案例(2021)陕0626民初1284号】高某饲养的狗咬伤梁某被判赔偿

【基本案情】

2021年5月11日17时许，原告梁某驾驶陕J×××××出租车向××县××村送客时，被高某饲养的白灰色拉布拉多犬咬伤，随后原告前往××县人民医院治疗并接种狂犬疫苗，并进行留观治疗。原告认为，被告违反相关规定，导致原告被其饲养的白灰色拉布拉多犬咬伤，被告应赔偿原告的医疗费等经济损失。特提起诉讼，请求依法判令被告赔偿原告医疗费3744.4元、误工费6000元、住院伙食补助费500元、营养费500元、护理费1000元、交通费200元、精神损害抚慰金1万元,共计21,944.4元。

被告高某辩称,其并不清楚原告是否被被告所饲养的白灰色拉布拉多犬咬伤,如果原告被被告所饲养的白灰色拉布拉多犬咬伤,被告同意赔偿医疗费。

【裁判要旨】

《民法典》第1245条规定,饲养的动物造成他人损害的,动物饲养人或者管理人应当承担侵权责任;但是,能够证明损害是因被侵权人故意或者重大过失造成的,可以不承担或者减轻责任。饲养的动物造成他人损害的,动物饲养人或者管理人应当承担侵权责任;但是,能够证明损害是因被侵权人故意或者重大过失造成的,可以不承担或者减轻责任。本案中,被告饲养的白灰色拉布拉多犬在放养状态下,将原告左肋部咬伤。对原告受伤之损害后果,被告应承担侵权赔偿责任。本案也无证据表明原告存在故意或者重大过失,故本案不存在免责和减轻的法定事由。

【裁判结果】

2021年8月23日,法院依法确认被告应赔偿的项目包括医疗费3744.41元、误工费600元(150元×4日)、护理费400元(100元×4日)、住院伙食补助费200元(50元×4日)、交通费酌定20元,共计4964.41元。对于原告主张营养费500元,因无医嘱,不予支持。对于原告主张精神损害抚慰金1万元,无事实与法律依据,不予支持。为此法院判决被告高某于本判决生效后10日内赔偿原告梁某医疗费等经济损失4964.41元,驳回原告梁某的其他诉讼请求。(资料来源:中国裁判文书网)

关联法规

《野生动物保护法》第2、19条

第一千二百四十六条 【违反规定未对动物采取安全措施致害责任】违反管理规定,未对动物采取安全措施造成他人损害的,动物饲养人或者管理人应当承担侵权责任;但是,能够证明损害是因被侵权人故意造成的,可以减轻责任。

条文注解

随着饲养宠物的人数不断增多,社会上无序养宠物、违规养宠物的情况日益突出,动物伤人的事件呈逐年上升趋势。基于这一问题的严重性,为维护公民的人身和财产安全,对动物致人损害的侵权责任作了严格的规定。违反管理规定,未对动物采取安全措施造成他人损害的,动物饲养人或者管理人应当承担侵权责任。这一条并未规定免责事由,即使被侵权人对损害的发生有过失,动物饲养人或者管理人也不能减轻责任或者不承担责任。动物饲养人或者管理人不仅要对动物本身负责,还要对社会负责,履行相关法律规定的义务。在违反管理规定的情况下免除动物饲养人或者管理人的责任显然是不合适的，但是可以适当减轻其责任。该规定同样是举证责任倒置。

第一千二百四十七条 【禁止饲养的危险动物致害责任】禁止饲养的烈性犬等危险动物造成他人损害的，动物饲养人或者管理人应当承担侵权责任。

条文注解

为确保公民的人身安全，本条对动物伤人的侵权行为作出了非常严格的规定，只要违反管理规定饲养了烈性犬等危险动物，并造成他人损害的，动物饲养人或者管理人就应当承担侵权责任，没有任何的免责事由可以援引。在烈性犬等危险动物潜伏种种危险的情况下，让它的饲养人或者管理人承担更加严格的责任是对社会、对公众负责的态度。本条规定了如此严格的责任就是引导饲养危险动物的人认识到自己的社会责任和法律责任，为动物、为自己、为他人着想，不要违反规定饲养危险动物。

案例注解

【案例(2021)川1527民初1059号】肖某饲养烈性犬咬伤他人被判赔偿

【基本案情】

2021年1月10日，原告李某到××镇××村××家送回风炉，因原告对路况不熟便从被告肖某房屋旁的小路经过，原告在行走过程中，被被告饲养的烈性犬咬了一口。之后，原告打110报警，派出所当天到现场进行调解，但未达成一致调解意见。原告随即到县人民医院检查化验，原告支付医疗费96元。原告自2021年1月10日起至2月7日，原告分五次到镇社区卫生服务中心接种狂犬疫苗，接种狂犬疫苗的诊疗费和疫苗费为1885元。原告、被告对原告所受损失无法协商，原告诉至法院，请求依法判令被告承担各项经济损失共计11,262元。

【裁判要旨】

《民法典》第1247条规定："禁止饲养的烈性犬等危险动物造成他人损害的，动物饲养人或者管理人应当承担侵权责任。"本案中，被告肖某作为烈性犬的饲养人或管理人，应当承担烈性犬咬伤他人的侵权责任。

【裁判结果】

2021年7月7日，法院判决被告肖某在本判决生效后10日内赔偿原告李某医疗费1981元、误工费700元、交通费170元，合计2851元，驳回原告李某的其他诉讼请求。(资料来源：中国裁判文书网)

关联法规

《野生动物保护法》第19条，《最高人民法院关于适用〈中华人民共和国民法典〉侵权责任编的解释(一)》第23条

第一千二百四十八条 【动物园的动物致害责任】动物园的动物造成他人损害的,动物园应当承担侵权责任;但是,能够证明尽到管理职责的,不承担侵权责任。

条文注解

本条适用过错推定责任,动物园负有高度注意义务,只有能够证明已经采取足够的安全措施,并尽到充分的警示义务,才能认定为没有过错。如果动物园能够证明设施、设备没有瑕疵,有明显的警示牌,管理人员对游客挑逗、投打动物或者擅自翻越栏杆靠近动物等行为进行了劝阻,该尽的管理职责已经尽到了,那么动物园就可以不承担侵权责任。

第一千二百四十九条 【遗弃、逃逸的动物致害责任】遗弃、逃逸的动物在遗弃、逃逸期间造成他人损害的,由动物原饲养人或者管理人承担侵权责任。

条文注解

动物的遗弃,是指动物饲养人抛弃了动物。逃逸的动物,是指饲养人暂时地丧失了对该动物的占有和控制。无论是动物饲养人或者管理人遗弃动物还是未尽到管理责任致使动物逃逸,其行为都加剧了动物对人和社会的危险性,而损害的事实正是由于动物在失去人为的管理和控制下任意流动的危险性所导致。因此,为了社会公众利益,为了充分保护被侵权人利益,遗弃、逃逸动物的原饲养人或者管理人应当对自己遗弃动物,以及疏于管理没有尽到管理义务的行为承担责任。

第一千二百五十条 【因第三人的过错致使动物致害责任】因第三人的过错致使动物造成他人损害的,被侵权人可以向动物饲养人或者管理人请求赔偿,也可以向第三人请求赔偿。动物饲养人或者管理人赔偿后,有权向第三人追偿。

条文注解

第三人的过错,是指被侵权人和动物饲养人或者管理人以外的人对动物造成损害有过错。第三人的过错在大多数场合表现为有意挑逗、投打、投喂、诱使动物,其后果致使他人受到人身或者财产的损害,其实质是实施了诱发动物致害的行为。本条赋予了被侵权人以选择权。因第三人的过错致使动物造成被侵权人损害的,被侵权人既可以请求第三人承担赔偿责任，也可以请求动物饲养人或者管理人承担赔偿责任。这样规定，就可以使被侵权人根据具体情况要求赔偿。本条还赋予了动物饲养人或者管理人以追偿权。动物饲养人或者管理人对被侵权人赔偿后，有权向第三人追偿。动物饲养人或者管理人之所以享有追偿权，是因为动物饲养人或者管理人实际上是代替第三人履行了赔偿义务，在动物饲养人或者管理人与第三人之间，第三人仍然是责任的最终承担者。法律允许动物饲养人或者管理人在赔偿了被侵权人的损害后向第三人进行追偿，一方面有利于被侵权人及时获得救济，另一方面也是维护动物饲养人或者管理人自身权益的一项重要手段。

案例注解

【案例(2021)津0119民初135号】顾客争买小狗被咬伤被判赔偿

【基本案情】

2020年11月29日9时许，案外人张某1在集市上将七只小狗放进一纸箱里进行出售，七只小狗兜售价为100元。原告于某预购买七只小狗，出价70元，并将其中两只小狗拿出纸箱抱起。被告张某见于某正在砍价，便同意以100元价格购买全部七只小狗，张某1表示同意，张某未付款便将于某手中一只小狗抢走放回纸箱。于某见张某要全部购买小狗后即表示自己要购买其中的两只，随即将右手伸入纸箱去拿另一只小狗，右手在伸入纸箱拿狗的过程中被纸箱里的小狗咬伤。张某见状后便与张某1取消交易并离开现场，于某亦未与张某1进行交易。2020年11月29日至12月27日于某在天津市××区××镇中心卫生院门诊治疗五次，开支医疗费2529.80元。因经济赔偿事宜双方协商未果，故于某具状起诉，请求人民法院判令被告张某赔偿原告被动物咬伤后造成的各项损失8833元(医药费2529.8元、营养费1500元、误工费2503.2元、交通费300元、精神损害抚慰金2000元)。

【裁判要旨】

《民法典》第1250条规定，因第三人的过错致使动物造成他人损害的，被侵权人可以向动物饲养人或者管理人请求赔偿，也可以向第三人请求赔偿。动物饲养人或者管理人赔偿后，有权向第三人追偿。本案中，张某在于某与张某1砍价过程中进行"撬行"，其行为违反交易习惯，存在过错；张某在小狗的权属尚未变更前先行从于某手中抢夺小狗亦存在过错。于某在张某与张某1达成买卖合意后抢夺小狗行为存在过错，且应当预见抓狗会被狗咬的可能。综上所述，法院确认于某在此次事件中存在主要过错，对自身的损失应按责任比例70%承担赔偿责任；张某对此次事件中承担次要责任，对于某的损失应按责任比例30%承担责任。

【裁判结果】

2021年1月25日，法院判决张某于本判决生效后10日内赔偿于某各项损失3564.20元的30%即1069.26元(此款汇入于某名下××银行6231××××8100账户)，驳回于某的其他诉讼请求。(资料来源：中国裁判文书网)

第一千二百五十一条 【饲养动物应履行的义务】饲养动物应当遵守法律法规,尊重社会公德,不得妨碍他人生活。

条文注解

饲养的动物伤害别人、滋事扰民、污染环境的,会对他人和社会造成侵扰。动物的一切行为约束靠动物饲养人或者管理人的管制。本条规定,饲养动物应当遵守法律法规,尊重社会公德,不得妨碍他人生活。动物饲养人应该意识到自己担负着遵守社会公德和保护公共环境的双重社会责任,不能放任宠物侵扰他人的正常生活。动物饲养人应当自觉规范自己的行为,应该按照规定饲养动物。

第十章 建筑物和物件损害责任

第一千二百五十二条 【建筑物、构筑物或者其他设施倒塌、塌陷致害责任】建筑物、构筑物或者其他设施倒塌、塌陷造成他人损害的,由建设单位与施工单位承担连带责任,但是建设单位与施工单位能够证明不存在质量缺陷的除外。建设单位、施工单位赔偿后,有其他责任人的,有权向其他责任人追偿。

因所有人、管理人、使用人或者第三人的原因,建筑物、构筑物或者其他设施倒塌、塌陷造成他人损害的,由所有人、管理人、使用人或者第三人承担侵权责任。

条文注解

本条所说的倒塌、塌陷,是指建筑物、构筑物或者其他设施坍塌、倒覆,造成该建筑物、构筑物或者其他设施丧失基本使用功能。本条第1款规定,本款对建筑物、构筑物或者其他设施倒塌、塌陷造成他人损害规定了两个责任主体:(1)建设单位。通常情况下,建设单位依法取得土地使用权,在该土地上建造建筑物、构筑物或者其他设施,是建设工程合同的总发包人。在实践中,房地产开发企业、机关和工厂是比较常见的建设单位。建设单位是建设工程合同的发包人,通过选择、确定勘察单位、设计单位、施工单位和监理单位等,参与工程建设的很多环节,对建设工程的质量有很大的影响。(2)施工单位。施工单位与建设单位或者其他发包人签订建设工程合同,对建设工程进行施工。在实践中,建筑公司是比较常见的施工单位。建设工程施工企业要符合法律、法规规定的条件。在不存在工程质量缺陷的情况下,建设单位与施工单位不承担连带责任。"其他责任人"主要包括以下范围:一是勘察单位、设计单位等。二是监理单位。三是勘察、设计、监理单位以外的责任人。

本条第2款规定，如果建筑物等设施倒塌、塌陷是因超过合理使用期限、业主擅自改变承重结构等特殊情形造成的，被侵权人可以根据本条第2款的规定，依法直接请求造成建筑物等设施倒塌、塌陷的所有人、管理人、使用人或者第三人承担侵权责任。

案例注解

【案例（2021）湘0421民初512号】临时工棚柱墩突然倒塌砸伤万某要求赔偿获法院支持

【基本案情】

被告A公司承建某电子信息产业园建设项目一期工程后，将该工程的房建工程和地坪工程分别发包给B公司和C公司。被告袁某系A公司该项目工程负责人。工程竣工后，被告拆除了部分临时工棚，在现场产生建筑垃圾。工程所在的村委会通知袁某处理，袁某即要求第三人万某1召集人员处理，并承诺支付工资。2020年4月25日，原告万某与第三人等四人在清理垃圾的过程中，临时工棚的柱墩（未拆除）突然倒塌砸伤原告。原告受伤后，住院治疗21天。经鉴定，原告的伤势构成十级伤残，认定误工期120日、护理期60日、营养期60日。原告诉至法院，请求判令被告赔偿原告各项经济损失110,000元。

法院核定原告因本次事故产生的损失：（1）医疗费，凭票认定为13,694.58元；（2）残疾赔偿金，认定为50,037.6元（41,698元×12年×10%）；（3）精神损害抚慰金，酌情认定为5000元；（4）误工费，认定为12,363元（37,604元÷365天×120天）；（5）护理费，认定为6917元（42,081元÷365天×60天）；（6）营养费，认定为3000元（50元×60天）；（7）住院期间伙食补助费，认定为2100元（100元×21天）；（8）交通费，酌情认定为1000元；（9）伤残鉴定费，凭票认定为1515元。以上合计95,627.18元。

【裁判要旨】

公民的生命健康权受法律保护。建筑物、构筑物或者其他设施倒塌、塌陷造成他人损害的，由建设单位与施工单位承担连带责任，但是建设单位与施工单位能够证明不存在质量缺陷的除外。本案中，A公司作为施工单位，没有提供证据证明建筑物不存在质量缺陷，应承担赔偿责任；A公司将案涉工程转包给B公司及C公司，B公司及C公司应与A公司承担连带责任。袁某作为A公司工程项目负责人，其在本案中的行为系履行公司职务，如造成他人损害，应由公司承担责任；第三人对原告的损害没有过错，不承担赔偿责任。

【裁判结果】

2021年8月2日，法院一审判决被告A公司在本判决生效后10日内赔偿万某各项损失共计95,627.18元，被告B公司、被告C公司对上述第一项赔偿义务承担连带责任；驳回原告万某对被告袁某的诉讼请求。二审维持原判。（资料来源：中国裁判文书网）

关联法规

《刑法》第137、138条,《建筑法》第55、56、58、60～62、66、67、69、70、73～75、79、80条,《文物保护法》第23条,《物业管理条例》第55条,《建设工程质量管理条例》第5、26、27、32、36、39、41、42、58、63～67、69条,《最高人民法院关于审理建设工程施工合同纠纷案件适用法律问题的解释(一)》第13、18条

第一千二百五十三条　【建筑物、构筑物或者其他设施及其搁置物、悬挂物脱落、坠落致害责任】建筑物、构筑物或者其他设施及其搁置物、悬挂物发生脱落、坠落造成他人损害,所有人、管理人或者使用人不能证明自己没有过错的,应当承担侵权责任。所有人、管理人或者使用人赔偿后,有其他责任人的,有权向其他责任人追偿。

条文注解

本条采用过错推定原则。所有人、管理人或者使用人赔偿后,有其他责任人的,有权向其他责任人追偿。其他责任人是指所有人、管理人或者使用人之外的对损害的发生负有责任的人。建筑物、构筑物或者其他设施及其搁置物、悬挂物脱落、坠落造成他人损害,所有人、管理人或者使用人不能证明自己没有过错的,应当对被侵权人承担侵权责任。在实践中,有时损害的发生除了与所有人、管理人或者使用人的过错有关外,还与其他人有关,只是该其他人不直接对被侵权人承担侵权责任。但是,所有人、管理人或者使用人向被侵权人赔偿后,有权向该其他责任人追偿。

案例注解

【案例(2021)陕0602民初4353号】小区车辆被外墙墙皮脱落砸伤物业公司被判承担赔偿责任

【基本案情】

原告赵某系延安市某小区业主。2021年5月22日,原告赵某将车辆停放于居住小区。23日13时左右,原告发现该车辆被物体坠落砸伤,随后报警。根据派出所民警现场勘查,该车辆受损系墙体剥落导致,遂及时联系被告延安市某物业服务有限公司相关工作人员并告知该情况。此次事故导致原告车辆存在以下损伤:后挡风玻璃全部破损,雨刷器损害,车辆后门需钣金、喷漆、贴膜。明确事故责任人后,在派出所民警的主持下,原告、被告双方就赔偿问题进行协商,被告对原告车辆的受损情况予以认可,但未能对赔偿金额达成一致。为此,原告诉至法院,请求判令被告支付原告车辆维护费用4108.43元。

被告辩称,外墙属于业主共有,外墙墙皮脱落属于不可控因素,且被告收取的停车服务费不包含对业主车辆有保管义务,因此,被告认为其不应是本案被告。

【裁判要旨】

《民法典》第1253条规定,建筑物、构筑物或者其他设施及其搁置物、悬挂物发生脱落、坠落造成他人损害,所有人、管理人或使用人不能证明自己没有过错的,应当承担侵权责任。本案中,被告某物业公司系原告小区物业公司,是小区建筑公共部位的维修、养护和管理者,对发生事故的外墙负有维修、养护责任。原告车辆因该小区外墙墙皮脱落造成车辆损坏,被告应当承担赔偿责任。

【裁判结果】

2021年9月6日,法院判决被告某物业公司一次性赔偿原告赵某车辆维修费4108.43元。(资料来源:中国裁判文书网)

关联法规

《最高人民法院关于民事诉讼证据的若干规定》第4条

第一千二百五十四条 【不明抛掷物、坠落物致害责任】禁止从建筑物中抛掷物品。从建筑物中抛掷物品或者从建筑物上坠落的物品造成他人损害的,由侵权人依法承担侵权责任;经调查难以确定具体侵权人的,除能够证明自己不是侵权人的外,由可能加害的建筑物使用人给予补偿。可能加害的建筑物使用人补偿后,有权向侵权人追偿。

物业服务企业等建筑物管理人应当采取必要的安全保障措施防止前款规定情形的发生;未采取必要的安全保障措施的,应当依法承担未履行安全保障义务的侵权责任。

发生本条第一款规定的情形的,公安等机关应当依法及时调查,查清责任人。

条文注解

本条第1款开宗明义,规定禁止从建筑物中抛掷物品。我国的民事法律规范极少使用“禁止”性的表述,盖因民事法律是调整平等主体之间权利义务的规范,以自由意志为导向。本条中这一禁止性规定,是对从建筑物中抛掷物品行为的严厉谴责和禁止。如果物体并非从建筑物中抛掷或坠落,不适用该规定。从建筑物中抛掷物品或者从建筑物上坠落的物品造成他人损害的,应当由侵权人依法承担侵权责任,这是过错责任的体现。只有难以确定具体侵权人的,才适用本条的补偿规定。难以确定具体侵权人,是指无法确定物品具体是从哪一个房间抛掷、坠落的,因此无法确定具体的侵权人。本条规定的建筑物使用人,是指在侵权行为发生时建筑物的实际使用人。建筑物使用人在建筑物内进行活动,控制、管理着建筑物和建筑物内的物品,建筑物抛掷物、坠落物致人损害，经调查确实无法确定具体侵权人时，在他们中间确定可能的侵权人，符合社会生活实践经验。使用人包括使用建筑物的所有权人、承租人、借用人以及其他使用建筑物的人。本条采用举证责任倒置。根据本条规定，无法确定具体的侵权人的，由被侵权人证明自己是被建筑物上的抛掷物、坠落物所伤害，由建筑物使用人证明自己不是侵权人。建筑物使用人不能证明自己不是侵权人的，要对被侵权人受到的损害进行补偿。如果有证据能够确定具体的侵权人，则其他可能加害的建筑物使用人无须再举证证明自己不是侵权人。发现真正侵权人后，承担了补偿的建筑物使用人具有追偿权。由可能加害的建筑物使用人对被侵权人给予补偿的，各个可能加害的建筑物使用人之间不承担连带责任，而是按份分别对被侵权人进行补偿。

本条第 2 款规定，物业服务企业与业主签订物业服务合同，应当履行合同约定的义务。物业服务企业具有一定的安全保障义务，物业服务企业等建筑物管理人应当采取必要的安全保障措施防止前款规定情形的发生；未采取必要的安全保障措施的，应当依法承担未履行安全保障义务的侵权责任。

根据本条第 3 款的规定，从建筑物中抛掷物品或者从建筑物上坠落的物品造成他人损害的，公安等机关应当依法及时调查，查清责任人。公安等机关是具有侦查权的机关。

案例注解

【案例(2021)沪 0110 民初 9829 号】范某杯子掉落砸坏他人车辆被判承担赔偿责任

【基本案情】

2020 年 10 月 31 日上午 9 时，被告范某在上海市××区××路×××号×××室窗口晾晒衣服时，杯子掉落楼下，杯子破碎产生的玻璃碎片砸中原告鲁某名下牌照号为沪 B8××××的车辆。2020 年 11 月 2 日原告鲁某委托上海道路交通事故物损评估中心对事故车辆(车型：别克 SGM7152××1，牌照号：沪 B8××××)修复维修费用进行评估。当天，上海道路交通事故物损评估中心出具物损意见书，评定直接物质损失为 993 元。原告鲁某支付鉴证咨询服务图像资料费、评估鉴定费共计 120 元。为此，原告诉至法院，请求判令被告范某赔偿损失 1113 元(包括车辆损伤修复费 993 元、车辆评估费 120 元)；判令被告范某支付调查户籍资料费 300 元。

【裁判要旨】

《民法典》第 1254 条规定，禁止从建筑物中抛掷物品。从建筑物中抛掷物品或者从建筑物上坠落的物品造成他人损害的，由侵权人依法承担侵权责任；经调查难以确定具体侵权人的，除能够证明自己不是侵权人的外，由可能加害的建筑物使用人给予补偿。可能加害的建筑物使用人补偿后，有权向侵权人追偿。物业服务企业等建筑物管理人应当采取必要的安全保障措施防止前款规定情形的发生；未采取必要的安全保障措施的，应当依法承担未履行安全保障义务的侵权责任。本案中，被告范某从窗口掉落杯子，杯子玻璃碎片砸中原告鲁某的车辆，存在侵权行为。被告范某未能举证证明自己没有过错，对涉案车辆上的损伤非掉落杯子造成未提供证据证明，应承担侵权责任。

【裁判结果】

法院判决被告范某应于本判决生效之日起10日内赔偿原告鲁某车辆修复费用993元、图像资料费、评估费120元；驳回原告鲁某的其余诉讼请求。（资料来源：中国裁判文书网）

【案例】庚某娴诉黄某辉高空抛物损害责任纠纷案

【基本案情】

2019年5月26日，庚某娴在位于广州杨箕的自家小区花园散步，经过黄某辉楼下时，黄某辉家小孩在房屋阳台从35楼抛下一瓶矿泉水，水瓶掉落到庚某娴身旁，导致其惊吓、摔倒，随后被送往医院救治。次日，庚某娴亲属与黄某辉一起查看监控，确认了上述事实后，双方签订确认书，确认矿泉水瓶系黄某辉家小孩从阳台扔下，同时黄某辉向庚某娴支付1万元赔偿。庚某娴住院治疗22天才出院，其后又因此事反复入院治疗，累计超过60天，且被鉴定为十级伤残。由于黄某辉拒绝支付剩余治疗费，庚某娴遂向法院提起诉讼。

【裁判要旨】

根据《民法典》第1254条第1款规定，禁止从建筑物中抛掷物品。本案中，庚某娴散步时被从高空抛下的水瓶惊吓摔倒受伤，经监控录像显示水瓶由黄某辉租住房屋阳台抛下，有视频及庚某娴、黄某辉签订的确认书证明。双方确认抛物者为无民事行为能力人，黄某辉是其监护人，庚某娴要求黄某辉承担赔偿责任，黄某辉亦同意赔偿。涉案高空抛物行为发生在民法典实施前，但为了更好地保护公民、法人和其他组织的权利和利益，根据《最高人民法院关于适用〈中华人民共和国民法典〉时间效力的若干规定》第19条规定，《民法典》施行前，从建筑物中抛掷物品或者从建筑物上坠落的物品造成他人损害引起的民事纠纷案件，适用《民法典》第1254条的规定。

【裁判结果】

2021年1月4日，审理法院判决黄某辉向庚某娴赔偿医疗费、护理费、交通费、住院伙食补助费、残疾赔偿金、鉴定费合计8.3万元；精神损害抚慰金1万元。（资料来源：最高人民法院网）

关联法规

《最高人民法院关于适用〈中华人民共和国民法典〉时间效力的若干规定》第19条，《最高人民法院关于适用〈中华人民共和国民法典〉侵权责任编的解释（一）》第24、25条

第一千二百五十五条　【堆放物倒塌、滚落或者滑落致害责任】堆放物倒塌、滚落或者滑落造成他人损害，堆放人不能证明自己没有过错的，应当承担侵权责任。

条文注解

堆放物，是指堆放在土地上或者其他地方的物品。堆放物须是非固定在其他物体上，如建筑工地上堆放的砖块、木料场堆放的原木等。本条所说的倒塌、滚落或者滑落，包括堆放物整体或者部分的倒塌、脱落、坠落、滑落、滚落等。本条采用过错推定原则，堆放人不能证明自己没有过错的，承担侵权责任。因地震灾害致使堆放物品倒塌、滚落、滑落致人损害的，所有人或者管理人不承担赔偿责任。但仍然需要堆放人举证证明自己对堆放物倒塌致人损害没有过错，堆放人不能证明自己没有过错的，仍然要承担侵权责任。

关联法规

《最高人民法院关于处理涉及汶川地震相关案件适用法律问题的意见(二)》第9条

第一千二百五十六条　【在公共道路上堆放、倾倒、遗撒妨碍通行的物品致害责任】在公共道路上堆放、倾倒、遗撒妨碍通行的物品造成他人损害的，由行为人承担侵权责任。公共道路管理人不能证明已经尽到清理、防护、警示等义务的，应当承担相应的责任。

条文注解

公共道路，是指公共通行的道路。本条规定的堆放、倾倒、遗撒妨碍通行物，是指在公共道路上堆放、倾倒、遗撒物品，影响他人对该公共道路正常、合理的使用。在公共道路上堆放、倾倒、遗撒妨碍通行的物品的主体大致可分为两类：一类是具体实施该行为的侵权人。任何人都应当遵守道路管理规则，避免在道路上堆放、倾倒、遗撒妨碍通行物，在公共道路上堆放、倾倒、遗撒妨碍通行物造成他人损害的，应当由行为人承担责任。另一类是对公共道路具有养护、管理职责的主体。公共道路涉及公共安全，公共道路管理人对道路的管理职责中当然就包括了防止因第三人的堆放、倾倒、遗撒等行为造成他人损害的法定义务。为了保障公共道路具有良好的使用状态，公共道路的管理、维护者要及时发现道路上出现的妨碍通行的情况并采取清理、防护、警示等合理的措施。如果没有尽到这种义务，应在未尽到职责的范围内承担相应的侵权责任。

关联法规

《公路法》第46条，《道路交通安全法》第48条

第一千二百五十七条 【林木折断、倾倒或者果实坠落等致人损害的侵权责任】因林木折断、倾倒或者果实坠落等造成他人损害，林木的所有人或者管理人不能证明自己没有过错的，应当承担侵权责任。

条文注解

本条所说的林木，包括自然生长和人工种植的林木，并未限定林木生长的地域范围，林地中的林木、公共道路旁的林木以及院落周围零星生长的树木等折断、倾倒或者果实坠落造成他人损害，林木的所有人或者管理人不能证明自己没有过错的，均要承担侵权责任。当然，根据林木生长的具体情况，认定林木所有人或者管理人的过错应有所区别。林木造成他人损害，不仅包括林木枝蔓等的掉落造成他人损害，还包括其他情形，如实践中出现的椰树果实坠落砸伤路人、树木倒伏压坏路旁汽车等。对于折断、倾倒或者果实坠落等造成他人损害，适用过错推定的归责原则，林木的所有人或者管理人不能证明自己没有过错的，应当承担侵权责任。所有人或者管理人要证明自己没有过错，通常要证明其对林木已经尽到了管理、维护的义务。如果林木的折断完全是因自然原因、第三人或者受害人的过错造成，林木的所有人或者管理人能够证明自己没有过错的，不承担侵权责任。

关联法规

《森林法》第20条

第一千二百五十八条 【公共场所或者道路上施工致害责任和窨井等地下设施致害责任】在公共场所或者道路上挖掘、修缮安装地下设施等造成他人损害，施工人不能证明已经设置明显标志和采取安全措施的，应当承担侵权责任。

窨井等地下设施造成他人损害，管理人不能证明尽到管理职责的，应当承担侵权责任。

条文注解

对本条第1款的规定，在公共场所或者道路上施工，是指在公共场所或者道路上挖坑、修路、修缮安装地下设施等，如架设电线、铺设管道、维修公路、修缮下水道等。在公共场所或者道路上施工，应当取得有关管理部门的许可，必须设置明显的警示标志和采取有效的安全措施，具体包括：第一，设置的警示标志必须具有明显性。第二，施工人要保证警示标志的稳固并负责对其进行维护，使警示标志持续地存在于施工期间。第三，仅设置明显的标志不足以保障他人的安全的，施工人还应当采取其他有效的安全措施。公共场所或者道路施工致人损害的责任人是施工人。施工人直接控制着施工场地，因此应当承担对施工场地的管理和维护义务，保障他人的安全。施工人是指组织施工的单位或者个人，而非施工单位的工作人员或者个体施工人的雇员。施工人一般是承包或者承揽他人的工程进行施工的单位或者个人，有时也可能是为自己的工程施工。本款采用过错推定归责原则，施工人不能证明已经设置明显标志和采取安全措施的，应当承担侵权责任。

对本条第2款的规定，窨井，是指上下水道或者其他地下管线工程中，为便于检查或疏通而设置的井状构筑物。其他地下设施包括地窖、水井、下水道以及其他地下坑道等。窨井等地下设施的管理人，是指负责对该地下设施进行管理、维护的单位或者个人。窨井等地下设施致人损害时，适用过错责任推定归责原则，既有利于保护被侵权人的利益，也有利于促使地下设施的管理人认真履行职责，确保窨井等地下设施的安全，保护公众合法权益。

关联法规

《道路交通安全法》第32、104条，《公路法》第32条，《城市道路管理条例》第23、24、35条

附　　则

第一千二百五十九条　【法律术语含义】民法所称的"以上"、"以下"、"以内"、"届满"，包括本数；所称的"不满"、"超过"、"以外"，不包括本数。

第一千二百六十条　【施行日期及旧法废止】本法自 2021 年 1 月 1 日起施行。《中华人民共和国婚姻法》、《中华人民共和国继承法》、《中华人民共和国民法通则》、《中华人民共和国收养法》、《中华人民共和国担保法》、《中华人民共和国合同法》、《中华人民共和国物权法》、《中华人民共和国侵权责任法》、《中华人民共和国民法总则》同时废止。

关联法规

《最高人民法院关于适用〈中华人民共和国民法典〉时间效力的若干规定》